Rainer Gievers

Das Praxisbuch
Google-Anwendungen –
Anleitung für Einsteiger
Ausgabe 2020/21

Vorwort

Viele verbinden mit Google nur die bekannte Suchmaschine. Tatsächlich betreibt das amerikanische Unternehmen eine Vielzahl an Diensten, die man erst einmal für sich entdecken muss.

In diesem Buch stellen wir das Google-Konzept und die verschiedenen Google-Dienste vor, die Sie im Webbrowser auf Ihrem PC nutzen können. Beispielsweise erstellen und verwalten Sie über Google Docs, Google Tabellen und Google Präsentationen Ihre Office-Dateien und haben mit dem Google Kalender immer Ihre Termine im Blick. Optimal einsetzen lassen sich die Google-Angebote mit dem Chrome-Browser, dem das Buch deshalb ein eigenes Kapitel widmet.

Alle vorgestellten Google-Dienste sind auch auf Geräten mit Android-Betriebssystem verfügbar. Wir gehen daher kurz auf deren Verwendung ein.

Die Google-Dienste werden laufend erweitert und manchmal auch eingestellt. Leider ergeben sich dadurch ab und zu Abweichungen von den Beschreibungen in diesem Buch. Meistens finden Sie die gesuchte Funktion dann an etwas anderer Stelle in der jeweiligen Benutzeroberfläche.

In dieser Auflage berücksichtige ich die zahlreichen Änderungen am Chrome-Browser und bei den Google-Diensten. In Zukunft wird Google »Play Music« einstellen, weshalb ich als Ersatz nur auf das neue »YouTube Music« eingehe.

Sie haben einen Fehler im Buch gefunden? Senden Sie eine Mail an *info@das-praxisbuch.de*. Vielen Dank!

Rainer Gievers, im März 2020

1. Auflage 05.01.2018
2. Auflage 18.03.2020 V2

Ebook

Dieses Buch steht als farbiges Ebook zum kostenlosen Download ohne Kopierschutz bereit. Es kann mit jedem PDF-Programm (zum Beispiel »Adobe Acrobat«) angezeigt und ausgedruckt werden.

Das Ebook ist, einschließlich seiner Teile, urheberrechtlich geschützt. Jede Verwertung ohne Zustimmung des Autors ist unzulässig. Dies gilt insbesondere für die elektronische und sonstige Vervielfältigung, Übersetzung, Verbreitung und öffentliche Zugänglichmachung.

Sie dürfen das Ebook nur auf Ihrem eigenen PC oder Handy verwenden. Die Weitergabe des Download-Codes oder Ebooks an Dritte ist unzulässig und wird strafrechtlich verfolgt.

Rufen Sie in Ihrem Webbrowser auf dem PC oder Handy folgende Webadresse auf:

`www.das-praxisbuch.de/download`

Geben Sie bitte folgenden Code (Groß- und Kleinschreibung beachten) ein:
`Dp-TV-f6-AV-BG-ar`

Hinweis

Die Informationen in diesem Buch wurden mit größter Sorgfalt erarbeitet und zusammengestellt. Dennoch können Fehler nicht vollständig ausgeschlossen werden. Verlag und Autor übernehmen daher keine juristische Verantwortung oder irgendeine Haftung für eventuell verbliebene Fehler oder deren Folgen.

Microsoft, Outlook, Windows, Windows NT, Windows XP, Windows 2000 und das Windows Logo sind entweder eingetragene Warenzeichen oder Warenzeichen der Microsoft Corporation, in den USA und/oder anderen Ländern. Alle anderen in diesem Buch erwähnten Warennamen und Bezeichnungen werden ohne Gewährleistung der freien Verwendbarkeit benutzt und sind möglicherweise eingetragene Warenzeichen.

»The Android robot logo is being reproduced from work created and shared by Google (*code.google.com/policies.html*) and used according to terms described in the Creative Commons 3.0 Attribution License (*creativecommons.org/licenses/by/3.0*).«

ISBN 978-3-964690-84-5

Aufbau der Kapitel

- Damit Sie erkennen, welche Bildschirmkopie zu welchem Erläuterungstext gehört, sind die Texte mit Zahlen (❶,❷,❸) durchnummeriert.

- Webadressen, Menübezeichnungen und verwiesene Kapitel sind *kursiv* gesetzt.

- Auch Verzeichnis- und Dateinamen, sowie Webadressen sind in Kursivschrift gesetzt.

In den Rahmen sind weiterführende Infos zum jeweiligen Thema untergebracht.

1. Inhaltsverzeichnis

2. Tastenfunktionen

Einige Funktionen Ihres Webbrowsers beziehungsweise der vorgestellten Webseiten steuern Sie mit Sondertasten auf Ihrer Tastatur, die wir hier kurz vorstellen möchten.

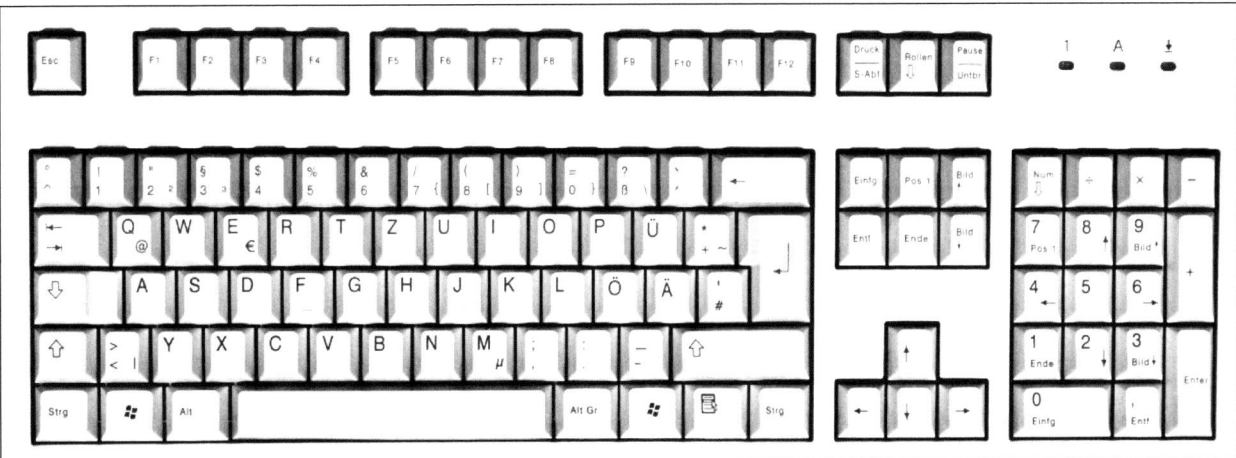

Taste	Bezeichnung	Beschreibung
Esc	»Escape«	Menü oder Dialog beenden (engl. Escape = dt. Verlassen).
→I	Tab-Taste	Tabulator setzen; zum nächsten Eingabefeld springen.
↵	Enter-Taste	Eingabe bestätigen; zum Zeilenanfang wechseln. Auf einigen Tastaturen ist diese Taste mit Enter beschriftet.
⇧	Hochstelltaste	Zwischen Groß- und Kleinbuchstaben umschalten. Außerdem erreichen Sie damit die zweite Tastenbelegung, beispielsweise das »!« auf der »1«-Taste. Auf einigen Tastaturen ist diese Taste mit shift beschriftet.
Strg	Steuerung	Auf einigen Tastaturen ist diese Taste mit Ctrl (= Control) beschriftet.
Alt	Alt(ernativ)	Strg- und Alt-Taste verwenden Sie, um Programmfunktionen auszulösen. Dabei drücken Sie beispielsweise die Alt-Taste gleichzeitig mit einer weiteren Taste.
Alt Gr	Alt(ernativ) Gr(oß)	Dritte Tastenbelegung abrufen. Zum Beispiel fügt gleichzeitiges Drücken von Alt Gr und der »Q«-Taste das »@«-Zeichen in einem Eingabefeld ein.
Links-/ Rechts- Cursortaste		Die Cursortasten finden Sie rechts unten auf der Tastatur.

Aus Gründen der besseren Lesbarkeit schreiben wir alle Buchstabentasten im Buch groß. Wenn es im Buch also beispielsweise heißt, dass Sie Ctrl + C betätigen sollen, dann drücken Sie die Ctrl- und c-Taste (also ohne Hochstelltaste) gleichzeitig und lassen dann los.

Beachten Sie, dass die zusätzlich die gewohnten Funktionen Ihrer **Maus** zur Verfügung stehen: **Linker Mausklick** für die Auswahl einer Option/Betätigen einer Schaltleiste; **rechte Maustaste** für Optionen (auf einem Bildschirmelement halten); **Mausrad** zum Blättern in Listen/Bildschirmseiten.

3. Einführung

Ohne Frage ist Google inzwischen das bekannteste Internetunternehmen und hat es sogar mit dem Begriff »googeln« (nach etwas im Internet suchen) inzwischen in den allgemeinen Sprachgebrauch geschafft.

Neben der Google-Suchmaschine betreibt Google zahlreiche weitere Dienste, die leider bei vielen Anwendern unbekannt sind. Dazu zählen unter anderem das Video-Portal YouTube, der Kartendienst Google Maps, der Kalender und die Dateiverwaltung Google Drive. Die verschiedenen Google-Dienste sind kostenlos und finanzieren sich ausschließlich mit Werbeeinblendungen.

In diesem Buch gehen wir davon aus, dass Sie bisher nur sehr wenig mit Computern oder Handys zu tun hatten. Deshalb soll vorab das Konzept hinter den Google-Anwendungen erläutert werden, denn viele Besonderheiten und Einschränkungen ergeben sich aus der dahinterstehenden Idee.

3.1 Das Google-Konzept

Als PC-Nutzer sind Sie es gewohnt, Ihre Anwendungen, beispielsweise die Textverarbeitung Microsoft Word oder Libre Office, mit einem Klick zu starten. Eine Internetverbindung ist nicht notwendig.

Die Google-Anwendungen arbeiten dagegen nach einen ganz anderen Prinzip, das wir im Folgenden an einem Beispiel erläutern.

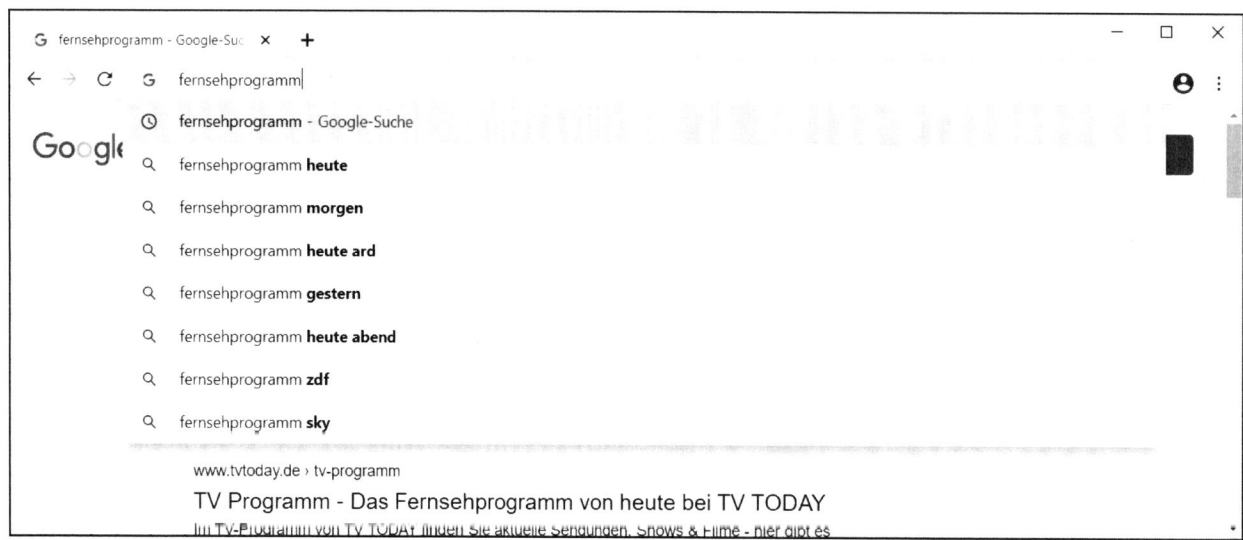

Rufen Sie beispielsweise mal die Suchmaschine *www.google.de* in Ihrem Webbrowser auf. Danach geben Sie die Begriffe, nach denen Sie suchen, ein und betätigen die *Google-Suche*-Schaltleiste oder wählen Sie einen der eingeblendeten Suchvorschläge aus.

Was passiert? Ihre Suchwörter wurden über das Internet an einen Google-Rechner übertragen, der irgendwo in Europa steht. Dort hat ein Programm eine Datenbank abgefragt und das Ergebnis wieder übers Internet an Ihren PC übertragen. Ihr Browser stellt dann das Ergebnis dar. Ihr PC beziehungsweise Ihr Webbrowser dient also nur der Dateneingabe und Ausgabe, während die eigentliche Datenverarbeitung irgendwo Hunderte oder Tausende Kilometer entfernt auf einem Internet-Rechner stattfindet.

Genauso wie oben beschrieben arbeiten auch die anderen Google-Anwendungen (und natürlich konkurrierende Onlinedienste von anderen Firmen).

> Die Datenverarbeitung im Internet bezeichnet man auch als Cloud-Computing. »Cloud« lässt sich in diesem Zusammenhang als »Datenwolke« übersetzen.
>
> Auch die im Internet zur Datenverarbeitung genutzten Rechner haben einen besonderen Namen, man nennt sie Server (vom englischen Verb »to serve« = bedienen).

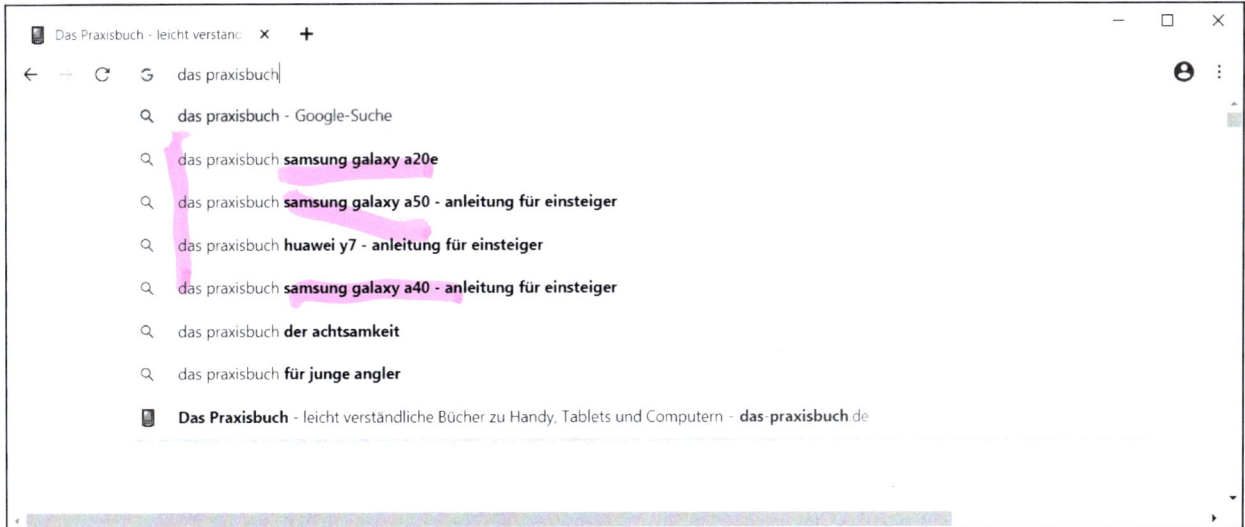

Im Webbrowser brauchen Sie übrigens nicht extra die Google-Website aufzurufen, sondern geben einfach die Suchbegriffe in der Adressleiste ein. Wählen Sie dann einen der Suchvorschläge aus oder betätigen Sie die Enter-Taste auf Ihrer Tastatur (siehe Kapitel *2 Tastenfunktionen*).

Beachten Sie bitte, dass der bei Windows 10 vorinstallierte Webbrowser Microsoft Edge standardmäßig als Suchmaschine Bing (*www.bing.com*) einsetzt. Beim später vorgestellten Webbrowser Google Chrome ist natürlich die Google-Suche bereits voreingestellt.

3.2 Vor- und Nachteile

Die Datenverarbeitung im Internet hat viele Vorteile:

- Ihre Daten beziehungsweise Dateien werden in einem Rechenzentrum gespeichert, das sich im Hintergrund auch um die Datensicherung kümmert. Sollte hier mal ein Speichermedium ausfallen erfolgt automatisch, ohne dass der Nutzer es merkt, eine Datenwiederherstellung.

- Von jedem Gerät, das eine Internetverbindung und einen Webbrowser besitzt, können Sie auf Ihre Daten zugreifen. Dazu gehören nicht nur PCs, sondern auch Handys, Tablets und sogar internetfähige TVs.

- Einige Internetdienste erlauben auch Kollaboration, das heißt, mehrere Anwender dürfen zum Beispiel an einem Dokument arbeiten oder einen gemeinsamen Kalender nutzen.

- Programm-Updates gehören der Vergangenheit an – Google sorgt dafür, dass alle Anwender mit der gleichen Programmversion arbeiten.

Die Nachteile:

- Der größte Nachteil: Es wird eine (unterbrechungsfreie) Internetverbindung benötigt. Dies ist aber weniger für PC- als vielmehr für Handy- und Tablet-Nutzer ein großes Problem.

- Eine 100%ige Datensicherheit kann auch Google nicht bieten. Von wichtigen Daten sollten Sie auf einem lokalen Speichermedium, beispielsweise einen USB-Stick, Kopien anlegen.

- Von Google vorgenommene Funktionsänderungen wirken sich manchmal negativ auf die eigene Arbeit aus. Zudem fallen ab und zu auch Programme oder Funktionen weg, auf die Sie vielleicht angewiesen sind.

- Google hat Zugriff auf alle Ihre Daten, was nicht jedem Anwender gefallen dürfte, zumal das Unternehmen in den USA beheimatet ist und die amerikanischen Behörden praktisch unbegrenzten Zugriff darauf haben. Als Firmenmitarbeiter sollten Sie mit der Unternehmens-IT abklären, inwieweit Sie die Google-Dienste nutzen dürfen.

- Die Leistungsfähigkeit einiger Google-Anwendungen, beispielsweise der Textverarbeitung Google Docs ist (noch) nicht mit Desktop-Programmen vergleichbar.

3.3 Anwendungen in der Übersicht

Die verschiedenen Google-Dienste decken praktisch alle Bereiche ab, wovon wir in diesem Buch Folgende behandeln:

- *Google-Suche*: Die Suchmaschine war Googles erstes Produkt.

- *Gmail*: E-Mails empfangen und senden.

- *Google Play Store*: Google und viele Drittanbieter stellen im Play Store zahlreiche Erweiterungen für Android-Handys und Tablets zur Verfügung, die Ihren Alltag erleichtern. Außerdem können Sie hier Musik, Spielfilme und Ebooks ausleihen/kaufen.

- *Google Play Music*: Play Music dient der Wiedergabe von im Play Store erworbener Musik.

- *YouTube Music*: Dieser Streamingdienst macht zwar von der YouTube-Marke Gebrauch, hat aber mit dem Videodienst wenig zu tun, sondern dient ausschließlich der Musikwiedergabe.

- *Google Notizen*: Ein elektronisches Notizbuch, in dem Sie Texte, Bilder und Audioaufnahmen verwalten.

- *Google Drive*: Bei Google Drive handelt es sich um einen Online-Speicher, worin Sie beliebige Dateien ablegen. Das Arbeitsprinzip kennen Sie vielleicht schon vom Konkurrenten Dropbox. Die meisten anderen Google-Dienste bieten die Option, auf die in Google Drive abgelegten Dateien zuzugreifen beziehungsweise dort Dateien zu speichern.

- Mit *Google Docs*, *Google Tabellen* und *Google Präsentationen* zeigen, bearbeiten und verwalten Sie Ihre Office-Dateien.

- *Google Kalender:* Eine Termin- und Aufgabenverwaltung.

- *Google Kontakte*: Google hat die Kontaktverwaltung in der Gmail-Anwendung integriert.

- *Google Maps*: Google Maps zeigt nicht nur Straßenkarten, sondern auch Satellitenansichten an und dient als Routenplaner.

- Mit *Google Fotos* verwalten Sie Fotos und Videos direkt auf Google-Servern.

- *Google Bücher* und *Google Spielfilme & Serien*: Ebooks beziehungsweise Filme ausleihen und lesen beziehungsweise ansehen.

Kostenlose Google-Programme, die nicht im Webbrowser laufen, sondern von Ihnen vor dem Einsatz auf dem PC installiert werden mussen:

- *Chrome-Browser*: Die Web-basierten Google-Dienste lassen sich mit jedem beliebigen Browser nutzen. Wir empfehlen aber trotzdem den Einsatz des Chrome-Browsers, denn einige Komfortfunktionen stehen nur bei ihm zur Verfügung, darunter die automatische Sicherung Ihrer Lesezeichen auf Google-Servern (genauer gesagt, in Ihrem Google-Konto – aber darauf kommen wir noch) und die Medienwiedergabe über den Chromecast-Stick auf einen TV.

- *Google Earth*: Ein virtueller Globus, der zu fast jedem beliebigen Ort auf der Erde entsprechende topografische Daten und Satellitenbilder anzeigt. Google bewirbt das Programm folgendermaßen: »Begeben Sie sich auf eine virtuelle Reise an jeden beliebigen Ort auf der Erde. Sehen Sie sich 3D-Gebäude, Bilder und Geländeformationen an. Erkunden Sie Städte, interessante Orte, lokale Geschäfte und vieles mehr.« Da inzwischen alle Google Earth-Funktionen inzwischen auch in Google Maps vorhanden sind, gehen wir auf Google Earth nicht gesondert ein. Sie können die Software unter der Webadresse *earth.google.com* herunterladen. ail (in diesem Buch weisen wir in den Kapiteln jeweils auf die Webadressen hin, mit denen Sie die Google-Dienste in einem Webbrowser aufrufen).

4. Google-Suche

Das Unternehmen Google ist durch die gleichnamige Suchmaschine in wenigen Jahren zur führenden Internetsuchmaschine aufgestiegen. Und dies nicht ohne Grund, denn obwohl es noch viele weitere Suchmaschinen gibt (beispielsweise Microsofts Bing), ist Google bei den Such-ergebnissen immer noch unschlagbar – inzwischen wird sogar Internetsuche (genauer gesagt: die Websuche) mit Google so stark assoziiert, dass man auch von »googeln« spricht.

> Google mag als universelle Suchmaschine in der Regel eine gute Trefferrate aufweisen, wenn Sie aber zu einem ganz speziellen Thema Informationen suchen, können spezialisierte Websites bessere Ergebnisse liefern. Beispielsweise hat Google mit *Shopping* eine Preissuchmaschine integriert, die nur minderwertige Ergebnisse liefert, weil nur vergleichsweise wenige Online-Shops angeschlossen sind. Besser geeignet sind in diesem Fall Preissuchmaschinen wie bei-spielsweise *www.geizhals.de*, *www.idealo.de* oder *www.billiger.de*.

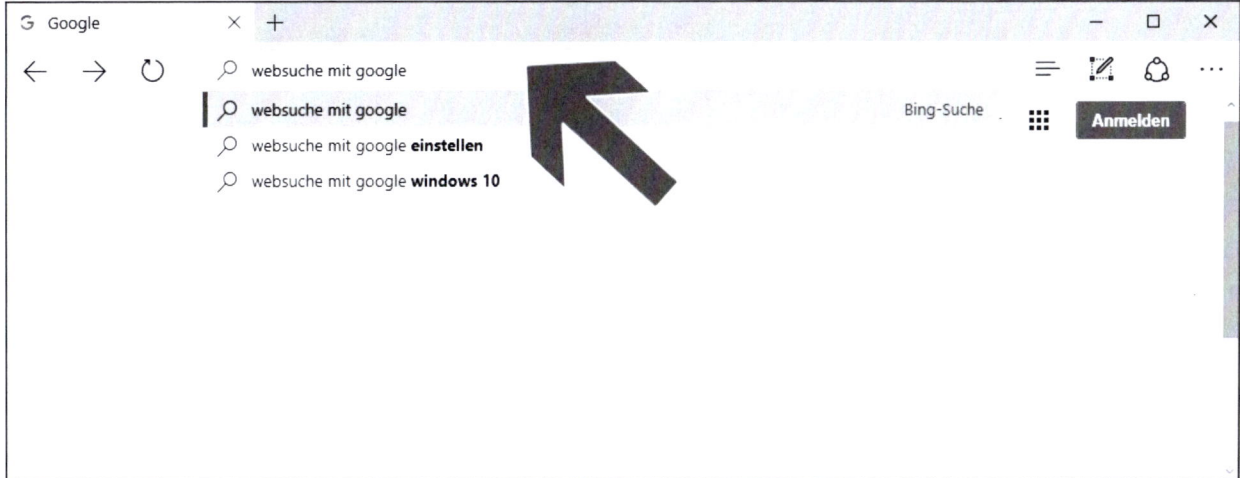

Weil die Internetsuche wohl zu den meist genutzten Funktionen gehört, müssen Sie nicht un-bedingt erst die Webadresse von Google, also *www.google.de* im Browser aufrufen. Stattdessen klicken Sie einfach in die Adressleiste (Pfeil) und geben die Suchbegriffe ein, worauf sofort Vor-schläge erfolgen.

Wenn Sie jetzt denken, dass automatisch die Google-Suchvorschläge erscheinen, liegen Sie leider falsch, denn neben Google gibt es mit Bing einen starken Mitbewerber. Bing ist beim Webbrowser Microsoft Edge (vorinstalliert auf Windows 10) voreingestellt. Die nachfolgenden Kapitel zeigen, wie Sie Micosoft Edge auf die Google-Suche umstellen.

Zu beachten ist, dass es zwei Versionen des Edge-Browsers gibt: Der im Jahr 2015 eingeführte Edge-Browser wurde zusammen mit Windows 10 ausgeliefert und war auf älteren Windows-Versionen wie Windows 7 zunächst nicht lauffähig. Microsoft nutzt seit 2019 Teile des freien Chromium-Softwareprojekts, auf dem auch Googles Chrome-Browser basiert. In Fachkreisen wird der neue Browser daher auch als »Microsoft Edge Chromium« in Unterscheidung zum alten Micrsft Edge bezeichnet. Auch Nutzer von Windows 7 oder 8 können diese Version auf Ihrem PC nutzen.

> In diesem Buch bleiben aus praktischen Erwägungen heraus alle Funktionen und Programme, die nur auf älteren Windows-Versionen verfügbar sind, außen vor. Dazu gehört auch der bekannte Internet Explorer.

4.1 Standardsuche bei Microsoft Edge umstellen

Der Edge-Browser ist bei Windows 10 im Lieferumfang vorhanden und kann auf älteren Windows-Versionen nachinstalliert werden.

Um sicher zu gehen, dass Sie die aktuellste Version nutzen, sollten Sie die Webadresse *www.microsoftedge.com* aufrufen und klicken dort auf *Laden Sie die neue Version von Microsoft Edge jetzt.* Anschließend startet ein Klick auf *Datei öffnen* unten links im Browserfenster die Installation.

Bei der alten Edge-Version läuft die Einstellung der Standardsuche etwas anders ab, weshalb es nötig ist, die aktuellste Version auf dem PC zu haben.

Falls Sie ohnehin ausschließlich den für die Google-Dienste optimierten Chrome-Browser nutzen möchten, können Sie natürlich dieses Kapitel überlesen.

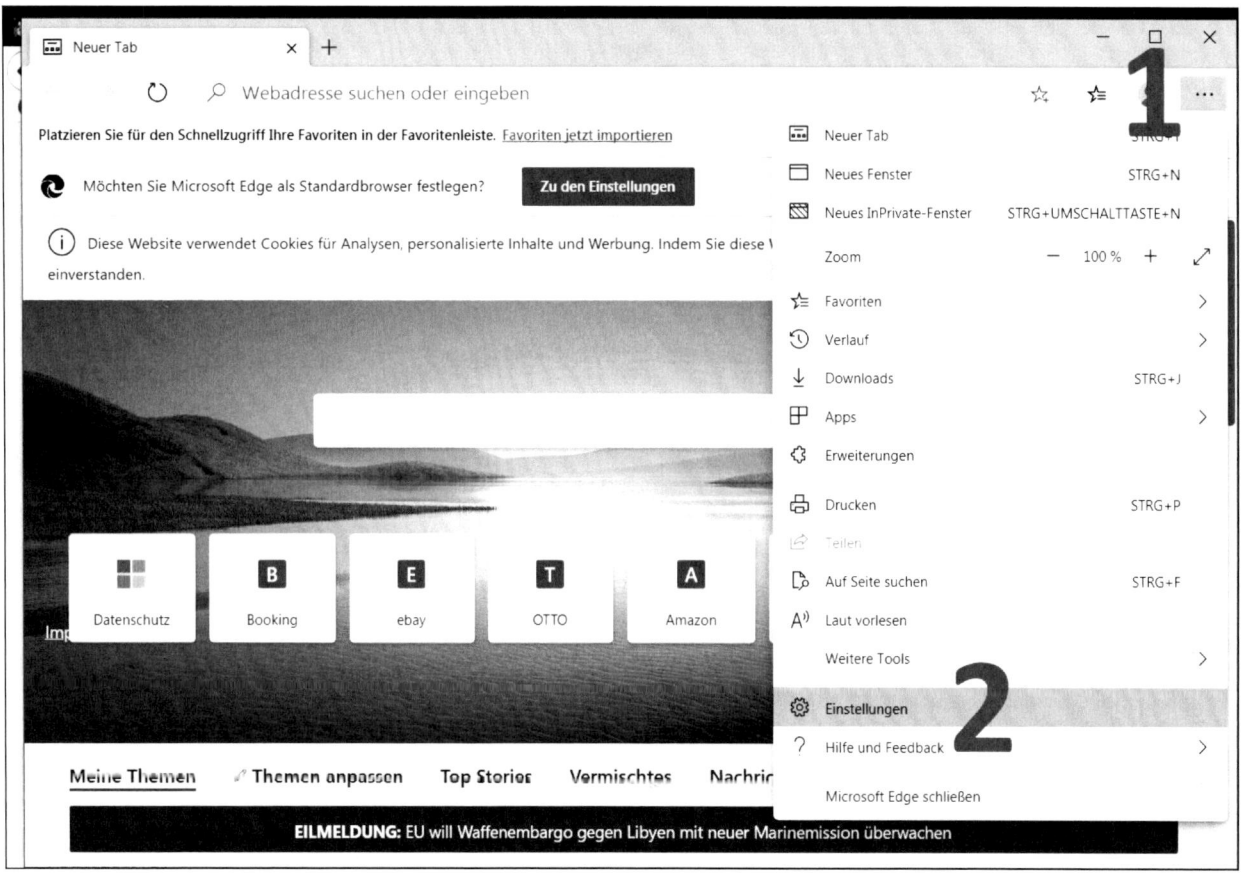

Ein Klick auf **...** (1) öffnet das *Weitere Aktionen*-Menü, in dem Sie auf *Einstellungen* (2) gehen.

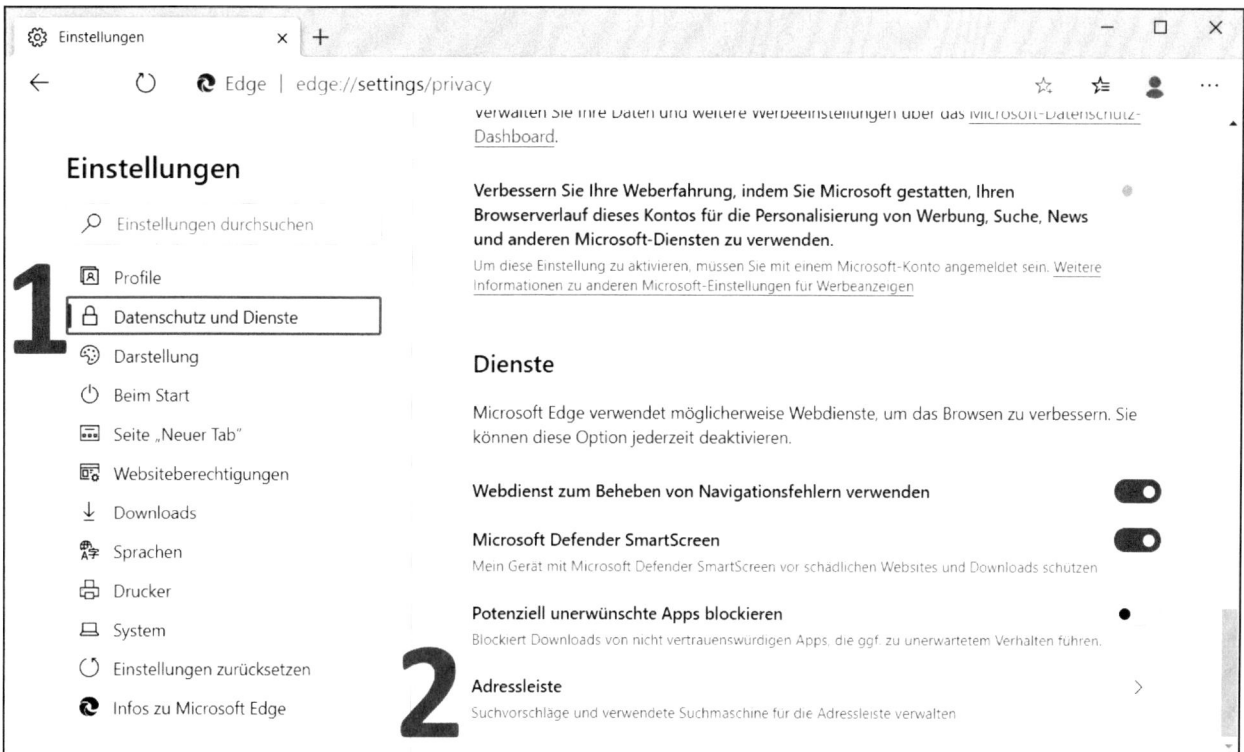

Nach einem Klick auf *Datenschutz und Dienste* (1) rollen Sie durch das Menü nach unten und wählen *Adressleiste* (2) aus.

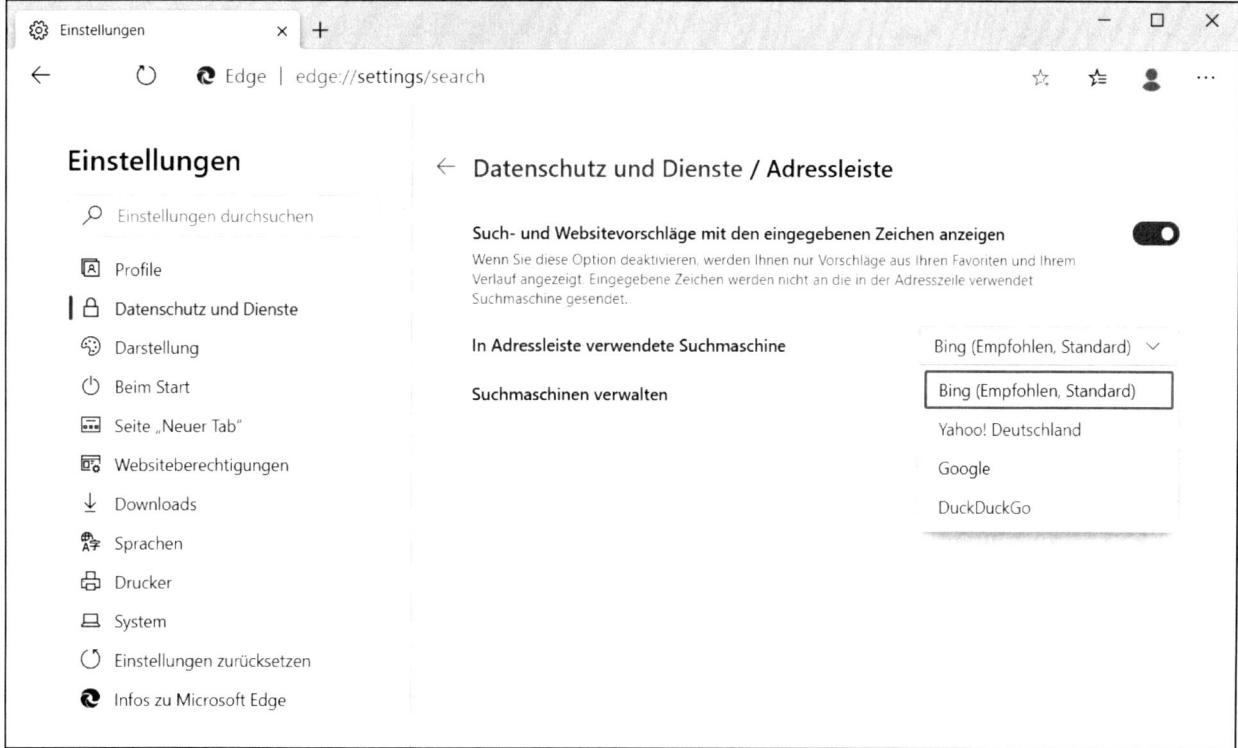

Stellen Sie im Ausklappmenü neben *In Adressleiste verwendete Suchmaschine* die Option *Google* ein. Anschließend können Sie die Einstellungen verlassen.

4.2 Google-Suche in der Praxis

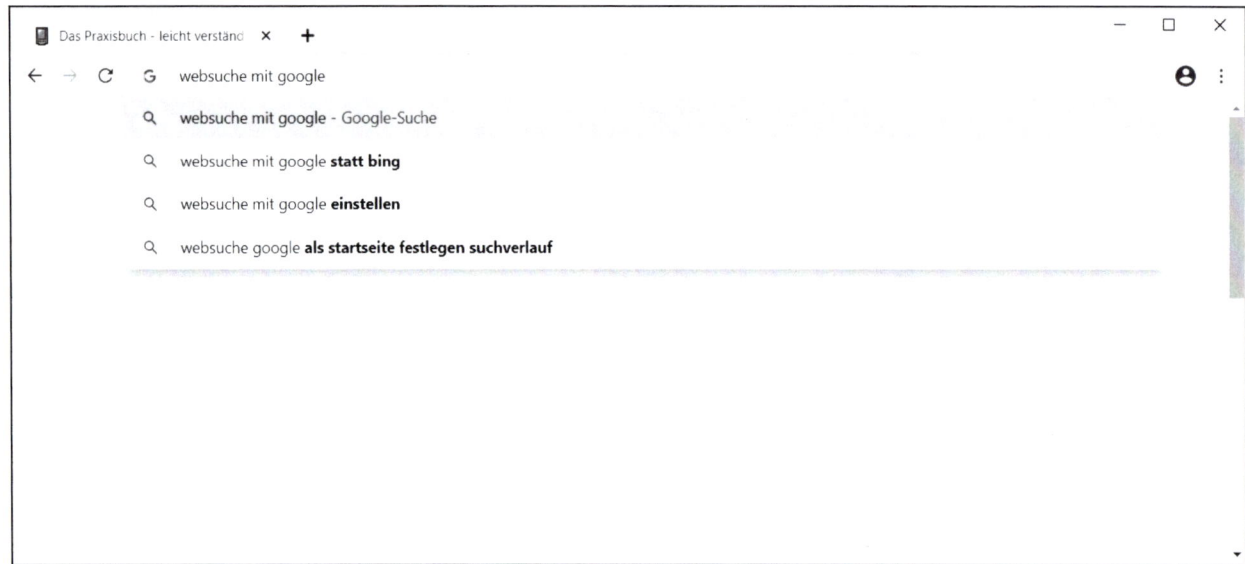

Starten Sie Ihren Webbrowser (hier der später noch vorgestellte Chrome-Browser) dann befindet sich der Cursor meistens bereits im Adressfeld. Geben Sie hier einen oder mehrere Suchbegriffe ein und betätigen Sie die Enter-Taste auf dem Tastenfeld, was die Suche startet.

Google macht bereits während der Suchworteingabe automatisch Suchvorschläge unterhalb des Adressfelds, die Sie mit einem Mausklick übernehmen (alternativ bewegen Sie die Markierung mit Cursor-hoch/runter zum Vorschlag und betätigen die Enter-Taste).

Beachten Sie einige Besonderheiten:

- Groß- und Kleinschreibungen spielen ebenso wenig eine Rolle wie Umlaute und Zusammen- und Auseinanderschreibung.

- Häufig berücksichtigt Google auch Synonyme, beispielsweise wird eine Suche nach »Anleitung« auch Seiten mit den Begriffen »Benutzerhandbuch« oder »Bedienungsanleitung« auswerfen.

- Sollten Sie mal einen Begriff falsch schreiben, weist Sie die Suchmaschine darauf hin.

- Grundsätzlich bevorzugt Google Webseiten, bei denen die gesuchten Wörter eng neben einander stehen.

- Die Suche erfolgt immer mit »und«. Sollte es ausnahmsweise einmal nicht genügend Suchergebnisse geben, dann listet Google auch Fundstellen, in denen ein- oder mehrere Suchwörter fehlen, gibt dann aber einen Hinweis.

- Sogenannte Stoppwörter, dazu zählen beispielsweise »und«, »als« und einige Zahlen, ignoriert Google.

Es ist an dieser Stelle kaum möglich, alle Suchparameter ausführlich zu erläutern. Wir empfehlen daher auch einen Blick auf die Google-Hilfe unter der Webadresse *support.google.com/websearch/answer/2466433*.

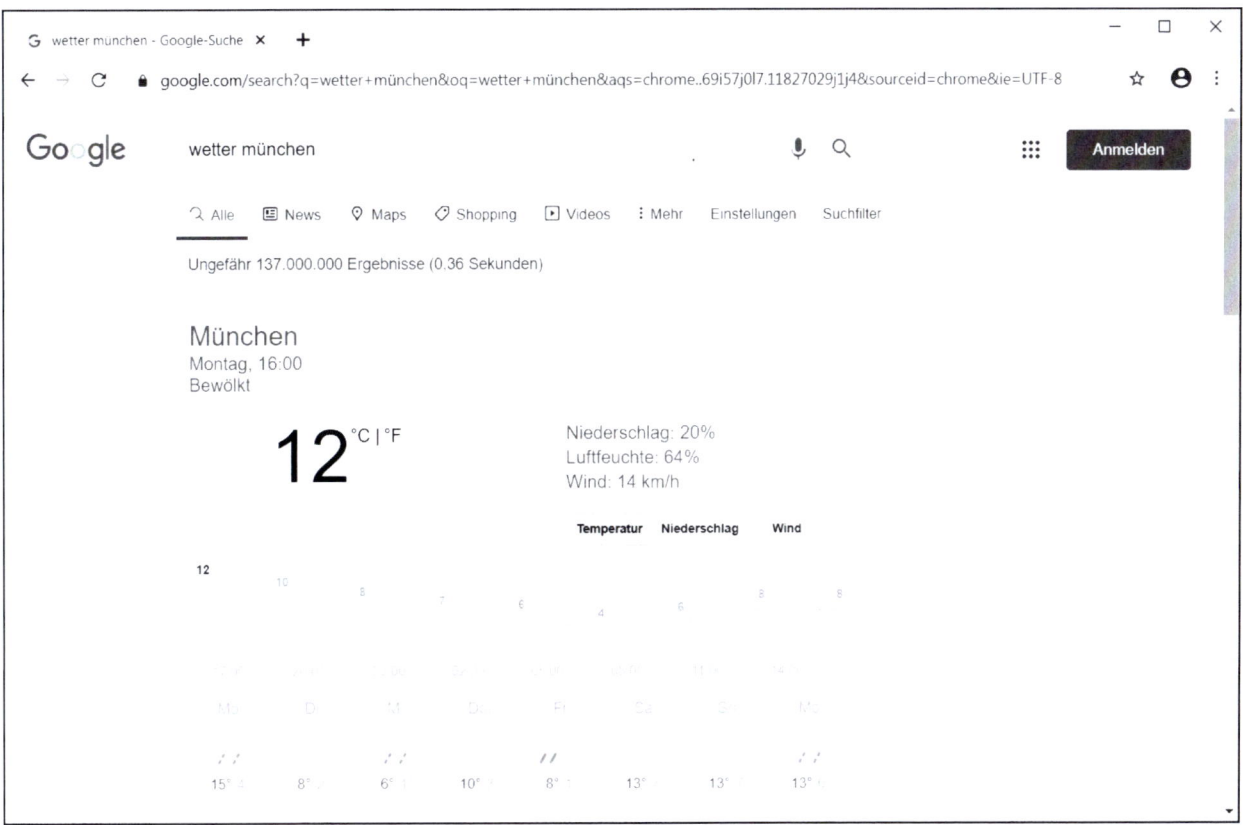

Eine Spezialität von Google sind ortsbezogene Suchfunktionen. Geben Sie dazu einfach den Suchbegriff mit einer Ortsangabe – wahlweise Postleitzahl oder Ortsname – ein:

- *Kino Warburg* oder *Kino 34414*: Zeigt das aktuelle Kinoprogramm für den Ort Warburg an.

- *Wetter Köln* oder *Wetter 50667*: Wettervorhersage für Köln.

- *Karte Hamburg* oder *Karte 22041*: Karte für Hamburg anzeigen. Mit einem Klick gelangen Sie in den Kartendienst Google Maps.

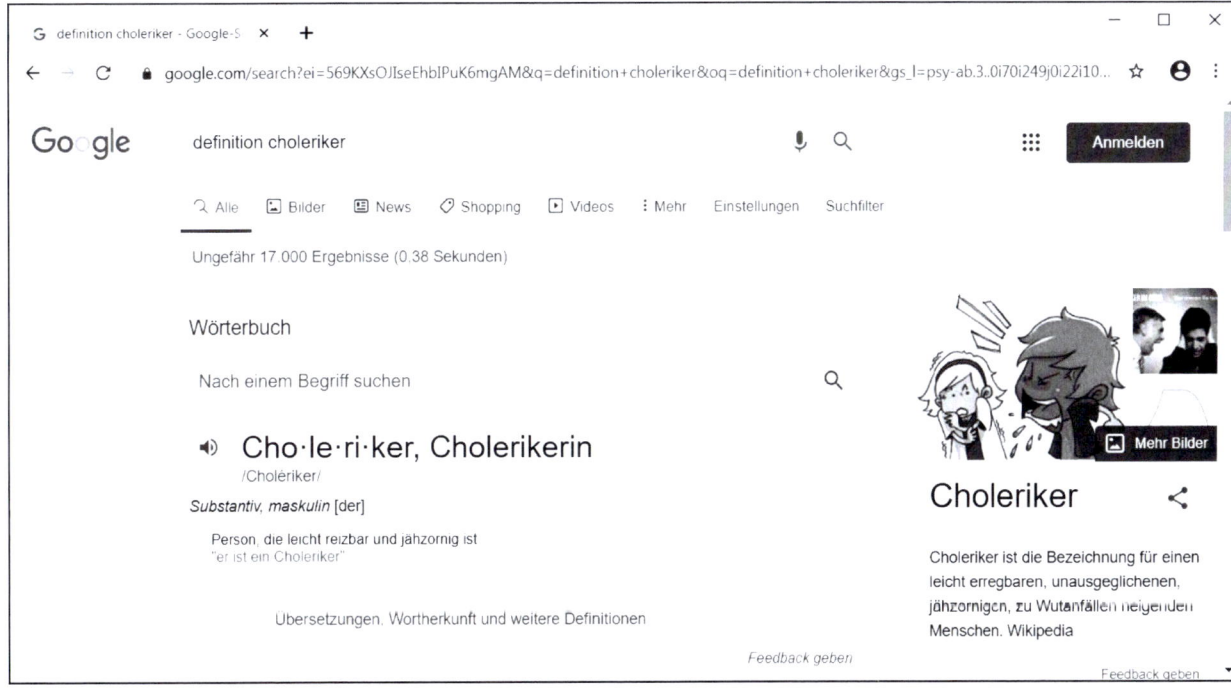

Darüber hinaus beherrscht Google noch einige Spezialfunktionen, die eigentlich überhaupt nichts mit der Suche zu tun haben:

- *definiere Choleriker* oder *Definition Choleriker*: Erläutert den Begriff.

- *FC Bayern*: Letzte Spielergebnisse eines (Fußball-)Vereins anzeigen.

- *(21^3)*5+22*: Eine mathematische Berechnung durchführen.

- *100 USD in Euro*: Währungsrechner.

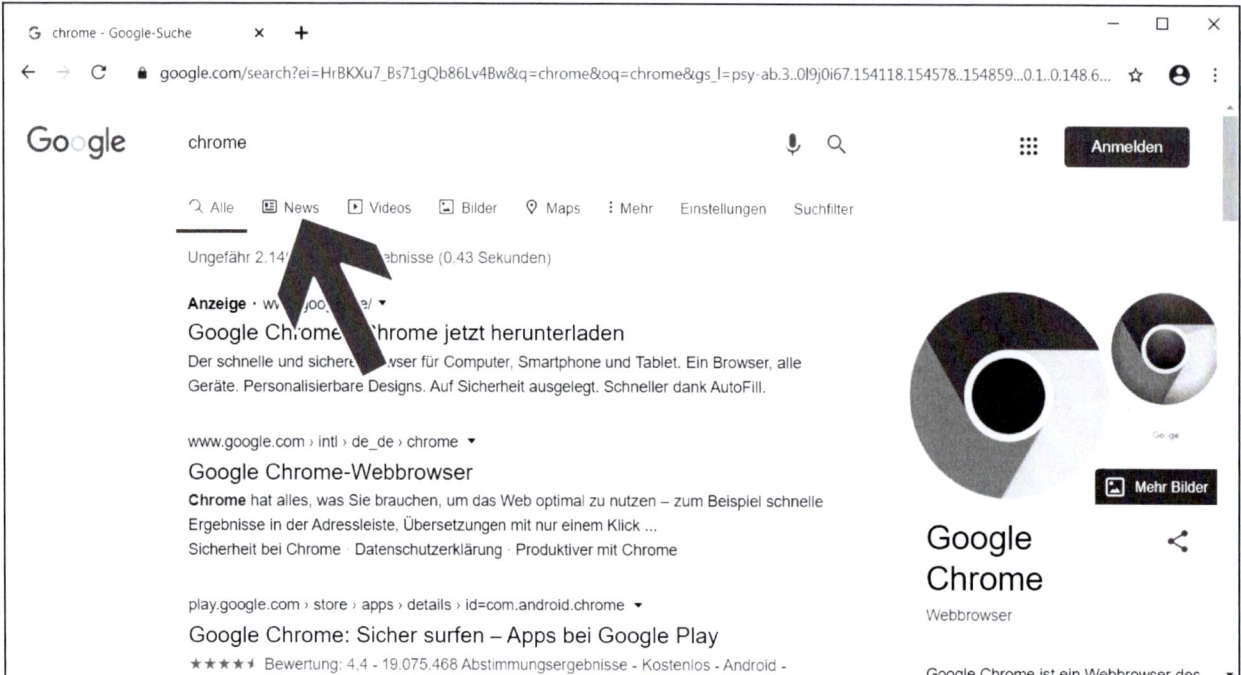

Standardmäßig zeigt Google zunächst Fundstellen aus dem Web an. Ein Klick auf eines der Register darunter schränkt die Anzeige ein auf:

- *News*: Schlagzeilen von Nachrichten-Websites.

- *Bilder*: Bilder, die im Kontext oder der Bildbeschriftung den Suchtext enthalten.

- *Videos*: Listet Videos von YouTube und weiteren Videoportalen, aber auch in Webseiten eingebettete Videos auf.

- *Shopping*: Preisvergleiche von Online-Shops. Beachten Sie, dass die Online-Shops für ihre Listung bezahlen müssen, weshalb die Suchergebnisse nicht repräsentativ sind. Mit spezialisierten Preisvergleichsseiten wie *www.idcalo.de* oder *www.geizhals.de* sind Sie besser bedient.

- *Mehr*: Weitere Suchoptionen, darunter Suche nach Orten in Google Maps, nach Büchern, Flügen oder Apps (Erweiterungen für den Chrome-Browser).

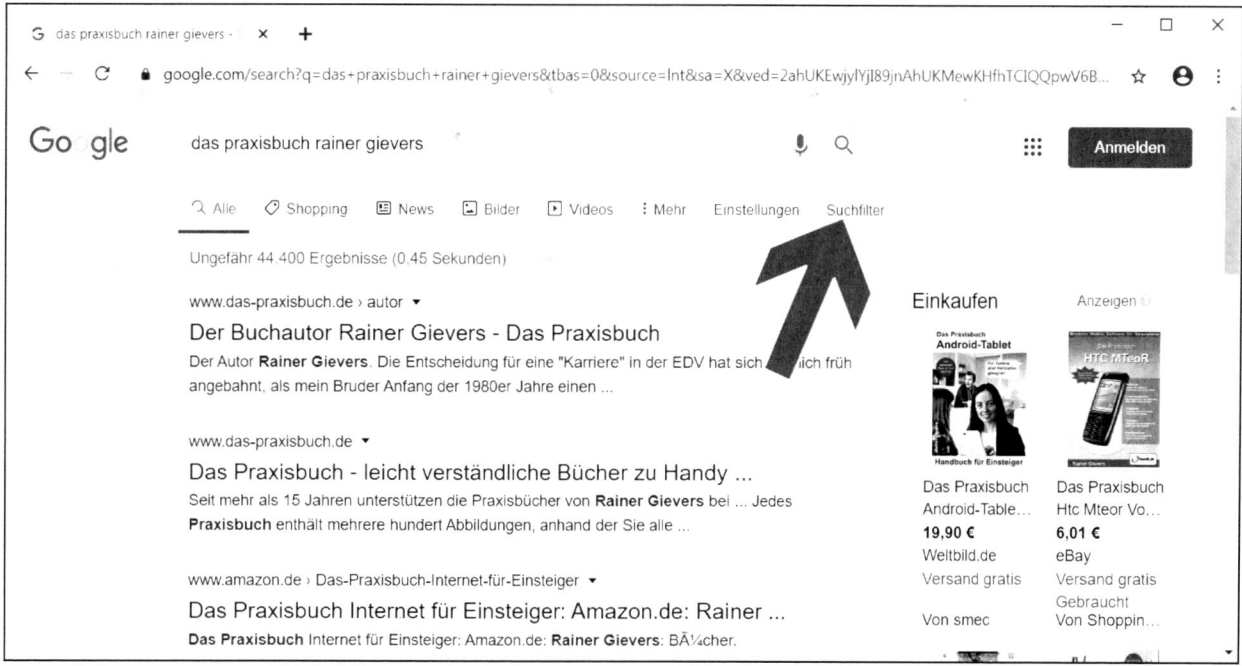

Besonders ans Herz legen möchten wir Ihnen die *Suchfilter*-Schaltleiste (Pfeil), mit der Sie weitere Schaltleisten aktivieren, über die Sie das Suchergebnis nach Land, Sprache, Zeit, Wortähnlichkeit und Standort eingrenzen…

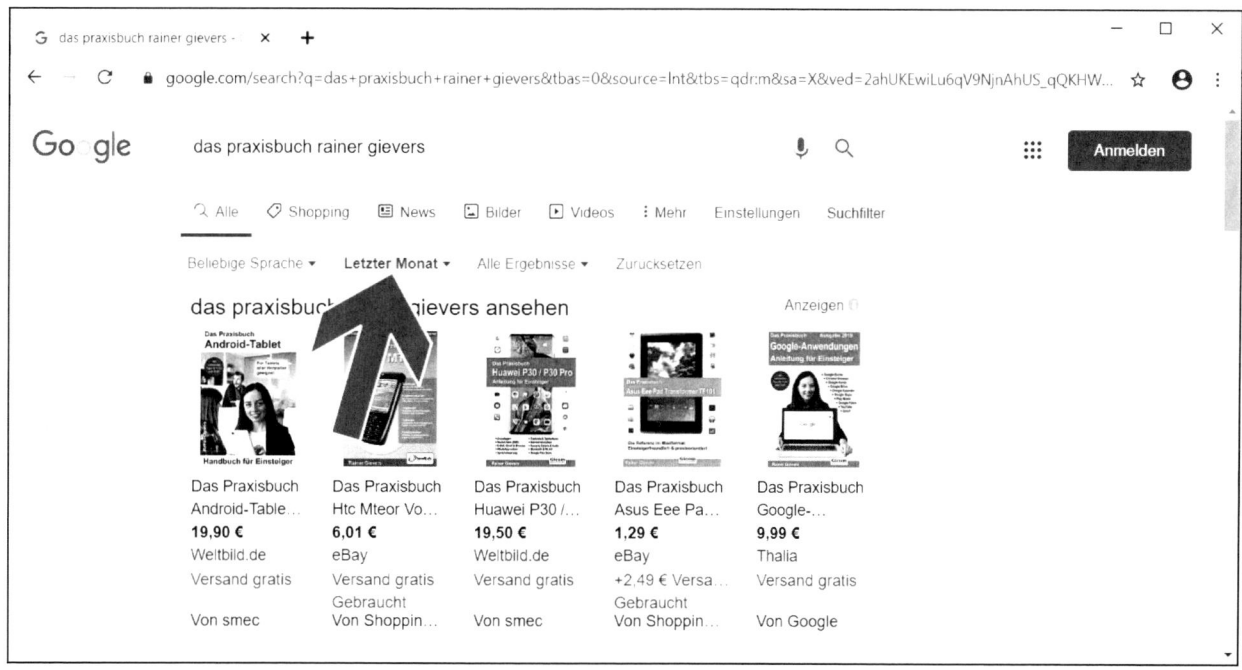

… anschließend grenzen Sie das Suchergebnis beispielsweise zeitlich ein (Pfeil).

5. Chrome-Browser

Für die Internetnutzung unerlässlich ist ein Webbrowser, wovon Sie mit Microsoft Edge, Mozilla Firefox, Google Chrome (um nur die wichtigsten zu nennen) bereits einen nutzen. Welchen Browser Sie verwenden, spielt keine Rolle, denn in allen Browsern erhalten Sie die gleiche Bildschirmanzeige.

Trotzdem empfehlen wir den Chrome-Browser. Warum? Google liefert über die Webseitendarstellung hinaus zahlreiche clevere Funktionen in Chrome mit, die Sie bei anderen Browsern nicht finden. Dazu gehört auch die Integration des später noch im Kapitel *6 Das Google-Konto* vorgestellten Google-Kontos.

5.1 Ersteinrichtung

5.1.1 Download und Installation

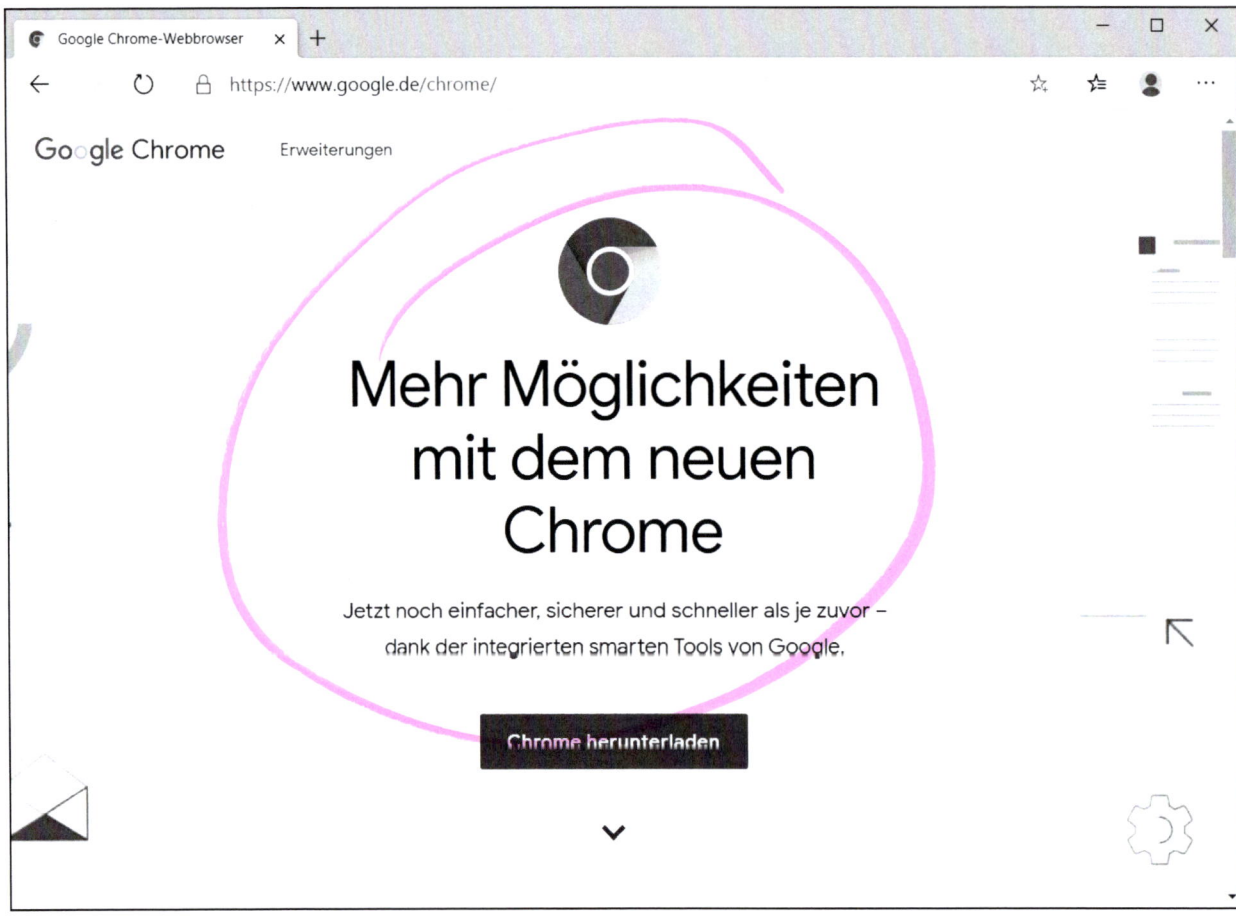

Chrome erhalten Sie, indem Sie in Ihrem »alten« Browser die Webadresse *www.google.de/chrome* aufrufen und dann auf *Chrome herunterladen* klicken.

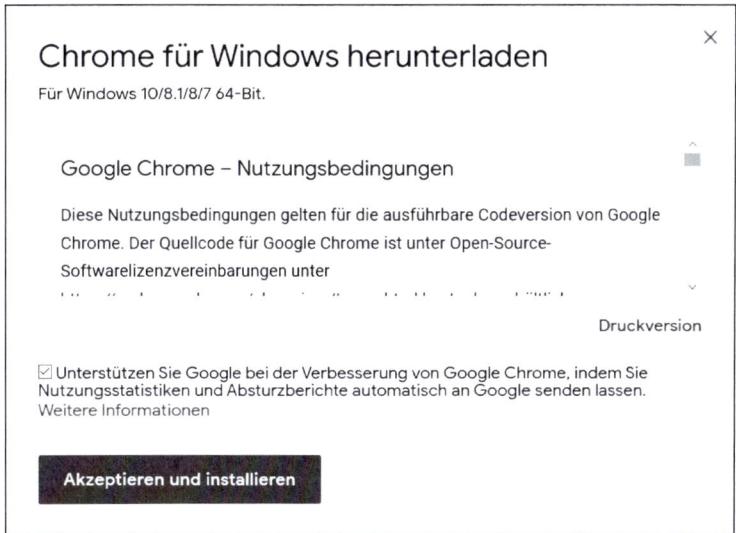

Das eventuell angezeigte Popup schließen Sie mit *Akzeptieren und installieren.*

Nach dem Herunterladen installieren Sie den Chrome-Browser. Je nach Betriebssystem dürfte eine Sicherheitsabfrage erfolgen, bevor die eigentliche Installation erfolgt.

Falls der Browser nicht nachfragt, ob das heruntergeladene Programm installiert werden soll, betätigen Sie die Tastenkombination Strg + J, was die Downloads auflistet und doppelklicken Sie auf die Chrome-Installationsdatei.

Wichtig: Laden Sie den Chrome-Browser nur von einem Google-Server (erkennbar an einer Webadresse, die *www.google.com* oder *www.google.de* enthält) und nie aus einer anderen Quelle herunter! Es besteht sonst die Gefahr, dass Ihnen Schadsoftware untergeschoben wird.

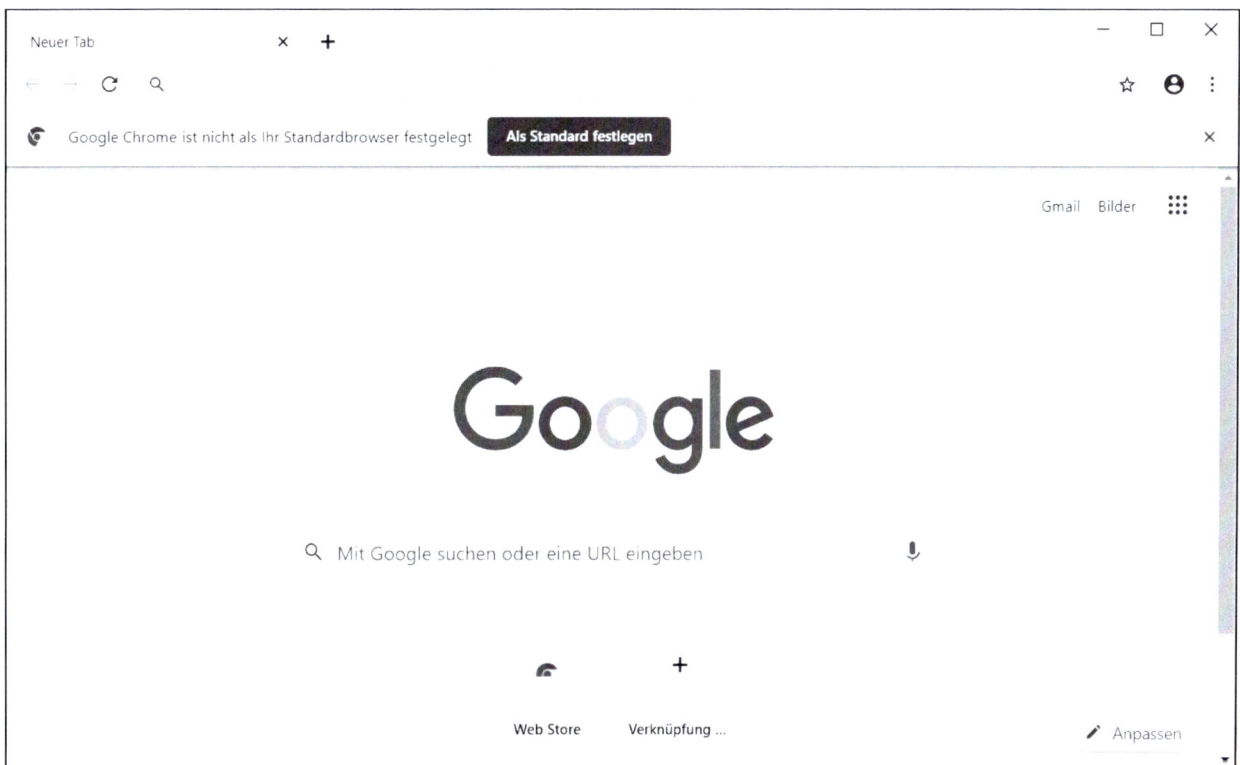

Chrome startet. Sie finden den Browser künftig im Kachelmenü beziehungsweise auf dem Desktop.

Je nach Version des Windows-Betriebssystems sieht die Chrome-Benutzeroberfläche etwas anders aus.

5.1.2 Chrome als Standard-Browser

Neben dem von Ihnen neu installierten Chrome-Browser sind weiterhin auf Ihrem Windows-PC der Internet Explorer-Browser beziehungsweise der Edge-Browser (ab Windows 10) vorhanden. Der Edge-Browser wird dabei als »Standard« immer dann aufgerufen, wenn eine andere Anwendung ein Browser-Fenster öffnet. Dies ist beispielsweise der Fall, wenn Sie in einem E-Mail-Programm in einer Nachricht einen Link anklicken. Auch Hilfeseiten, die manche Programme über das Hilfe-Menü anbieten, öffnet Windows im Standard-Browser.

Sie sollten daher Chrome als Standard-Browser einstellen.

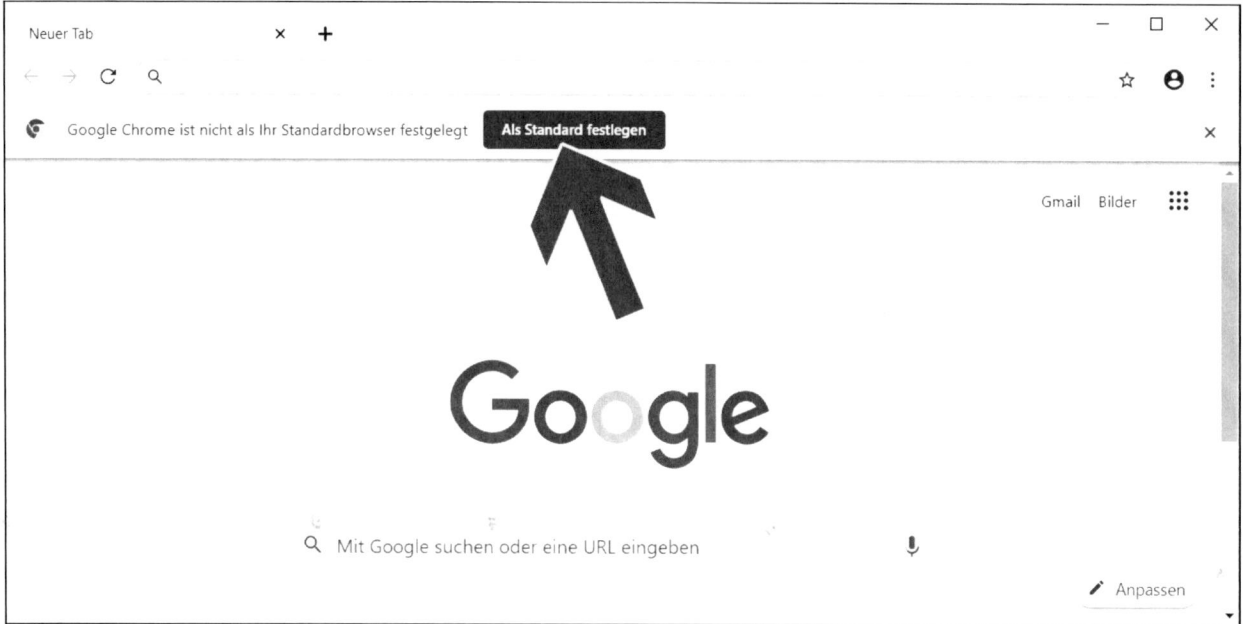

Klicken Sie auf *Als Standard festlegen*.

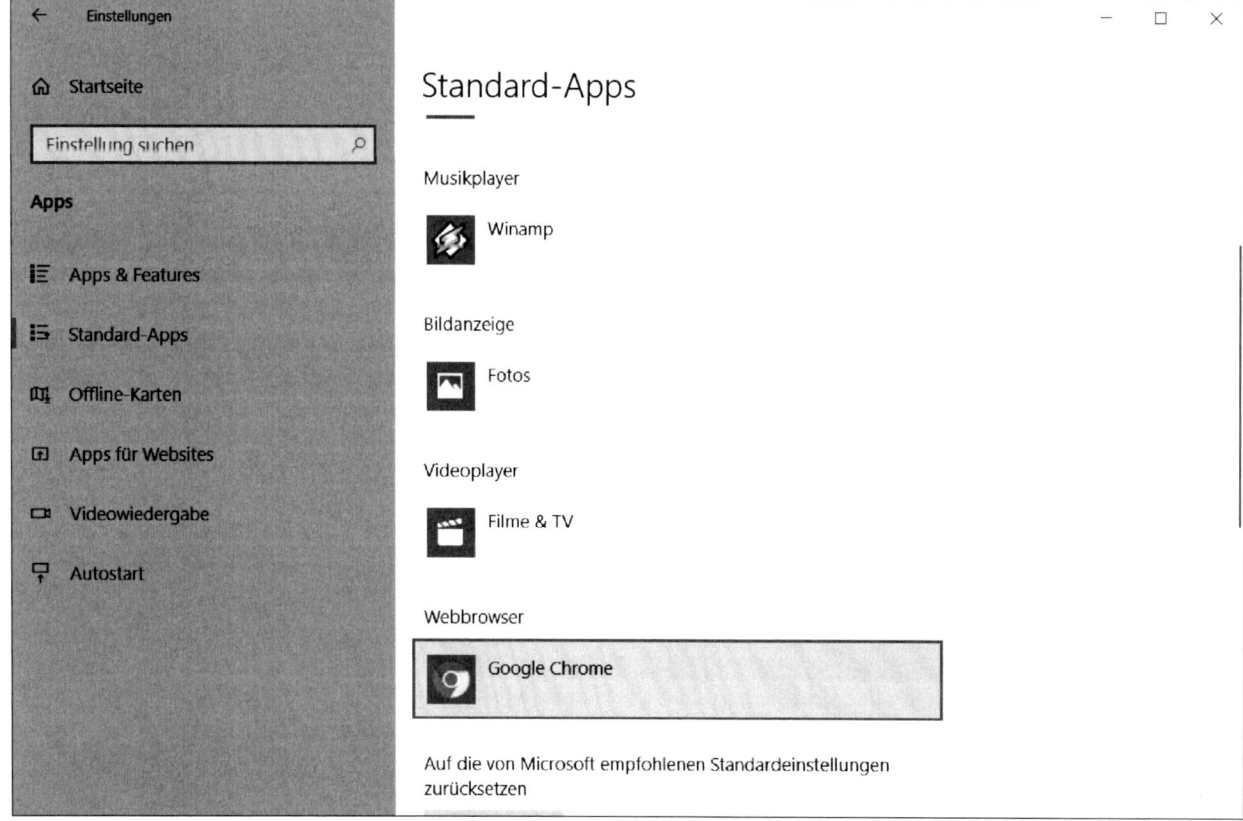

Wählen Sie *Google Chrome* unter *Webbrowser* aus. Danach schließen Sie das Fenster.

5.1.3 Lesezeichen importieren

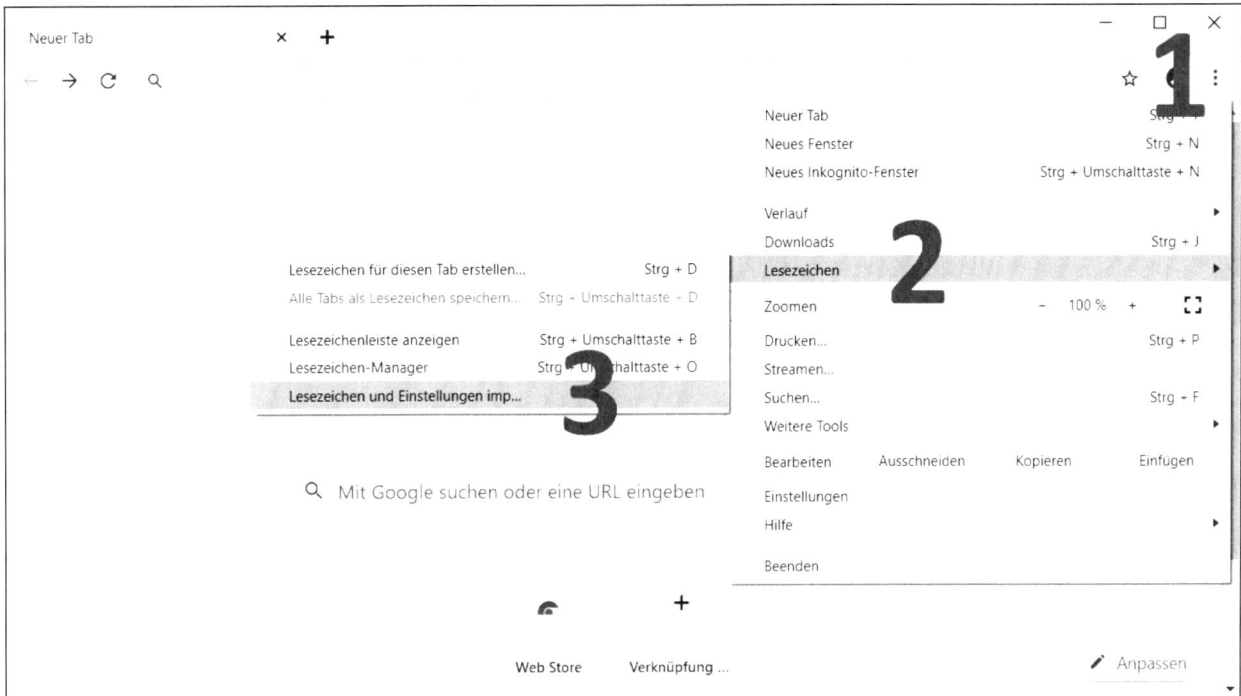

Sofern Sie zuvor einen anderen Webbrowser genutzt haben, sollten Sie dessen Lesezeichen in Chrome übernehmen. Dafür klicken Sie erst auf ⋮ (1), dann auf *Lesezeichen* (2) und *Lesezeichen und Einstellungen importieren* (3).

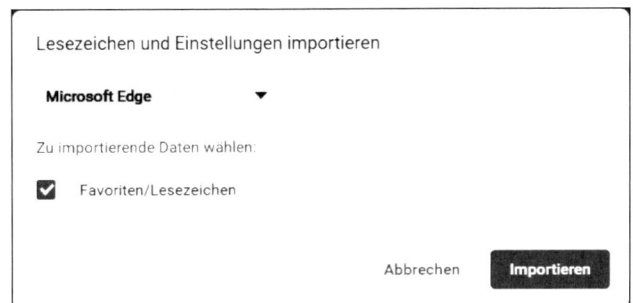
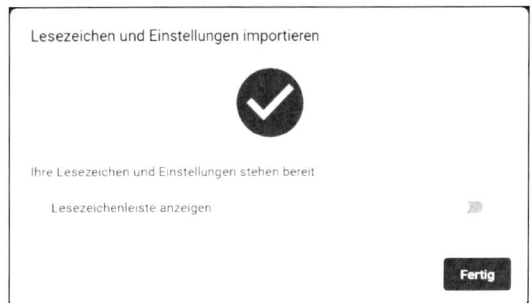

❶ Stellen Sie einfach im Auswahlmenü den betreffenden Webbrowser, im Beispiel *Internet Explorer* ein und betätigen Sie *Importieren*.

❷ Klicken Sie auf *Fertig*.

Auch nachträglich ist jederzeit der Import von Lesezeichen anderer Browser möglich.

5.2 Grundfunktionen

Wenn Sie den Browser aufrufen befindet sich der Cursor bereits im Adressfeld. Geben Sie nun die anzuzeigende Webadresse ein und schließen Sie mit der Enter-Taste ab.

Bereits während der Eingabe macht Chrome Vorschläge, die Sie entweder mit einen Mausklick oder mit der Tastatur (Cursortaste hoch/runter und Druck auf Enter-Taste) übernehmen:

- ★: Favorit (von Ihnen gespeichertes Lesezeichen), siehe Kapitel *5.4 Lesezeichen*.
- ⬀: Zuvor von Ihnen besuchte Webseite
- ⚲: Vorschlag für eine Google-Suche

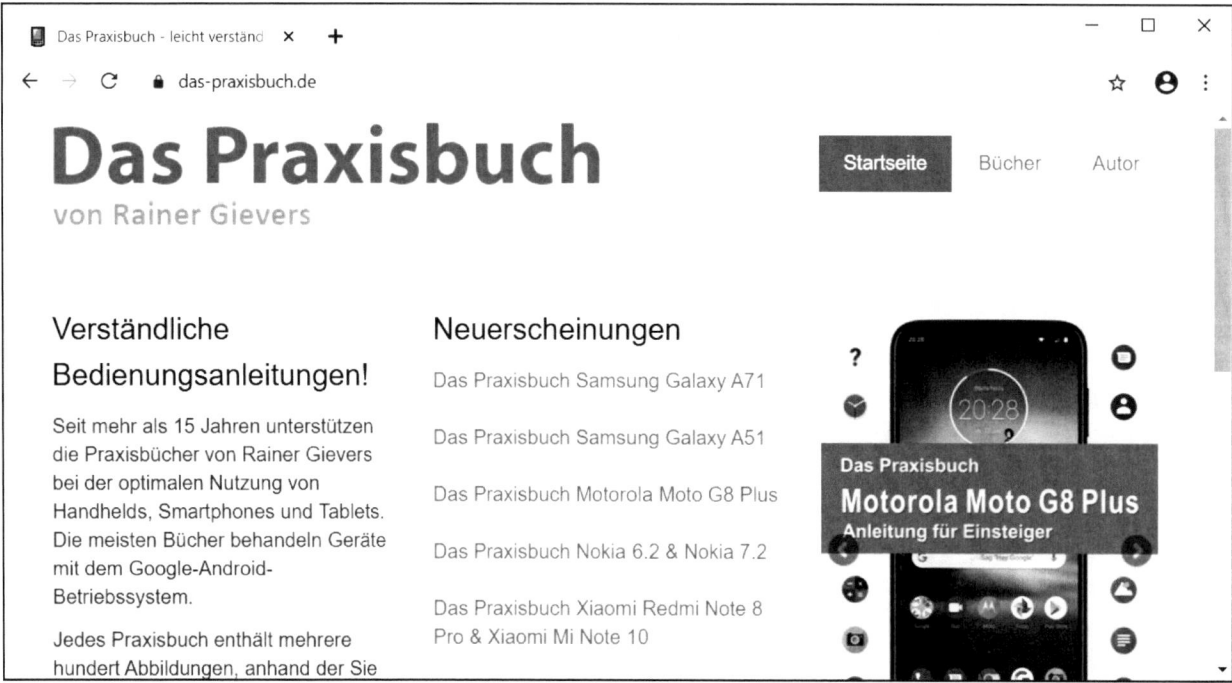

Die Webadresse wird geladen und angezeigt.

Tipp: Drücken Sie gleichzeitig auf der Tastatur die Plus- oder Minus-Taste zusammen mit der Strg-Taste, um die Schriftgröße zu ändern. Alternativ können Sie durch gleichzeitiges Drücken der Strg-Taste und Drehen am Mausrad die Schriftgröße einstellen.

Einem Link folgen Sie, indem Sie ihn anklicken. Bewegen Sie den Mauszeiger über einen Link und betätigen Sie die rechte Maustaste für das Popup-Menü:

- *Link in neuem Tab öffnen*: Öffnet den Link in einem neuen Browser-Tab.

- *Link in neuem Fenster öffnen*

- *Link in Inkognito-Fenster öffnen*: Öffnet den Link im privaten Modus, bei der alle Cookies oder andere Daten wieder gelöscht werden, wenn man das Fenster später schließt.

- *Link speichern unter*: Speichert die Webseite auf der Festplatte.

- *Adresse des Links kopieren*: Kopiert die Webadresse des Links in die Zwischenablage, von wo man sie später in andere Anwendungen wieder einfügen kann.

- *Untersuchen*: Diese Funktion ist nur für Webdesigner interessant, die sich damit den Seitenquelltext anzeigen.

Tipp: Es kommt manchmal vor, dass eine Webseite unheimlich lange fürs Laden benötigt. In diesem Fall brechen Sie mit der Esc-Taste den Ladevorgang ab. Der Browser zeigt dann meistens die bereits geladenen Bestandteile der Webseite an.

Hinweis: Aus drucktechnischen Gründen verwenden wir in diesem Buch unterschiedlich große Bildschirmabbildungen, damit Sie die Menüs besser erkennen können.

Die Schaltleisten oben links im Browserfenster schalten zwischen den besuchten Webseiten um: Anklicken von ← kehrt zur letzten besuchten Webseite zurück, während → die nächste aufgerufene Seite anzeigt (dies funktioniert nur, wenn Sie zuvor eine Seite zurückgeblättert hatten). C lädt die Webseite dagegen neu.

5.3 Tabs

Heutzutage bietet jeder PC-Webbrowser die Möglichkeit, mehrere Webseiten gleichzeitig anzuzeigen, wobei die sogenannten Tabs zum Einsatz kommen. Sofern Sie bereits Tabs auf dem PC-Webbrowser genutzt haben, dürften Sie also vieles wiedererkennen.

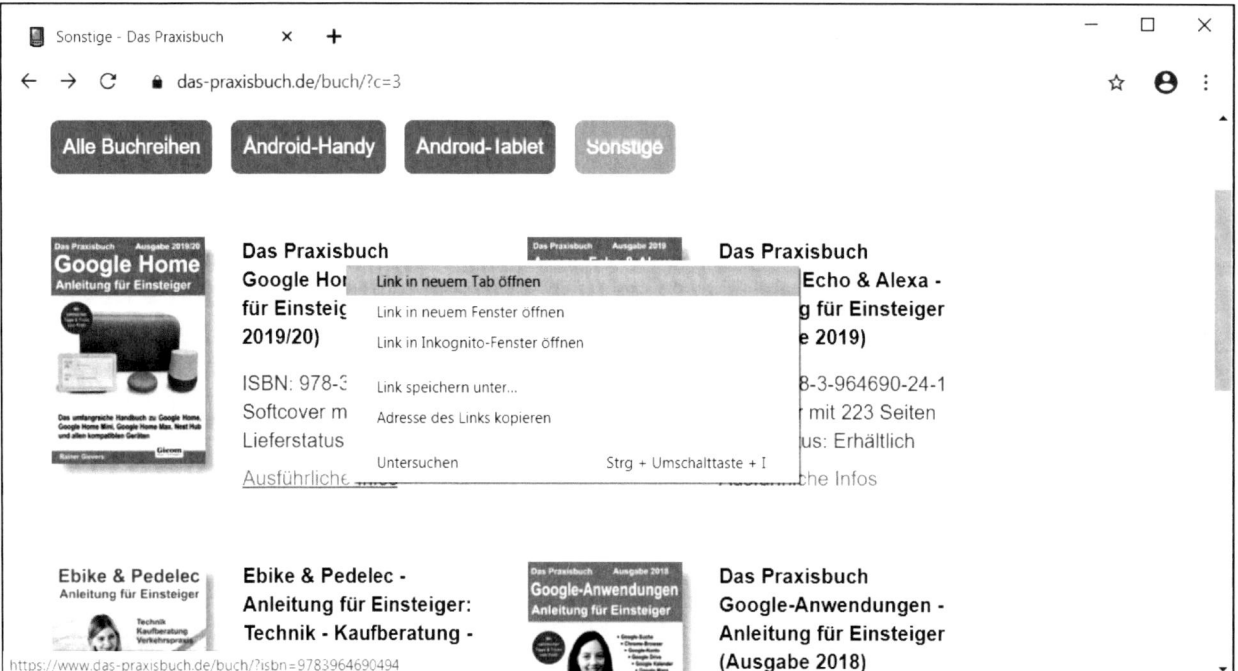

Bewegen Sie den Mauszeiger über einen Link und betätigen Sie die rechte Maustaste, worauf das Popup-Menü erscheint. Wählen Sie dann *Link in neuem Tab öffnen*. Der Browser-Tab wird im Hintergrund geöffnet.

Alternativ gehen Sie auf *Link in neuem Fenster öffnen*, was ein neues Browserfenster erzeugt.

Einen neuen leeren Tab erzeugen Sie über die ✚-Schaltleiste oben links (Pfeil).

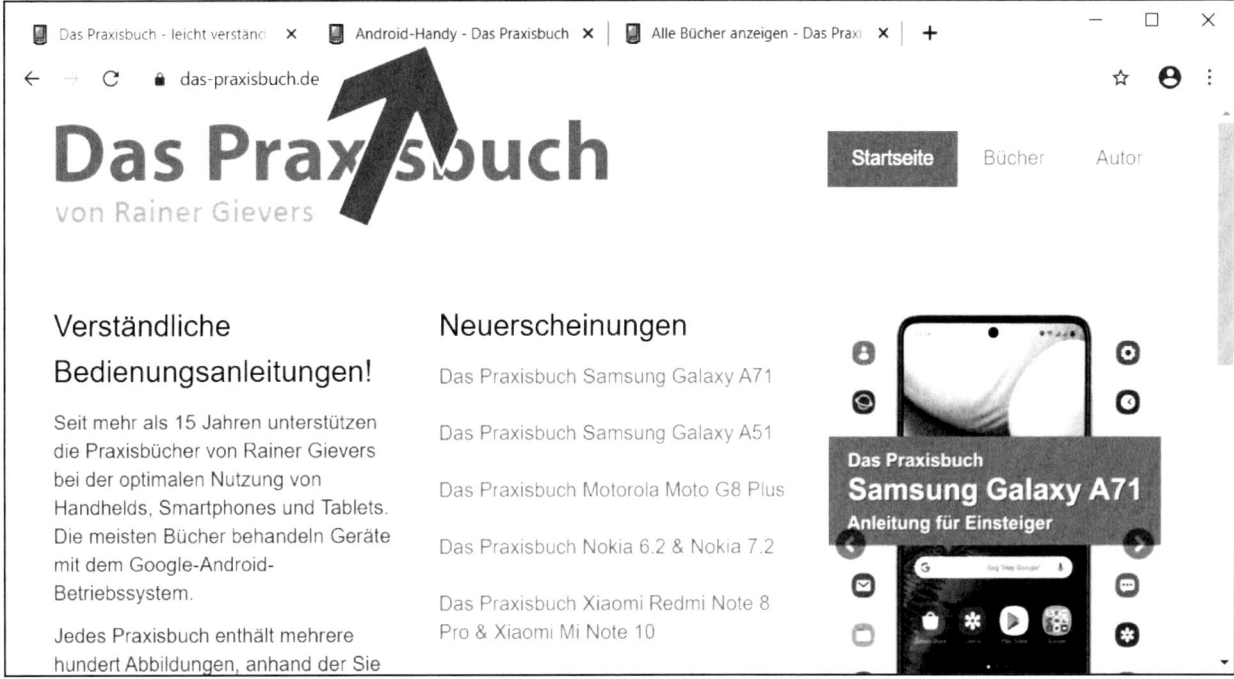

Zwischen den Tabs schalten Sie durch Anklicken um (Pfeil).

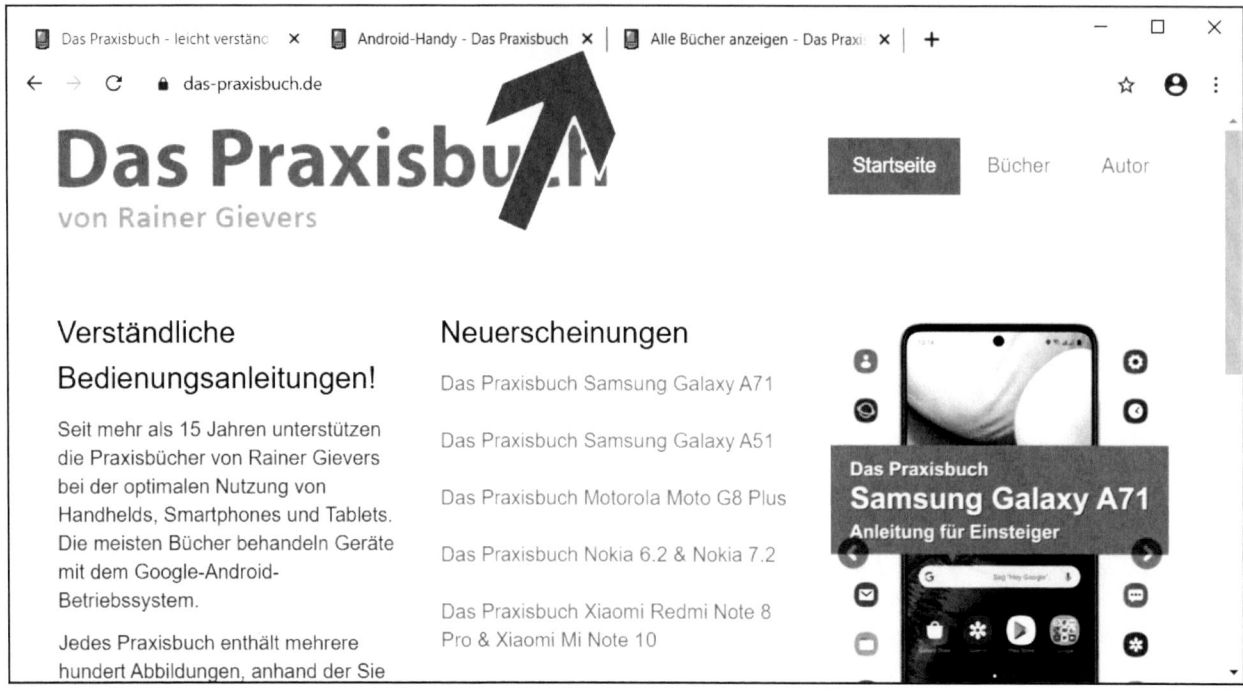

Offene Tabs schließen Sie wahlweise mit der Tastenkombination Strg + W oder klicken auf das ✗.

5.4 Lesezeichen

Es ist natürlich sehr mühselig, die Adressen von zu besuchenden Websites immer von Hand im Webbrowser einzugeben, weshalb es Lesezeichen gibt.

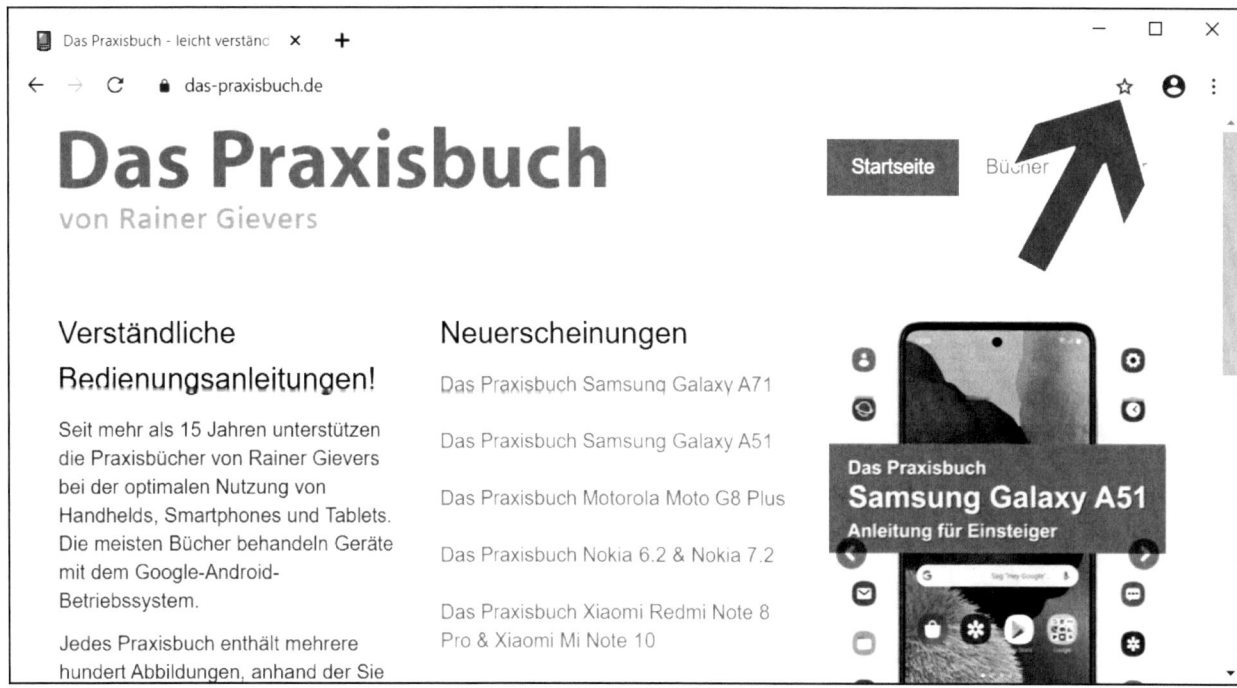

Klicken Sie auf ☆ oben rechts neben der Adressleiste, um ein Lesezeichen zu speichern.

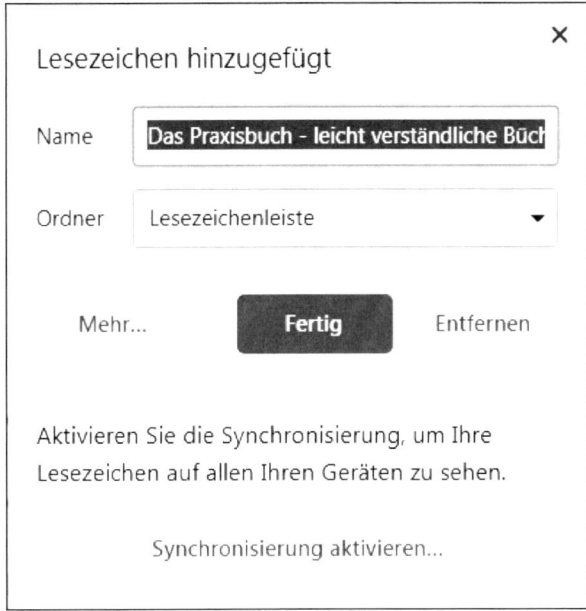

Ändern Sie gegebenenfalls den Namen des Lesezeichens und betätigen Sie *Fertig*.

Damit Sie Übersicht bei Ihren Lesezeichen halten, können Sie diese einem *Ordner* zuweisen:

- *Lesezeichenleiste*: Die Lesezeichenleiste ermöglicht den schnellen Zugriff auf Ihre Lesezeichen. Darauf kommen wir gleich noch.

- *Weitere Lesezeichen*: Weitere vordefinierte Lesezeichenordner.

Die *Entfernen*-Schaltleiste löscht ein Lesezeichen wieder. Mit *Bearbeiten* öffnen Sie den Verwaltungsdialog, worin Sie die Ordner verwalten.

> Jede Webadresse lässt sich nur einmal als Lesezeichen speichern. Es ist somit nicht möglich, ein Lesezeichen mehreren Ordnern zuzuweisen.

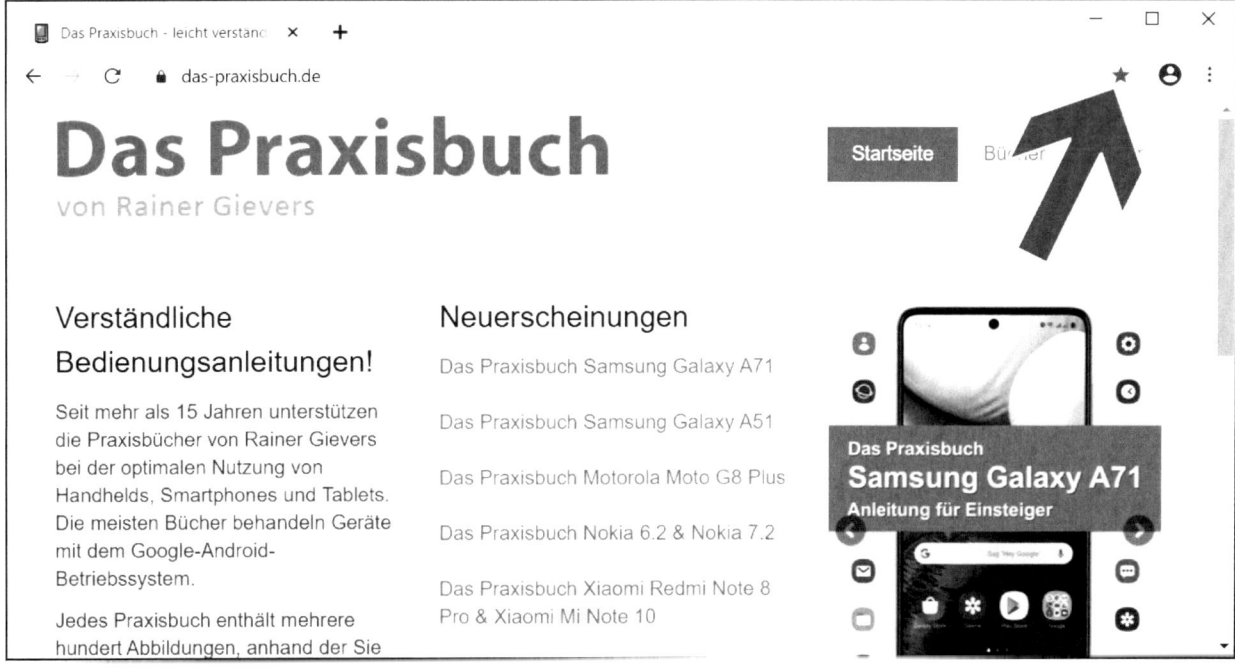

Bei Webseiten, die bereits als Lesezeichen vorhanden sind, erscheint künftig ein blauer ★ (Pfeil).

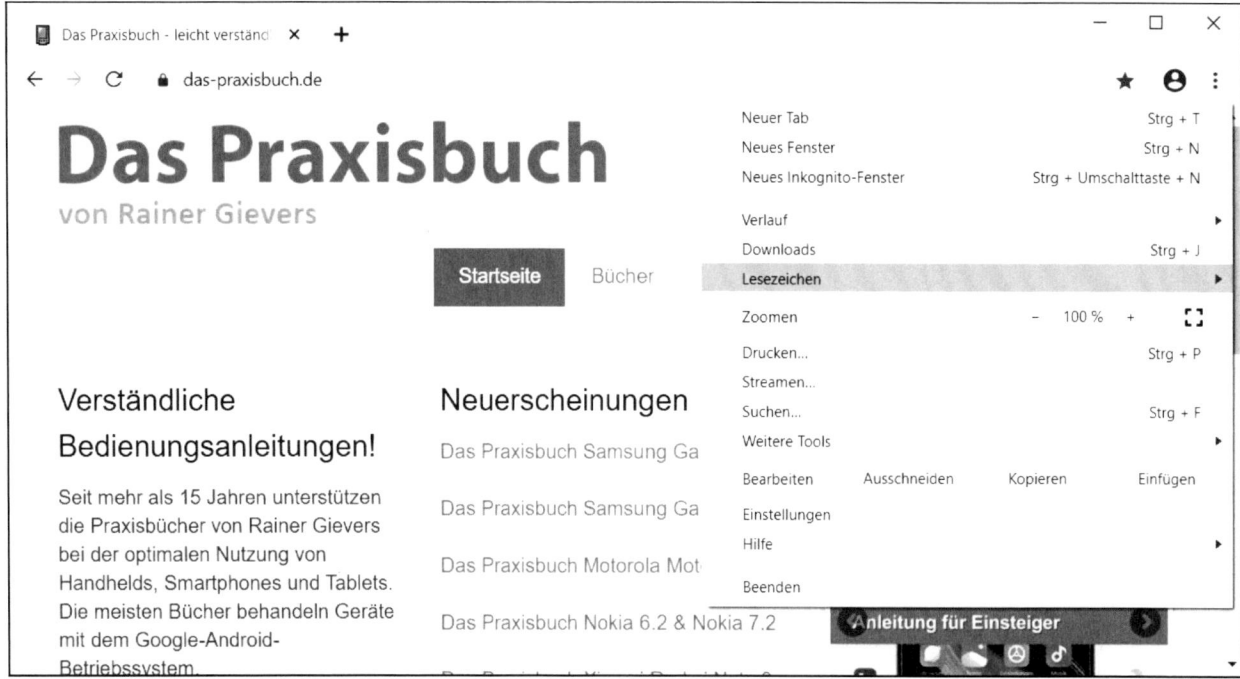

Die Lesezeichenauflistung öffnen Sie mit ⋮ (Pfeil). Gehen Sie dann auf *Lesezeichen.*

5.4.1 Lesezeichenleiste

Es ist doch recht umständlich, immer erst das oben erwähnte ⋮/*Lesezeichen*-Menü für den Lese-
zeichenzugriff zu öffnen. Deshalb ist eine sogenannte Lesezeichenleiste vorhanden.

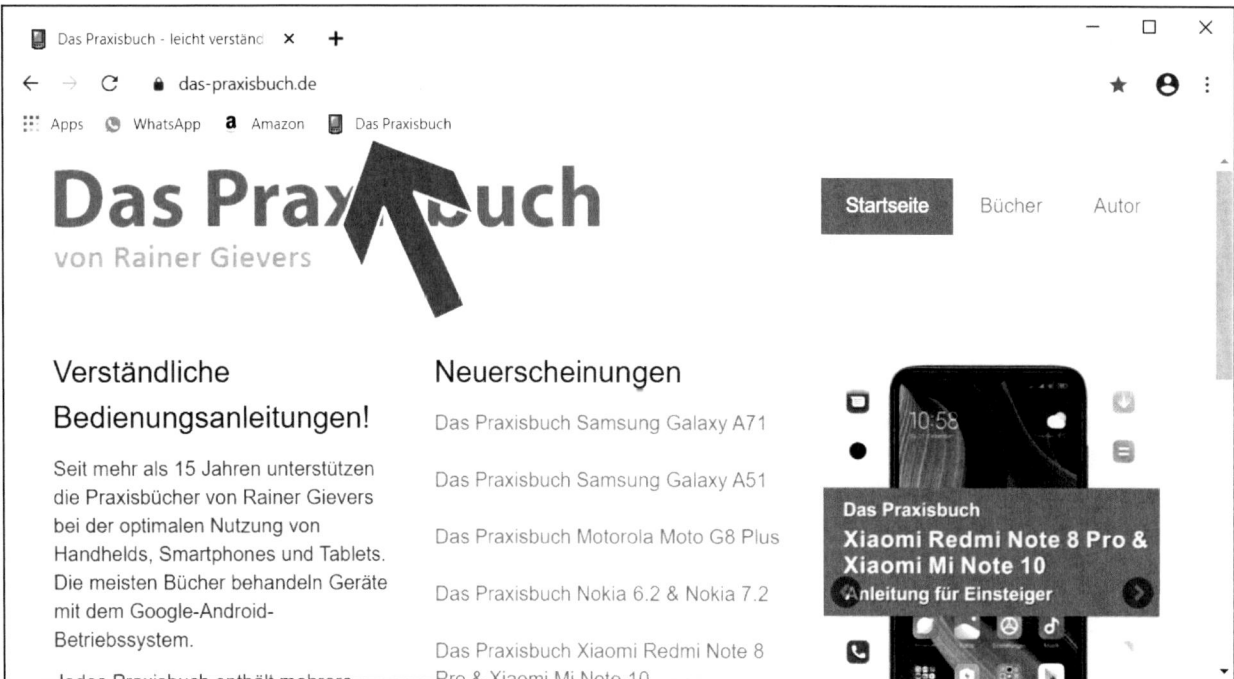

Die Lesezeichenleiste aktivieren/deaktivieren Sie mit gleichzeitigem Drücken von Strg + ⇧
(Hochstelltaste) + B auf der Tastatur.

Anklicken eines Lesezeichens in der Lesezeichenleiste ruft die entsprechende Webseite auf.

Damit ein neues Lesezeichen in der Lesezeichenliste erscheint, stellen Sie bei der Neuanlage als
Ordner *Lesezeichenleiste* ein.

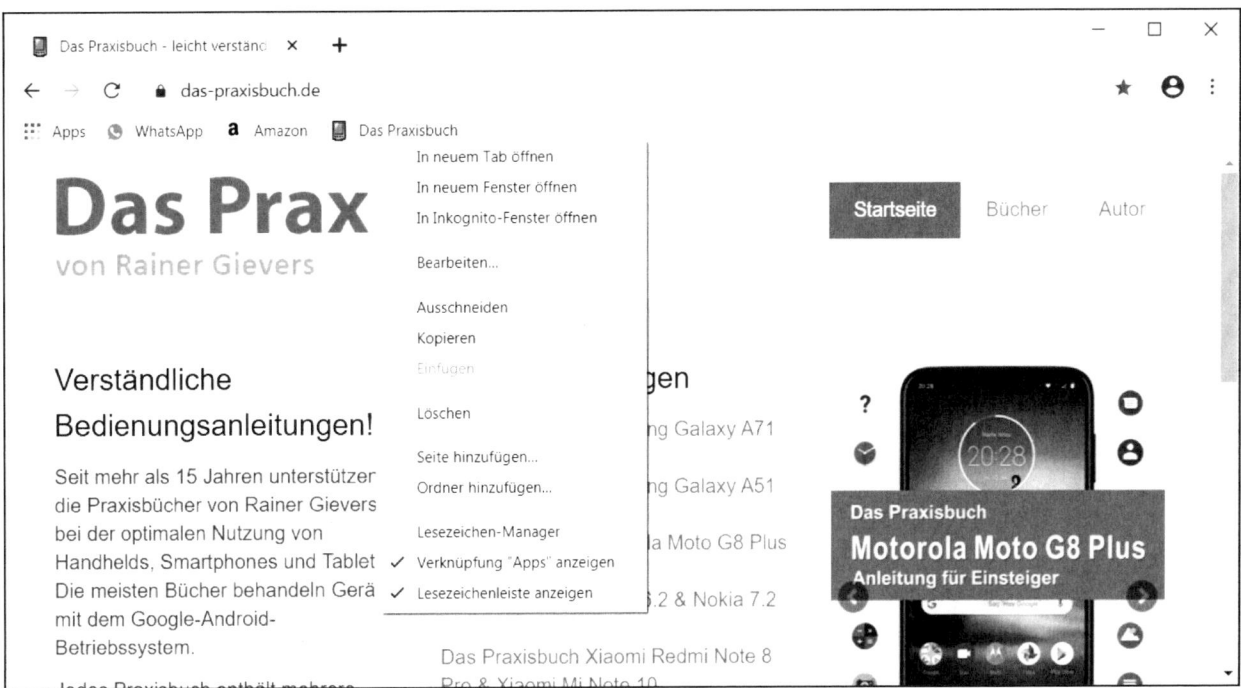

Betätigen Sie jetzt einmal über einem Lesezeichen die rechte Maustaste für das Popup-Menü. Sie erhalten dann weitere Funktionen zum Öffnen und Bearbeiten.

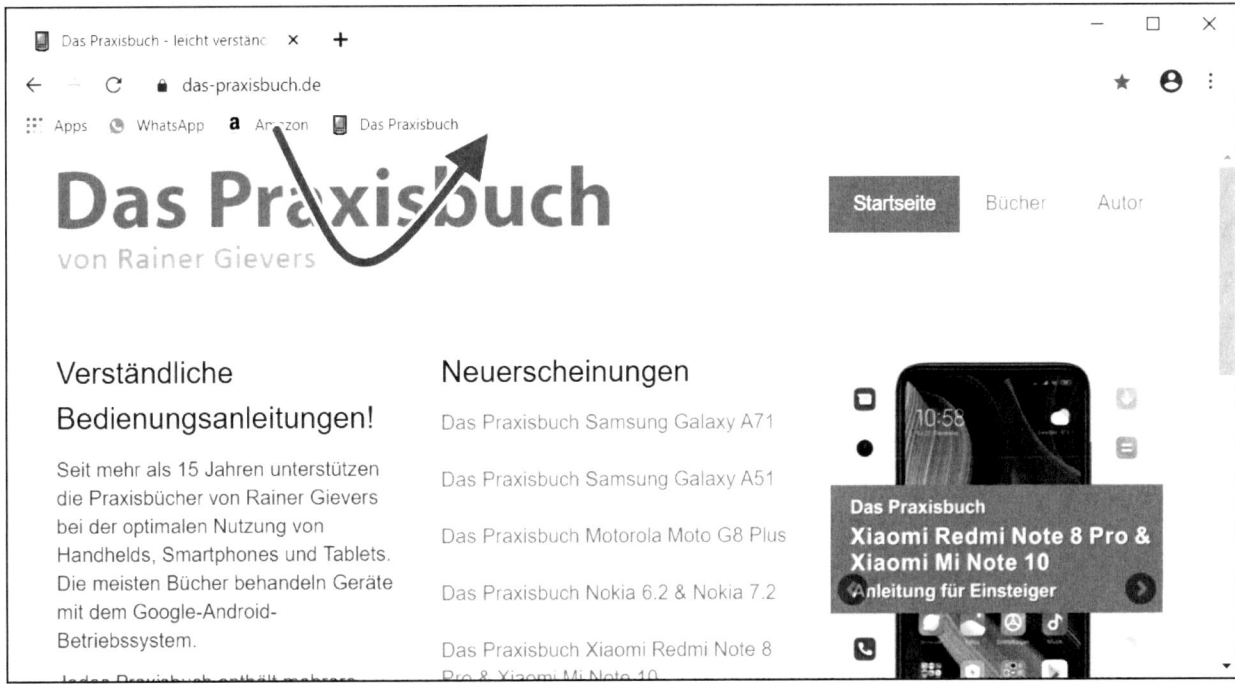

Die Anordnung der Lesezeichen in der Lesezeichenleiste lässt sich mit einfach ändern: Ziehen Sie das Lesezeichen mit gedrückter Maustaste einfach an eine andere Position.

5.5 Dateien herunterladen

Auf vielen Websites werden Dateien zum Herunterladen angeboten. Klicken Sie dann einfach auf den jeweiligen Download-Link.

Beachten Sie, dass Chrome PDF-Dateien direkt im Browserfenster öffnet und nicht dauerhaft im Gerätespeicher ablegt. Speichern ist aber über die ⬇-Schaltleiste möglich. Es erscheint ein Windows-Dialog, in dem Sie das Speicherverzeichnis auswählen beziehungsweise einen Datei-namen vergeben, bevor Sie *Speichern* betätigen.

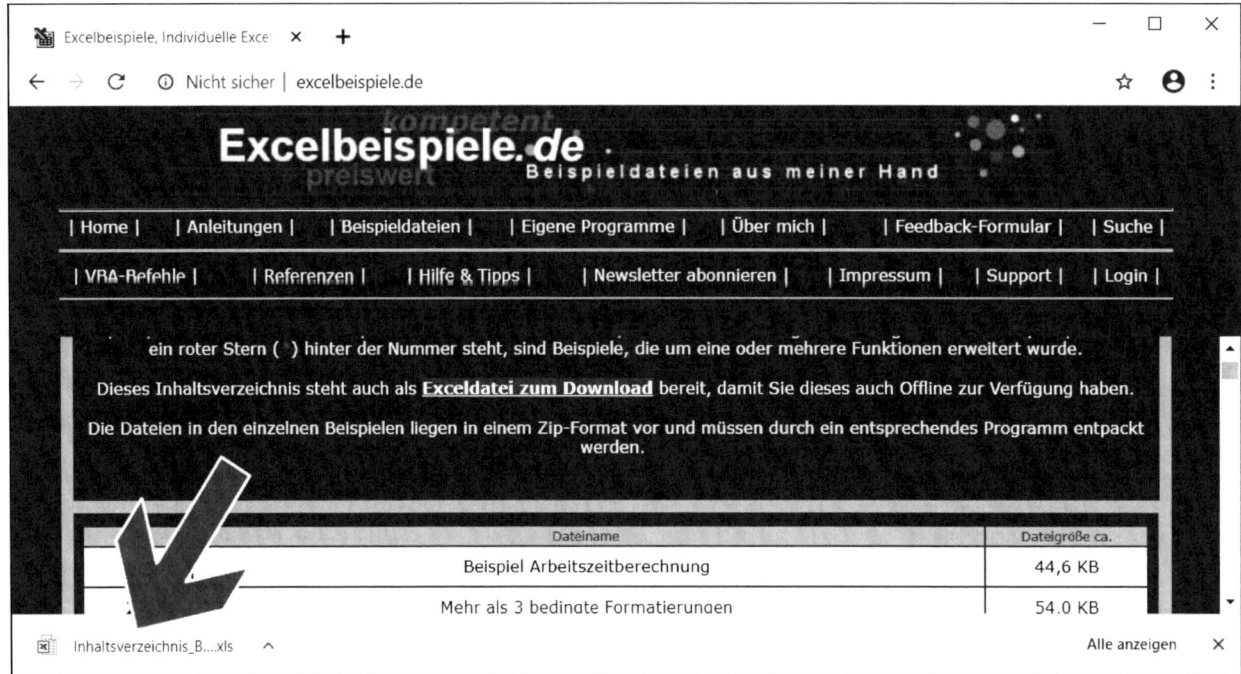

Andere Dateiarten, beispielsweise Office-Dateien, lädt der Browser dagegen herunter, ohne sie sofort anzuzeigen. Klicken Sie unten auf den Dateinamen, um die Datei in der zugehörigen An-wendung zu öffnen.

Eine Auflistung aller heruntergeladener Dateien erhalten Sie über die *Alle anzeigen*-Schaltleiste unten rechts. Alternativ betätigen Sie auf der Tastatur Strg + J.

5.6 Schneller Apps-Aufruf

Das Apps-Menü des Chrome-Browsers (siehe Kapitel *5 Chrome-Browser*) stellen wir nur der Vollständigkeit vor, da es seine ursprüngliche Funktion, als Schnellzugriff auf alle Google-Dienste, inzwischen verloren hat. Sie werden das Apps-Menü deshalb nur selten benötigen.

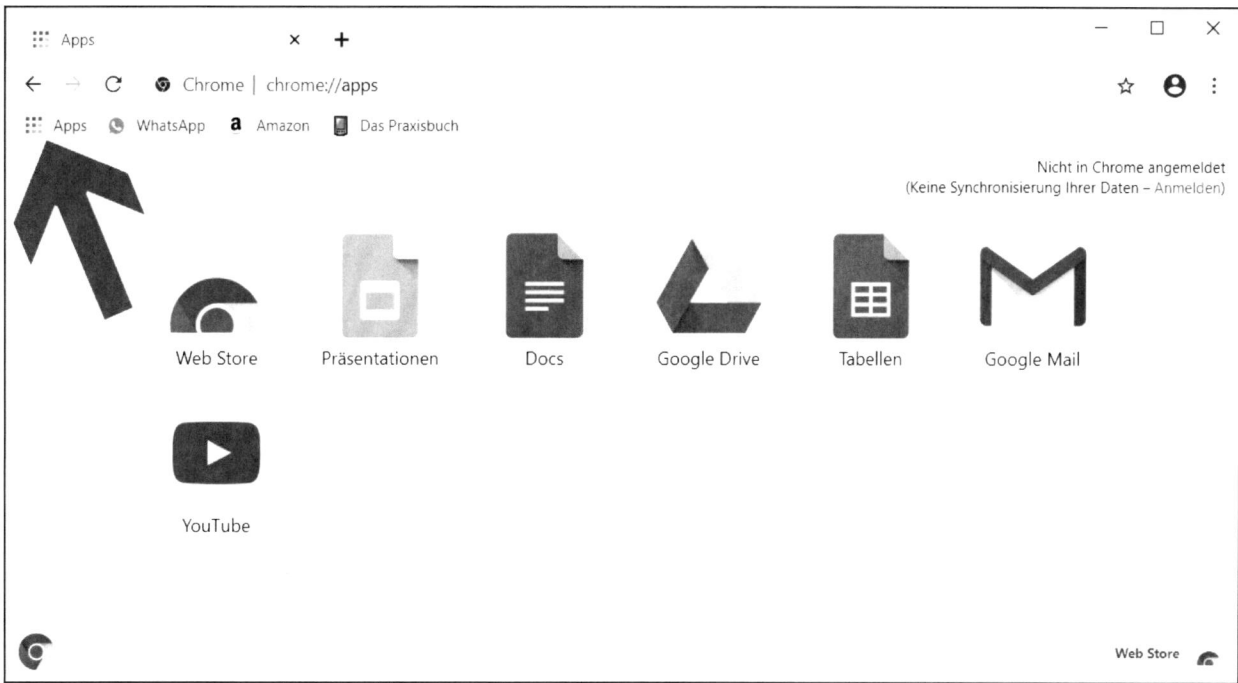

Klicken Sie in der Lesezeichenleiste auf *Apps*. Sollte der Browser die Lesezeichenleiste nicht anzeigen, betätigen Sie einfach die Tastenkombination Strg + ⇧ + B auf Ihrer Tastatur (siehe auch Kapitel *2 Tastenfunktionen*).

Es sind bereits einige Google-Dienste im Apps-Menü als Lesezeichen vorhanden, die Sie im Laufe dieses Buches noch kennen lernen. Klicken Sie auf eines der Lesezeichen, um die dahinter stehende Anwendung aufzurufen.

Im Kapitel *10 Aufruf der Google-Dienste* stellen wir noch zwei weitere Möglichkeiten zum Schnellaufruf von Google-Diensten vor.

5.7 Einstellungen

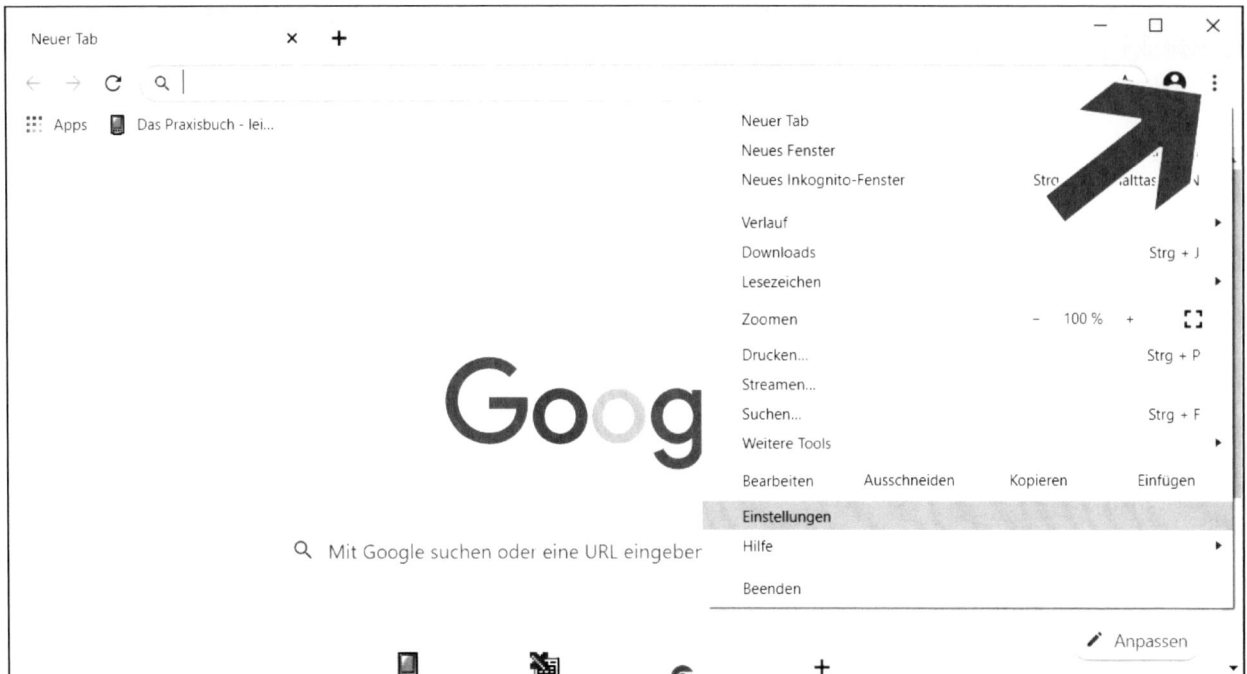

Die Browserkonfiguration ändern Sie über *Einstellungen* im Menü, das nach Anklicken von **⋮** (Pfeil) erscheint.

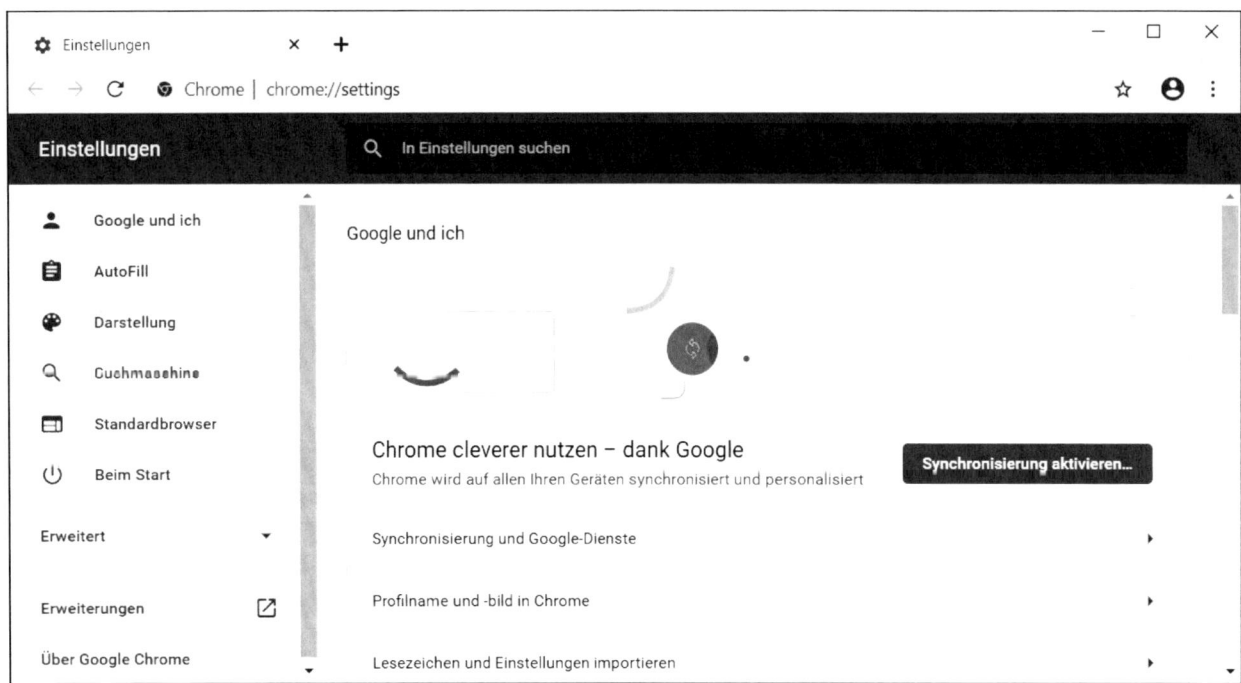

In den Einstellungen lassen sich viele Parameter ändern:

Unter *Google und ich*:

- *Synchronisierung aktivieren*: Mit Ihrem Google-Konto (siehe Kapitel *6 Das Google-Konto*) bei Chrome anmelden. Lesezeichen, die Sie im Chrome-Browser auf einem anderen PC gespeichert haben (sofern Sie dort ebenfalls mit dem gleichen Google-Konto angemeldet sind) werden übernommen.

- *Synchronisierung und Google-Dienste*:

  - *Suchanfragen und URLs automatisch vervollständigen*: Schon während der Eingabe einer Webadresse beziehungsweise von Suchbegriffen macht der Browser Vorschläge zu den möglicherweise gesuchten Webseiten, die man dann direkt anzeigen lassen kann.

- ○ *Vorschläge für ähnliche Seiten anzeigen, wenn eine Seite nicht gefunden werden kann*: Wenn Sie eine Webadresse falsch eingeben, sodass sie nicht geladen werden kann, erscheint normalerweise die Meldung »Diese Webseite ist nicht verfügbar«. Aktivieren Sie *Vorschläge für ähnliche Seiten anzeigen...*, so macht der Chrome-Browser Vorschläge wie die Webadresse korrekt lauten könnte.

- ○ *Safe Browsing (mich und mein Gerät vor schädlichen Websites schützen)*: Der Browser blockiert automatisch den Zugriff auf Webseiten, die Google als gefährlich identifiziert hat.

- ○ *Warnen, wenn Passwörter durch eine Datenpanne preisgegeben werden*: Wenn Sie sich mit Login und Passwort auf einer Website anmelden, überprüft Google anhand einer Datenbank, ob Ihre Zugangsdaten bereits von Hackern aktiv genutzt werden.

- ○ *Zur Verbesserung der Sicherheit von Chrome beitragen*: Der Browser meldet verdächtige Aktivitäten von Webseiten zur Auswertung an Google.

- ○ *Helfen, die Funktionen und die Leistung von Chrome zu verbessern*: Legt fest, ob der Chrome-Browser anonyme Nutzungsberichte an Google senden darf, die Google dann für Optimierungen verwendet.

- ○ *Suchanfragen und das Surfen verbessern*: Überträgt alle Ihre besuchten Webseiten an Google.

- ○ *Erweiterte Rechtschreibprüfung*: In Eingabefeldern falsch geschriebene Wörter werden automatisch rot unterstrichen. Welche Folgen das Aktivieren von *Erweiterte Rechtschreibprüfung* hat, ist von Google nicht dokumentiert.

- • *Profilname und Bild*: Passen Sie das oben rechts im Browser angezeigte Profilsymbol an.

- • *Lesezeichen und Einstellungen importieren*: Darauf geht bereits Kapitel *5.1.3 Lesezeichen importieren* ein.

Unter *AutoFill*: Die hier erfassten Texte schlägt der Browser automatisch vor, wenn Sie in ein passendes Eingabefeld tippen (zum Beispiel Adressfelder in einem Online-Shop):

- • *Passwörter*: Zur Anmeldung auf Websites verwendete Logins und Passwörter.

- • *Zahlungsmethoden*: Kreditkartendaten für Online-Shops hinterlegen. In Deutschland sind Kreditkarten für den Online-Kauf unüblich, weil hierzulande Alternativen wie Überweisung und Bankeinzug bevorzugt werden.

- • *AutoFill-Einstellungen*: Die hier erfassten Adressdaten fügt der Browser automatisch ein, wenn Sie in ein passendes Eingabefeld tippen (zum Beispiel Adressfelder in einem Online-Shop).

Unter *Darstellung*:

- • *Designs*: Vorgefertigtes Design einstellen.

- • *Schaltfläche "Startseite" anzeigen*: Blendet die ⌂-Schaltfläche links neben der Adressleiste ein. Außerdem lässt sich dann die damit aufgerufene Startseite festlegen (vordefiniert ist *Neuer Tab*, es lässt sich aber eine beliebige Webadresse einstellen).

- • *Lesezeichenleiste anzeigen*: Blendet die bereits im Kapitel *5.4.1 Lesezeichenleiste* beschriebene Lesezeichenleiste unterhalb der Adressleiste ein.

- • *Schriftgröße; Schrift anpassen*: Die Voreinstellungen sollten Sie nicht ändern, damit Webseiten korrekt angezeigt werden.

- • *Seitenzoom*: Vergrößert die Bildschirmdarstellung. Diese Einstellung können Sie jederzeit auch vornehmen, indem Sie die **Strg**-Taste gedrückt halten und an Ihrer Maus das Mausrad drehen.

Unter *Suchmaschine:*

- *In der Adressleiste verwendete Suchmaschine:* In der Adressleiste erfolgen Suchvorschläge, sobald Sie darin Eingaben vornehmen. Die voreingestellte Google-Suche sollten Sie nicht ändern.

- *Suchmaschinen verwalten*: Legen Sie bei Bedarf weitere Suchmaschinen an, die Sie in der Adressleiste nutzen möchten.

Unter *Standardbrowser*:

- Als Standardbrowser wird derjenige Browser bezeichnet, der bei einem Klick auf einen Link automatisch startet. Dies betrifft nicht Links in Webseiten selbst, sondern in Anwendungen von Dritten, beispielsweise ein Link in einer PDF-Datei.

Unter *Beim Start* legen Sie fest, was passiert, wenn Sie den Browser neu starten:

- *"Neuer Tab"-Seite öffnen*: Zeigt eine leere Seite an. Standardmäßig werden auf der "Neuer Tab"-Seite das Google-Logo, eine Suchleiste und Miniaturansichten Ihrer meistbesuchten Webseiten angezeigt.

- *Zuletzt angesehene Seiten öffnen*: Dieselben Webseiten, die Sie zuletzt geöffnet hatten, werden in den Tabs erneut angezeigt.

- *Bestimmte Seite oder Seiten öffnen*: Je nach Anwendungsfalls dürfte es nützlich sein, bestimmte Webseiten automatisch beim Browserstart zu öffnen, beispielsweise bestimmte Nachrichtenseiten oder eine Seite mit Wetterinformationen.

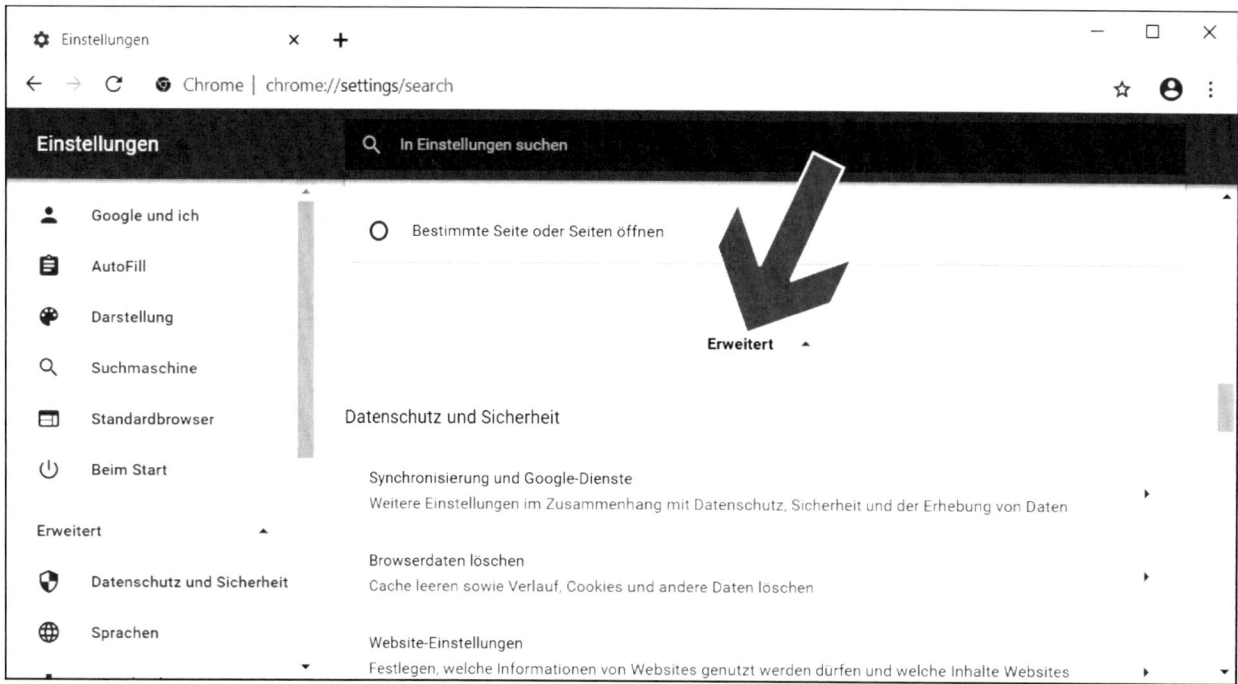

Klicken Sie nun auf *Erweitert* für weitere Konfigurationsparameter:

Unter *Datenschutz und Sicherheit:*

- *Synchronisierung und Google-Dienste*: Verzweigt auf die bereits oben unter *Google und Ich* beschriebenen Einstellungen.

- *Browserdaten löschen*: Vom Browser zwischengespeicherte Daten wie Cookies oder geladene Webseiten löschen.

- *Website-Einstellungen*: In dem Menü legen Sie fest, auf was für Gerätefunktionen die Webseiten/Anwendungen standardmäßig zugreifen dürfen. Die Voreinstellungen (meistens *Nachfragen*) sollten Sie nicht ändern, wenn Ihnen nicht genau klar ist, was sie bewirken.

- *Anmeldung in Chrome zulassen*: Wenn Sie sich in einem Google-Webdienst wie Gmail einloggen, loggt sich der Chrome-Browser ebenfalls in Ihrem Google-Konto an.

- *Bei Browserzugriffen eine "Do Not Track"-Aufforderung senden*: Damit fordert der Browser automatisch die besuchten Webseiten auf, keine weitergehenden Daten Ihres Besuchs (Cookies, IP, usw.) zu speichern oder zu verarbeiten. Die meisten Websites halten sich aber nicht daran.

- *Websites die Abfrage gespeicherter Zahlungsmethoden erlauben*: Die unter Zahlungs-methoden hinterlegten Kreditkartendaten automatisch in Online-Shops beim Bezahl-vorgang einfügen. In Deutschland, wo Kreditkarten unüblich sind, ohne Belang.

- *Seiten vorab laden, um das Surfen und die Suche zu beschleunigen*: Der Browser lädt alle verlinkten Webseiten vorab, die Sie vermutlich als nächstes durch Antippen öffnen.

- *Zertifikate verwalten*: Verwaltet die für verschlüsselte Verbindungen genutzten Zertifikate. Diese Funktion ist vor allem für Unternehmen interessant, die eigene Verschlüsselungs-zertifikate einsetzen.

Unter *Sprachen*:

- *Sprache*: Wählen Sie aus, welche Sprachen Sie im Web nutzen und in welcher Sprache der Chrome-Browser angezeigt wird. Voreingestellt sind Deutsch und Englisch.

- *Rechtschreibprüfung*: Der Browser markiert falsch geschriebene Wörter in Eingabeformu-laren mit einem roten Kringel. Standardmäßig ist dies Deutsch (siehe *Sprache*-Menü).

  ○ *Einfache Rechtschreibprüfung*: Der Browser nutzt ein vorgegebenes Wörterbuch.

  ○ *Erweiterte Rechtschreibprüfung*: Ihre Eingaben werden an Google übertragen und dort überprüft.*

  ○ *Rechtschreibprüfung verwenden für*: Wählen Sie das verwendete Sprachwörterbuch aus. Falls Sie weitere Sprachen benötigen, müssen Sie diese zuvor im *Sprache*-Menü festlegen.

  ○ *Rechtschreibprüfung anpassen*: Erfassen Sie Spezial- und Fachwörter, welche die Rechtschreibprüfung noch nicht kennt.

Unter *Downloads:*

- *Ort*: Alle von Ihnen aus dem Webbrowser heruntergeladenen Dateien landen standard-mäßig im *Downloads*-Verzeichnis. Alternativ wählen Sie einen anderen Ordner.

- *Vor dem Download von Dateien nach dem Speicherort fragen*: Jedes Mal, wenn Sie eine Datei zum Herunterladen anklicken, erfolgt eine Abfrage.

Unter *Drucken:*

- Auf die Druckerverwaltung geht dieses Buch nicht weiter ein.

Unter *Bedienungshilfen*:

- Auf die Funktionen geht dieses Buch nicht ein.

Unter *System*:

- *Apps im Hintergrund ausführen, wenn Google Chrome geschlossen ist*: Der Chrome-Browser unterstützt Erweiterungen, die auch bei geschlossenem Browser-Fenster weiter-arbeiten.

- *Hardwarebeschleunigung verwenden, falls verfügbar*: Der Browser nutzt die von vielen Grafikkarten angebotenen Funktionen, um den Bildschirmaufbau zu beschleunigen.

- *Proxy-Einstellungen des Computers öffnen*: Chrome verwendet die Standard-Netzwerk-einstellungen von Windows für den Internetzugang. Nur in Sonderfällen müssen Sie hier von Hand Änderungen vornehmen.

Unter *Zurücksetzen und bereinigen*:

- *Einstellungen auf ursprüngliche Standardwerte zurücksetzen*: Es kommt manchmal vor, dass Sie die Einstellungen des Chrome-Browsers so durcheinander bringen, dass eine sinnvolle Nutzung nicht mehr möglich ist. Diese Funktion sollte dann Abhilfe schaffen.

- *Computer bereinigen*: Sucht auf dem PC nach Schadprogrammen. Bitte beachten Sie, dass dies keinen Virenscanner ersetzen kann.*

Bei den mit * markierten Funktionen überträgt der Browser in der Regel Daten an Google. Falls Sie in einem sensiblen Umfeld arbeiten (sicherheitsrelevanter Unternehmensbereich, Rechtsanwaltskanzlei, usw.) sollten Sie diese Optionen deaktivieren.

6. Das Google-Konto

Über Ihr Google-Konto identifizieren Sie sich bei den Google-Diensten. Alle von Ihnen verwalteten Daten und Dateien landen automatisch in Ihrem Google-Konto auf einem Google-Server.

Falls Ihnen der Begriff »Google-Konto« bekannt erscheint: Das Google-Konto kommt auch auf Android-Handys und Tablets zum Einsatz, weshalb Sie dieses hier zur Anmeldung verwenden können. In Ihrem Google-Konto vorhandene Daten/Dateien sind dann auch auf Ihrem Android-Handy/Tablet nutzbar und umgekehrt.

Das Google-Konto hat immer das Format *IhrName@gmail.com*, wobei Sie *IhrName* selbst auswählen können. Gleichzeitig dient *IhrName@gmail.com* auch als Ihre E-Mail-Adresse, die Sie statt einer vielleicht bereits von Ihnen genutzten mit dem Gmail-Dienst verwenden können. Dies ist aber kein Muss.

> Wie Sie das Google-Konto auf dem Android-Handy nutzen, beschreibt Kapitel *22 Das Google-Konto auf dem Android-Gerät.*

6.1 Neues Google Konto anlegen

Sollten Sie bereits ein Google-Konto besitzen, lesen Sie bitte im Kapitel *6.2 Mit einem Google-Konto anmelden* weiter.

Rufen Sie in Ihrem Browser zunächst *www.google.de* auf und klicken Sie rechts oben auf *Anmelden.*

Ein neues Google-Konto legen Sie mit *Konto erstellen* (Pfeil) an. Wählen Sie dann im Popup *Für mich selbst* aus.

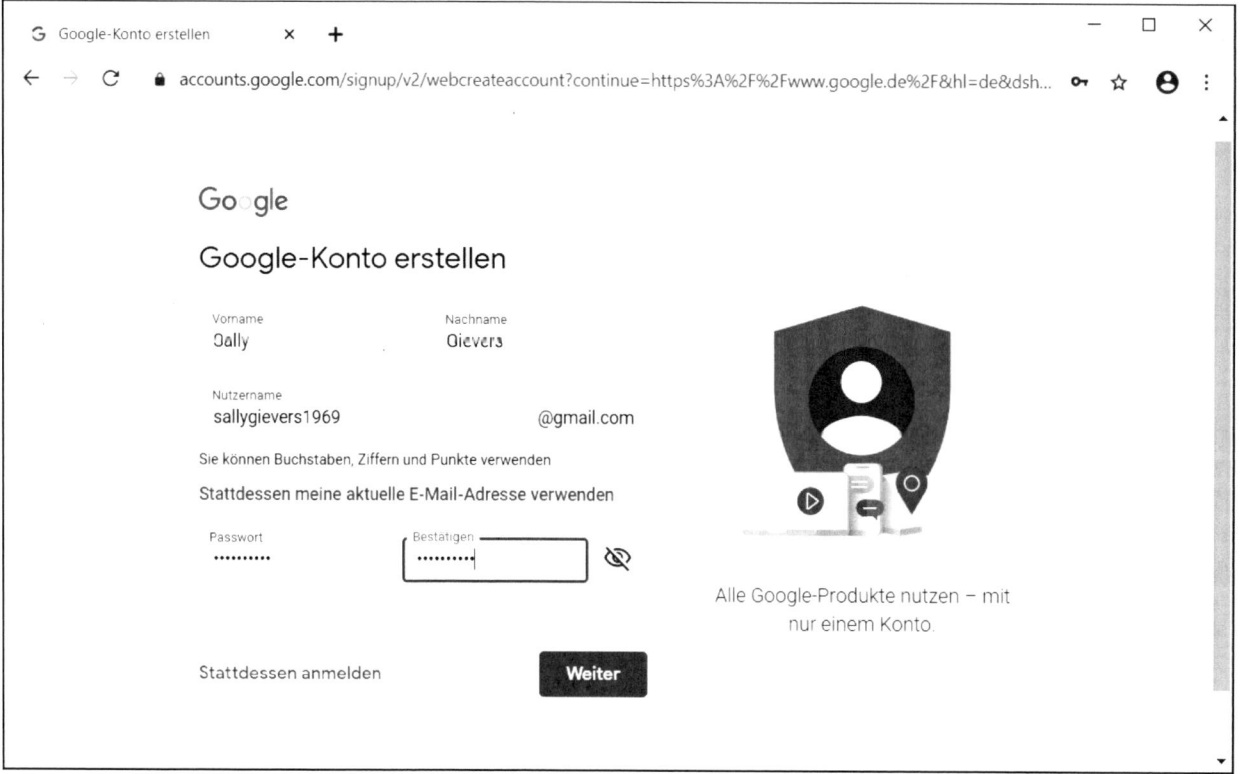

Nun sind zu erfassen:

- *Vorname; Nachname*: Zwar könnten Sie hier einen beliebigen Fantasienamen eingeben, wir empfehlen aber Ihren richtigen Namen zu verwenden.

- *Nutzername*: Wie bereits erwähnt, erhalten Sie mit Ihrem Nutzernamen (= Ihrem Google-Konto) auch gleichzeitig eine eigene E-Mail-Adresse. Da jeder Nutzername nur weltweit einmalig vergeben wird, dürfte der von Ihnen gewählte Name eventuell bereits vergeben sein. Google gibt dann einen Hinweis und macht Alternativvorschläge.

- *Passwort; Bestätigen*: Bei der Anmeldung bei einem Google-Dienste müssen Sie Ihren Nutzernamen und das Passwort angeben. Sie sollten sich deshalb beide gut merken beziehungsweise aufschreiben.

Betätigen Sie *Weiter*.

> Ihr Webbrowser wird danach fragen, ob Sie die Login-Daten speichern möchten. Dies sollten Sie erst einmal mit *Nein* beziehungsweise *Abbrechen* beantworten. Im Kapitel *11.4 Logins* gehen wir noch auf die Passwortspeicherung ein.

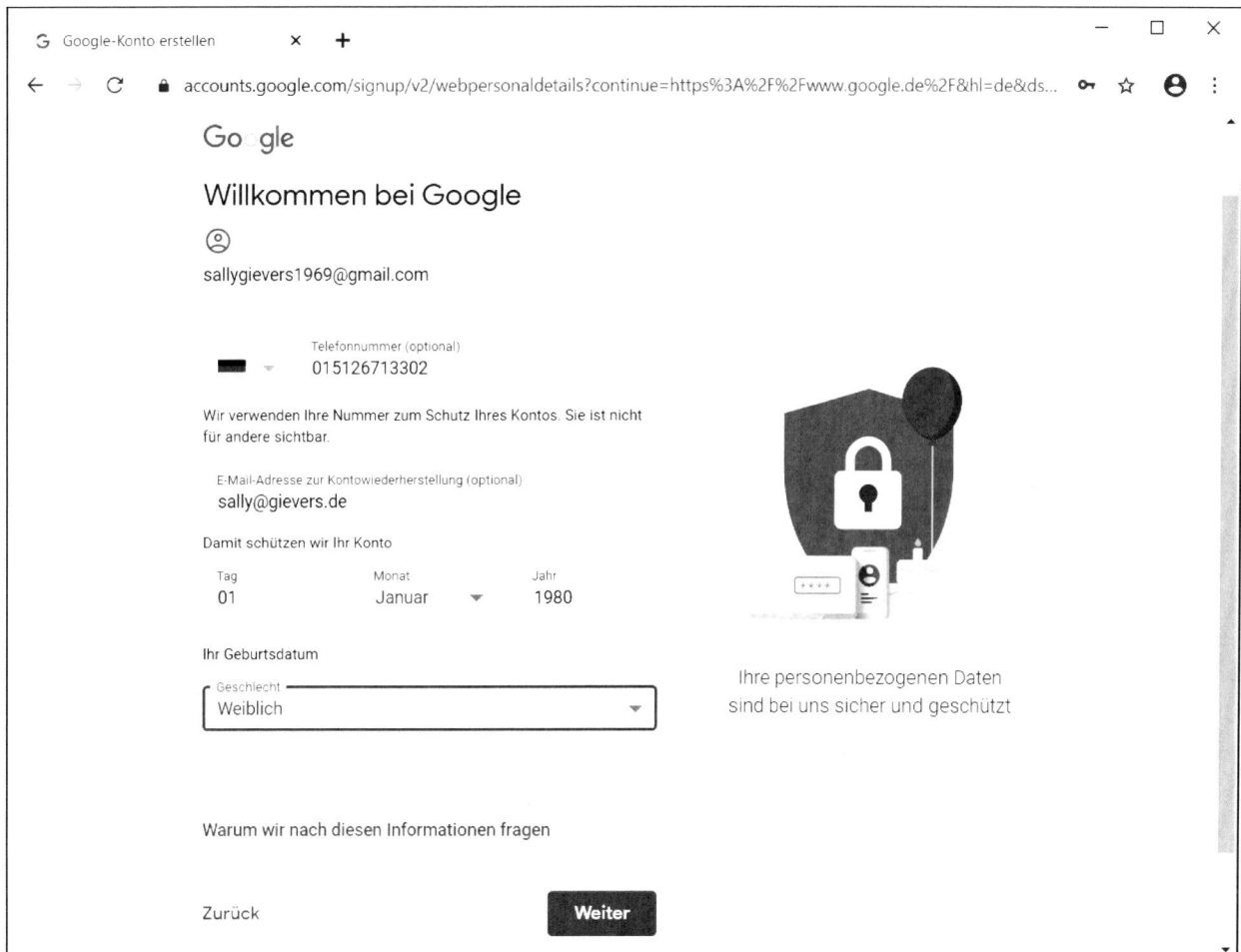

Die folgenden Felder dienen Ihrer beziehungsweise Googles Sicherheit:

- *Telefonnummer (optional)*: Geben Sie Ihre Mobiltelefonnummer ein. Diese wird später gegebenenfalls zur Wiederherstellung benötigt, falls Sie Ihr Passwort vergessen. Sollten Sie kein Handy nutzen, lassen Sie einfach das Feld leer.

- *E-Mail-Adresse zur Kontowiederherstellung (optional)*: Auch dieses Feld ist optional und kann später einmal zur Passwortwiederherstellung nötig sein.

- *Ihr Geburtsdatum*: Sie werden eventuell im Rahmen der Passwortwiederherstellung später mal danach gefragt.

- *Geschlecht*

Betätigen Sie *Weiter*.

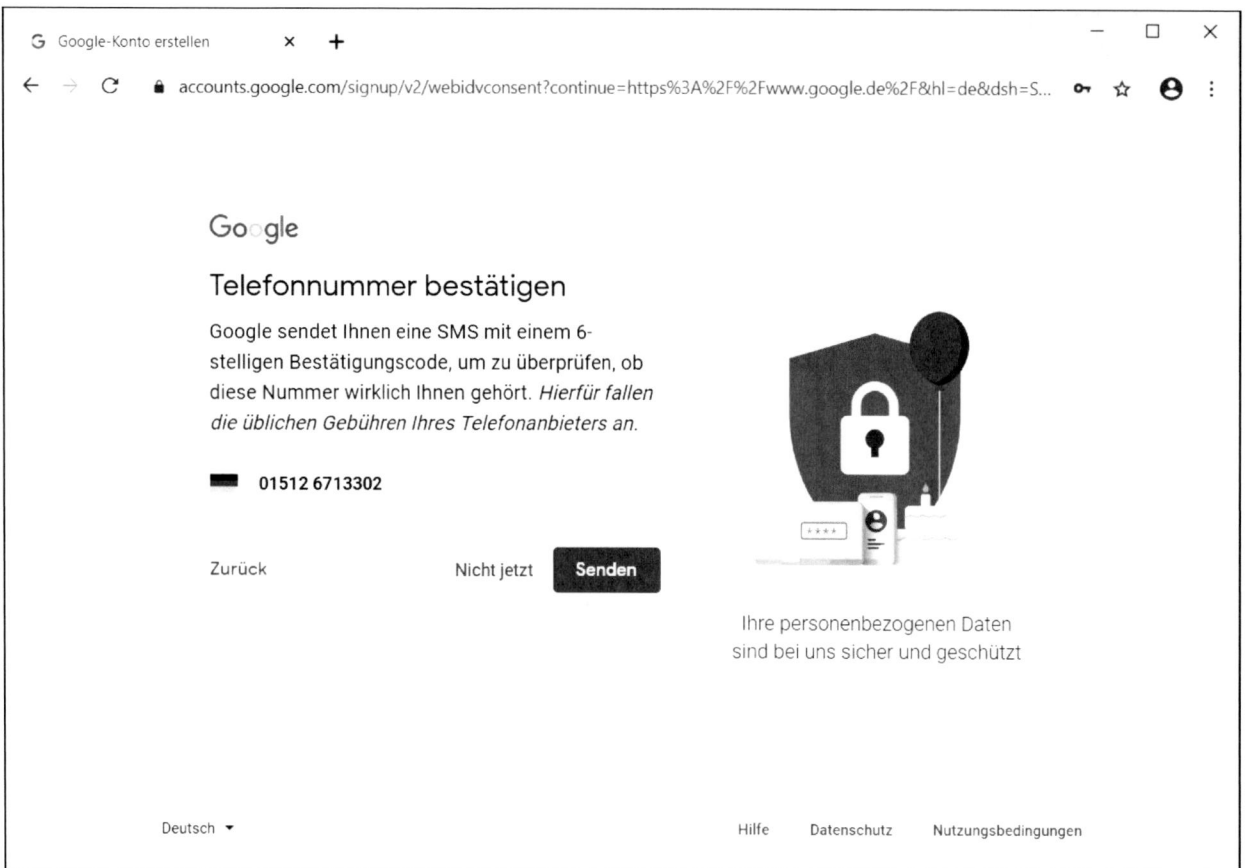

Zur Sicherheit sendet Ihnen Google nun ein Sicherheitscode an Ihr Handy. Betätigen Sie dafür *Senden.*

Geben Sie den empfangenen Code ein und klicken Sie auf *Bestätigen.*

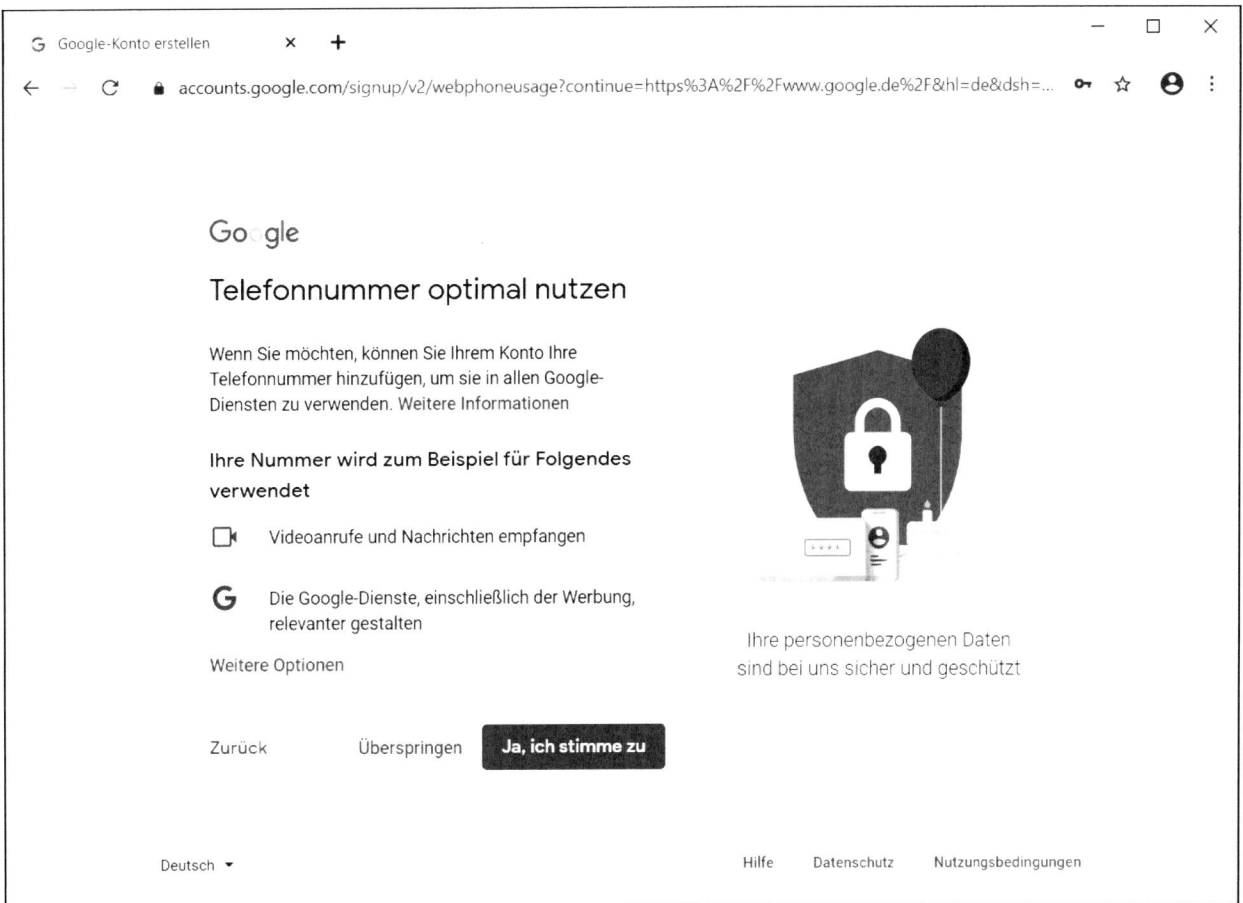

Betätigen Sie *Ja, ich stimme zu.*

Im Fenster rollen Sie durch die Geschäftsbedingungen (beispielsweise durch Drehen am Mausrad) oder mehrfaches Klicken auf die blaue Schaltleiste (Pfeil).

Google-Konto erstellen
accounts.google.com/signup/v2/webtermsofservice?continue=https%3A%2F%2Fwww.google.de%2F&hl=de&ds...
Datenschutz und Bedingungen
mit Ihrem Google-Konto verknüpft werden. Diese Daten werden von uns als "personenbezogene Daten" behandelt. Sie können festlegen, wie diese Daten von uns erhoben und genutzt werden sollen, indem Sie unten auf "Weitere Optionen" klicken. Ihre Einstellungen können Sie jederzeit anpassen oder Ihre Einwilligung mit Wirkung für die Zukunft widerrufen. Rufen Sie dazu Mein Konto unter myaccount.google.com auf.
VEITERE OPTIONEN
Ich akzeptiere die Nutzungsbedingungen von Google
Ich willige in die oben beschriebene Verarbeitung meiner Daten ein. Hinweis: Die Datenschutzerklärung enthält weitere Erläuterungen dazu.
Abbrechen
Konto erstellen
Sie haben Kontrolle über die von Google erfassten Daten und deren Nutzung
Deutsch
Hilfe
Datenschutz
Nutzungsbedingungen

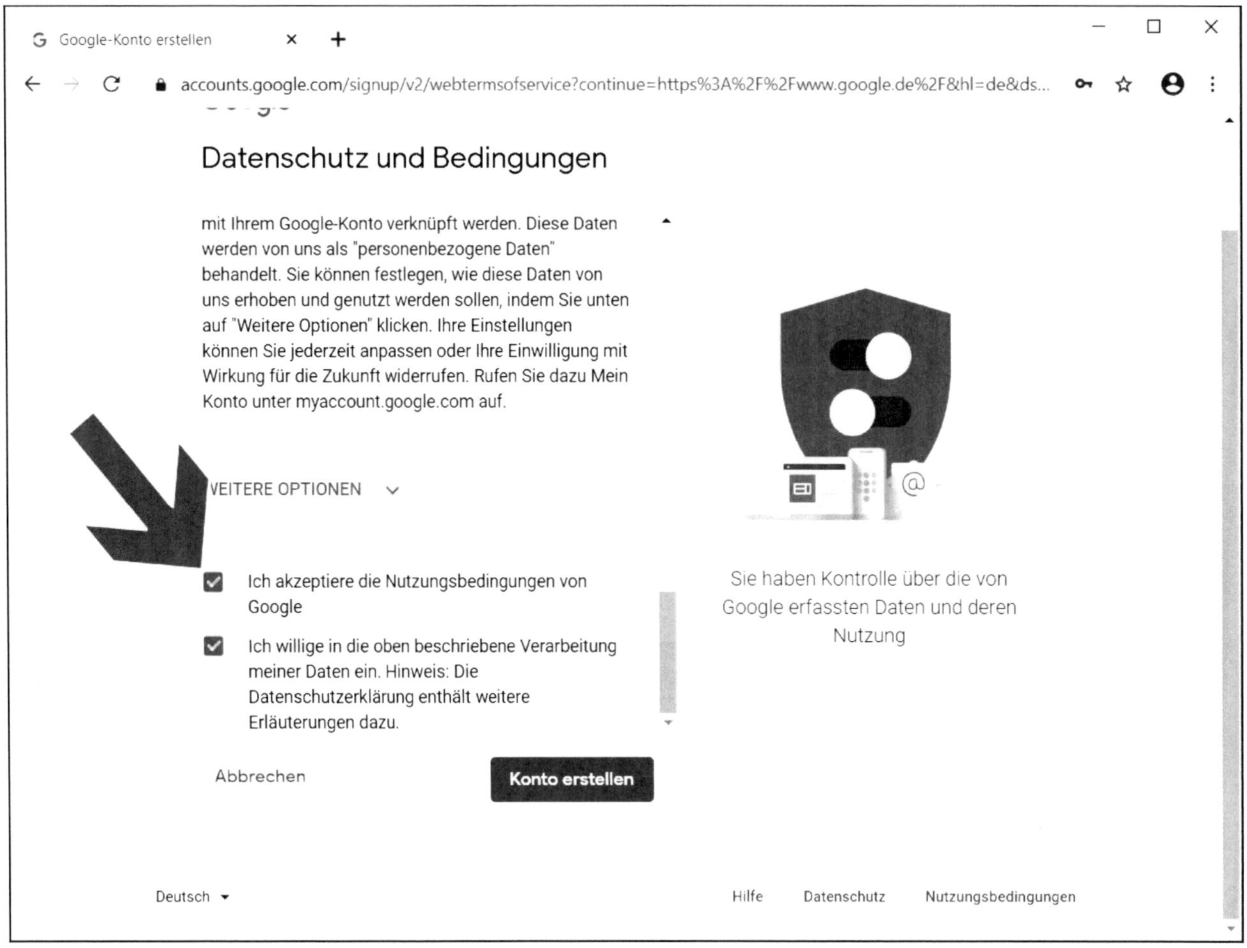

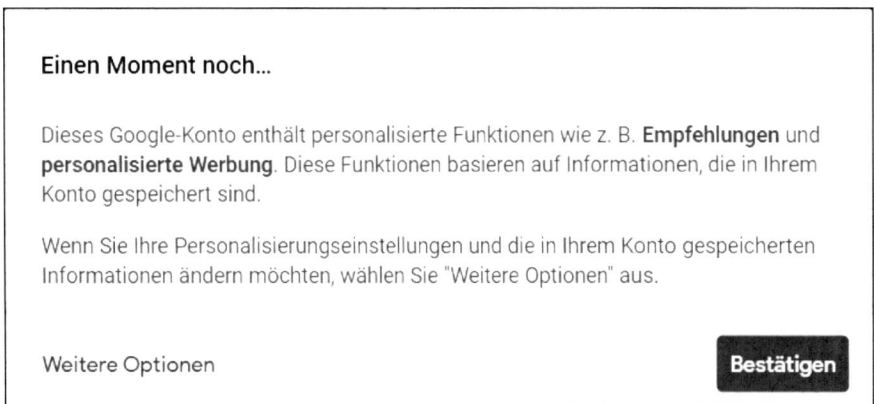

Aktivieren Sie die beiden Abhakkästchen, dann gehen Sie auf *Konto erstellen.*

Einen Moment noch...
Dieses Google-Konto enthält personalisierte Funktionen wie z. B. Empfehlungen und personalisierte Werbung. Diese Funktionen basieren auf Informationen, die in Ihrem Konto gespeichert sind.
Wenn Sie Ihre Personalisierungseinstellungen und die in Ihrem Konto gespeicherten Informationen ändern möchten, wählen Sie "Weitere Optionen" aus.
Weitere Optionen
Bestätigen

Das *Einen Moment noch*-Popup schließen Sie mit *Bestätigen.* Damit ist die Kontoeinrichtung abgeschlossen.

Klicken Sie auf *Weiter* (Pfeil).Dass Sie mit Ihrem Google-Konto angemeldet sind, erkennen Sie an der runden Schaltleiste, über die Sie Ihre Kontoeinstellungen aufrufen.

Sollte Google nur mal die *Anmelden*-Schaltleiste anzeigen, dann gehen Sie, wie im nächsten Kapitel gezeigt, vor, um die Kontoanmeldung durchzuführen.

6.2 Mit einem Google-Konto anmelden

Sie haben bereits ein Google-Konto? Sehr schön, denn jetzt brauchen Sie sich nur anzumelden. Rufen Sie dazu entweder *www.google.de* oder die Webadresse eines Google-Dienstes auf und klicken Sie oben rechts auf *Anmelden*.

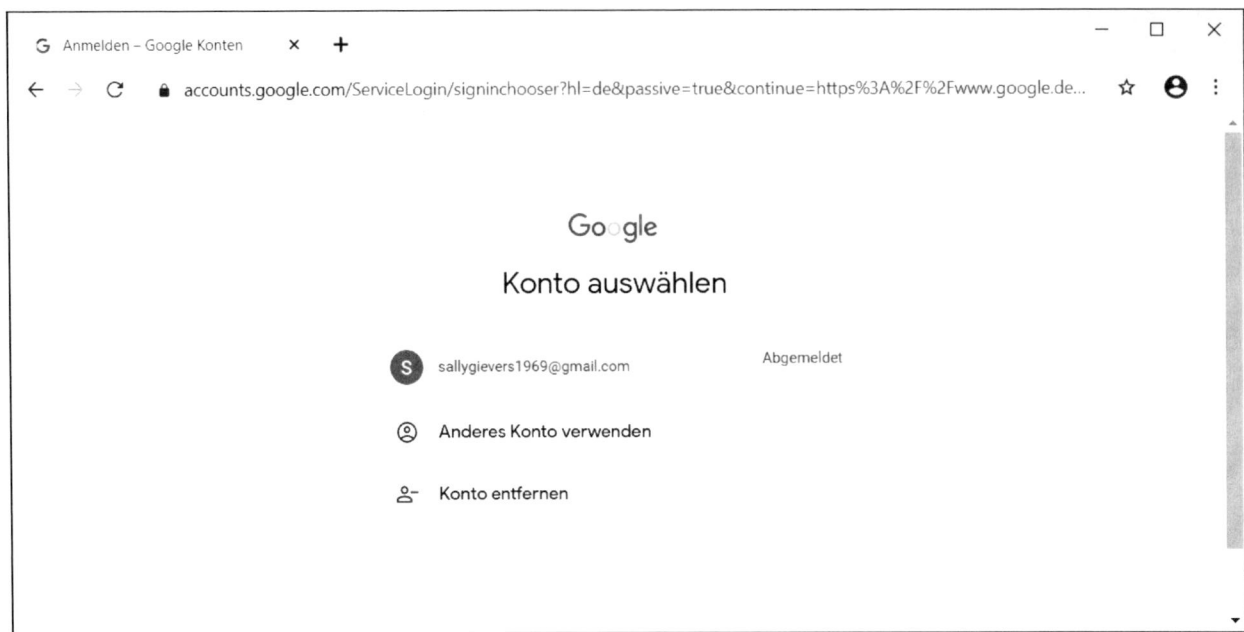

Falls Sie sich zuvor vom Google-Konto abgemeldet hatten, wird es vom Browser automatisch vorgeschlagen. Wählen Sie es dann aus. Alternativ gehen Sie auf *Anderes Konto verwenden*.

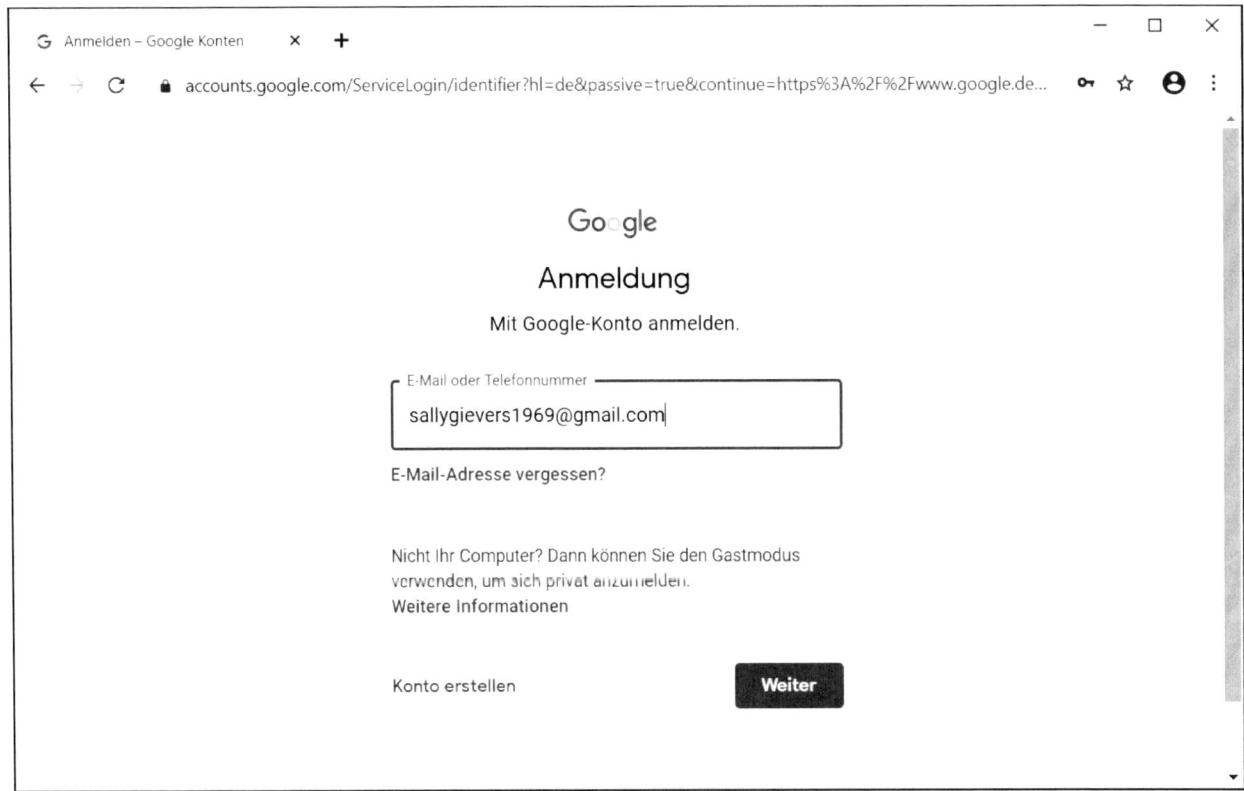

Geben Sie Ihren Google-Kontonamen ein (falls Sie möchten, dürfen Sie beim Benutzernamen das nachgestellte *@gmail.com* weglassen). Betätigen Sie *Weiter*.

Nach Eingabe Ihres Passworts betätigen Sie *Weiter*.

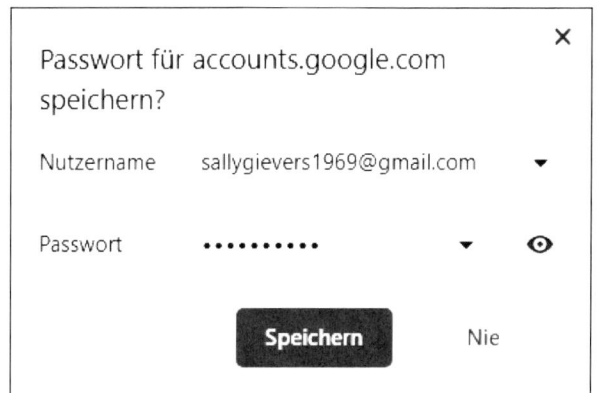

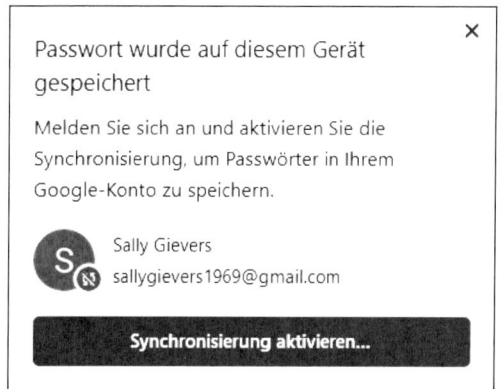

Falls Sie möchten, überlassen Sie das automatische Ausfüllen des Logins einfach dem Chrome-Browser (siehe Kapitel *5 Chrome-Browser*). Klicken Sie einfach auf *Speichern*. Anschließend betätigen Sie *Synchronisierung aktivieren*. Weitere Infos erhalten Sie im Kapitel *11.4 Logins*.

Falls Sie keine Passwortspeicherung beziehungsweise Synchronisation mit dem Google-Konto wünschen, schließen Sie das Popup mit ✕ (Pfeil).

6.3 Die Abmeldung

Sehr wichtig: Auch wenn Sie den Chrome-Browser schließen und nach einigen Tagen neu starten und auf *www.google.de* oder einen anderen Google-Dienst gehen, werden Sie automatisch angemeldet. Dies kann, falls mehrere Anwender den gleichen Webbrowser beziehungsweise PC nutzen zu großen Irritationen führen, denn die anderen Personen haben dann auf alle von Ihnen genutzten Dienste (E-Mail, Kalender, Dateien, Bilder,...) unbeschränkten Zugriff.

Deshalb sollten Sie sich gegebenenfalls abmelden. Klicken Sie dafür auf das runde Kontosymbol (❶) und dann auf *Abmelden* (❷).

> Die automatische Anmeldung bei Google erfolgt über ein sogenanntes Cookie, also einem kleinen »Datenhappen«, den Ihr Browser speichert und beim nächsten Mal zur Identifizierung an Google überträgt.

6.4 Benutzerverwaltung

Dieses Kapitel dürfte für Sie nur wichtig sein, wenn mehrere Personen einen PC teilen oder Sie ab und zu den PC eines Dritten (auf dem ebenfalls der Chrome-Browser installiert ist) für das Internet nutzen.

Genau genommen arbeiten Sie mit zwei Konten:

- Dem Google-Konto, bei dem Sie sich im Internet unter *www.google.de* angemeldet haben. Dadurch können Sie alle Google-Dienste, beispielsweise Gmail, nutzen.

- Dem Google-Konto des Chrome-Browsers. Die von Ihnen angelegten Lesezeichen speichert der Browser dann in Ihrem Google-Konto. Wenn Sie sich im Chrome-Browser bei einem anderen Google-Konto anmelden, werden Sie automatisch auch im Internet vom alten Konto abgemeldet und mit dem neuen angemeldet.

Einige Beispiele sollen im Folgenden diesen auf den ersten Blick verwirrenden Umstand verdeutlichen.

> Falls Sie dieses Kapitel nicht hundertprozentig verstehen, ist das nicht so schlimm. Wichtig ist nur, dass Sie die Funktion des Google-Kontos im Chrome-Browser kennen.

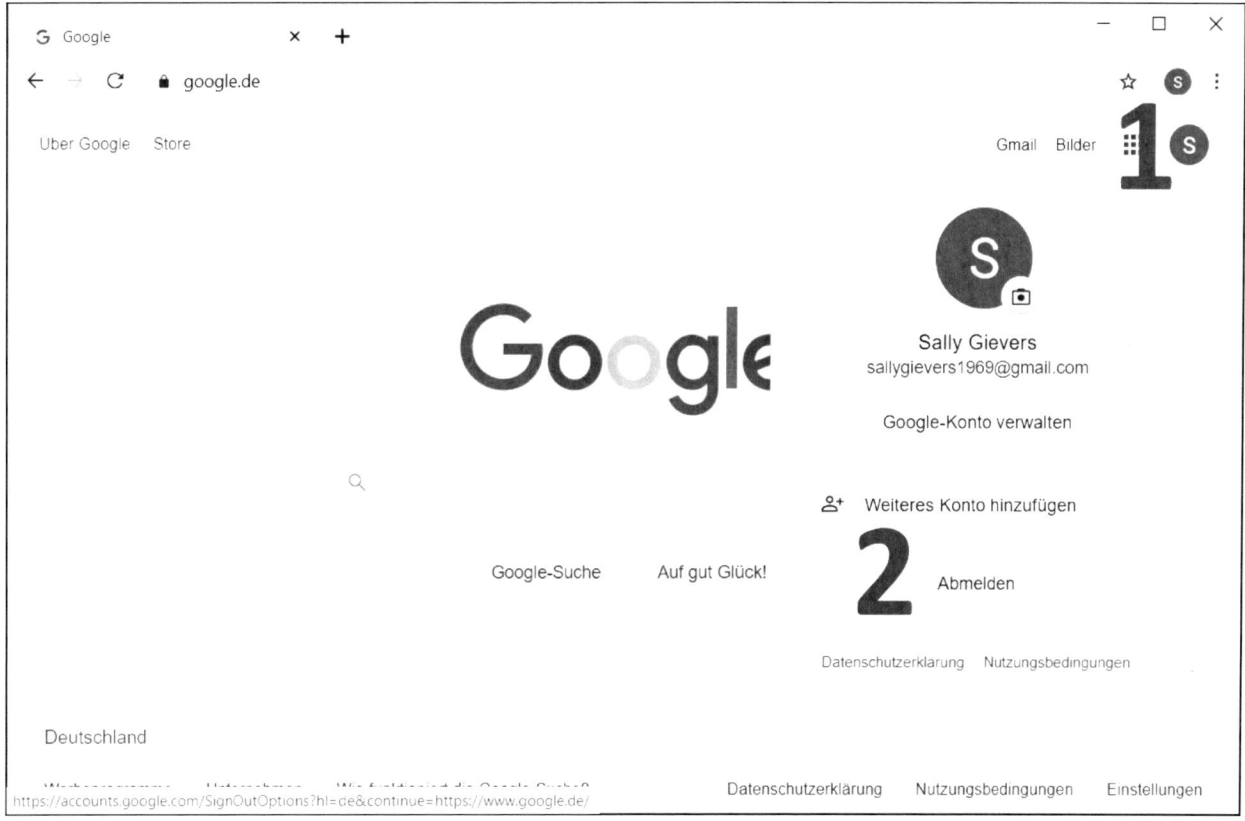

Rufen Sie *www.google.de* im Chrome-Browser auf und klicken Sie auf Ihren Kontonamen oben rechts (1). Über die Schaltleiste *Abmelden* (2) melden Sie sich im Internet vom Google-Konto ab.

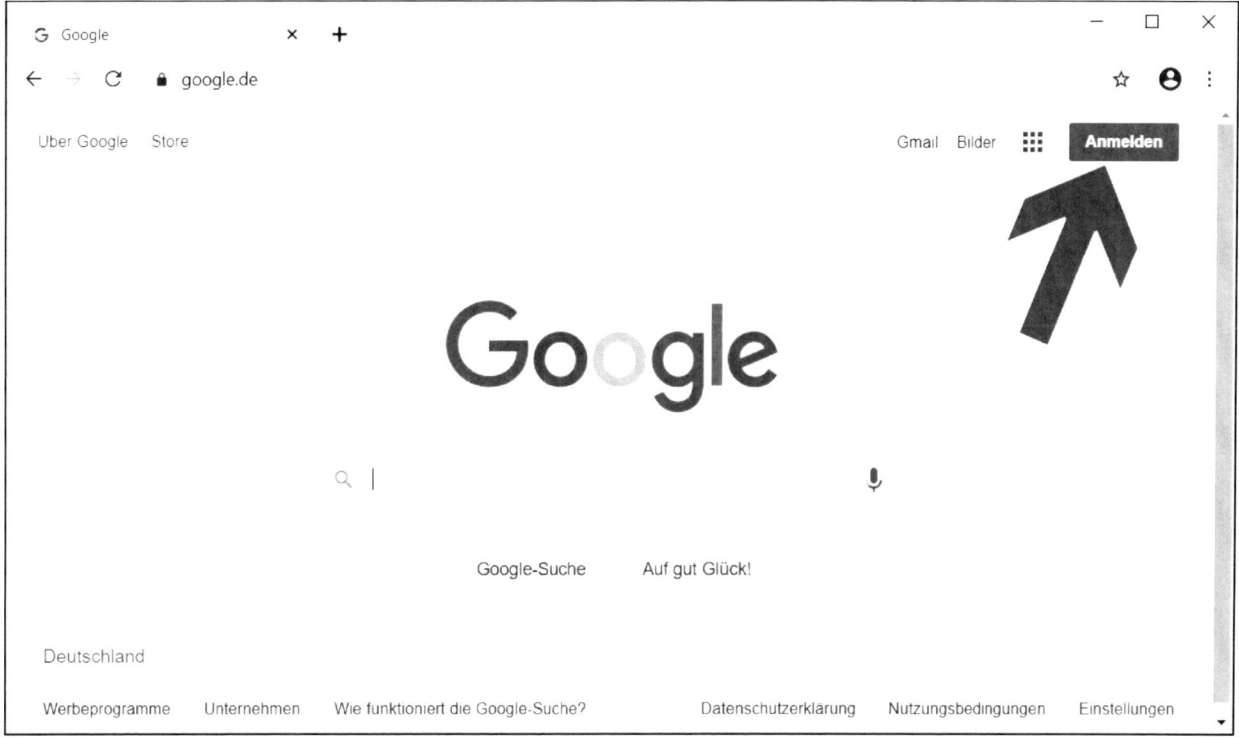

Über *Anmelden* loggen Sie sich wieder bei Ihrem Google-Konto im Internet ein.

Ihnen dürfte nun auffallen, dass Ihr Google-Konto bereits vorgeschlagen wird. Dies liegt am Chrome-Browser, bei dem Sie ja noch mit Ihrem Google-Konto angemeldet sind. Klicken Sie darauf und erfassen Sie das Passwort.

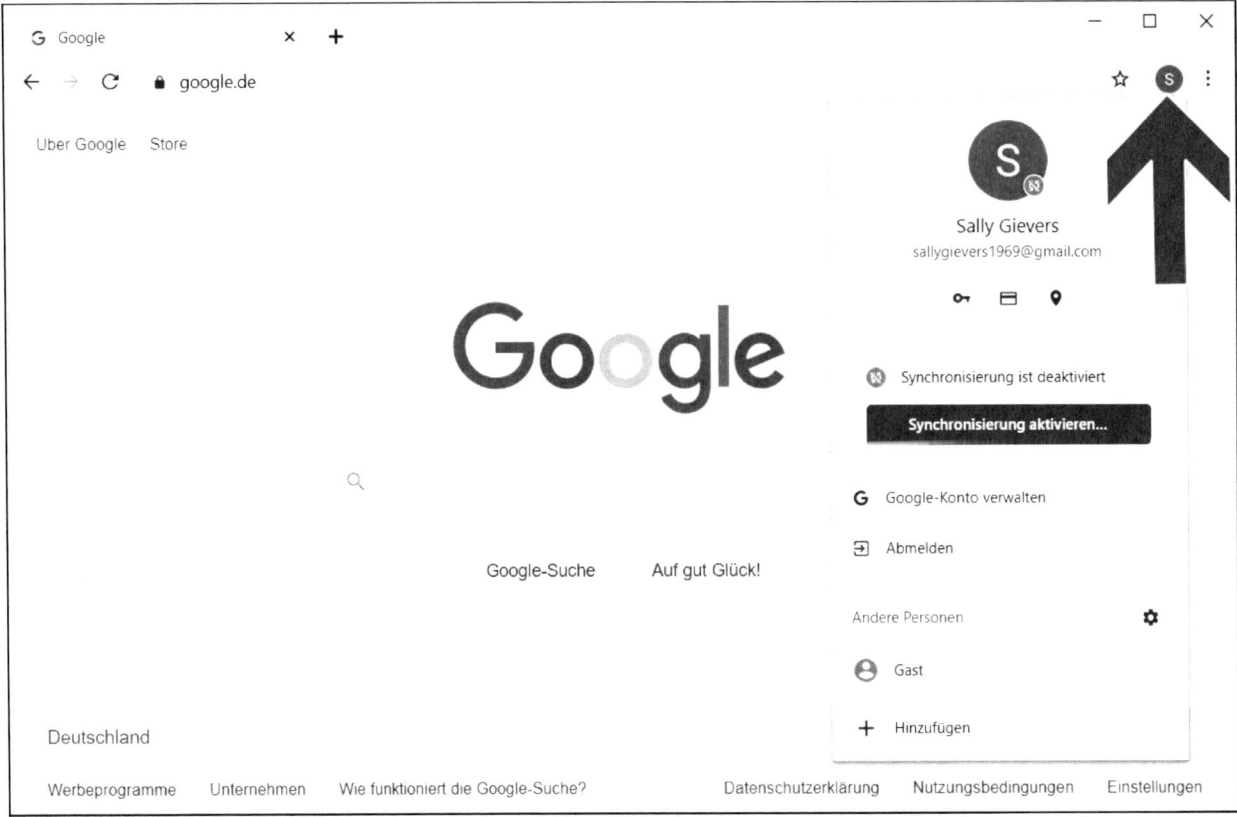

Ein Klick auf das runde Kontosymbol (Pfeil) im Chrome-Browser informiert darüber, bei welchem Google-Konto sie bei ihm angemeldet sind.

Alternativ betätigen Sie für das Popup die Tastenkombination Strg + ⇧ (Hochstelltaste) + M.

Der Chrome-Browser unterstützt die Nutzung von mehreren Google-Konten gleichzeitig, was aber nur für die wenigsten Anwender empfehlenswert ist. Wir verzichten daher im Buch auf eine Beschreibung.

6.4.1 Abmelden und Anmelden

Die im vorherigen Kapitel beschriebene Kontoverwaltung im Chrome-Browser birgt ein Problem mit sich: Zwischen den Konten wechseln Sie mit einem einfachen Klick, ohne das eine Passwortabfrage erfolgt. Somit haben Dritte kein Problem, auf Ihre im Konto gespeicherten persönlichen Daten zuzugreifen. Mit einem kleinen Trick verhindern Sie dies.

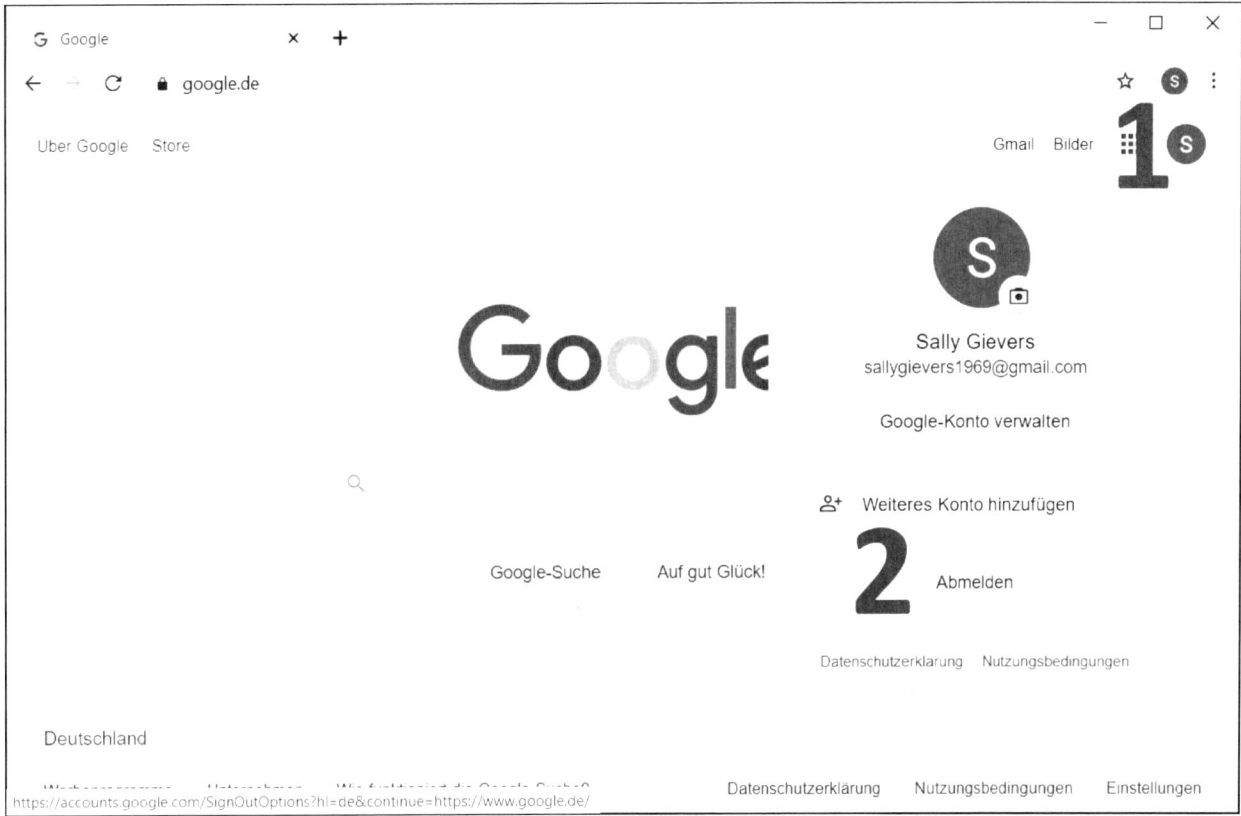

In einem Google-Dienst, beispielsweise der Google-Suche (*www.google.de*) klicken Sie auf den Kontonamen (1) und betätigen *Abmelden* (2). Sie werden nun automatisch nicht nur auf der Google-Website vom Google-Konto abgemeldet, sondern auch im Chrome-Browser.

Sie sind abgemeldet. Statt dem farbigen Kontosymbol erscheint 😑 oben links im Browser.

6.4.2 Gastmodus

Im »Gastmodus« des Chrome-Browsers sind die Google-Konten im Browser deaktiviert. Dieser Modus ist ideal, wenn Sie anderen Personen die Internetnutzung erlauben möchten.

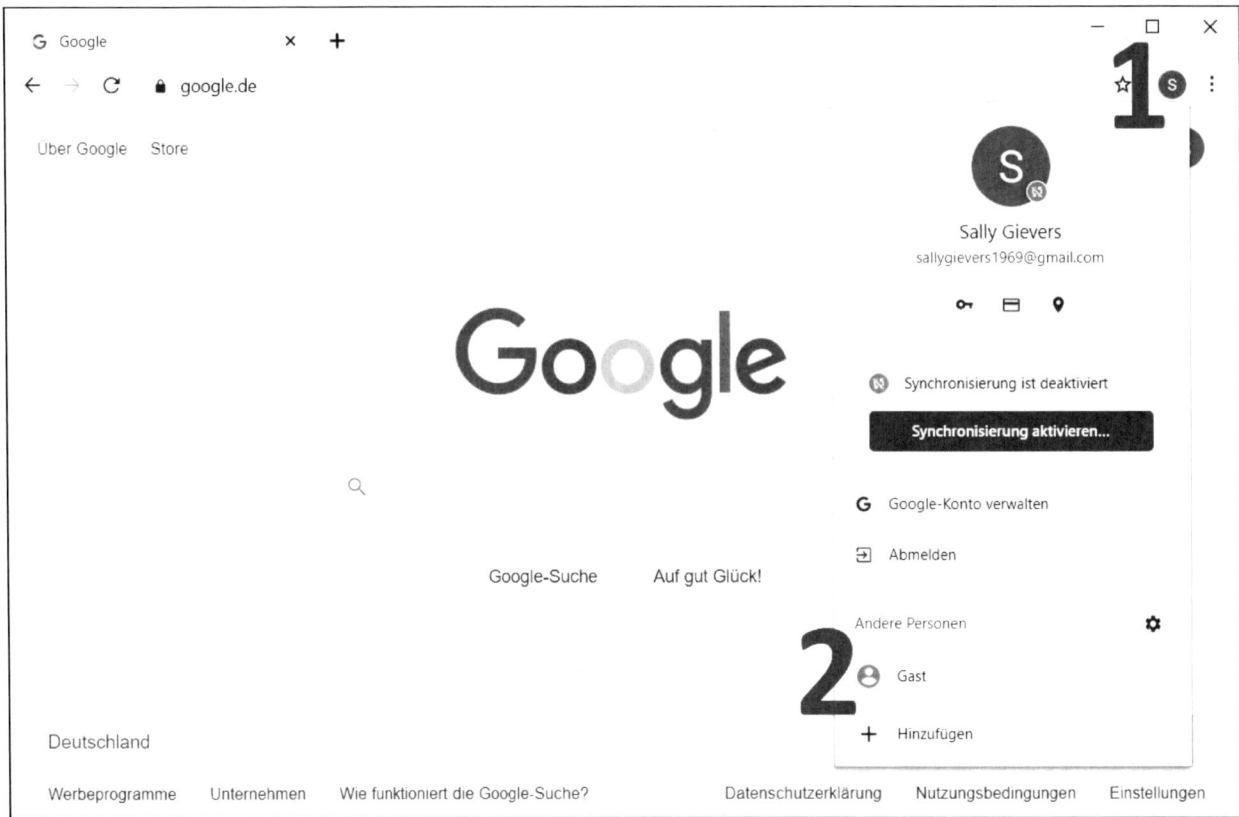

Klicken Sie oben rechts im Fensterrahmen auf das Kontosymbol (1) und rufen im Menü *Gast* auf.

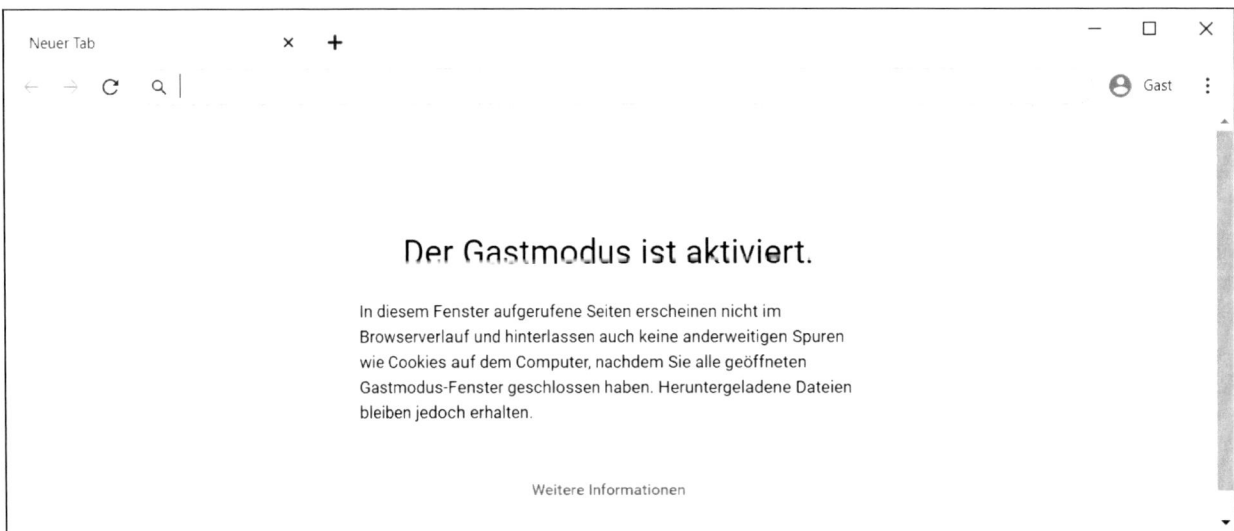

Der Chrome-Browser öffnet ein neues Fenster. Alle hier vorgenommenen Seitenaufrufe »vergisst« der Browser, sobald Sie das Fenster wieder schließen. Auf Ihre Lesezeichen hat der Nutzer dabei keinen Zugriff.

> Sobald Sie den Gastmodus verlassen, verwirft der Browser alle gespeicherten Cookies und den Browserverlauf (Liste der besuchten Webseiten).

7. Gmail

Fast jeder Anwender nutzt heute E-Mail, denn neben den Vorteilen der schnellen elektronischen Kommunikation dient die E-Mail-Adresse häufig auch der Identifizierung in Online-Shops. Viele meist kostenlose E-Mail-Anbieter buhlen heutzutage um Kunden, wovon GMX, Web.de und T-Online die Wichtigsten sind.

Mit der im Kapitel *6 Das Google-Konto* beschriebenen Registrierung Ihres Google-Kontos haben Sie ebenfalls ein E-Mail-Konto im Format *IhrName@gmail.com* erhalten – es ist natürlich Ihnen überlassen, ob Sie diese tatsächlich im für Ihre Alltagskorrespondenz verwenden, oder zu einem anderen E-Mail-Dienst greifen.

Der standardmäßig verfügbare Gmail-Speicherplatz beträgt 15 Gigabyte, sodass bei Sie selbst bei intensiver Nutzung wohl nur selten alte Nachrichten löschen müssen. Der Speicherverbrauch der anderen von Ihnen genutzten Google-Dienste (zum Beispiel Google Fotos) wird allerdings auf Gmail angerechnet.

Gmail ist extrem umfangreich und leistungsfähig, weshalb wir in diesem Buch nur die wichtigsten Funktionen erläutern können – allerdings dürften Sie auch nur einen Bruchteil davon jemals benötigen.

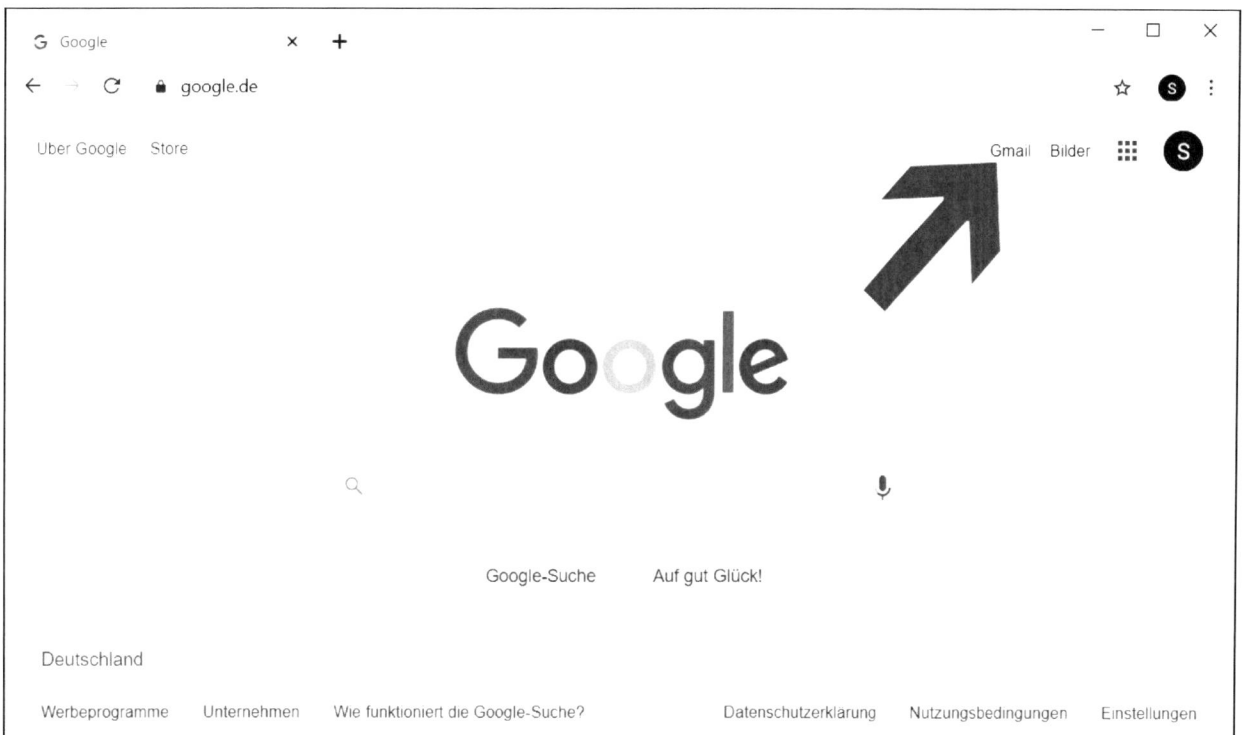

Zum Start von Gmail klicken Sie einfach die *Gmail*-Schaltleiste in der Google-Suche an. Alternativ rufen Sie die Webadresse *mail.google.com* auf.

Gmail setzt Chrome nicht voraus, sondern funktioniert, wie alle anderen Google-Dienste auch, mit jedem beliebigen Webbrowser.

Wie bei allen anderen häufig verwendeten Google-Diensten empfehlen wir die Anlage eines Lesezeichens für den schnellen Zugriff auf Ihre E-Mails. Siehe dazu Kapitel *5.4 Lesezeichen*.

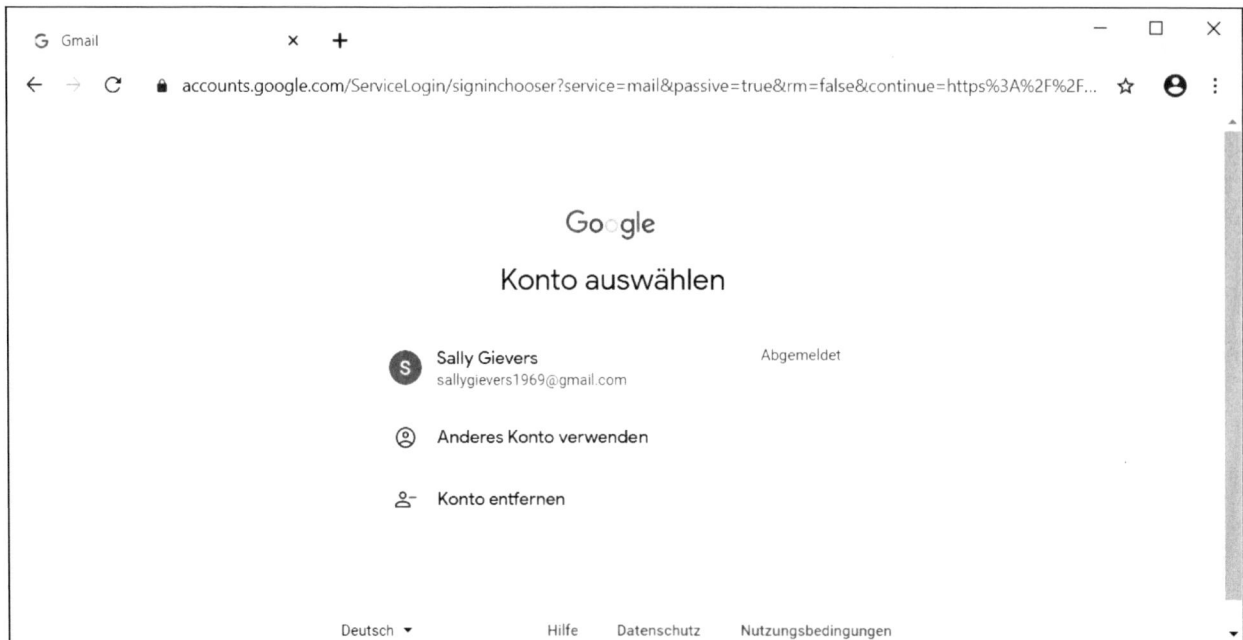

Falls Sie noch nicht mit Ihrem Konto angemeldet sind, müssen Sie sich dann erst über die Eingabe Ihres Konto-Namens und Passworts identifizieren (siehe Kapitel *6.4 Benutzerverwaltung*).

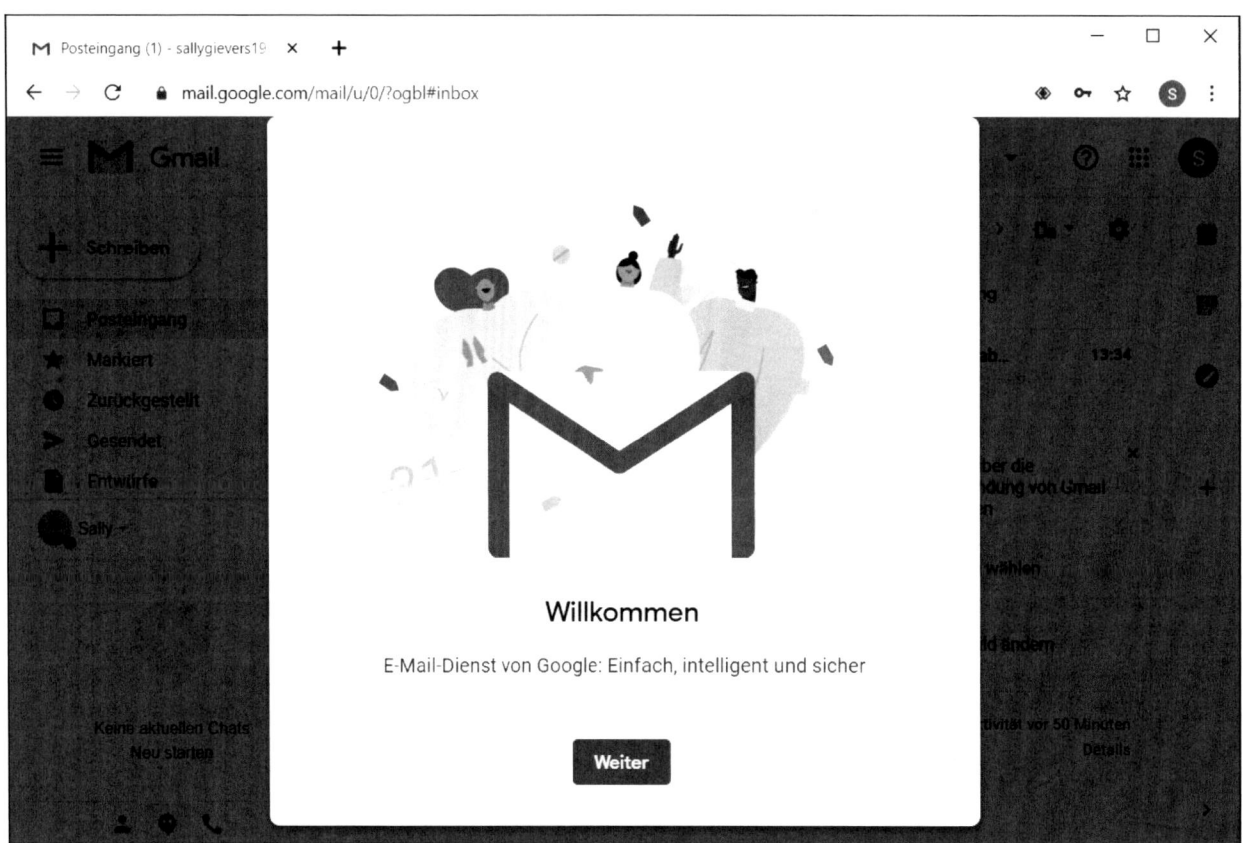

Die einmalige Begrüßungsmeldung schließen Sie mit einem Klick auf *Weiter*.

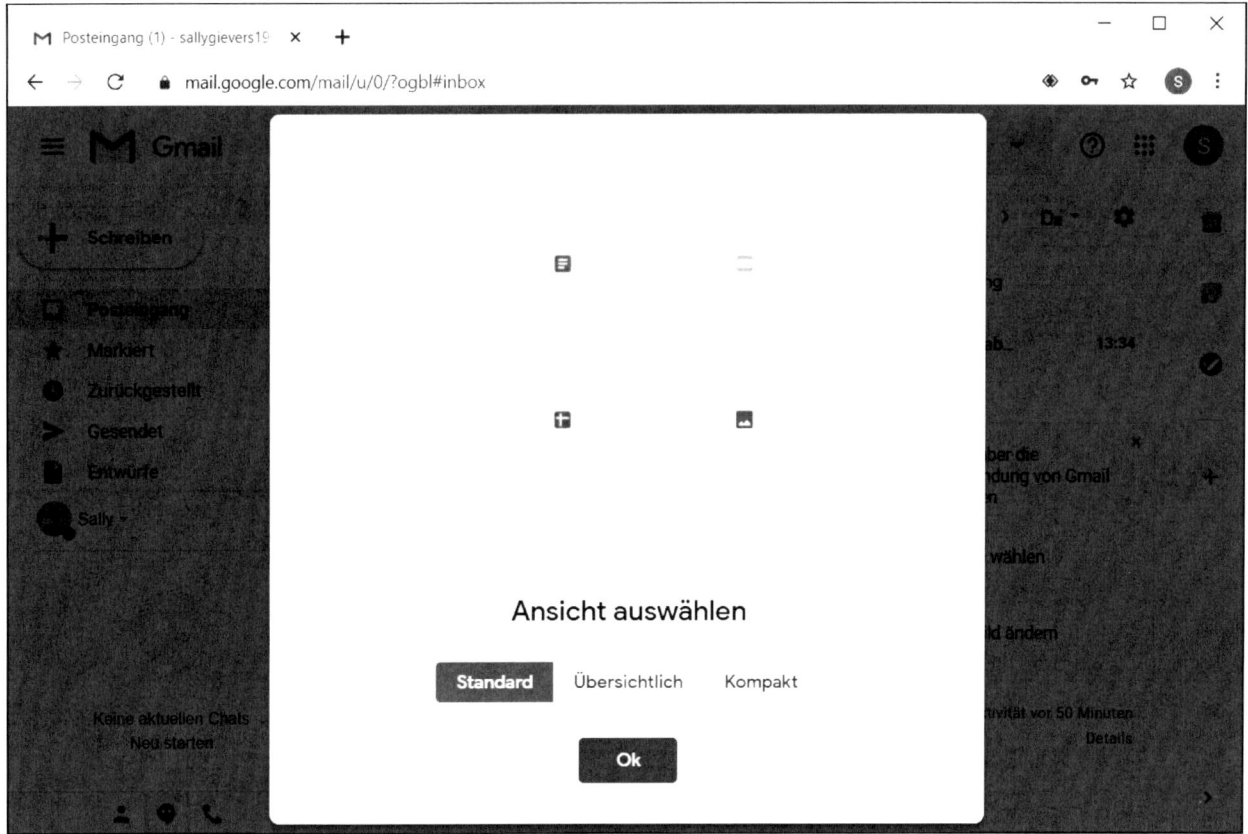

Sie können nun die Nachrichtenansicht auswählen. Wir empfehlen zunächst *Standard*, da Sie sie später jederzeit noch ändern können. Schließen Sie mit *Ok* ab.

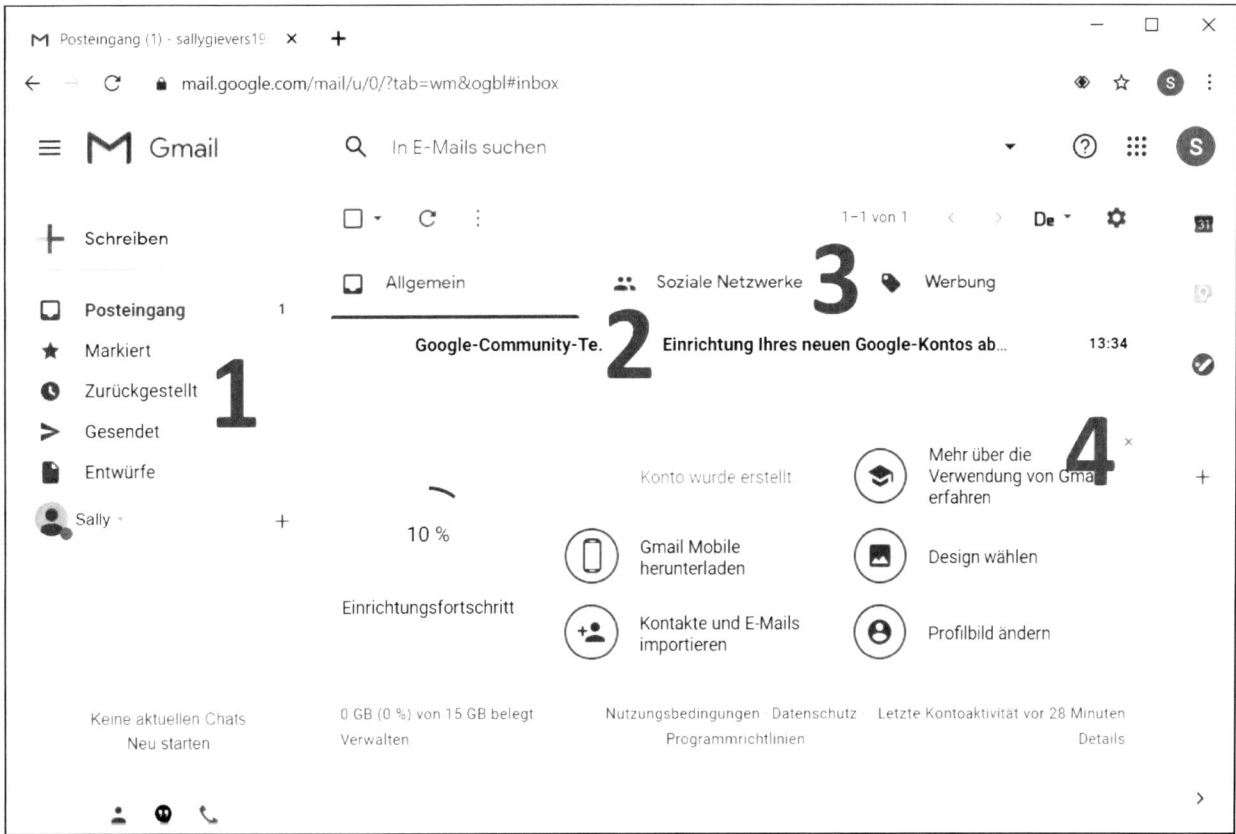

Wenn Sie vorher bereits mit anderen E-Mail-Programmen gearbeitet haben, dürfte Ihnen in der Gmail-Oberfläche einiges vertraut vorkommen. Wir stellen Ihnen hier kurz die wichtigsten Funktionen vor:

1. Ihre Nachrichten verwalten Sie in Ordnern, die in der Google-Welt auch als Label be-

zeichnet werden. Die wichtigsten Ordner sind *Posteingang* (enthält ihre empfangenen Nachrichten), *Gesendet* (von Ihnen verschickte Nachrichten) und *Entwürfe* (von Ihnen für den Versand vorbereitete Nachrichten).

2. Im ausgewählten Ordner – hier *Posteingang* – listet Gmail jeweils die enthaltenen Nachrichten auf.

3. Gmail ordnet die empfangenen E-Mails automatisch verschiedenen Kategorien zu. Beispielsweise landen Werbe-Mails automatisch im *Werbung*-Ordner.

4. Ab und zu erscheinen eventuell Hinweise, welche Sie mit einem Klick auf die ✕-Schaltleiste entfernen.

7.1 Gmail in der Praxis

7.1.1 E-Mails abrufen

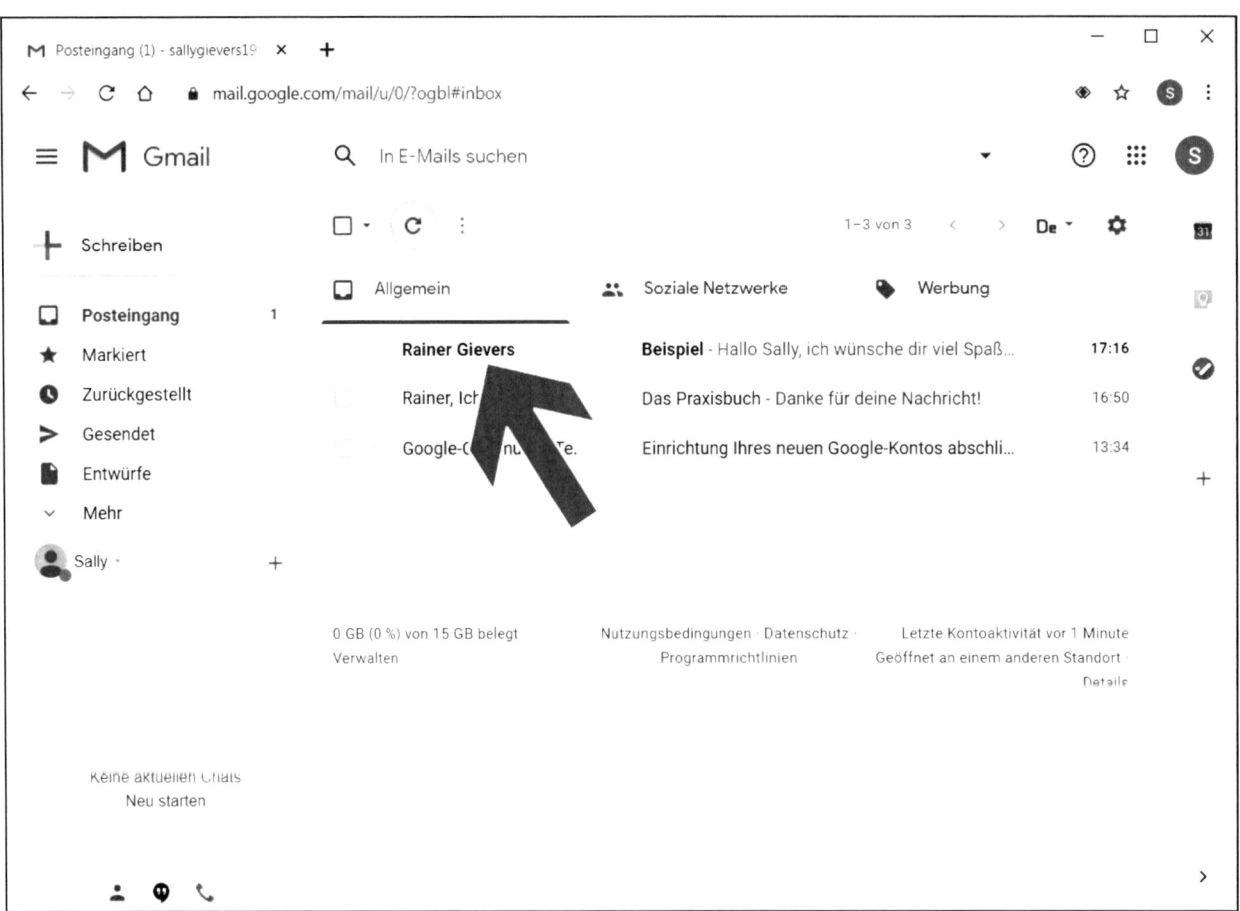

Es gibt zwar eine ↻-Schaltleiste (oberhalb der E-Mail-Auflistung), mit der Sie den Nachrichtenabruf starten, diese wird aber nicht benötigt, denn neue E-Mails erscheinen automatisch in der Nachrichtenauflistung.

Alle noch ungelesenen Nachrichten erscheinen in Fettschrift. Klicken Sie nun eine Nachricht an, die Sie lesen möchten.

> Sie sollten Ihren Bekanntenkreis bitten, Ihnen E-Mails an Ihr Gmail-E-Mail-Adresse (= Ihr Google-Konto) zu senden. Auf diesem Wege können Sie die folgenden Bedienungsweisungen direkt nachvollziehen.
>
> Alle Benachrichtigungen, die bei den Google-Diensten anfallen, werden an Ihre Google Mail-Adresse gesendet. Deshalb füllt sich Ihr Gmail-Konto mit der Zeit auch ohne Ihr Zutun.

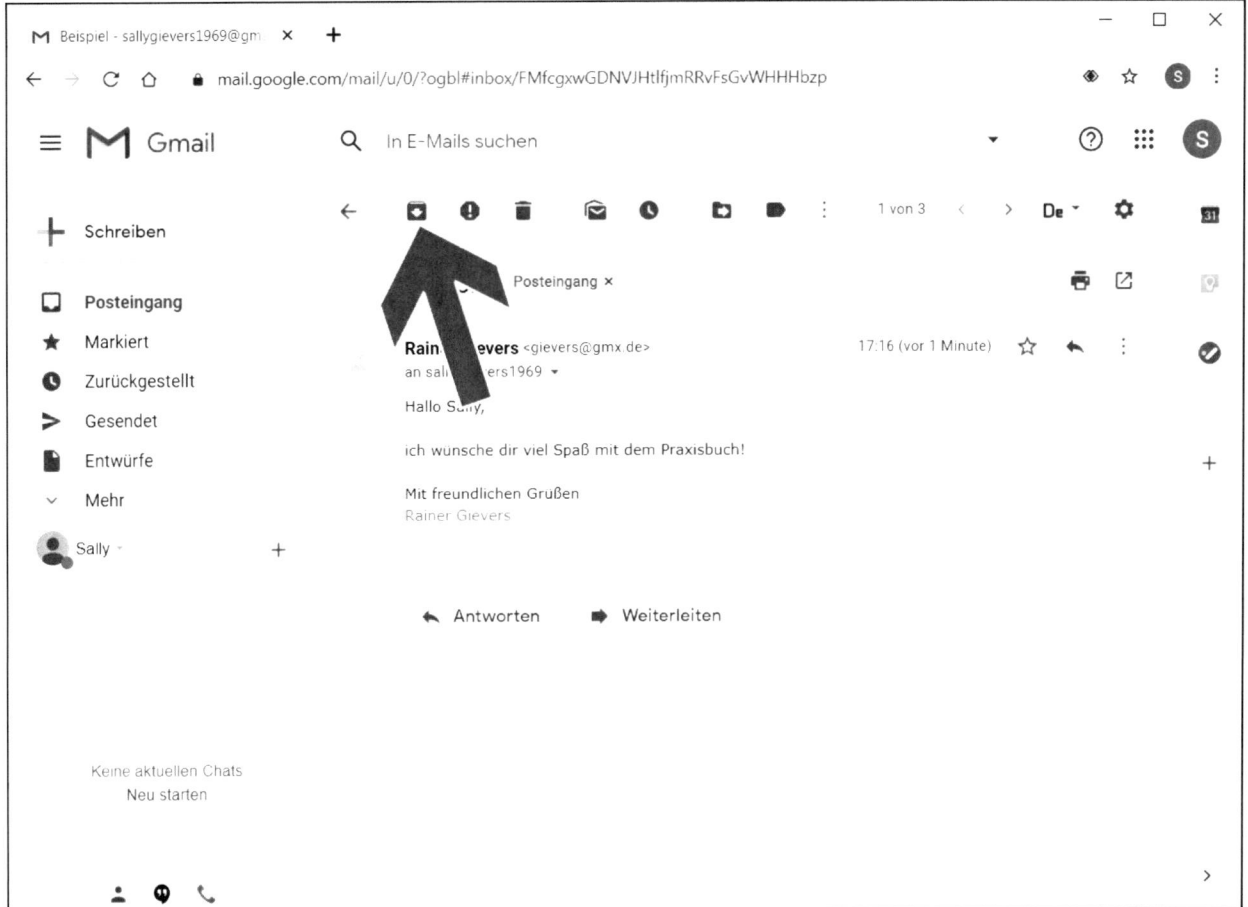

Die Bedeutung der Schaltleisten am oberen Bildschirmrand (Pfeil):

- ←: Auf den Posteingang umschalten.

- ▣ (Archivieren): Entfernt eine Nachricht aus dem Posteingang, ohne sie zu löschen. Siehe auch Kapitel *7.2.2 Archivieren*.

- ❶: Markiert die Nachricht als unerwünscht. Siehe Kapitel *7.2.5 Spam*.

- 🗑: Nachricht löschen.

- ✉: Nachricht als ungelesen markieren. Gmail schaltet danach wieder auf den Posteingang zurück.

- 🕔: Nachricht zurückstellen (Sie erhalten später einen Hinweis auf die unerledigte Nachricht).

- 🗀: Nachricht in einen anderen Ordner verschieben.

- 🏷: Nachricht ein Label zuweisen.

- ⋮: Weitere Funktionen, auf die wir später noch eingehen.

Tipp: Ist Ihnen mal die Bedeutung einer Schaltleiste nicht ersichtlich, dann halten Sie für einige Sekunden den Mauszeiger darauf. Es erscheint ein Popup mit einer kurzen Erläuterung.

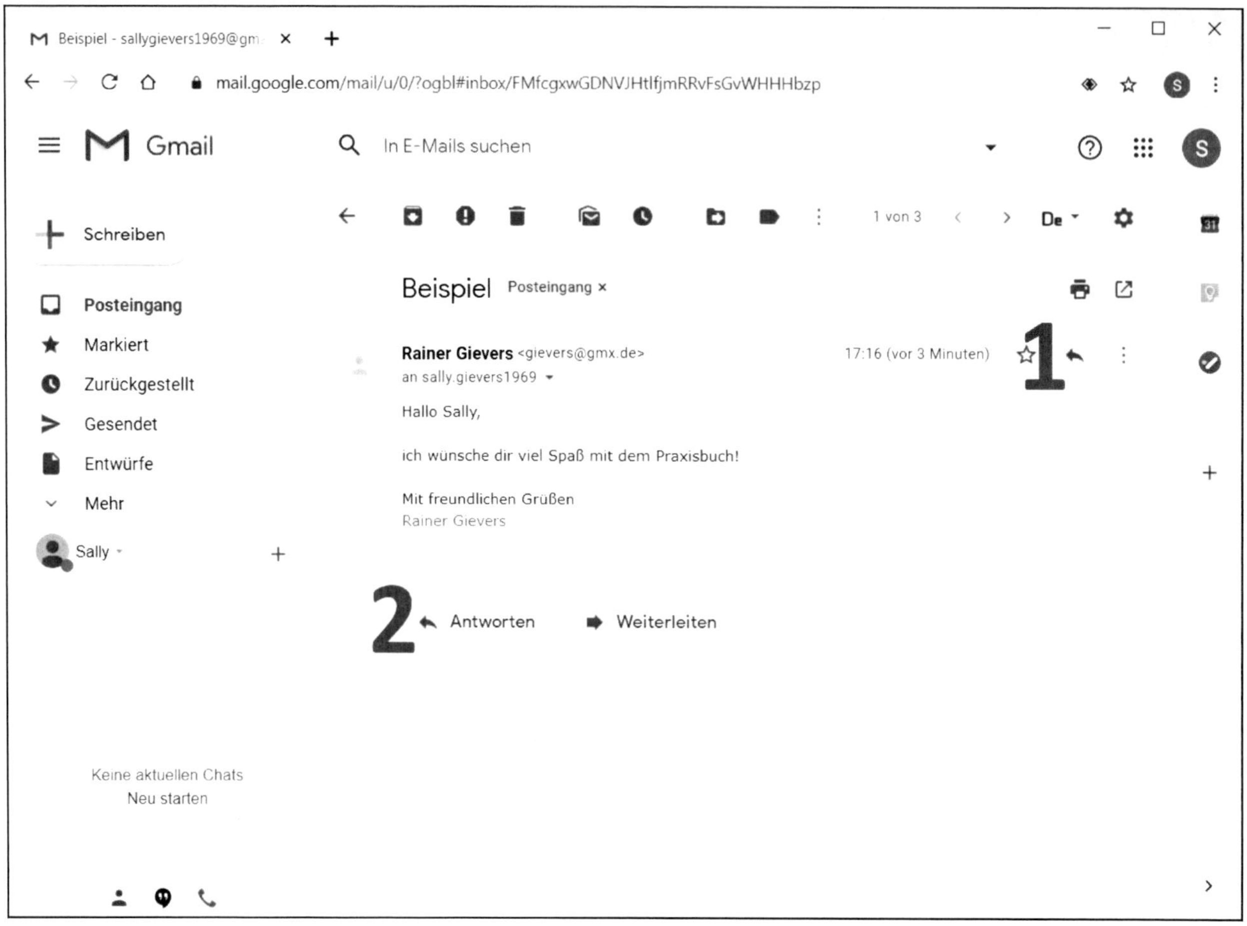

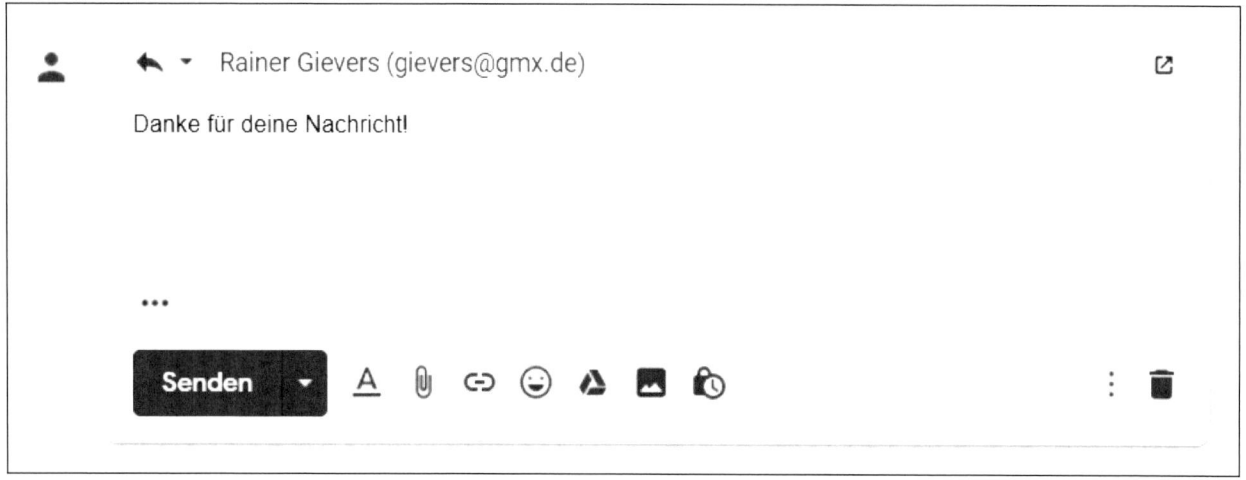

Die ↰-Schaltleiste (1) erstellt eine Antwort-Nachricht an den Absender. Alternativ betätigen Sie *Antworten* (2).

Im unteren Bildschirmbereich erscheint ein Eingabefeld. Erfassen Sie darin Ihre Antwort und betätigen Sie *Senden*.

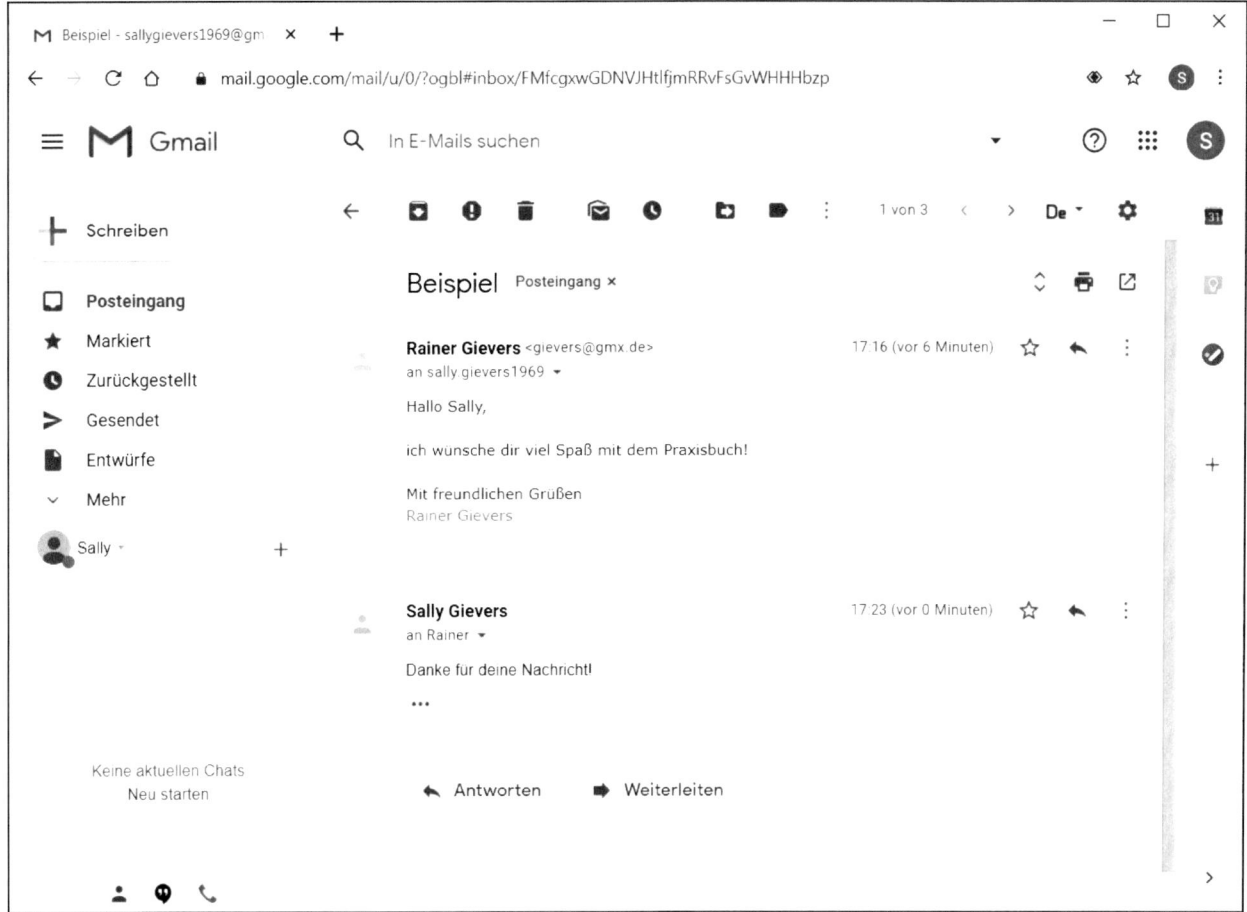

Ihre Nachricht blendet Gmail unter der beantworteten E-Mail ein.

7.1.2 Absender ins Telefonbuch aufnehmen

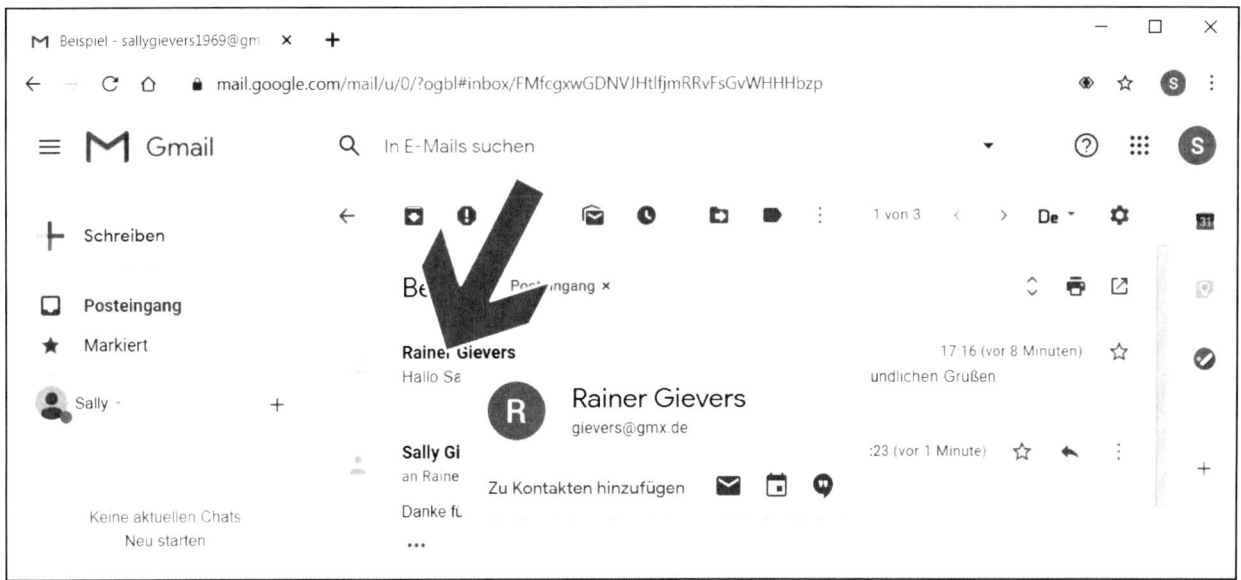

Halten Sie den Mauszeiger über einen Absendernamen, worauf nach einigen Sekunden ein Popup erscheint. Klicken Sie auf *Zu Kontakten hinzufügen*. Auf die Kontaktverwaltung geht Kapitel *8 Google Kontakte* ein.

7.1.3 Dateianlagen

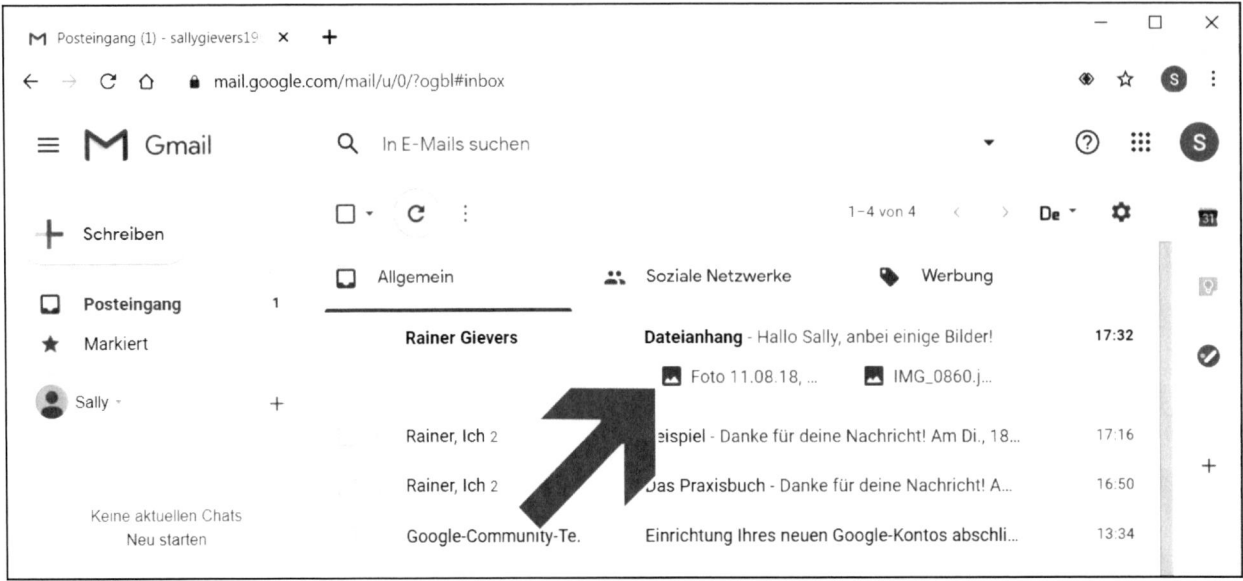

Nachrichten mit Dateianlagen erkennen Sie an den Symbolen (Pfeil) in der Nachrichtenauflistung. Für jeden Dateityp verwendet Google ein anderes Symbol, beispielsweise ▪▪▪ für PDF-Dateien und ▪ für Bilder. Anklicken eines Symbols zeigt die jeweilige Datei in einer Vorschau an.

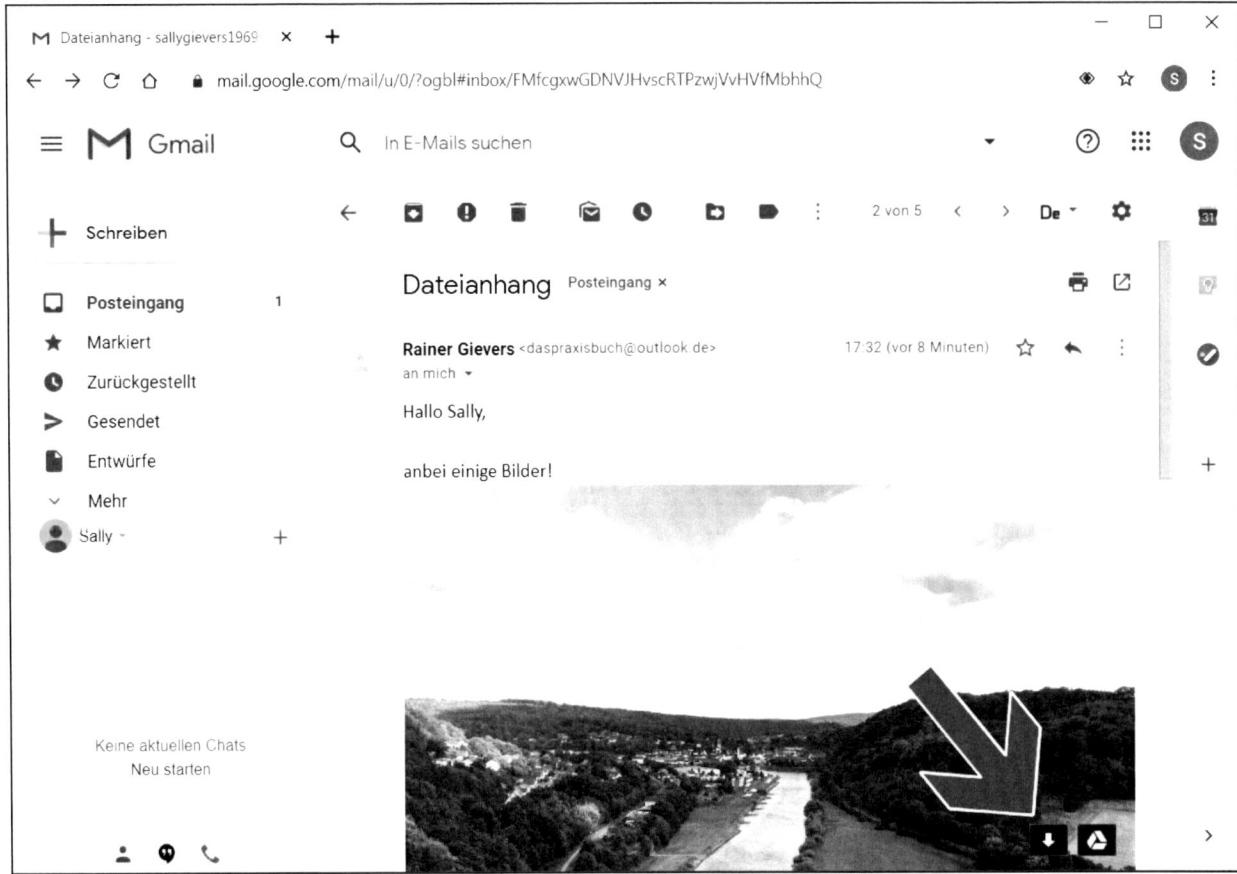

In der Nachrichtenansicht erscheinen die enthaltenen Dateien als Vorschau. Sie können nun einfach eine Datei anklicken, worauf sie als Vorschau angezeigt wird. Alternativ halten Sie den Mauszeiger über dem Vorschaubild, worauf unten rechts zwei Schaltleisten erscheinen:

- ▪: Datei herunterladen.

- ▪: speichert die Bilddatei dagegen in Google Drive (eine Art Dateispeicher), siehe Kapitel *14 Google Drive*.

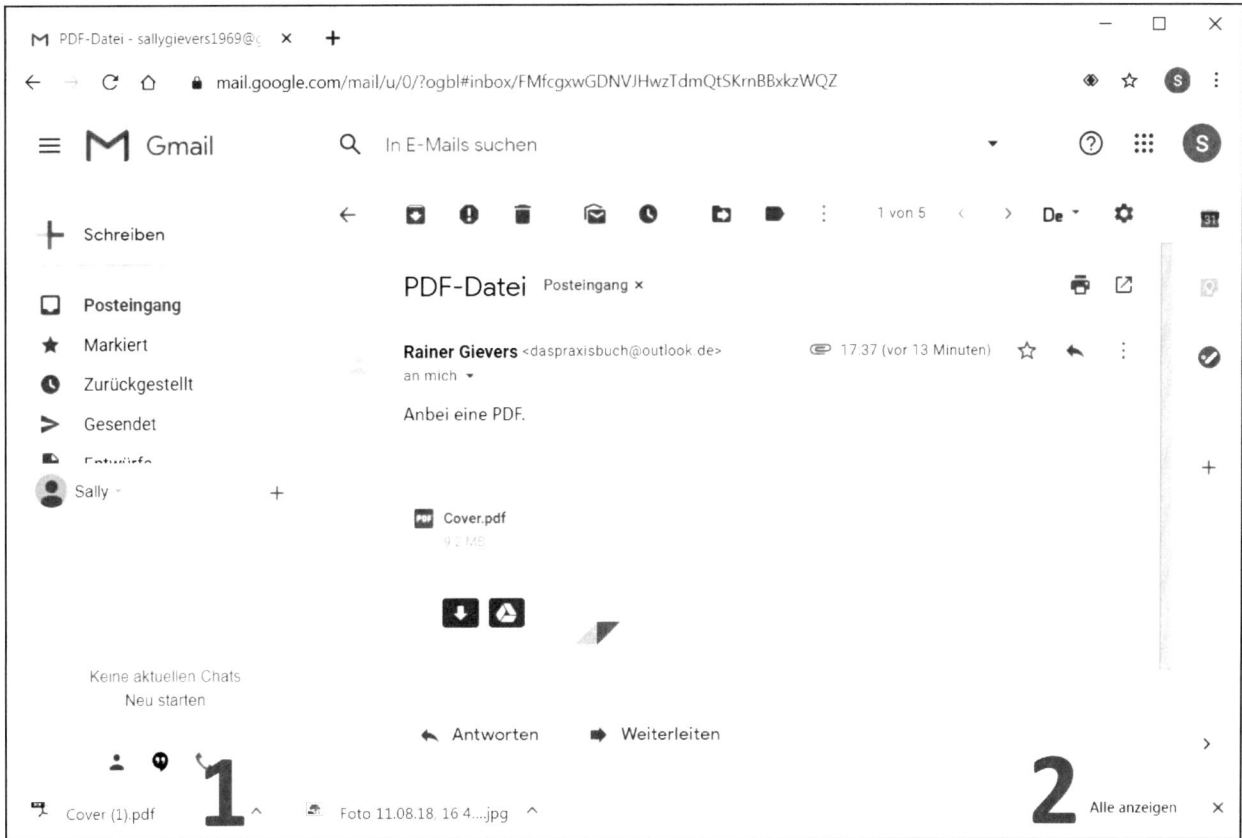

Heruntergeladene Dateien blendet Chrome am unteren Rand ein (1). Anklicken öffnet die jeweilige Datei in der zugehörigen Anwendung, während *Alle anzeigen* (2) alle heruntergeladenen Dateien auflistet. Letzteres erhalten Sie auch mit der Tastenkombination Strg + J.

7.1.4 Labels und Kategorien

Labels haben bei Gmail die gleiche Funktion wie Ordner. Deshalb werden auch die klassischen E-Mail-Ordner *Postausgang*, *Entwürfe*, *Gesendet*, usw. bei Gmail als »Label« bezeichnet. Man darf einer Mail mehrere Labels gleichzeitig zuweisen.

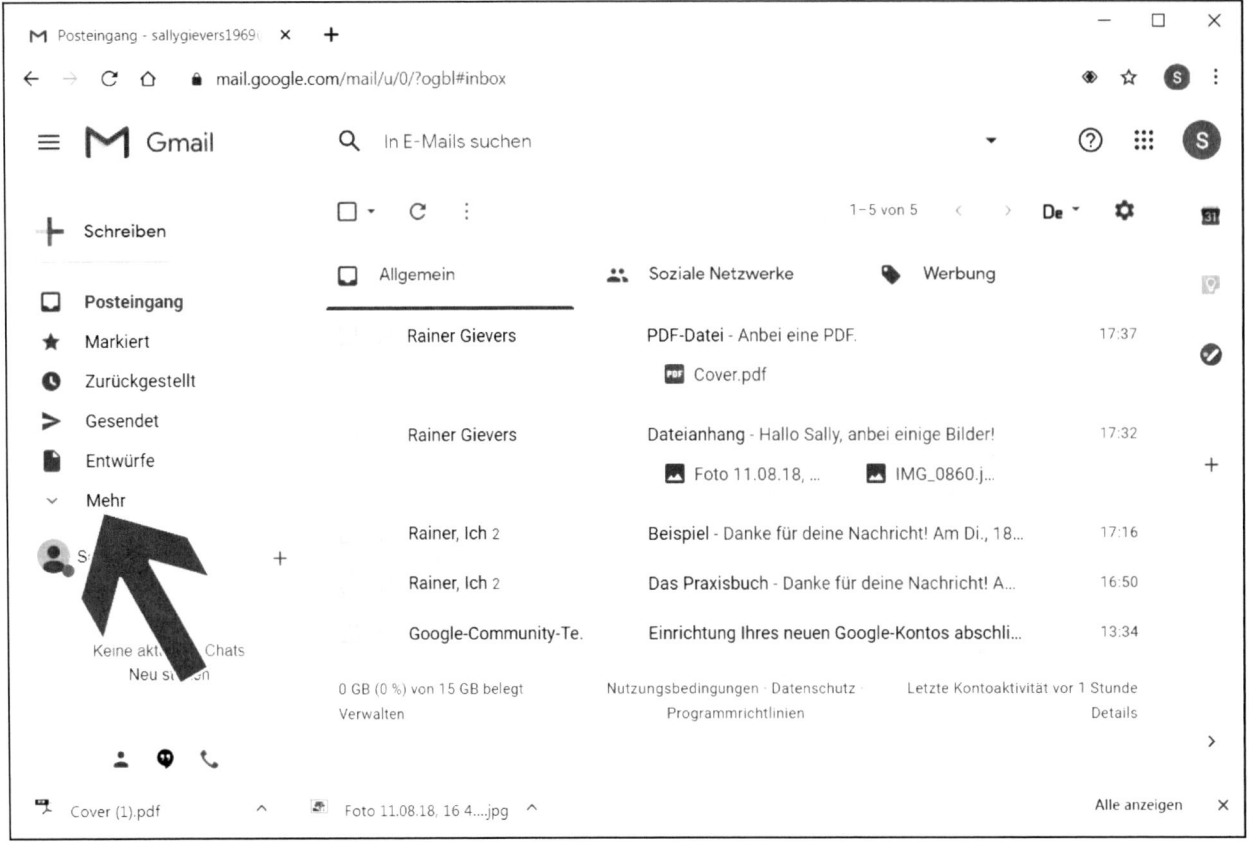

Die Labels listet Gmail auf der linken Seite auf:

- *Posteingang*: Von anderen Personen empfangene Nachrichten.

- *Markiert*: Der »Markiert«-Status kann Nachrichten oder Konversationen zugewiesen werden. Siehe dazu auch Kapitel *7.2.4 Markierungen*.

- *Zurückgestellt*: Auf zurückgestellte Nachrichten macht Gmail zu einem späteren Zeitpunkt aufmerksam.

- *Gesendet*: Versandte Nachrichten.

- *Entwürfe*: Nachrichten, die bereits vorbereitet, aber noch nicht versandt wurden.

Klicken Sie auf *Mehr* (Pfeil) für weitere Labels:

- *Wichtig*: Gmail erkennt automatisch E-Mails, die für Sie interessant oder wichtig sind und ordnet sie unter *Wichtig* ein. Siehe Kapitel *7.2.3.b Wichtig-Label und der sortierte Eingang*.

- *Chats*: Dient dazu, Nachrichten in Echtzeit mit anderen auszutauschen. Dazu kommt Google Hangouts zum Einsatz. In diesem Buch gehen wir nicht auf Hangouts ein.

- *Geplant*: Von Ihnen gesendete Nachrichten, die erst zu einem späteren Zeitpunkt beim Empfänger ankommen sollen.

- *Alle E-Mails*: Zeigt alle Mails sortiert als sogenannte Konversationen an.

- *Spam*: Als Spam erkannte Mails.

- *Papierkorb*: Von Ihnen gelöschte Mails.

- *Kategorien*: Auf die Kategorien gehen wir im Kapitel *7.1.4 Labels und Kategorien* ein.

- *Labels verwalten; Neues Label erstellen*: Sie können die Ordnung in Ihrem Posteingang erhöhen, indem Sie die Nachrichten selbsterstellten Labels zuweisen. Bei Bedarf schalten Sie die Anzeige dann einfach auf ein einzelnes Label um.

Auf die Funktion der einzelnen Label gehen die folgenden Kapitel ein.

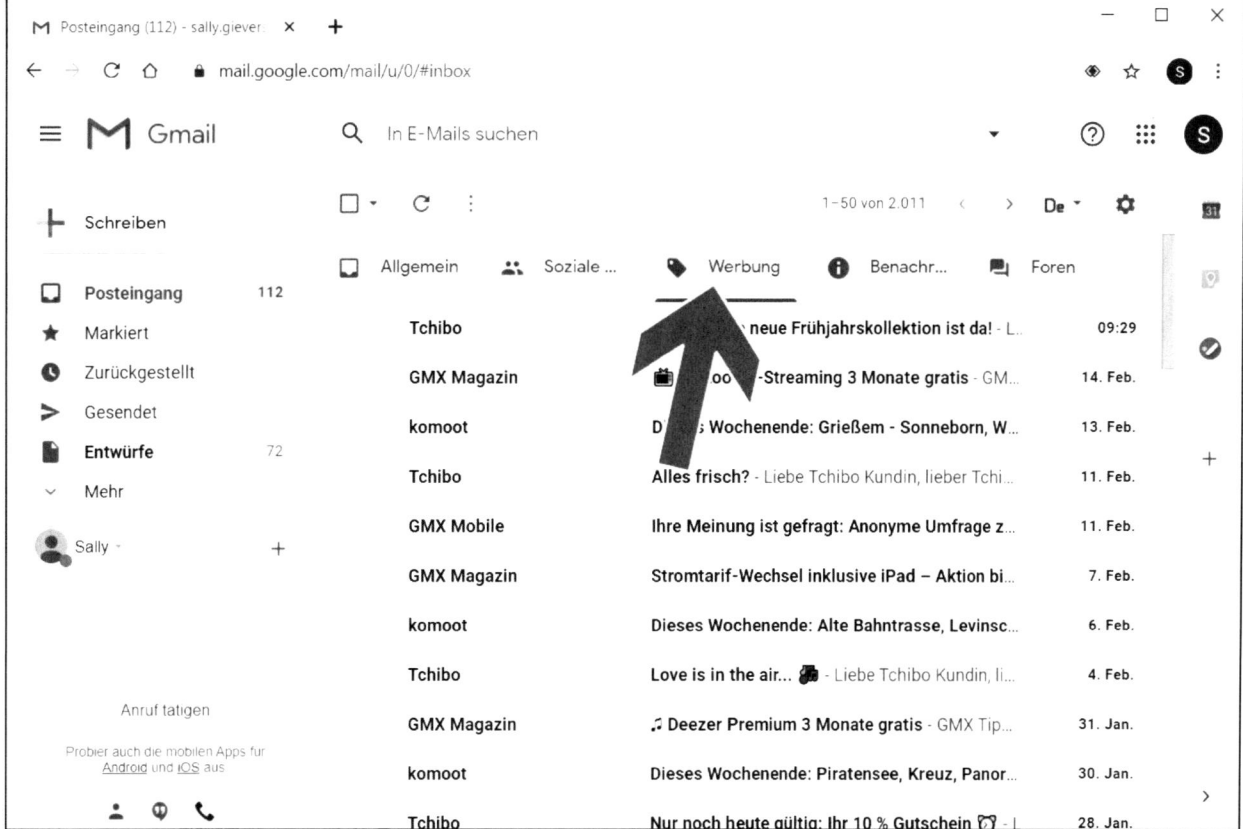

Eines der größten Probleme bei der E-Mail-Nutzung ist, dass der Posteingang schon nach wenigen Wochen extrem unübersichtlich wird – insbesondere Werbe-Mails von Online-Shops und Benachrichtigungen von sozialen Netzwerken wie Facebook sorgen für einen konstanten Nachrichtenstrom. Deshalb filtert Google Ihre E-Mails und ordnet sie automatisch **Kategorien** zu (nachfolgende Infos wurden der Gmail-Hilfe unter *support.google.com/mail/answer/3055016* entnommen):

- *Allgemein:* Nachrichten von Freunden und Verwandten sowie sonstige Nachrichten, die nicht in einem der anderen Kategorien angezeigt werden.

- *Soziale Netzwerke*: E-Mails aus sozialen Netzwerken, Plattformen zum Teilen von Inhalten, Online-Partnervermittlungen, Spieleplattformen oder anderen sozialen Websites.

- *Werbung*: Werbeaktionen, Angebote und sonstige Werbe-E-Mails.

- *Benachrichtigungen:* Benachrichtigungen wie Bestätigungen, Belege, Rechnungen und Kontoauszüge.

- *Foren:* E-Mails aus Online-Gruppen, Diskussionsforen und Mailinglisten.

Zwischen den Kategorien wechseln Sie mit einem Klick auf die Schaltleisten am oberen Bildschirmrand. Eine farbig hinterlegte Zahl weist in den Schaltleisten jeweils auf neu empfangene E-Mails hin.

So konfigurieren Sie die angezeigten Register: Ein Klick auf ✿ öffnet das Menü, worin Sie auf *Posteingang konfigurieren* gehen.

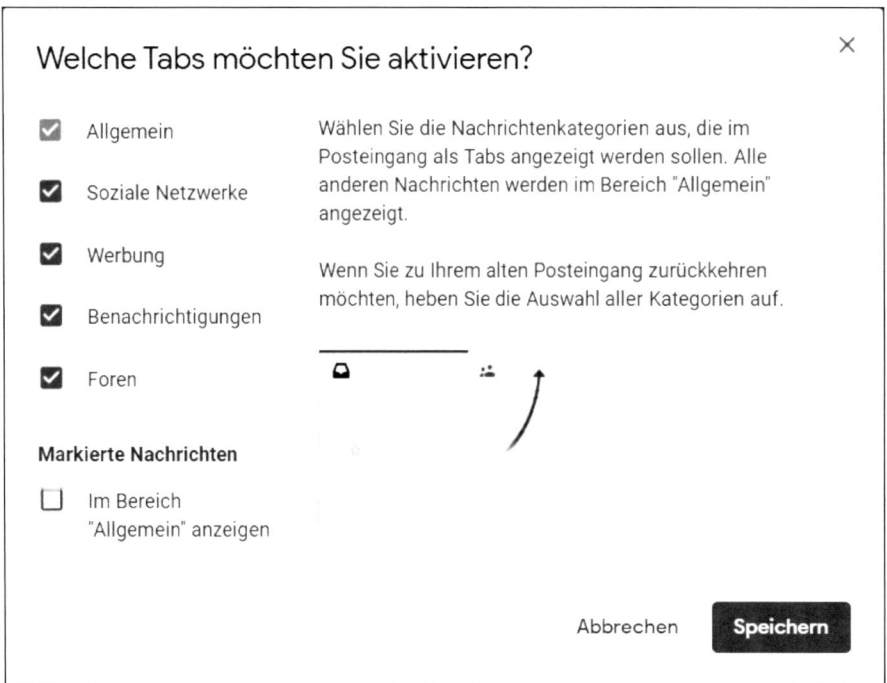

Im Konfigurationsfenster stellen Sie ein, welche Kategorien Sie nutzen möchten. Erhalten Sie beispielsweise nur selten Werbe-Mails, dürfte es sich anbieten, *Werbung* zu deaktivieren. Die Werbe-Mails landen dann im *Allgemein*-Ordner.

7.1.5 E-Mails beantworten

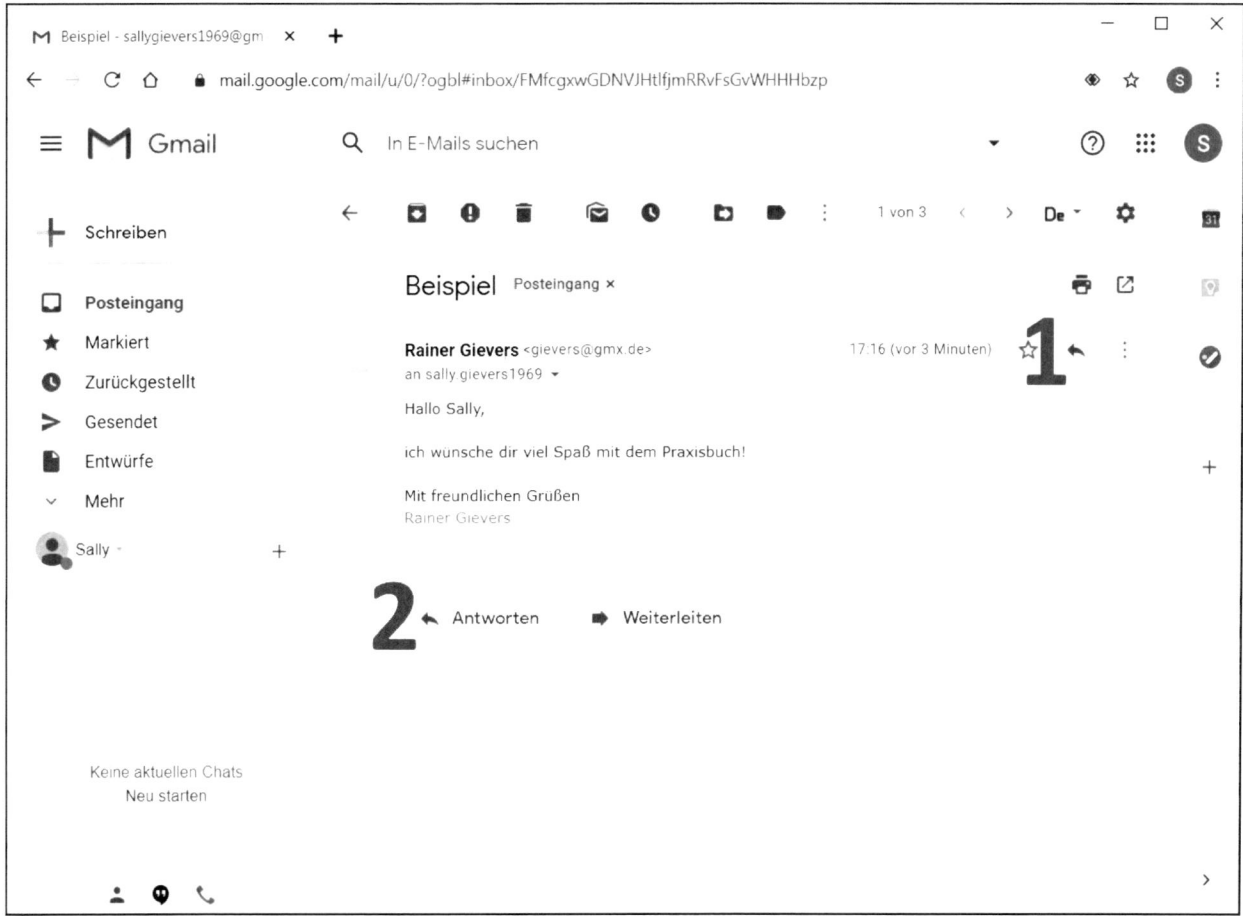

Zum Beantworten einer Nachricht betätigen Sie die ←-Schaltleiste (1). Alternativ betätigen Sie *Antworten* (2).

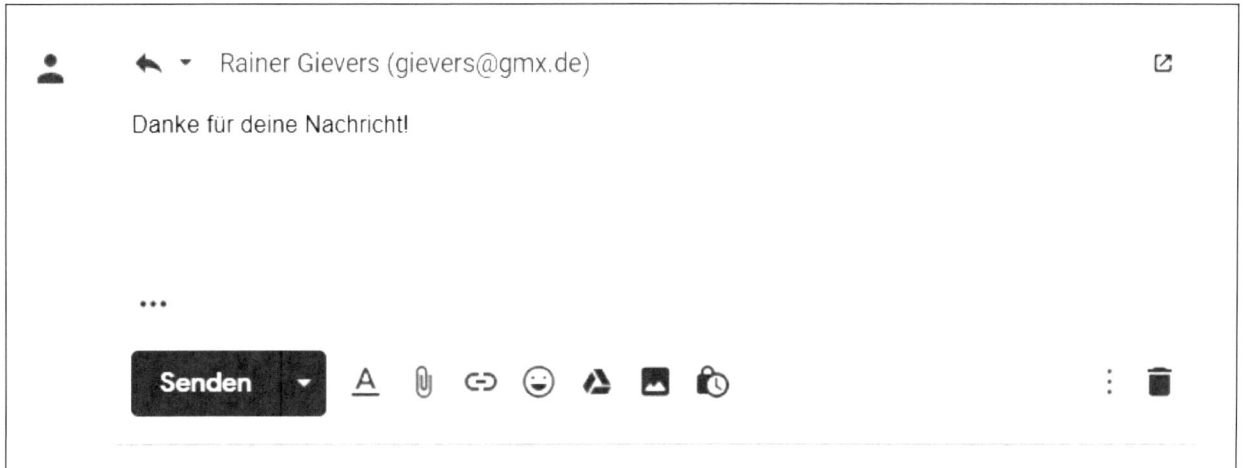

Geben Sie nun den Nachrichtentext ein und betätigen Sie *Senden* (Alternativ nutzen Sie die Tastenkombination **Strg** + **Enter**-Taste). Es erscheint dann der Hinweis »*Ihre Nachricht wurde gesendet*«.

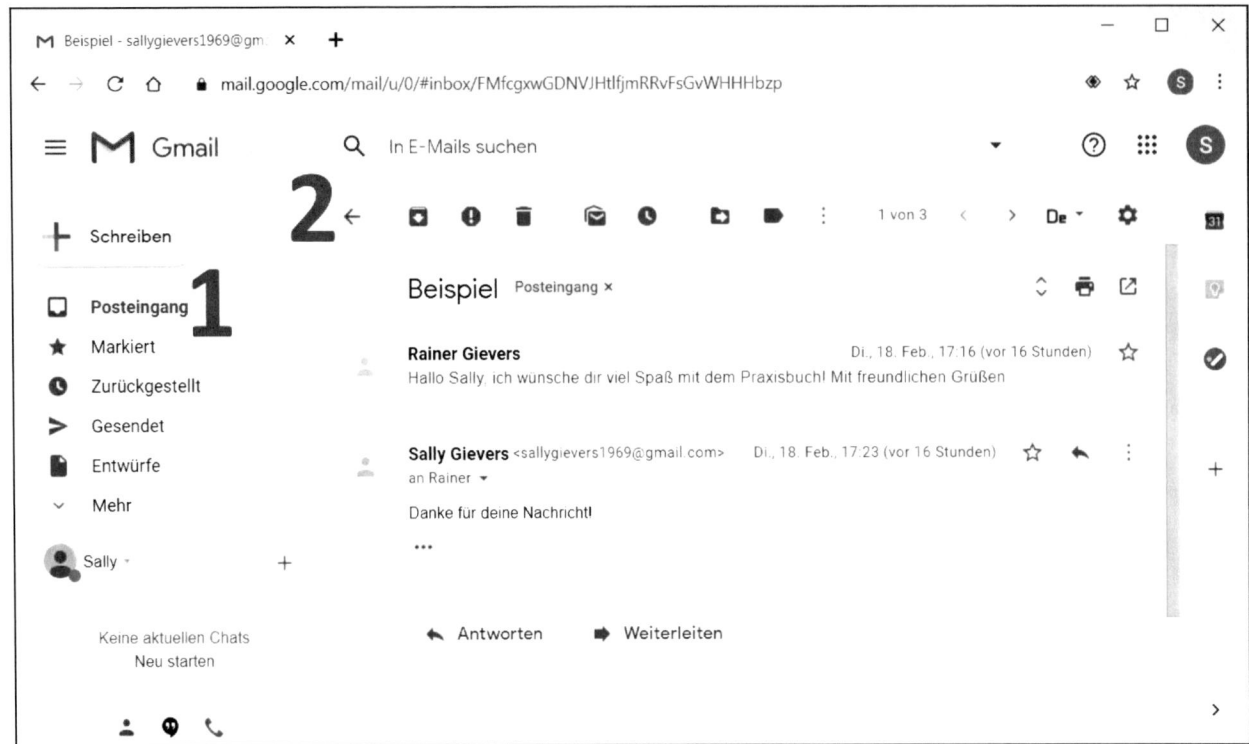

Ein Klick auf *Posteingang* (1) oder ← (2) bringt Sie wieder in die Nachrichtenauflistung zurück.

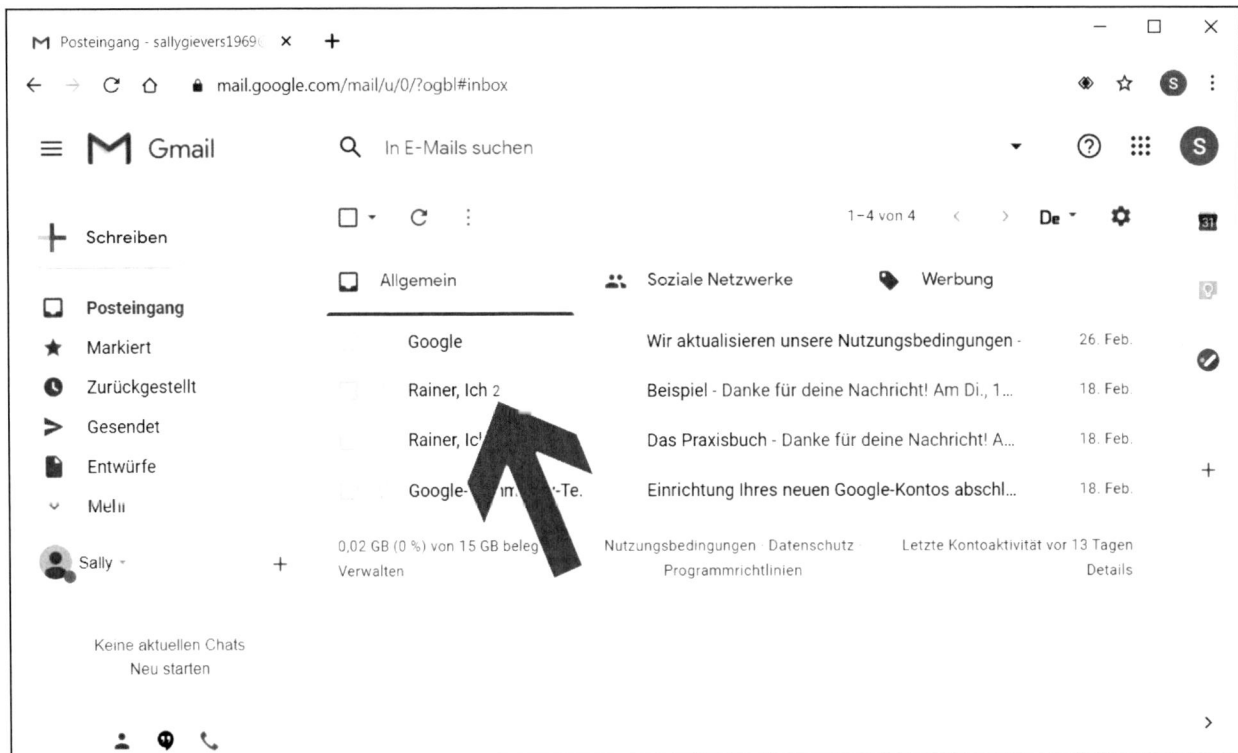

Gmail verwaltet die Nachrichten als »Konversationen«, das heißt, alle Nachrichten, die Sie mit einem Kommunikationspartner austauschen, werden unter einem Eintrag zusammengefasst. Sie erkennen die Konversationen daran, dass beim Betreff ein »*Ich*« und die Zahl der ausgetauschten Nachrichten erscheint. Klicken Sie die E-Mail für die Nachrichtenansicht an.

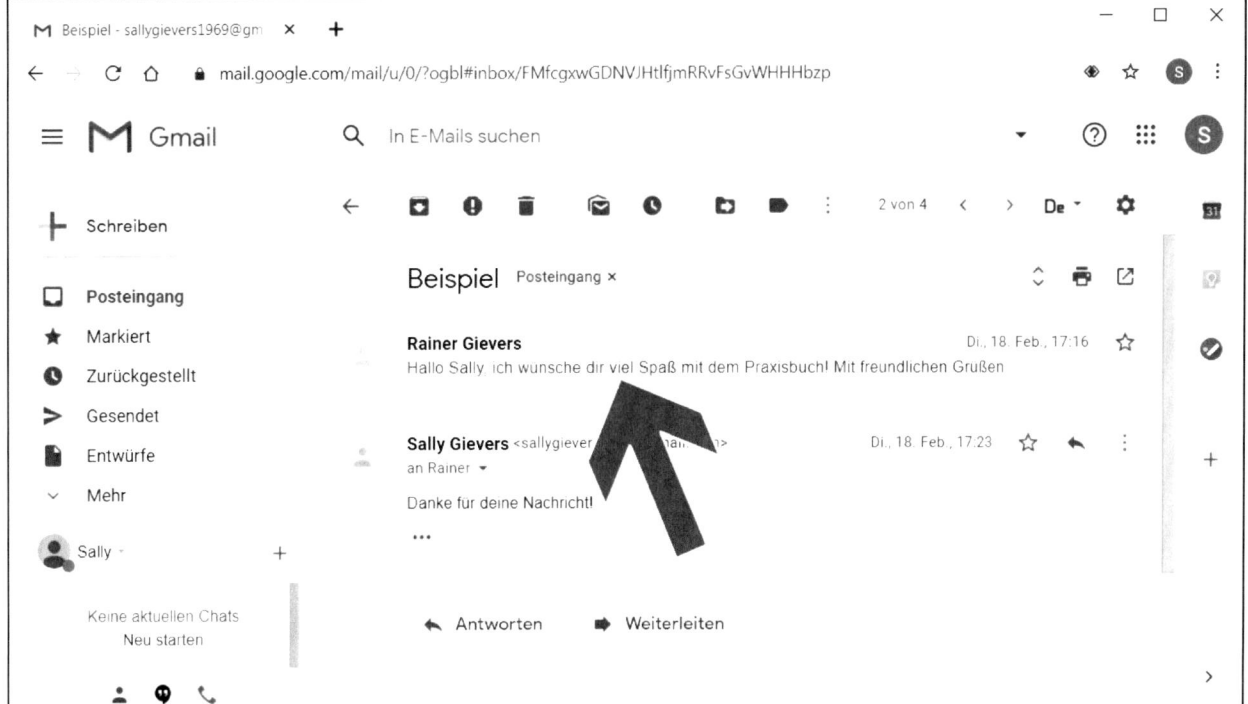

Es erscheinen Karteireiter mit den Nachrichten, die Sie mit dem Kommunikationspartner ausgetauscht haben. Klicken Sie einen Karteireiter an, um die zugehörige Nachricht auszufalten. Erneutes Anklicken eines Karteireiters blendet die Nachricht wieder aus.

7.1.6 E-Mail neu schreiben

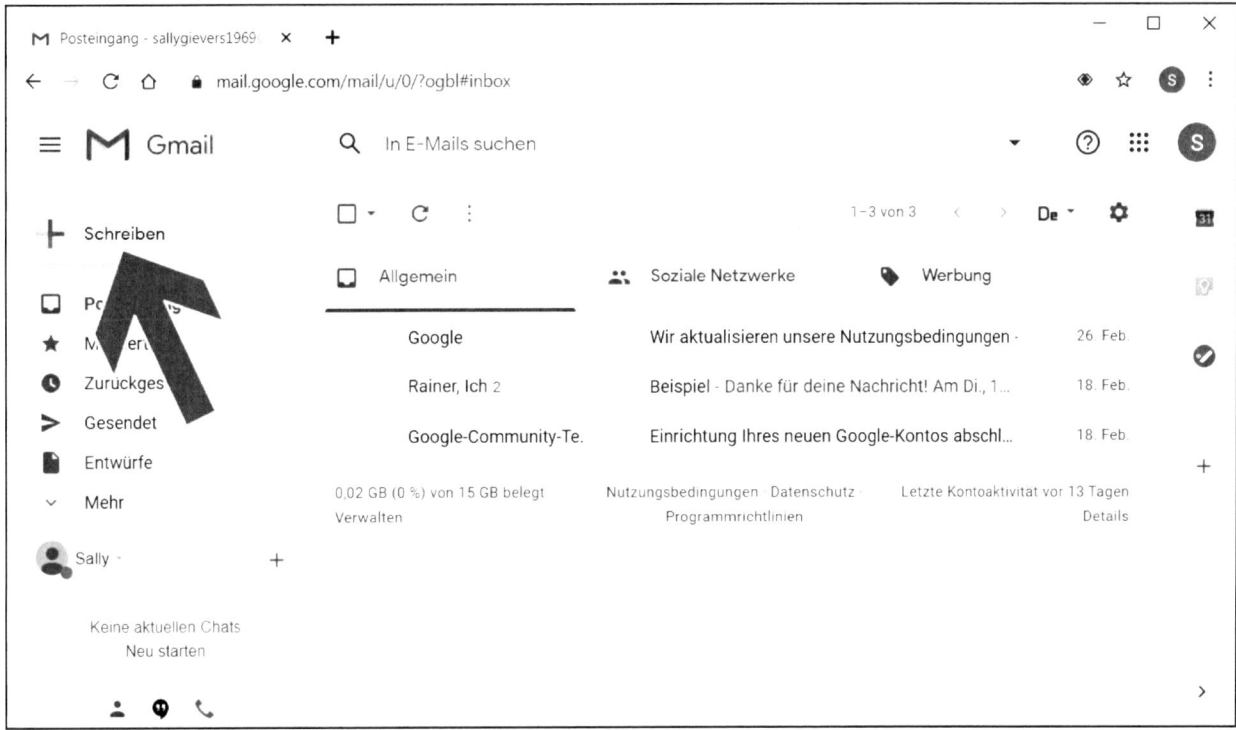

Betätigen Sie die *Schreiben*-Schaltleiste (Pfeil).

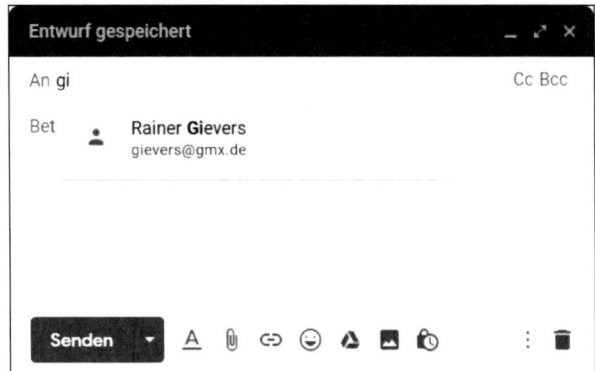 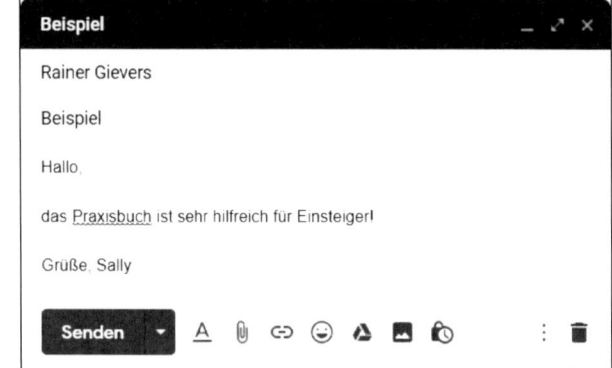

❶ Im *An*-Feld erfassen Sie nun den Empfänger. Gmail sucht bereits bei der Eingabe des Kontakt-namens passende E-Mail-Adressen (mit denen Sie bereits geschrieben haben) und listet diese auf. Klicken Sie gegebenenfalls einfach die Gewünschte an. Falls Sie einen weiteren Empfänger hinzufügen möchten, geben Sie diesen einfach dahinter ein. Zwischen den Eingabefeldern springen Sie mit der Tab-Taste (im Empfängerfeld zweimal betätigen).

❷ Über die *Senden*-Schaltleiste verschicken Sie die Nachricht (alternativ die Tastenkombination Strg + Enter).

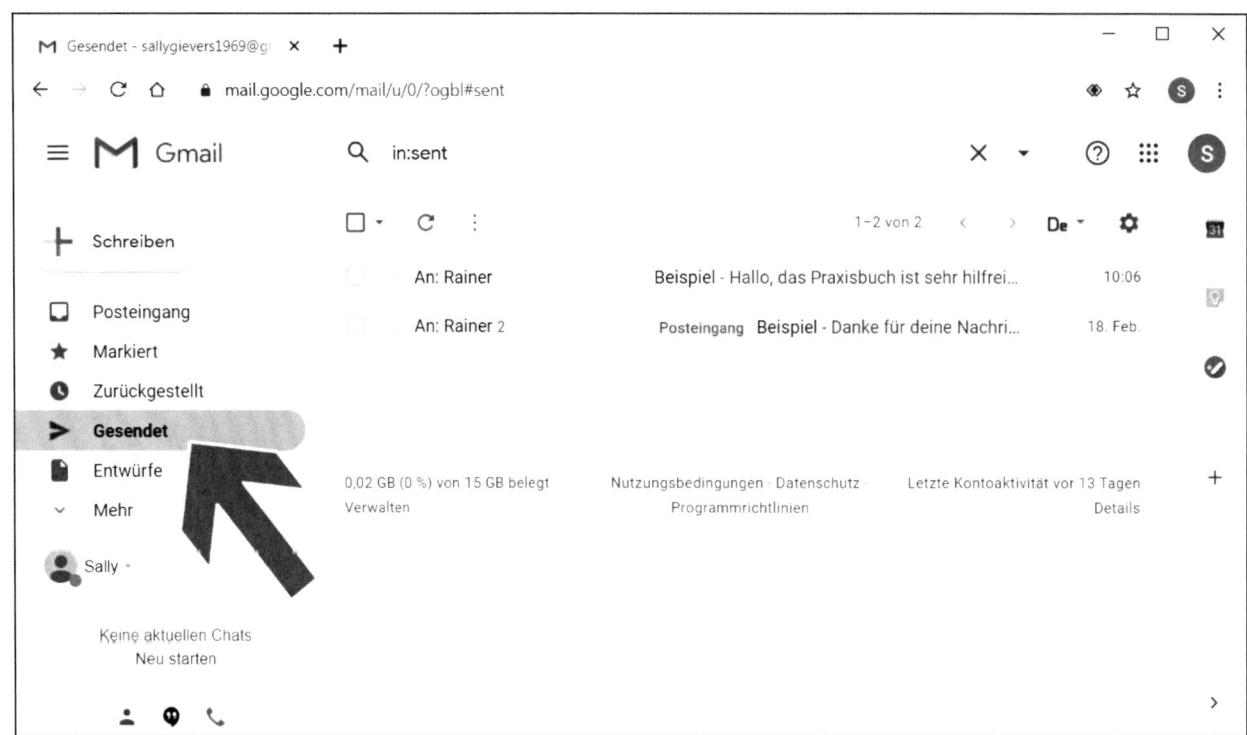

Die versandte Mail finden Sie im *Gesendet*-Ordner (Pfeil).

7.1.7 Weitere Funktionen bei der E-Mail-Erstellung

 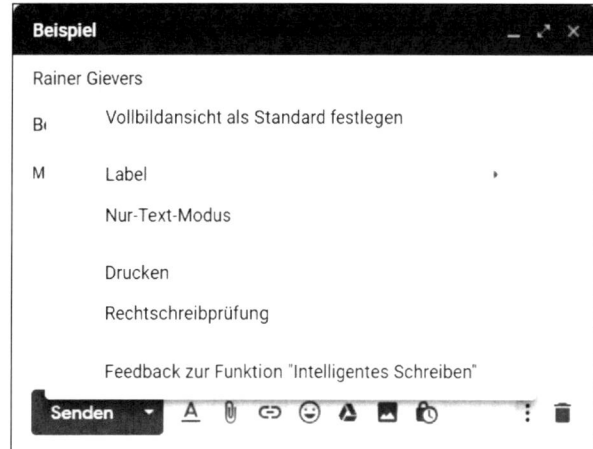

❶ Die Schaltleisten am unteren Bildschirmrand:

- **A**: Blendet eine Symbolleiste ein, über die Sie die Schriftformatierung ändern können.

- **𝕌**: Eine oder mehrere Dateien als Dateianhang mitsenden.

- **⇔**: Einen Link in den Nachrichtentext einfügen. Dies ist meistens nicht nötig, weil viele E-Mail-Programme Links automatisch erkennen und in ein anklickbares Format umwandeln.

- **☺**: Fügt einen sogenannten Smiley in den Nachrichtentext ein.

- **⬧**: Dateien aus Google Drive (ein von Google betriebener Dateispeicher) als Dateianhang mitsenden.

- **🖼**: Foto als Dateianhang mitsenden.

- **🕒**: Zeitversetztes Senden der E-Mail.

- **🗑**: E-Mail verwerfen.

❷ Das ⋮-Menü:

- *Vollbildmodus als Standard festlegen*: Normalerweise belegt der E-Mail-Editor, mit denen Sie neue Nachrichten erstellen, nur ein Viertel der Bildschirmfläche. Aktivieren Sie *Vollbildmodus als Standard festlegen*, wenn Sie den ganzen Bildschirm nutzen möchten. Eine Erläuterung diese Funktion finden Sie weiter unten.

- *Label*: Weist die Nachricht ein Label zu. Über von Ihnen selbstdefinierte Label sorgen Sie für Ordnung, wie Kapitel *7.2.3 Labels* erläutert.

- *Nur-Text-Modus*: Der *Nur-Text-Modus* deaktiviert alle Textauszeichnungen (Schriftarten und Schriftformatierungen). Er dürfte nur in Spezialfällen Sinn machen.

- *Drucken*: Druckausgabe in der Cloud. In Diesem Buch gehen wir nicht weiter darauf ein.

- *Rechtschreibprüfung*: Blendet eine Symbolleiste ein, über die Sie die Sprache einstellen und die Prüfung durchführen.

7.1.7.a Vollbildansicht

 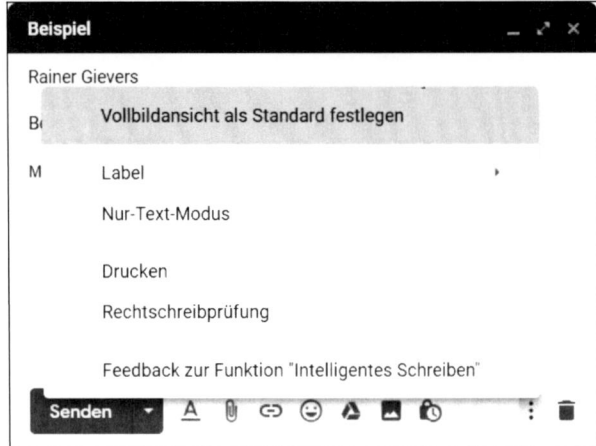

❶ Zwischen Vollbildansicht und Normalansicht des Nachrichteneditors schalten Sie mit ⤢ (Pfeil) oben rechts im Eingabefenster um.

❷ Die Vollbildschirmansicht können Sie auch permanent über das ⋮-Menü aktivieren, worin Sie auf *Vollbildansicht als Standard festlegen* gehen.

7.1.7.b Cc/Bcc

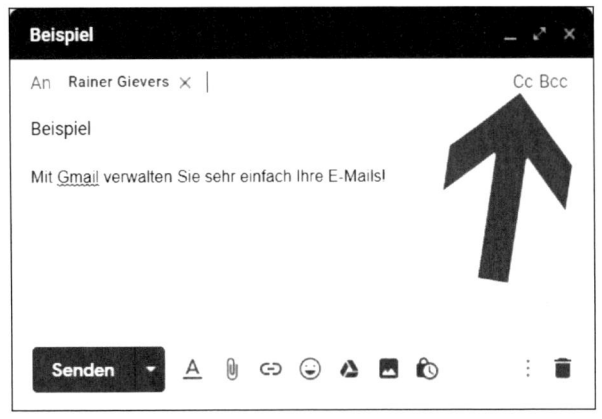 

❶ Klicken Sie zuerst in das *An*-Eingabefeld. Es sind nun die zwei Schaltleisten *Cc* und *Bcc* sichtbar, wovon Sie eine (oder beide) anklicken. Deren Bedeutung:

- *Cc*: Der Begriff Cc steht für »Carbon Copy«, zu deutsch »Fotokopie«. Der ursprüngliche Adressat (im *An*-Eingabefeld) sieht später die unter *Cc* eingetragenen weiteren Empfänger. Die *Cc*-Funktion ist beispielsweise interessant, wenn Sie ein Problem mit jemandem per E-Mail abklären, gleichzeitig aber auch eine zweite Person von Ihrer Nachricht Kenntnis erhalten soll.

- *Bcc*: Im *Bcc* (»Blind Carbon Copy«)-Eingabefeld erfassen Sie weitere Empfänger, wobei der ursprüngliche Adressat im *An*-Feld nicht mitbekommt, dass auch noch andere Personen die Nachricht erhalten.

Cc und Bcc können Sie alternativ auch mit der Tastenkombination Strg-Taste + ⇧ (Hochstell)-Taste + C beziehungsweise Strg-Taste + ⇧ (Hochstell)-Taste + B einschalten.

Erfassen Sie die Bcc- beziehungsweise Cc-Empfänger so, wie Sie es schon vom *An*-Feld her kennen.

7.1.7.c Dateianlage

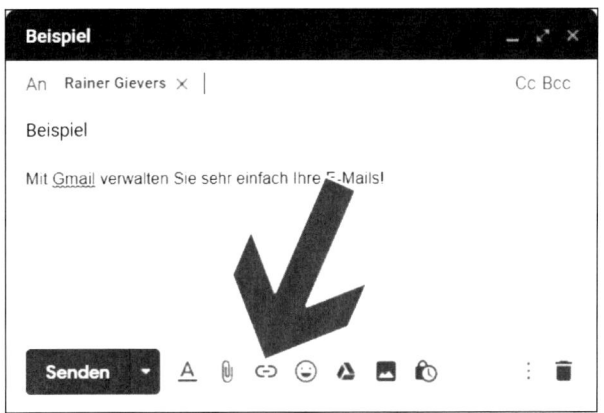 

❶ Mit ⋃ (Pfeil) fügen Sie Ihrer E-Mail eine Datei als Anhang hinzu.

❷ Zum Entfernen des Dateianhangs betätigen Sie die ✕-Schaltleiste (Pfeil).

Tipp: Halten Sie die ⇧ (Hochstell)-Taste oder Strg-Taste auf der Tastatur gedrückt, um mehrere Dateien zu markieren.

Eine Dateianlage (alle Dateien zusammen) darf maximal 25 Megabyte Größe haben.

7.1.8 Entwürfe

Manchmal kommt es vor, dass man eine fertige Nachricht erst später verschicken möchte. Dafür bietet sich die Entwürfe-Funktion an.

Geben Sie die Nachricht wie gewohnt ein. Danach betätigen Sie entweder die Esc-Taste auf der Tastatur oder schließen das Eingabefenster mit der ✕-Schaltleiste auf der oberen rechten Fensterseite.

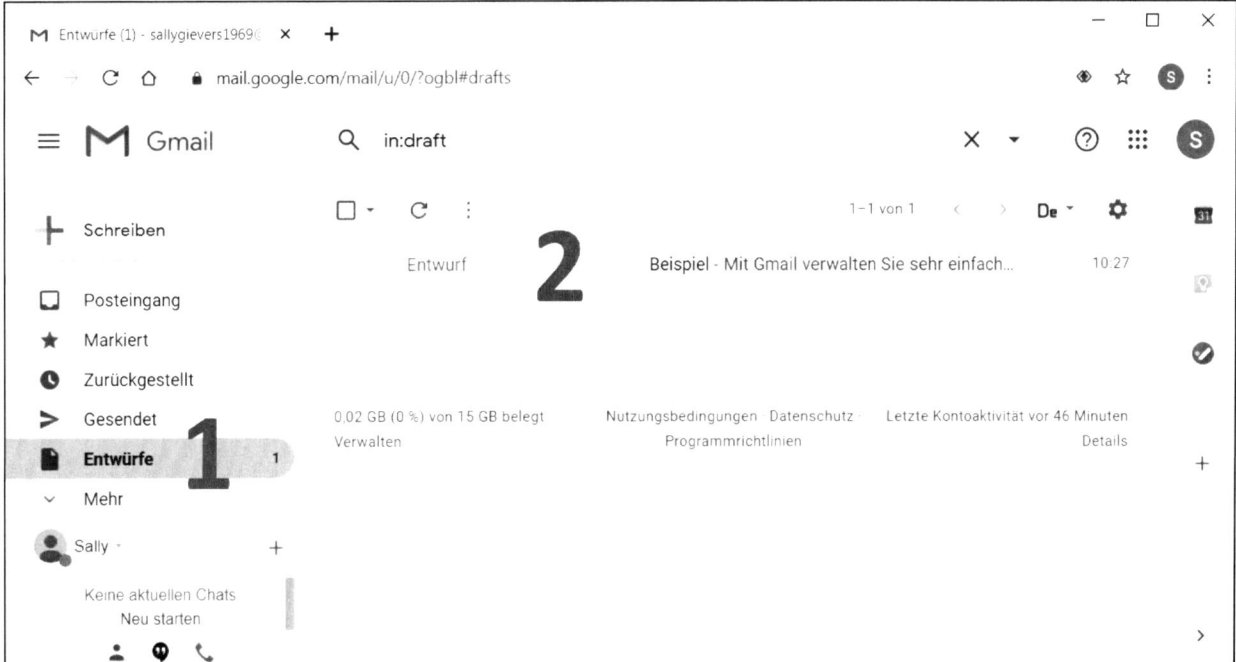

Ihre E-Mail lasst sich jederzeit erneut bearbeiten und senden, indem Sie links in der Ordnerauflistung *Entwürfe* anklicken (1). Anschließend klicken Sie die Nachricht an (2).

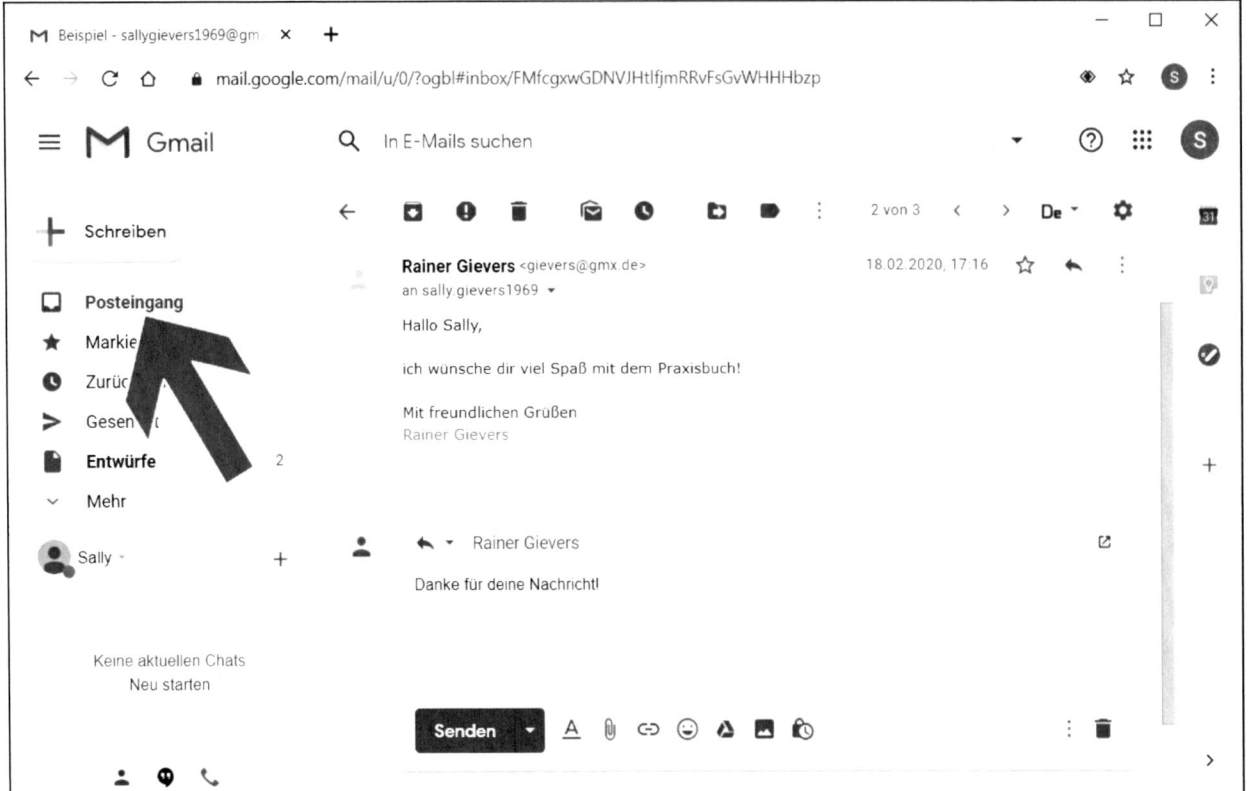

Eine Besonderheit gibt es bei Nachrichten, die man als Antwort geschrieben hat. Hier verlassen Sie den Nachrichteneditor beispielsweise mit einem Klick auf einen Ordner (Pfeil).

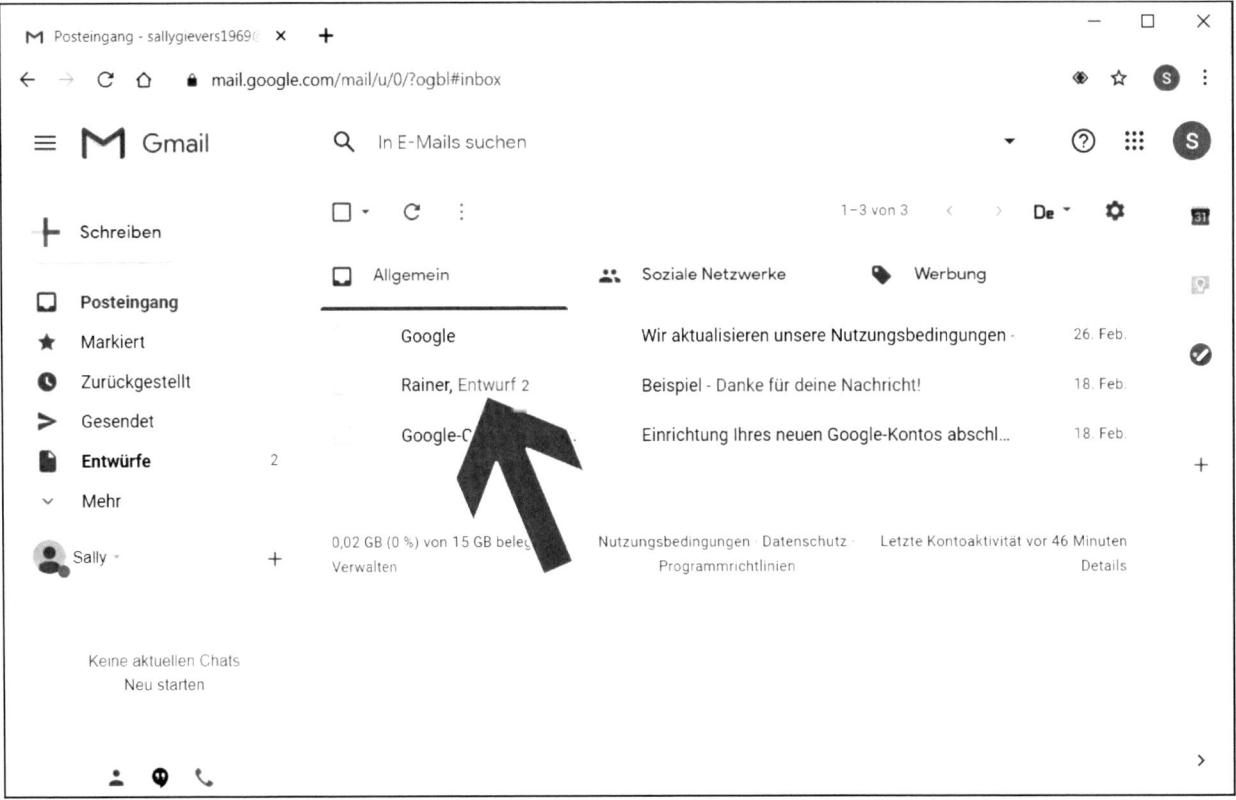

In diesem Fall wird der Entwurf in die Konversation eingebettet und es erscheint dort der Hinweis »*Entwurf*« (Pfeil). Zum Bearbeiten und späteren Senden des Entwurfs klicken Sie die betreffende Konversation an.

7.1.9 E-Mails löschen

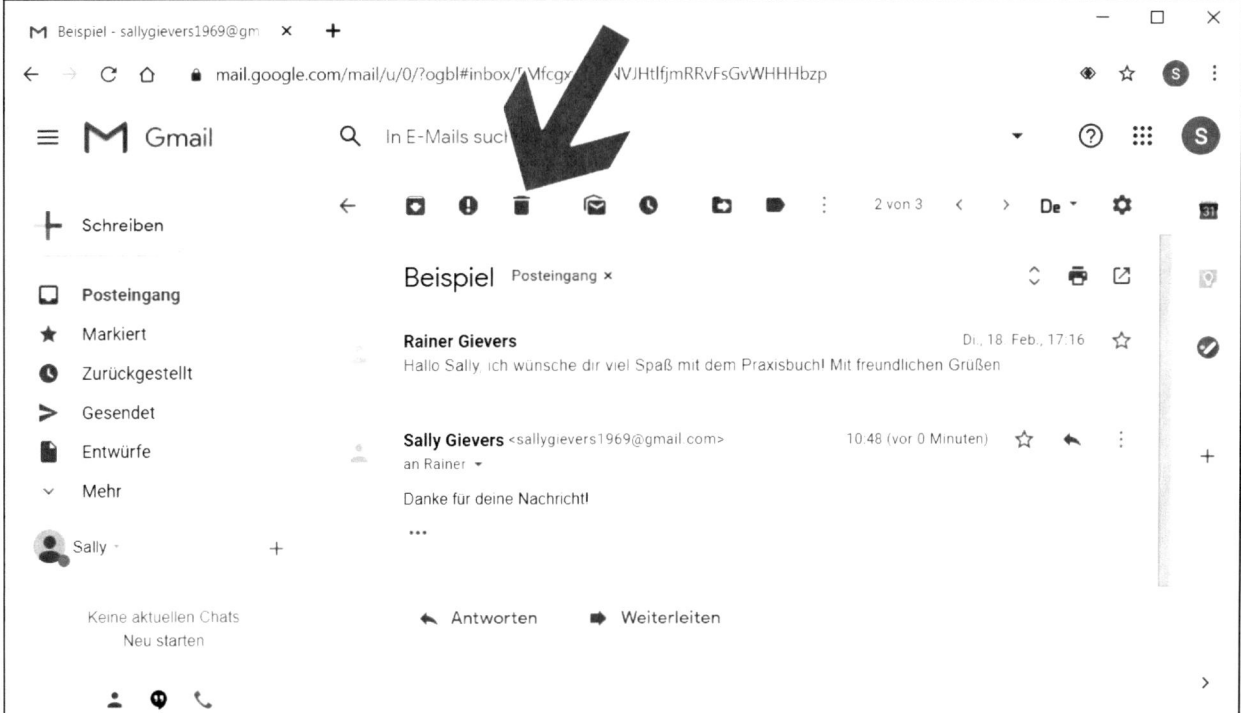

Zum Entfernen einer E-Mail oder Konversation verwenden Sie in der E-Mail-Detailansicht 🗑. Gmail schaltet anschließend in den Posteingang um. Falls Sie sich mit dem Löschen vertan haben, ist es noch möglich, den Löschvorgang durch Anklicken von *Rückgängig* am oberen Bildschirmrand rückgängig zu machen. Dieser Hinweis verschwindet allerdings, wenn Sie in der E-Mail-Anwendung weiterarbeiten, also beispielsweise eine Nachricht öffnen oder den E-Mail-Ordner wechseln.

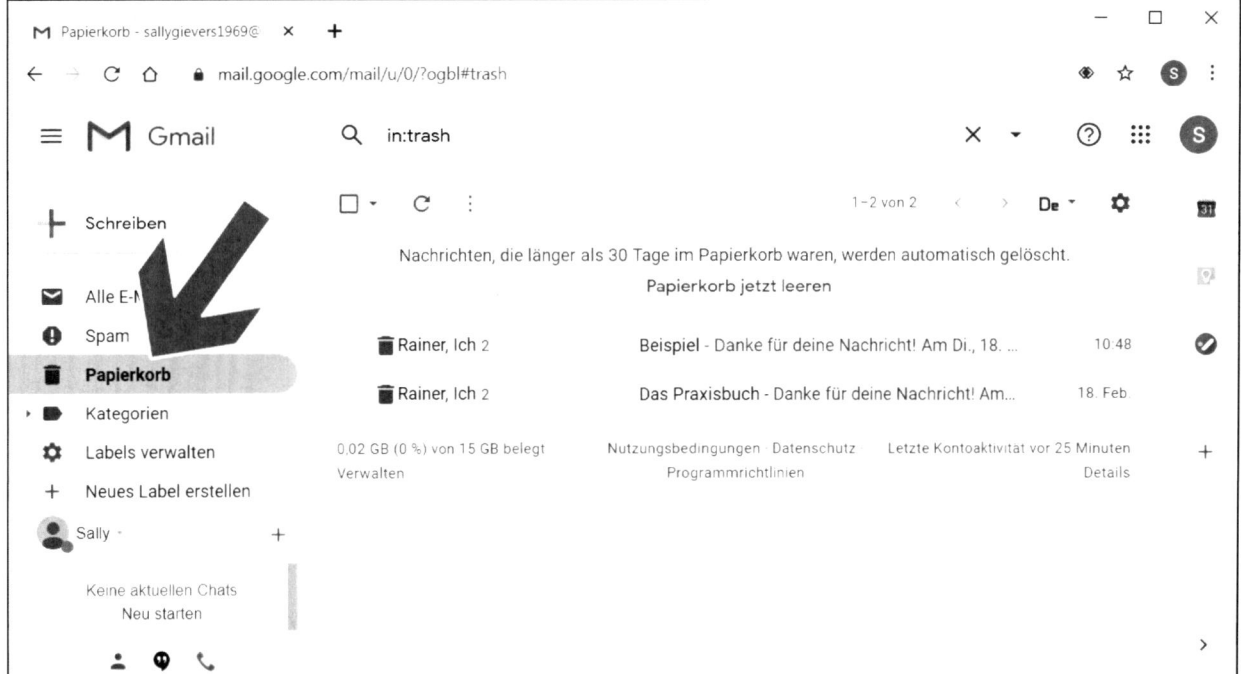

Die gelöschten Mails sind aber noch nicht verloren, sondern werden im *Papierkorb*-Ordner zwischengespeichert. Diesen erreichen Sie, indem Sie links das *Papierkorb*-Label auswählen (vorher eventuell *Mehr* anklicken, um die Labelliste vollständig auszuklappen).

Im Prinzip verhält sich der *Papierkorb*-Ordner ähnlich wie der *Posteingang*, das heißt sie können hier die Nachrichten noch mal ansehen. Gelöschte Nachrichten werden im Papierkorb für 30 Tage vorgehalten.

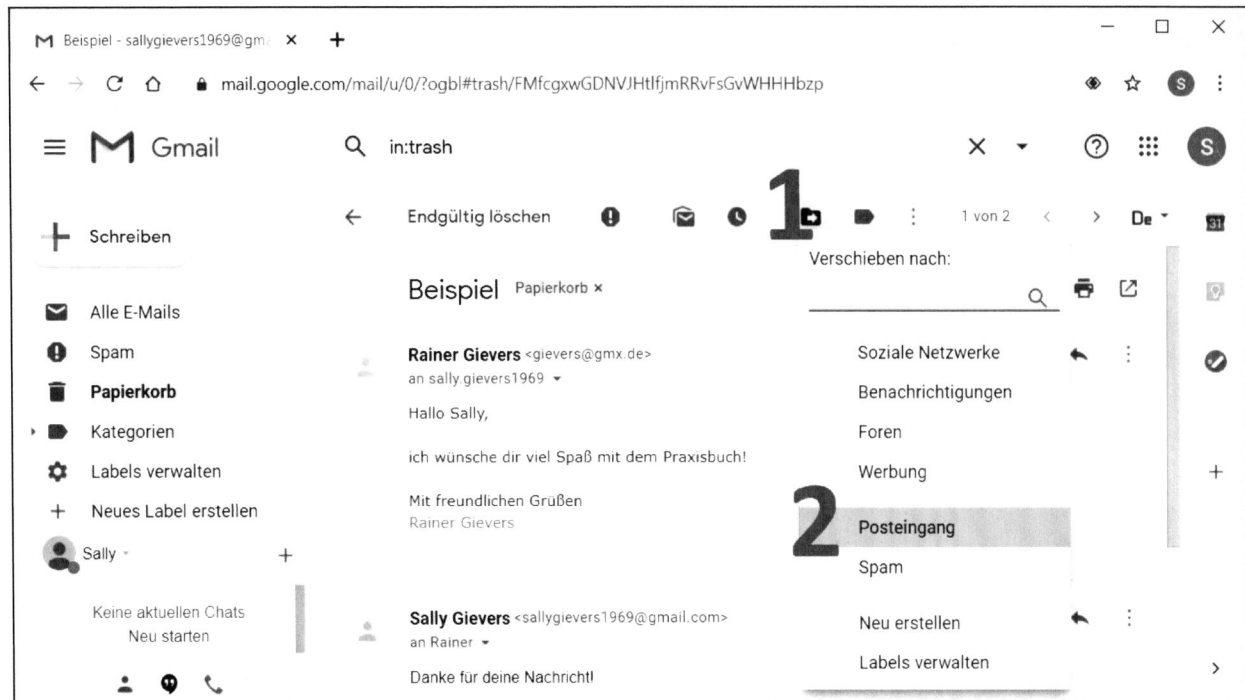

Zum »Retten« einer Nachricht aus dem Papierkorb klicken Sie auf 🗀 (1) und wählen im Menü *Posteingang* (2). Sie finden die Nachricht dann im *Posteingang*-Ordner wieder.

7.2 Weitere Funktionen

7.2.1 Nachrichten durchsuchen

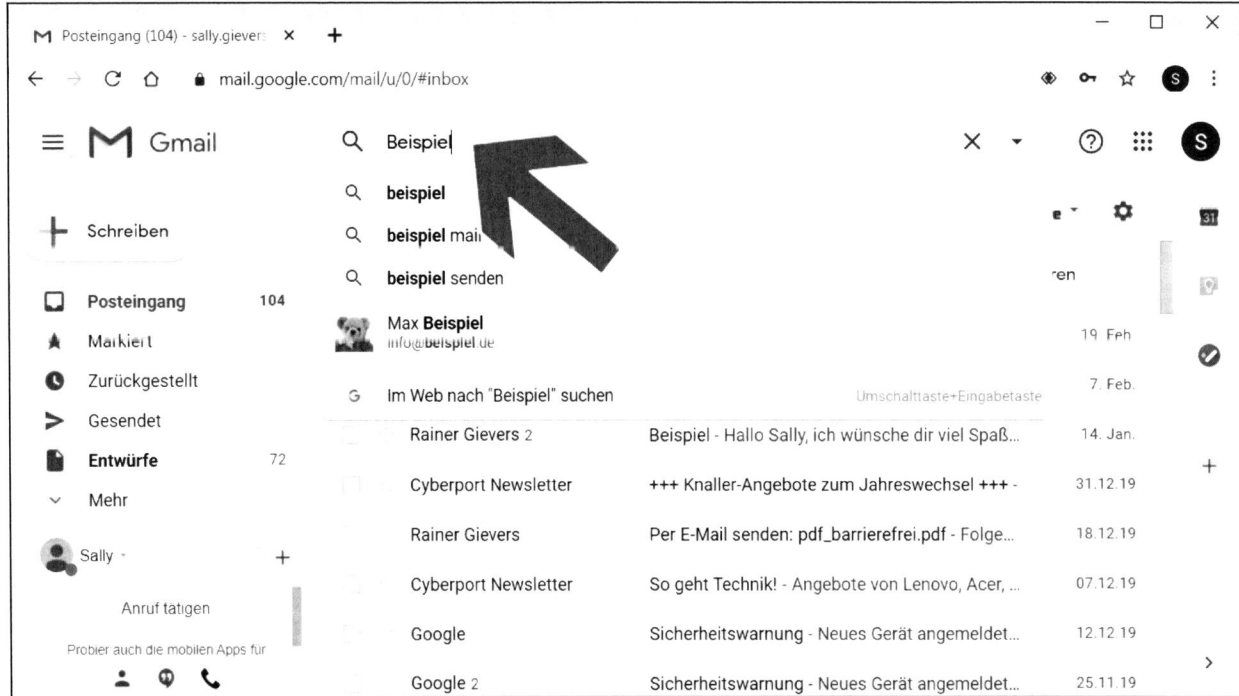

Die Suche bezieht sich standardmäßig nur auf den *Posteingang*-Ordner. Klicken Sie dazu oben ins Suchfeld, geben Sie einen Begriff ein und betätigen Sie die Enter-Taste. Alternativ wählen Sie einen der Vorschläge aus.

Beachten Sie, dass auch Dateianhänge durchsucht werden und deshalb eventuell der Suchbegriff nicht im Nachrichtentext der aufgelisteten Fundstellen enthalten ist.

Löschen des Suchtextes oder Anklicken eines anderen Ordners in der Ordnerauflistung auf der linken Seite beendet die Suche.

Tipp: Falls Sie mal einen anderen Ordner als den Posteingang durchsuchen möchten, beispielsweise den *Gesendet*-Ordner dann klicken Sie erst oben in das Suchfeld und dann auf den *Gesendet*-Ordner. Das Suchfeld enthält nun den Operator »*in:sent*« (engl. »in Gesendete«). Dahinter erfassen Sie den Suchbegriff.

Zusätzlich lassen sich sogenannte Operatoren zur Fundstelleneingrenzung verwenden:

Operator	Definition	Beispiele
from:	Zur Angabe des Absenders	Beispiel: **from:Anna** Bedeutung: Nachrichten von Anna
to:	Zur Angabe eines Empfängers	Beispiel: **to:David** Bedeutung: Alle Nachrichten, die von Ihnen oder anderen Personen an David gesendet wurden
subject:	Suche nach Wörtern in der Betreffzeile	Beispiel: **subject:Abendessen** Bedeutung: Nachrichten, die das Wort "Abendessen" in der Betreffzeile enthalten
- **(Minuszeichen)**	Wird verwendet, um Nachrichten aus der Suche auszuschließen	Beispiel: **Abendessen -Kino** Bedeutung: Nachrichten, die das Wort "Abendessen", nicht aber das Wort "Kino" enthalten
label:	Suche nach Nachrichten anhand von Labels	Beispiel: **from:Anna label:Freunde** Bedeutung: Nachrichten von Anna, die mit dem Label "Freunde" versehen sind Beispiel: **from:David label:Familie** Bedeutung: Nachrichten von David, die mit dem Label "Familie" versehen sind
" " (Anführungszeichen)	Für die Suche nach einer exakt übereinstimmenden Wortgruppe* * Groß-/Kleinschreibung wird nicht berücksichtigt.	Beispiel: **"Auf gut Glück!"** Bedeutung: Nachrichten mit der Wortgruppe "Auf gut Glück!" oder "auf gut Glück!" Beispiel: **subject:"Abendessen und Kino"** Bedeutung: Nachrichten, die die Wortgruppe "Abendessen und Kino" in der Betreffzeile enthalten
in:anywhere	Suche nach Nachrichten in ganz Gmail (Nachrichten in **Spam** und **Papierkorb** sind sonst von der Suche ausgeschlossen)	Beispiel: **in:anywhere Kino** Bedeutung: Nachrichten in **Alle Nachrichten**, **Spam** und **Papierkorb**, die das Wort "Kino" enthalten
in:inbox **in:trash** **in:spam**	Suche nach Nachrichten in **Posteingang**, **Papierkorb** oder **Spam**	Beispiel: **in:trash from:anna** Bedeutung: Nachrichten von Anna, die sich im **Papierkorb** befinden
+ (Pluszeichen)	Suche nach exakter Entsprechung für Suchbegriff	Beispiel: **+Sofa** Bedeutung: Nachrichten, die "Sofa", aber z. B. nicht "Sofas" oder "Soaf" enthalten

Diese von Google übernommene Tabelle listet nur die wichtigsten Suchoperatoren auf. Weitere finden Sie auf der Webadresse *support.google.com/mail/answer/7190*.

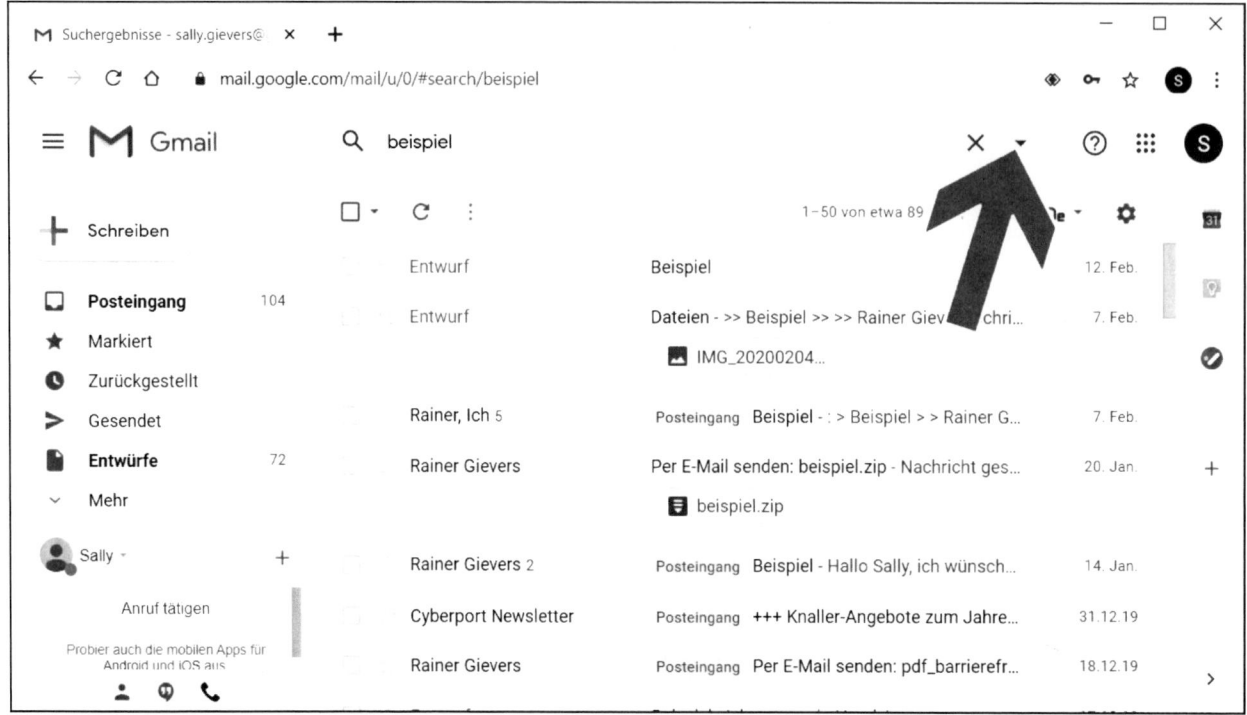

Ein Klick auf ▼ (Pfeil) auf der rechten Seite des Suchfelds öffnet einen Dialog, mit dem Sie Ihre Suche verfeinern.

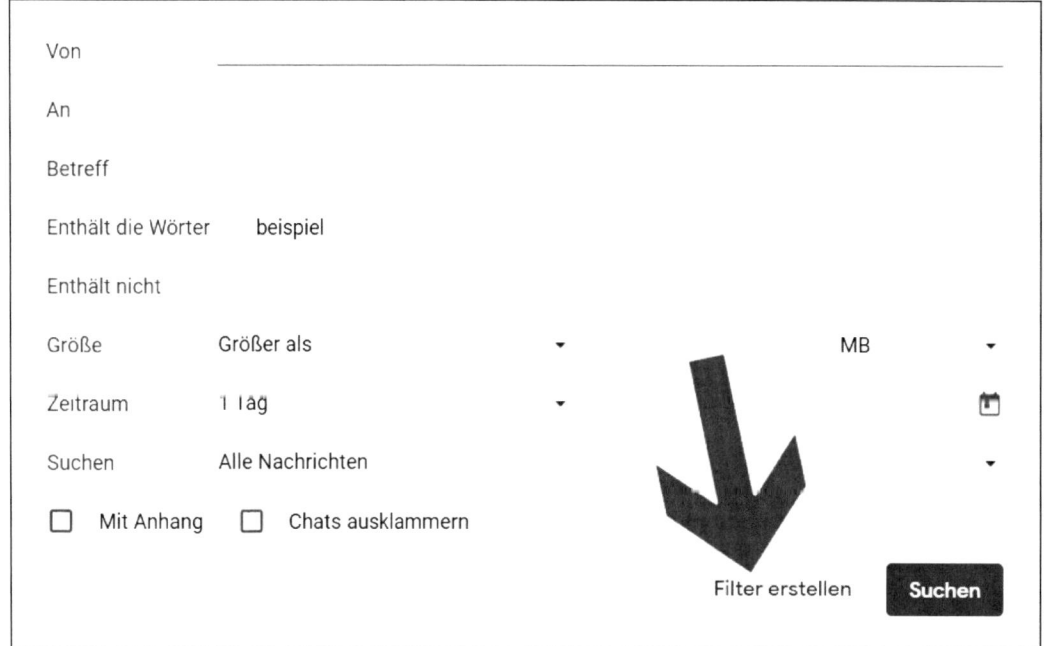

Hier grenzen Sie auf vielfältige Weise Ihre Suche ein und führen mit der blauen *Suchen*-Schaltleiste die Suche durch. Sozusagen eine permanente Suche aktivieren Sie über *Filter erstellen* durch…

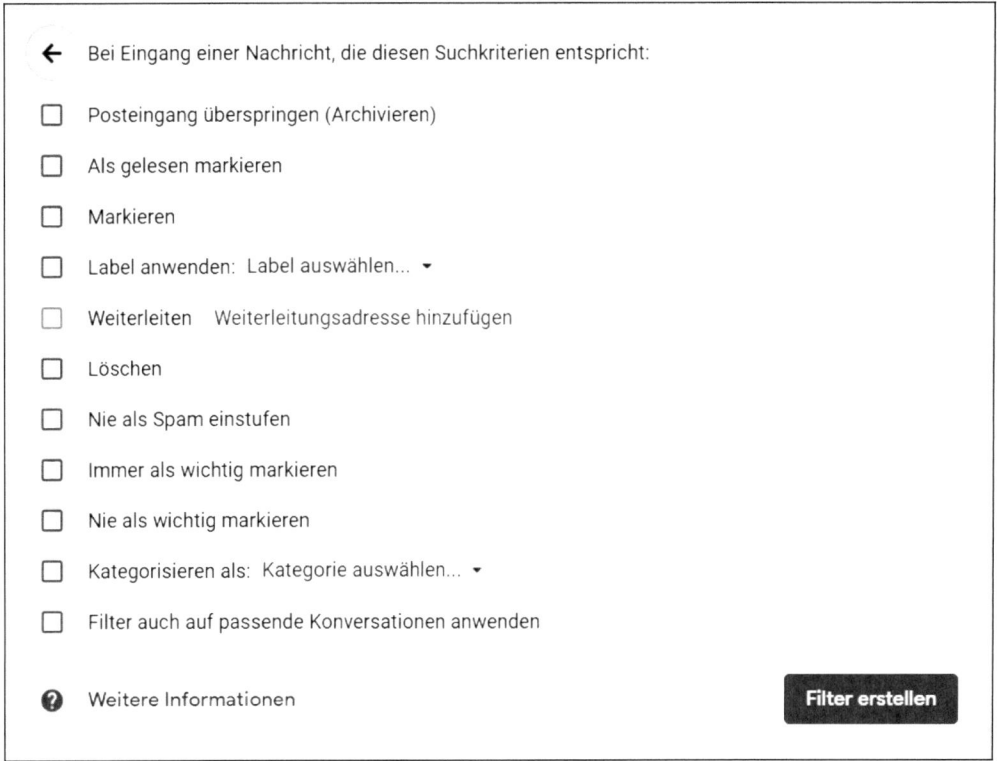

...Stellen Sie darin ein, welche Aktion Gmail bei erfolgreicher Suche durchführen soll und klicken Sie dann auf *Filter erstellen.*

Sinnvoll ist vor allem das Zuweisen eines Labels. Beispielsweise können Sie einen Filter anlegen, der über *Label anwenden* alle neuen Nachrichten mit dem Text »Besprechung« automatisch in das Label »Büro« verschiebt. Auf die Label gehen wir im Kapitel *7.2.3 Labels* noch genauer ein.

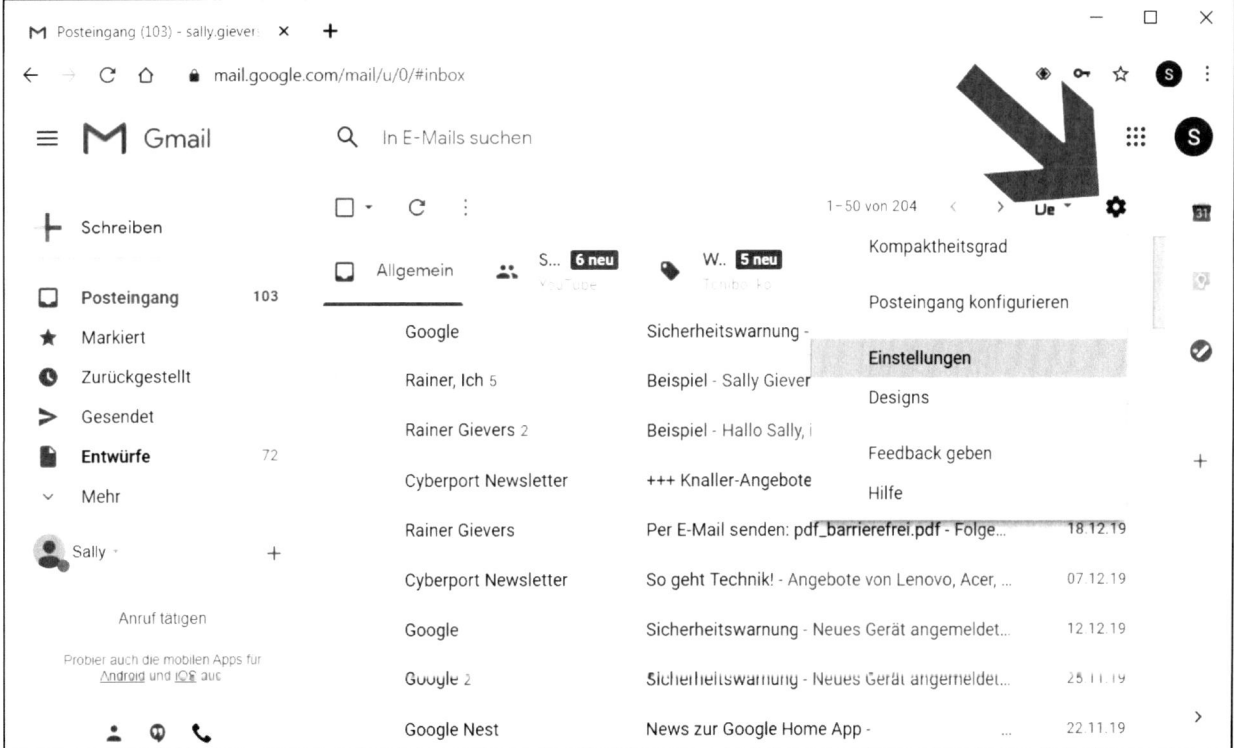

So bearbeiten Sie Ihre Filter: Klicken Sie auf ✿ und gehen Sie auf *Einstellungen.*

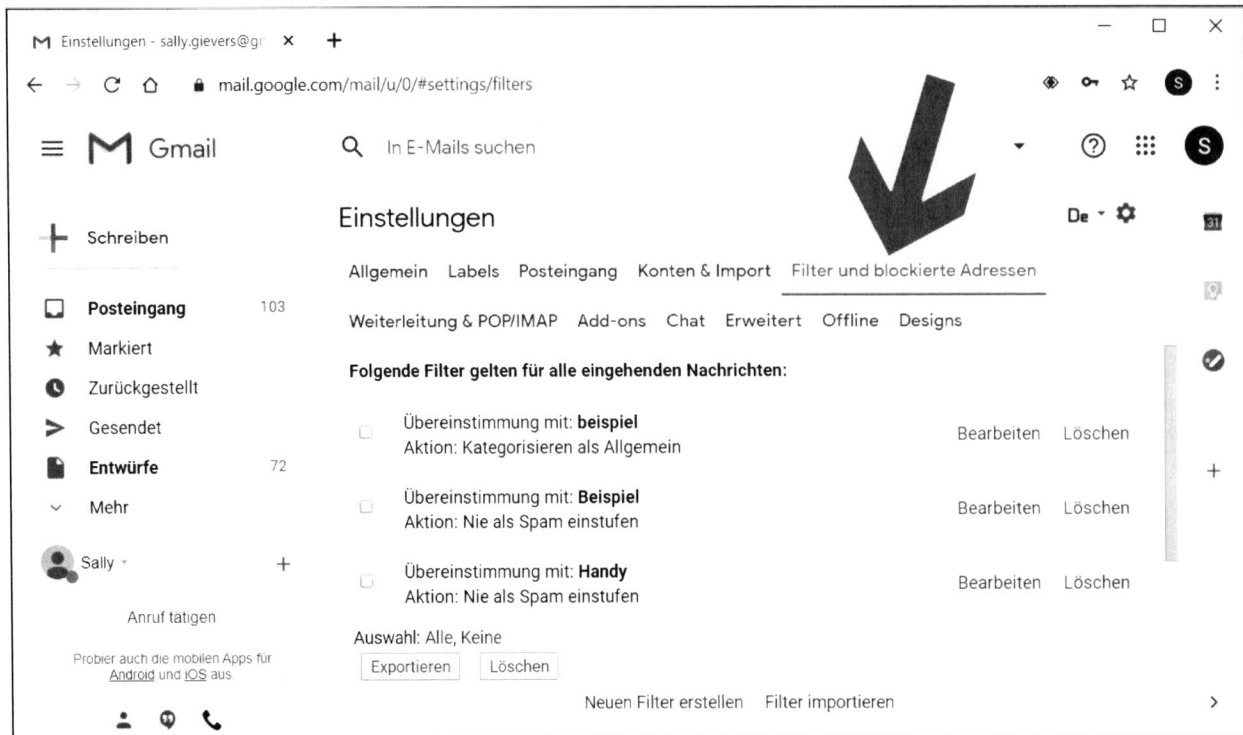

Aktivieren Sie das *Filter und blockierte Adressen*-Register, worin Sie die Filter bearbeiten beziehungsweise löschen.

7.2.2 Archivieren

Obwohl Gmail Nachrichten, die mit dem gleichen Empfänger ausgetauscht wurden als »Konversationen« in einem Eintrag zusammenfasst, kann der Posteingang unübersichtlich werden. Unwichtige Nachrichten/Konversationen lassen sich deshalb im Posteingang ausblenden, was mit der Archivieren-Funktion geschieht.

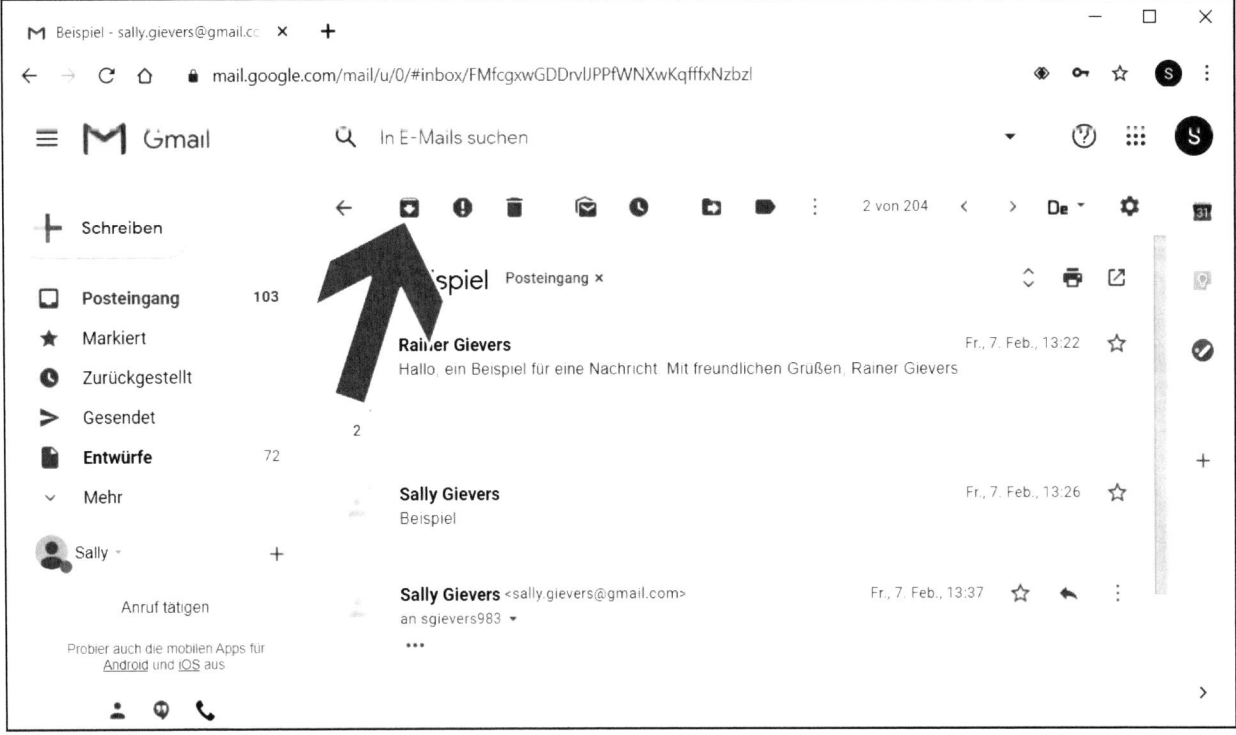

Betätigen Sie in der E-Mail-Nachrichtenansicht ☑ (Pfeil). Die Nachricht ist nun »archiviert« und Gmail schaltet wieder auf den Posteingang um.

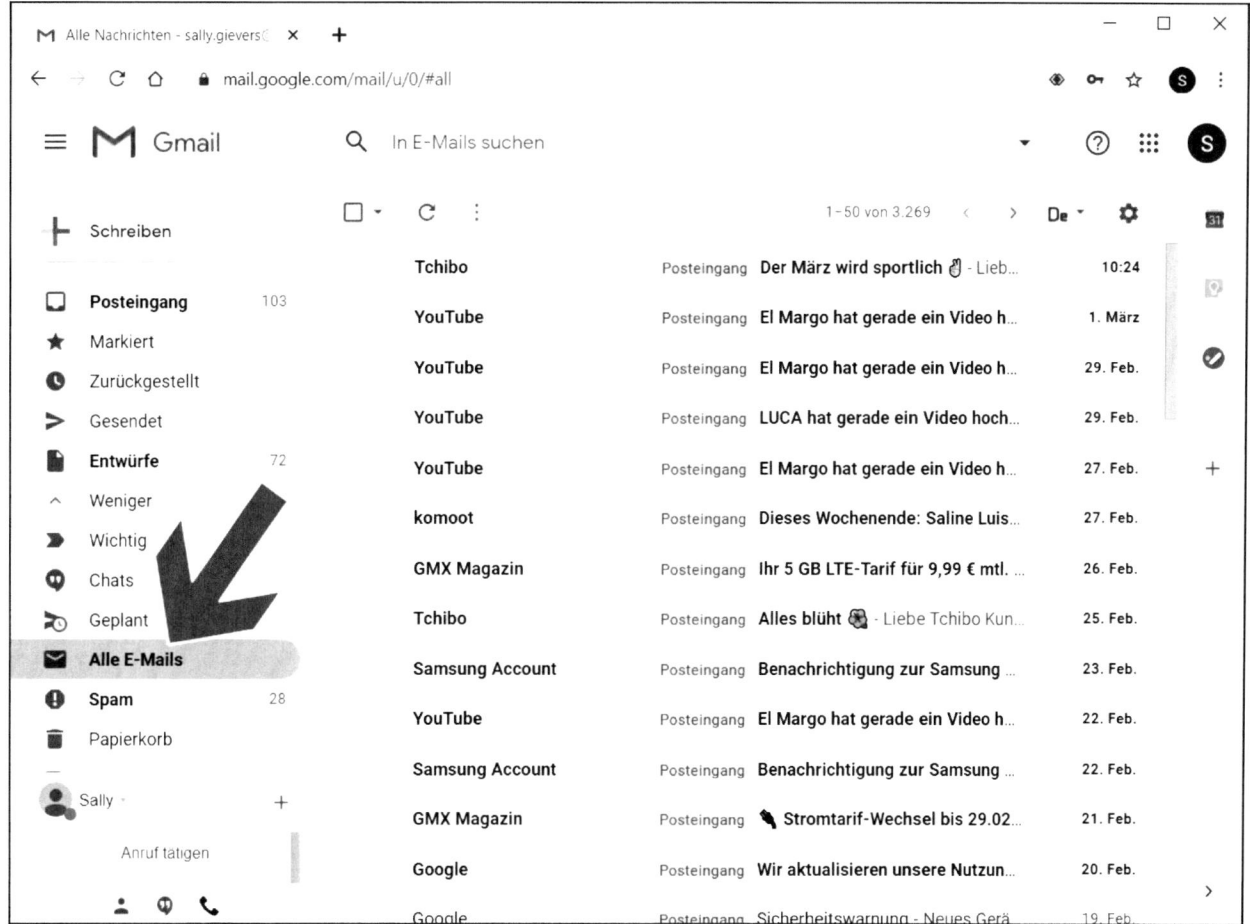

Ihre archivierten Nachrichten sind weiterhin im Posteingang vorhanden, werden dort aber nicht angezeigt. In der Suche (siehe Kapitel *7.2.1 Nachrichten durchsuchen*) tauchen sie aber weiterhin auf.

So lassen sich die archivierten Nachrichten anzeigen: Klicken Sie in der Labelauflistung auf der linken Seite auf *Alle E-Mails* (vorher mit *Mehr* die Orderauflistung ausklappen).

Antwortet jemand auf eine archivierte Nachricht/Konversation, so verschiebt Gmail diese automatisch wieder in den Posteingang.

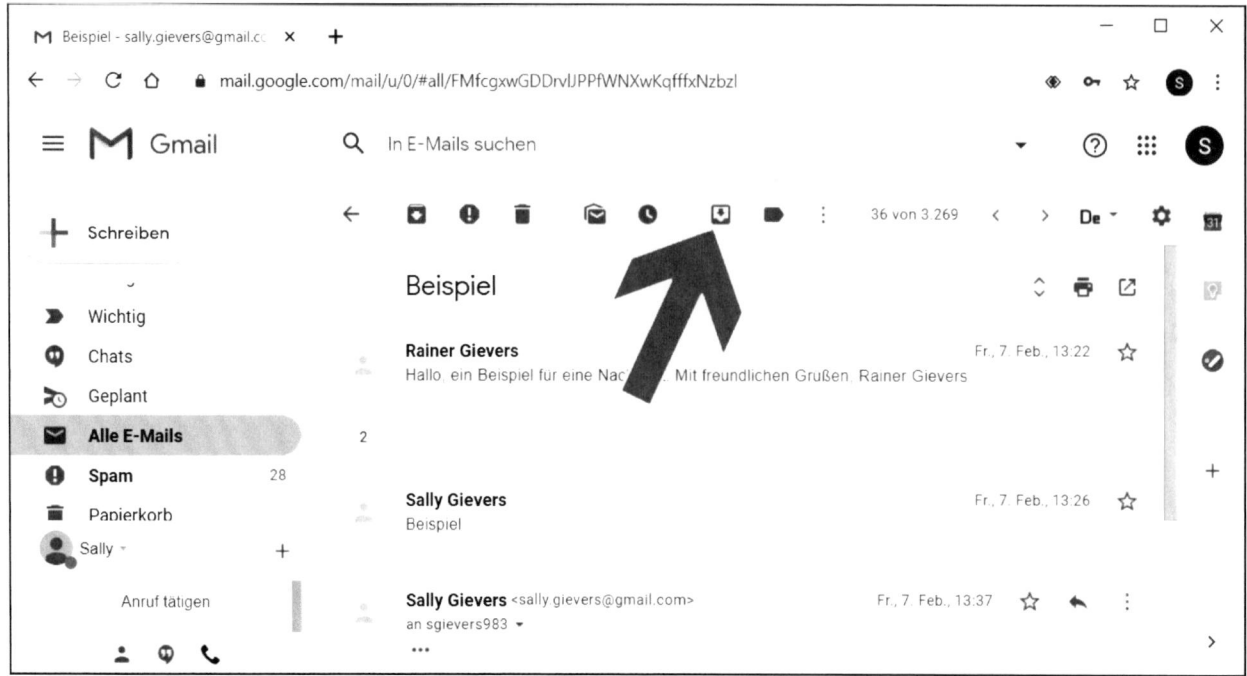

Eine archivierte Nachricht lässt sich einfach wieder in den Posteingang verschieben, indem Sie sie im *Alle E-Mails*-Label für die Nachrichtenansicht anklicken, die Nachricht anzeigen und darin dann die ⬇-Schaltleiste (Pfeil) betätigen.

7.2.2.a Unterdrücken

Die zuvor erwähnte Archivieren-Funktion mag zwar sehr praktisch sein, wenn Sie aber laufend Nachrichten einer Konversation erhalten, die Sie überhaupt nicht interessieren, ist es sehr lästig, immer wieder erneut die einzelnen Nachrichten zu archivieren. Ein typischer Fall dafür ist, dass Sie von jemand auf Cc (siehe Kapitel *7.1.7.b Cc/Bcc*) in seinen E-Mails setzt, Sie also neben dem Hauptempfänger als zusätzlicher Empfänger angegeben werden.

Mit der Unterdrücken-Funktion lassen sich dagegen alle Nachrichten einer Konversation automatisch archivieren, das heißt, wenn neue Nachrichten in einer unterdrückten Konversation eingehen, werden diese automatisch ebenfalls archiviert. Sie sollten die Unterdrücken-Funktion aber vorsichtig einsetzen, weil Sie ja von neuen Nachrichten einer unterdrückten Konversation nichts mitbekommen. Dies ist aber meist nicht weiter schlimm, denn ist Ihre E-Mail-Adresse im Feld »An«-Feld enthalten, wird die Konversation wieder in Ihren Posteingang eingeordnet. Sie verpassen also keine Nachrichten, die direkt an Sie adressiert sind.

In der Nachrichtenansicht betätigen Sie ⋮ und rufen *Ignorieren* auf. Die Nachricht/Konversation verschwindet aus dem Posteingang.

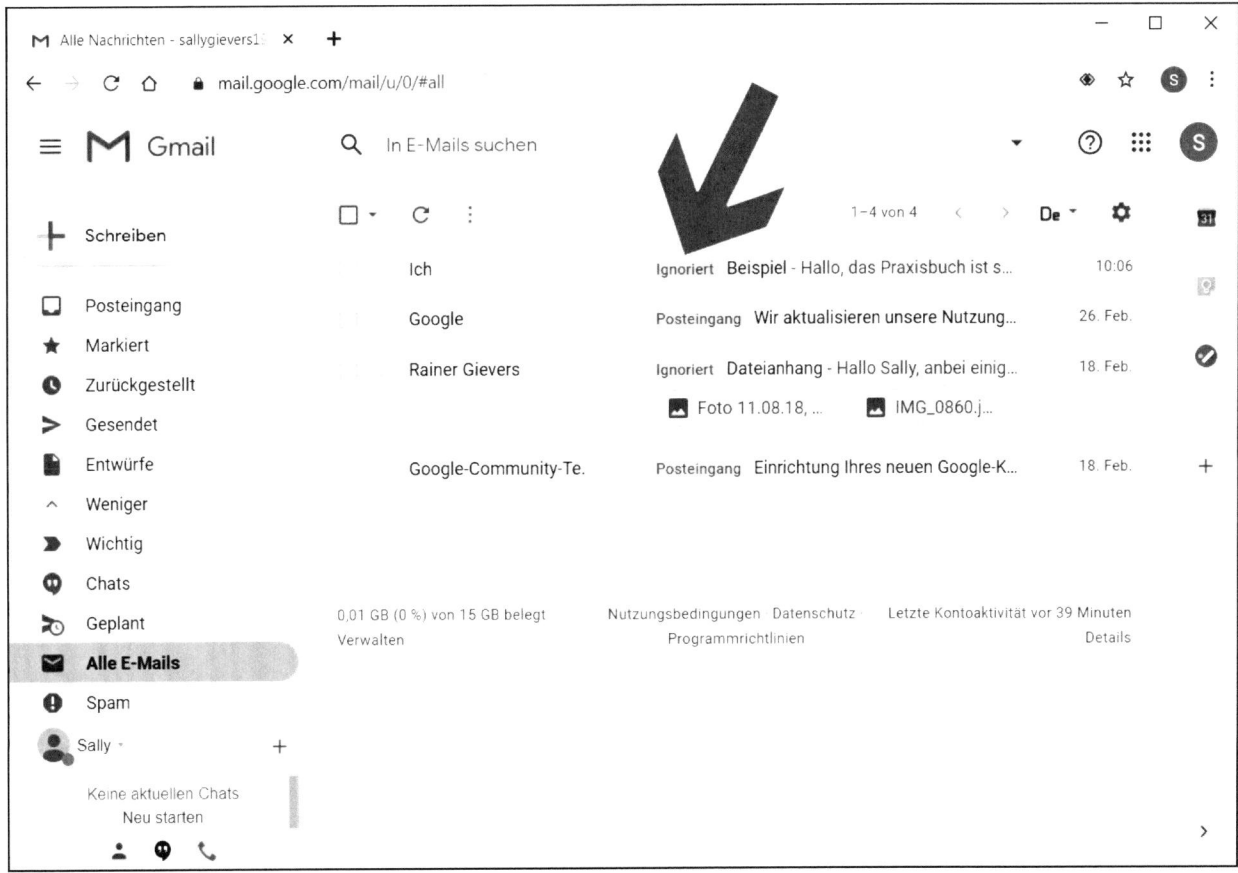

Zum Anzeigen der ignorierten Nachrichten gehen Sie in den *Alle E-Mails*-Ordner. Unterdrückte Nachrichten sind mit dem Label *Ignoriert* markiert (Pfeil).

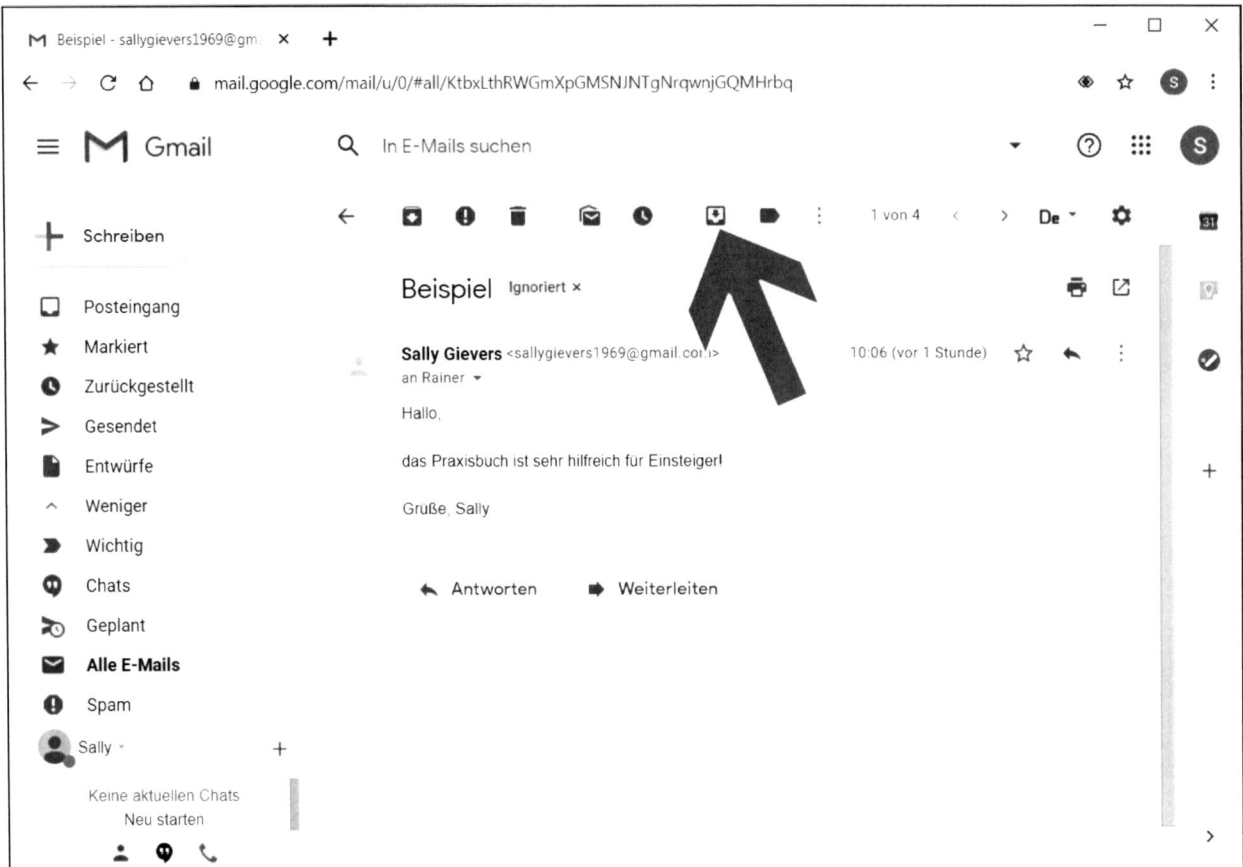

So verschieben Sie unterdrückte Nachrichten wieder in den Posteingang: Gehen Sie in die Nachrichtenansicht und klicken Sie auf die ⬇-Schaltleiste (Pfeil).

7.2.3 Labels

Wie Sie bereits in den vorherigen Kapiteln erfahren haben, bietet Gmail die übliche Ordner-Struktur mit *Posteingang, Gesendete, Entwürfe,* usw. Weitere Ordner oder Unterordner lassen sich nicht anlegen, was aber kein großer Nachteil ist, weil es die »Label« gibt. Sie können einer Nachricht auch mehrere Label gleichzeitig zuweisen, beispielsweise *Arbeit* und *Belege*, was Übersicht in Ihren Posteingang bringt.

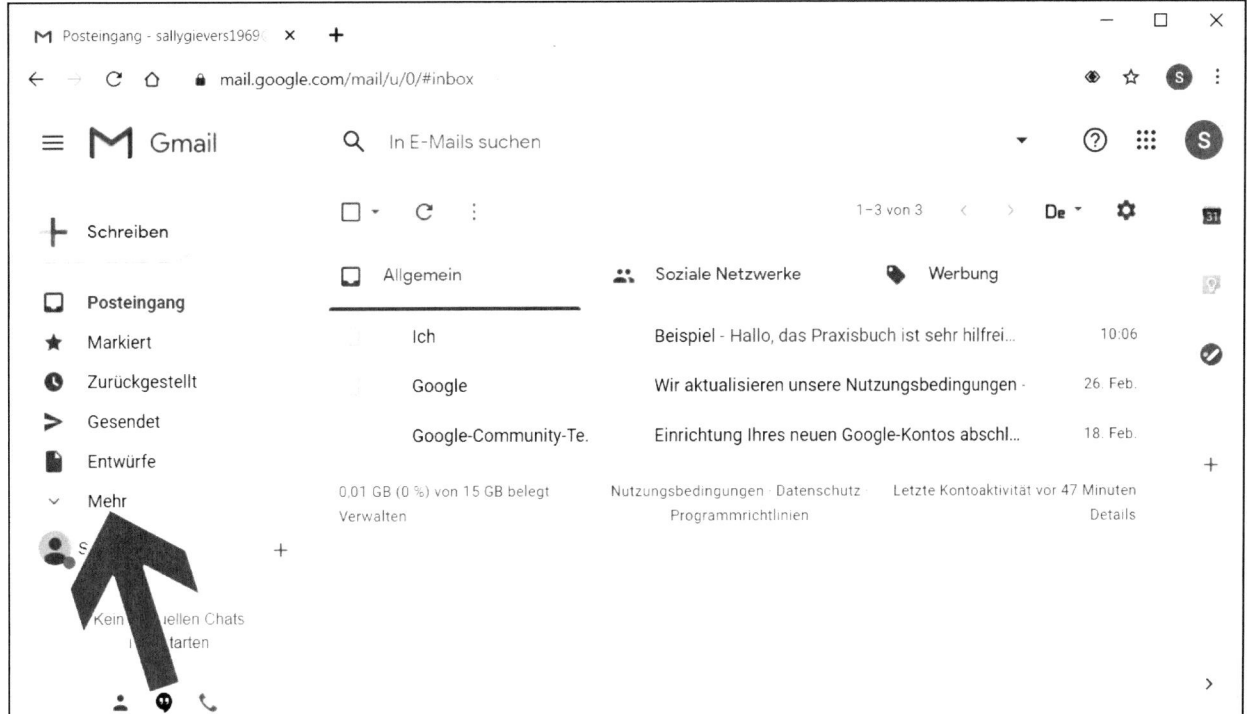

Neue Label lassen sich erstellen, indem Sie in der Ordnerauflistung auf der linken Seite erst mit *Mehr* die weiteren Labels ausklappen...

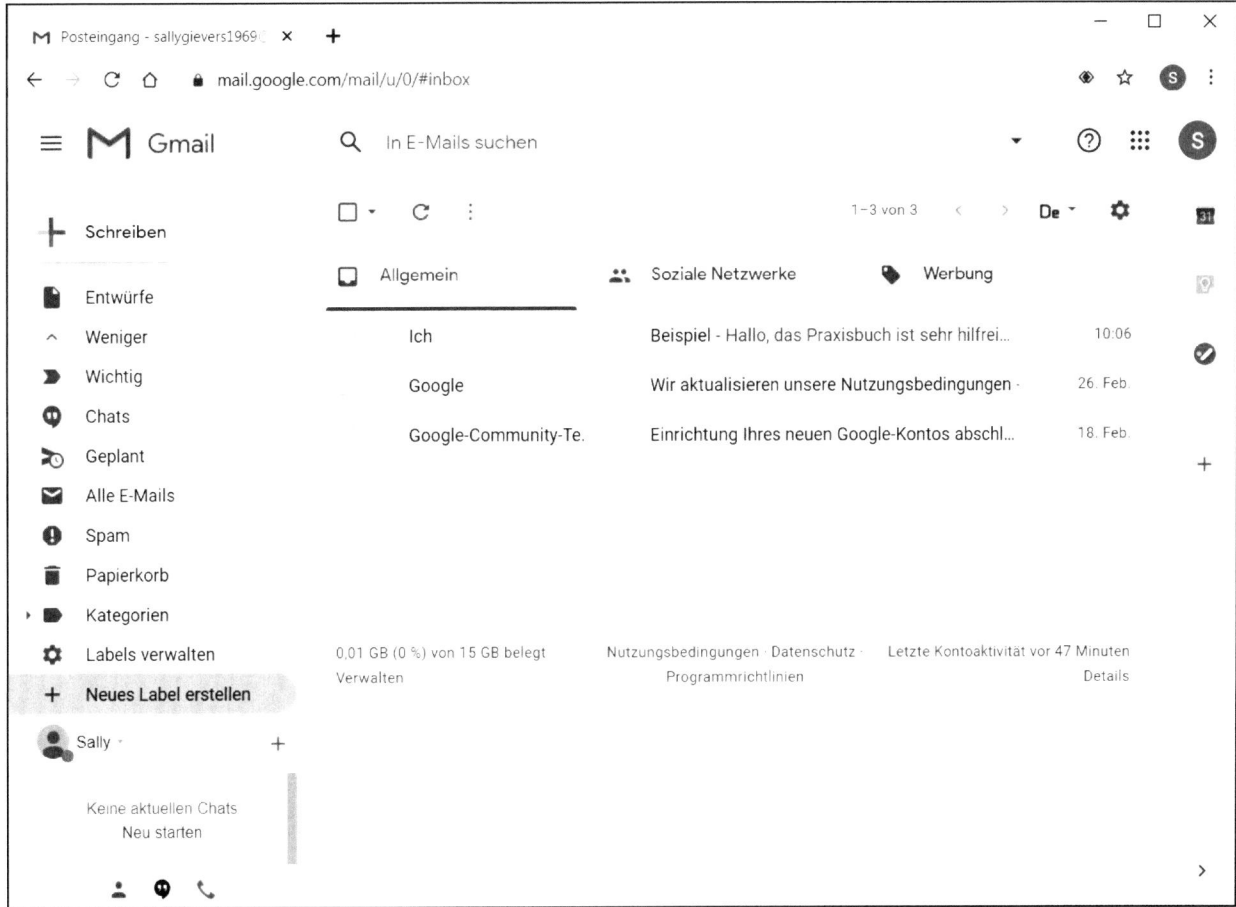

... und klicken Sie dann auf *Neues Label erstellen*.

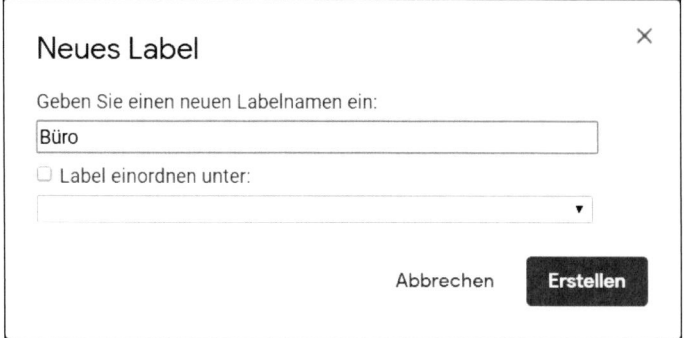

Erfassen Sie das neue Label und betätigen Sie *Erstellen*.

Es ist auch möglich, mit *Label einordnen unter* sogenannte Unterlabel anzulegen, wovon wir aber abraten. Unterlabel (also Label, die einem Label zugewiesen werden) lohnen sich erst dann, wenn Sie jeden Tag extrem viele E-Mails empfangen.

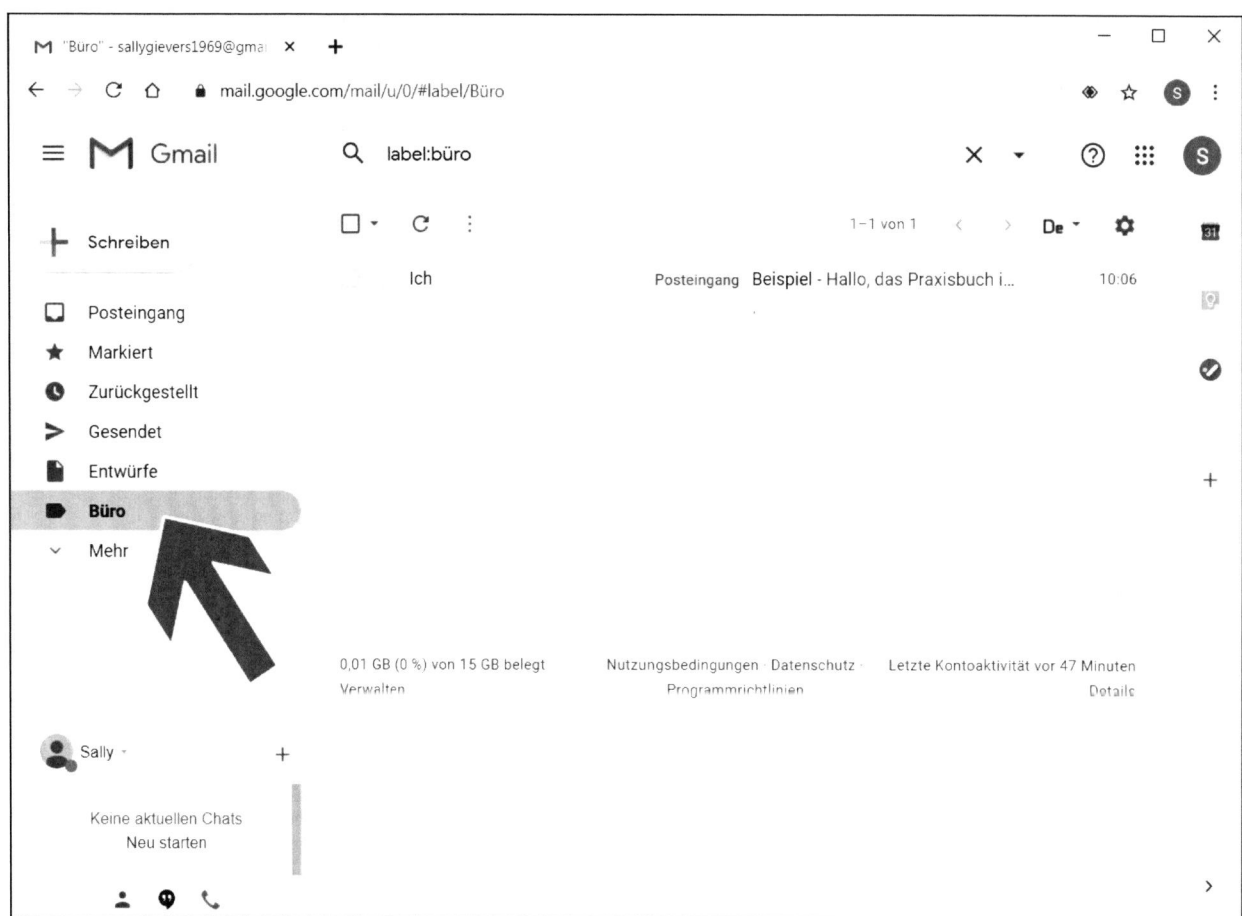

Die von Ihnen angelegten Label erscheinen in der Ordnerauflistung auf der linken Seite. Klicken Sie ein Label an, dessen zugewiesene Nachrichten Sie ansehen möchten. Bei Ihnen werden dann zunächst natürlich noch keine Nachrichten angezeigt.

7.2.3.a Label zuweisen

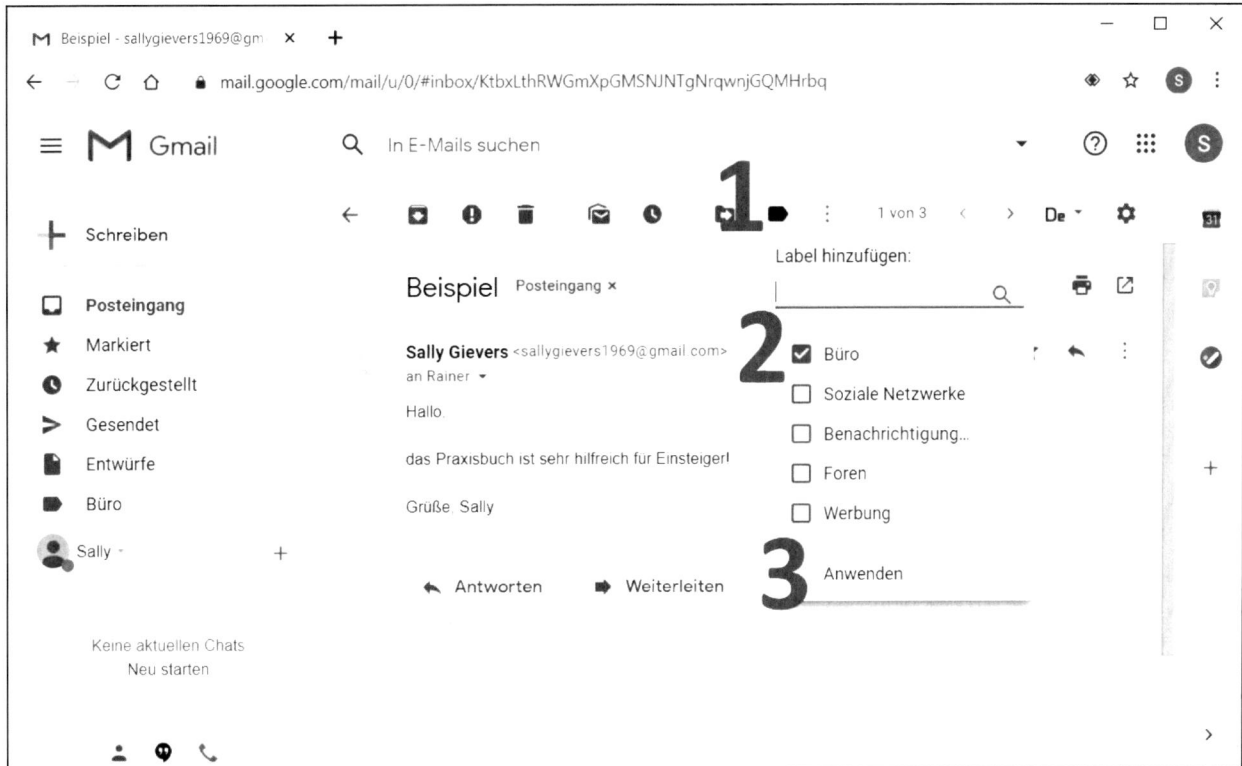

Ein Label weisen Sie in der Nachrichtenansicht zu, indem Sie ● anklicken (1) und im Dialog die gewünschten Label aktivieren (2). Betätigen Sie nun Anwenden (3). Gmail verschiebt die jeweilige Nachricht sofort in den Label-Ordner und schaltet wieder auf die Nachrichtenauflistung zurück.

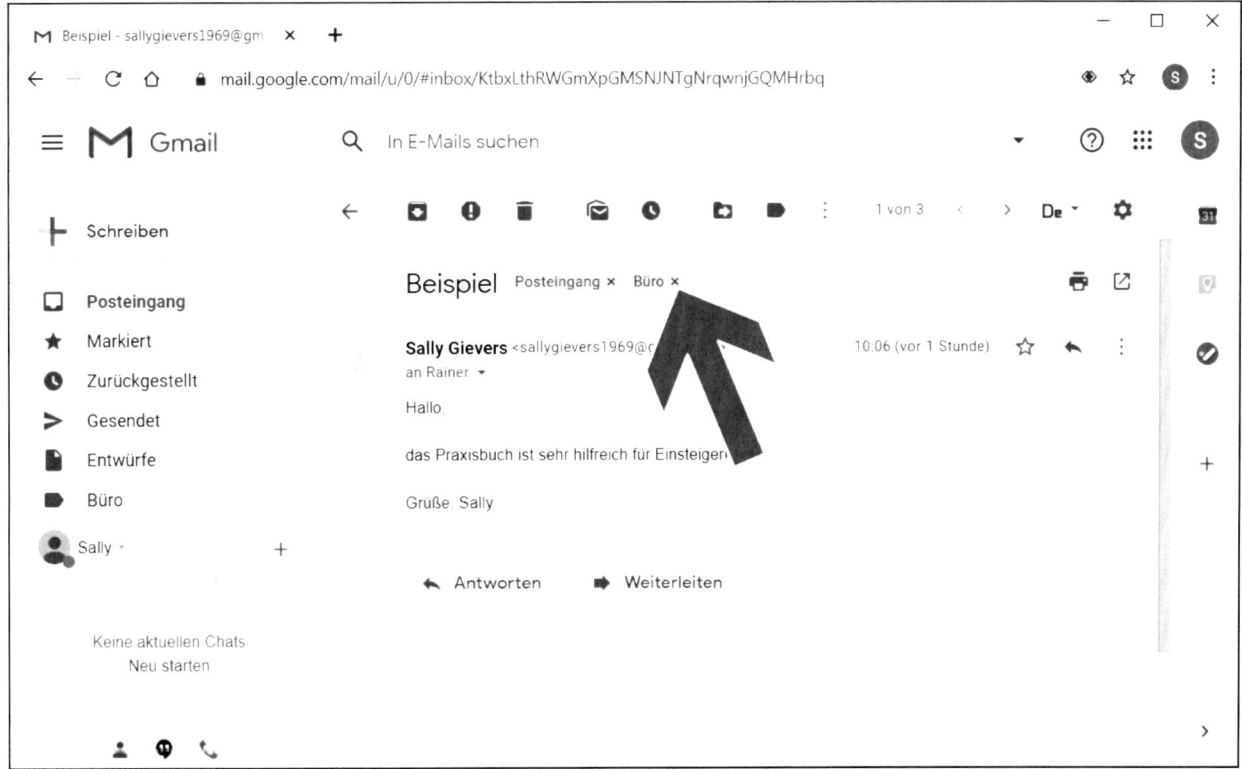

Der E-Mail zugewiesene Label zeigt Gmail oberhalb des Nachrichtentextes an. Sie können diese mit einem Klick auf das **x** (Pfeil) jederzeit wieder entfernen.

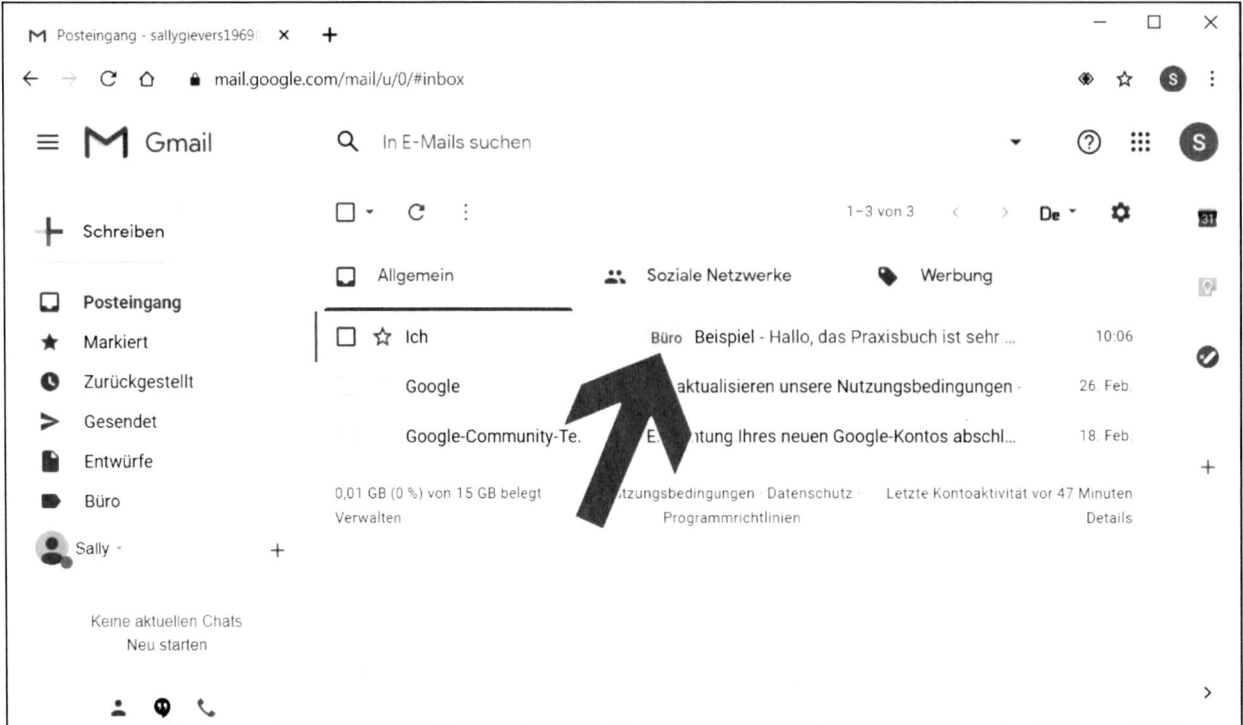

Auch in der Nachrichtenauflistung erscheint jeweils ein Hinweis auf die Labels (vor dem Betreff).

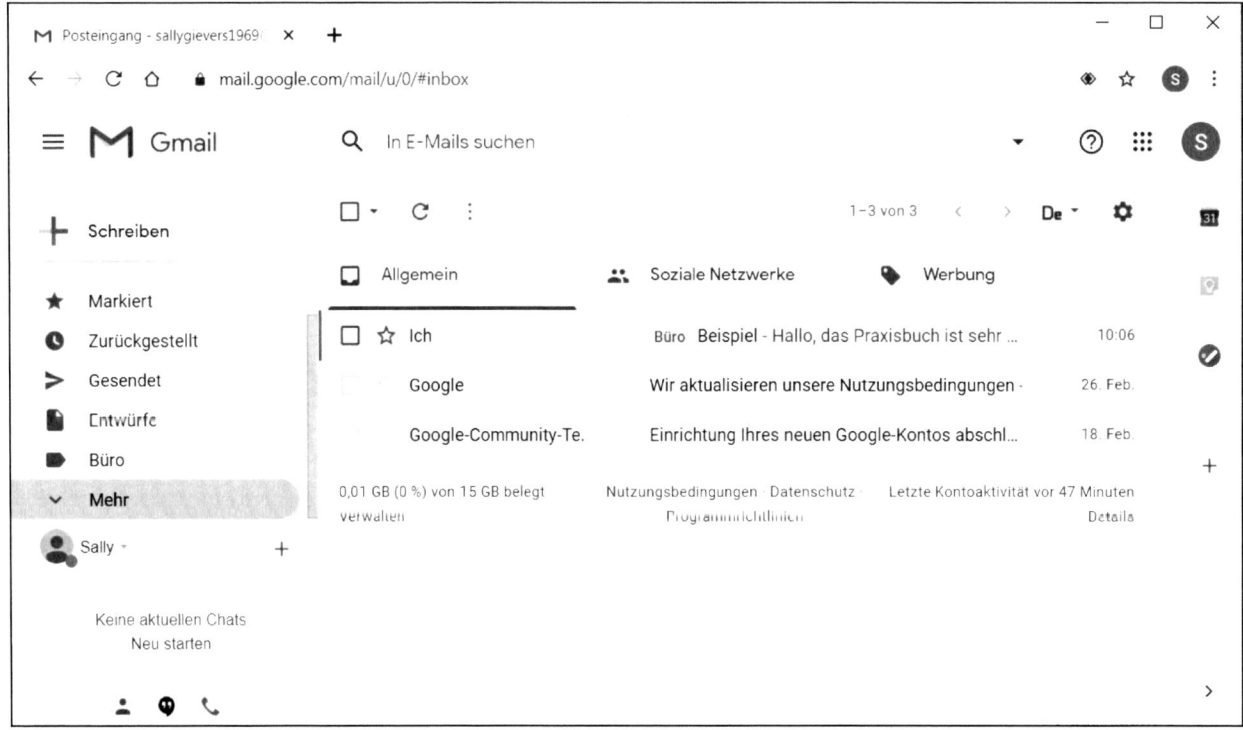

So bearbeiten Sie Ihre bereits erstellten Labels: Öffnen Sie erst mit *Mehr* die vollständige Label-auflistung...

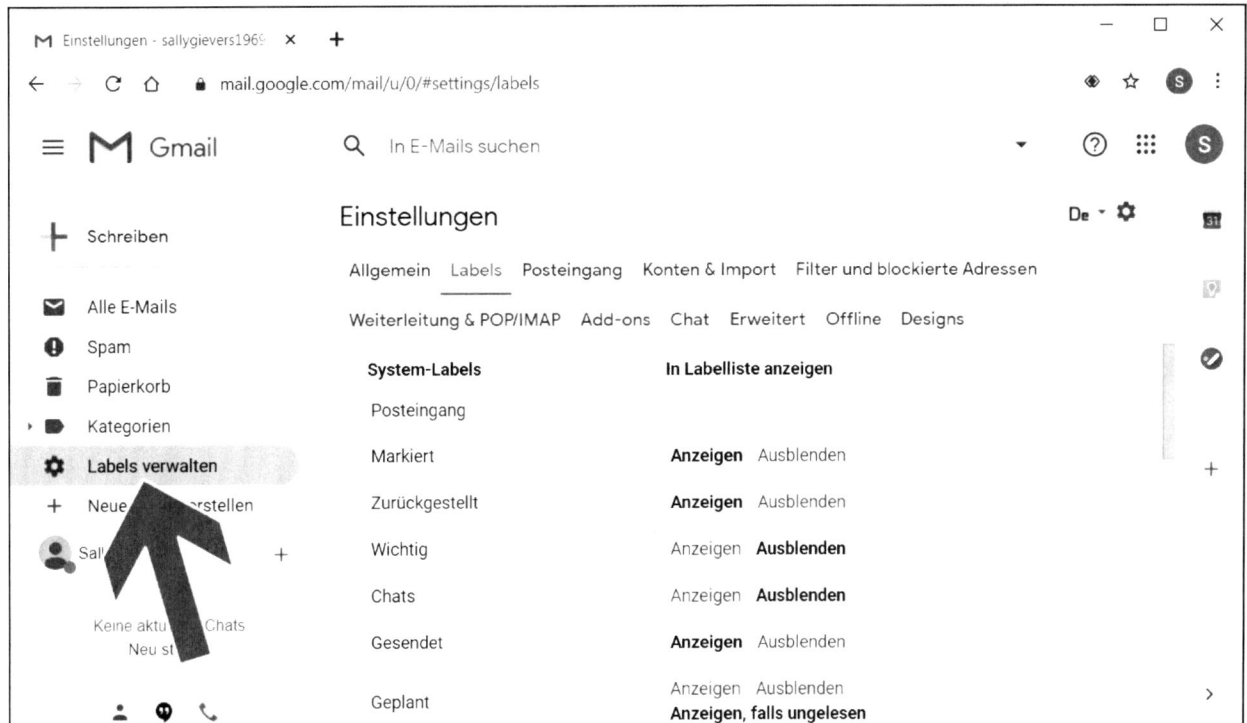

... dann klicken Sie auf *Labels verwalten.*

Wir empfehlen, Filter einzurichten, welche eingehende Nachrichten automatisch den Labels zuweisen. Dies geschieht im *Filter und blockierte Adressen*-Register.

7.2.3.b Wichtig-Label und der sortierte Eingang

Erhalten Sie extrem viele Nachrichten, unterstützt Sie Gmail dabei, die lesenswerten von den weniger lesenswerten Nachrichten zu unterscheiden. Die Lesenswerten landen dann im *Sortierten Eingang*-Ordner. Aber wie funktioniert diese Filterung genau? Dazu schreibt Google in seiner Online-Hilfe (*support.google.com/mail/answer/186543*):

Gmail berücksichtigt automatisch eine Reihe von Signalen, um festzustellen, welche eingehenden Nachrichten wichtig sind, unter anderem:

- *An wen Sie E-Mails senden: Falls Sie viele E-Mails an Thomas senden, sind E-Mails von Thomas höchstwahrscheinlich wichtig.*

- *Welche Nachrichten Sie öffnen: Nachrichten, die Sie öffnen, sind höchstwahrscheinlich wichtiger als ungeöffnete Nachrichten.*

- *Welche Themen Ihre Aufmerksamkeit wecken: Falls Sie Nachrichten über Fußball immer lesen, ist eine E-Mail zum Thema Fußball höchstwahrscheinlich wichtig.*

- *Welche E-Mails Sie beantworten: Falls Sie Nachrichten von Ihrer Mutter immer beantworten, sind ihre Nachrichten an Sie höchstwahrscheinlich wichtig.*

- *Wie Sie die Funktionen "Markieren", "Archivieren" und "Löschen" verwenden: Nachrichten, die Sie markieren, sind höchstwahrscheinlich wichtiger als Nachrichten, die Sie ungeöffnet archivieren.*

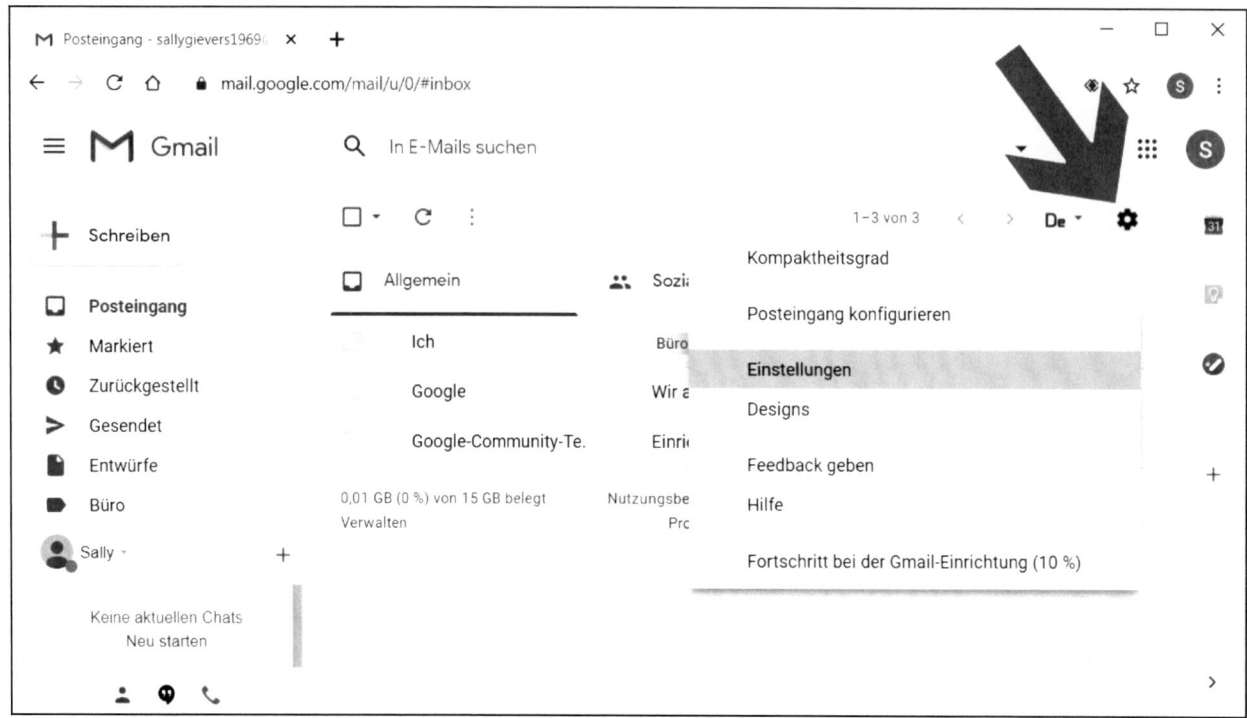

Damit Sie auf einem Blick erkennen, welche Nachrichten von Gmail als wichtig eingestuft werden, sollten Sie den Wichtig-Indikator aktivieren. Klicken Sie deshalb auf ⚙ und gehen Sie auf *Einstellungen*.

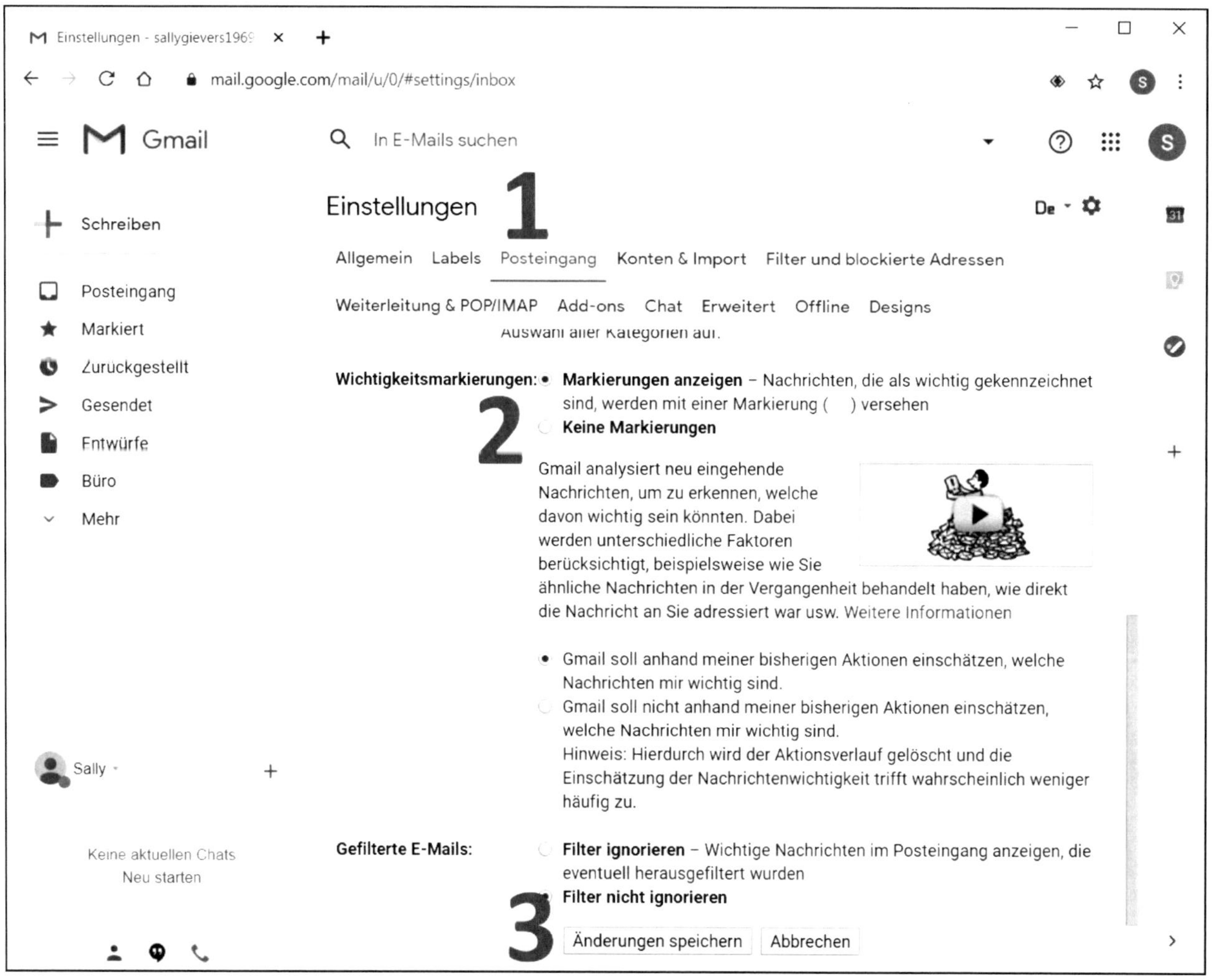

Wechseln Sie in das *Posteingang*-Register (1), worin Sie unter *Wichtigkeitsmarkierungen* (2) die Option *Markierungen anzeigen* aktivieren. Vergessen Sie nicht, zum Schluss auf die *Änderungen speichern*-Schaltleiste zu klicken (3).

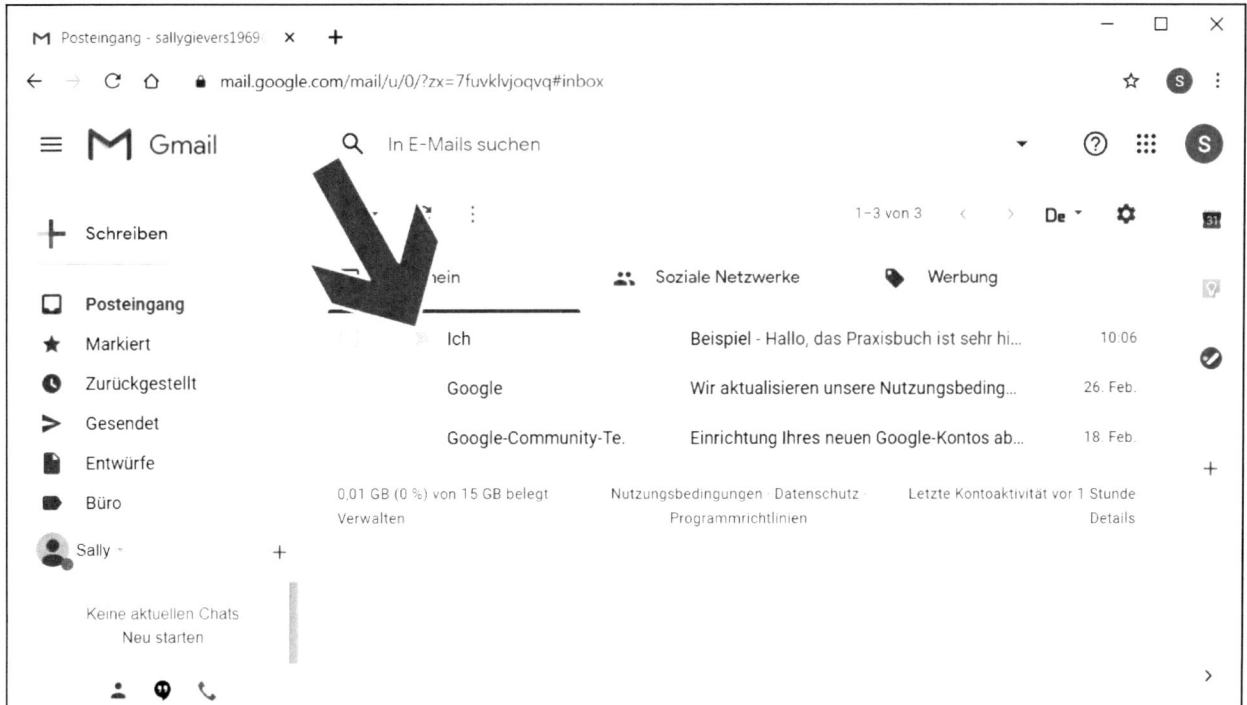

Von Gmail als »wichtig« eingestufte Nachrichten erkennen Sie jeweils am gelben -Symbol (Pfeil) in der Nachrichtenauflistung des Posteingangs. Klicken Sie das Symbol an, um E-Mails von Hand als wichtig oder unwichtig (Σ) zu markieren.

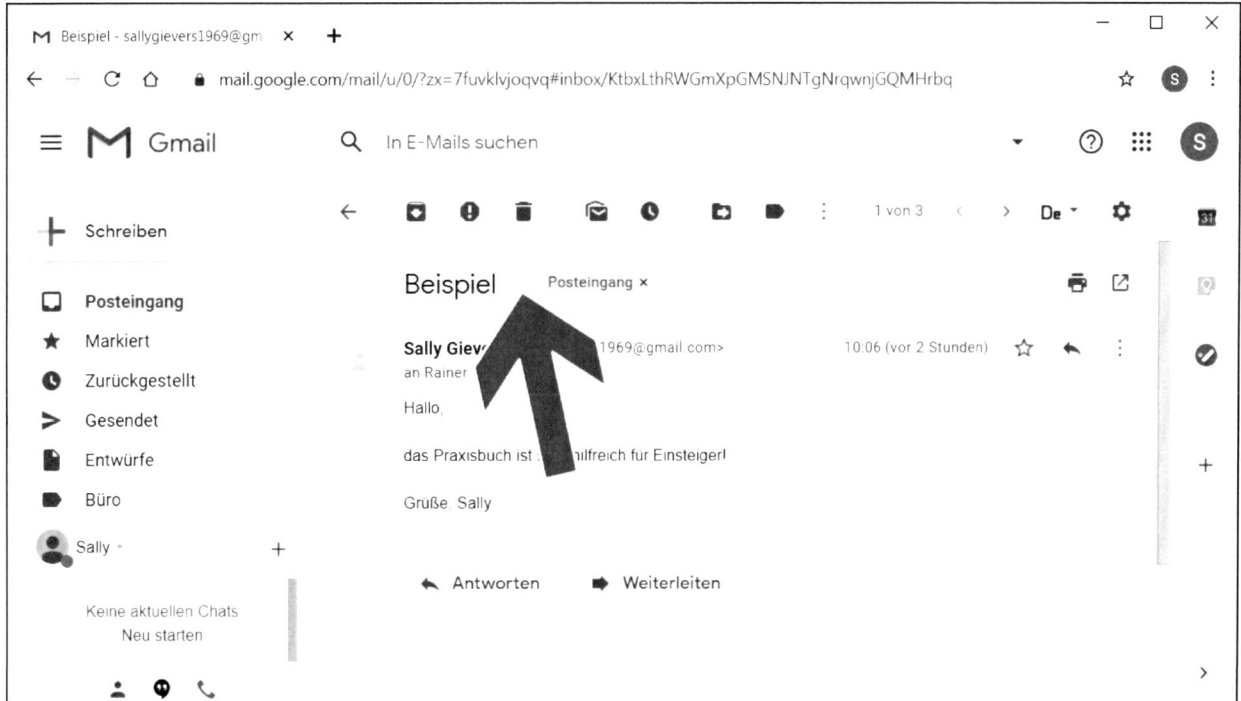

In der Nachrichtenansicht nehmen Sie über Σ beziehungsweise (Pfeil) Einfluss auf die automatische Einordnung ähnlicher E-Mails.

Wenn Sie, wie im folgenden Kapitel beschrieben, die *Art des Posteingangs* auf *Sortierter Eingang* umschalten, so zeigt Gmail im Posteingang die als wichtig eingestuften ungelesenen Nachrichten als erstes an.

7.2.4 Markierungen

Nachrichten, die für Sie wichtig sind, heben Sie einfach durch Markierung mit einem »Stern« hervor.

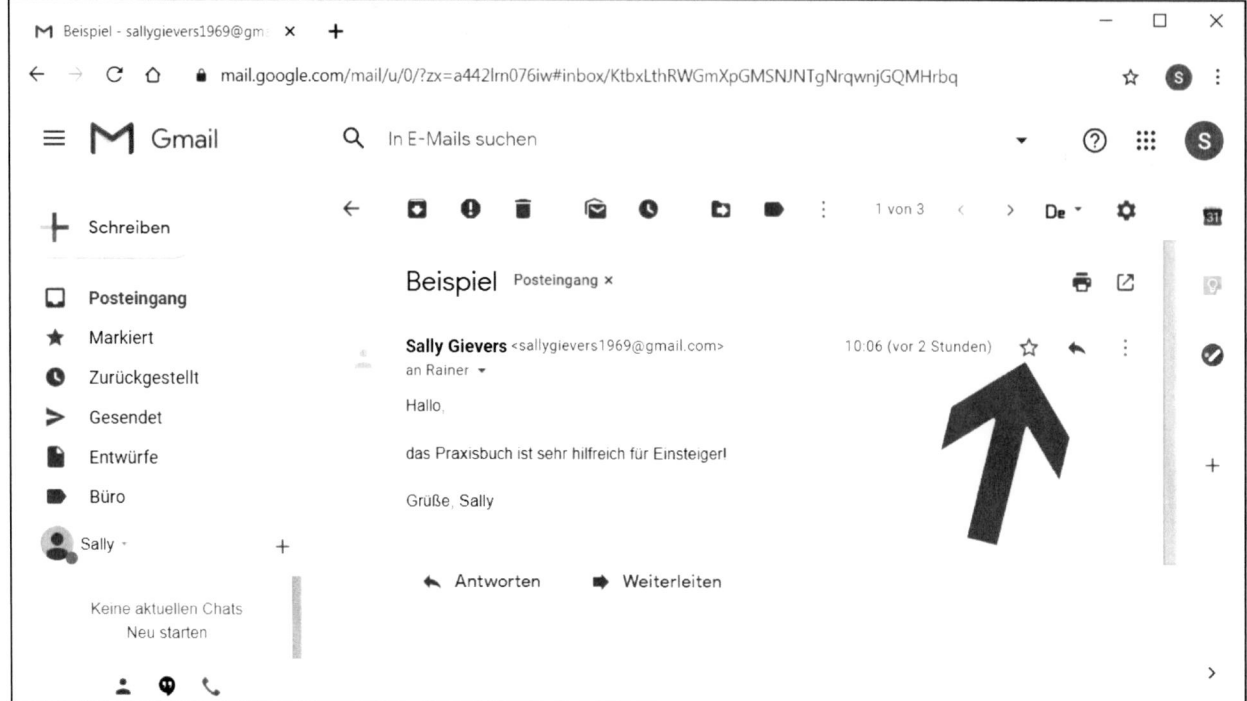

Ein Klick auf den Stern in der Nachrichtenansicht erstellt die Markierung, erneutes Anklicken löscht sie wieder.

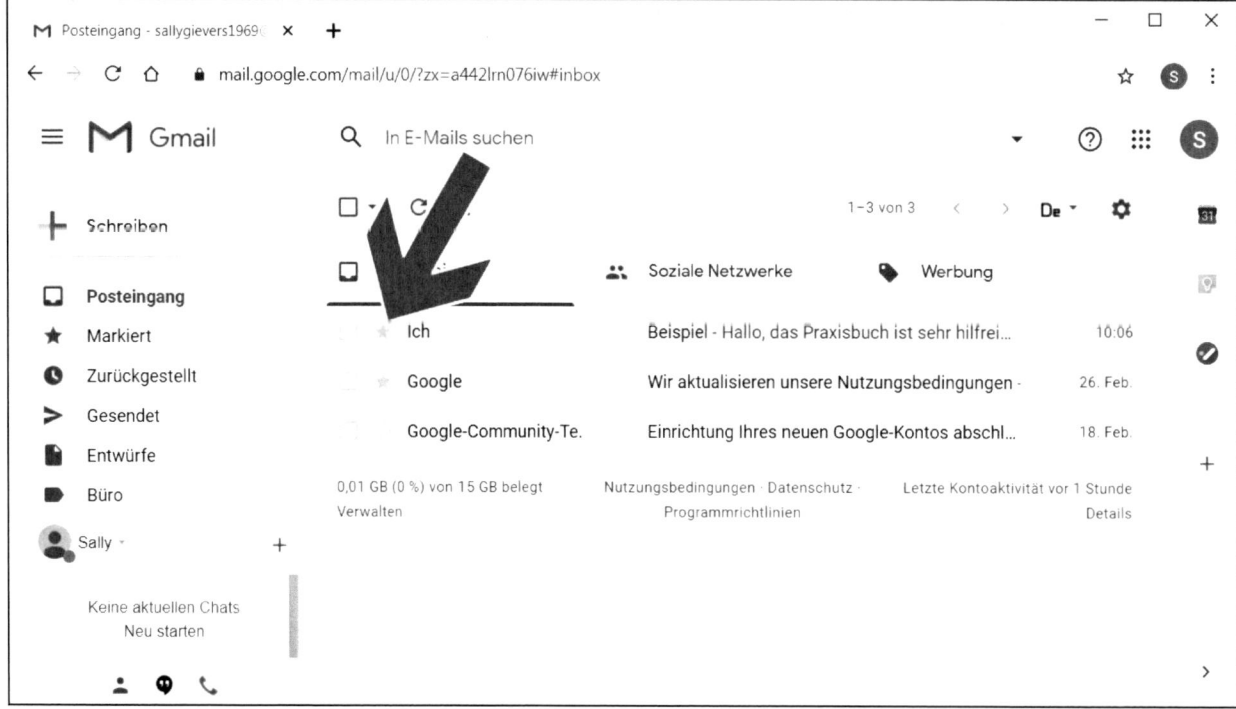

Auch in der Nachrichtenanzeige können Sie mit einem Stern (Pfeil) die Markierung setzen/entfernen (Pfeil).

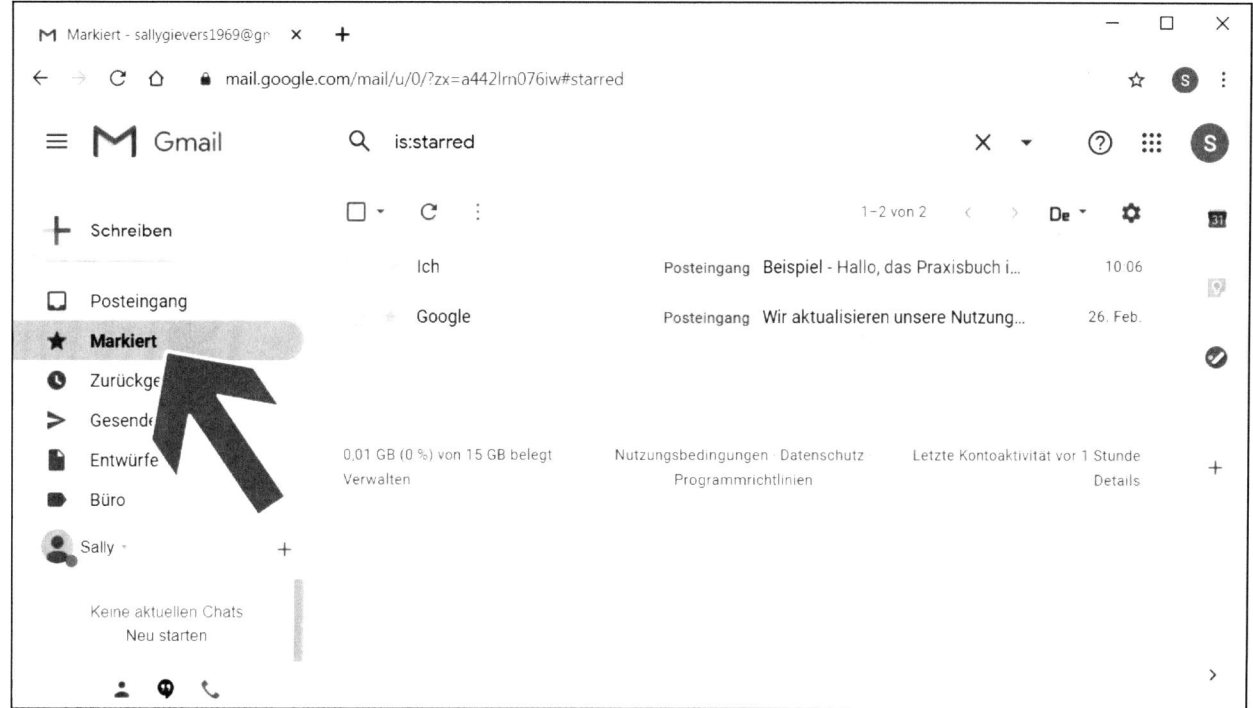

Die Anzeige beschränken Sie mit *Markiert* in der Ordnerauflistung auf die markierten Nachrichten.

7.2.5 Spam

Unter Spam versteht man unerwünschte Werbemails. Abhängig davon, ob Sie Ihre E-Mail-Adresse irgendwo mal auf einer Website hinterlassen haben oder durch Zufall ein Spam-Versender Ihre Gmail-Adresse mit Ausprobieren erraten hat, können pro Tag einige dutzend oder hundert Werbemails in Ihrem E-Mail-Konto auflaufen. Damit Ihre wichtige Kommunikation nicht im ganzen Spam untergeht, verfügt Ihr Gmail-Konto über einen automatischen Spam-Filter. Alle Spam-Mails landen dabei im *Spam*-Ordner.

Damit Google weiß, was für Sie Spam ist, müssen sie die unerwünschten Mails einzeln als Spam markieren.

Klicken Sie in der Nachrichtenansicht auf ❶ (Pfeil). Die betreffende Nachricht wird aus dem

Posteingang entfernt und landet im *Spam*-Ordner.

Nutzen Sie *Phishing melden* aus dem Menü, wenn Sie eine Spam-Nachricht erhalten, mit deren Hilfe Dritte Daten wie Ihre Kreditkartennummer abfragen oder zum Aufruf einer möglicherweise gefährlichen Webseite auffordern. Beliebt sind dabei unter anderem vorgeschobene Warnungen vor Online-Kontosperrungen, weshalb man seine Kontodaten inklusive PIN eingeben müsse. Weitere nützliche Hinweise zum wichtigen Thema »Phishing« finden Sie online unter *support.google.com/mail/answer/8253*.

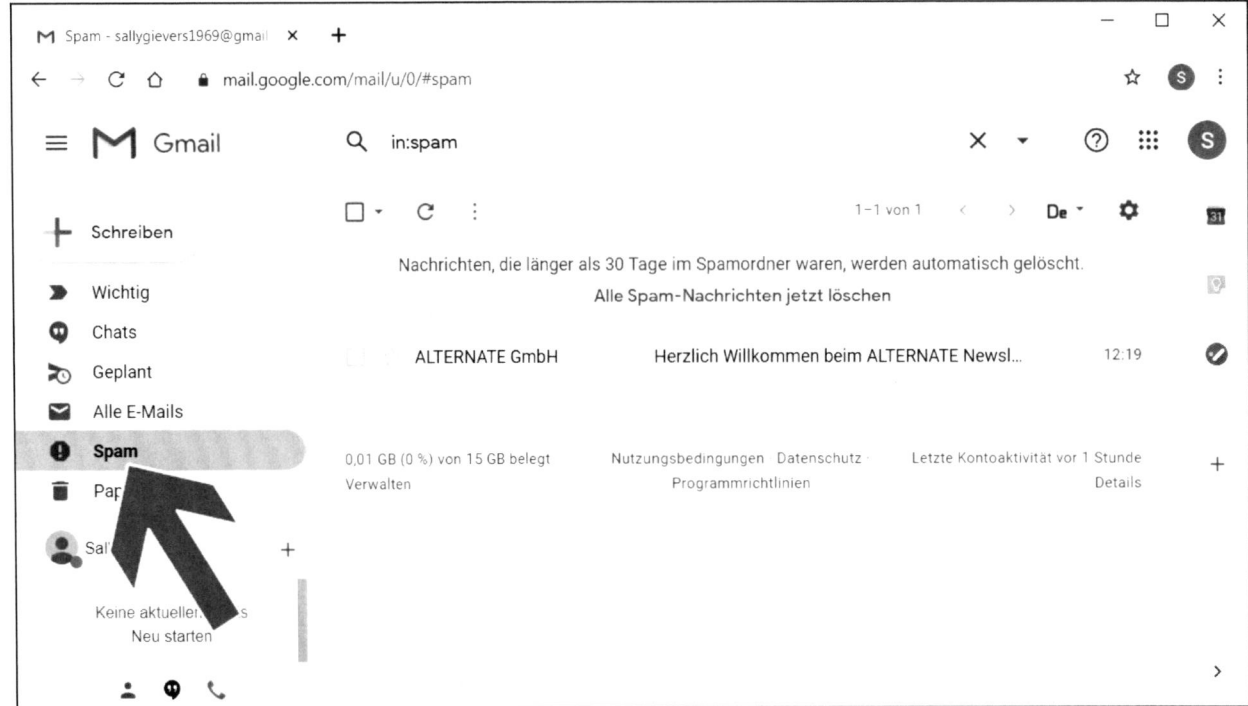

Den *Spam*-Ordner finden Sie links in der Ordnerauflistung, nachdem Sie dort *Mehr* angeklickt haben.

Kontrollieren Sie regelmäßig, ob es sich bei den darin vorhandenen Nachrichten wirklich um Spam handelt und verschieben Sie sie gegebenenfalls wieder in den *Posteingang* zurück.

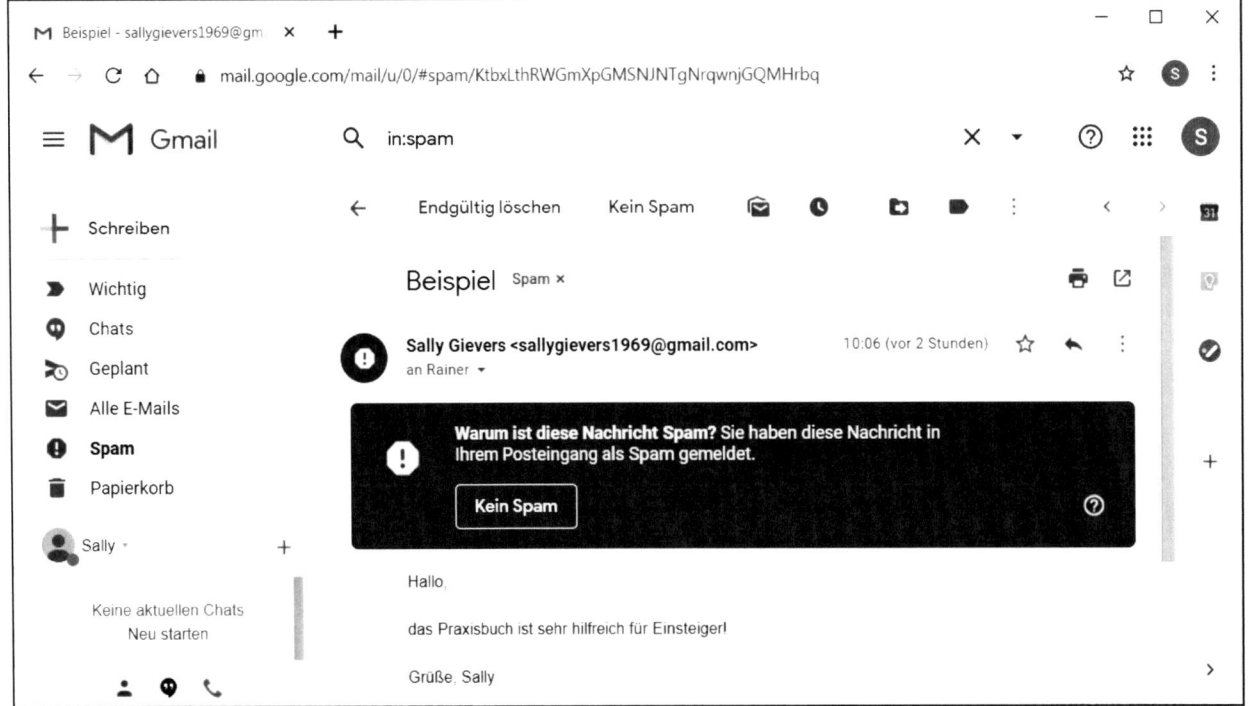

Ist eine Nachricht kein Spam, dann klicken Sie sie im *Spam*-Ordner für die Nachrichtenansicht an und betätigen Sie dann die *Kein Spam*-Schaltleiste.

> Es ist sehr **wichtig**, dass im *Spam*-Ordner wirklich nur unerwünschte Mails enthalten sind. Gmail vergleicht nämlich eingehende Nachrichten mit denen im Spam-Ordner und ordnet sie als Spam ein, wenn eine große Ähnlichkeit besteht. Schauen Sie deshalb ab und zu mal in Ihren *Spam*-Ordner, um falsche Einordnungen wieder rückgängig zu machen.

7.2.6 Stapelvorgänge

Wenn eine Aktion, wie Label ändern, Löschen, Markierung hinzufügen, usw. auf mehrere Nachrichten anzuwenden ist, verwenden Sie die Stapelvorgänge.

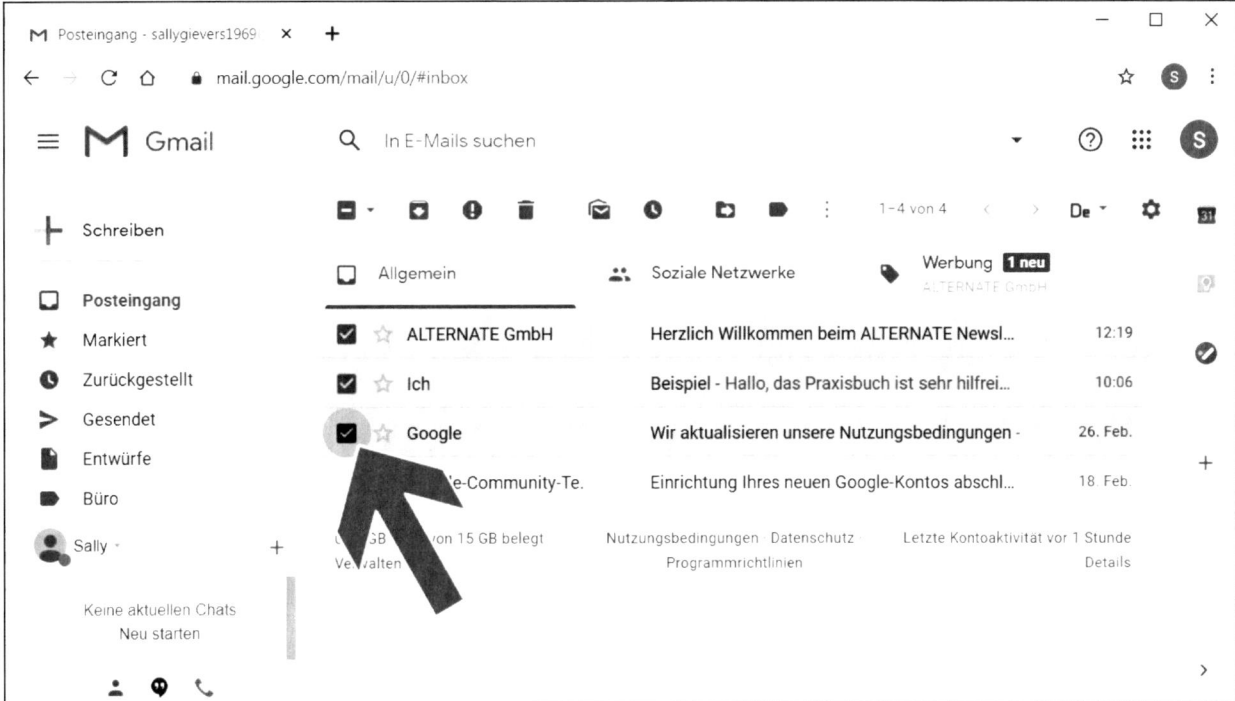

Zum Markieren aktivieren Sie die Abhakkästchen vor den Nachrichten. Über die Schaltleisten am oberen Bildschirmrand können Sie dann die Nachrichten archivieren, löschen, einem Label zuweisen, auf gelesen/ungelesen setzen oder als Favoriten markieren.

Alternativ ziehen Sie die markierten Nachrichten mit gedrückter linker Maustaste nach links in der Ordnerauflistung, welche ausklappt. Lassen Sie die Maustaste los, sobald sich der Mauszeiger auf dem gewünschten Ziel-Ordner/Label befindet.

7.2.7 Posteingang-Anzeige

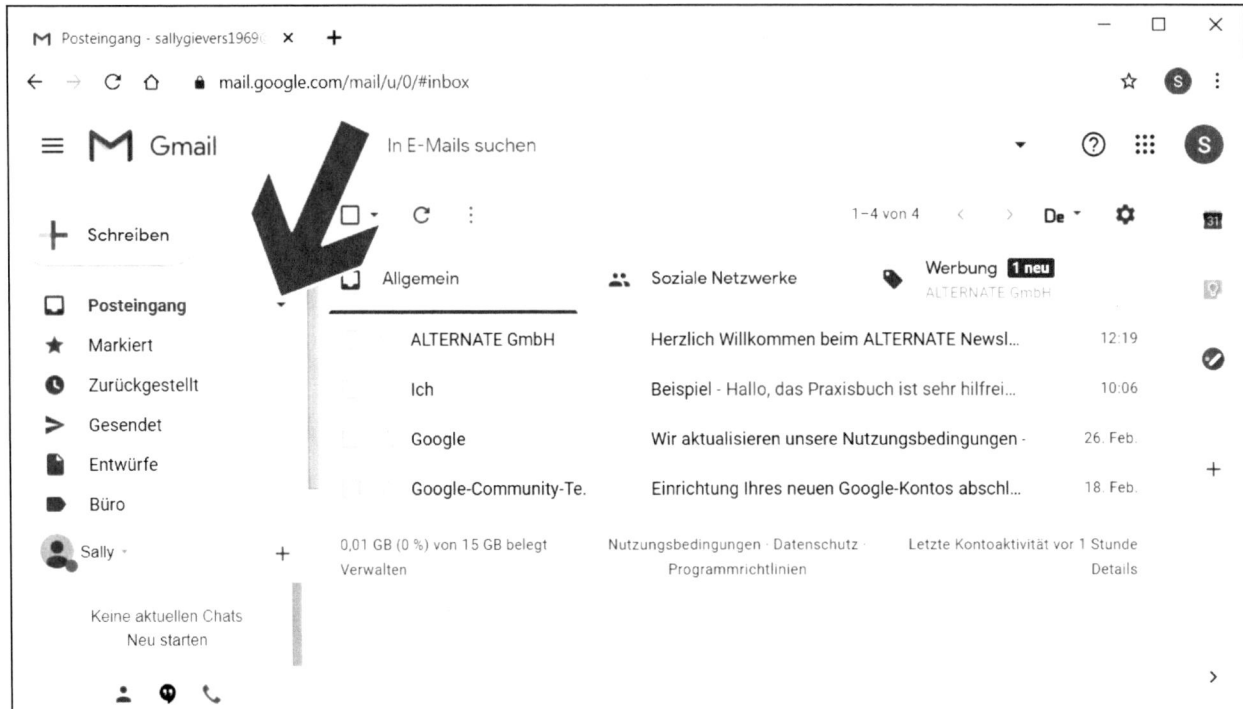

Die Nachrichtensortierung im Posteingang steuern Sie mit ▼ (Pfeil). Damit diese Schaltfläche erscheint, bewegen Sie den Mauszeiger auf *Posteingang*.

Wählen Sie im Popup eine der Sortieroptionen aus. Google selbst empfiehlt, die verschiedenen Optionen auszuprobieren, um die für die eigenen Zwecke am besten geeignete herauszufinden.

Falls Sie die im Kapitel *7.2.3.b Wichtig-Label und der sortierte Eingang* vorgestellte Methode einsetzen, empfehlen wir Ihnen die Option *Sortierter Posteingang*.

7.3 Einstellungen

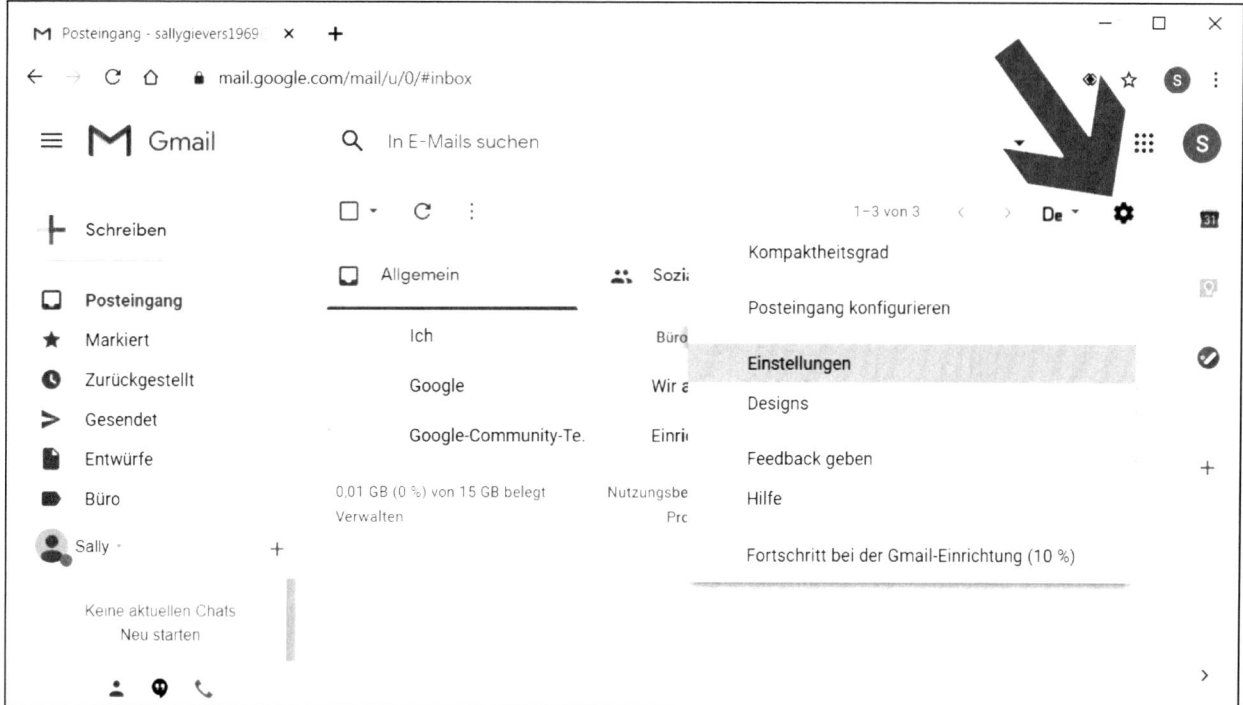

Klicken Sie auf ✿ und gehen Sie auf *Einstellungen*.

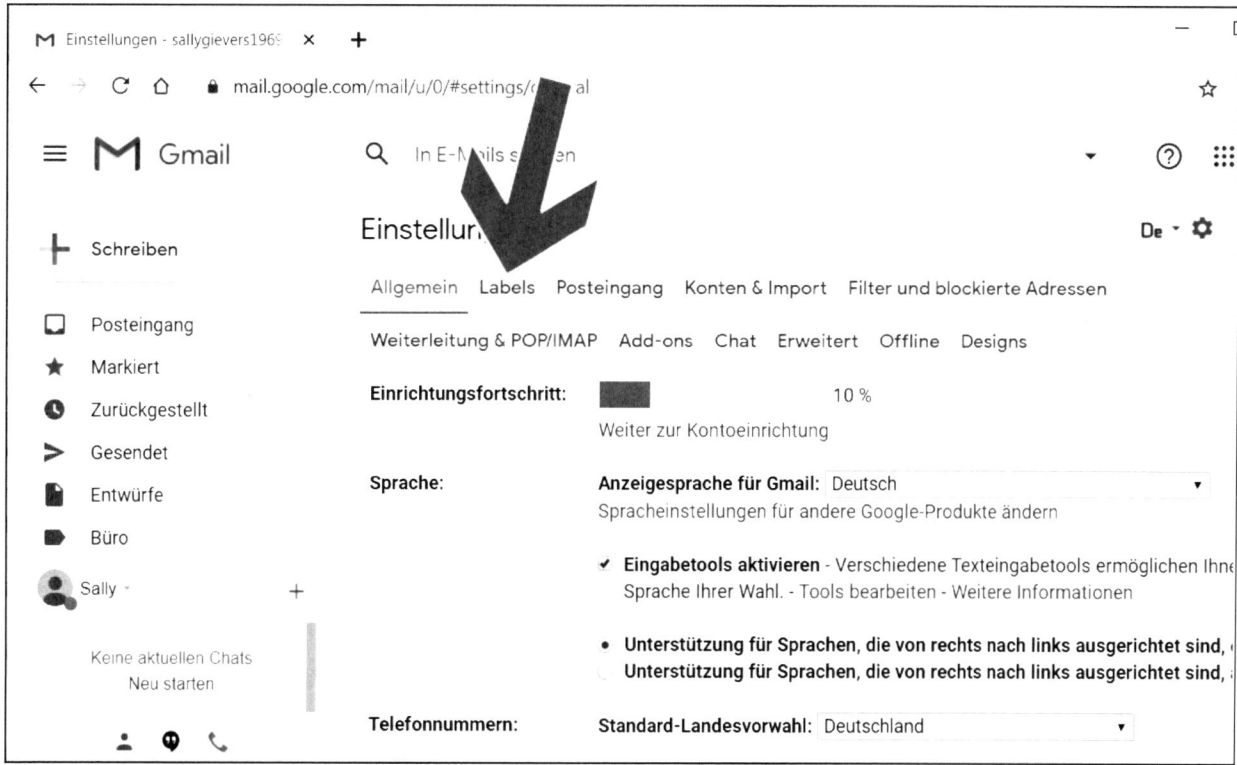

Über die Register am oberen Bildschirmrand schalten Sie zwischen den verschiedenen Einstellungsgruppen um.

Beachten Sie, jeweils am unteren Seitenende die *Änderungen speichern*-Schaltleiste zu betätigen, sofern Sie Optionen geändert haben.

Es würde leider dieses Buch sprengen, wenn wir auf alle Optionen eingehen würden, weshalb wir uns auf die für Sie nützlichen beschränken.

Das *Allgemein*-Register:

- *Standardtextstil*: Stellen Sie Schriftart und Schriftgröße in Ihren Nachrichten ein.

- *Schaltflächenbeschriftung*: Gmail arbeitet viel mit Symbolschaltleisten, deren Funktion sich nicht sofort erschließt. Aktivieren Sie hier *Text*, damit Gmail nur beschriftete Schaltleisten anzeigt.

- *Mein Bild*: Erstellen Sie Ihr Kontaktfoto, das anderen Gmail-Nutzern angezeigt wird. Das Kontaktfoto erscheint auch als Ihr Profilfoto im sozialen Netzwerk Google+.

- *Kontakte-Widget*: Standardmäßig zeigt Gmail in der Nachrichtenansicht die Kontaktdaten des Absenders an. Sie schalten diese über *Kontakte-Widget ausblenden* ab.

- *Signatur*: Die Signatur ist ein Text, den Gmail automatisch beim Erstellen einer neuen Nachricht einfügt. Nutzen Sie sie, um den Empfängern Ihrer E-Mails auf weitere Kontaktmöglichkeiten per Telefon, oder ähnlich hinzuweisen.

- *Abwesenheitsnotiz*: Ein sehr nützliches Feature, wenn Sie mal nicht erreichbar sind und Personen, die Ihnen geschrieben haben, automatisch über Ihre Abwesenheit informieren möchten. Die Abwesenheitsnotiz erfolgt ohne Ihr Zutun vom Google-Mail-Server aus. Dabei erhält jeder, der Ihnen währenddessen eine oder mehrere E-Mails schickt, die Abwesenheitsnotiz nur einmal alle vier Tage. Ausgenommen sind als Spam aussortierte E-Mails.

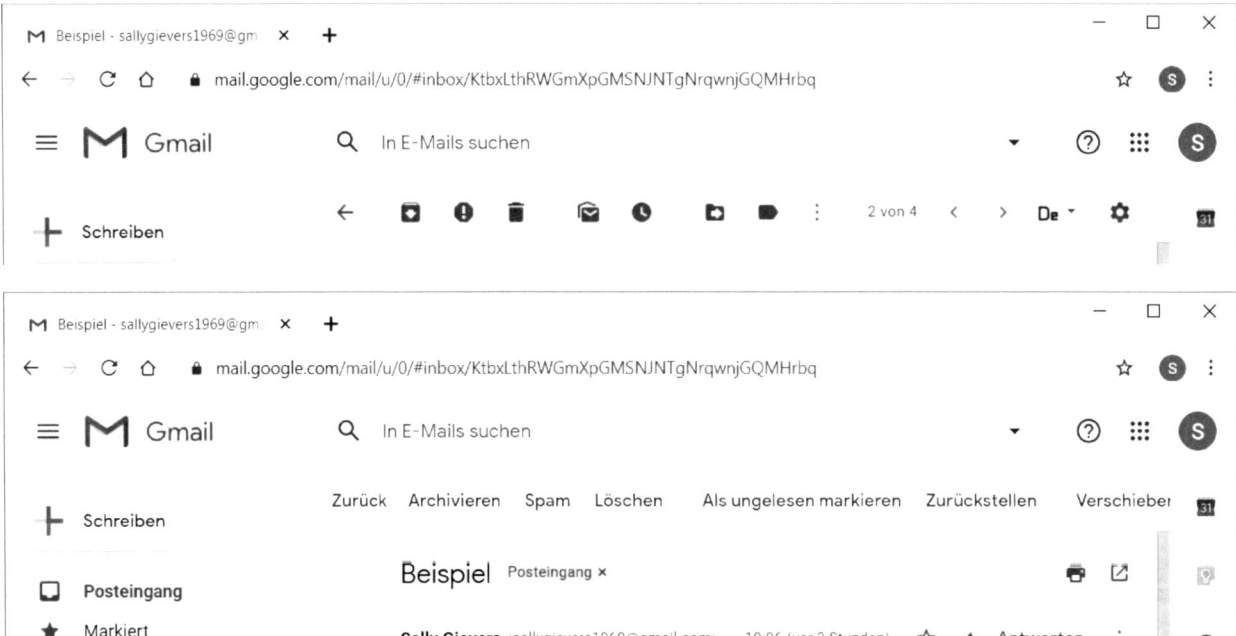

Die Option *Schaltflächenbeschriftung* im *Allgemein*-Register ändert die Schaltflächen von Symbolen (unten) nach Text (oben), was insbesondere Einsteiger begrüßen dürften.

Ein von Ihnen bei *Mein Bild* im Label-Register eingestelltes Kontaktfoto erscheint bei anderen Gmail-Nutzern in der E-Mail-Ansicht.

7.4 Nachrichtenanzeige

Sie können die Nachrichtenanzeige zwischen verschiedenen Ansichten umschalten.

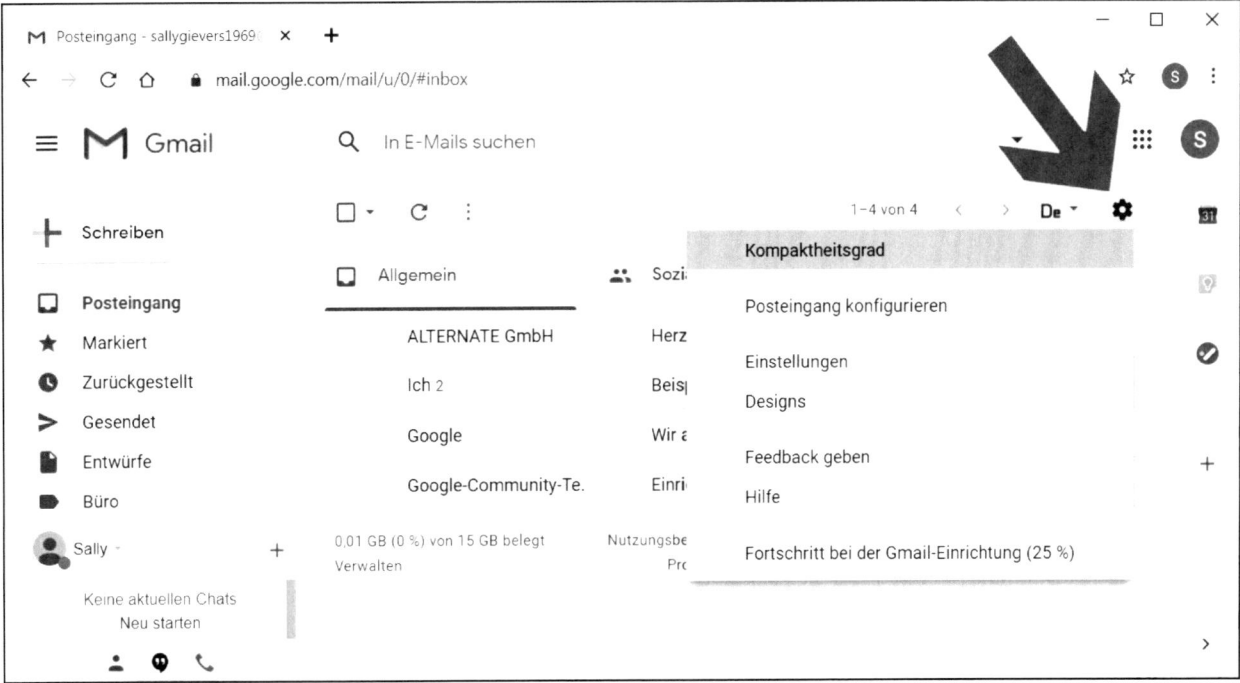

Nach einem Klick auf ✿ wählen Sie im Menü *Kompaktheitsgrad*.

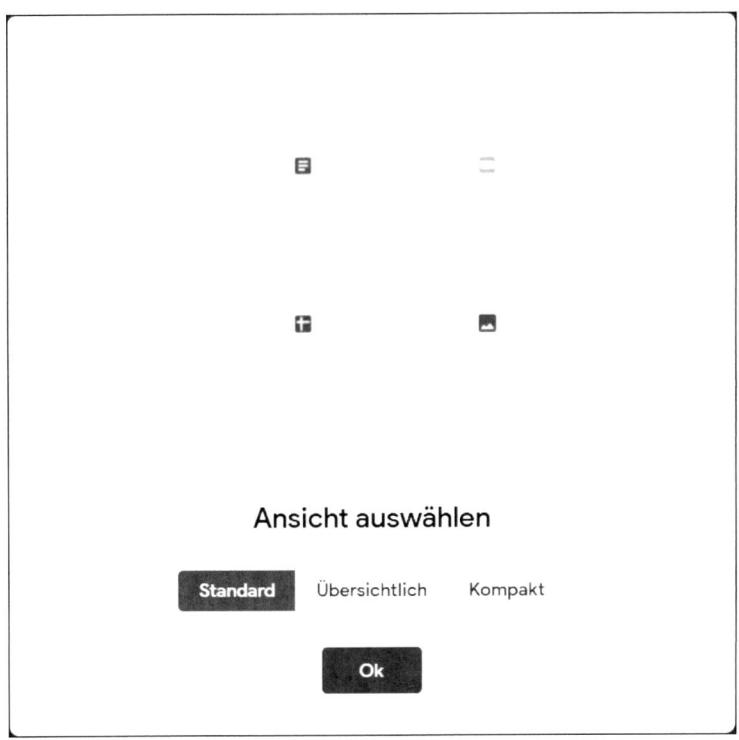

Zur Auswahl stehen *Standard*, *Übersichtlich* und *Kompakt*. Betätigen Sie dann *OK*.

Die Nachrichtenansichten im Vergleich:

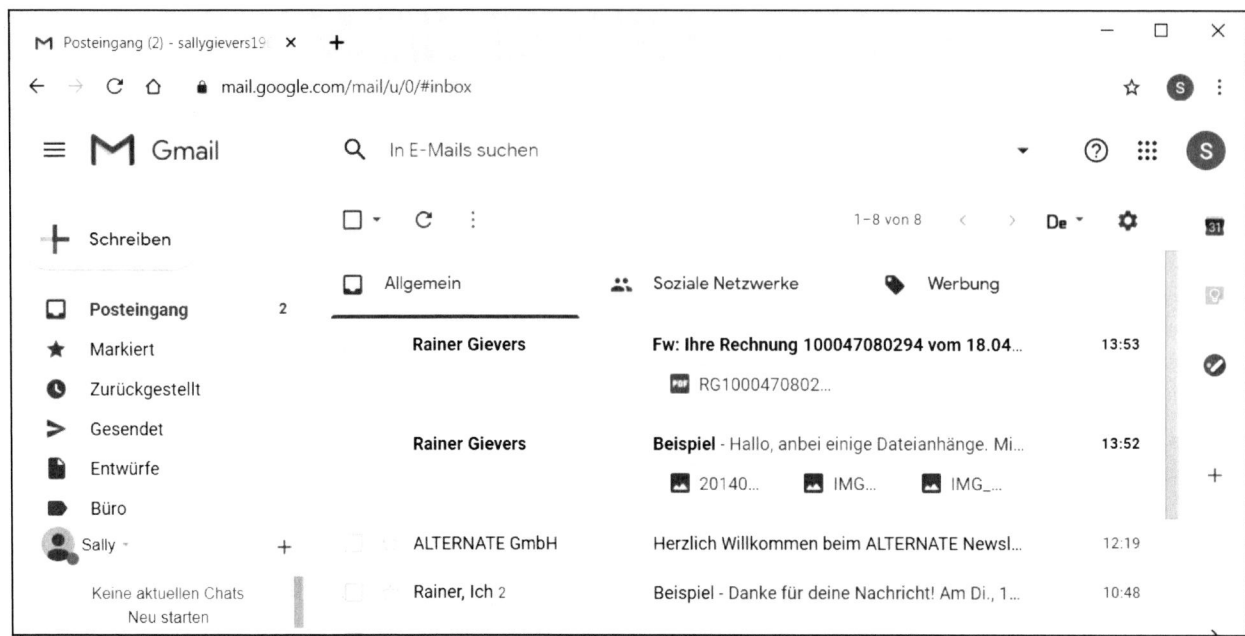

Standard

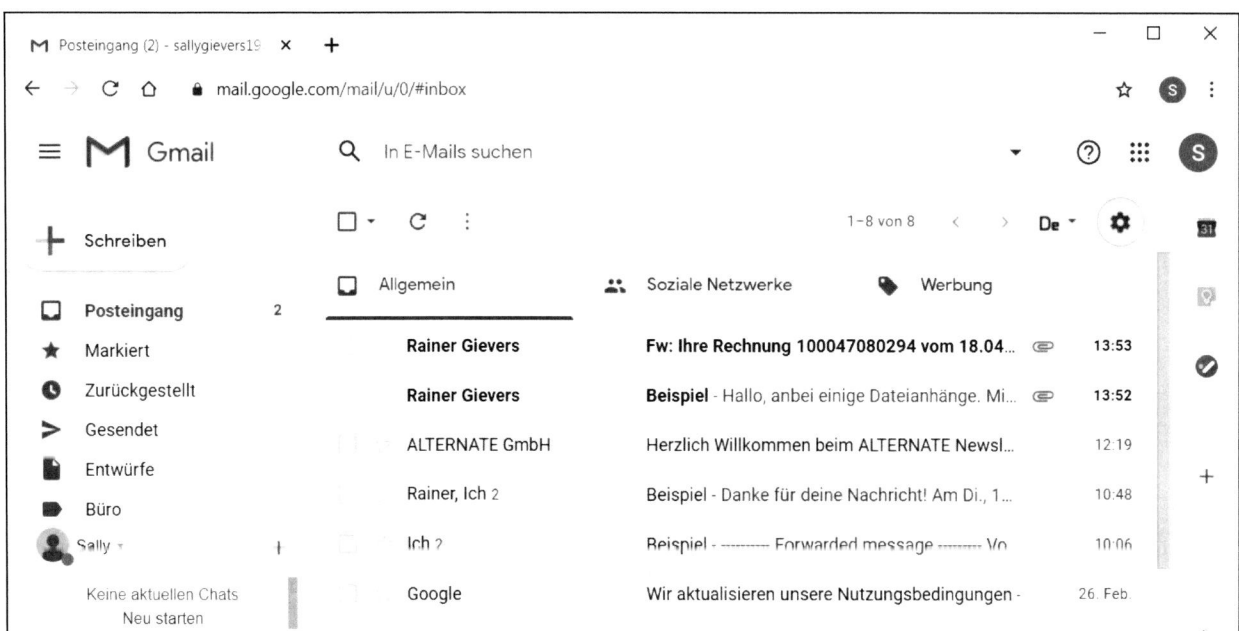

Übersichtlich

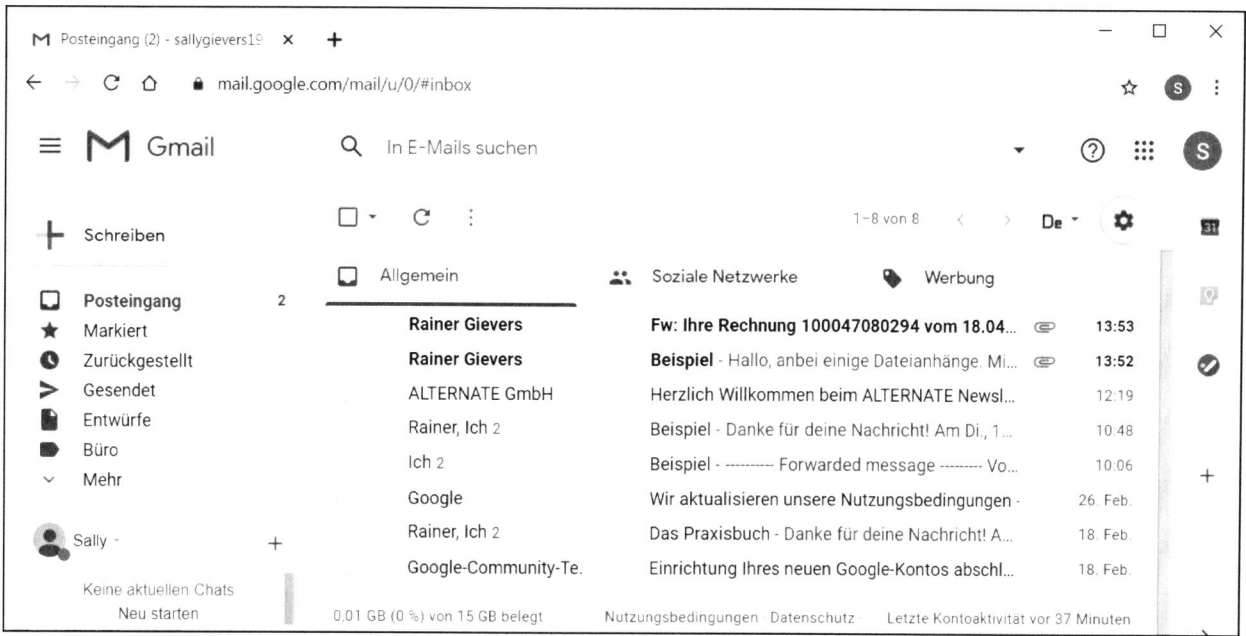

Kompakt

7.5 Der Umgang mit anderen E-Mail-Konten

Sofern Ihnen Gmail gefällt, können Sie den Inhalt von E-Mail-Konten bei anderen Anbietern importieren, worauf wir hier nicht weiter eingehen. Sie finden diese Funktion, wenn Sie in der Gmail-Oberfläche auf ✿ klicken, im Menü auf *Einstellungen* gehen und dann das *Weiterleitung und POP/IMAP*-Register aktivieren.

Eine weitere Option, die wir hier erläutern, ist die Einbindung anderer E-Mail-Konten. Sie ersparen sich dann den dauernden Wechsel zwischen Gmail und weiteren E-Mail-Weboberflächen. Es lassen sich maximal fünf weitere E-Mail-Konten dem Gmail-Konto hinzufügen.

Leider ist es uns aus Platzgründen hier nicht möglich, auf die Einrichtung aller möglichen E-Mail-Adressen einzugehen, weshalb wir uns hier beispielhaft auf den kostenlosen Anbieter GMX beschränken. Bei anderen Anbietern wie Outlook.com, T-Online, Web.de, usw. läuft es aber im Prinzip genauso ab.

7.5.1 Einrichtung

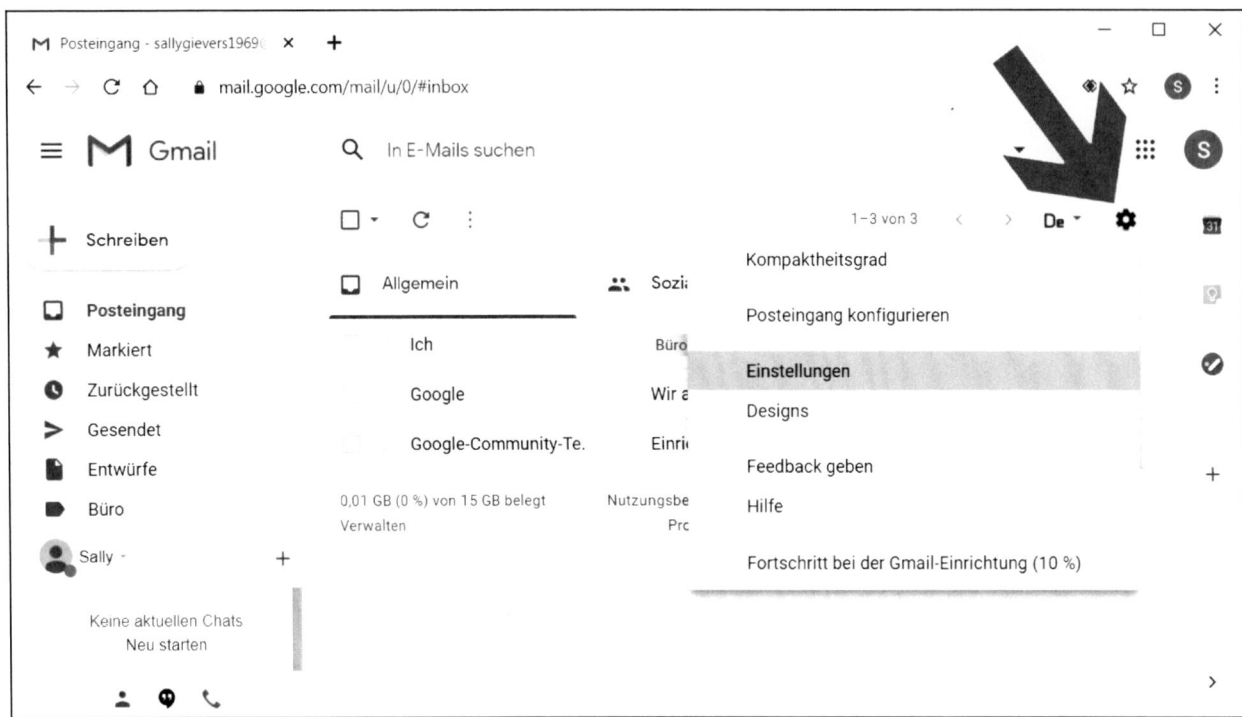

Klicken Sie auf ⚙ und gehen Sie auf *Einstellungen*.

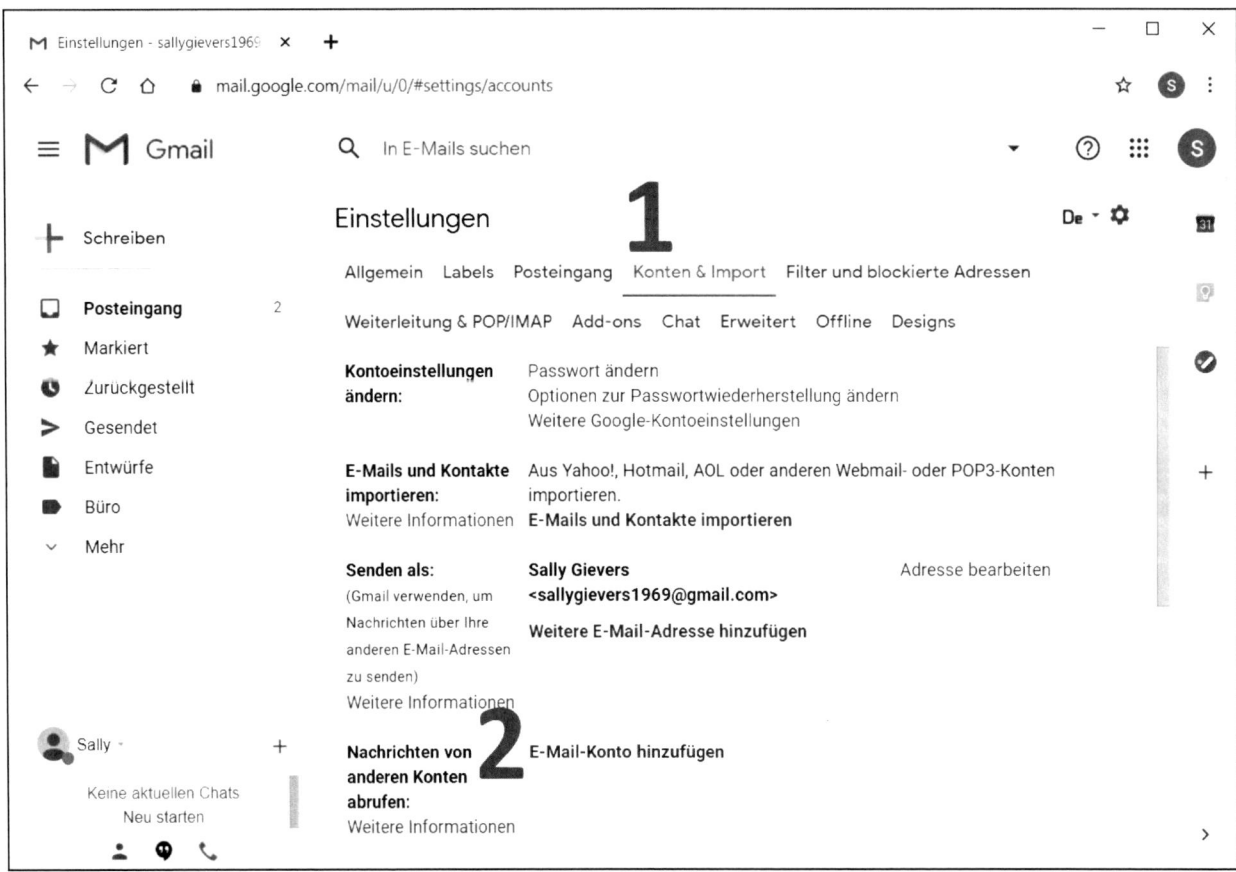

Aktivieren Sie das *Konten und Import*-Register (1) und klicken Sie auf *E-Mail-Konto hinzufügen* (2).

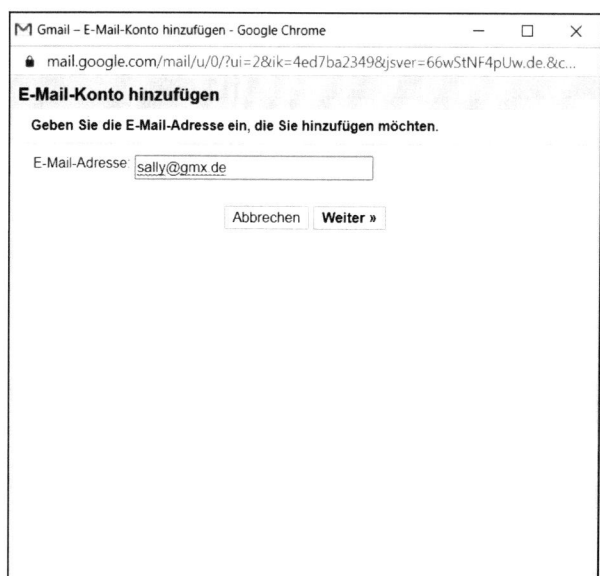 

❶ Geben Sie die E-Mail-Adresse ein und betätigen Sie *Weiter*.

❷ Zur Auswahl stehen nun:

- *Konten über Gmailify verknüpfen*: Sie können über Ihr E-Mail-Konto wie gewohnt Nachrichten senden und empfangen.

- *E-Mails von meinem anderen Konto (POP3) importieren*: Gmail empfängt die Nachrichten aus dem E-Mail-Konto, es ist aber nicht möglich, Nachrichten darüber zu senden. Antworten erfolgen also immer von Ihrer Google-Mail-Adresse.

Wir empfehlen die Verwendung von *Konten über Gmailify verknüpfen*. Betätigen Sie *Weiter*.

> Einige E-Mail-Anbieter unterstützten Gmailify nicht. Es erscheint dann ein entsprechender Hinweis, worauf Sie *E-Mails von meinem anderen Konto (POP3) importieren* verwenden müssen.

Sofern Sie ein Konto bei einem der größeren E-Mail-Anbieter nutzen, müssen Sie jetzt nur noch Ihr Passwort eingeben und betätigen *Weiter*.

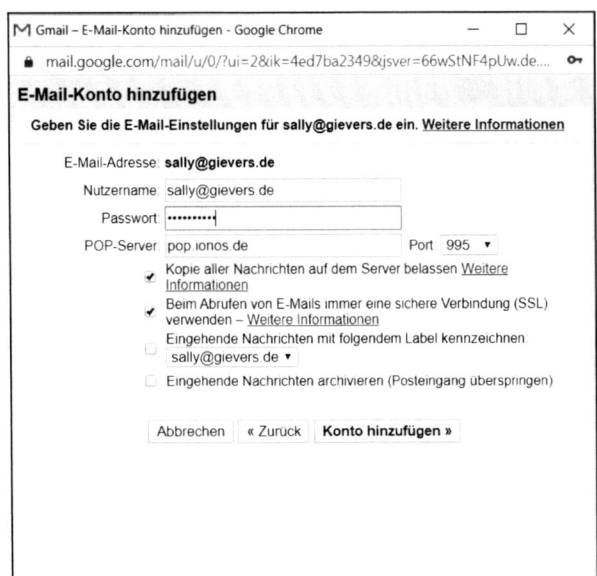
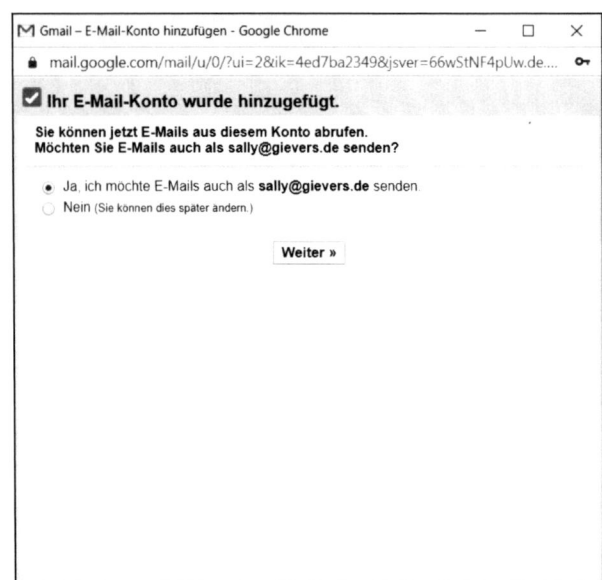

❶ Sofern Sie keinen freien E-Mail-Anbieter wie GMX, sondern eine eigene Domain-E-Mail-Adresse, im Beispiel *sally@gievers.de* verwenden, sind noch einige Abrufparameter einzugeben:

- *Kopie aller Nachrichten auf dem Server belassen*: Sofern Sie die Nachrichten im E-Mail-Konto später auch mit einer anderen E-Mail-Anwendung oder über die eigene Weboberfläche abrufen möchten, sollten Sie diese Option aktivieren (empfohlen).

- *Beim Abrufen von E-Mails immer eine sichere Verbindung (SSL) verwenden*: Die meisten E-Mail-Anbieter setzen inzwischen eine sichere Verbindung voraus, weshalb Sie das Abhakkästchen aktivieren sollten.

- *Eingehende Nachrichten mit folgendem Label kennzeichnen*: Damit Sie die Nachrichten aus dem Gmail- und dem weiteren E-Mail-Konto unterscheiden können, unterstützt Gmail das Hinzufügen eines entsprechenden Labels (zu Labels siehe Kapitel *7.2.3 Labels*). Mit einem Klick auf dem Label in der Ordnerauflistung schränken Sie dann die Anzeige nur auf die Nachrichten aus dem weiteren E-Mail-Konto ein.

- *Eingehende Nachrichten archivieren (Posteingang überspringen)*: Heruntergeladene Nachrichten werden automatisch archiviert (siehe Kapitel *7.2.2 Archivieren*).

Klicken Sie auf *Konto hinzufügen*.

❷ Beenden Sie die Einrichtung mit *Weiter*.

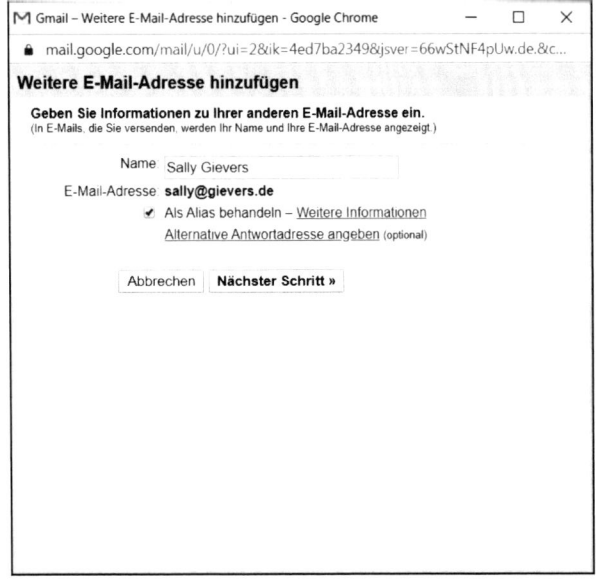
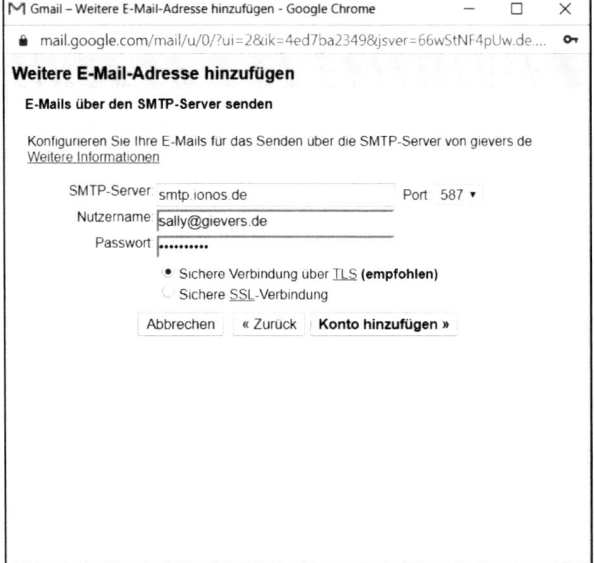

❶ Gehen Sie auf *Nächster Schritt*.

❷ Füllen Sie gegebenenfalls die Felder korrekt aus und betätigen Sie *Konto hinzufügen*.

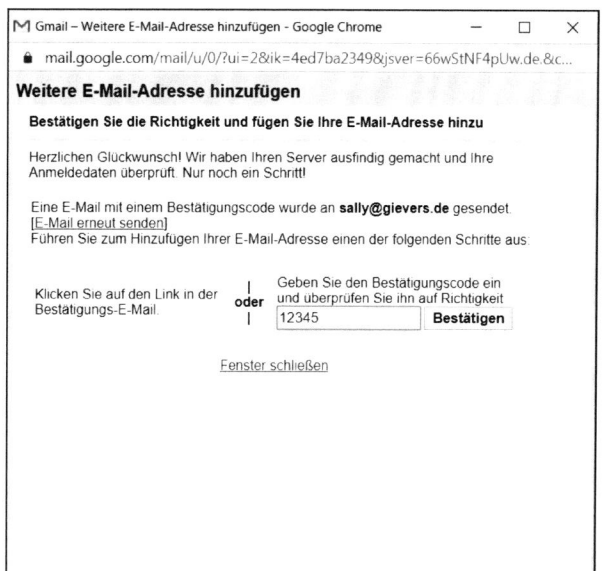

Sie müssen nun den Bestätigungscode eingeben, der an Ihr neu eingebundenes E-Mail-Konto geschickt wurde. Alternativ klicken Sie in der E-Mail einfach auf den Bestätigungslink.

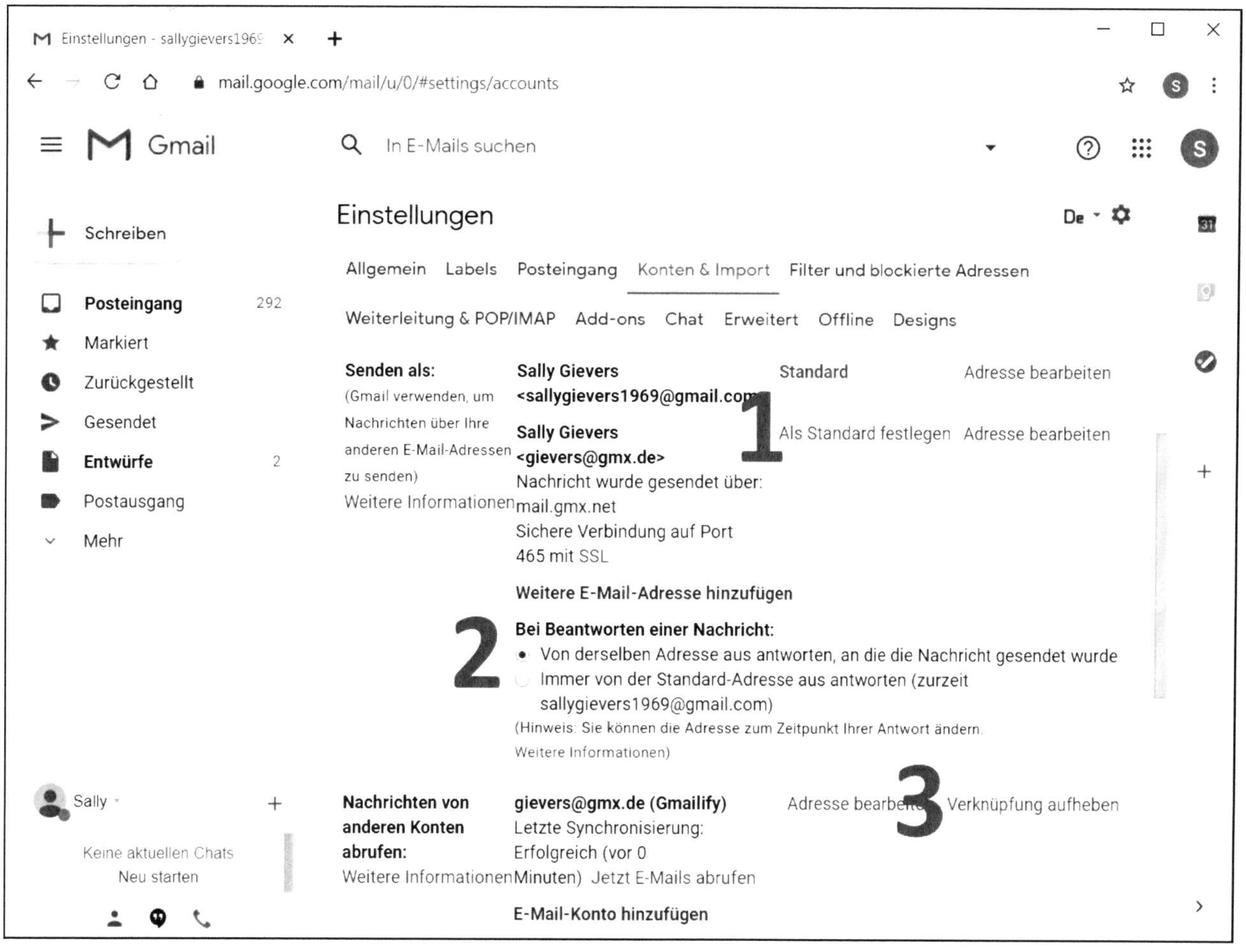

Sie befinden sich wieder im *Konten und Import*-Register.

Über *Als Standard festlegen* (1) konfigurieren Sie, welche der angelegten E-Mail-Konten als Absender eingesetzt wird. In unserem Fall können dies *sally.gievers1969@gmail.com* oder *sally@gievers.de* sein.

Zur weiteren E-Mail-Adresse sollten Sie unter *Bei Beantworten einer Nachricht* am besten *Von derselben Adresse aus antworten, an die die Nachricht gesendet wurde* (2) aktivieren. Damit verschleiern Sie gegenüber anderen, mit denen Sie E-Mails austauschen, dass Sie Gmail nutzen.

Außerdem trennen Sie damit die genutzten E-Mail-Konten voneinander ab.

Verknüpfung aufheben beziehungsweise *Löschen* (3) entfernt das verknüpfte E-Mail-Konto wieder aus Gmail. Sie haben dann die Wahl, ob Sie bereits abgerufene Nachrichten in Gmail behalten oder löschen möchten.

7.5.2 Zweites E-Mail-Konto in der Praxis

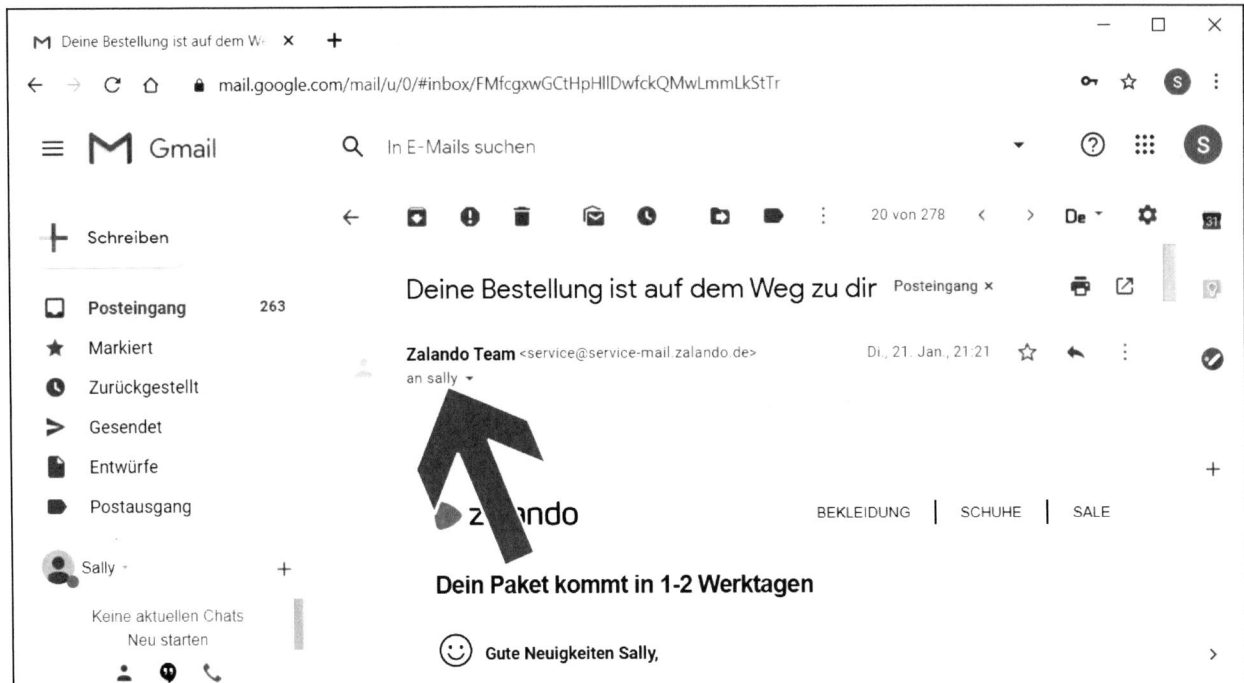

Sie erkennen das Empfänger-E-Mail-Konto am Empfängertext in der Nachrichtenansicht (Pfeil).

Wenn Sie eine Nachricht schreiben (siehe Kapitel *7.1.6 E-Mail neu schreiben*), wählen Sie mit einem Klick auf den Absender das Absender-E-Mail-Konto aus.

8. Google Kontakte

Wie auch bei allen anderen Google-Anwendungen werden Ihre Daten in Ihrem Google-Konto gesichert und stehen auch auf Android-Handys und Tablets zur Verfügung. Sie müssen sich dort nur mit Ihrem Google-Konto anmelden.

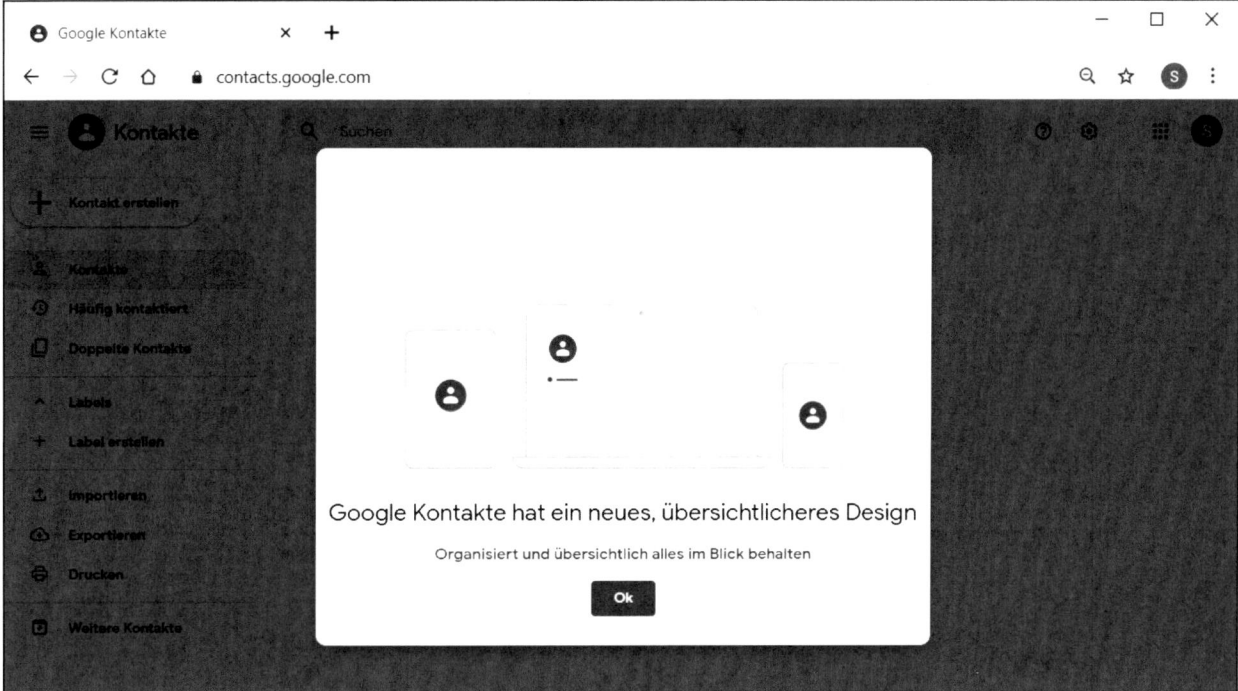

Rufen Sie im Browser die Webadresse *contacts.google.com* auf.

Beim ersten Start erscheint ein Hinweisdialog, den Sie mit *OK* schließen.

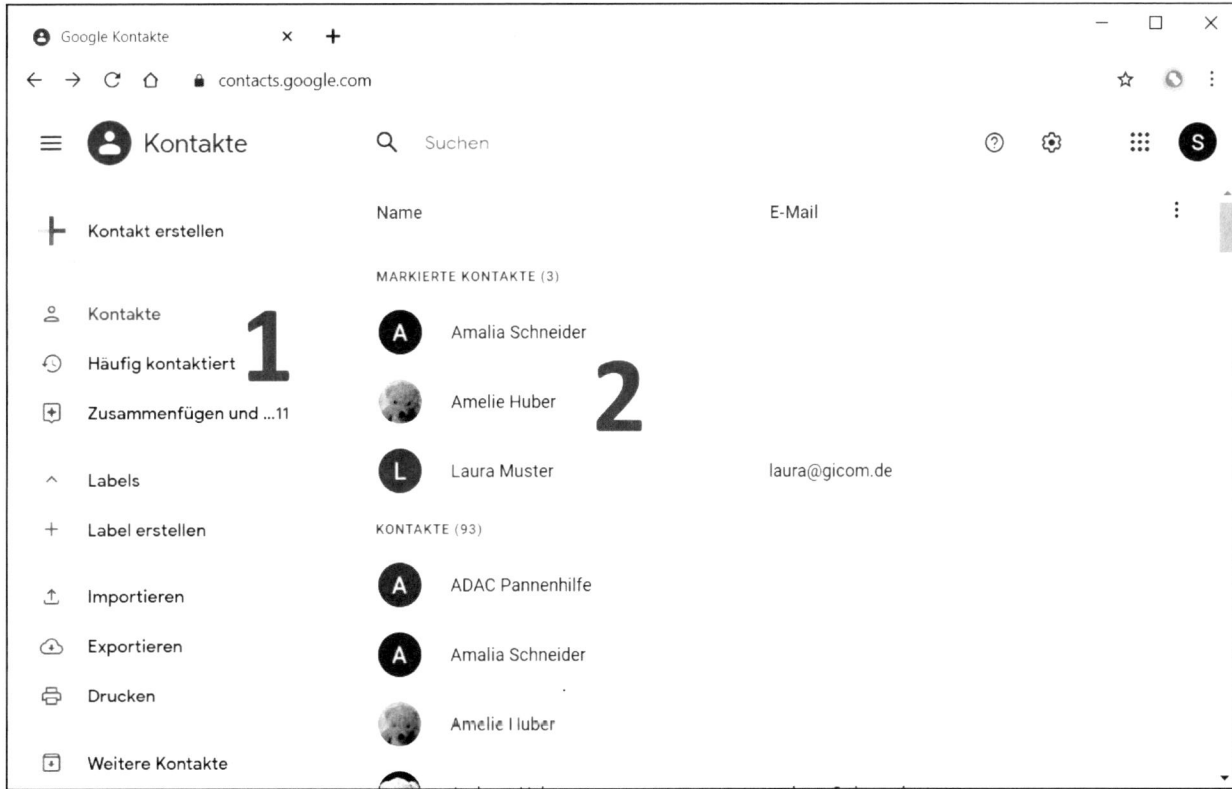

Auf der linken Seite finden Sie die Menüleiste (1) mit den Funktionen:

- *Kontakte*: Listet alle Kontakte auf.

- *Häufig kontaktiert*: Enthält von Ihnen in Gmail häufig genutzte Kontakte. Diese Liste wird laufend aktualisiert.

- *Zusammenführen:* Sucht im Telefonbuch nach doppelt vorhandenen Kontakten und fasst diese zu einem Kontakt zusammen.

- *Labels; Labels erstellen*: Für Ordnung sorgen die sogenannten Labels, denen Sie Kontakte zuweisen. In Gmail können Sie dann allen Label-Mitgliedern auf einmal eine Nachricht senden.

- *Importieren; Exportieren*: Kontakte aus einer Datei einlesen oder in eine Datei auf dem PC schreiben.

- *Drucken*: Auf die Druckausgabe geht dieses Buch nicht weiter ein.

- *Weitere Kontakte*: Schaltet auf die alte Telefonbuchoberfläche um, auf die dieses Buch nicht eingeht.

Auf der rechten Seite listet Google Kontakte die Kontakteinträge auf (2).

8.1 Kontakterfassung

8.1.1 Kontakt in Kontaktverwaltung eingeben

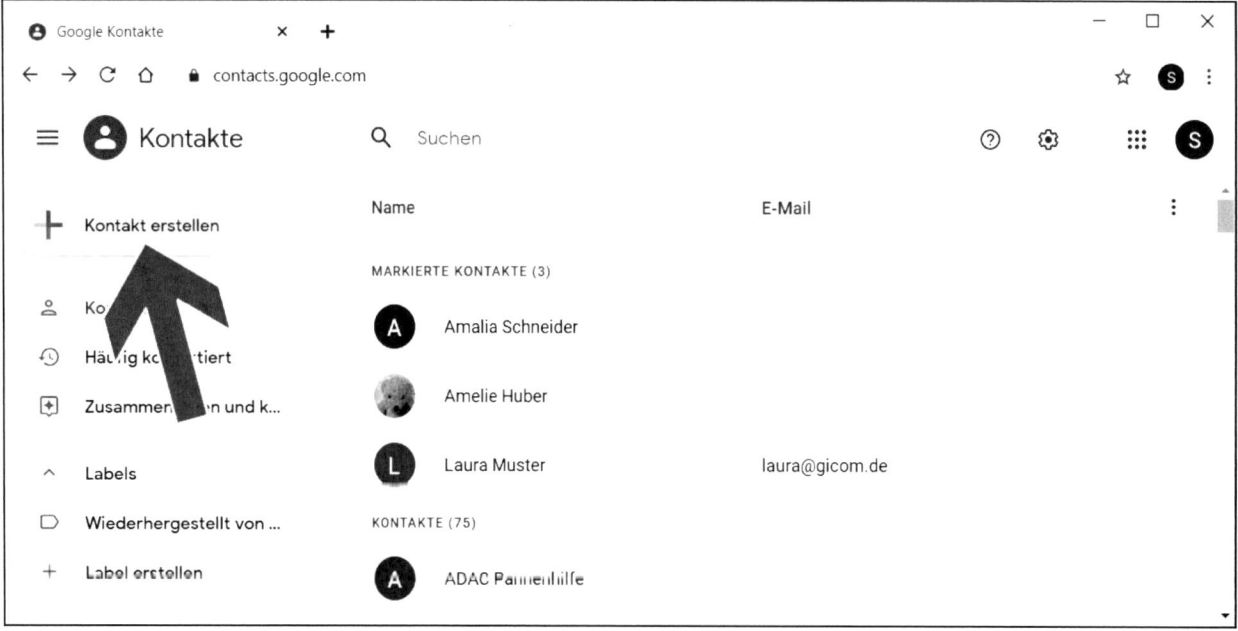

Klicken Sie auf *Kontakt erstellen* (Pfeil).

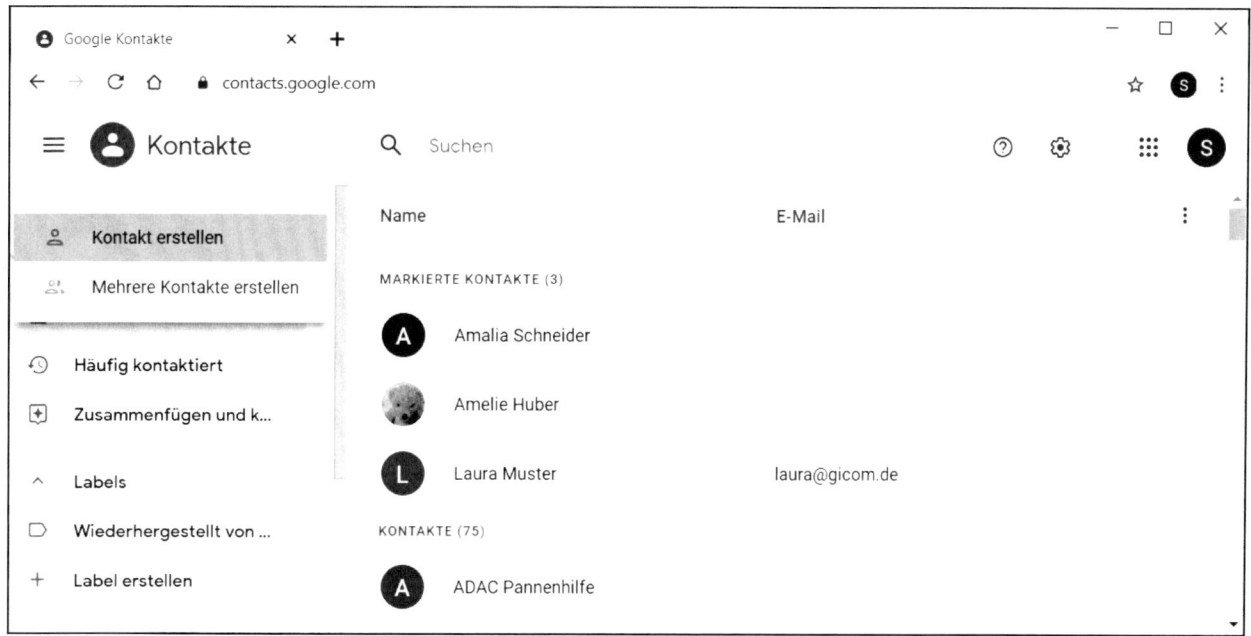

Für die Anlage eines einzelnen Kontakts rufen Sie *Kontakt erstellen* auf.

Füllen Sie nun die Eingabefelder aus.

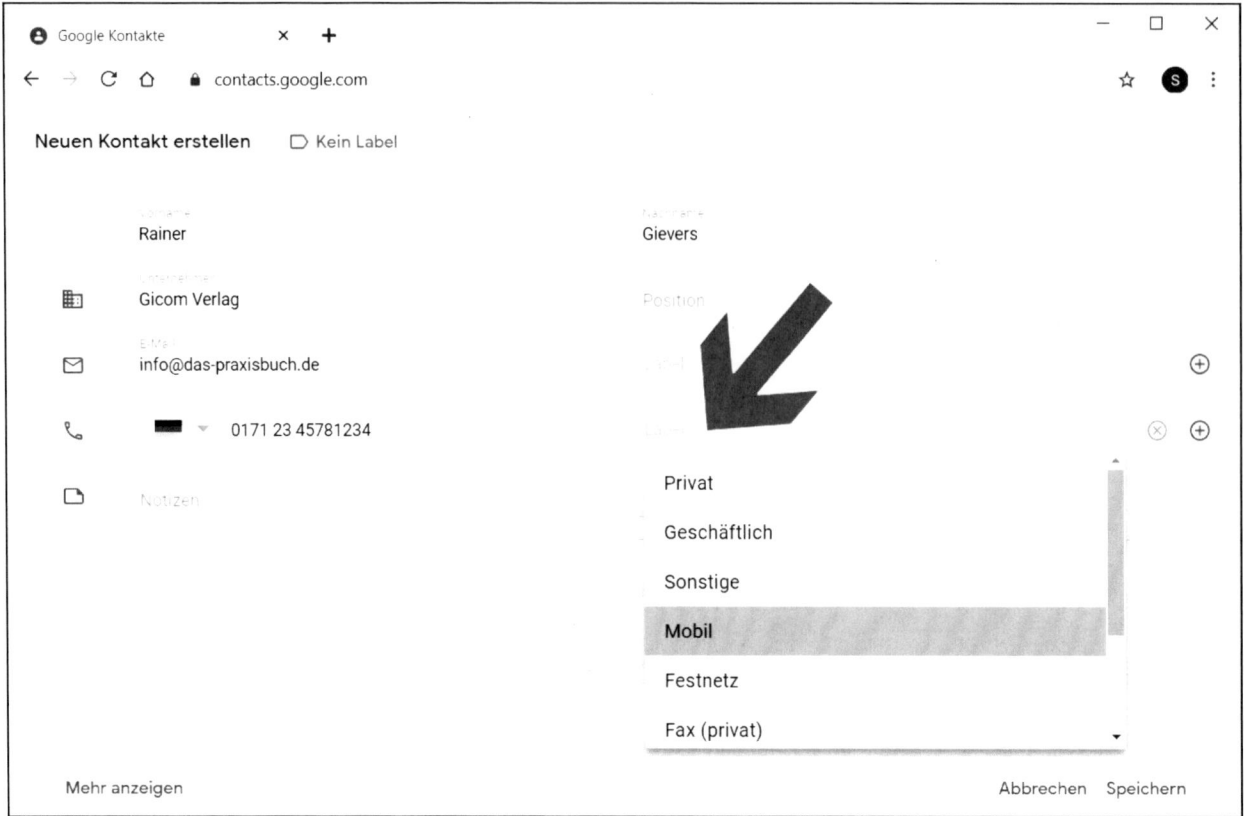

Nachdem Sie eine Rufnummer oder E-Mail-Adresse eingegeben haben, klicken Sie in das jeweilige *Label*-Feld. Wählen Sie dann den Typ, beispielsweise *Mobil* oder *Geschäftlich* aus (Pfeil). Alternativ erfassen Sie im *Label*-Feld einfach einen neuen Label-Namen.

Zusätzliche Datenfelder legen Sie jeweils über die ⊕-Schaltleiste an. Zum Löschen eines Feldes klicken Sie auf ⊗.

Schließen Sie den Vorgang mit *Speichern* ab.

Das Telefonbuch zeigt eine Zusammenfassung, die Sie mit der Esc-Taste auf der Tastatur oder einem Klick auf ✕ (Pfeil) schließen.

8.1.2 Kontakt in Gmail erstellen

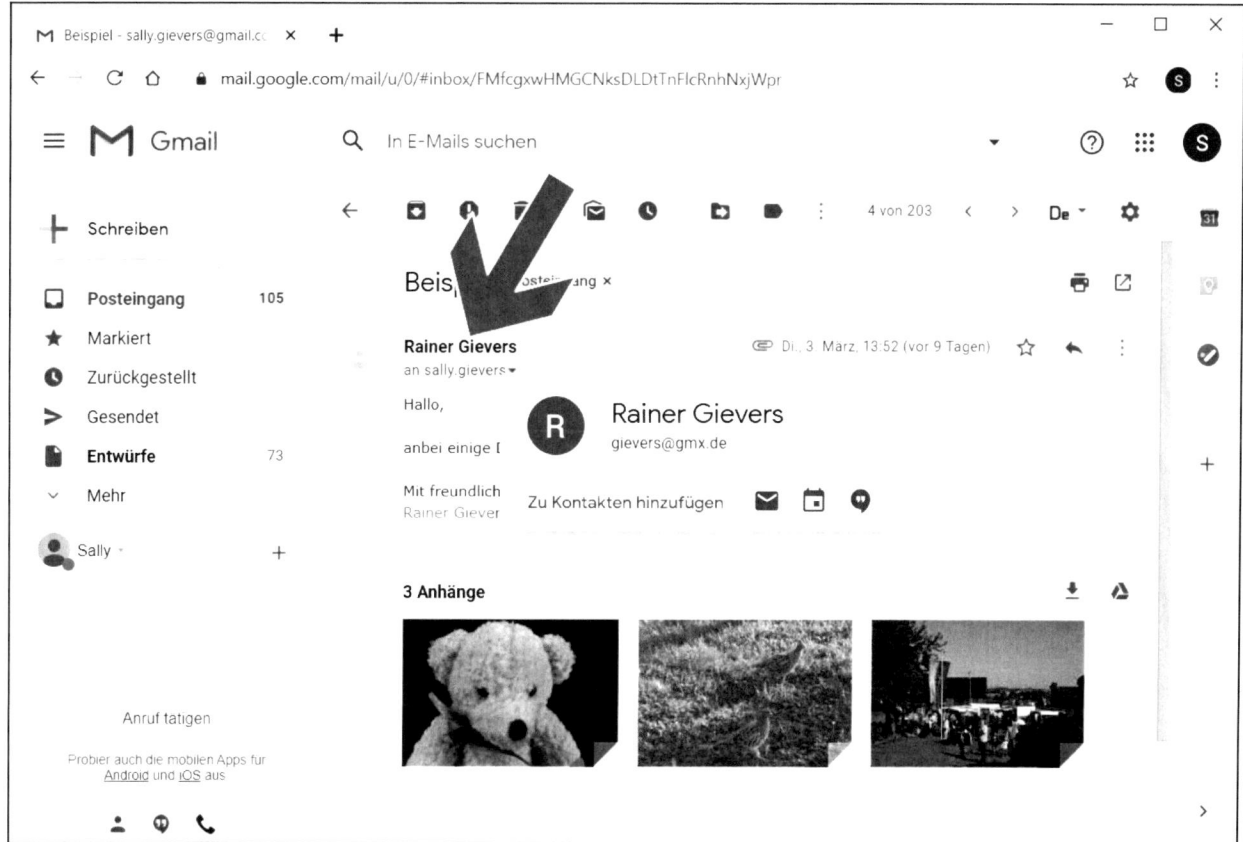

Ein Klick auf den Absender (Pfeil) öffnet in der E-Mail-Detailansicht von Gmail (siehe Kapitel *7 Gmail*) ein Popup. Gehen Sie darin auf *Zu Kontaktliste hinzufügen*.

8.2 Kontakt bearbeiten

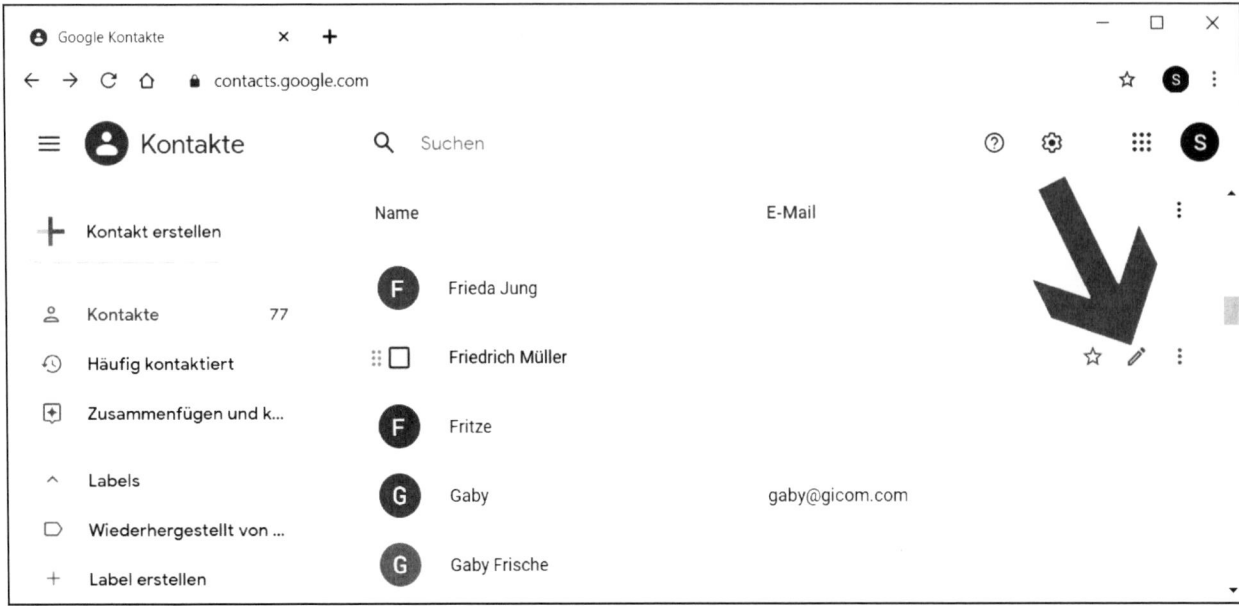

Zum Bearbeiten halten Sie den Mauszeiger über einen Kontakt und klicken ✎ an. Alternativ können Sie auch den Kontakteintrag klicken und gehen dann auf ✎.

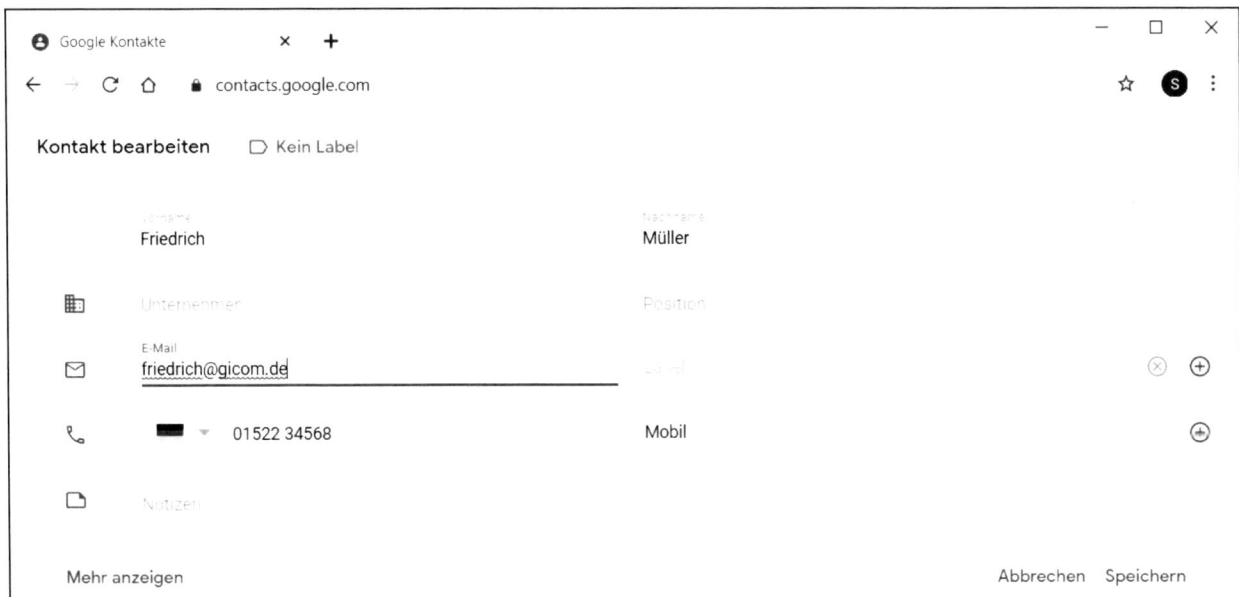

Die Kontaktdetails verlassen Sie mit *Abbrechen* beziehungsweise *Speichern*.

8.3 Kontaktfoto

Jedem Kontakt können Sie ein Kontaktfoto zuordnen, das nicht nur in der Kontaktverwaltung, sondern auch in Gmail (siehe Kapitel *7 Gmail*) angezeigt wird.

Um ein Kontaktfoto zuzuweisen, gehen Sie im Bearbeitungsbildschirm auf die Silhouette (Pfeil).

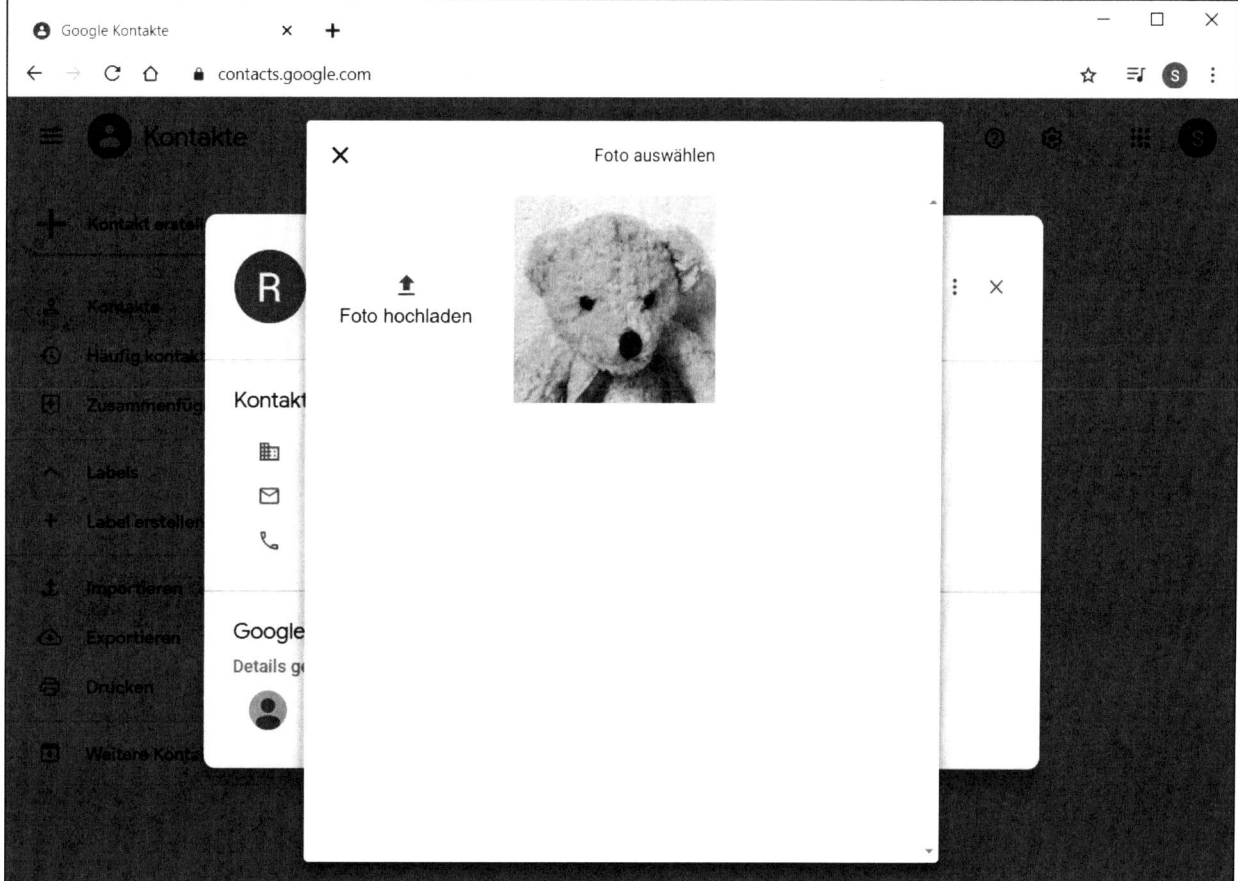

Klicken Sie anschließend auf *Foto hochladen* und wählen Sie das Bildverzeichnis auf Ihrem PC und dann ein Foto aus.

Sofern Sie die im Kapitel *18 Google Fotos* vorgestellte Fotoverwaltung nutzen, werden Ihnen hier bereits einige Fotos vorgeschlagen.

Anschließend lässt sich das Bild noch zuschneiden. Dafür ziehen Sie mit gedrückter Maustaste an den Ecken. Betätigen Sie dann *Fertig*.

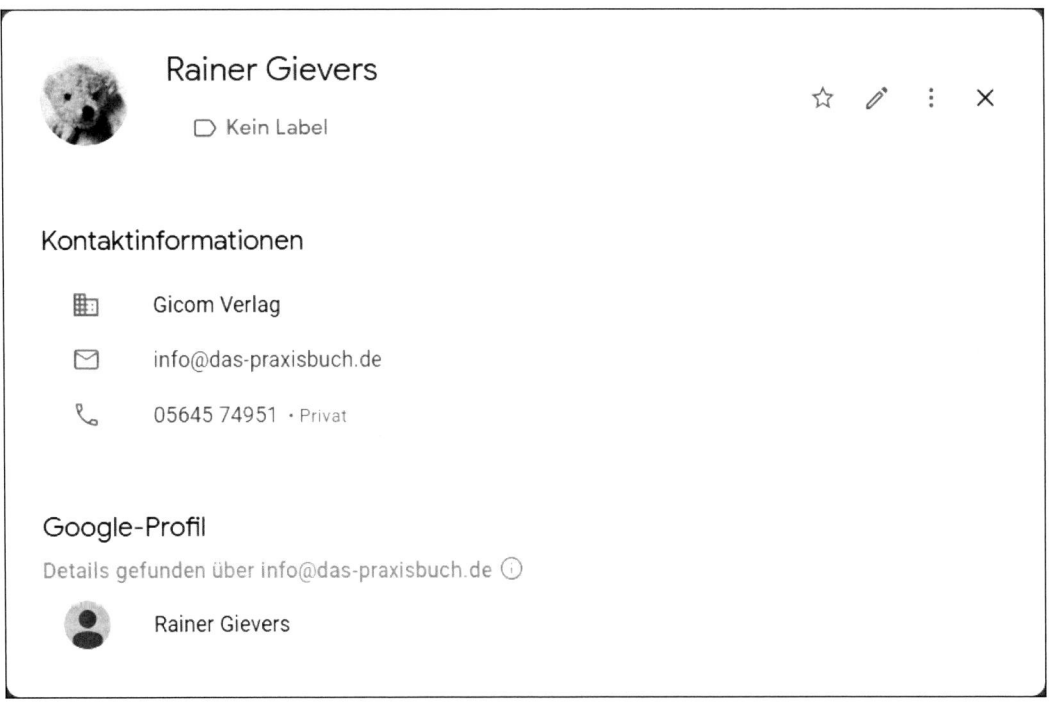

Künftig erscheint das Foto im Kontakteintrag.

8.4 Suchen

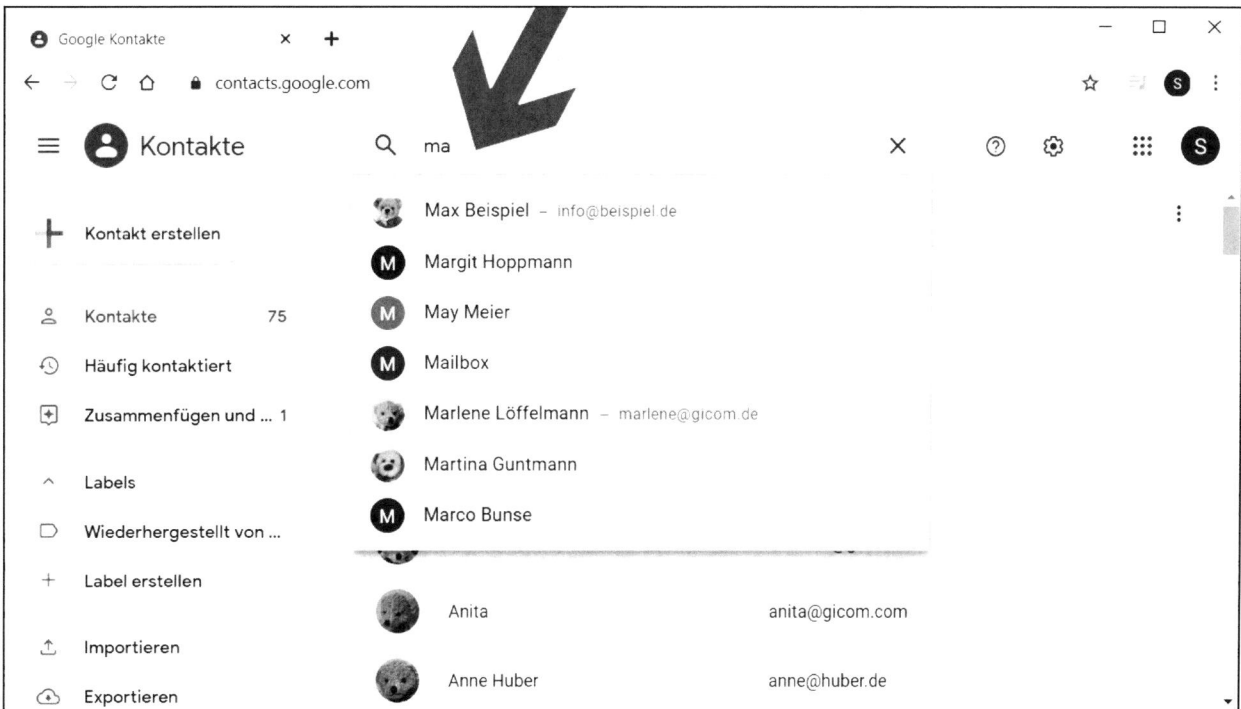

Es ist nicht unbedingt notwendig, umständlich in der Kontaktauflistung zu blättern, wenn Sie einen bestimmten Kontakt suchen. Klicken Sie stattdessen oben ins Suchfeldfeld und geben Sie den gesuchten Namen ein. Zu den eingegebenen Buchstaben, beziehungsweise Namen, zeigt das Telefonbuch sofort die passenden Kontakte an, von denen Sie einen anklicken.

8.5 Kontakte in E-Mails verwenden

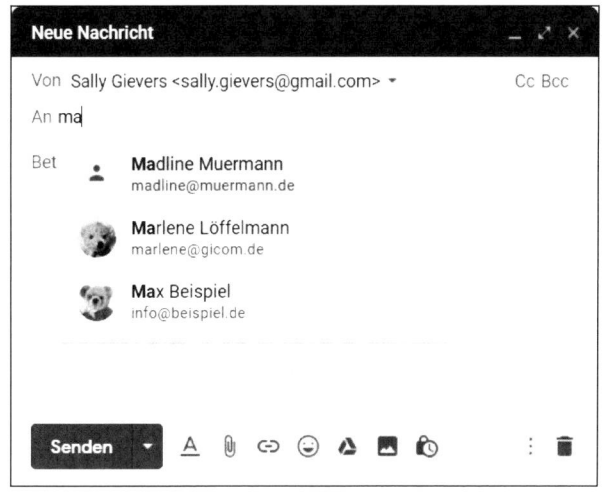

Wenn Sie im *An*-Feld die Anfangsbuchstaben eines Kontakt eingeben, schlägt Gmail automatisch ein oder mehrere Kontakte vor. Ein Klick darauf übernimmt ihn dann.

8.6 Kontakte importieren

Insbesondere, wenn Sie einen großen Bekanntenkreis haben oder beruflich viele Ansprechpartner haben, dürften bereits viele Kontaktdaten vorliegen. Der »Umzug« bereits vorliegender Kontakte ist allerdings ziemlich simpel.

Exportieren Sie zunächst die vorliegenden Kontakte aus der alten Kontaktverwaltung als sogenannte CSV-Datei.

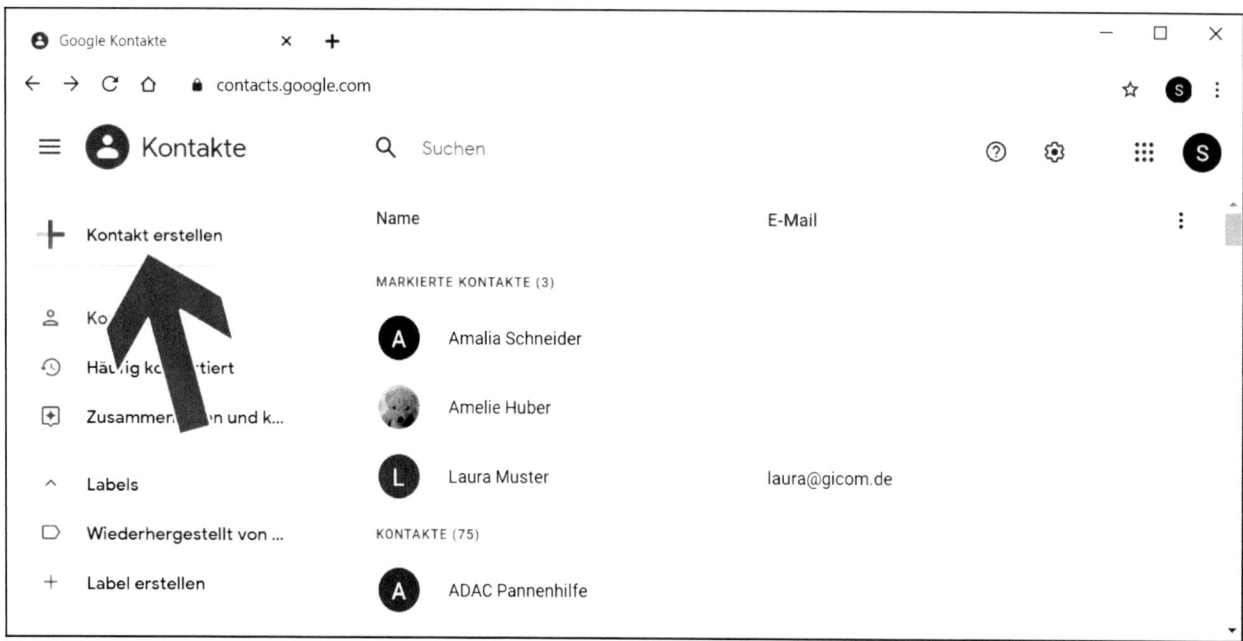

Klicken Sie auf *Kontakt erstellen* (Pfeil).

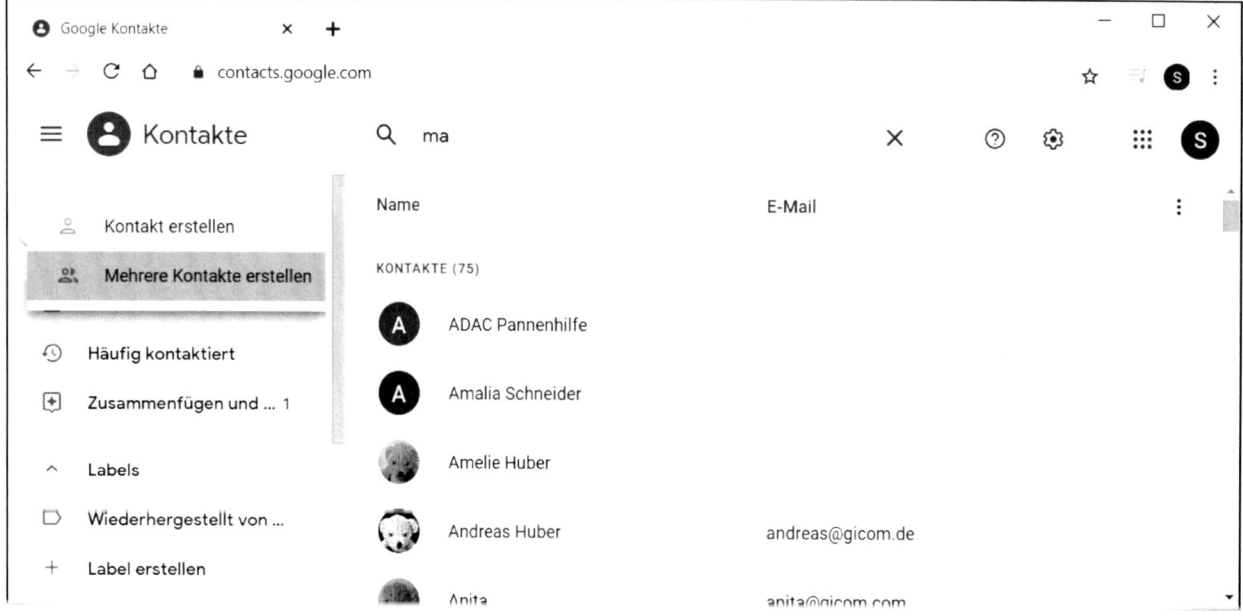

Gehen Sie auf *Mehrere Kontakte erstellen*.

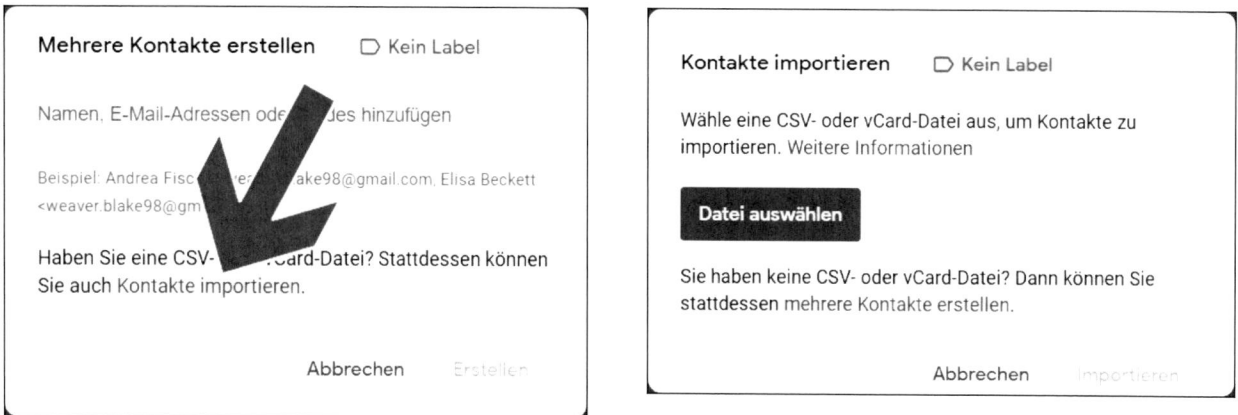

❶ Als Nächstes klicken Sie auf *Kontakte importieren*.

❷ Gehen Sie auf *Datei auswählen* und selektieren Sie die Datei, danach klicken Sie auf *Importieren*.

9. Programmverwaltung

Das Google-Konzept erlaubt es, die Google-Dienste auf fast jedem beliebigen Endgerät zu nutzen, wobei die einzigen Voraussetzungen ein leistungsfähiger Webbrowser und ein Internetzugang sind. Ist also Ihr PC oder Notebook beispielsweise gerade nicht zur Hand, so können Sie sich einfach auf einem fremden PC, Tablet oder Handy im Webbrowser bei Google einloggen und ganz normal weiterarbeiten (siehe dazu auch Kapitel *6.2 Mit einem Google-Konto anmelden*).

Optimal nutzen können Sie die Google-Funktionen mit dem im Kapitel *5 Chrome-Browser* vorgestellten Chrome-Browser. In den folgenden Kapiteln zeigen wir Ihnen, wie Sie diesen mit Zusatzprogrammen, den sogenannten **Erweiterungen** und **Designs**, anpassen.

9.1 Webstore

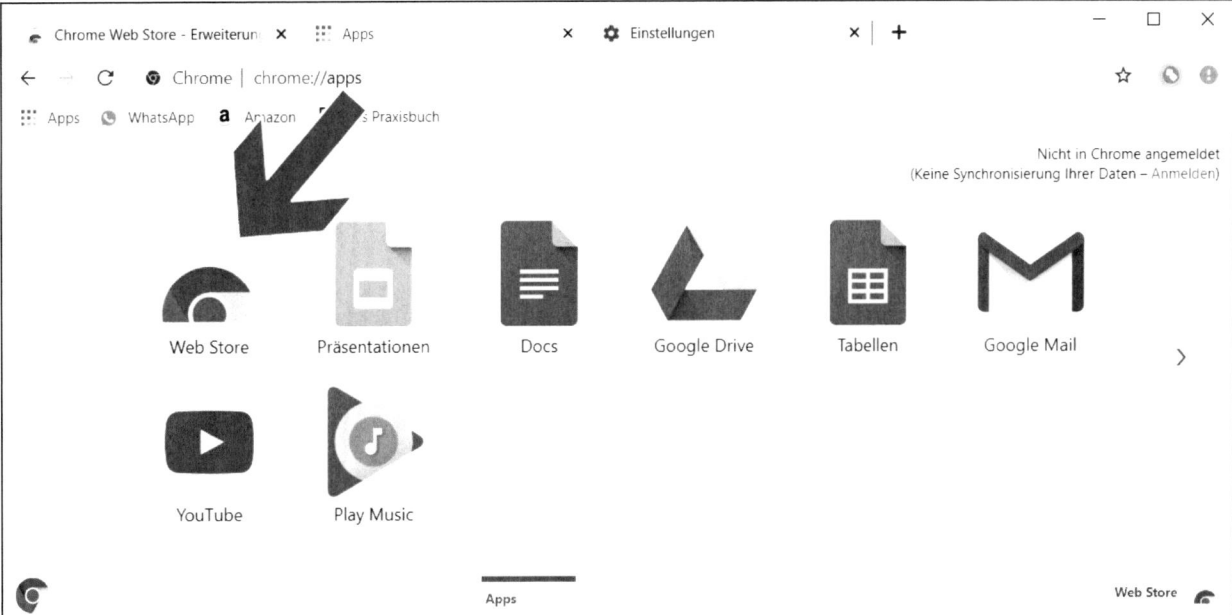

Rufen Sie, wie im Kapitel *5.6 Schneller Apps-Aufruf* beschrieben, das *Apps*-Menü auf und klicken Sie danach auf *Web Store* (Pfeil). Alternativ rufen Sie die Webadresse *chrome.google.com/webstore* im Chrome-Browser auf.

Der Google Web Store ist nicht zu verwechseln mit dem Google Play Store (siehe Kapitel *20 Medienkonsum auf dem PC*). Während Sie im Google Web Store nur Erweiterungen für den Chrome-Browser finden, bietet der Google Play Store unter anderem Ebooks und Spielfilme an.

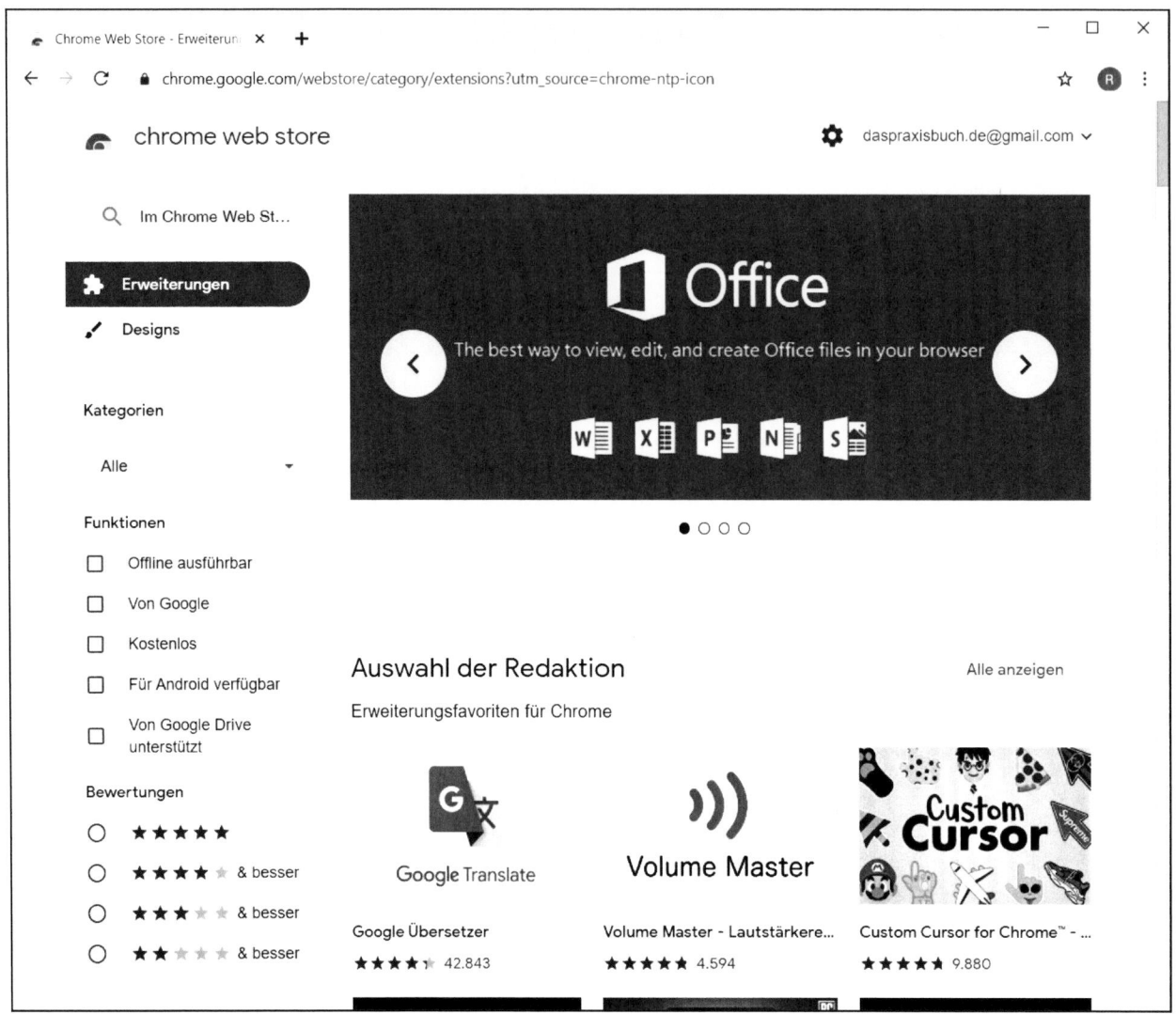

Der Web Store öffnet im Chrome-Browser.

Bei den angebotenen Downloads im Web Store wird – darauf waren wir schon eingegangen – zwischen zwei verschiedenen Typen unterschieden:

- *Erweiterungen*: Diese erweitern die Funktionalität des Chrome-Browsers. Beispiele sind sogenannte Add-Blocker zum Herausfiltern von unerwünschten Werbeeinblendungen oder E-Mail-Indikatoren, die auf neu im E-Mail-Konto vorhandene Nachrichten aufmerksam machen.

- *Designs*: Ändern Sie damit das Aussehen Ihres Chrome-Browsers.

> Wichtiger Hinweis: Alle Chrome-Designs und Erweiterungen sind mit Ihrem Google-Konto verknüpft. Das heißt, wenn Sie sich mit einem anderen Google-Konto anmelden, werden alle Einstellungen zurückgesetzt und stattdessen die mit dem neuen Konto verknüpften Apps, Erweiterungen und Designs installiert beziehungsweise aktiviert.

9.2 Chrome-Erweiterungen

Die Chrome-Erweiterungen laufen ausschließlich im Chrome-Browser und nutzen einen Browser-Tab für Bildschirmausgaben. Deshalb finden Sie darunter zumeist nützliche Funktionen, die irgendwie mit dem Thema Internet zu tun haben, beispielsweise zur Lesezeichen-Verwaltung oder zur Anzeige von neu im E-Mail-Konto vorhandenen Nachrichten.

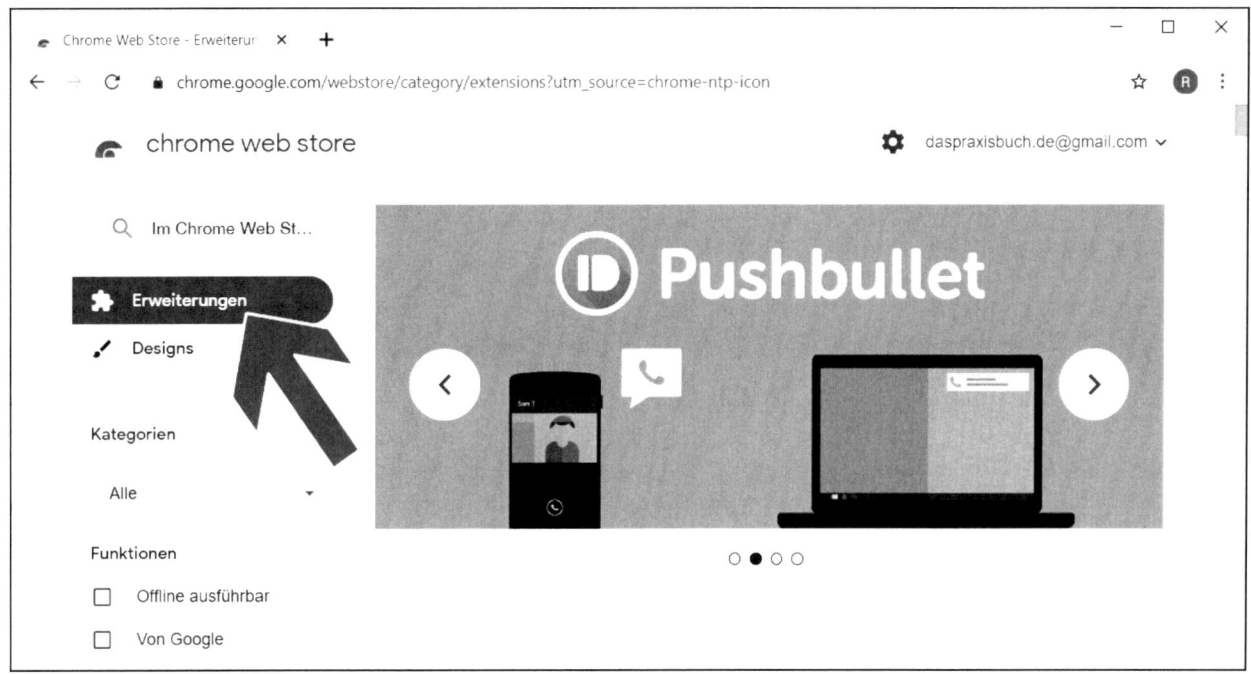

Rufen Sie im *Apps*-Menü den *Web Store* auf oder rufen Sie die Webadresse *chrome.google.com/webstore* auf und stellen Sie den Schalter auf *Erweiterungen*, sofern dies nicht bereits eingestellt ist.

9.2.1 Chrome-Erweiterung installieren

Anhand eines Beispiels zeigen wir Ihnen, wie man eine Chrome-Erweiterung installiert und verwendet. In unserem Fall möchten wir einen sogenannten Adblocker (engl. Ad = Advertisement = Werbung) installieren, der automatisch Werbeanzeigen in den Webseiten unterdrückt.

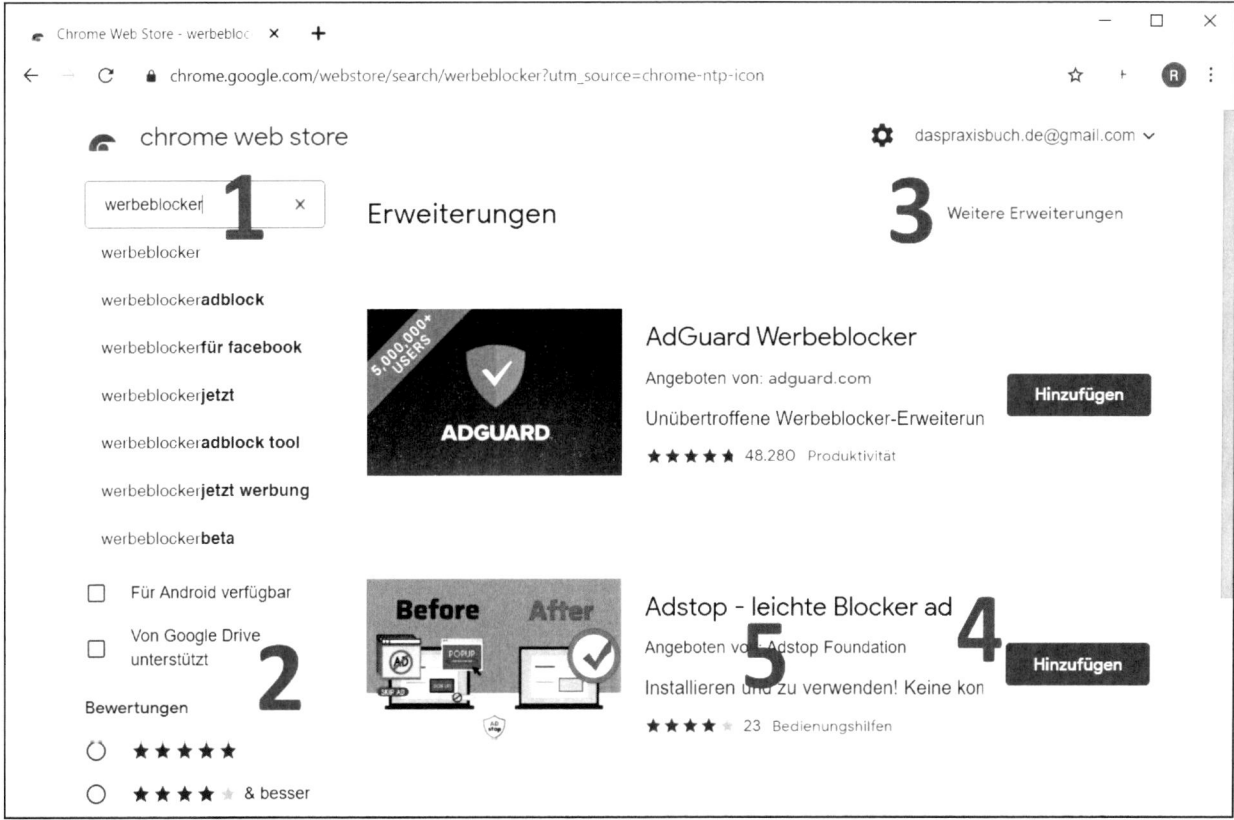

Bereits auf der Startseite schlägt der Web Store einige Erweiterungen vor (dazu im Bildschirm nach unten rollen). Wir suchen aber eine ganz bestimmte Erweiterung, mit der sich Office-Dokumente im Browser anzeigen und bearbeiten lassen.

1. Geben Sie einen Suchbegriff, in unserem Beispiel »werbeblocker« ein.

2. Falls nötig, grenzen Sie unter *Funktionen* oder *Bewertungen* die Suche weiter ein (selten benötigt).

3. Der Web Store schlägt drei Erweiterungen vor, die aber nicht unbedingt immer die sinnvollsten beziehungsweise nützlichsten sind. *Weitere Erweiterungen* listet weitere auf.

4. Ein Klick auf *Hinzufügen* installiert die Erweiterung.

5. Für weitere Infos, Nutzerbewertungen und eine Liste ähnlicher Programme klicken Sie dagegen auf die Kurzbeschreibung. Die Esc-Taste bringt Sie später wieder in das Suchergebnis zurück.

Sie erfahren in einem Popup, welche Berechtigungen das Programm benötigt.

Bitte kontrollieren Sie diese Angaben, denn auch wenn Google alle Erweiterungen im Web Store überprüft hat, sollten Sie abbrechen, wenn Ihnen Ungewöhnliches auffällt. Beispielsweise dürften nur wenige Erweiterungen die Kamera oder den Standortzugriff benötigen.

Klicken Sie auf *Erweiterung hinzufügen*.

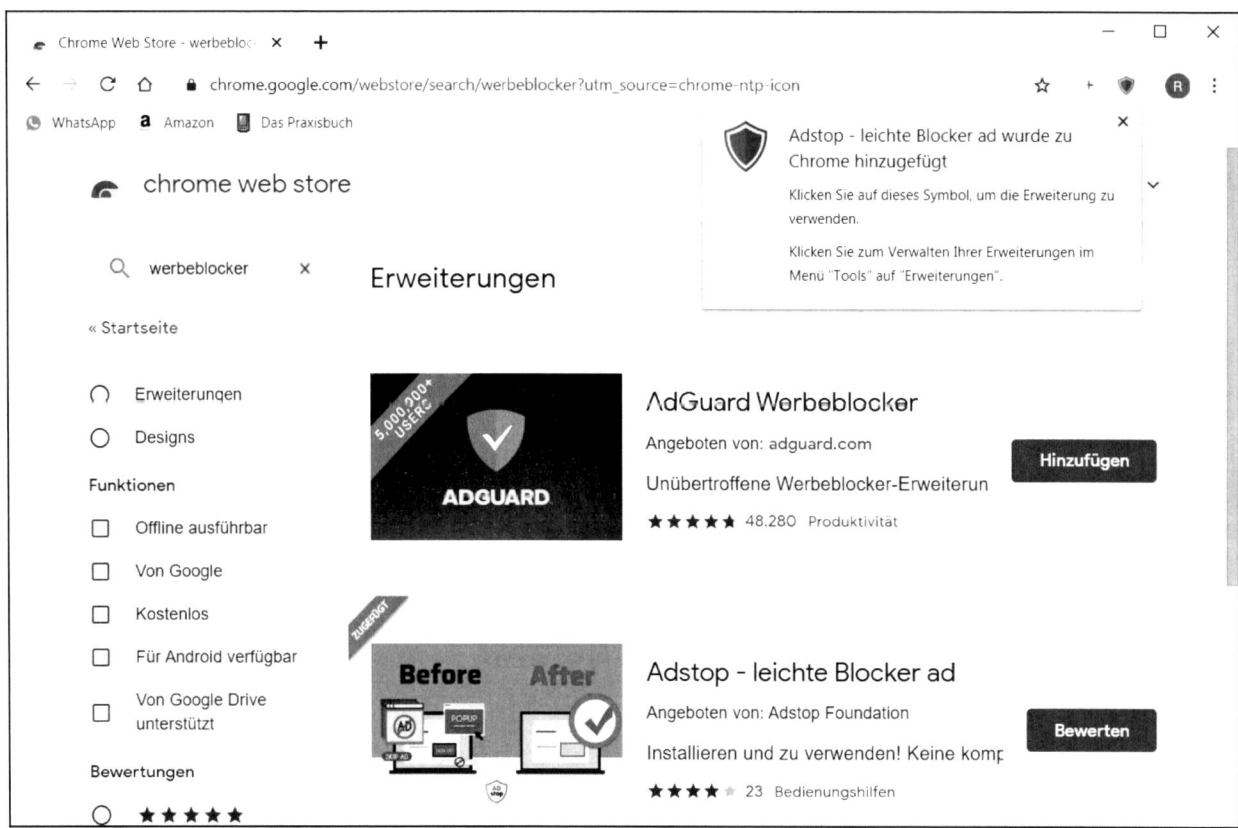

Sinnvollerweise erscheint immer nach der Installation ein kurzer Hinweisdialog, der Sie darüber informiert, wie Sie die Chrome-Erweiterung nutzen beziehungsweise wo Sie dessen Einstellungen ändern.

9.2.2 Erweiterungen verwalten

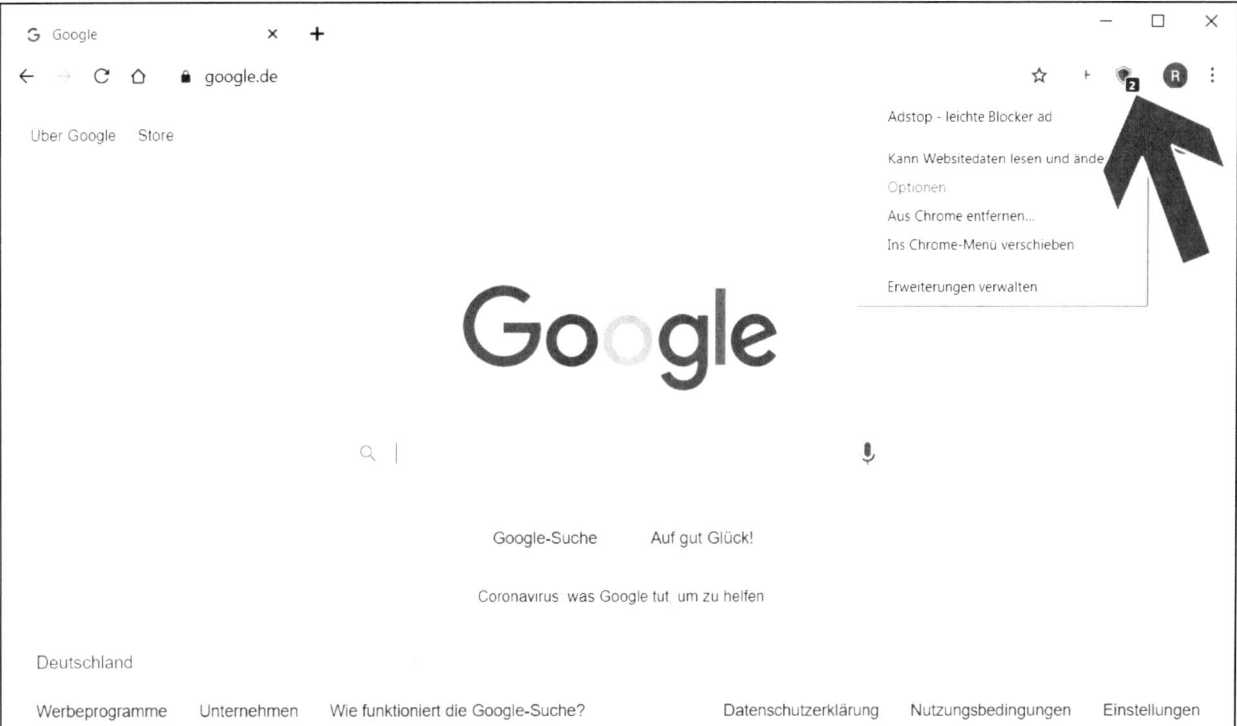

Ein rechter Mausklick auf das Symbol auf der rechten Seite (Pfeil) öffnet das Popup-Menü:

- *(Programmname)*: Öffnet die Entwickler-Website, alternativ die Programmbeschreibung im Web Store.

- *Kann Websitedaten lesen und ändern*: Die Berechtigungen der installierten Erweiterung.

- *Optionen*: Einige Programme werden im *Optionen*-Menü konfiguriert.

- *Aus Chrome entfernen*: Deinstalliert die Chrome-Erweiterung wieder.

- *Im Chrome-Menü ausblenden*: Verbirgt die Schaltfläche. Beachten Sie, dass sich die jeweilige Erweiterung dann eventuell nicht mehr nutzen lässt.

- *Erweiterungen verwalten*: Öffnet die Verwaltung, auf die wir anschließend eingehen.

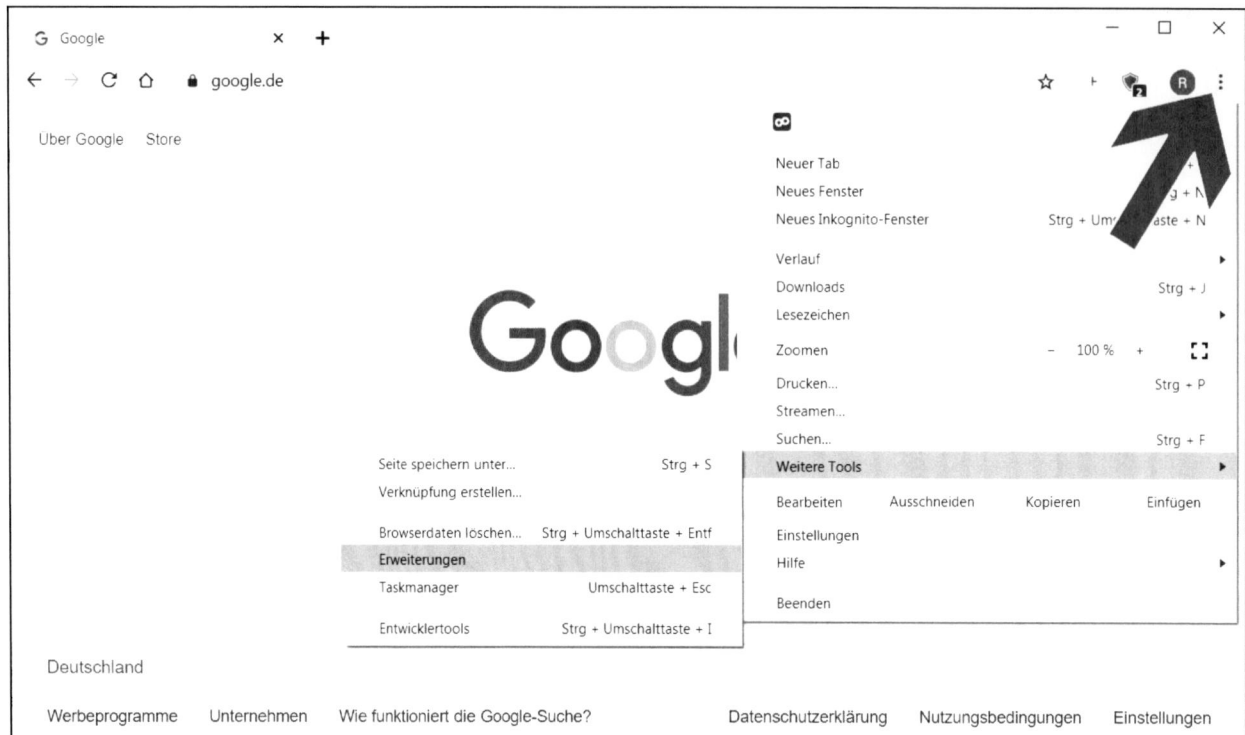

Klicken Sie auf ⋮ (Pfeil) und wählen Sie *Weitere Tools/Erweiterungen.*

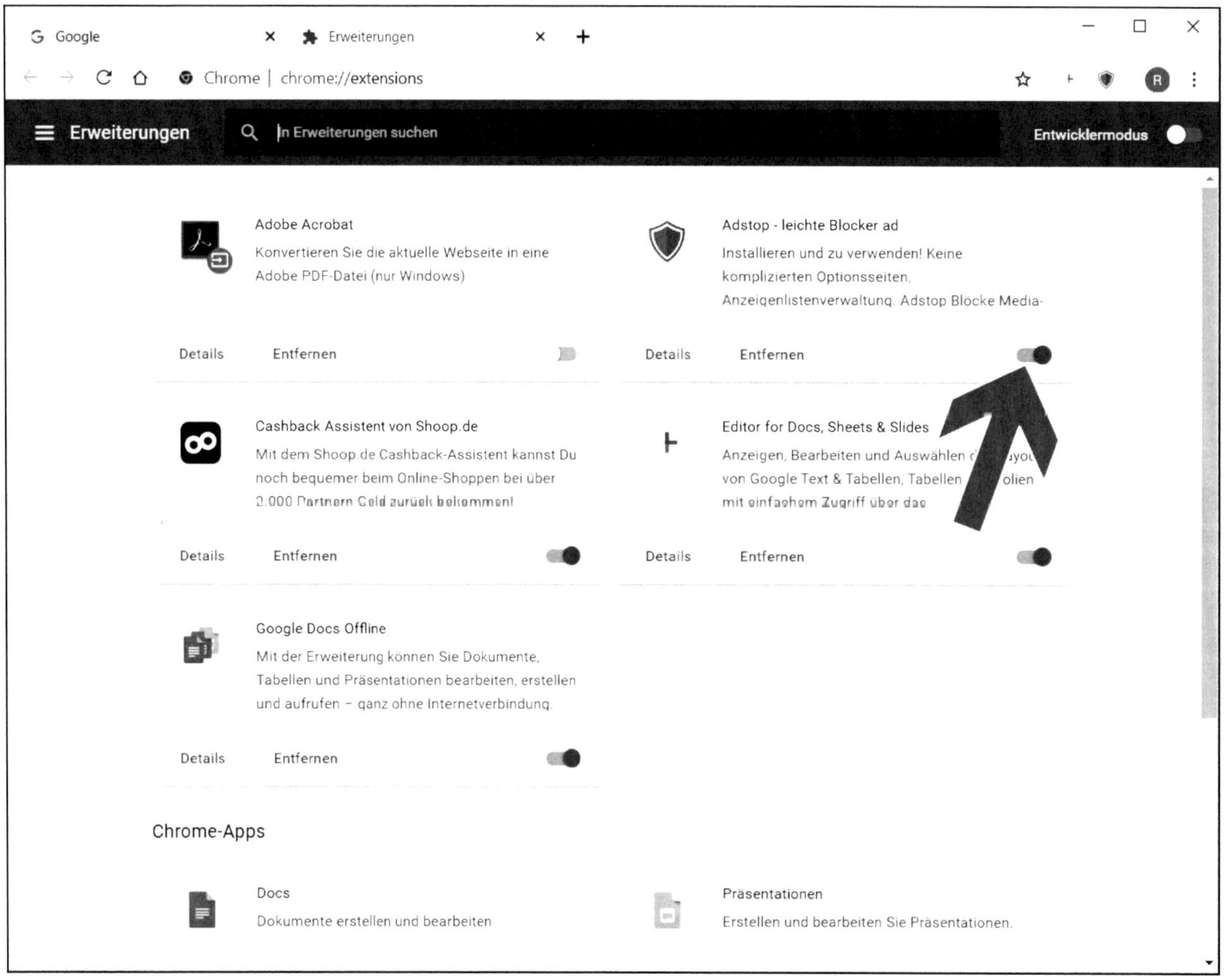

Sie können hier jeweils mit den Schaltern (Pfeil) die Chrome-Erweiterungen aus/einschalten und mit einem Klick auf *Entfernen* deinstallieren.

9.2.3 Designs

Die Designs ändern ausschließlich das Aussehen des Chrome-Browsers, wobei nur der Hintergrund (wenn ein leerer Tab geöffnet wird) und der Fensterrahmen betroffen sind.

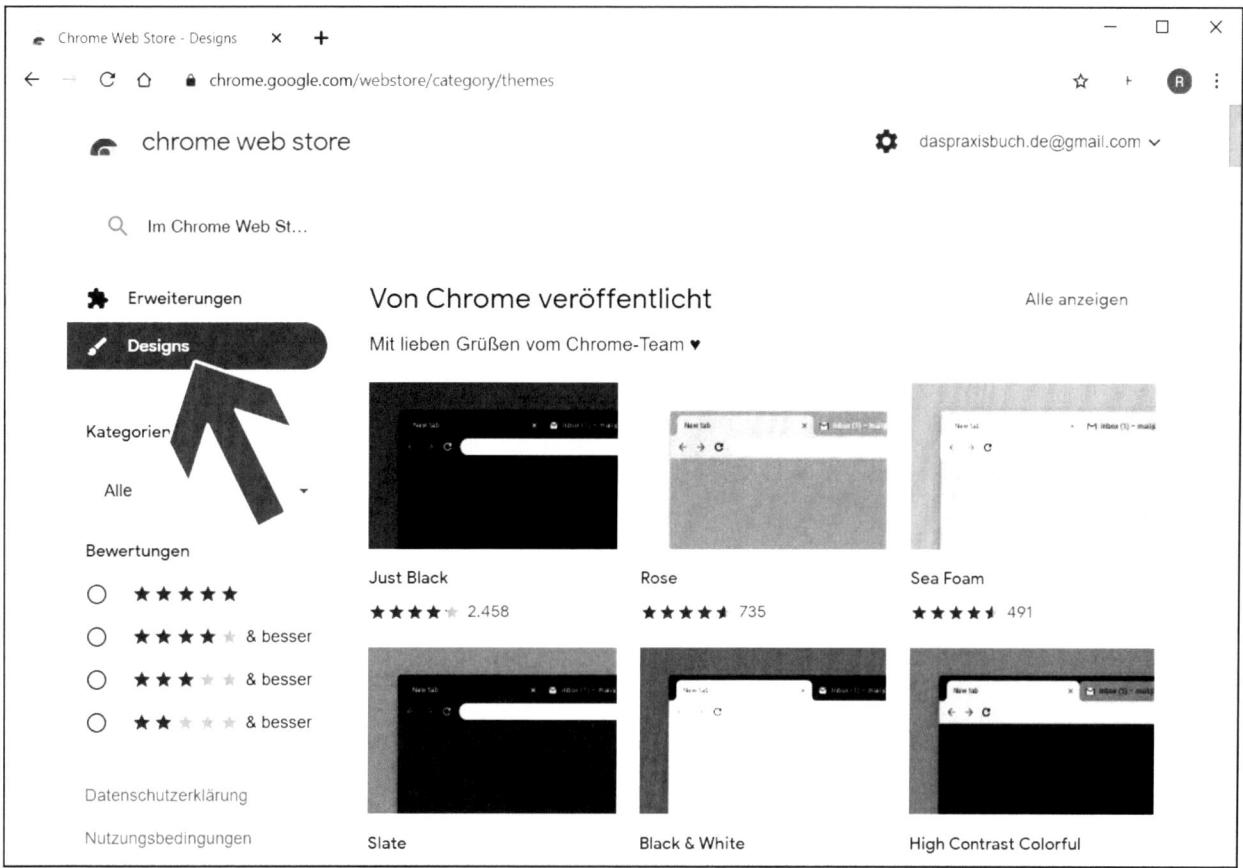

Rufen Sie, wie zuvor im Kapitel *9.1 Webstore* beschrieben, den *Web Store* auf und aktivieren Sie Designs. Klicken Sie ein Design an betätigen Sie die *Hinzufügen*-Schaltleiste.

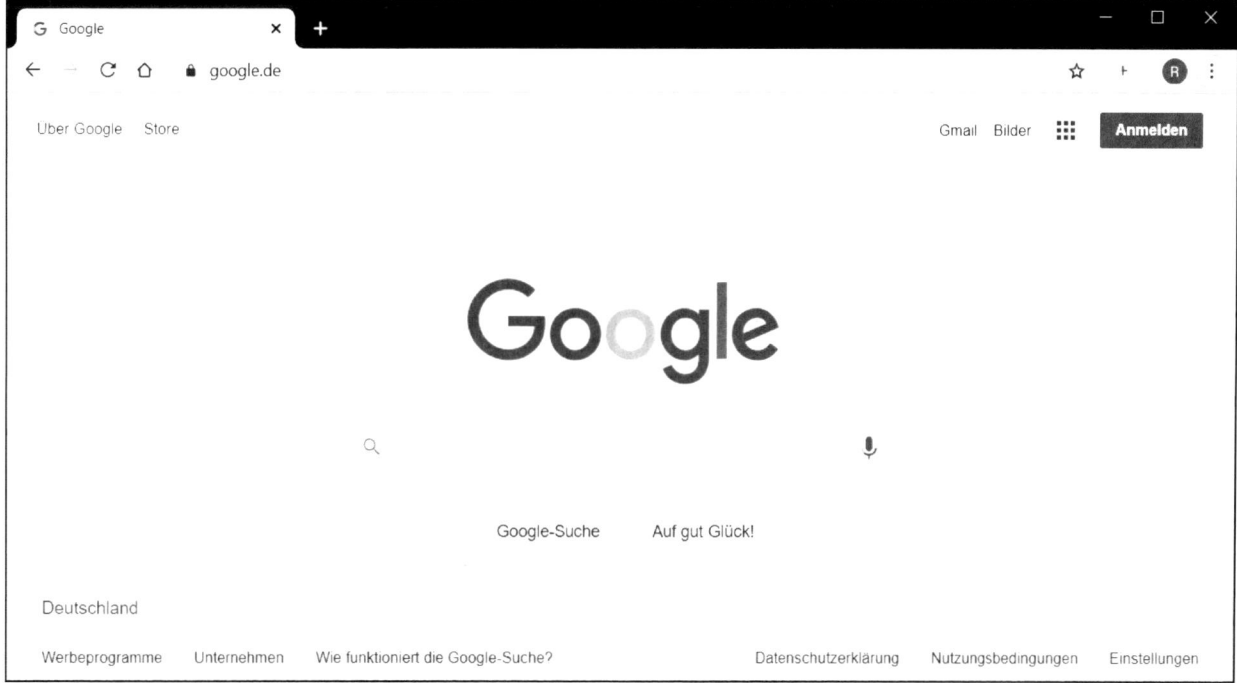

Beispiel für das Design »*Black & White*«.

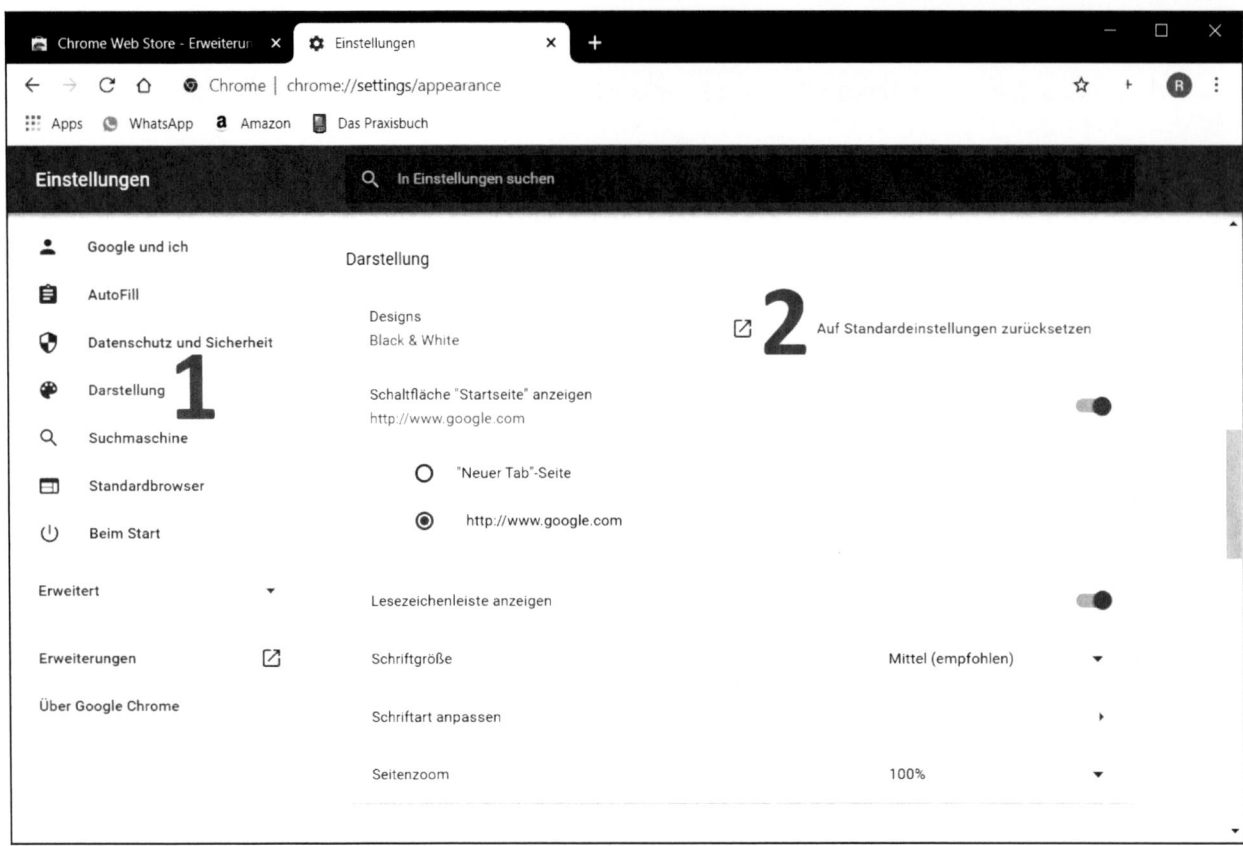

So setzen Sie das Design wieder zurück: Gehen Sie, wie im Kapitel *5.7 Einstellungen* beschrieben, in die *Einstellungen*. Aktivieren Sie das *Darstellung*-Register auf der linken Seite (1) und betätigen Sie *Auf Standardeinstellungen zurücksetzen* (2).

10. Aufruf der Google-Dienste

Wie bereits beschrieben, gibt es mehrere Möglichkeiten, einen Google-Dienst aufzurufen. Im einfachsten Fall geben Sie dessen Webadresse in der Adresszeile ein, beispielsweise *calendar.google.com* für den Kalender. Alternativ nutzen Sie für einige Dienste das Apps-Menü (siehe Kapitel *5.6 Schneller Apps-Aufruf*).

In diesem Kapitel stellen wir weitere Möglichkeiten für den Aufruf der Google-Dienste vor.

10.1 Google-Apps-Menü

Sehr praktisch ist ein Apps-Menü, das Sie bei jedem Google-Dienst im rechten oberen Bildschirmbereich finden. Rufen Sie dazu mal testweise *www.google.de* im Browser auf und klicken Sie auf ⠿ für das Apps-Menü. Danach starten Sie den gewünschten Dienst mit einem Klick auf dessen Symbol. Beachten Sie, dass hier viele sehr spezielle Google-Dienste zu finden sind, die Sie niemals brauchen werden.

Alle Google-Dienste lassen sich auch einfach über eine Webadresse aufrufen. Wir empfehlen daher, häufig genutzte Dienste als Lesezeichen anzulegen (siehe Kapitel *5.4 Lesezeichen*).

10.2 Add-ons

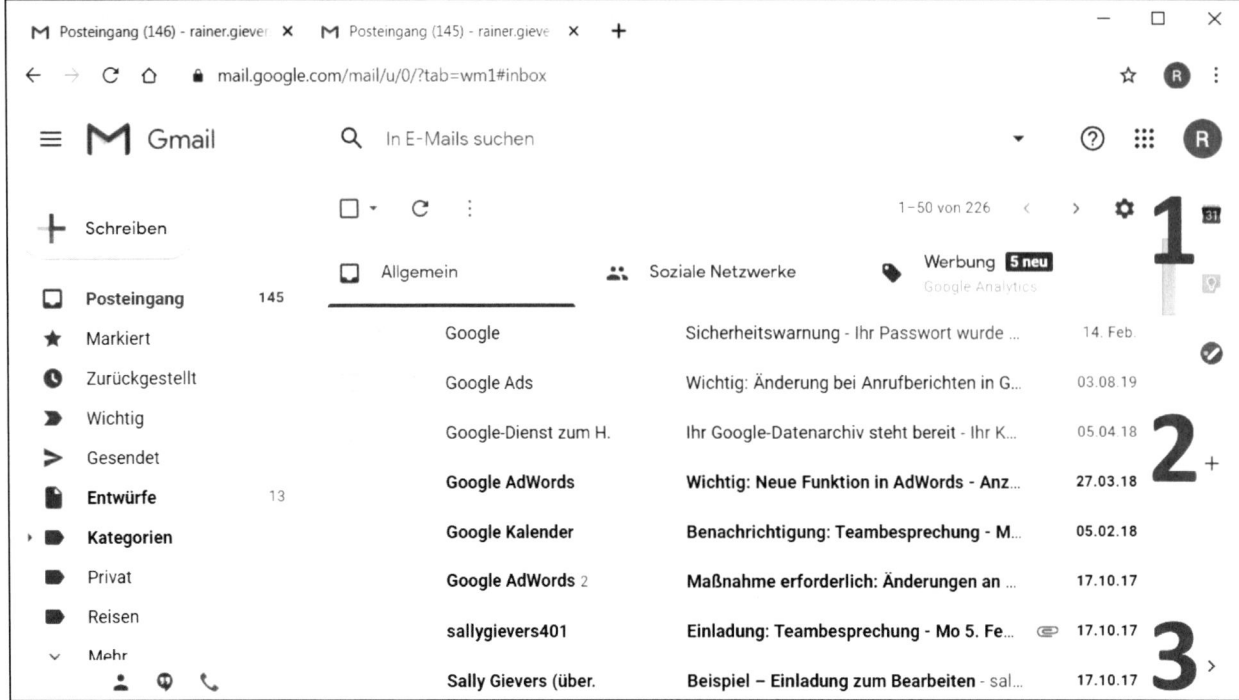

Bei Gmail, Kalender und Drive und einigen anderen Google-Diensten wird auf der rechten Bild-schirmseite eine sogenannte Add-ons-Leiste (1) angezeigt. Sie können diese mit **>** schließen (3) beziehungsweise **<** wieder öffnen.

Die Add-ons (Add = engl. Abk. Addition = »Ergänzung«) sind speziell für den jeweiligen Google-Dienst entwickelte Erweiterungen. Im Beispiel von Gmail stehen zum Beispiel die Add-ons für Termine, Notizen und Aufgaben zur Verfügung.

Weitere Add-ons fügen Sie über **+** (2) hinzu. Wir müssen allerdings anmerken, dass praktisch alle derzeit angebotenen Add-ons für Spezialanwendungen beziehungsweise den US-Markt gedacht sind und deshalb für Sie keinen Sinn machen.

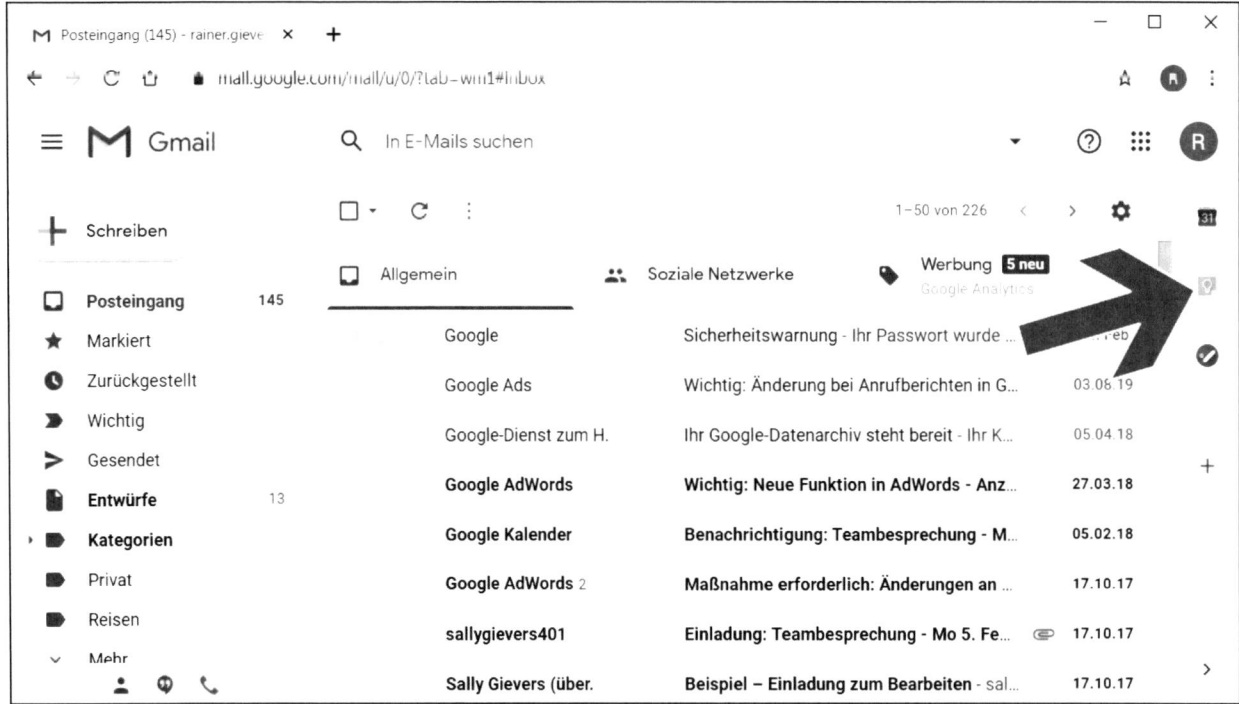

Beispiel für die Add-on-Nutzung: Klicken Sie in Gmail auf das Notizen-Symbol...

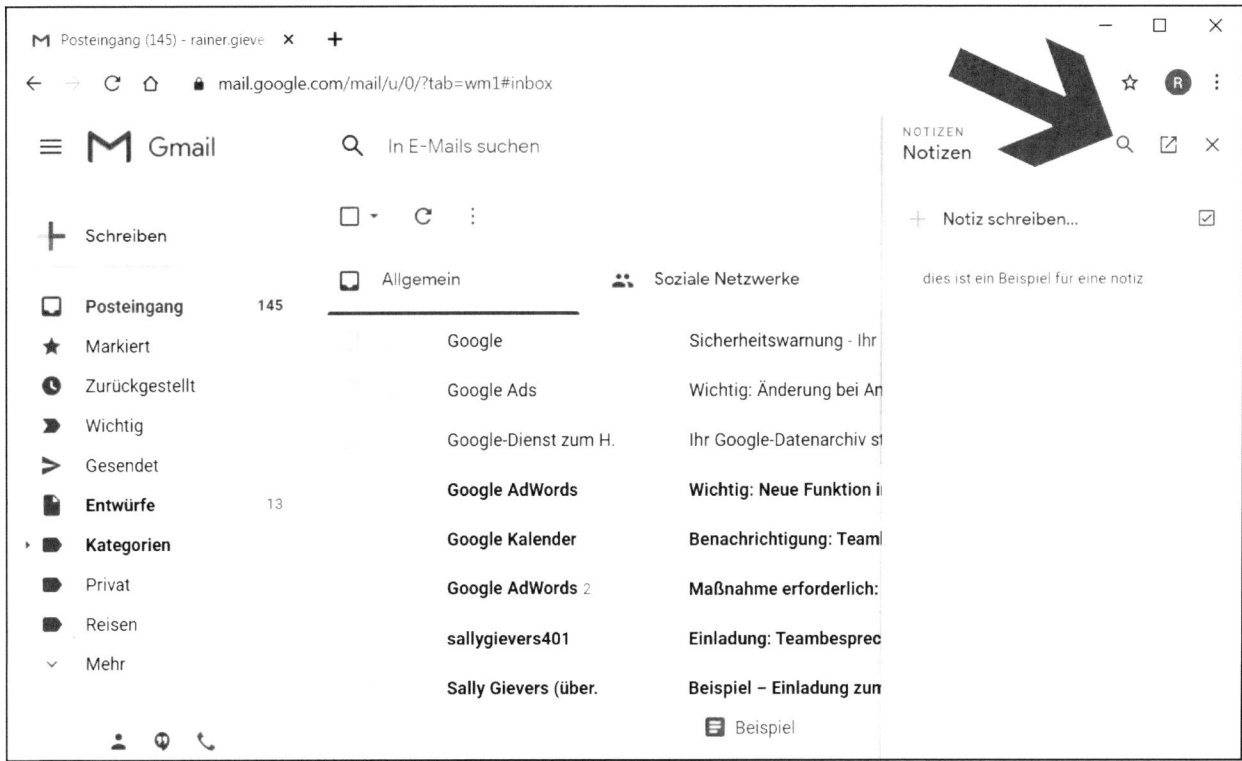

Das Add-on listet die zuletzt erstellten Notizen auf und ermöglicht es weitere zu erstellen. Über die Schaltleisten am oberen Rand (Pfeil) führen Sie eine Suche durch, öffnen den Notizen-Dienst im Vollbild oder schließen das Add-on.

11. Tipps & Tricks zum Chrome-Browser

In diesem Kapitel stellen wir Ihnen einige Funktionen des Browsers vor, die im Alltag sehr nützlich sind beziehungsweise Zeit sparen.

11.1 Praktische Funktionen des Lesezeichen-Ordners

Für die Verwendung von diesem Trick sollten Sie, wie im Kapitel *5.4 Lesezeichen* beschrieben, bereits einige Lesezeichen angelegt und die Lesezeichenleiste (siehe Kapitel *5.4.1 Lesezeichenleiste*) aktiviert haben.

Mit der Zeit sammeln sich immer mehr Lesezeichen an. Damit Sie nicht die Übersicht verlieren, empfehlen wir den Einsatz von sogenannten Ordnern.

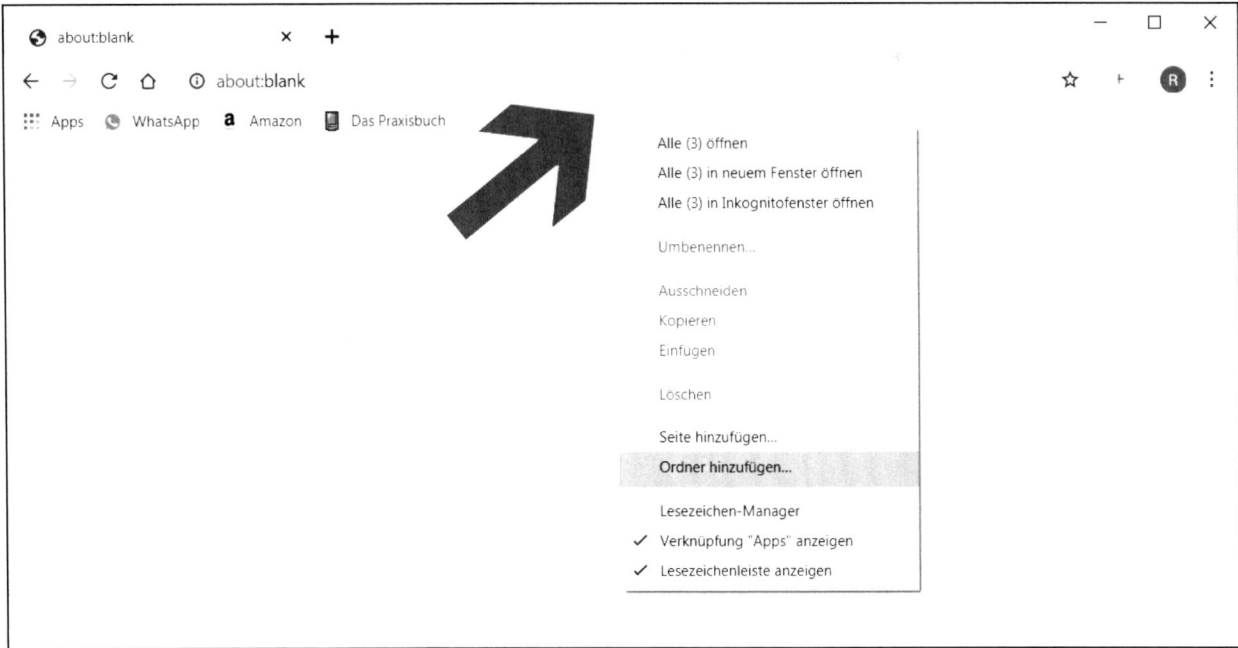

Halten Sie den Mauszeiger auf die Lesezeichenleiste (Pfeil) und betätigen Sie die rechte Maustaste. Im Menü wählen Sie *Ordner hinzufügen* aus.

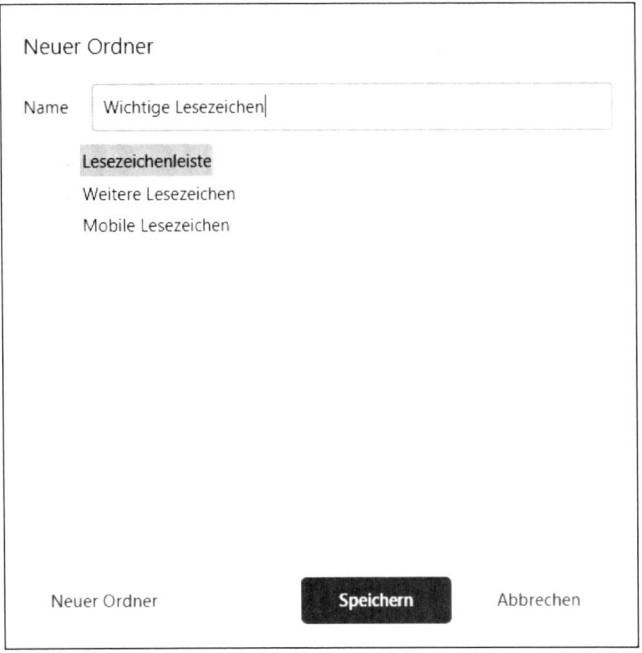

Vergeben Sie dem Ordner einen Namen und betätigen Sie *Speichern*.

Der Ordner erscheint in der Lesezeichenleiste (Pfeil).

Falls Sie später mal den Ordnernamen ändern möchten, halten Sie einfach den Mauszeiger darauf, betätigen die rechte Maustaste und gehen im Popup auf *Umbenennen*.

Zum späteren Entfernen klicken Sie mit der rechten Maustaste auf den Ordner und wählen im Popup-Menü *Löschen*.

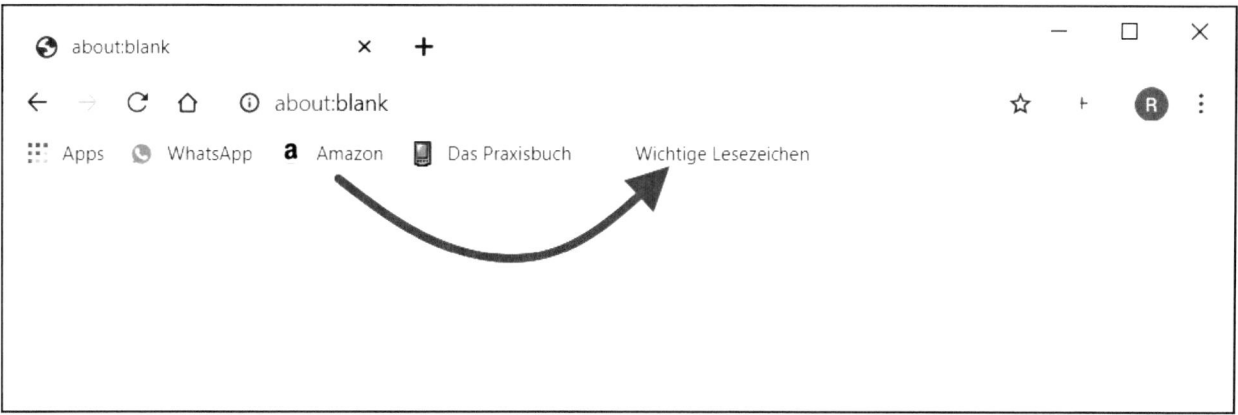

Ziehen Sie nun die Lesezeichen in den Ordner. Dazu halten Sie den Mauszeiger auf das jeweilige Lesezeichen, drücken und halten die linke Maustaste und ziehen auf den Ordner. Lassen Sie die Maustaste dann los.

Auf die Lesezeichen im Ordner haben Sie nach Anklicken des Ordners Zugriff.

11.1.1 Ordner in der Praxis

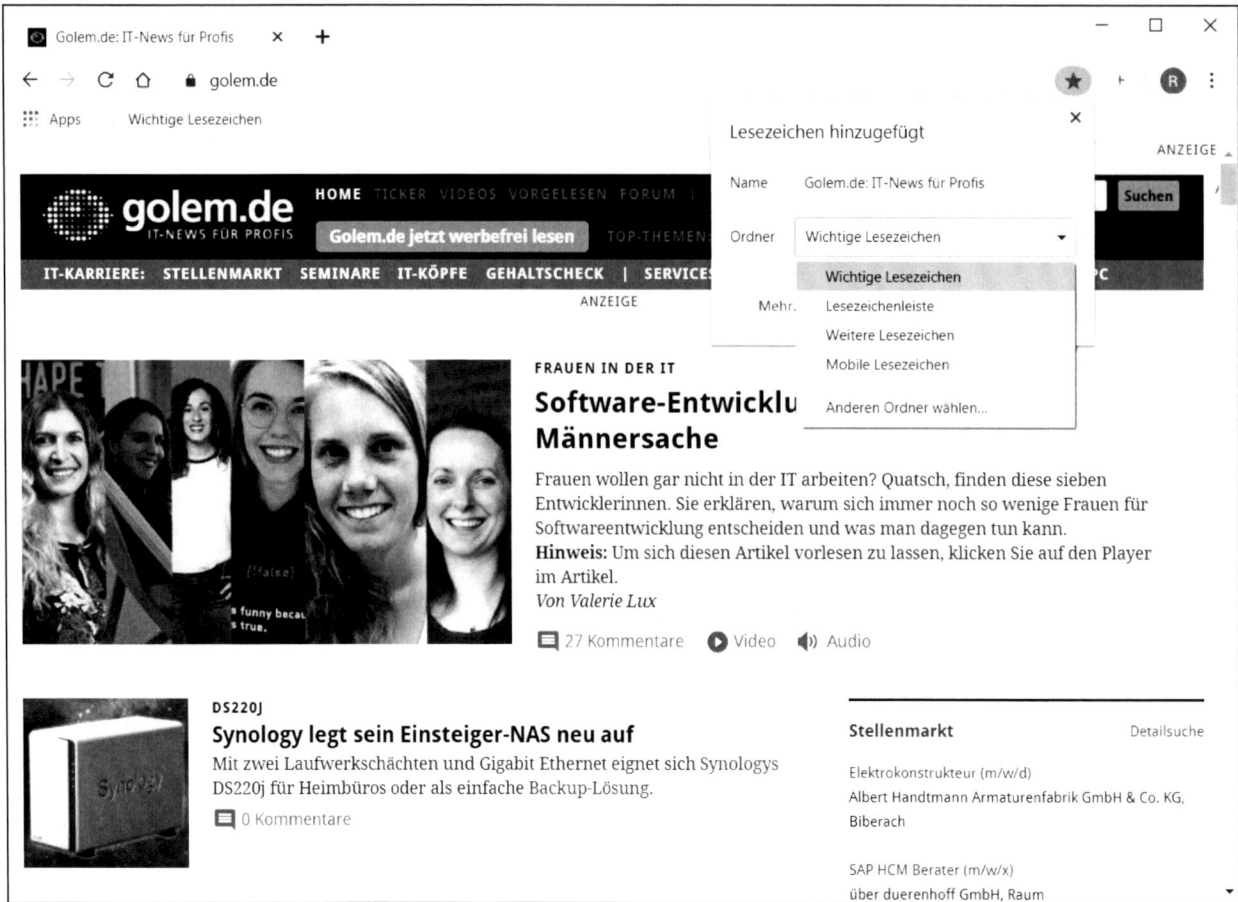

Wenn Sie künftig ein neues Lesezeichen anlegen, steht Ihnen im *Ordner*-Auswahlmenü der neue Ordner zur Verfügung.

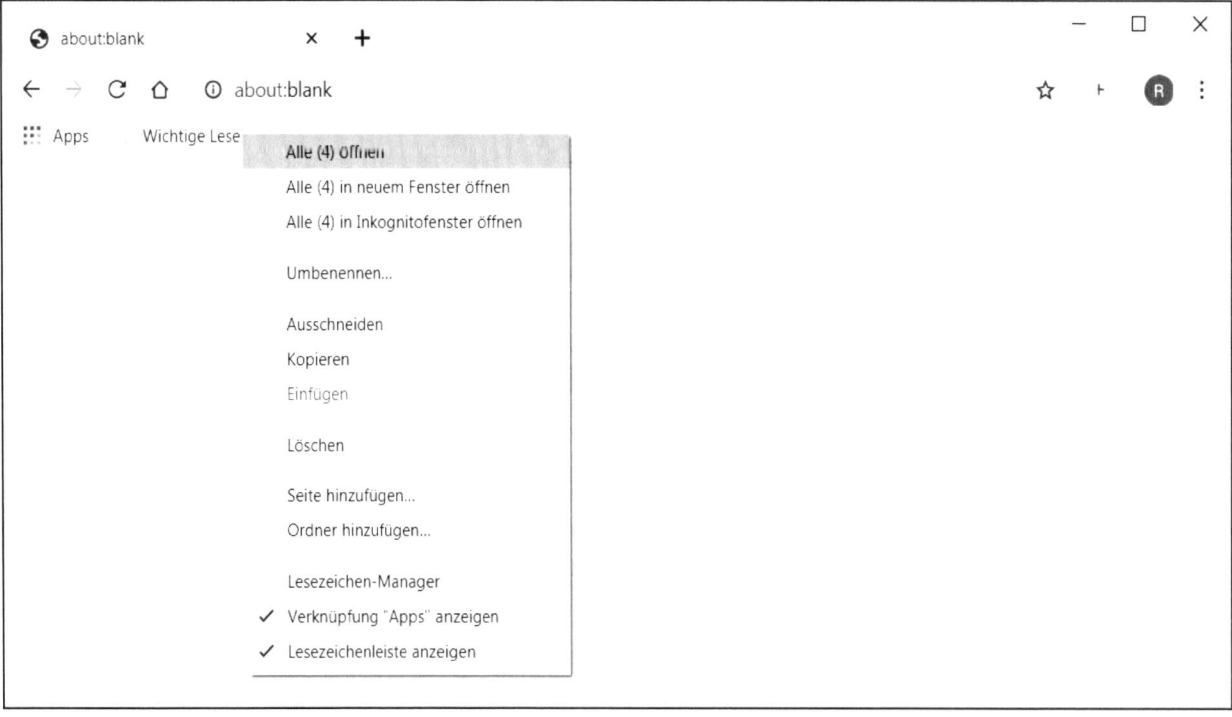

Sie werden einige Webseiten häufig aufrufen als andere. Es bietet sich dann an, deren Lesezeichen in einen separaten Ordner zu verschieben. Um alle im Ordner enthaltenen Lesezeichen gleichzeitig aufzurufen, halten Sie den Mauszeiger auf den Ordner, betätigen die rechte Maustaste und wählen *Alle (x) öffnen, ...*

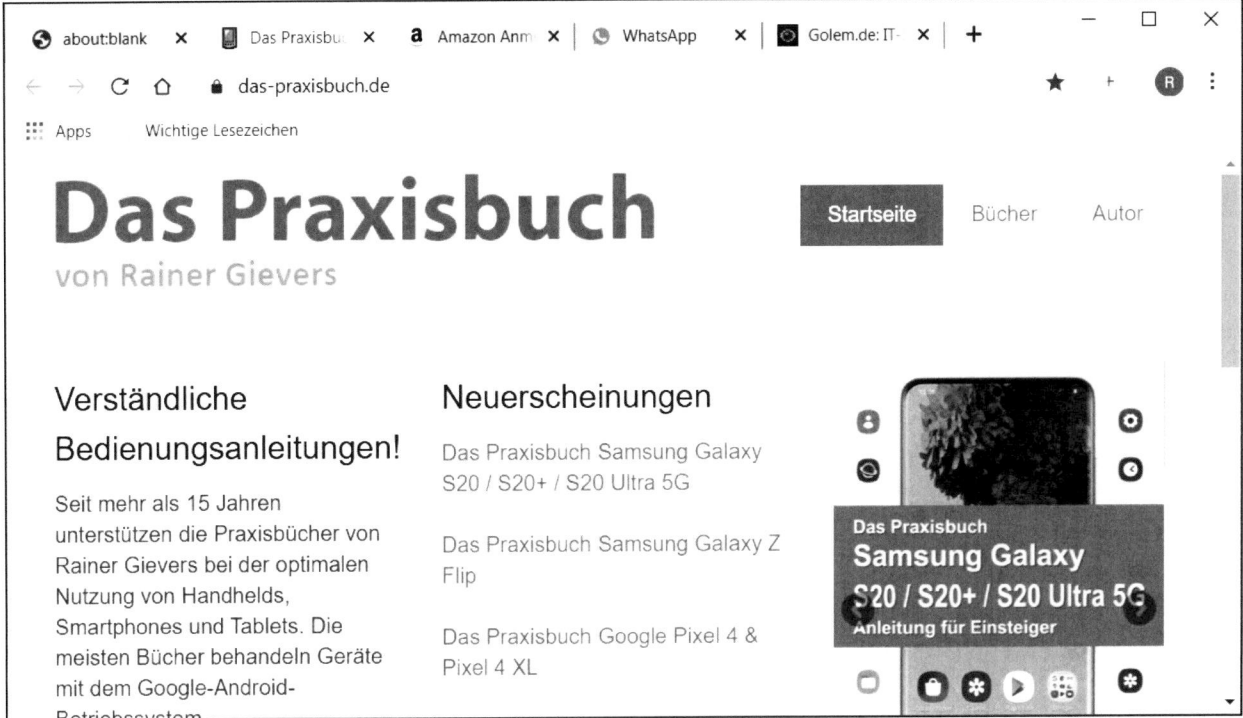

… worauf der Chrome-Browser die Lesezeichen in Tabs öffnet.

11.2 Webseiten beim Browserstart anzeigen

Wenn Sie ohnehin immer die gleichen Webseiten aufrufen, bietet es sich an, dass der Browser sie direkt beim Start automatisch öffnet.

Webseiten, die ein vorheriges Login benötigen, lassen sich häufig nicht automatisch beim Browser-Start öffnen. Dazu gehören beispielsweise Online-Banking-Webseiten. Sie erhalten dann entweder eine Fehlermeldung oder werden aufgefordert, sich einzuloggen.

11.2.1 Angeheftete Seiten

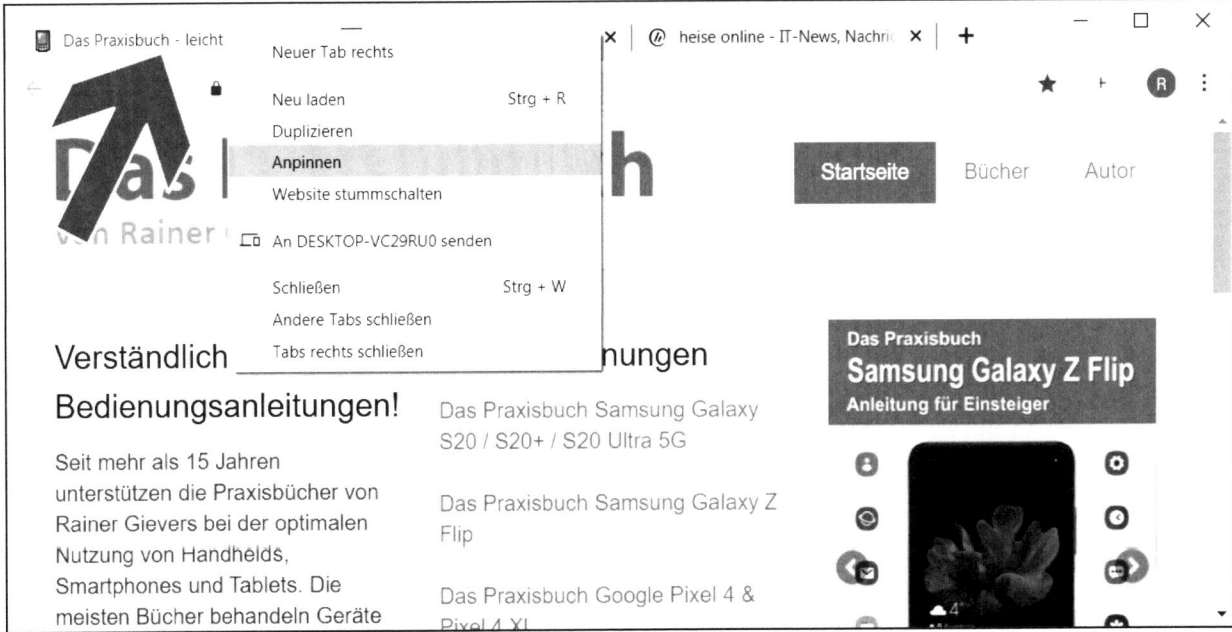

Öffnen Sie zunächst alle Webseiten, die Sie öfters benötigen, in Tabs (siehe Kapitel *5.3 Tabs*). Danach halten Sie den Mauszeiger über einem Tab (Pfeil), betätigen die rechte Maustaste für das Popup und wählen *Anpinnen*.

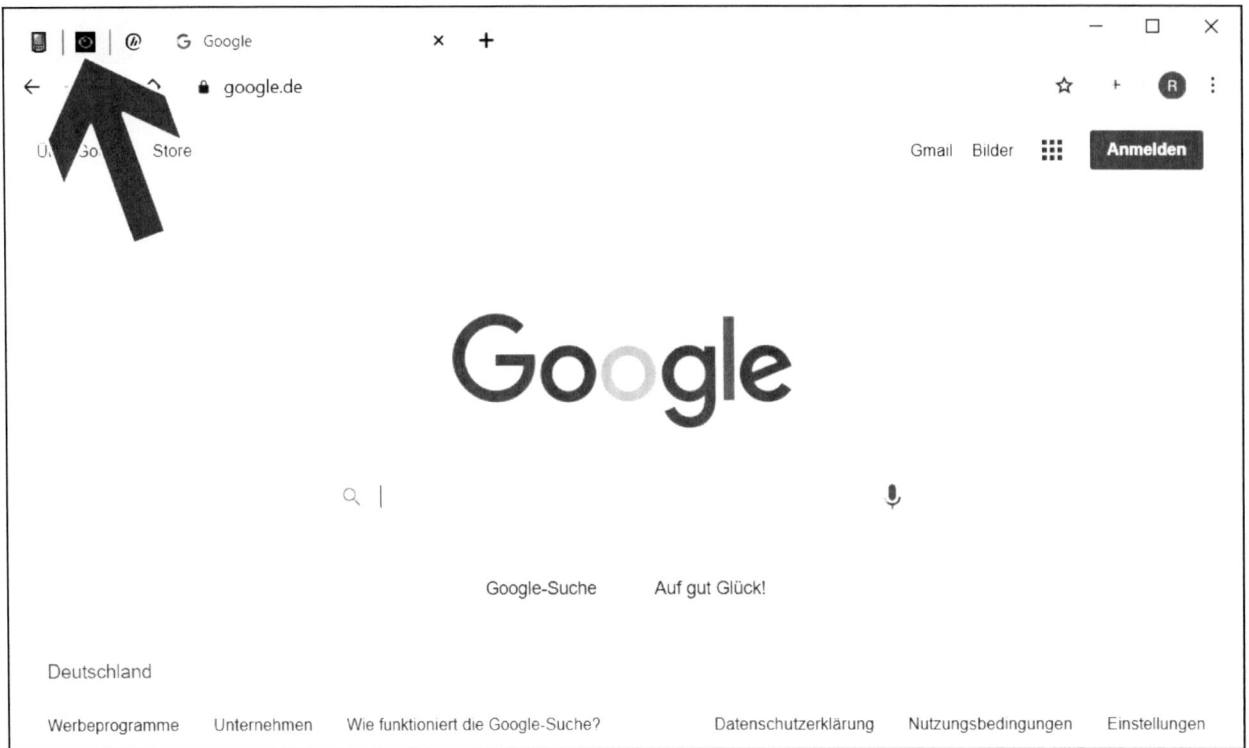

Die angehefteten Tabs wandern automatisch auf die linke Seite und lassen sich mit einem Klick (Pfeil) anzeigen.

Sie können jetzt ruhig den Browser schließen, denn beim nächsten Mal werden die angehefteten Tabs automatisch wieder geöffnet!

Über *Tab loslösen* aus dem Popup-Menü (Mauszeiger auf Tab halten, rechte Maustaste betätigen) machen Sie aus einem angehefteten Tab wieder einen normalen Tab.

Einen angehefteten Tab, der gerade angezeigt wird, schließen Sie sehr einfach mit der Tastenkombination W + Strg.

11.2.2 Autoanzeige

Die im vorherigen Kapitel beschriebene Option, Webseiten automatisch beim Browser-Start aufzurufen, hat einen Makel: Wenn Sie einen der angehefteten Tabs zwischendurch absichtlich oder
unabsichtlich schließen, wird er beim nächsten Mal nicht mehr automatisch geladen. Wir
empfehlen daher die nachfolgend beschriebene Methode.

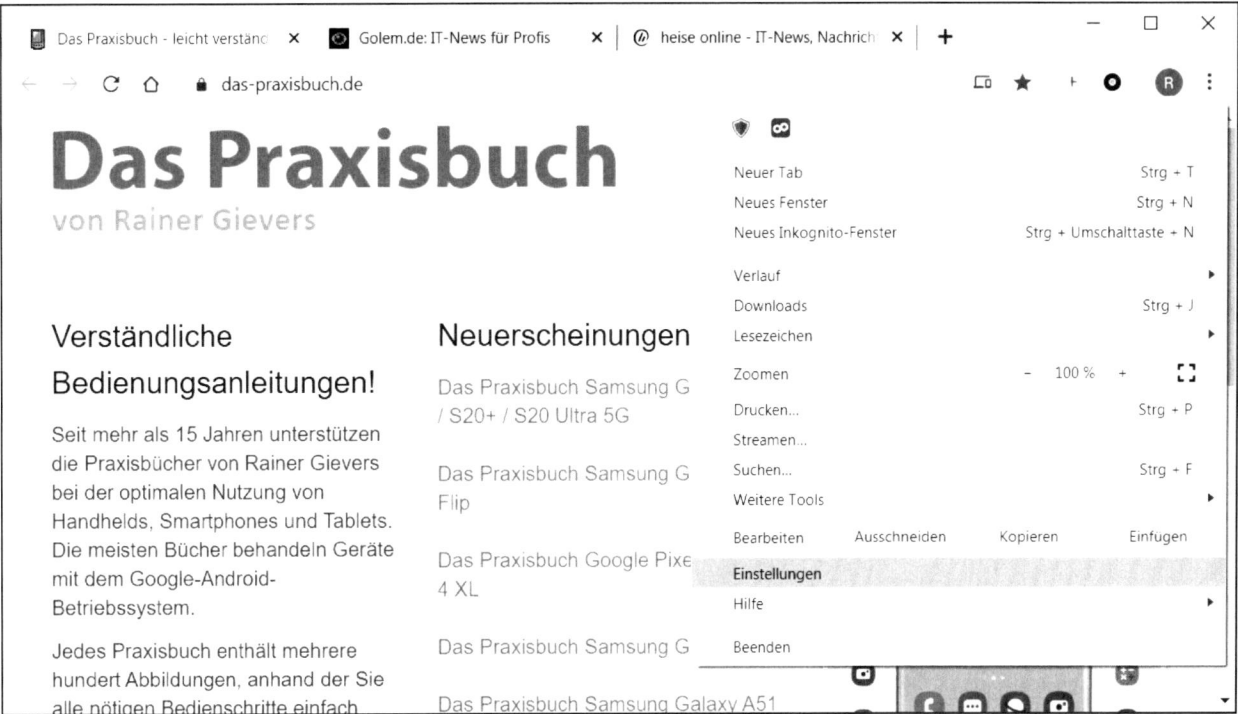

Öffnen Sie zunächst alle Webseiten in Tabs, die beim Browserstart geladen werden sollen.
Anschließend rufen Sie das ⋮/*Einstellungen*-Menü auf.

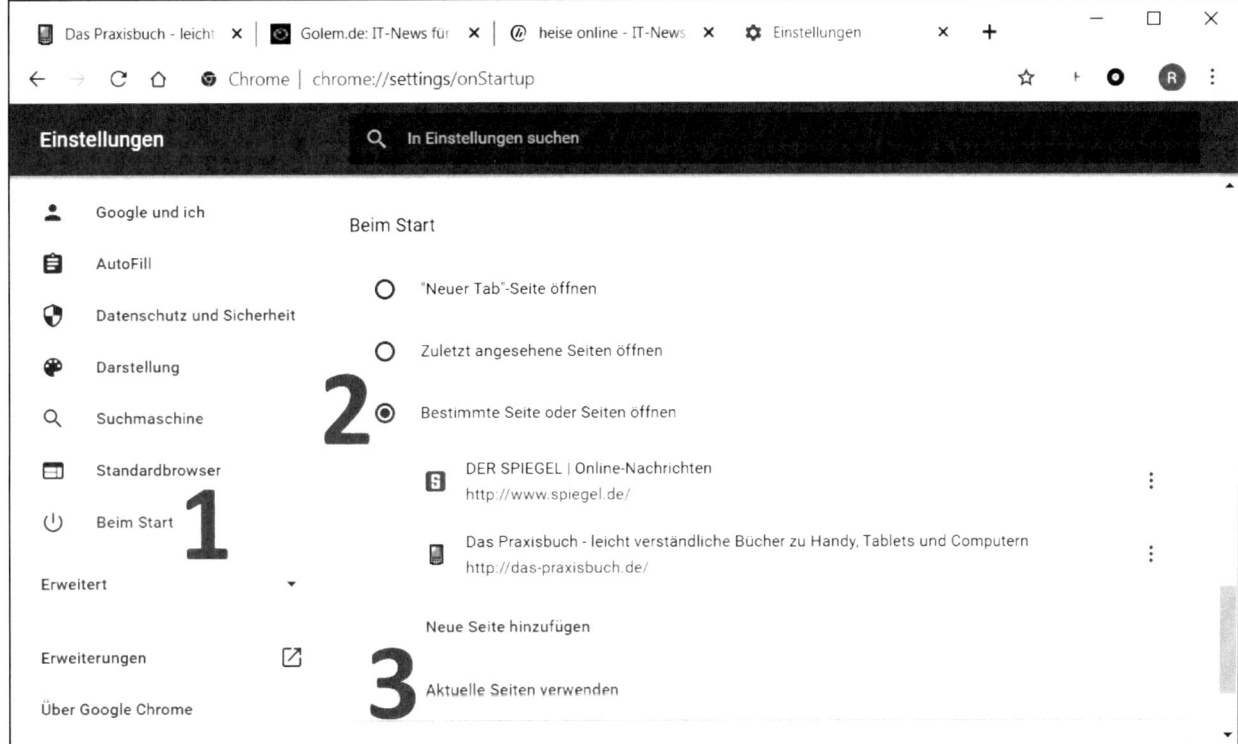

Aktivieren Sie das *Beim Start*-Register (1), wählen Sie *Bestimmte Seite oder Seiten öffnen* (2) und
klicken Sie auf *Aktuelle Seiten verwenden* (3).

Probieren Sie jetzt aus, ob die Seiten automatisch geöffnet werden, indem Sie das Browser-Fenster schließen und den Browser erneut aufrufen.

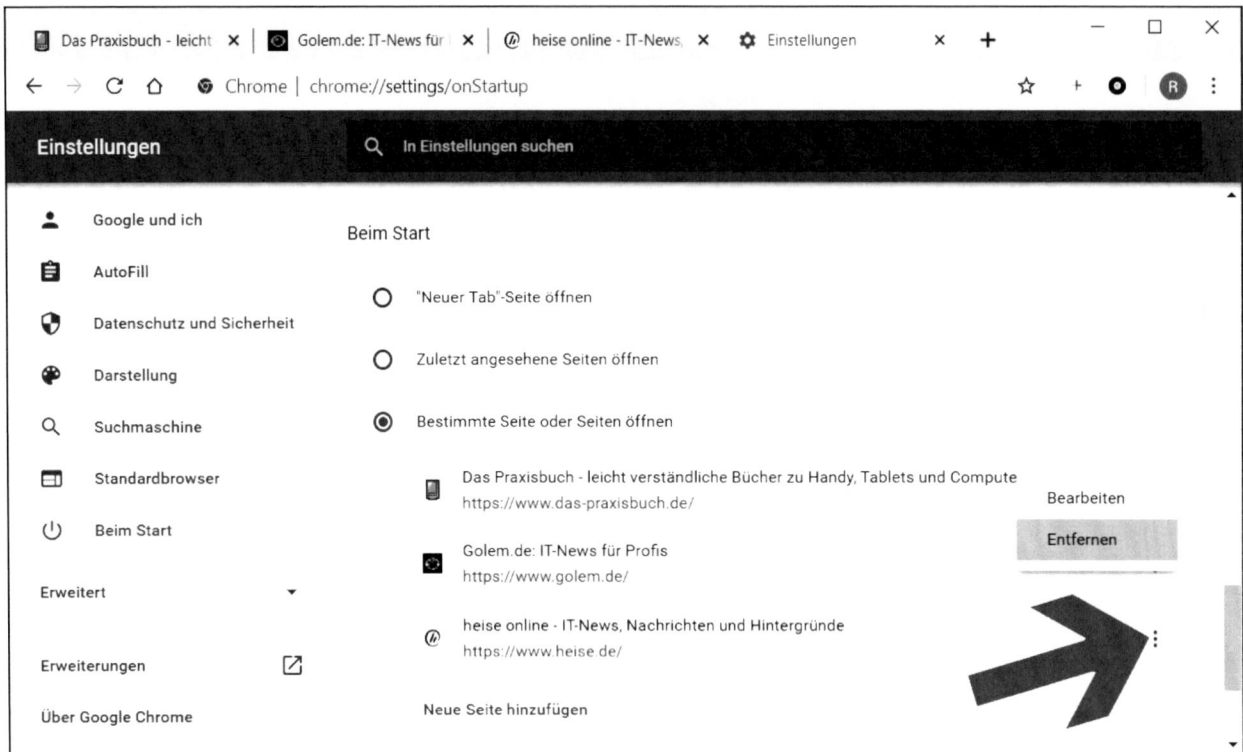

Die automatisch geöffneten Webseiten bearbeiten Sie im gleichen Dialog. Klicken Sie bei der jeweiligen Webadresse auf ⋮ für das Popup-Menü.

11.3 Tab-Funktionen

Die sogenannten Tabs (siehe Kapitel *5.3 Tabs*) sind im Alltag unheimlich praktisch, weshalb wir hier etwas genauer darauf eingehen.

Im Zusammenhang mit den Tabs stehen zahlreiche Tastenkombinationen zur Verfügung:

- **Strg + N**: Neues Browserfenster öffnen
- **Strg ⏋ T**: Neuen Tab öffnen
- In einer Webseite **Strg** und auf Link klicken: Den Link in einem neuen Tab öffnen.
- **Strg + 1 bis Strg + 8**: Wechselt zum Tab mit der angegebenen Positionsnummer in der Tab-Leiste.
- **Strg + ⇄** (Tab)-Taste: Schaltet Anzeige auf den nächsten Tab um.
- **Strg + ⇧** (Hochstelltaste) + **⇄** (Tab)-Taste: Schaltet Anzeige auf den vorherigen Tab um.
- **Strg + W**: Aktuellen Tab beziehungsweise aktuelles Fenster schließen.

Insbesondere die Tastenkombinationen **Strg + W** und **Strg + ⇄** (Tab)-Taste können wir Ihnen nur ans Herz legen, weil Sie damit schneller als mit der Maus sind.

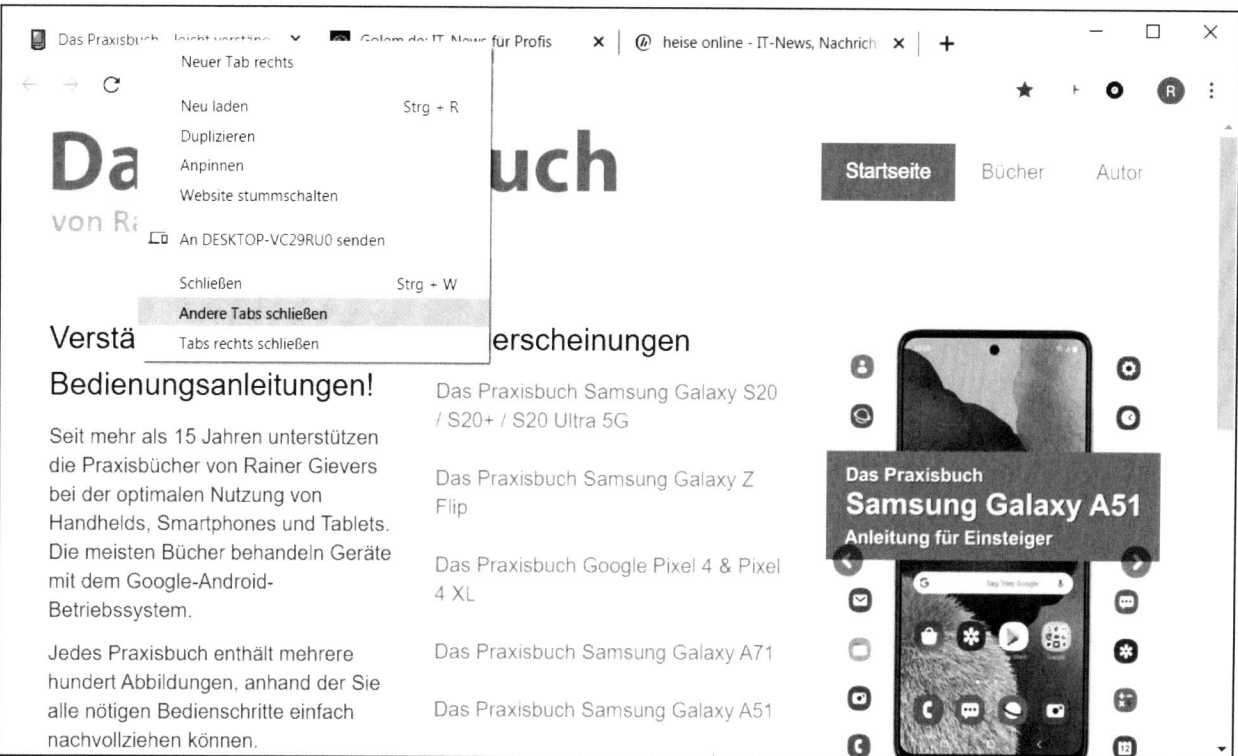

Für Ordnung sorgen die zwei Menüs *Andere Tabs schließen* und *Tabs rechts schließen* aus dem Popup-Menü. Dieses erhalten Sie, indem Sie den Mauszeiger auf einen Tab halten und die rechte Maustaste betätigen.

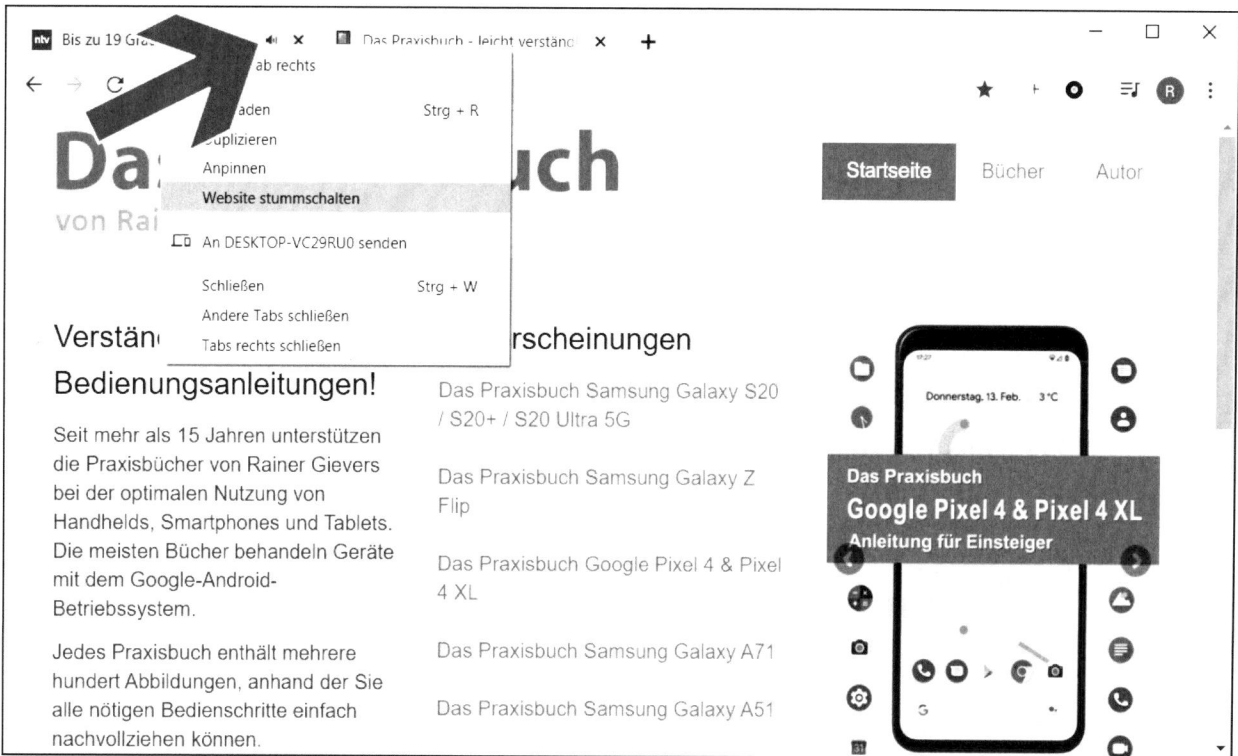

Manche Webseiten spielen – von Ihnen gewollt oder ungewollt – Audio oder Video ab. Sind sehr viele Tabs geöffnet, wissen Sie häufig nicht auf Anhieb, welcher Tab dafür »verantwortlich« ist. Es hilft dann ein Blick auf die Tab-Beschriftung, wo das ◀-Symbol auf Webseiten mit Audioausgabe aufmerksam macht (Pfeil).

Statt in der Webseite nach einem Lautstärkeregler zu suchen, können Sie auch über das Popup (Mauszeiger auf Tab halten, dann rechte Maustaste drücken) gehen. Wählen Sie dann *Tab stummschalten* beziehungsweise *Stummschaltung des Tabs aufheben* auf.

11.4 Logins

Sie haben sicher schon festgestellt, dass viele Websites sich nur sinnvoll nutzen lassen, wenn man sich dort anmeldet. Dazu zählen unter anderem Online-Banking-Websites, Online-Shops und soziale Netzwerke (Facebook).

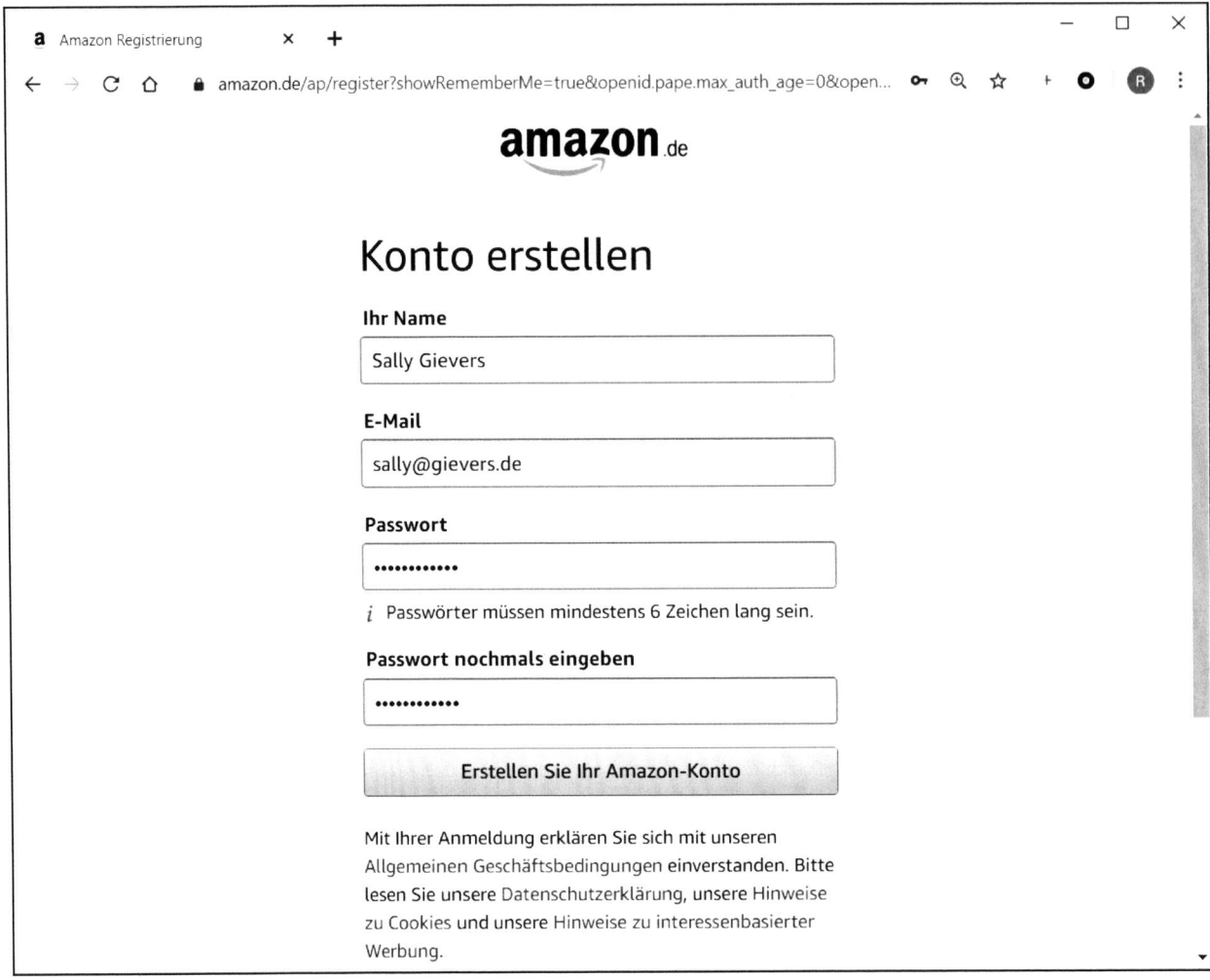

Beispiel Online-Shop von Amazon (*www.amazon.de*): Spätestens, wenn Sie den ersten Kauf durchführen, müssen Sie sich registrieren. Je nach Website müssen Sie dabei mehr oder weniger an persönlichen Daten von sich preisgeben.

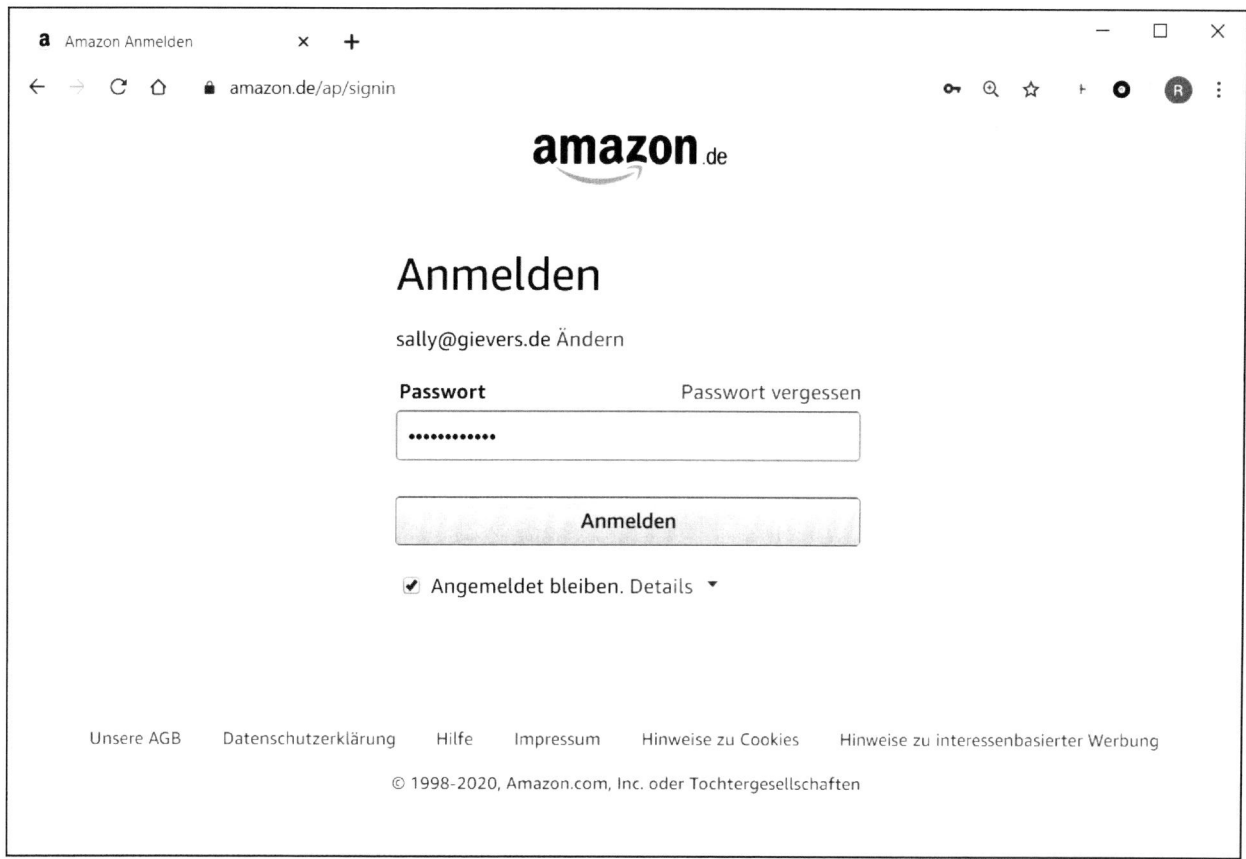

Wenn sich später beim Online-Shop anmelden (einloggen) möchten, müssen Sie natürlich nicht erneut alle Ihre Daten eingeben, sondern meistens nur Ihre E-Mail-Adresse und das zuvor gewählte Passwort.

Experten empfehlen, für jeden Online-Shop ein unterschiedliches Passwort zu verwenden, welches nach Möglichkeit Zahlen und Sonderzeichen enthält. Sie verhindern somit, dass Hacker, die an die Zugangsdaten eines Online-Shops gelangen, diese auch bei weiteren Shops anwenden um auf Ihre Kosten einzukaufen.

Falls Sie doch immer das gleiche Passwort verwenden möchten – wovon wir dringend abraten! – sollten Sie zumindest für Ihr E-Mail-Konto ein abweichendes und kompliziertes Passwort verwenden. Hacker, die Zugriff auf ein E-Mail-Konto erhalten, können nämlich darüber die Passwörter in den Online-Shops ändern.

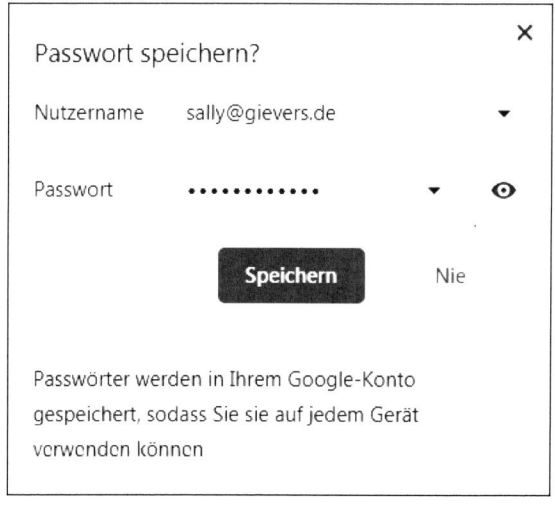

Vergeben Sie dem Ordner einen Namen und betätigen Sie *Speichern*.

Der Browser erkennt, dass Sie ein Login eingegeben haben und fragt nach, ob er die Daten speichern soll. Im Popup klicken Sie auf *Speichern*.

Wenn die Website künftig eine Anmeldung verlangt, füllt der Chrome-Browser automatisch die Login-Eingabefelder aus.

Sind Sie mit Ihrem Google-Konto bei Chrome eingeloggt, dann stehen die Login-Daten auch auf allen anderen Geräten (PCs oder Android-Geräte) mit dem Browser zur Verfügung. Sie müssen nur mit dem gleichen Google-Konto angemeldet sein wie auf Ihrem PC.

11.4.1 Login-Daten verwalten

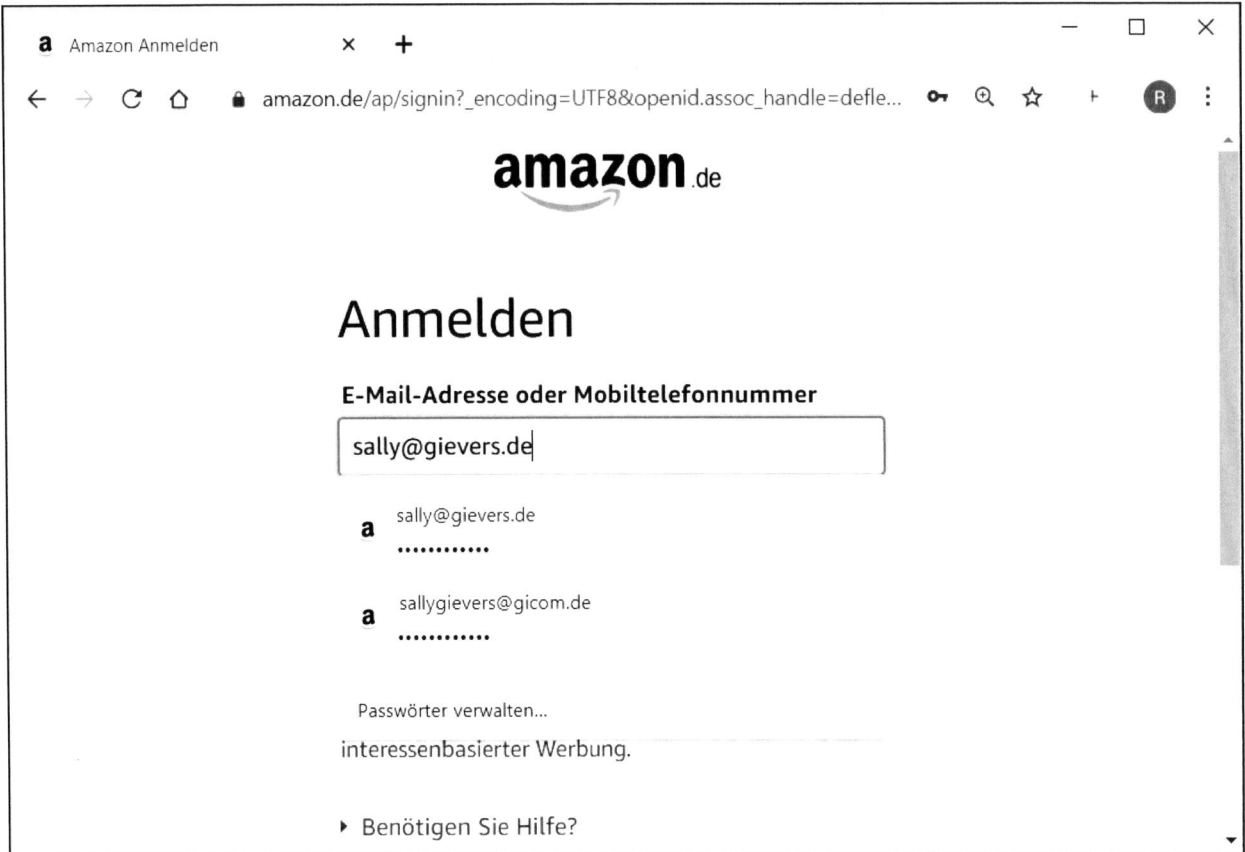

Mitunter verwendet man mehrere Logins bei einem Online-Shop (beispielsweise wenn mehrere Familienmitglieder den gleichen PC nutzen). In diesem Fall füllt der Browser die Login-Felder nicht automatisch aus. Tippen Sie stattdessen im E-Mail-Eingabefeld die ersten Buchstaben ein, worauf Chrome Ihnen Vorschläge macht, die Sie mit einem Mausklick übernehmen.

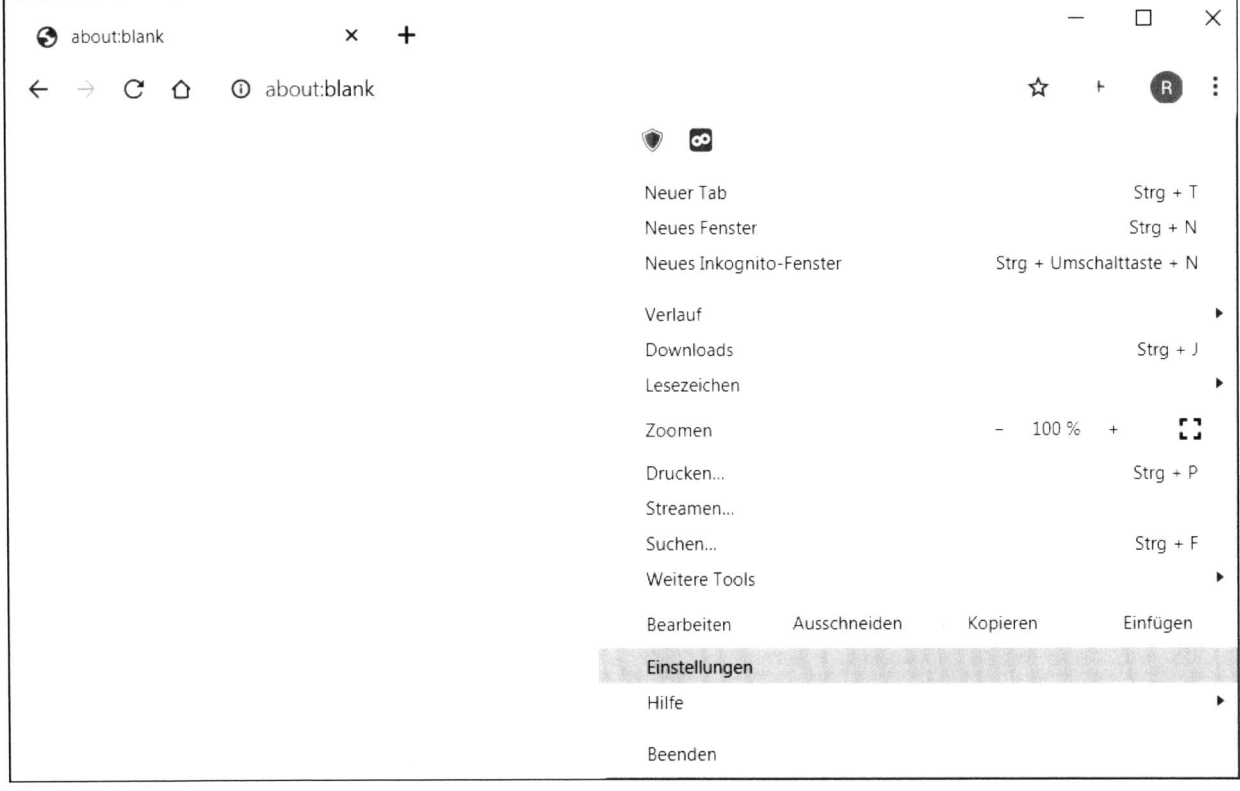

Zur Anzeige und Verwaltung Ihrer Login-Daten rufen Sie ⁝/*Einstellungen* auf.

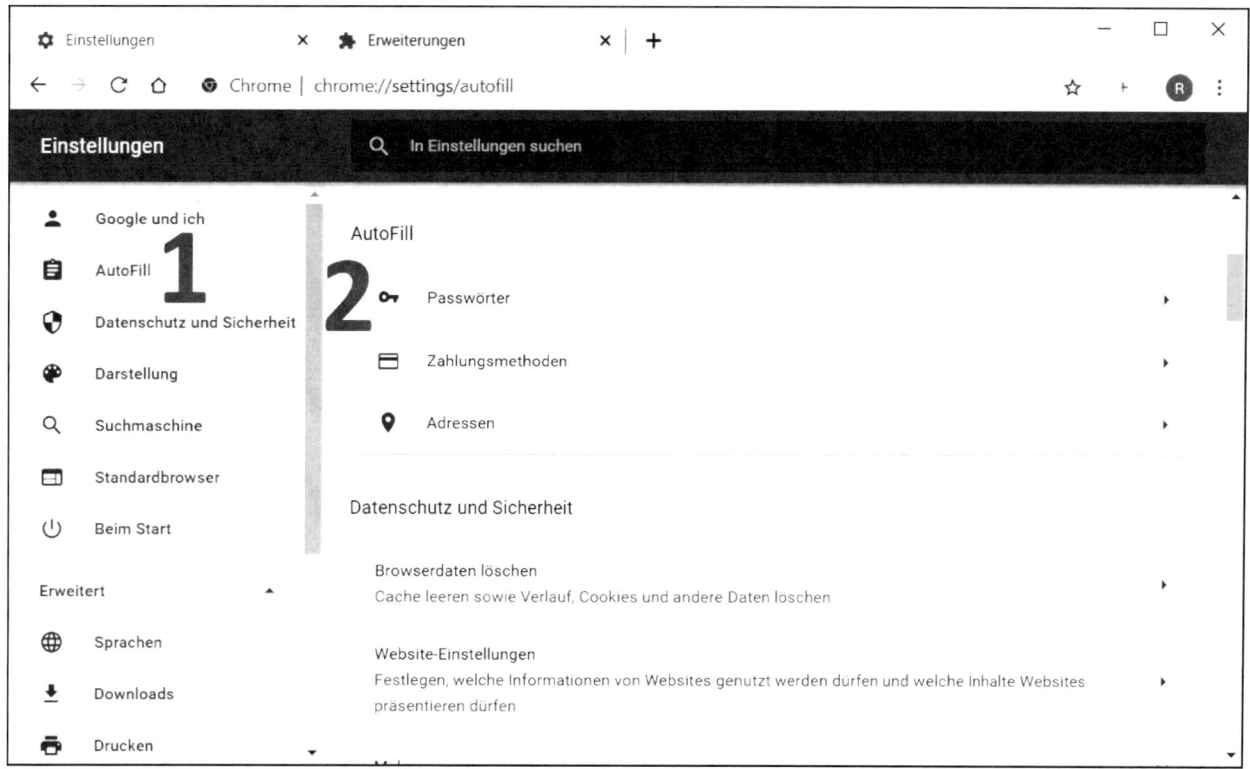

Aktivieren Sie das *AutoFill*-Register (1), dann klicken Sie auf *Passwörter* (2).

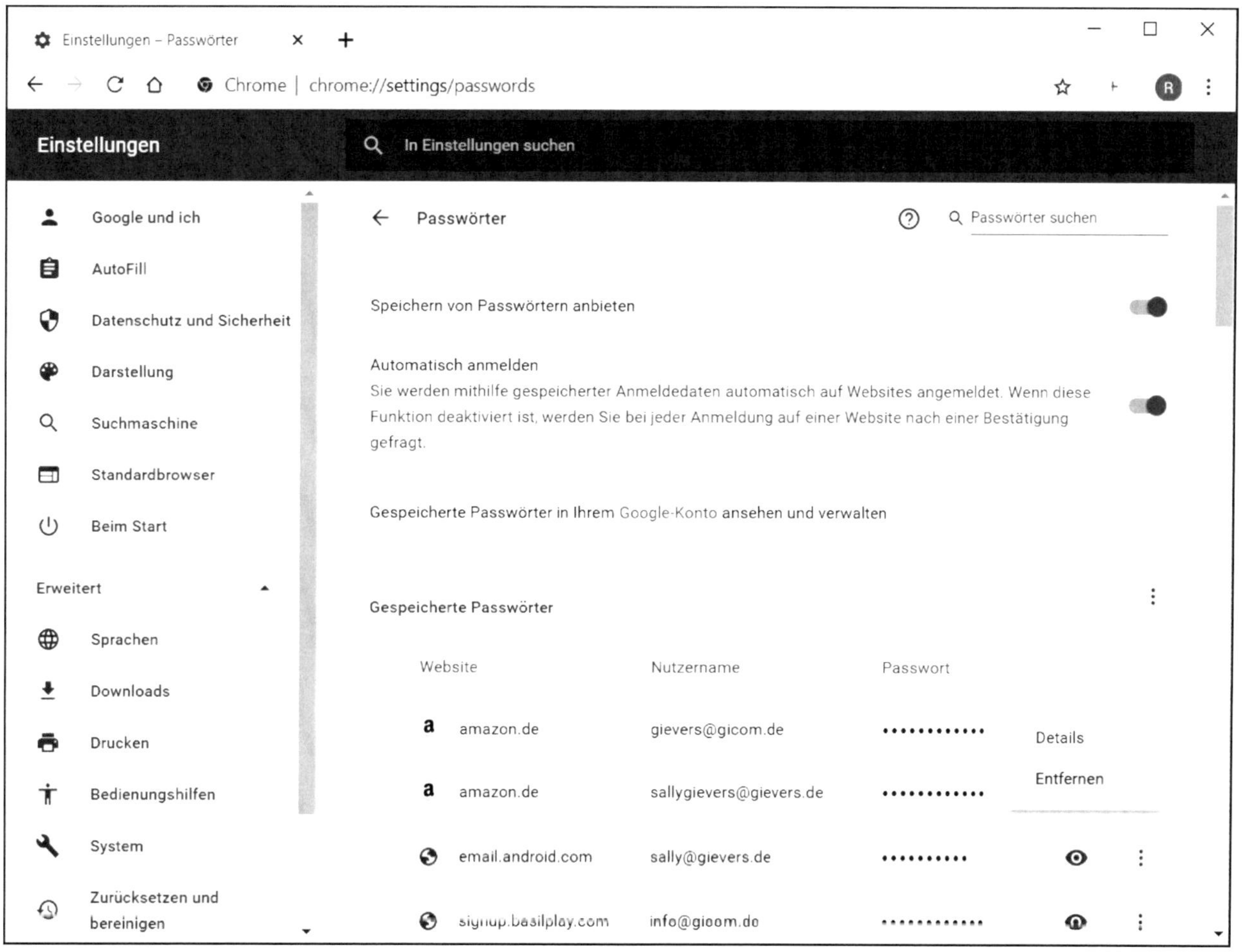

Halten Sie den Mauszeiger über einem Login, das Sie entfernen möchten und klicken Sie hinter einem Eintrag auf ⋮.

12. Sicher im Internet unterwegs

Von der Vielzahl an Meldungen zu gestohlenen Daten von Internetnutzern oder geplünderten On-line-Konten sollten Sie sich nicht irritieren lassen, denn meistens hält sich der Schaden in engen Grenzen. Oder anders gesagt, kennen Sie in Ihrem Bekanntenkreis jemanden, der schon mal in irgendeiner Form im Internet »abgezockt« wurde?

Wenn Sie sich an die in diesem Kapitel empfohlenen Vorgehensweisen halten, dürfte sich die Wahrscheinlichkeit, mal »Opfer« zu werden, stark reduzieren.

12.1 WLAN-Zugang beschränken

In den meisten Haushalten und Firmen steht ein Internet-Router mit WLAN zur Verfügung. Was viele dabei nicht beachten, ist die enorme Reichweite des drahtlosen Netzwerks, welches bis in Nachbarhäuser beziehungsweise die Straße reicht. Abhängig von den Netzwerkeinstellungen auf Ihrem PC beziehungsweise des Internet-Routers besteht für Dritte dann eventuell die Möglichkeit, auf die Daten Ihres PCs zuzugreifen.

Ein weiteres Risiko besteht in Personen, welche das WLAN für ungesetzliche Zwecke zu nutzen, beispielsweise das illegale Herunterladen von Musik oder Spielfilmen. Weil dies nur bis zum In-haber des Internetanschlusses nachvollziehbar ist, können Sie je nach Tatschwere mit einem Brief vom Staatsanwalt oder eines Anwalts rechnen.

Wir empfehlen Ihnen daher, den eigenen WLAN-Zugangspunkt mit einem Kennwort zu versehen. Wie das geht, erfahren Sie in der Anleitung zu Ihrem Internet-Router.

Beispiel: Bei einer AVM Fritzbox, die Sie im Webbrowser mit der Webadresse *fritz.box* aufrufen, finden Sie die WLAN-Einstellungen im Menü *WLAN/Sicherheit*. Wählen Sie beispielsweise als Verschlüsselungsmodus *WPA+WPA2* aus (das manchmal noch angebotene *WEP* ist dagegen un-sicher und sollte nicht mehr verwendet werden!) und geben Sie einen WLAN-Netzwerkschlüssel ein.

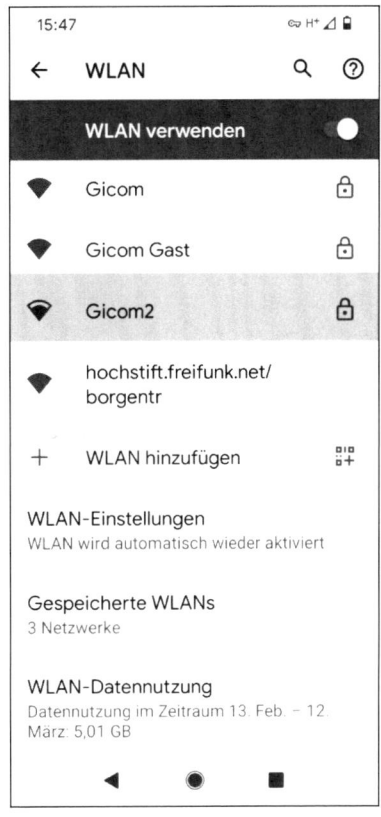

So stellen Sie die Verbindung zum geschützten WLAN her: Auf dem Tablet oder Handy wählen Sie nach Aktivieren der WLAN-Funktion den angezeigten Zugangspunkt aus (❶) und geben das zuvor festgelegte WLAN-Kennwort ein (❷).

Falls Sie sich mit Android auf dem Handy oder Tablet nicht besonders gut auskennen, empfehlen wir unsere Handy-Bücher, die wir auf *www.das-praxisbuch.de* vorstellen.

Unter Windows 10 auf einem PC/Notebook klicken Sie zunächst auf das Kugelsymbol unten rechts in der Systemleiste.

  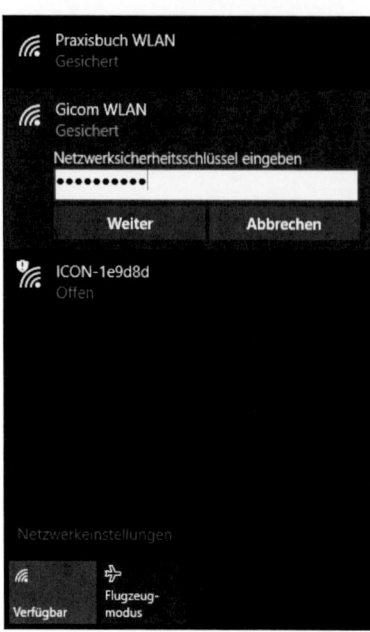

❶ Wählen Sie einen der aufgelisteten Zugangspunkte aus.

❷ Lassen Sie *Automatisch verbinden* aktiviert und betätigen Sie *Verbinden*.

❸ Im Eingabefeld erfassen Sie das WLAN-Kennwort. Eventuell erscheint eine Abfrage, ob andere Geräte im Netzwerk Ihren PC finden dürfen, was Sie mit *Nein* beantworten.

> Der WLAN-Schlüssel wird gespeichert. Verlassen Sie den WLAN-Empfangsbereich und nähern Sie sich ihm wieder, baut Ihr Gerät automatisch wieder eine Verbindung mit dem WLAN-Zugangspunkt auf.

12.2 PC-Zugang beschränken

Würden Sie Ihre Geldbörse oder Ihr Handy einem Fremden anvertrauen? Genauso wenig sollten Sie anderen Personen – Ihre Kinder, Verwandten oder Freunde eingeschlossen – die Nutzung Ihres PCs erlauben. Dafür gibt es mehrere Gründe:

1. Auf jedem PC sammeln sich mit der Zeit von der Digitalkamera heruntergezogene Fotos, Dokumente und sonstige Dateien an, die nicht jeder sehen darf.

2. Es besteht die Gefahr, den PC durch aus dem Internet heruntergeladene Schadensprogramme zu infizieren. Auch von einem USB-Stick auf dem PC kopierte Dateien stellen in diesem Zusammenhang eine Gefahr dar. Auf das Thema Schadensprogramme kommen wir im Kapitel *12.3 Schadensprogramme und was man dagegen tun kann* noch zu sprechen.

3. Viele Webbrowser speichern Ihre Formulareingaben, um sie bei Gelegenheit wieder vorzuschlagen. Gleiches gilt auch für die Logins von Online-Shops. Ein Dritter kann dann unter Umständen ganz einfach auf Ihre Kosten Waren bestellen.

Falls Sie es nicht vermeiden können, andere Personen an Ihren PC zu lassen, gibt es die Option, Windows-Benutzerkontos einzurichten. Rufen dazu in Windows 10 die *Einstellungen* im Startmenü auf und wählen Sie *Konten* aus. Dort wählen Sie *Familie und weitere Benutzer* und betätigen unter der Überschrift *Weitere Benutzer* die *Diesem PC andere Personen hinzufügen*. Folgen Sie den Anweisungen. Der neue Benutzer hat keinen Zugriff auf Ihre persönlichen Daten. Starten Sie einfach den PC neu, worauf der weitere Benutzer sich mit dem gewählten Login anmelden kann.

> Eine eingehende Beschreibung der Benutzerkontenverwaltung von Windows 10 würde hier leider zu weit führen.

12.3 Schadensprogramme und was man dagegen tun kann

Ein große Bedrohung für Ihre Daten sind sogenannte Schadensprogramme (auch als Malware bezeichnet), welche unterschiedliche Funktionen haben:

- Abgreifen von Bank- oder Kreditkartendaten beim Online-Banking oder Online-Shopping.

- Erpressung, indem Dateien auf der Festplatte verschlüsselt werden. Erst nach Bezahlung erhält der Nutzer das Passwort, mit dem er die Dateien wieder freigeben kann.

- Sammeln von Zugangsdaten für E-Mail-Konten, soziale Netzwerke und Online-Shops.

- Es sind noch viele weitere Schadfunktionen denkbar.

Zum Einsatz kommen dabei:

- **Viren**: Schadprogramme, die der Anwender durch Unachtsamkeit selbst aktiviert.

- **Würmer**: Diese Programme vermehren sich selbsttätig, beispielsweise über Computernetzwerke.

Darüber werden Sie häufig auf weitere Begriffe stoßen:

- **Trojaner**: In Anlehnung an das Trojanische Pferd aus der griechischen Mythologie verbergen Trojaner die enthaltenen Schadensfunktion. Typisch sind E-Mail-Dateianhänge, die Viren enthalten und dazu auffordern, den Dateianhang zu öffnen.

- **Spyware**: Enthalten die Schadprogramme Funktionen zum Ausforschen des Anwenders, so spricht man von Spyware. Meistens geht es darum, wie bereits oben erwähnt, Kreditkartendaten oder Logins für das Online-Banking oder Online-Shopping abzugreifen.

- **Adware**: Besonders perfide ist Adware (Ad = engl. Anzeige). Auf dem PC beziehungsweise im Webbrowser erscheinen Werbeanzeigen, für die der Autor der Adware bezahlt wird. Viele kostenlos im Internet verbreitete hilfreiche Programme finanzieren sich über Adware und weisen auch darauf hin. Adware ist meistens aber trotzdem lästig.

- **Scareware**: Dabei handelt es sich nicht direkt um einen Schädling, sondern dem Nutzer wird auf einer Webseite suggeriert, dass er ein bestimmtes Programm unbedingt installieren muss. Meistens kommen dabei Drohungen oder Warnungen zum Einsatz (to scare = engl. erschrecken). Mit dem Herunterladen und der Installation des Programms fängt der Nutzer sich eventuell genau das Problem ein, vor dem die Scareware-Webseite warnt...

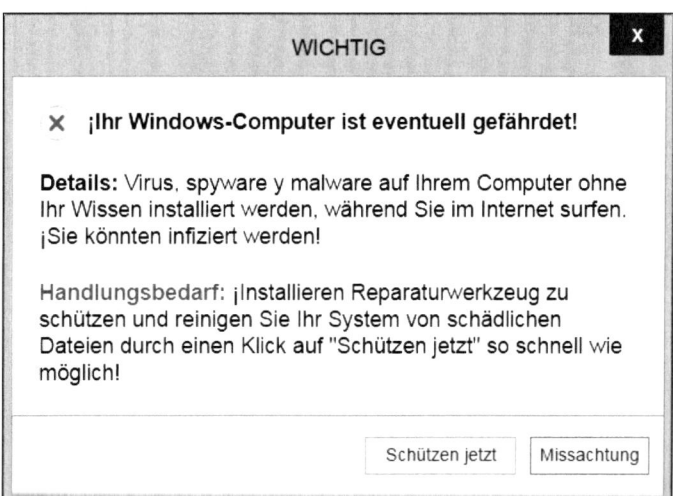

Webseiten mit Scareware zeigen häufig »Fehlermeldungen« an, die Windows-Dialogen ähneln. Auf die im Beispiel gezeigte schlecht eingedeutschte Warnung dürfte aber kaum jemand reinfallen. Die Abhilfe ist einfach, denn es reicht, die betreffende Scareware-Webseite zu schließen.

12.3.1 Virenscanner

Gegen die im vorherigen Kapitel aufgelisteten Bedrohungen setzt man üblicherweise Virenscanner ein. Diese laufen im Hintergrund und prüfen permanent alle ausgeführten Programme auf Bedrohungen.

Auf dem Markt sind zahlreiche Virenscanner – teilweise sogar kostenlos – erhältlich. Die Wahrscheinlichkeit ist sogar recht hoch, dass auf Ihrem PC bereits ein Virenscanner vorinstalliert ist.

An dieser Stelle können wir leider keine genaue Virenscanner-Empfehlung geben, denn jeder Anwender hat unterschiedliche Ansprüche an den Funktionsumfang und die Bedienung. Glücklicherweise sind fast alle Virenscanner auch in einer kostenlosen, eingeschränkten, Version erhältlich, weshalb Sie sie einfach mal ausprobieren können. Beachten Sie aber bitte, dass Sie niemals zwei Virenscanner – nach dem Motto »doppelt hält besser« gleichzeitig installiert haben sollten.

Microsoft liefert bei Windows mit »Windows Defender« ebenfalls einen Virenscanner mit, der für die meisten Anwender völlig ausreicht.

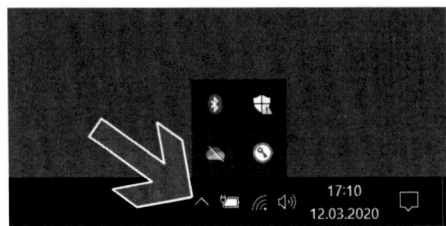

Die Windows Defender-Einstellungen rufen Sie so auf: Klicken Sie unten rechts im Windows-Desktop auf ∧, worauf ein Symbolmenü aufpoppt. Dort klicken Sie auf das Schild (⊕).

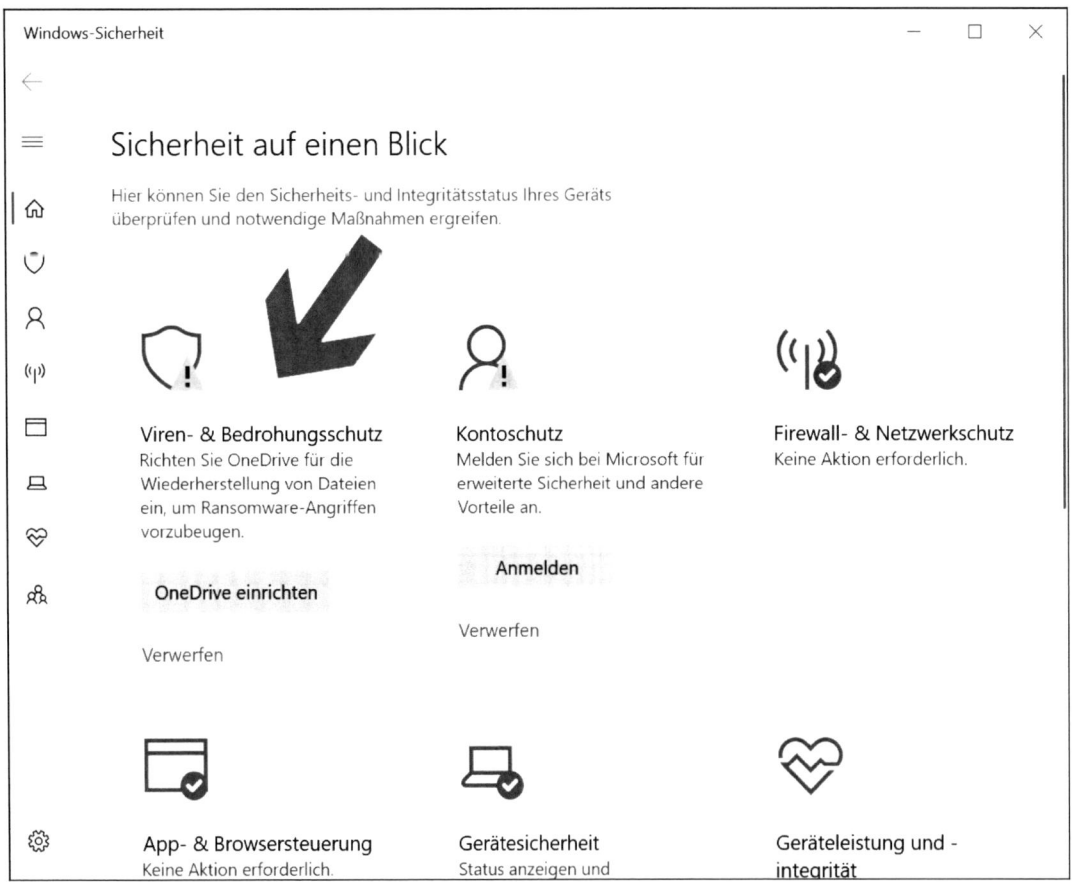

Klicken Sie auf *Viren- & Bedrohungsschutz.*

Klicken Sie auf *Einstellungen verwalten*.

Prüfen Sie, ob alle Schalter aktiviert sind. Sie können dann die Einstellungen verlassen.

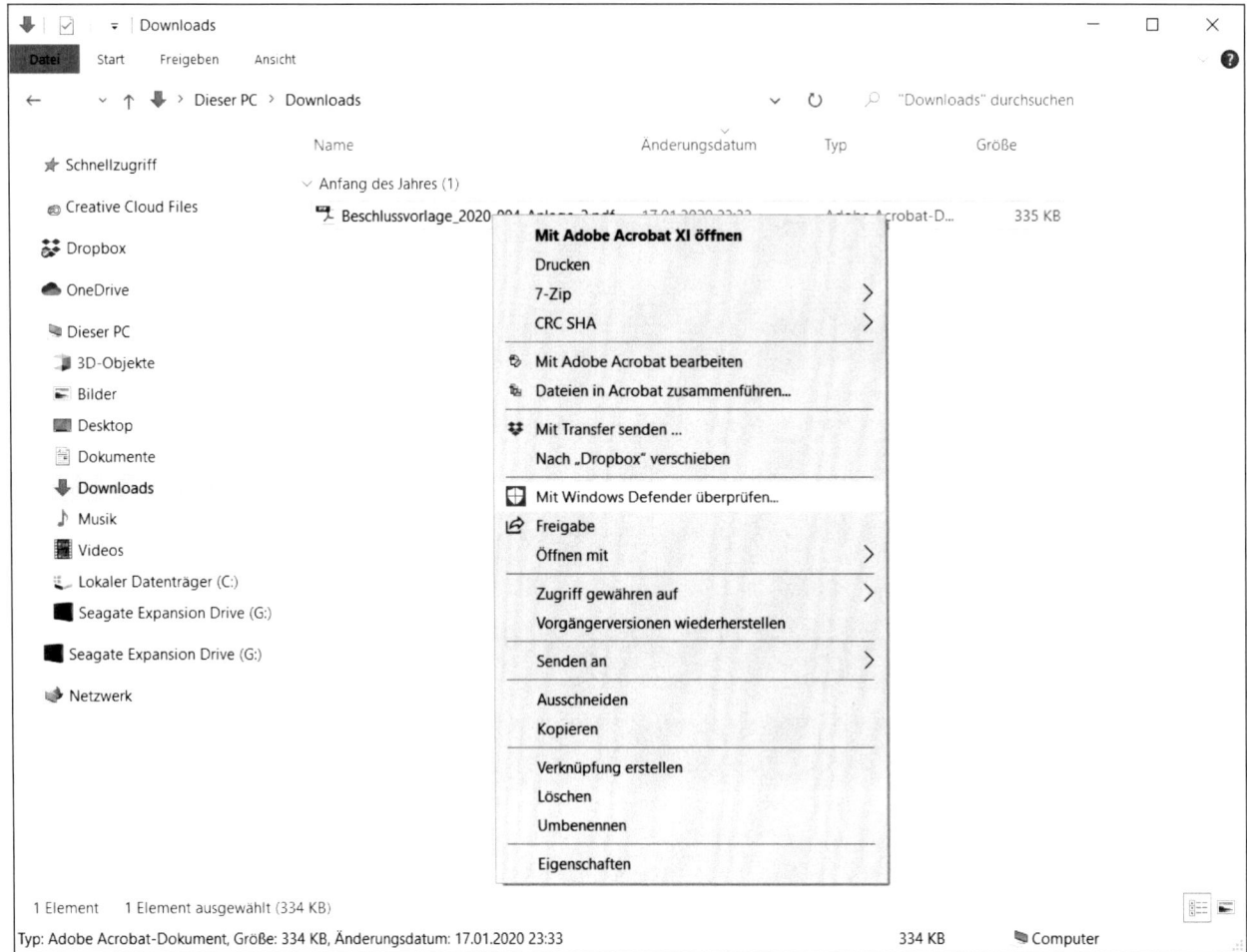

Der Windows Defender überprüft zwar automatisch im Hintergrund auf Aktivitäten von Schadprogrammen, Sie können ihn aber auch manuell auslösen. Dazu halten Sie den Mauszeiger über der zu überprüfenden Datei und rufen mit einem Klick auf die rechte Maustaste das Kontextmenü auf. Hier klicken Sie auf *Mit Windows Defender überprüfen.*

12.4 Anonymität und Sicherheit im Web

Zuerst die gute Nachricht: Wenn Sie mit Ihrem Browser Webseiten aufrufen, brauchen Sie keine Angst zu haben, dass plötzlich ein Hacker Ihre persönlichen Daten abgreift oder Viren auf Ihrem Rechner installiert.

Wichtig ist aber, dass Sie immer die aktuellste Version Ihres Webbrowsers einsetzen, denn manchmal werden Fehler in dessen Programmcode entdeckt, die von einem Hacker ausgenutzt werden könnten. Darüber kommen ab und zu nützliche weitere Funktionen hinzu.

Der Chrome- und der Firefox-Browser prüfen selbsttätig, ob ein Update vorliegt und installieren es automatisch beim nächsten Programmstart, während sich Microsoft Edge und der Internet Explorer im Rahmen der regelmäßigen Betriebssystemupdates aktualisieren.

12.4.1 Anonymität

Grundsätzlich sind Sie mit Ihrem Webbrowser anonym unterwegs. Sie brauchen also keine Angst zu haben, dass Sie jemand »verpetzt«, wenn Sie beispielsweise Erotikseiten besuchen oder Webangebote zu sozial verpönten Themen nutzen.

Ganz anonym sind Sie aber nicht unterwegs, denn Ihr Webbrowser überträgt an alle besuchten Webserver Ihre IP-Adresse (IP steht für »Internetprotokoll«). Die IP-Adresse ist sozusagen Ihre Hausadresse, an die alle abgerufenen Webseiten übertragen werden. Weil die IP-Adresse aus einem großen Pool des Providers stammt und regelmäßig gegen eine neue ausgetauscht wird, lässt sich daraus nicht auf einen einzelnen Nutzer schließen.

Die meisten Internetanbieter verwalten für jede größere Stadt einen IP-Adressen-Pool. Deshalb lässt sich häufig der Standort des Internetnutzers auf einige dutzend Kilometer genau eingrenzen. Weil alle Internetanbieter die von ihren Kunden genutzten IP-Adressen für einige Wochen bis Monate speichern, lassen sich illegale Aktivitäten einfach bestimmten Internetanschlüssen und damit Personen zuordnen.

Visitor Analysis & System Spec

Referring URL:	(No referring link)		
Host Name:	p548268E8.dip0.t-ipconnect.de	**Browser:**	Firefox 47.0
IP Address:	84.130.104.208 — [Label IP Address]	**Operating System:**	Win10
Location:	Trier, Rheinland-pfalz, Germany	**Resolution:**	1680x1050
Wiederkehrende Besucher:	0	**JavaScript:**	Enabled
Visit Length:	31 seconds	**ISP:**	Deutsche Telekom Ag

Navigation Path

Date	Time	WebPage
26 Jul	17:28:50	(No referring link) www.das-praxisbuch.de/impressum/
26 Jul	17:29:03	www.das-praxisbuch.de/impressum/ www.das-praxisbuch.de/buch/?c=1
26 Jul	17:29:15	www.das-praxisbuch.de/buch/?c=1 www.das-praxisbuch.de/buch/?p=6&c=1
26 Jul	17:29:21	www.das-praxisbuch.de/buch/?p=6&c=1 www.das-praxisbuch.de/buch/?isbn=9783945680278

Websites können zwar einen Besucher nicht identifizieren, erfahren aber trotzdem einiges über ihn. Im Beispiel kommt der Besucher aus Trier (oder einem Nachbarort) und verwendet als Webbrowser Firefox unter Windows 10. Innerhalb von 31 Sekunden wurden vom Besucher zudem nacheinander 4 Webseiten aufgerufen.

12.4.2 Aufruf illegaler Webseiten

Im Web existieren Hundertausende Webseiten, die zu Straftaten aufrufen, Raubkopien von Software, Musik und Spielfilmen anbieten oder kriminelle Dienste wie Geldwäsche oder Glückspiele vermarkten. Wir können Ihnen garantieren, dass Sie früher oder später auf einer dieser illegalen Seiten landen werden.

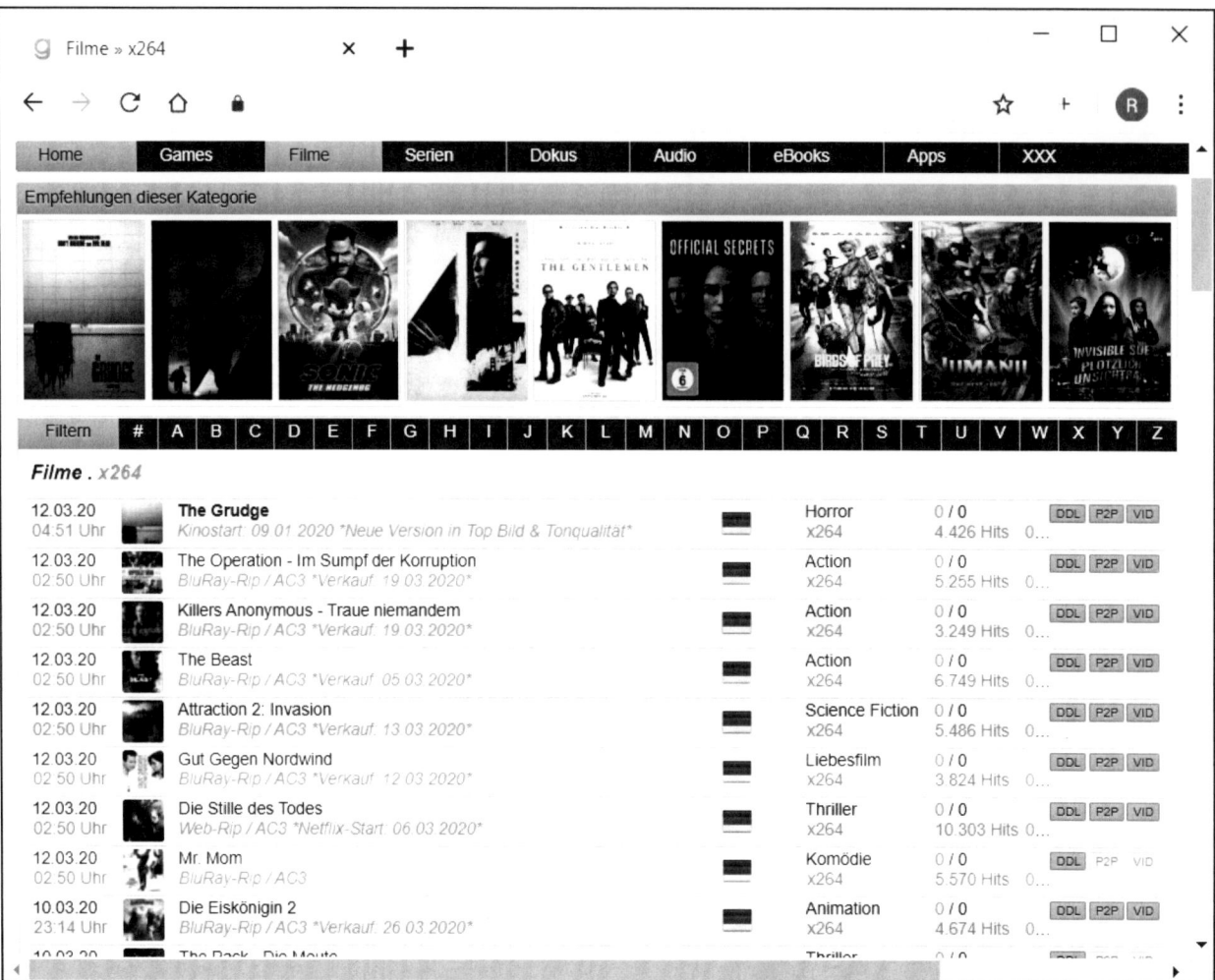

Meistens erkennt man sehr schnell, dass eine Website mit strafbaren Inhalten vorliegt. Im Beispiel werden Hunderte aktueller Spielfilme zum kostenlosen Download angeboten. Wir raten natürlich davon ab, davon Gebrauch zu machen.

Sollten Sie auf ein offenbar illegales Angebot gestoßen sein, dann empfehlen wir Ihnen, dieses möglichst schnell wieder zu verlassen. Sie brauchen in der Regel keine Angst zu haben, irgendwie rechtlich belangt zu werden, zumal die meisten illegalen Angebote, vor deutschen Strafverfolgern geschützt, im Ausland sitzen. Die im Beispiel gezeigte Website, deren Namen wir hier nicht nennen möchten, ist zum Beispiel schon mehr als 15 Jahre aktiv.

12.4.3 Cookies

Viele Websites, zum Beispiel Online-Shops, sind darauf angewiesen, ihre Nutzer genau zu identifizieren. Über die im Kapitel *12.4.1 Anonymität* erwähnte IP-Adresse ist das leider nicht möglich, denn es können sich auch mehrere Anwender einen Internetanschluss teilen und deshalb mit der gleichen IP-Adresse unterwegs sein.

Gelöst wurde das Problem mit der Besucheridentifizierung durch sogenannte Cookies (engl. Kekse). Dabei handelt es sich um eine kleine Datei auf dem Rechner des Besuchers, die einen Code enthält.

Name: session-token

Inhalt: ‹6aGHxpx7DTmhaDevJ9k9LV3RbIFGUg1cQxYMpp2T0STYjfb/TY="

Domain: .amazon.de

Pfad: /

Senden für: Jeden Verbindungstyp

Gültig bis: Mittwoch, 23. Juli 2036 17:16:30

Beispiel für ein Cookie, das ein Online-Shop automatisch setzt.

Die Cookies haben ein vom Webseitenbetreiber eingestelltes Gültigkeitsdatum, das von wenigen Minuten bis zu mehreren Jahren reichen kann. Danach wird das jeweilige Cookie automatisch vom Webbrowser gelöscht.

Für den Anwender bringen Cookies einen gewaltigen Komfortgewinn, denn er muss sich nur einmalig beim verwendeten Online-Shop einloggen. Danach ist er bei jedem Shop-Besuch automatisch eingeloggt, selbst wenn er zwischendurch den Browser geschlossen hatte.

Weil die Cookies lokal auf der Festplatte des Webseitenbesuchers liegen, unterstützt jeder Webbrowser die Option, alle Cookies anzuzeigen beziehungsweise zu löschen. Wir verzichten in diesem Buch auf eine Erläuterung, wie das geht, denn das Löschen von Cookies ist sinnlos, weil sie sofort bei nächster Gelegenheit neu angelegt werden.

Nicht nur Online-Shops, sondern fast jede Webseite verwendet heute Cookies, um wiederkehrende Besucher zu identifizieren.

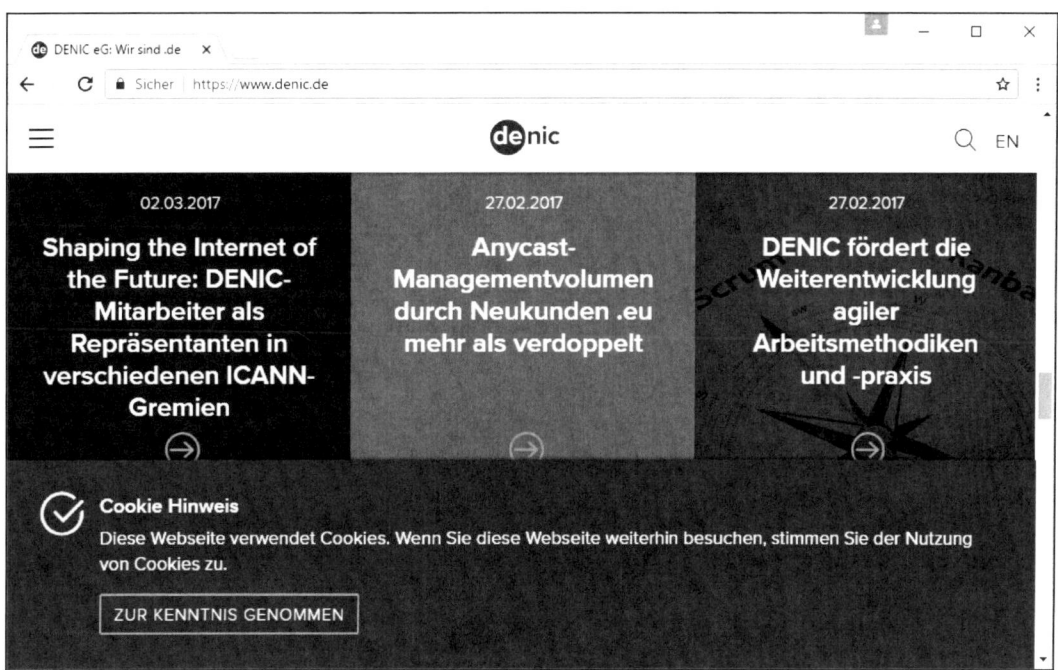

Viele Websites zeigen beim ersten Besuch einen Cookie-Hinweis an. Damit setzen die Website-Betreiber gesetzliche Vorgaben zum Datenschutz um. Schließen Sie einfach den Hinweis mit der entsprechenden Schaltleiste.

12.5 Werbung – und wie man sie bekämpft

Alle Webangebote müssen sich irgendwie finanzieren. Seit vielen Jahren gehören deshalb Werbeanzeigen – im Neudeutsch als Werbebanner oder Banner bezeichnet – zum Erscheinungsbild vieler Websites.

Werbeanzeigen sind auf seriösen Websites wie Handelsblatt (*www.handelsblatt.com*) meist deutlich also solche erkennbar. Je nach Vereinbarung mit dem Werbetreibenden erhält der Website-Betreiber für jede Werbeeinblendung, für jeden Besucherklick oder sogar nur für jeden Klick mit anschließendem Kauf eine Provision.

Die Werbung wird in der Regel nicht auf Seriosität überprüft. Deshalb finden Sie sogar auf Websites seriöser Medien wie Stern, Welt, FAZ oder Zeit häufig Anzeigen für überteuerte oder zumindest zweifelhafte Produkte oder Dienstleistungen.

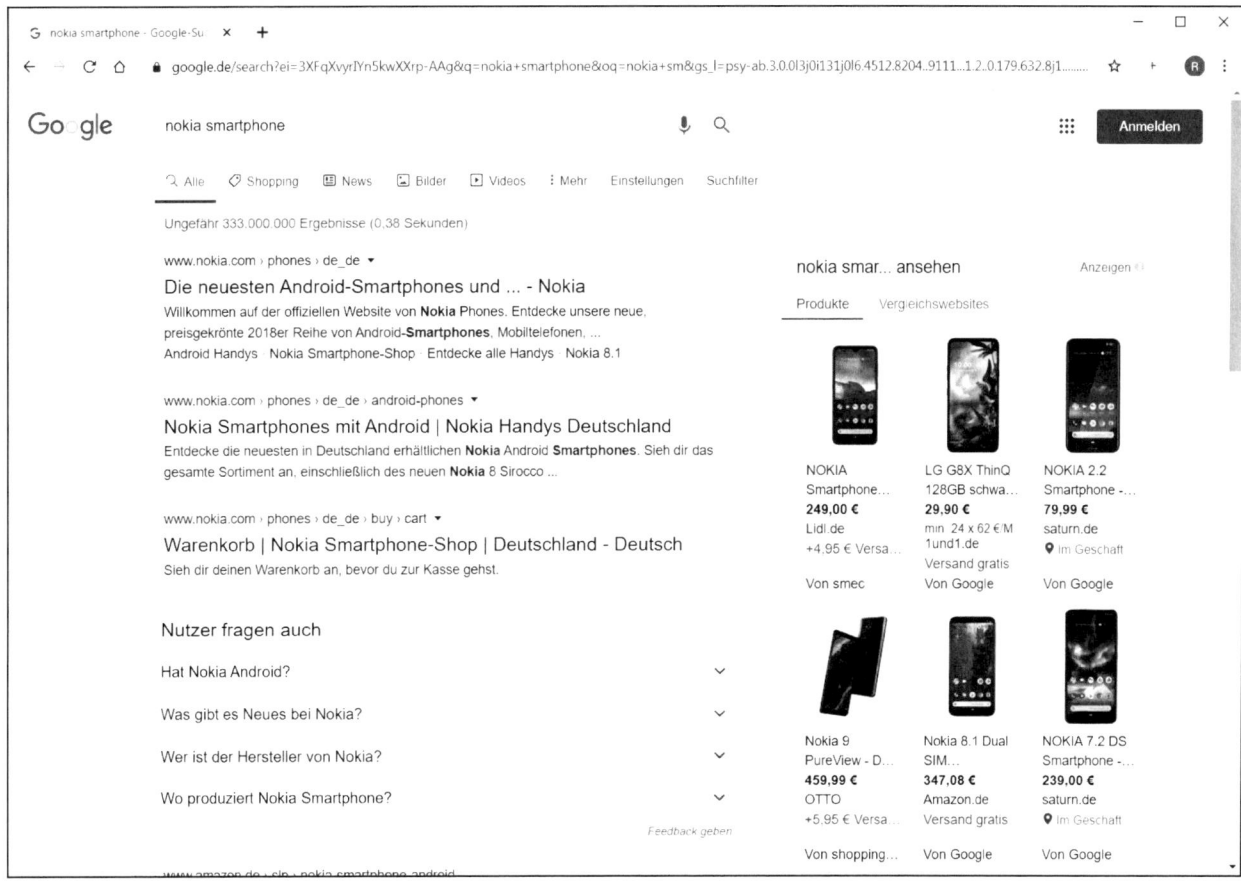

Auch die Google-Suchmaschine (siehe Kapitel *4 Google-Suche*) finanziert sich über Werbung, die über und neben den eigentlichen Suchergebnissen angezeigt wird.

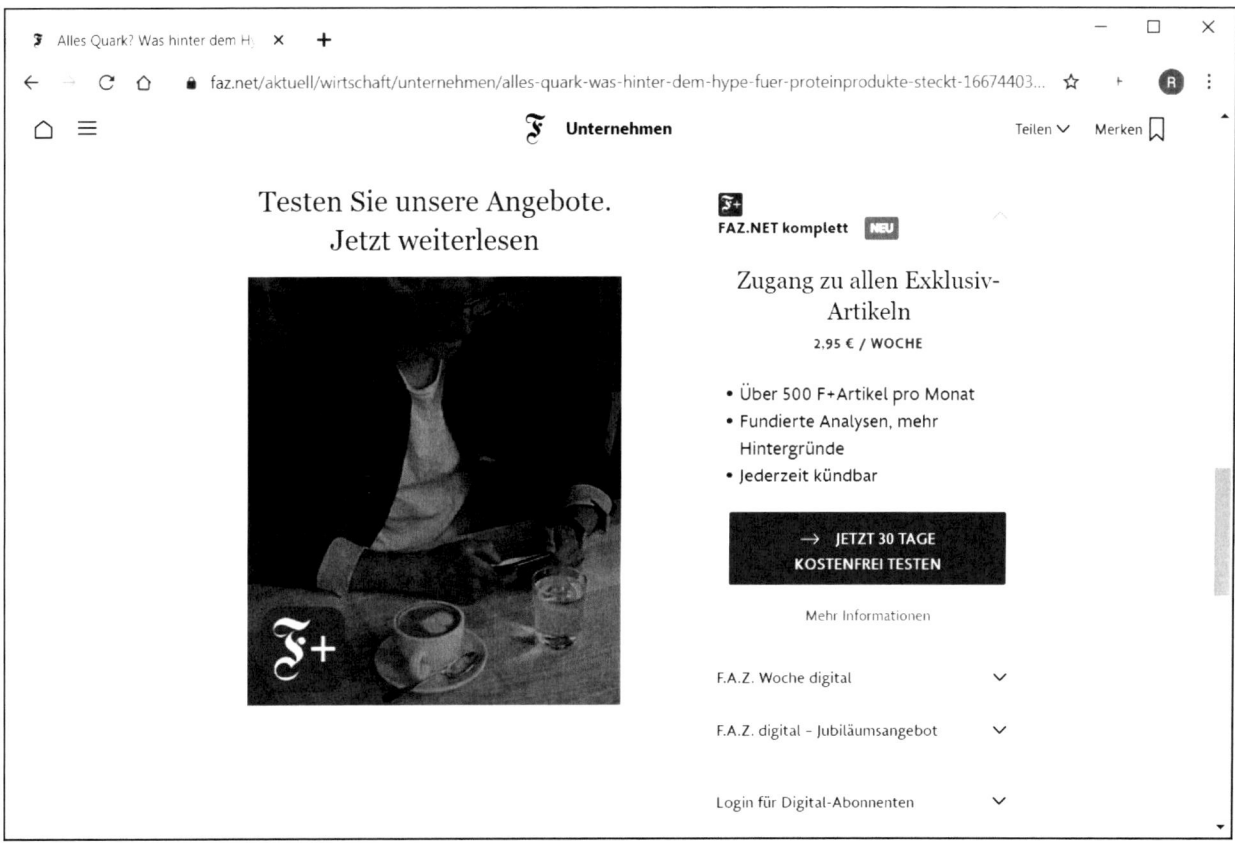

Die mit Werbeanzeigen erzielten Beträge reichen häufig nicht zur Finanzierung aus. Viele Nachrichtenseiten haben deshalb ihr Angebot inzwischen eingeschränkt. Wer dort alle Artikel lesen möchte, muss ein kostenpflichtiges Abo abschließen.

12.5.1 Werbeblocker

In den letzten Jahren hat eine Art »Entfremdung« zwischen den Website-Besuchern und den Betreibern stattgefunden. Viele Besucher sind die blinkenden Werbebanner leid, welche von den Website-Inhalten ablenken und darüber hinaus die Webseitenladezeit erheblich erhöhen. Deshalb werden heute Werbeblocker angeboten, die dafür sorgen, dass der Browser Werbung erst garnicht lädt und anzeigt.

Grundsätzlich empfehlen wir einen installierten Adblocker zumindest auf Webseiten auszuschalten, die Ihnen gefallen. Eine weitere Möglichkeit ist das Abschließen eines Online-Abos auf mancher Website. Gegen einen geringen monatlichen Obulus deaktiviert der Website-Betreiber die Werbung beziehungsweise schaltet weitere Inhalte für Sie frei.

Verschiedene Werbeblocker sind als Zusatzprogramm (»Erweiterung«) für die Webbrowser Chrome verfügbar. Im Kapitel *9.2.1 Chrome-Erweiterung installieren* haben wir übrigens schon einen Werbeblocker vorgestellt, dessen Funktionsweise wir hier genauer beschreiben möchten.

In den Chrome-Erweiterungen (siehe Kapitel *9.2 Chrome-Erweiterungen*) stehen zahlreiche – mehr oder weniger effektive – Werbeblocker zur Verfügung. Suchen Sie einfach nach »Werbeblocker«.

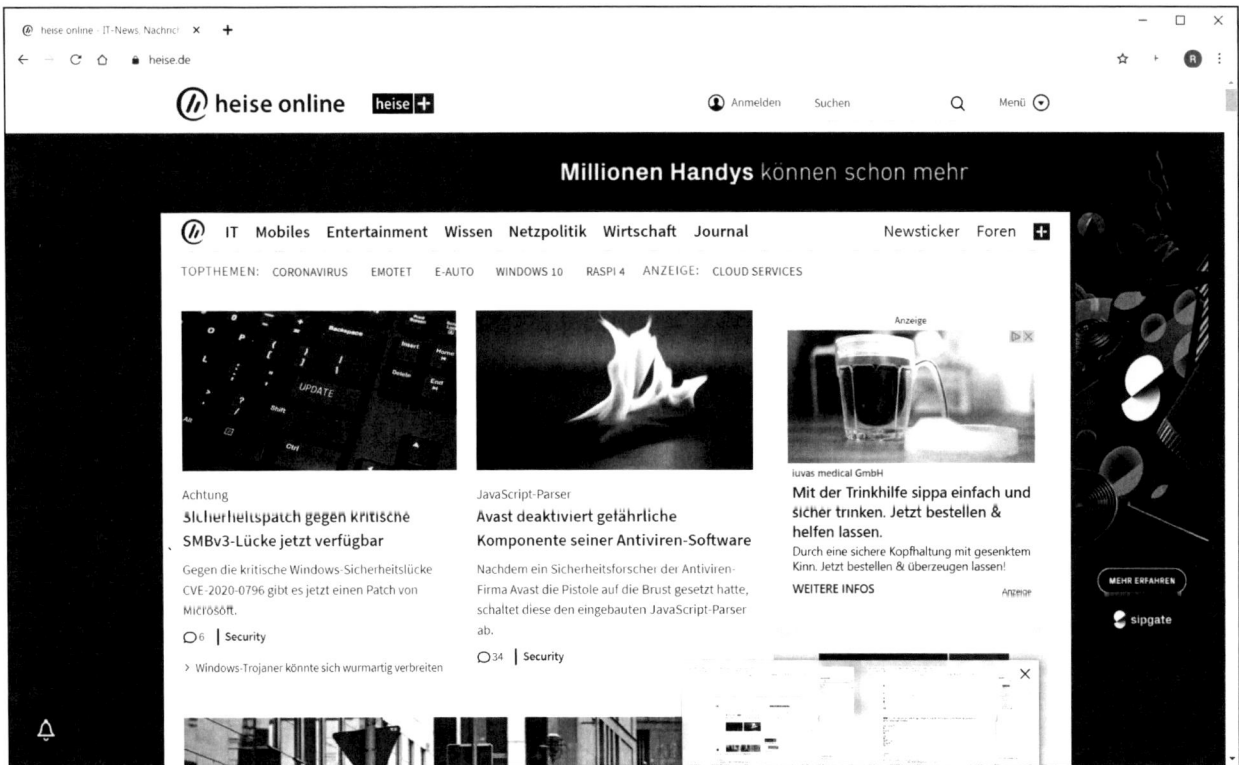

Beispiel: Webseite mit Werbung…

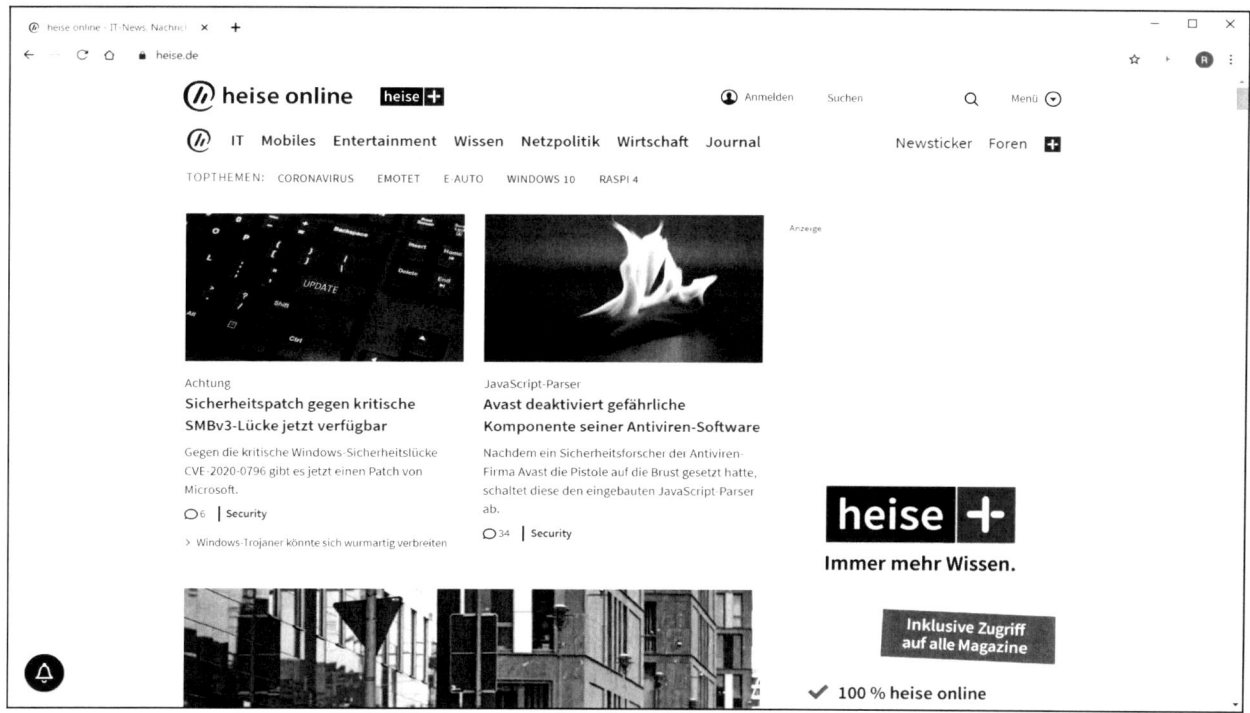

… und die gleiche Webseite mit eingeschaltetem Werbeblocker.

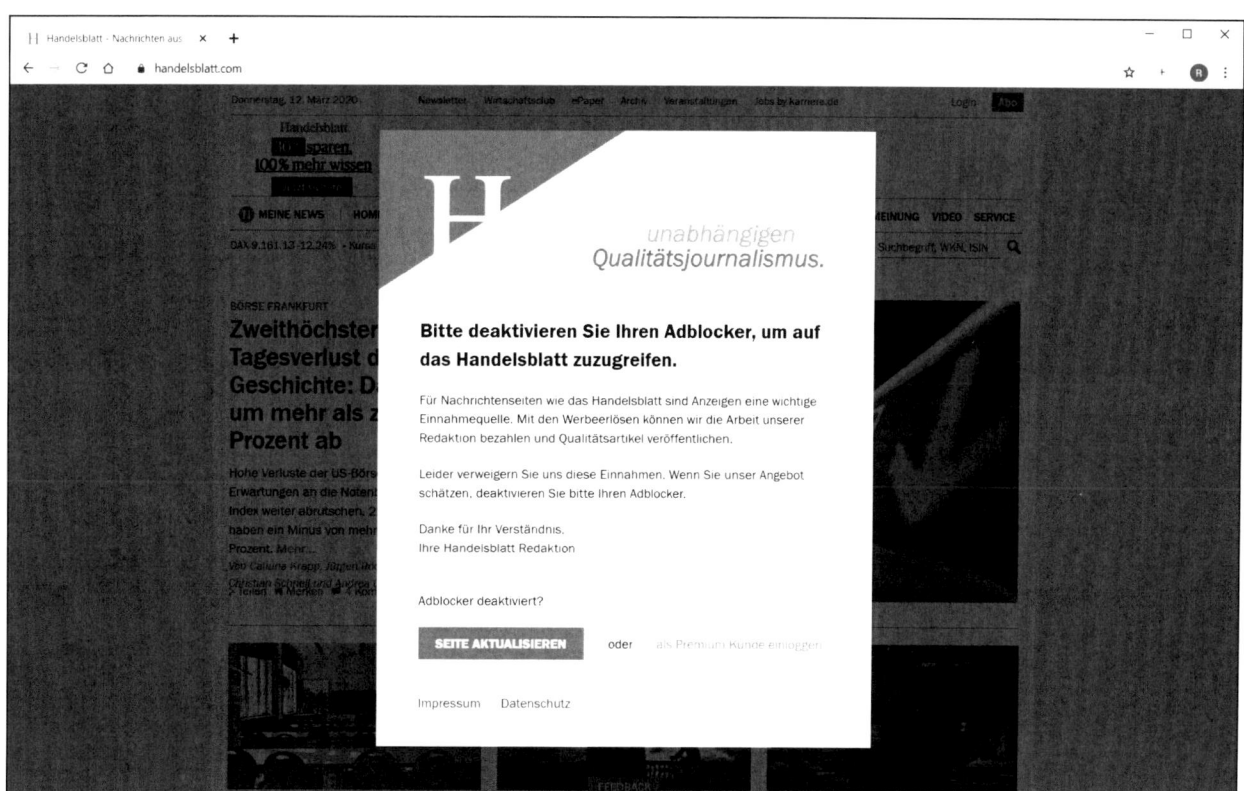

Einige Websites blockieren Besucher mit eingeschaltetem Werbeblocker. Für diesen Fall lässt sich der Werbeblocker aber einfach deaktivieren, wie wir Ihnen als Nächstes zeigen.

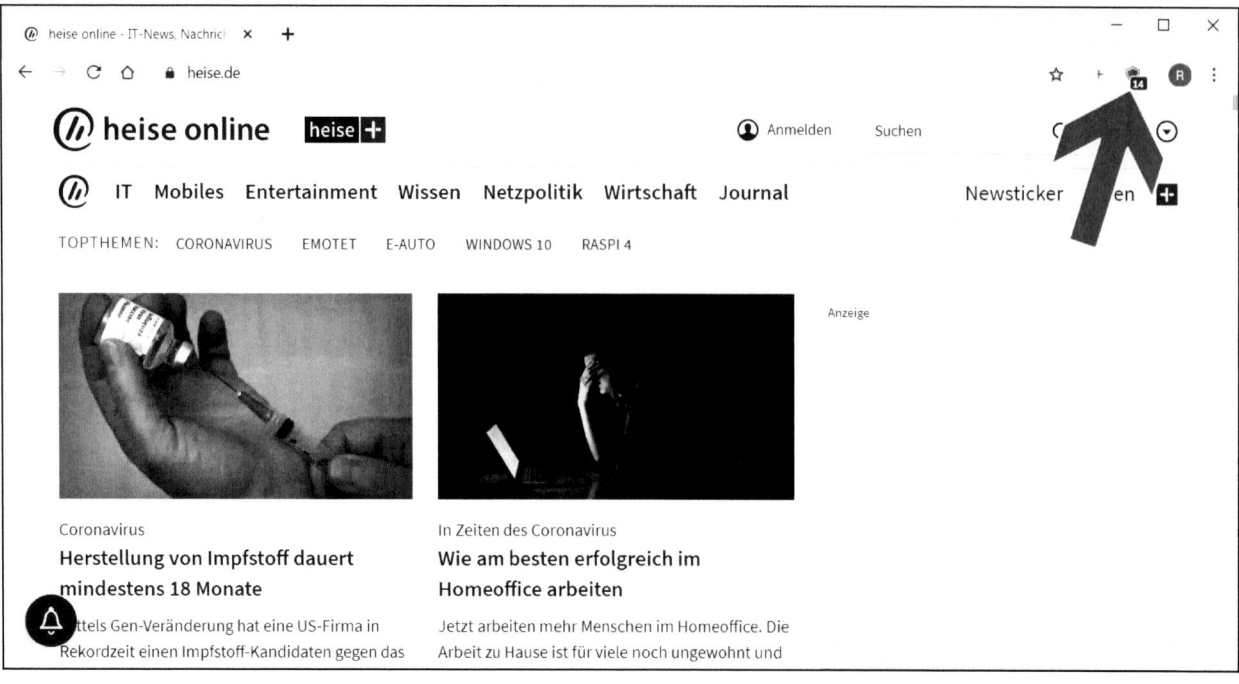

Klicken Sie das Symbol des Werbeblockers an.

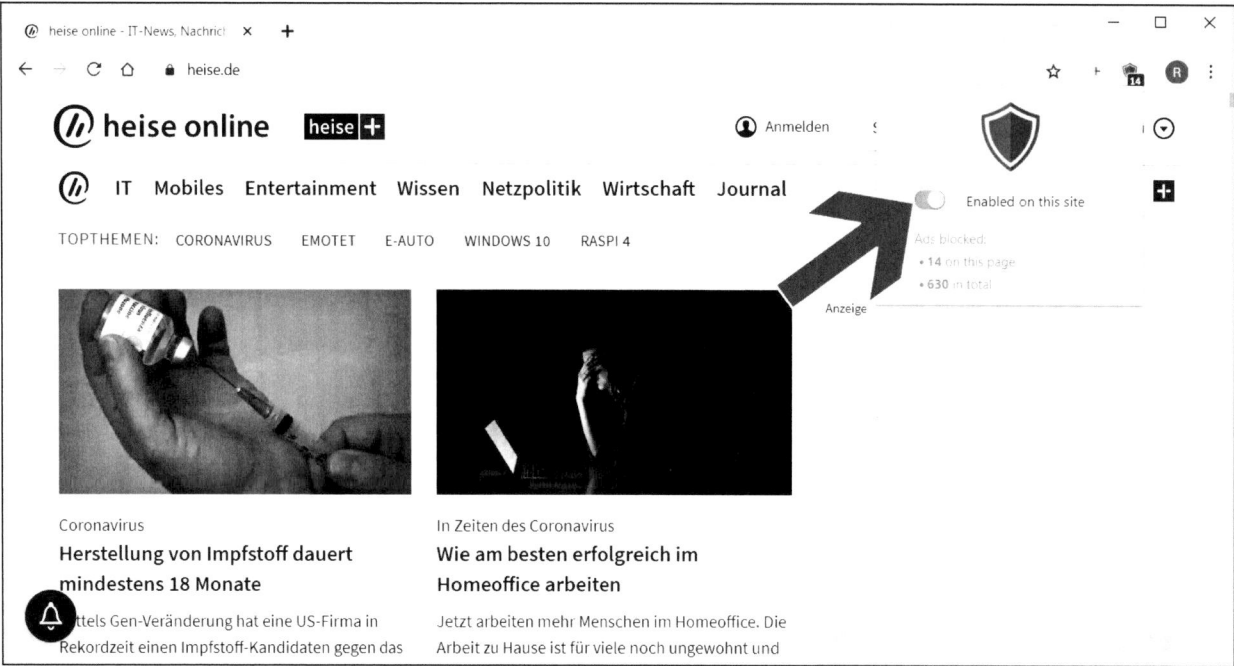

Ein Klick auf die grüne Schaltleiste deaktiviert den Blocker für alle Webseiten der aktuell geöffneten Website. Klicken Sie erneut darauf, um den Blocker wieder einzuschalten.

13. Google Notizen

Google Notizen ist ein elektronisches Notizbuch. Ihre darin verwalteten Texte, Bilder und Audio-aufnahmen werden automatisch in Ihrem Google-Konto abgelegt und stehen dann auch auf Android-Geräten zur Verfügung (dort müssen Sie meistens erst Google Notizen aus dem Google Play Store installieren).

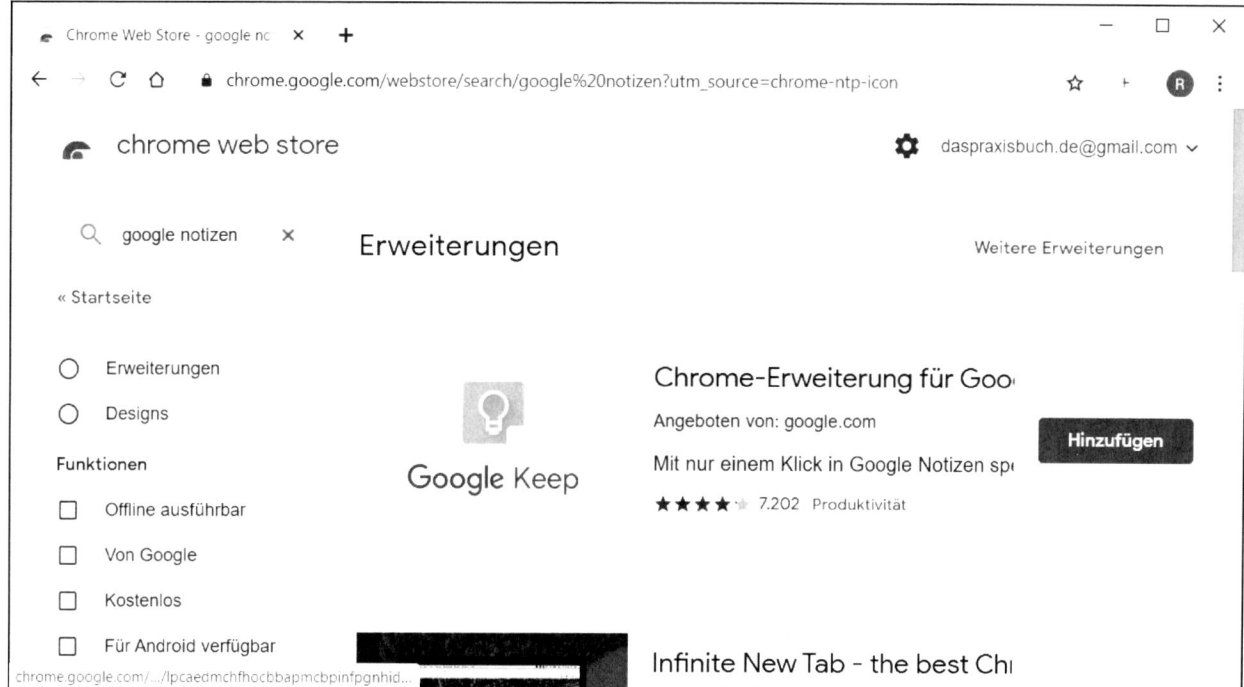

Suchen und installieren Sie *Google Notizen* im Web Store (siehe Kapitel *9.1 Webstore*). Dort wird sie auch als *Google Keep* bezeichnet. Diese Erweiterung ist zwar nicht unbedingt nötig, wir gehen aber trotzdem später noch darauf ein.

Rufen Sie die Webadresse *keep.google.com* im Browser auf. In der Menüleiste finden Sie die Ein-träge:

- *Notizen* ist Ihr Arbeitsbereich, in dem Sie alles sammeln, was gerade aktuell ist oder noch abgearbeitet werden muss.

- *Erinnerungen*: Hier finden Sie alle Notizen, die von Ihnen mit einer zeitlichen oder örtlichen Erinnerung versehen wurden.

- *LABELS*: Erstellen Sie sogenannte Label (Kategorien), die Sie dann Ihren Notizen zuweisen. Die Anzeige lässt sich auf bestimmte Label eingrenzen.

- Wenn Sie eine Notiz nicht mehr benötigen, können Sie sie in das *Archiv* verschieben.

- *Papierkorb*: Gelöschte Notizen landen für einige Zeit noch im Papierkorb, aus dem Sie sie gegebenenfalls wieder »retten« können.

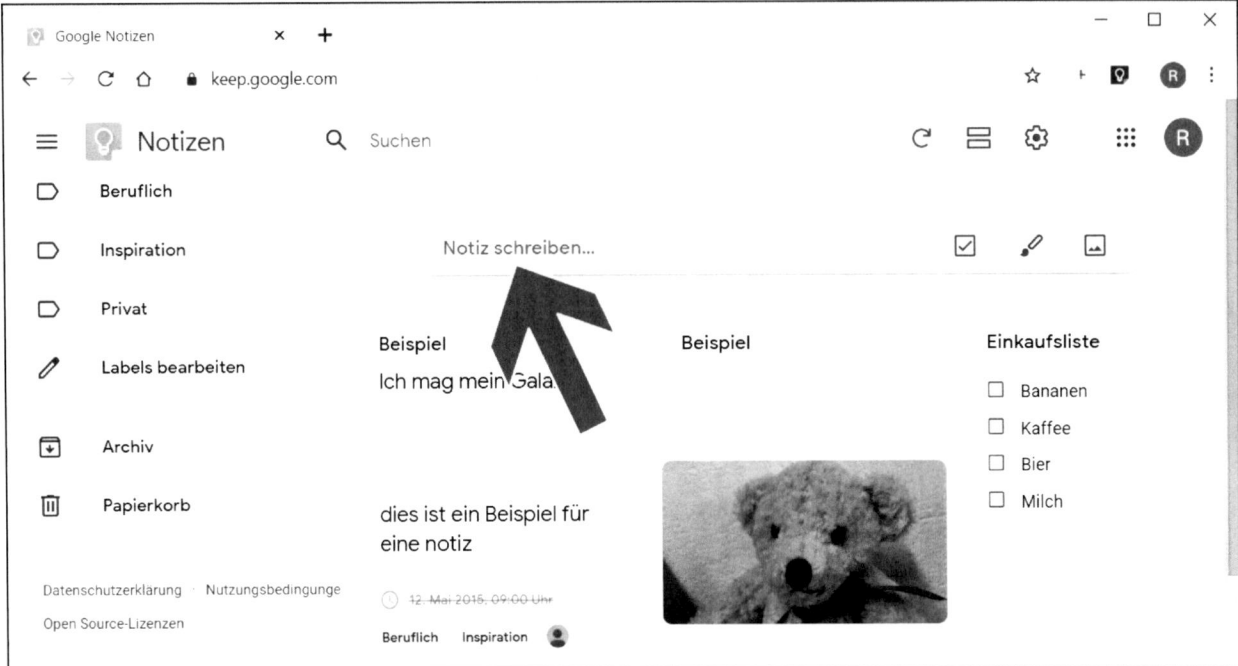

Klicken Sie zur Notizerstellung auf eine der Schaltflächen:

- *Notiz schreiben*: Notiz
- ☑: Listeneintrag
- ✎: Zeichnung
- ▣: Bild

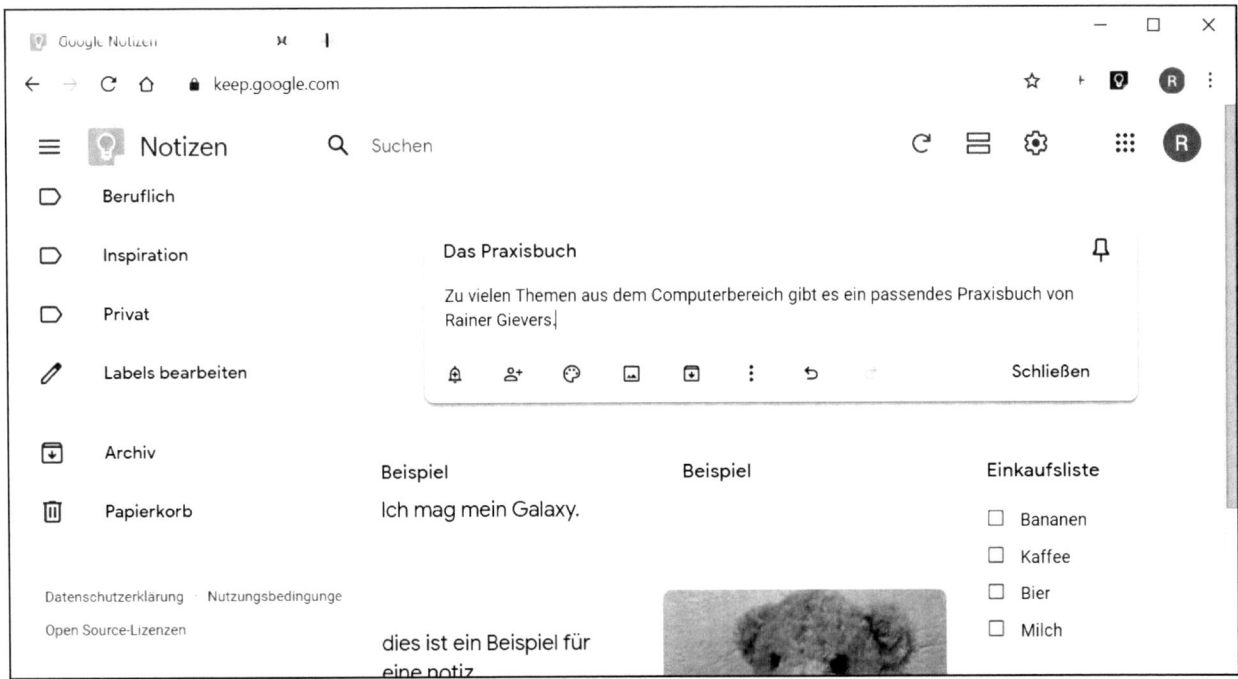

In diesem Beispiel haben wir auf *Notiz schreiben* geklickt. Erfassen Sie einen Text, wobei es empfehlenswert ist, auch das *Titel*-Eingabefeld auszufüllen. Die Bedeutung der Schaltleisten:

- 🔔: Fügt eine Erinnerung hinzu.
- 👤⁺: E-Mail-Adressen von Personen hinzufügen. Diese erhalten von Google eine E-Mail mit dem Notizentext.
- 🎨: Hintergrundfarbe ändern.
- 🖼: Bild hinzufügen.
- 🗇: Archivieren.

Die Notiz speichern Sie dann mit *Schließen*.

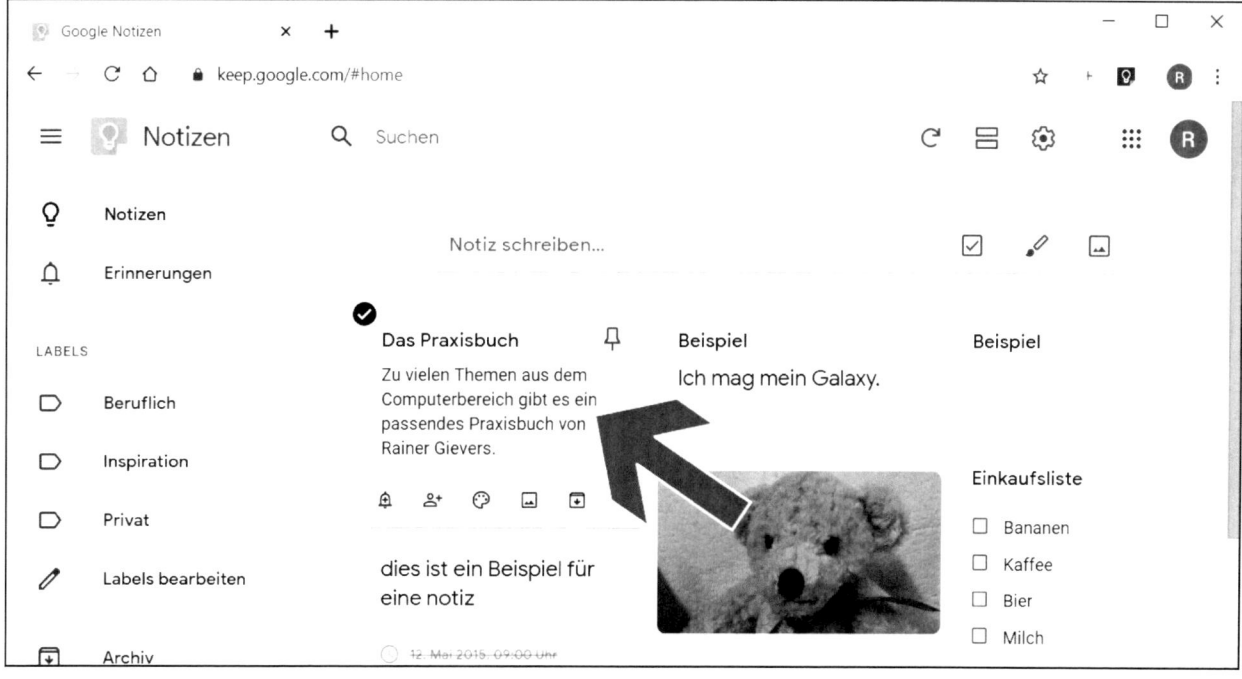

Zum Bearbeiten des Notizentextes klicken Sie einfach auf die Notiz.

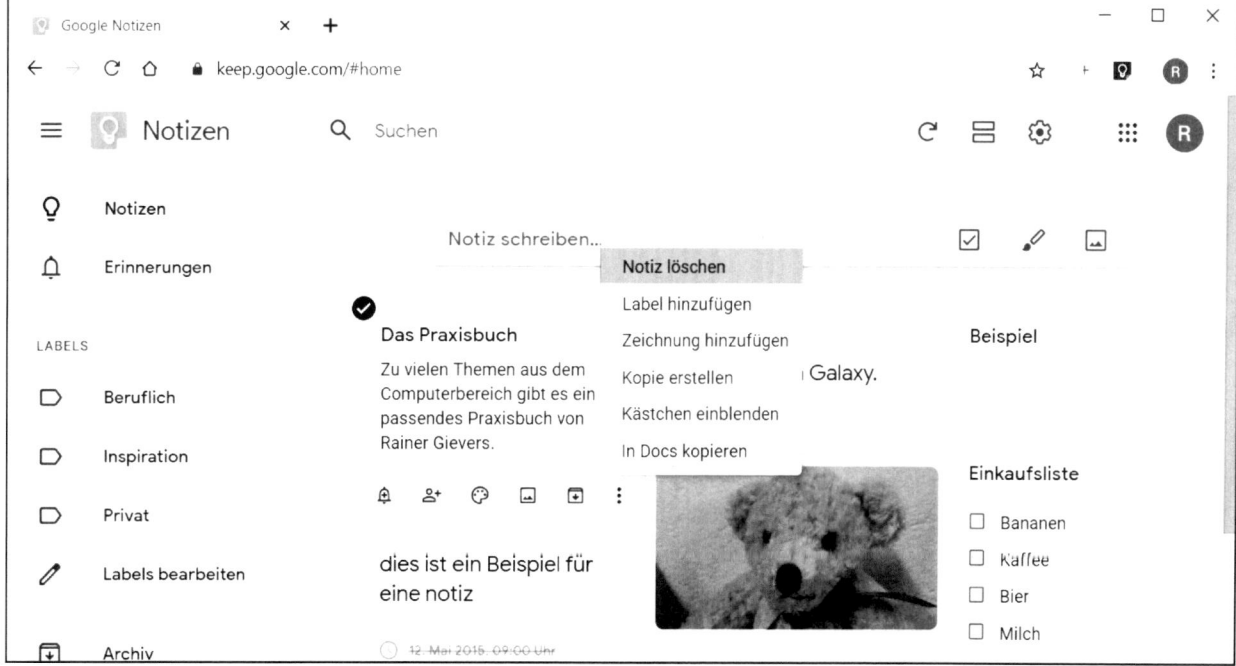

Über das *Notiz löschen* aus dem ⋮-Menü entfernen Sie die Notiz wieder.

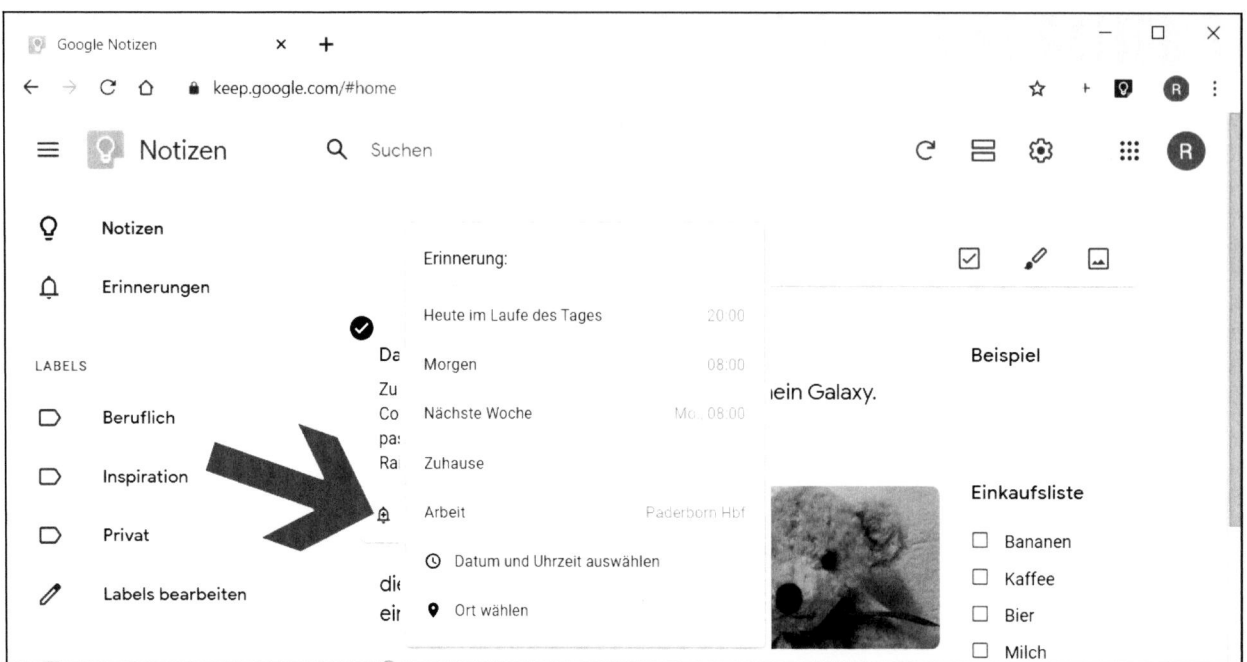

Eine Besonderheit von Google Notizen ist die Möglichkeit, Notizen für die Wiedervorlage einzurichten. Klicken Sie dafür während der Notizenerstellung oder Bearbeitung auf 🔔 (Pfeil).

Zur Auswahl stehen zwei verschiedene Erinnerungsarten:

- Zeitlich: Zu einer bestimmten Tageszeit (Morgens, Nachmittags, Spätnachmittags, Abends) oder zu einer exakten Uhrzeit weist Sie das Programm auf die fällige Notiz hin:

    ○ *Heute im Laufe des Tages*

    ○ *Morgen*

    ○ *Nächste Woche*

    ○ *Datum und Uhrzeit auswählen*

- Ortsbezogen: Weisen Sie Ihrer Notiz einen Standort zu. Sobald Sie diesen besuchen, werden Sie alarmiert. Beispielsweise können Sie einer Einkaufsliste den Namen und Standort eines Supermarkts eingeben und Google Notizen informiert Sie über die Notiz, sobald Sie sich dem Supermarkt nähern

    ○ *Zuhause; Arbeit*: In Google Maps können Sie Ihren Wohnort und die Arbeitsadresse hinterlegen, die hier dann zur Auswahl stehen.

    ○ *Ort wählen*

Die ortsbezogene Erinnerung können Sie zwar einstellen, aufgrund des fehlenden GPS-Empfängers Ihres PCs erhalten Sie aber leider keine entsprechende Erinnerung. Wir hatten aber bereits erwähnt, dass es die Google Notizen-Anwendung auch für Android gibt und dort die Ortserinnerungen unterstützt.

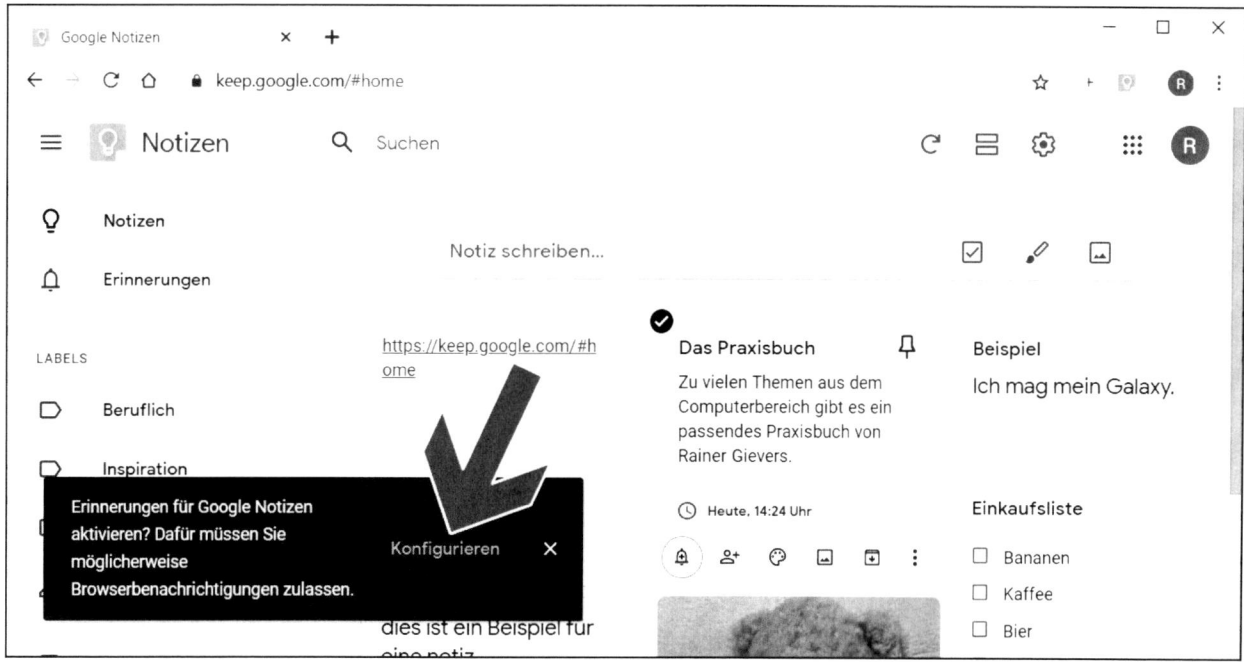

Nach kurzer Zeit wird der Chrome-Browser den Hinweis anzeigen »*Erinnerungen für Google Notizen aktivieren? Dafür müssen Sie möglicherweise Browserbenachrichtigungen zulassen*«. Klicken Sie auf *Konfigurieren* (Pfeil) und im folgenden Popup auf *Zulassen*. Die Google Notizen-Anwendung informiert Sie künftig über fällige Notizen, auch wenn Sie sie gerade nicht geöffnet haben.

13.1 Notiz zu einer Webseite erstellen

Google Notizen kann auch Webseiten speichern.

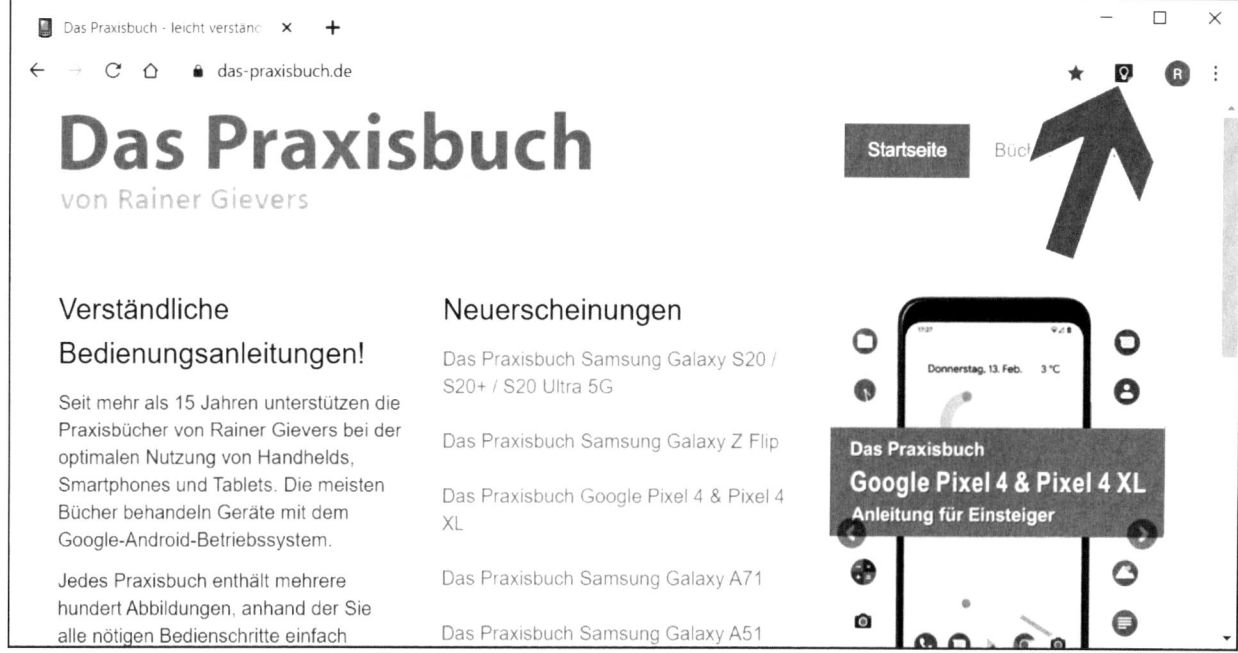

Klicken Sie neben der Adresszeile auf 🟡.

Die Notiz wird automatisch gespeichert. Bei Bedarf klicken Sie auf *Notiz schreiben*, worauf Sie noch einen Titel und eine Beschreibung eingeben können. Schließen Sie die Notiz dann mit der Esc-Taste.

Auch die Übernahme von Seiteninhalten ist vorgesehen: Markieren Sie einfach mit der Maus einen Bereich, bevor Sie auf 🔵 klicken.

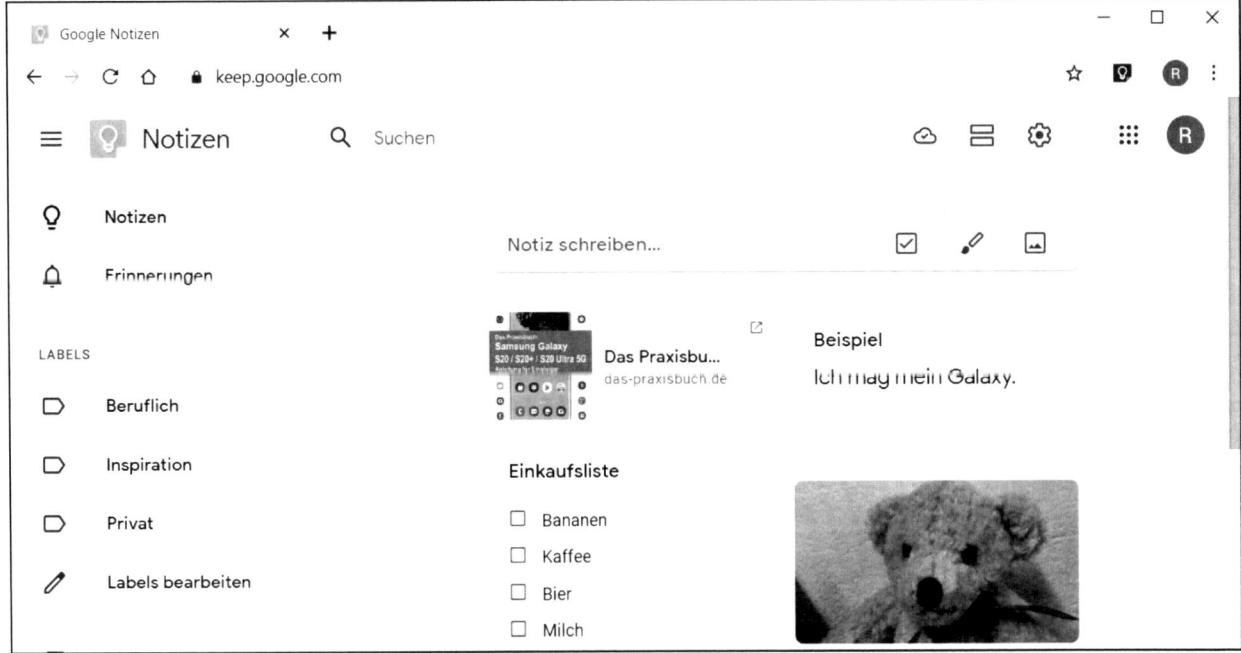

Die Notiz mit der Webadresse erscheint in Google Notizen.

13.2 Label

Sofern Sie sehr viele Notizen verwalten, lohnt sich der Einsatz der Label. Sie können dann die Notizenanzeige auf bestimmte Label einschränken.

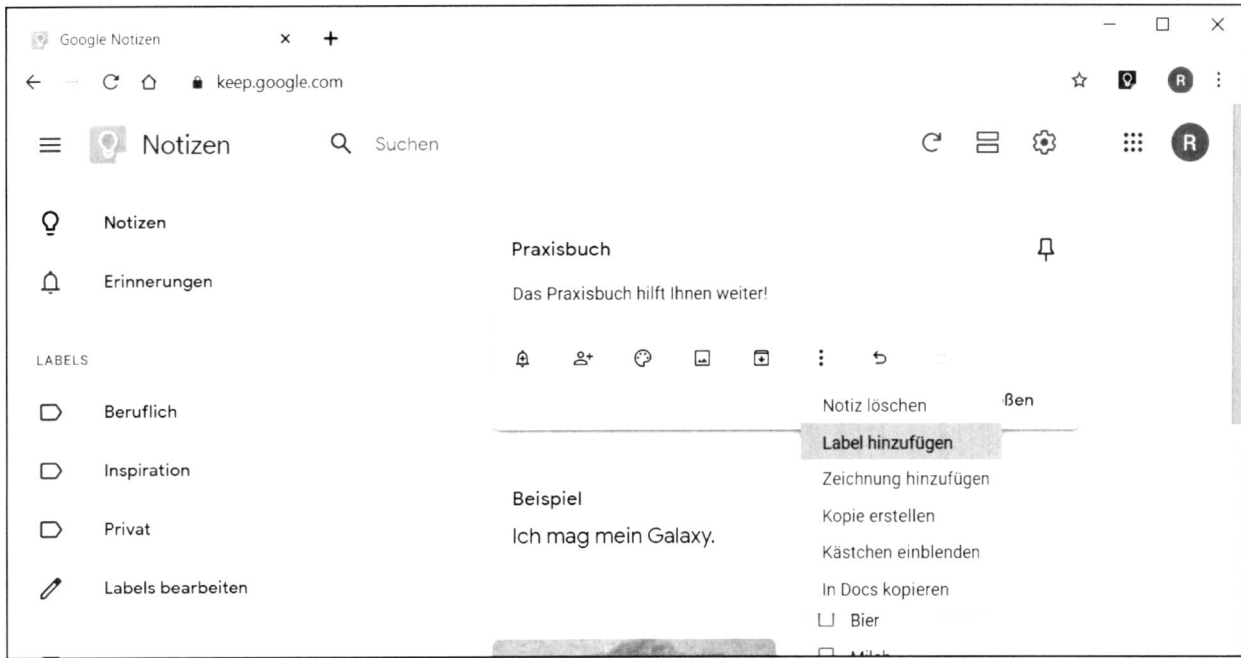

Ihr erstes Label erhalten Sie mit ⋮/*Label erstellen* während der Notizenanlage beziehungsweise Bearbeitung.

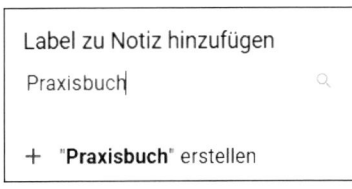

Erfassen Sie den Label-Namen und klicken Sie auf *"xxx" erstellen*. Bei Bedarf wiederholen Sie den beschriebenen Vorgang für die Anlage weiterer Label. Die Esc-Taste schließt das Label-Menü.

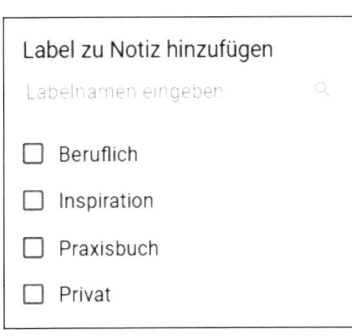

Künftig listet ⋮/*Label erstellen* die bereits vorhandenen Label auf, welche Sie einfach abhaken.

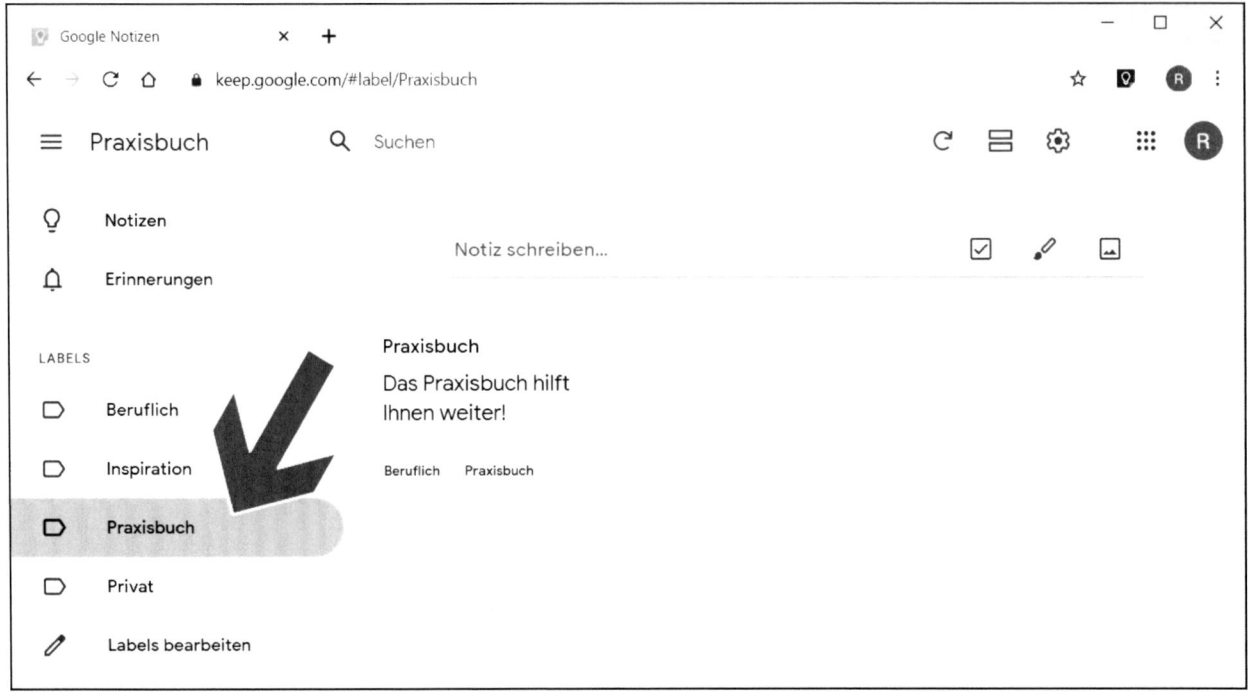

Die Anzeige schränken Sie über einen Klick auf ein Label in der Menüleiste ein.

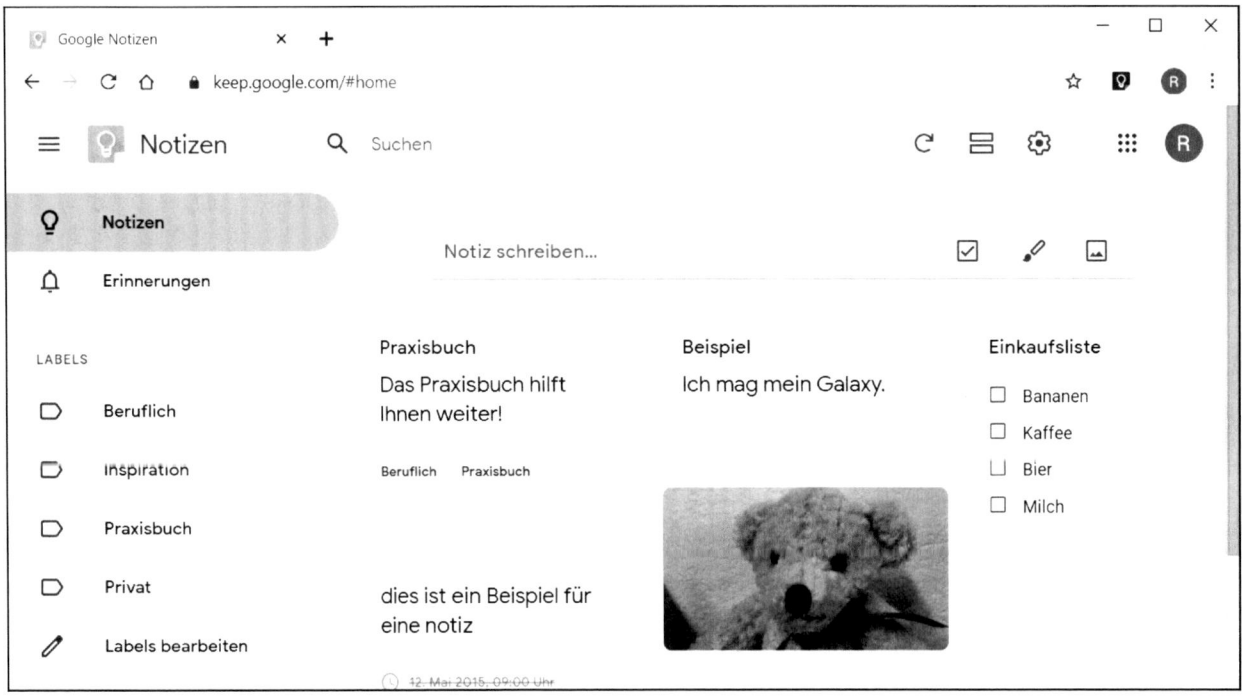

Notizen in der Menüleiste zeigt wieder alle Notizen an.

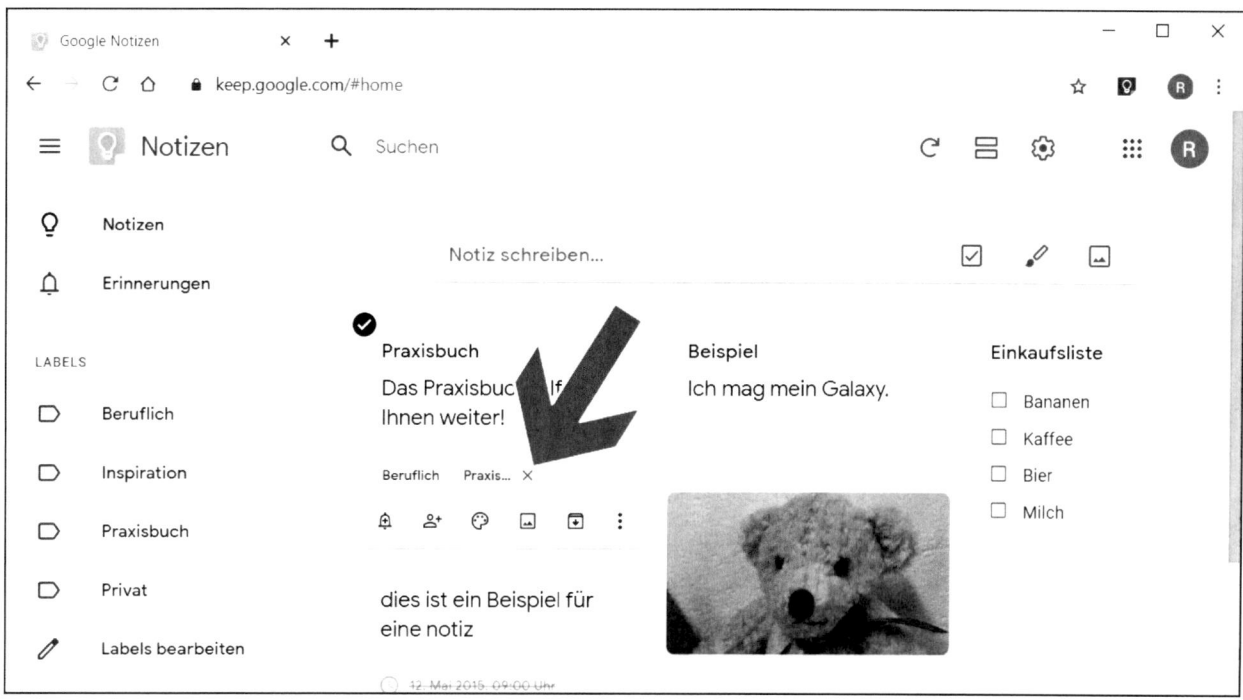

So entfernen Sie ein Label aus einer Notiz: Halten Sie den Mauszeiger über dem Label, bis ein ✕ angezeigt wird, das Sie anklicken.

14. Google Drive

Bei Google Drive handelt es sich um einen Online-Speicher, worin Sie beliebige Dateien ablegen. Das Arbeitsprinzip kennen Sie vielleicht schon vom Konkurrenten Dropbox. Google Drive ist mit Ihrem Google-Konto verknüpft und gehört bei Android-Handys und Tablets zum Standard-Lieferumfang.

Beachten Sie, dass Google Drive zwar 15 Gigabyte Online-Speicher zur Verfügung stellt, dieser aber mit anderen Google-Diensten, beispielsweise Google Fotos (siehe Kapitel *18 Google Fotos*) und Gmail (siehe Kapitel *7 Gmail*) geteilt wird.

Die übliche Vorgehensweise:

1. Laden Sie von Ihrem PC beliebige Dateien wie Fotos oder Office-Dokumente in Google Drive hoch.

2. Der Zugriff auf die Dateien lässt sich anschließend für andere Nutzer freigeben.

3. Wie bereits erwähnt, stehen die hochgeladenen Dateien auch durch die vorinstallierte Google Drive-Anwendung auf Android-Handys und Tablets zur Verfügung.

Zusätzlich unterstützt Google Docs das Erstellen und Bearbeiten von Microsoft Office-Dateien (Word, Excel und PowerPoint). Dies geschieht über die Zusatzprogramme Google Docs (Word-Dateien), Google Tabellen (Excel-Tabellendateien) und Google Präsentationen (PowerPoint-Präsentationsdateien).

Google Drive ist sehr umfangreich, weshalb wir hier nur auf die interessantesten Funktionen eingehen können.

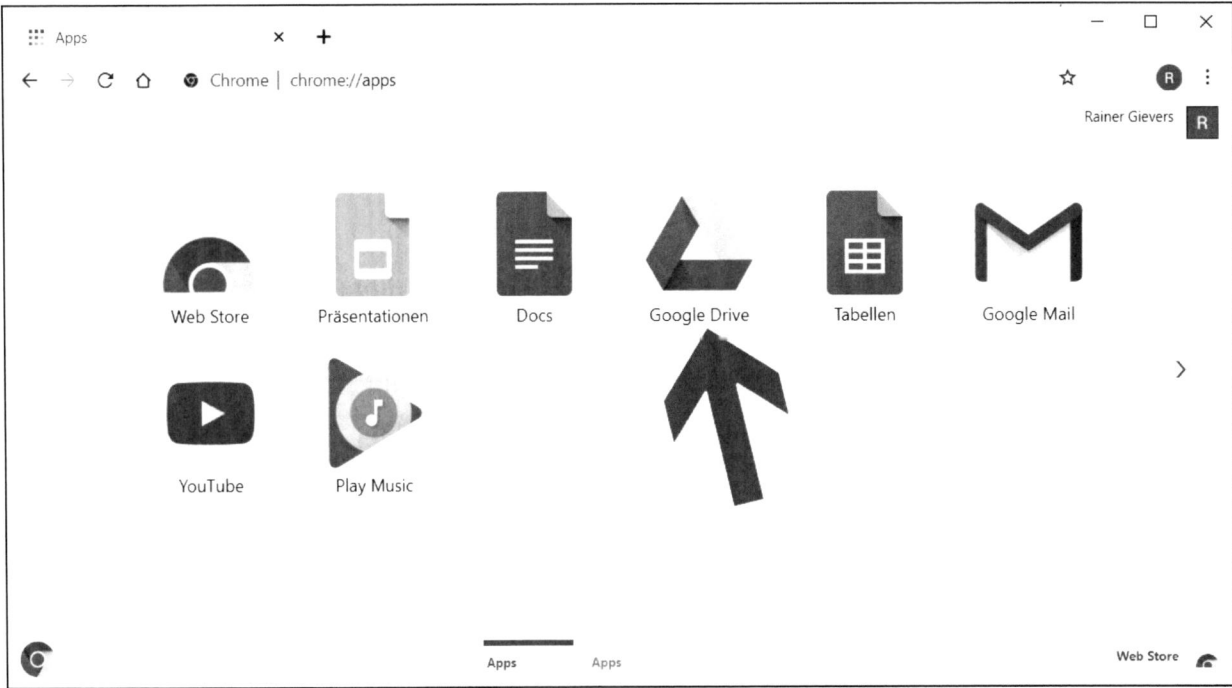

Starten Sie Google Drive aus dem Apps-Menü (siehe Kapitel *5.6 Schneller Apps-Aufruf*). Alternativ rufen Sie die Webadresse Webadresse *drive.google.com* auf.

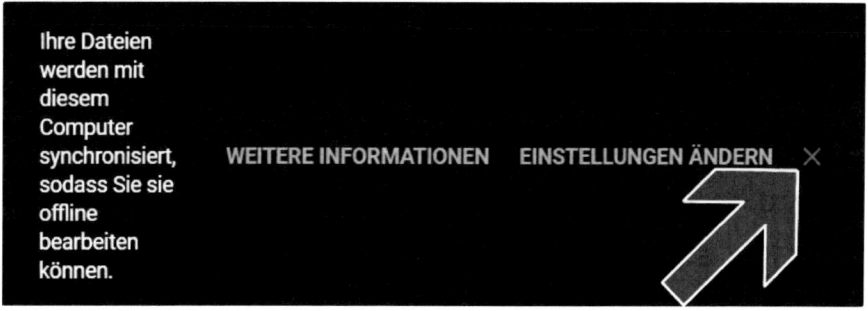

Google Drive weist Sie beim ersten Start auf die automatische Dateisynchronisation aufmerksam. Schließen Sie das Popup mit einem Klick auf ✕.

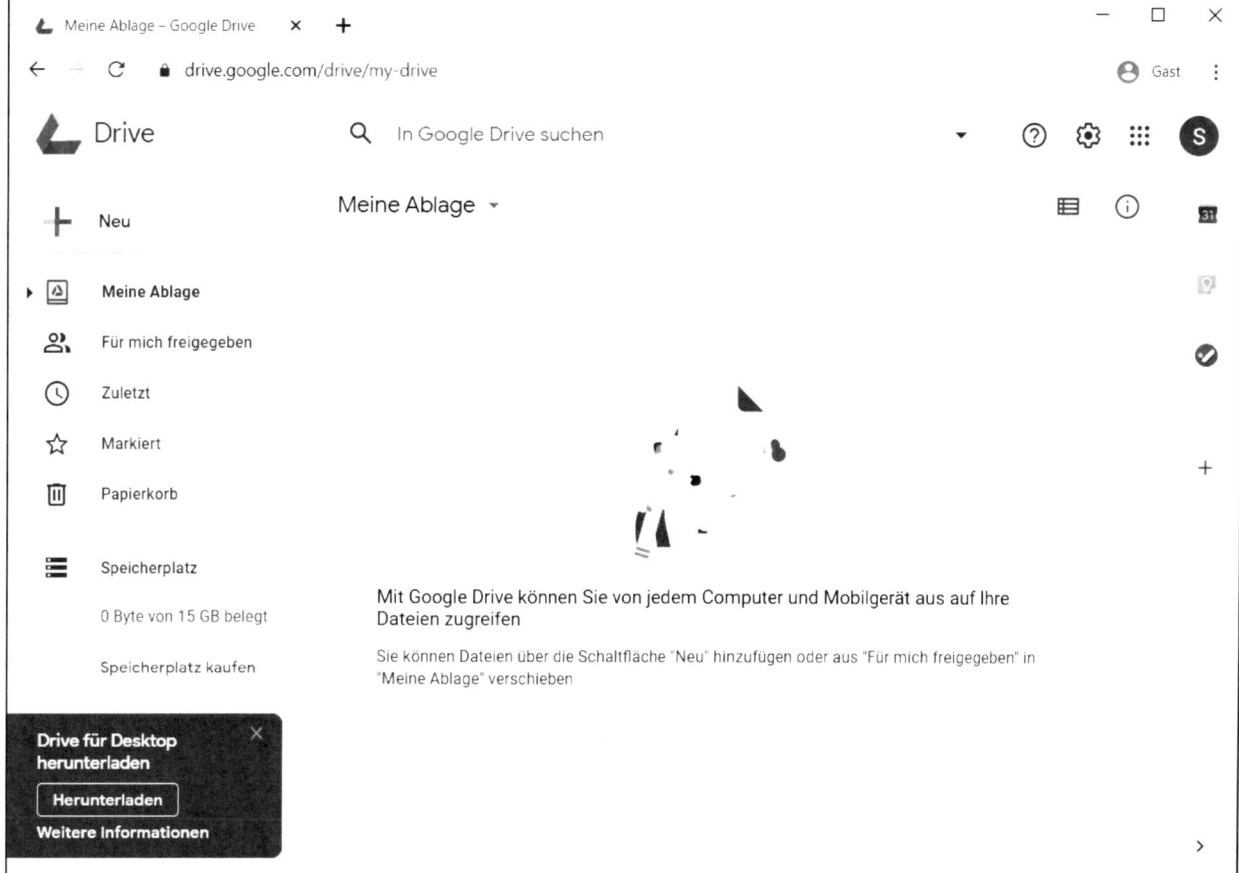

Zunächst sind natürlich noch keine Dateien in Ihrem Google Drive vorhanden.

Eine wichtige Rolle spielt bei Google Drive die Menüleiste auf der linken Seite:

- *Meine Ablage*: Alle von Ihnen in Google Drive erstellten Office-Dokumente, sowie hochgeladenen Dateien.

- *Für mich freigegeben*: Dateien anderer Google Drive-Nutzer, die Ihnen den Zugriff gestatten.

- *Zuletzt*: Dateien auf die Sie zuletzt zugegriffen haben (Zugriffsverlauf).

- *Markiert*: Von Ihnen als Favoriten markierte Dateien, beispielsweise weil Sie sie häufig nutzen.

- *Papierkorb*: Gelöschte Dateien bleiben im Papierkorb erhalten und lassen sich gegebenenfalls wiederherstellen. Erst wenn Sie den Papierkorb »leeren«, sind die Dateien tatsächlich weg.

- *Speicherplatz*: Informiert über den freien und belegten Speicherplatz auf Google Drive.

- *Speicherplatz kaufen*: Falls der von Ihnen benötigte Speicher nicht ausreicht, mieten Sie von Google zusätzlichen Platz.

- *Drive für Desktop herunterladen*: Google offeriert eine PC-Software, welche ausgewählte Verzeichnisse automatisch in Google Drive hochlädt.

14.1 Dateien bei Google Drive hochladen

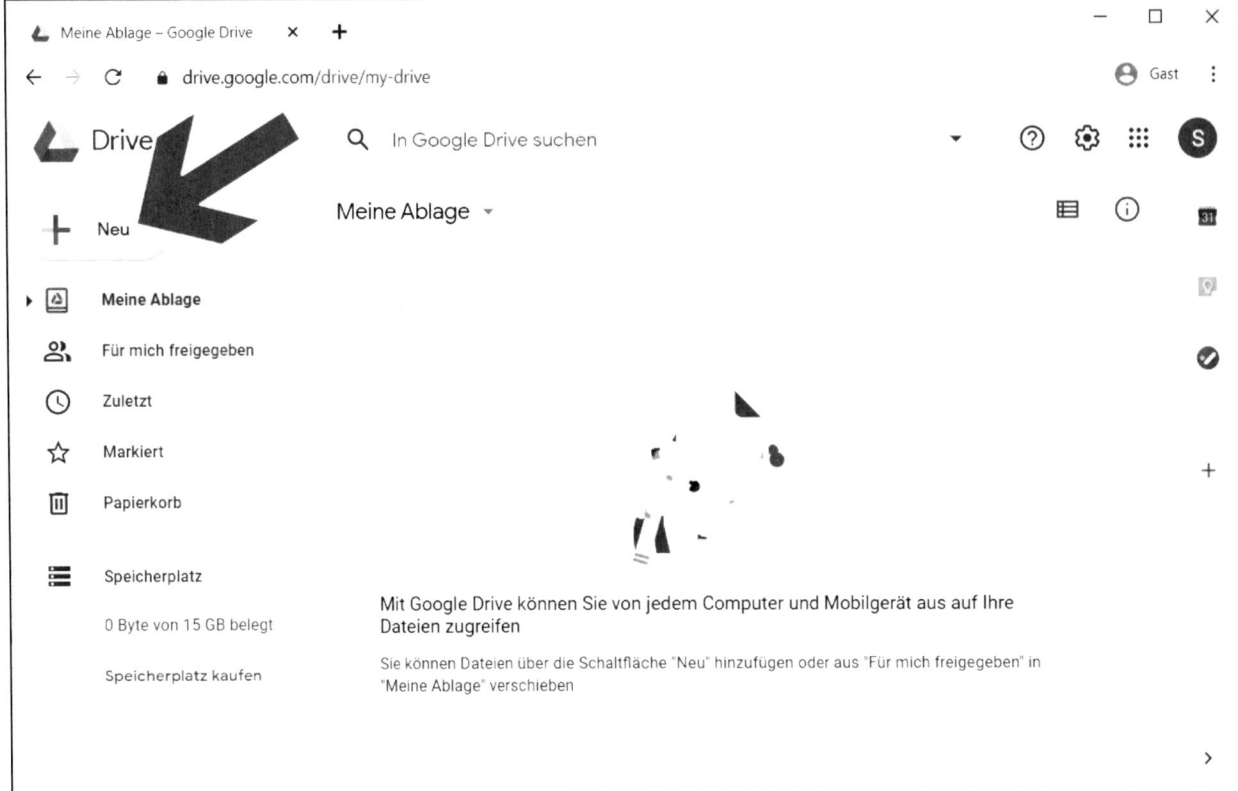

Gehen Sie auf *Neu* und im Popup auf *Dateien hochladen* beziehungsweise *Ordner hochladen* (ein oder mehrere Verzeichnisse auf einmal hochladen).

> Sie können Dateien beziehungsweise Verzeichnisse zum Hochladen auch einfach aus einem PC-Verzeichnis (zum Beispiel vom Desktop) in das Browserfenster ziehen.

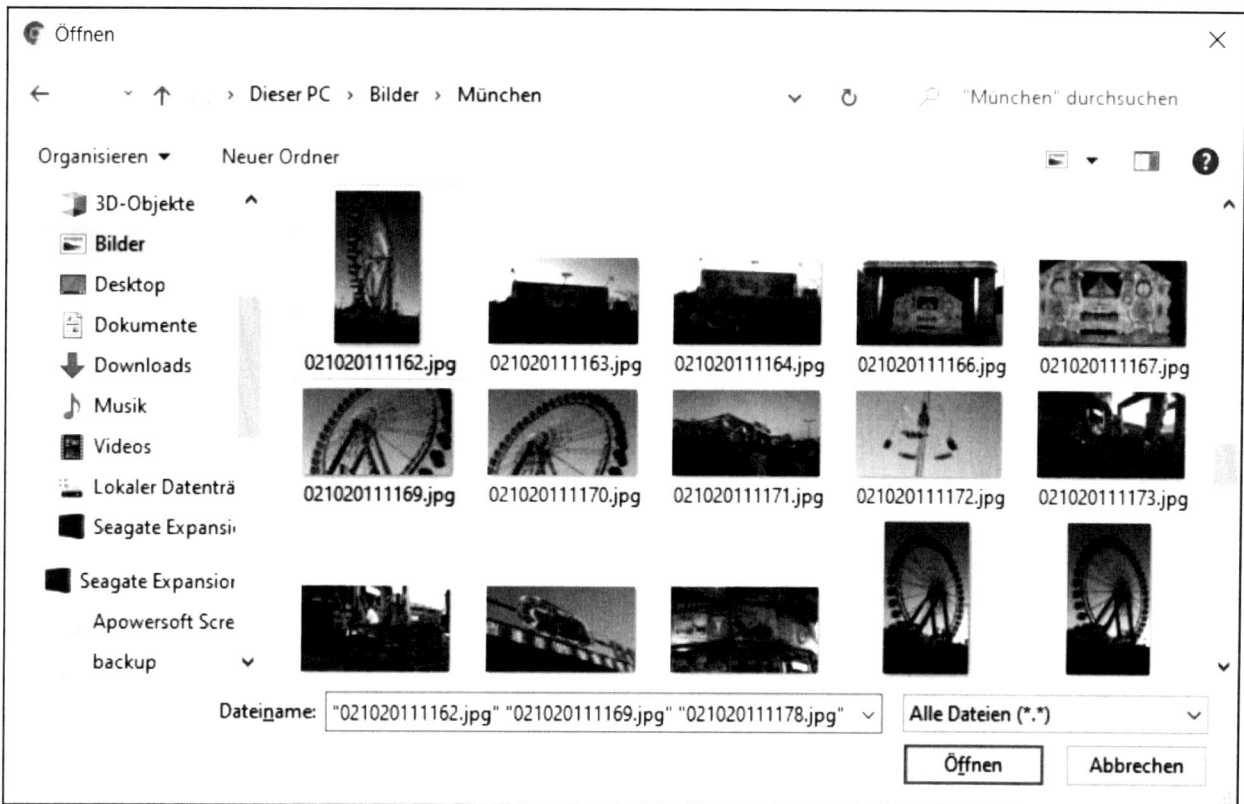

In unserem Beispiel greifen wir auf das Bilder-Verzeichnis des PCs zu. Markieren die Dateien beziehungsweise Verzeichnisse und klicken Sie auf *Öffnen*.

Zum Markieren von mehreren Dateien halten Sie die **Strg-** oder ⇧ (Hochstell)-Taste gedrückt, während Sie die linke Maustaste betätigen.

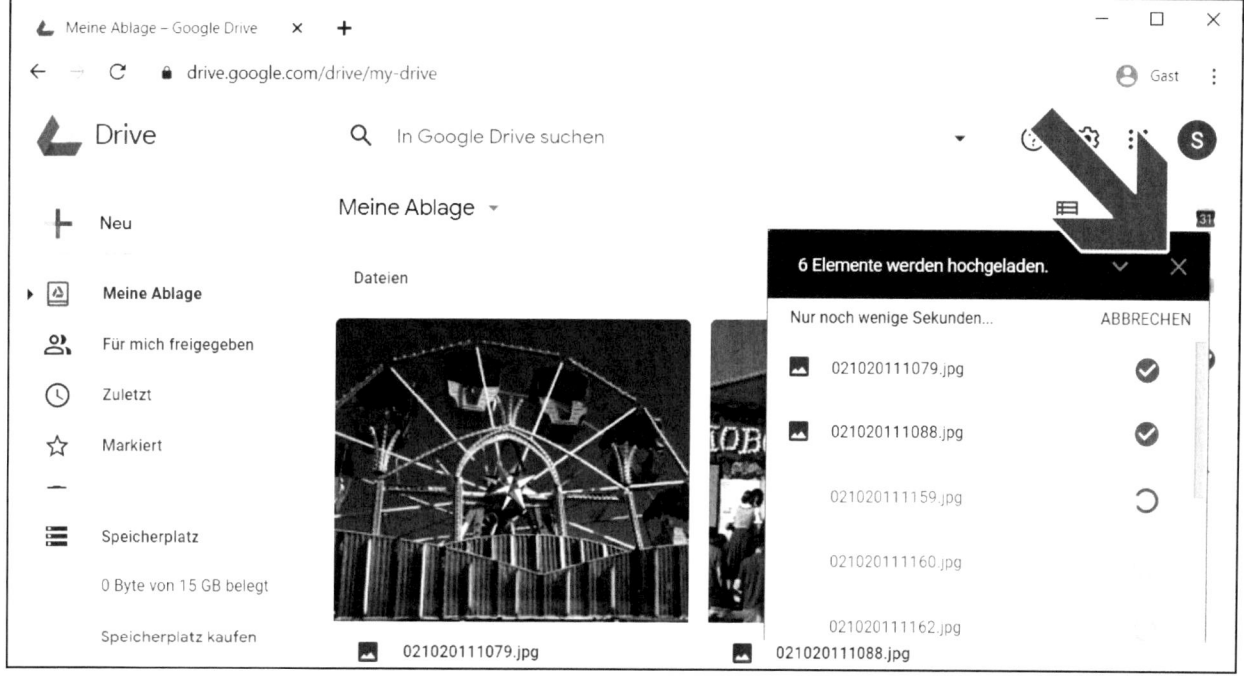

Die Dateien werden hochgeladen, was je nach Internetverbindung einige Zeit in Anspruch nimmt. Über die ✕-Schaltleiste (Pfeil) können Sie jederzeit den Hochladevorgang vorzeitig beenden.

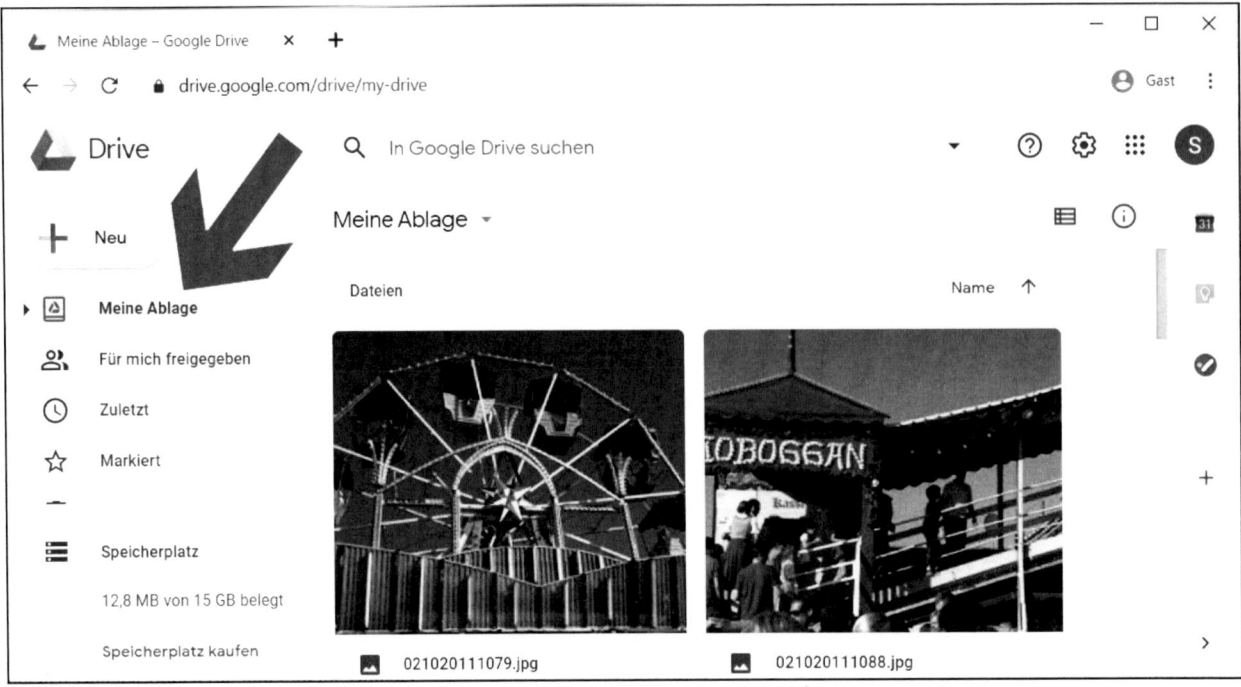

Die hochgeladenen Dateien finden Sie unter *Meine Ablage*.

14.2 Ordner

Sofern Sie vorhaben, intensiven Gebrauch von Google Drive zu machen, empfehlen wir Ihnen, Ihre Dateien in Ordnern zu verwalten. Sonst wird es doch recht unübersichtlich in der Anwendung. Sinnvollerweise dürfen Sie auch Unterordner anlegen.

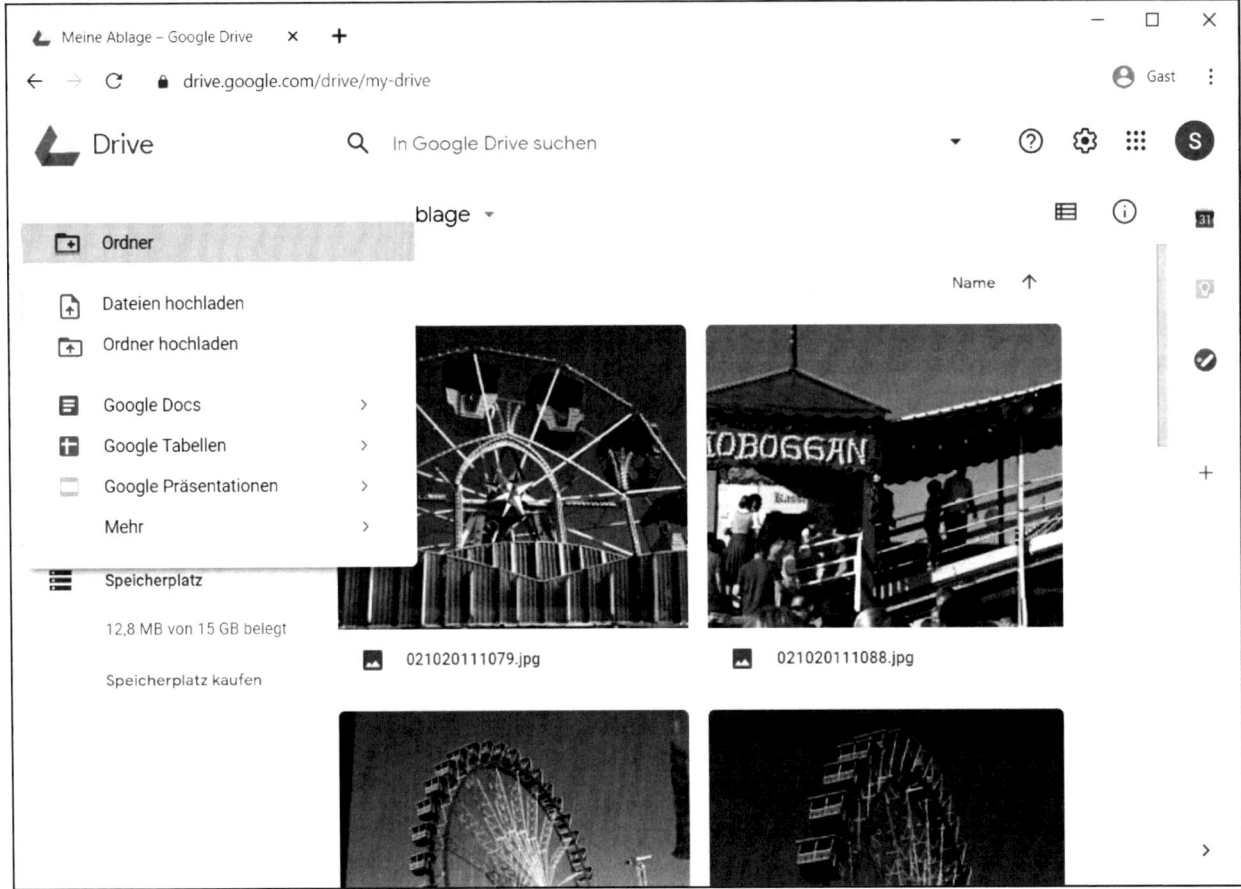

Klicken Sie auf *NEU* und wählen Sie *Ordner*.

Anschließend geben Sie einen Ordnernamen ein und betätigen *Erstellen*.

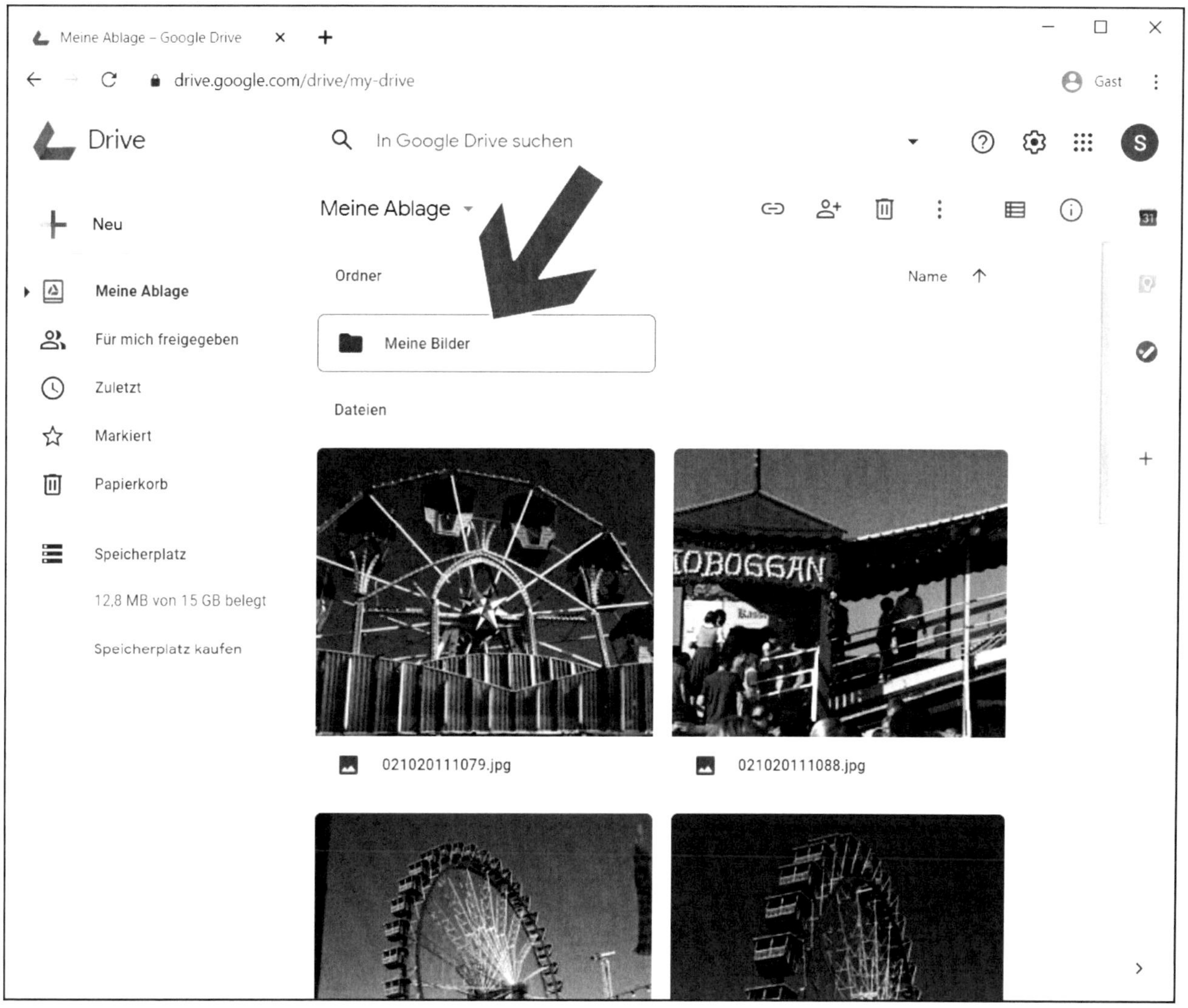

Der neu erstellte Ordner erscheint in *Meine Ablage*. Doppelklicken Sie auf einen Ordner, um den Inhalt anzuzeigen. Ein Klick auf *Meine Ablage* bringt Sie dann wieder in das Hauptverzeichnis zurück. Wie Sie Dateien zwischen Ordnern verschieben, erfahren Sie im nächsten Kapitel.

14.3 Dateiverwaltung mit Google Drive

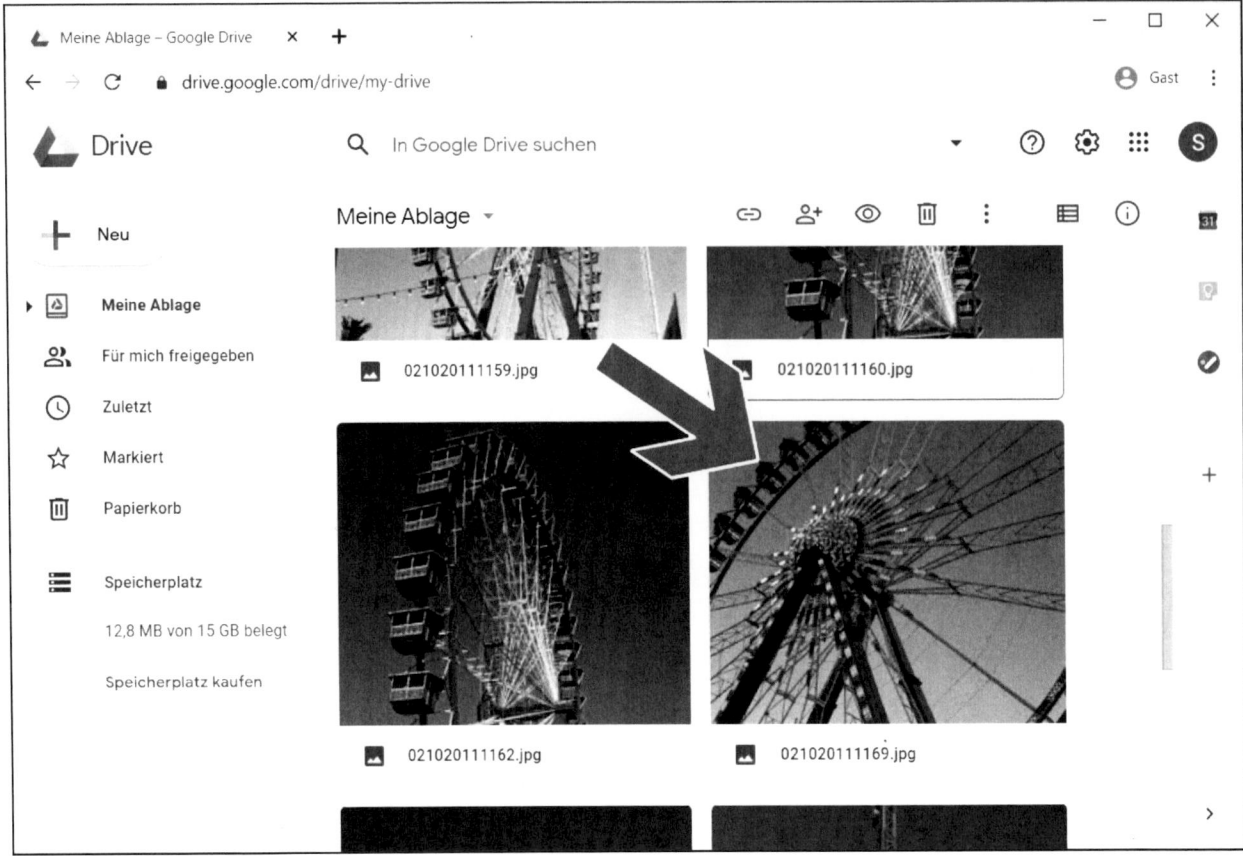

Ein Doppelklick auf eine Datei zeigt diese an (Bilder und PDF-Dateien) beziehungsweise öffnet sie in Googles Office-Anwendungen (Excel- und Word-Dateien). Auf die Nutzung von Word- und Excel-Dateien gehen wir noch im Kapitel *15 Google Office-Anwendungen* ein.

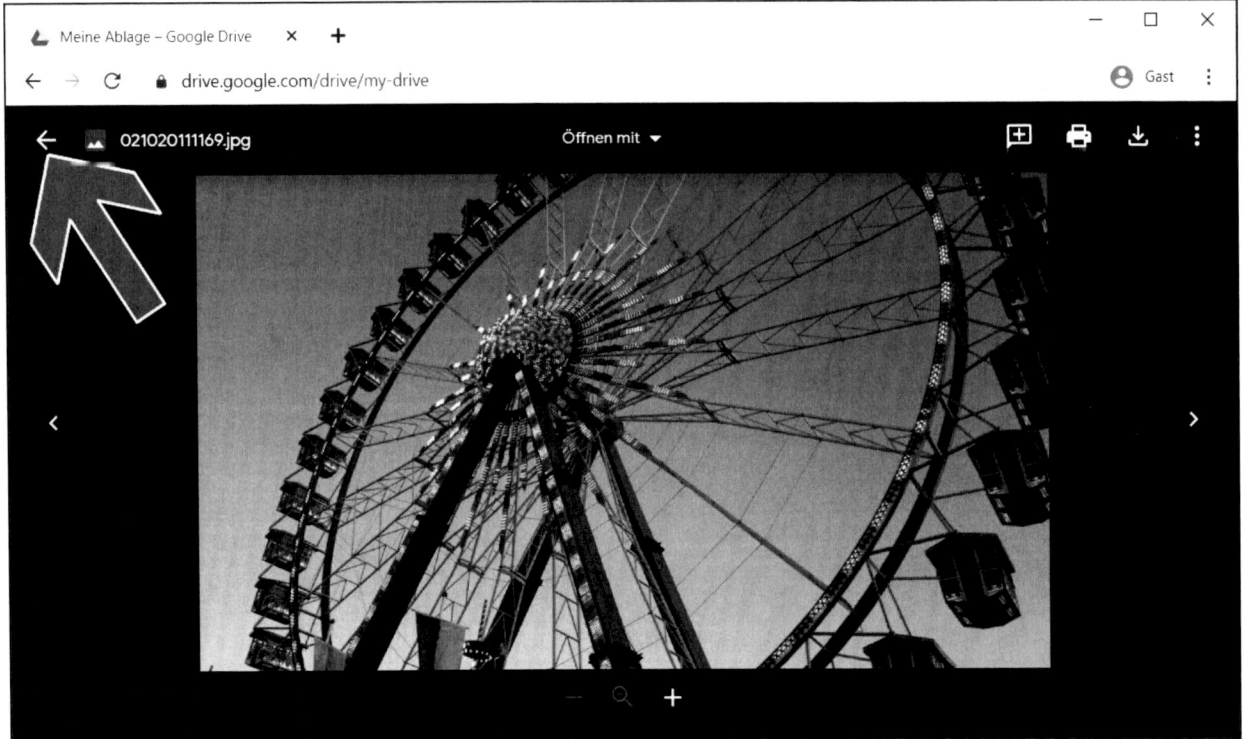

Ein Klick auf ← (Pfeil) in der Symbolleiste schließt den Dateianzeiger wieder (sollte sich die Symbolleiste ausgeblendet haben, bewegen Sie einfach den Mauszeiger über dem Bild). Alternativ betätigen Sie die Esc-Taste auf der Tastatur.

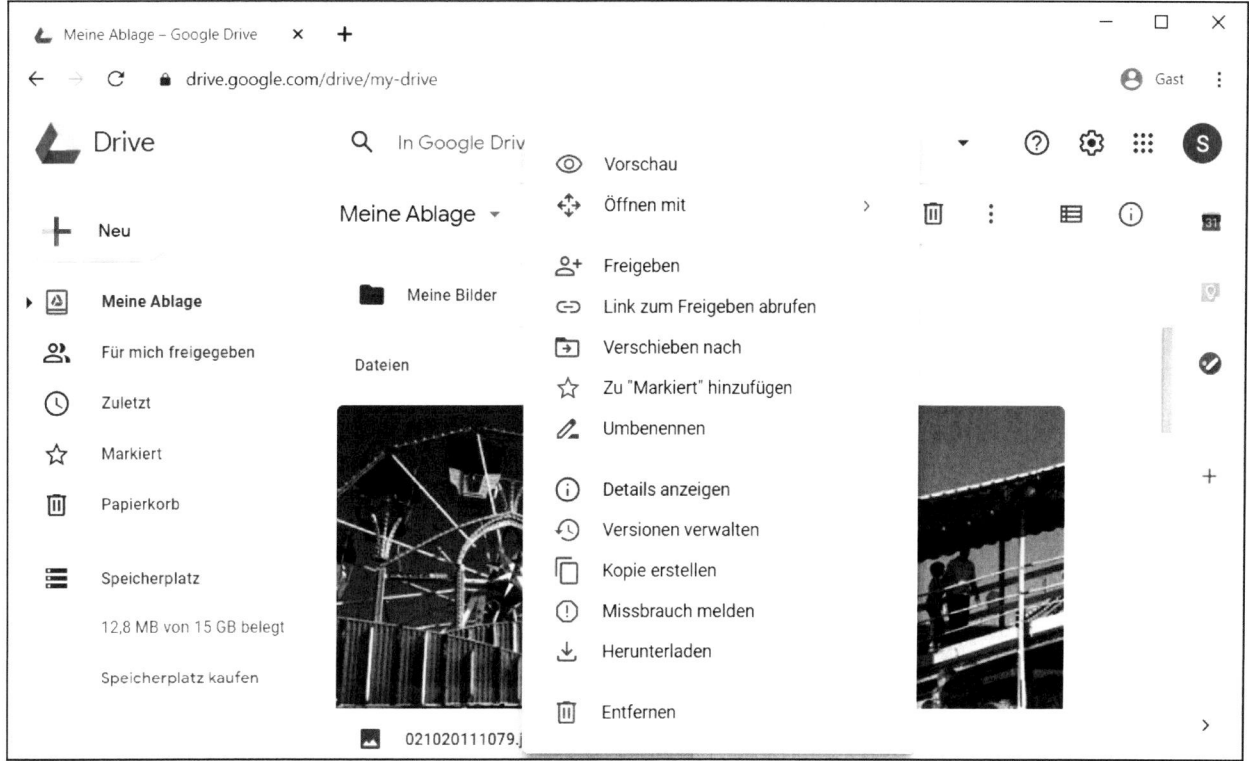

Betätigen Sie die rechte Maustaste über einer Datei für folgende Funktionen:

- *Vorschau*: Zeigt die Datei an, beziehungsweise öffnet sie in der passenden Anwendung. Die gleiche Funktion erfüllt auch ein Doppelklick mit der linken Maustaste auf der Datei.

- *Öffnen mit*: Legt fest, in welcher Anwendung die Datei geöffnet wird. Wir gehen in diesem Buch nicht weiter darauf ein.

- *Freigeben*: Erlauben Sie anderen Anwendern den Zugriff auf die Datei/das Verzeichnis (siehe Kapitel *14.4 Dateien freigeben*). Dabei versenden Sie eine Webadresse, über die man die Datei bei Google Drive abrufen kann.

- *Link zum Freigeben abrufen*: Wie *Freigeben*, mit dem Unterschied, dass Sie direkt die Webadresse auf die Datei angezeigt bekommen.

- *Verschieben nach*: Datei in ein anderes Verzeichnis verschieben.

- *Zu "Markiert" hinzufügen*: Die von Ihnen markierten Dateien sind anschließend in der Menüleiste unter *Markiert* zu finden.

- *Umbenennen*: Vergibt der Datei einen neuen Namen.

- *Details anzeigen*: Liefert Infos zur Datei.

- *Versionen verwalten; Kopie erstellen*: Es ist möglich, eine Datei mehrfach unter gleichem Namen in Google Drive abzulegen. Wir gehen in diesem Buch nicht weiter darauf ein.

- *Missbrauch melden*: Melden Sie Bilder an Google, die beispielsweise Spam, Gewaltdarstellungen, Mobbing, usw. enthalten beziehungsweise darstellen.

- *Herunterladen*: Lädt die Datei aus Google Drive und legt sie im *Downloads*-Verzeichnis des PCs ab.

- *Entfernen*: Verschiebt die Datei in den Papierkorb.

Die aufgeführten Funktionen stehen auch über eine Symbolleiste am oberen Bildschirmrand zur Verfügung.

Viele Funktionen lassen sich auch mehrere Dateien/Verzeichnisse gleichzeitig anwenden. Markieren Sie die Dateien einfach vorher, indem Sie die Strg- oder ⇧ (Hochstell)-Taste gedrückt halten, während Sie Dateien/Verzeichnisse anklicken.

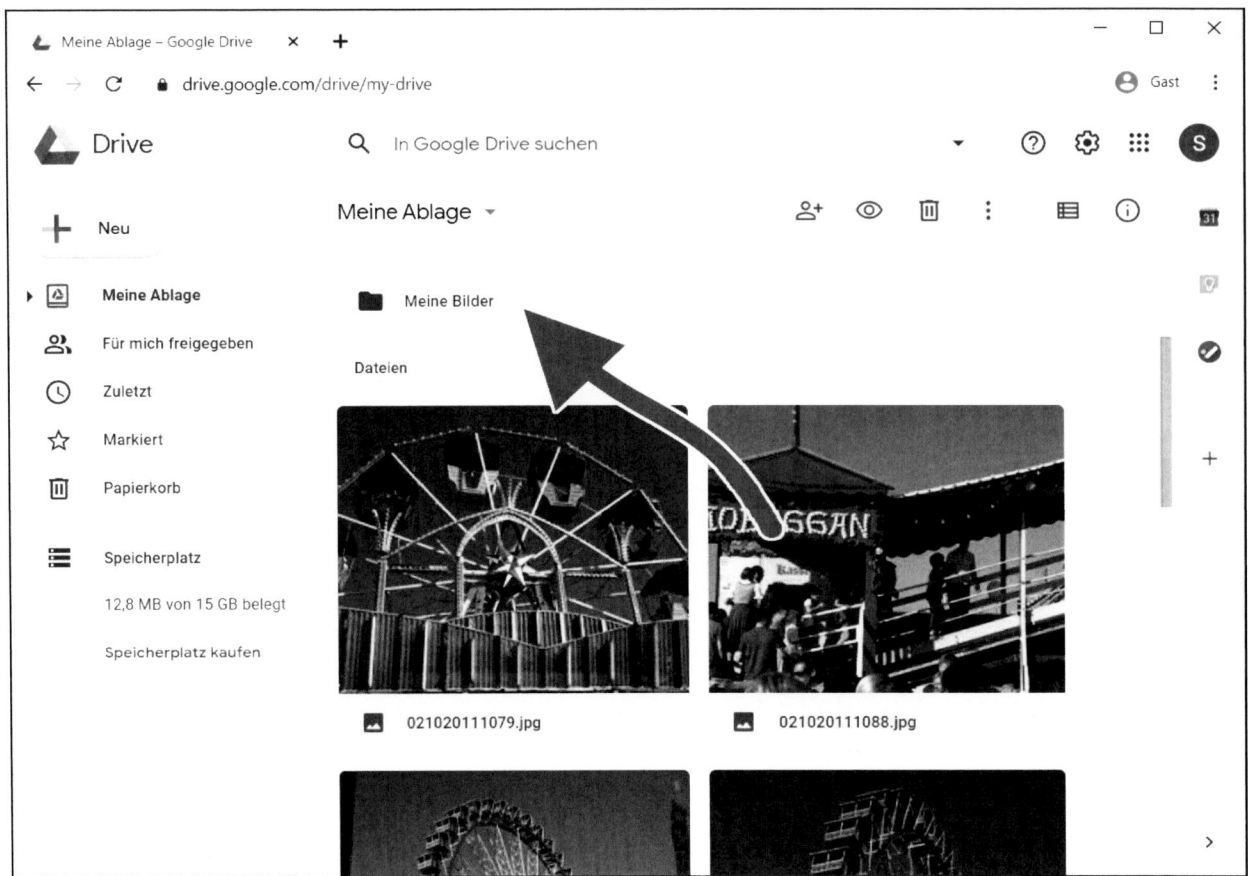

Mehrere markierte Dateien/Verzeichnisse lassen sich auch verschieben, indem Sie sie mit gedrückter linker Maustaste in den Zielordner ziehen.

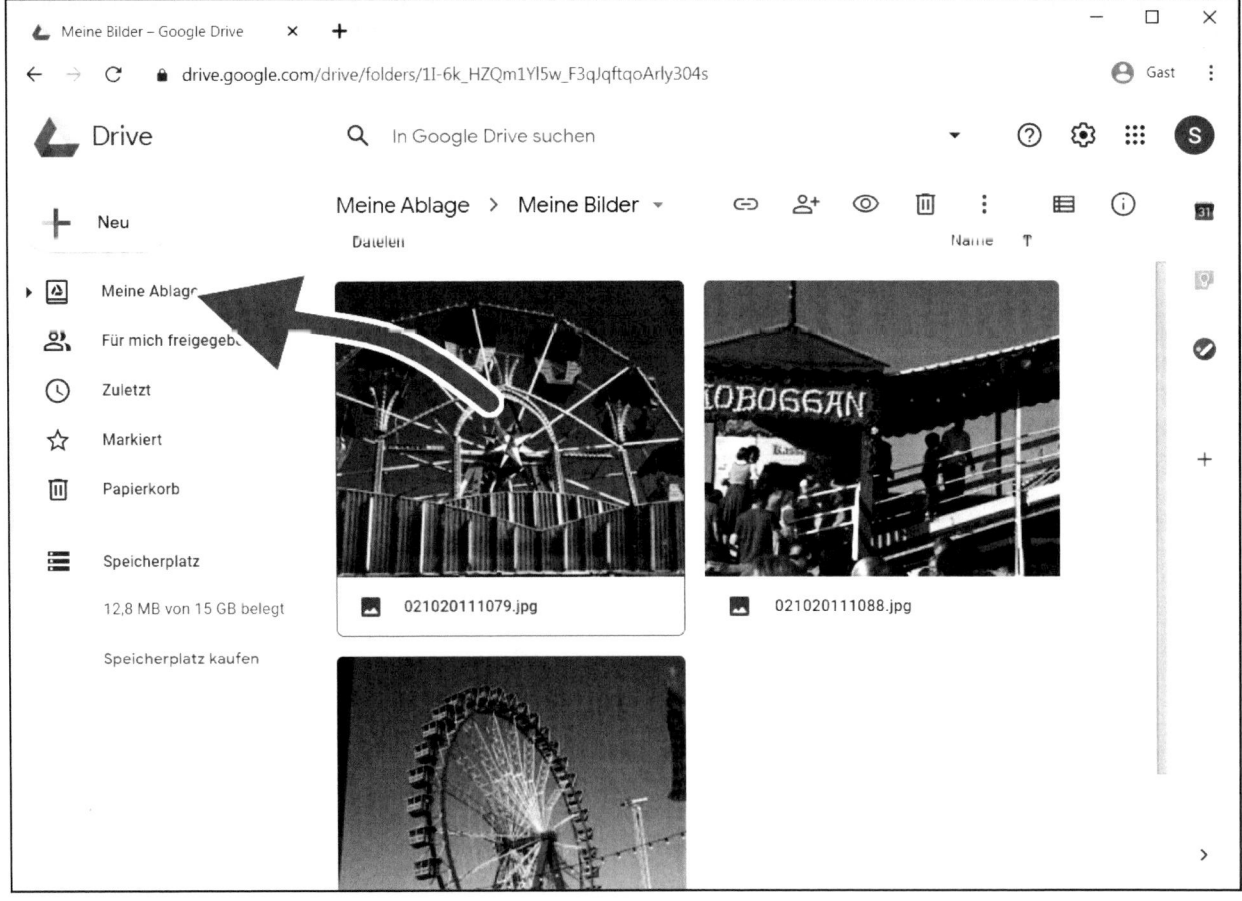

Dateien aus einem Ordner ziehen Sie dagegen einfach links in der Symbolleiste auf den Zielordner.

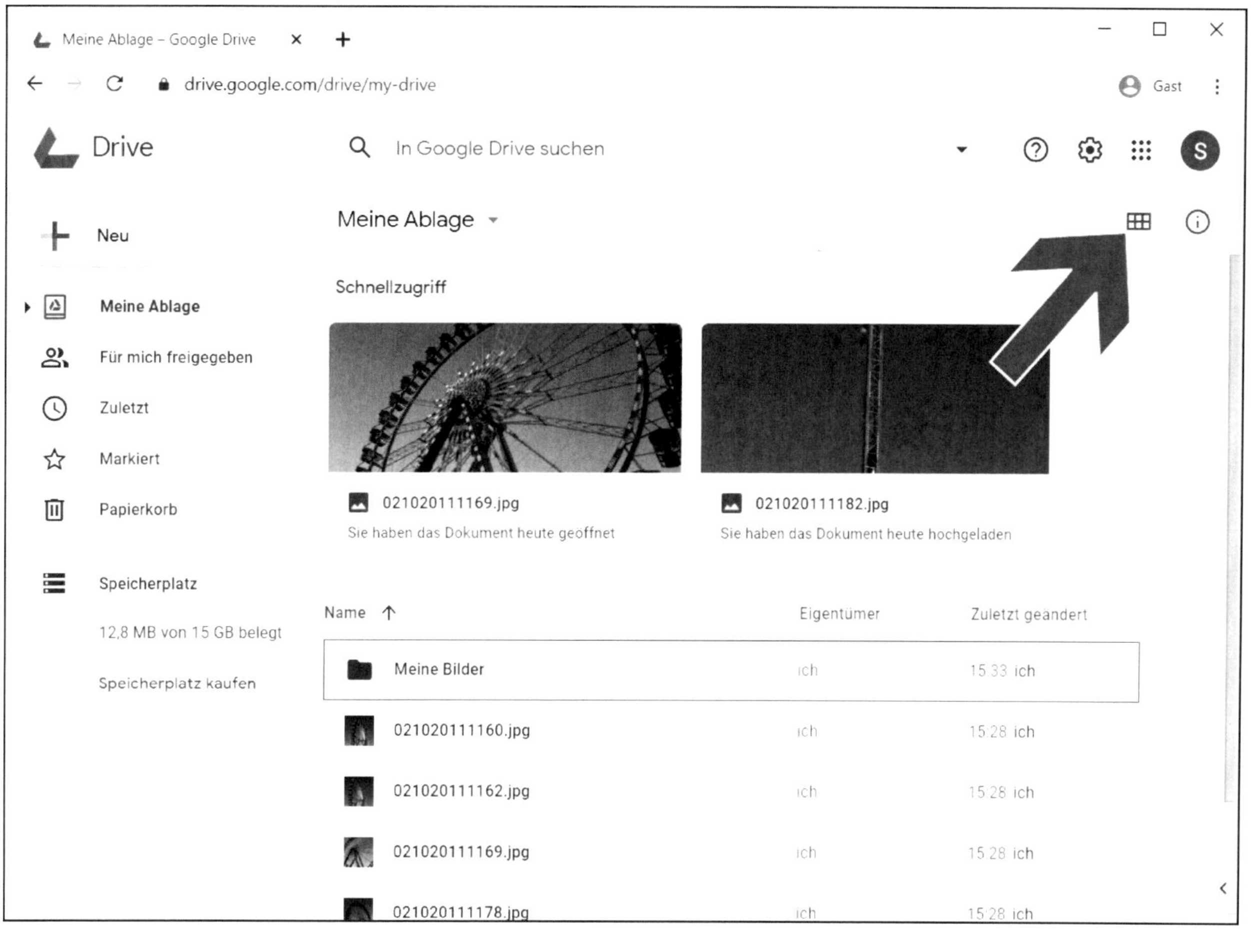

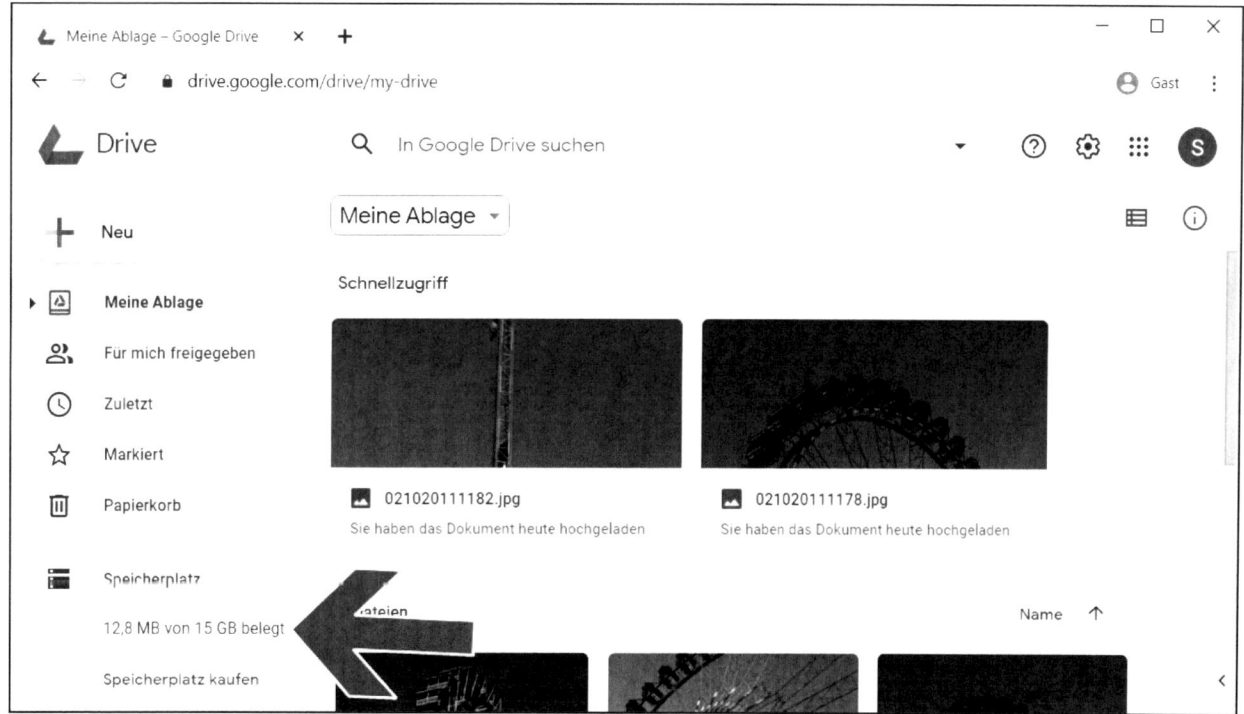

Über die Symbolleiste am rechten Bildschirmrand (Pfeil) schalten Sie zwischen Listen- und Rasteransicht um. Die Rasteransicht hat den Vorteil, dass alle Dateien mit einem großen Vorschaubild angezeigt werden, während die Detailansicht unter anderem Infos zu Dateigröße und Änderungsdatum liefert.

14.3.1 Speicherplatz freigeben

Google Drive besitzt ein Speichervolumen von 15 GB, die allerdings mit allen anderen Google-Anwendungen (Gmail, Google Docs, Google Webalben, usw.) geteilt werden. Eine Anzeige

(Pfeil) hält Sie in Google Drive über den verbrauchten Speicher auf den Laufenden. Halten Sie den Mauszeiger darüber für eine detaillierte Verbrauchsauflistung.

Sie sollten in Google Drive nicht mehr benötigte Dateien regelmäßig löschen.

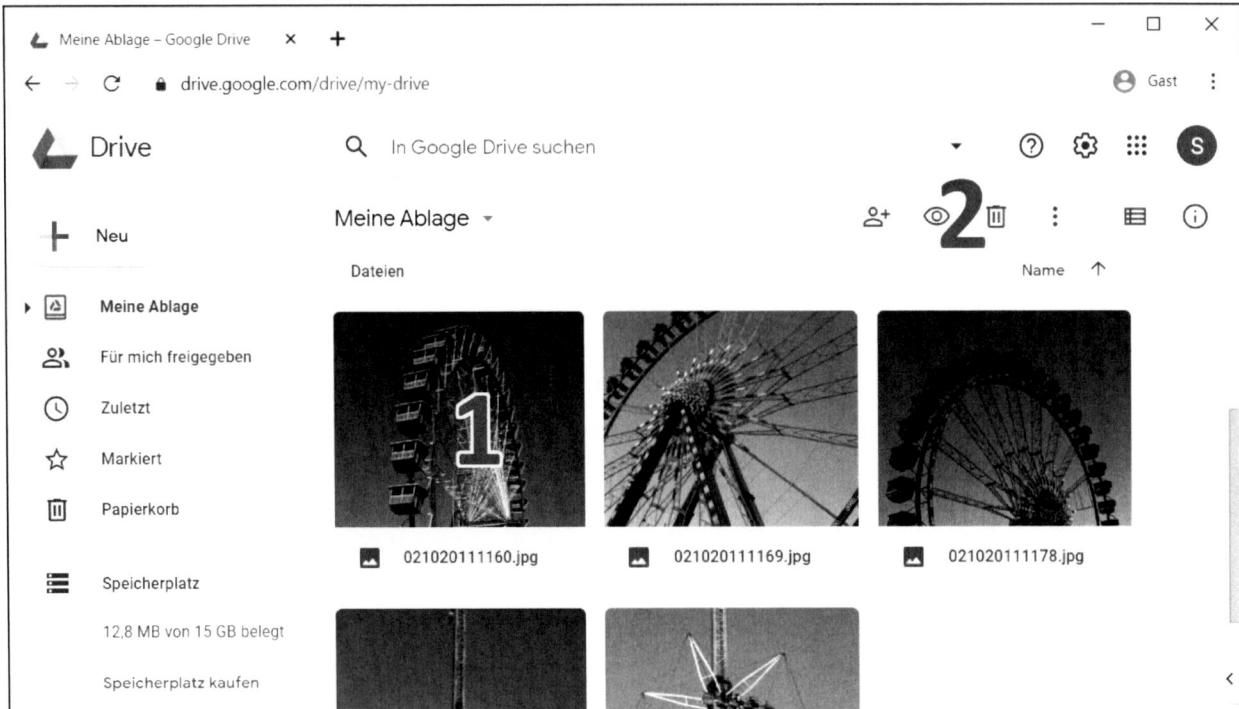

Markieren Sie die zu löschenden Dateien, indem Sie die **Strg**- oder ⇧ (Hochstell)-Taste gedrückt halten, während Sie Dateien/Ordner anklicken (1). Danach klicken Sie auf 🗑.

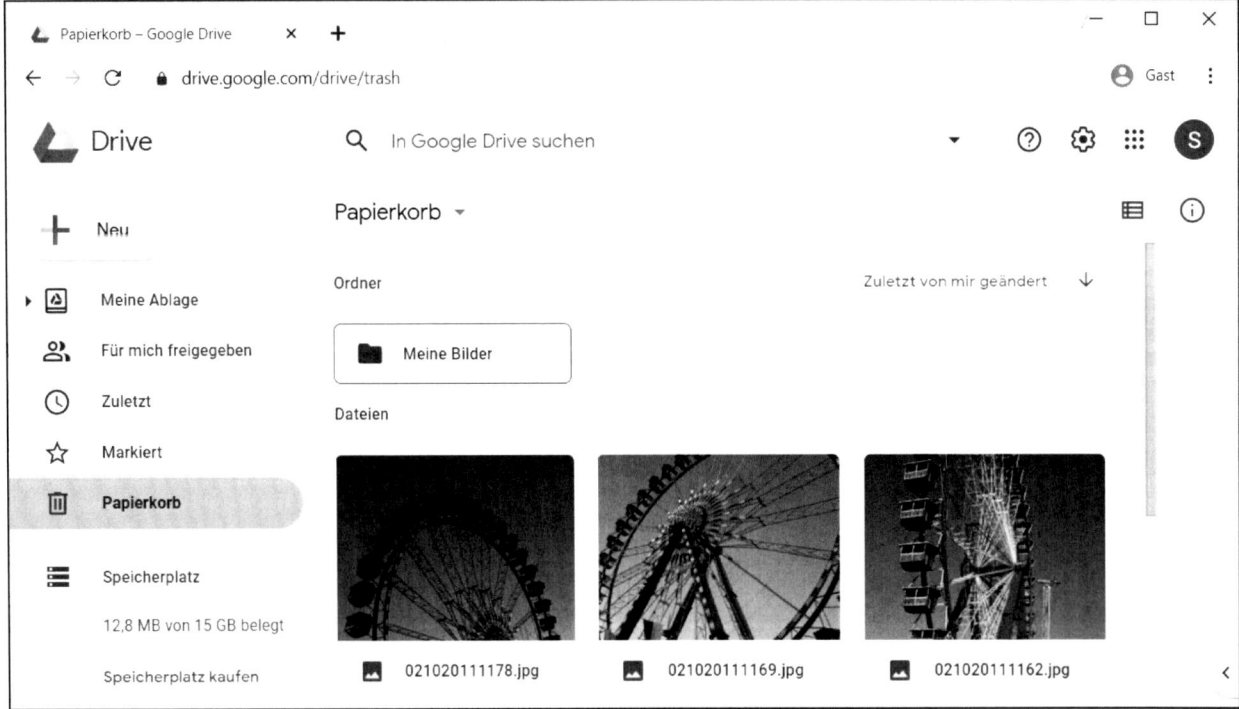

Alle Dateien und Verzeichnisse, die von Ihnen aus Google Drive entfernt wurden, landen zunächst im *Papierkorb*-Ordner und können danach noch wiederhergestellt werden.

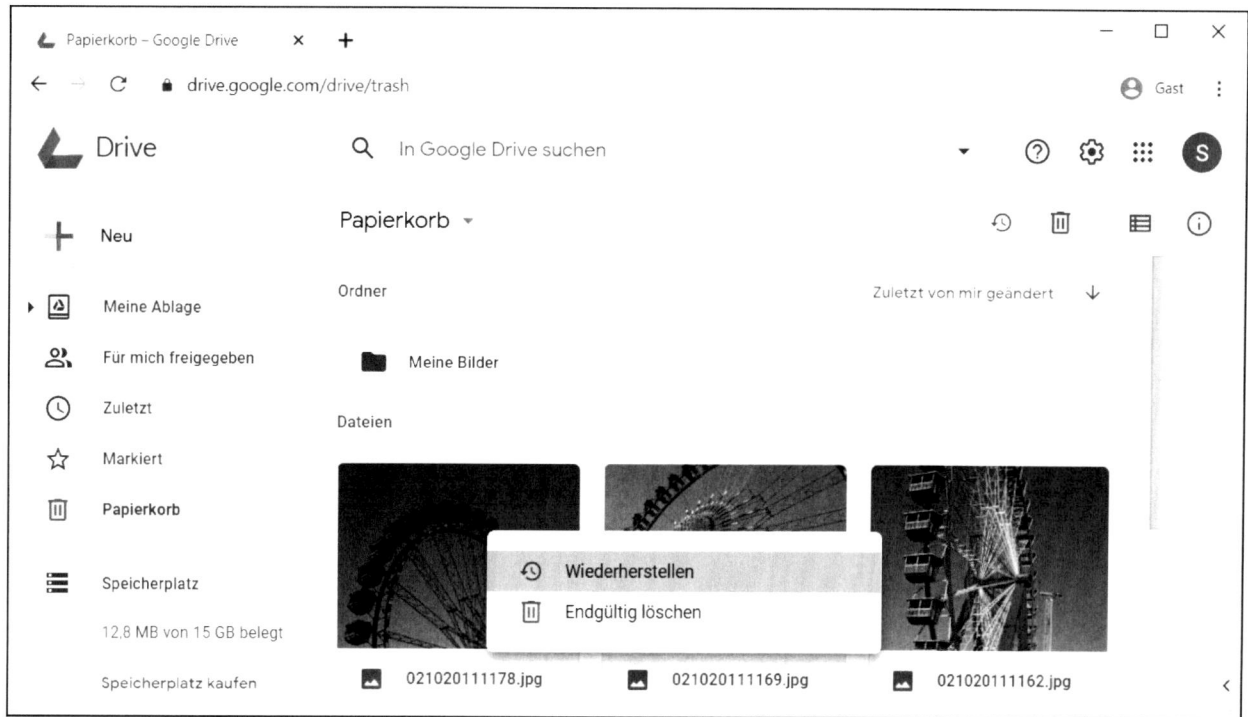

Markieren Sie dafür die Dateien/Verzeichnisse, betätigen Sie die rechte Maustaste für das Popup-Menü und wählen Sie *Wiederherstellen*. *Endgültig löschen* beseitigt die Dateien/Verzeichnisse dagegen unwiderruflich.

14.4 Dateien freigeben

Standardmäßig haben nur Sie Zugriff auf Ihre in Google Drive abgelegten Dateien. Sie können aber einzelne Dateien oder ganze Verzeichnisse für Dritte freigeben.

Die Personen, denen Sie den Zugriff gestatten, werden über ihre E-Mail-Adresse identifiziert. Dabei ist es nicht nötig, dass sie ein Google-Konto (= Gmail-E-Mail-Adresse) besitzen, müssen dann aber auf einige Komfort-Funktionen verzichten, die man nur mit dem Google-Konto hat. Anwender ohne Gmail-Adresse erhalten automatisch per E-Mail eine Webadresse, worunter sie die Datei anzeigen beziehungsweise bearbeiten.

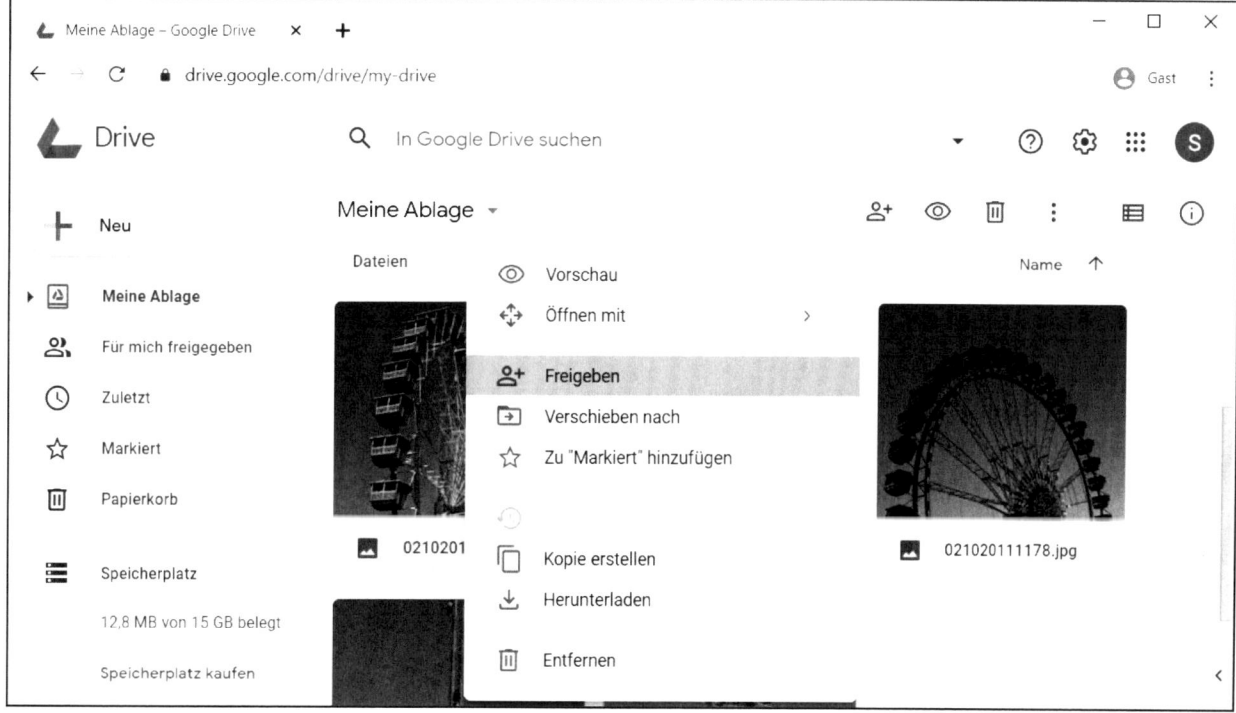

Markieren Sie eine oder mehrere Dateien oder Verzeichnisse (**Strg**- oder ⇧ (Hochstell)-Taste gedrückt halten, während Sie Dateien/Verzeichnisse anklicken) und rufen Sie mit der rechten Maustaste das Popup-Menü auf. Gehen Sie auf *Freigeben*.

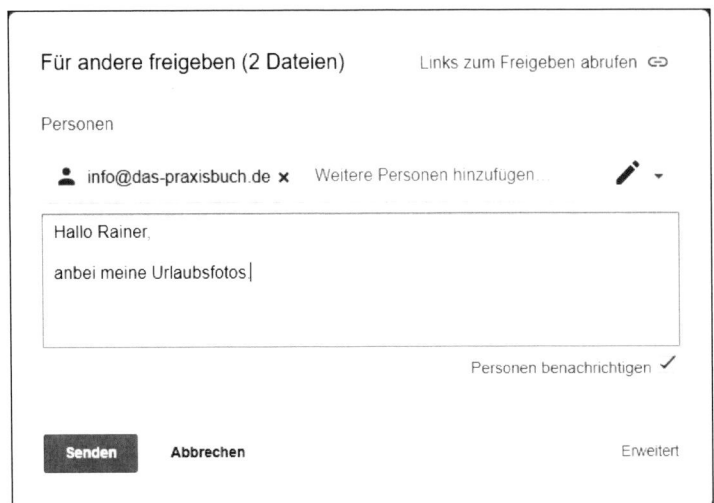

Fügen Sie Personen hinzu, indem Sie deren E-Mail-Adressen eingeben. Außerdem können Sie hier
die Berechtigungen (*Darf bearbeiten*) einstellen und einen Text eingeben. Klicken Sie dann auf
Senden.

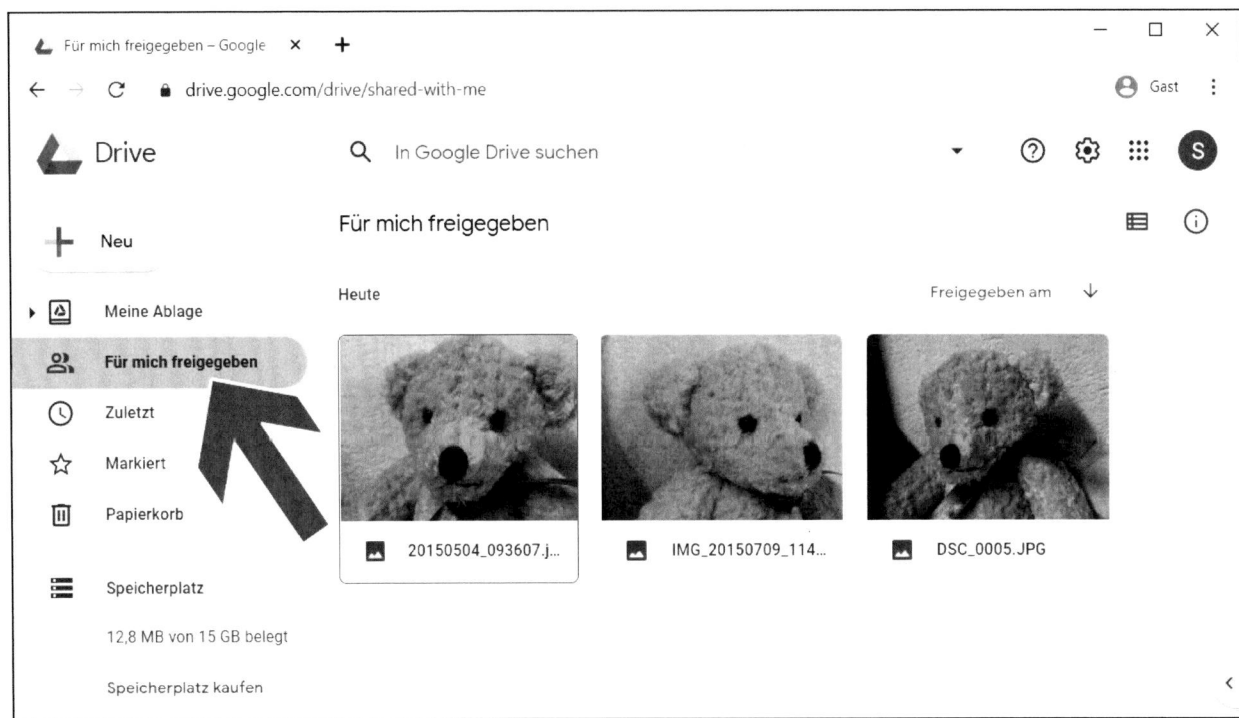

Haben Sie eine Person mit Gmail-Adresse hinzufügt, so erscheint die freigegebene Datei in seiner
Google Drive-Anwendung unter *Für mich freigegeben*.

15. Google Office-Anwendungen

Mit Google Docs, Google Tabellen und Google Präsentationen zeigen, bearbeiten und verwalten Sie Ihre Office-Dateien. Der Funktionsumfang dieser Web-Anwendungen lässt sich natürlich nicht mit dem von MS Office auf dem PC vergleichen, für die meisten Schreibarbeiten reichen sie aber aus.

Der Hauptvorteil von Googles Web-Anwendungen ist die sichere Speicherung auf Google-Servern, das heißt sie brauchen sich um Backups keine Gedanken machen. Teams dürfen zudem gleichzeitig eine Office-Datei bearbeiten und man kann jederzeit seine Dateien Dritten zur Ansicht oder Bearbeitung freigeben.

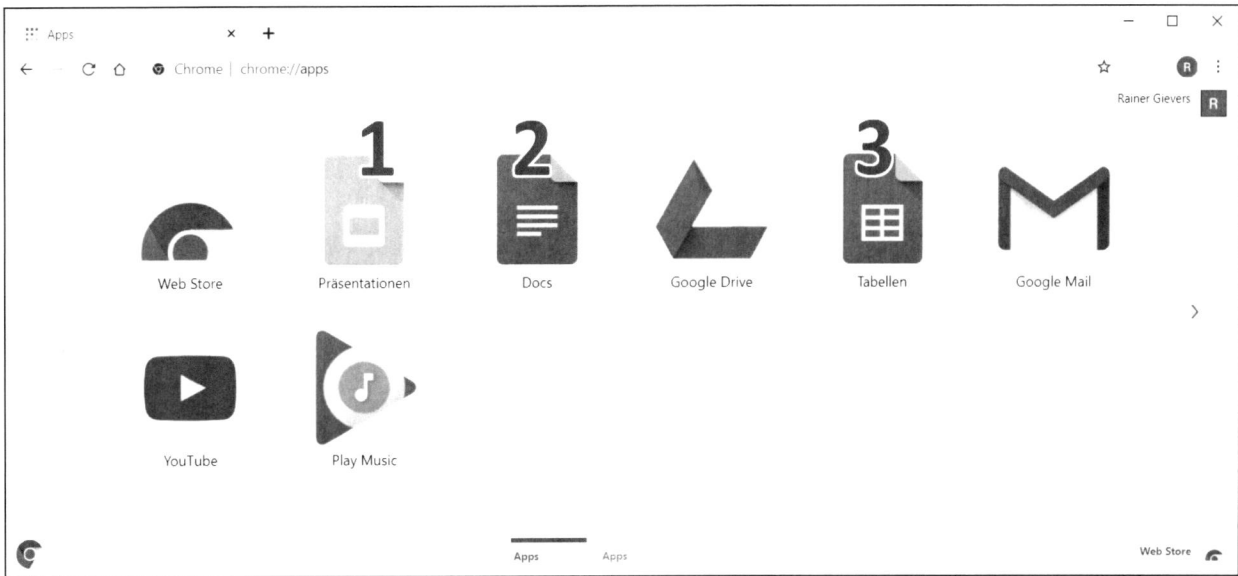

Die Google-Office-Anwendungen *Präsentationen* (1), *Docs* (2) und *Tabellen* (3) und finden Sie im Apps-Menü beziehungsweise App Launcher (siehe Kapitel *10 Aufruf der Google-Dienste*).

Starten Sie jetzt einmal *Docs*.

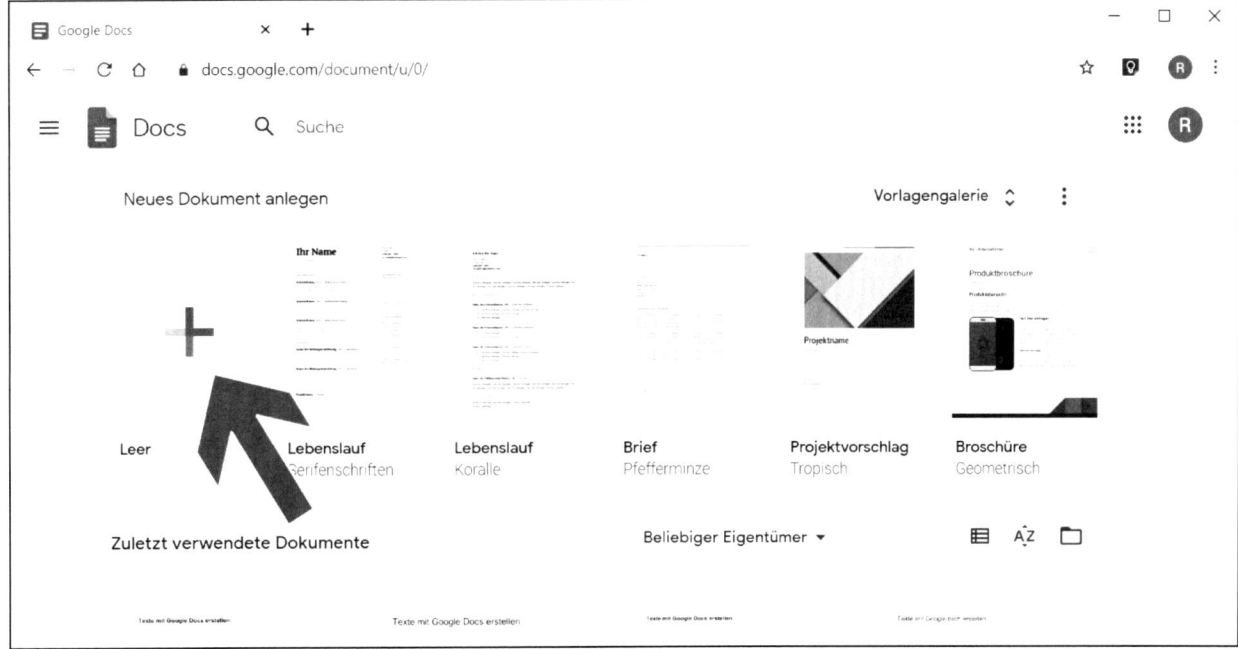

Ein Klick auf **+** (Pfeil) erstellt Ihre erste Textdatei.

Daneben stehen zahlreiche Vorlagen zur Verfügung, die Ihnen die Arbeit für bestimmte Aufgaben abnehmen. Ein Klick auf *Vorlagengalerie* listet alle Vorlagen auf.

Office-Dateien, die Sie mit Google Drive (siehe Kapitel *14 Google Drive*) verwalten, erscheinen automatisch auch in der Dateiauflistung der Google-Office-Anwendungen. Sie können
sie hier dann auch bearbeiten.

Auf die Benutzeroberfläche, die den gewohnten Standards entspricht, gehen wir an dieser Stelle
nicht weiter ein.

Übrigens gibt es keine Speichern-Funktion im Datei-Menü, denn alle Ihre Eingaben werden sofort
in Ihrem Google-Konto gesichert. Sie sollten nur darauf achten, dass die Meldung *Alle
Änderungen in Drive gespeichert* am oberen Bildschirmrand sichtbar ist, bevor Sie das Fenster
schließen.

Das *Datei*-Menü bietet einige Funktionen, die Sie von normalen Office-Programmen auf dem PC
nicht kennen:

- *Herunterladen*: Lädt die Datei in einem wählbaren Dateiformat lokal auf Ihren PC
  herunter. Sie finden sie anschließend im *Downloads*-Verzeichnis.

- *Als E-Mail-Anhang senden*: Erzeugt eine Office-Datei, die Sie an Dritte als E-Mail-Anhang senden.

- *Im Web veröffentlichen*: Erzeugt einen Link auf die Datei, den Sie dann per E-Mail oder in sozialen Netzwerken veröffentlichen. Andere Nutzer können sich dann die Datei über ihren Webbrowser anzeigen.

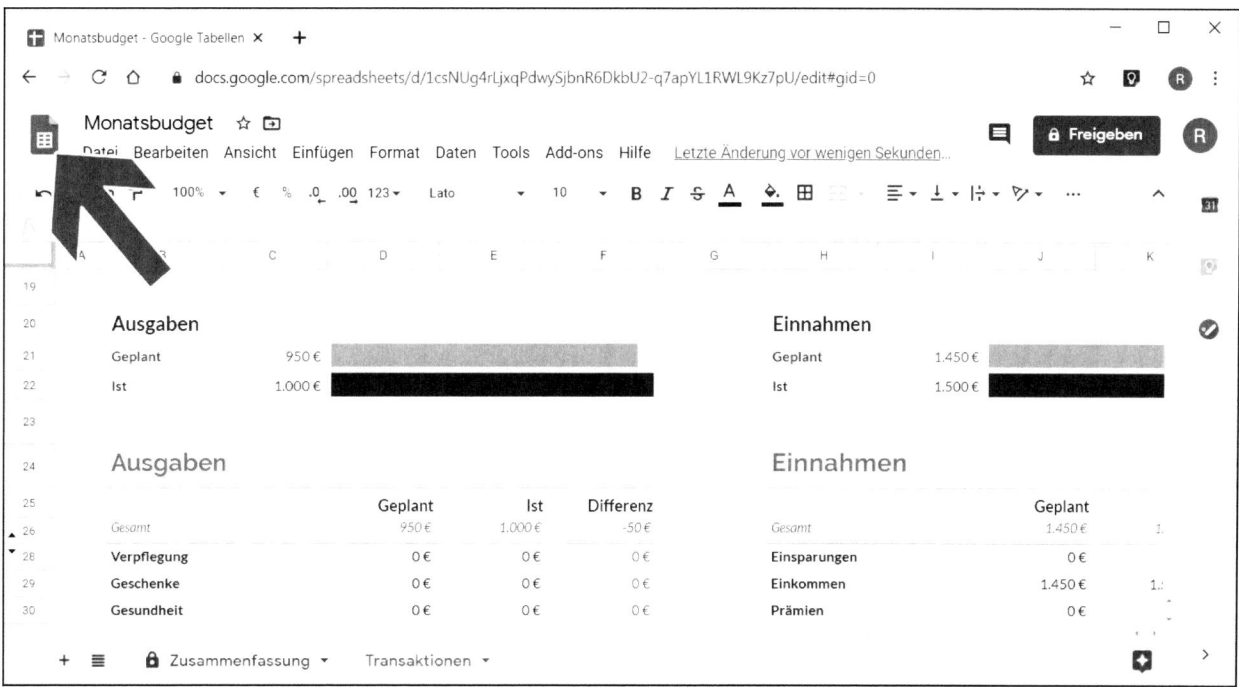

Ein Klick oben links auf das Symbol öffnet in allen Google-Office-Anwendungen die Dateiverwaltung.

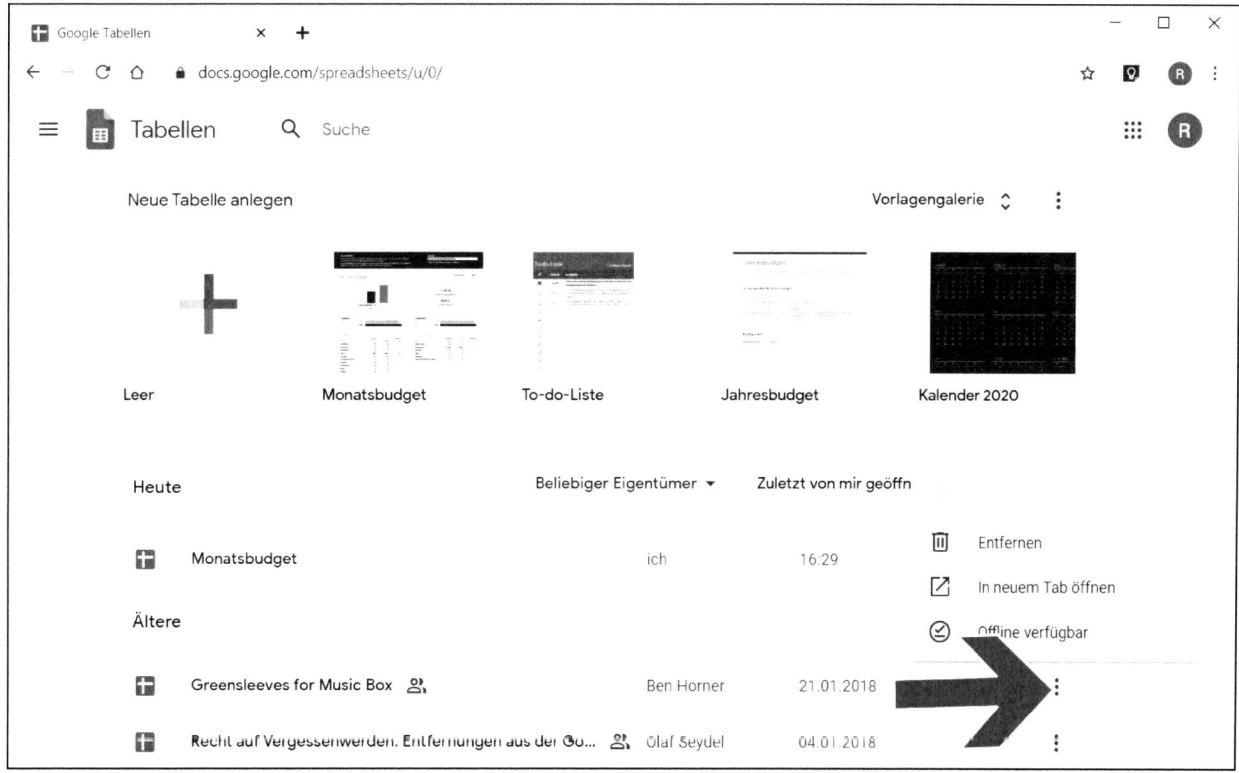

Klicken Sie eine Datei an, die Sie editieren möchten. Über die ⋮-Schaltleiste (Pfeil) benennen Sie jeweils eine Datei um, entfernen sie oder öffnen sie in einem neuem Browser-Tab.

15.1 Eine Office-Datei mit mehreren Personen bearbeiten

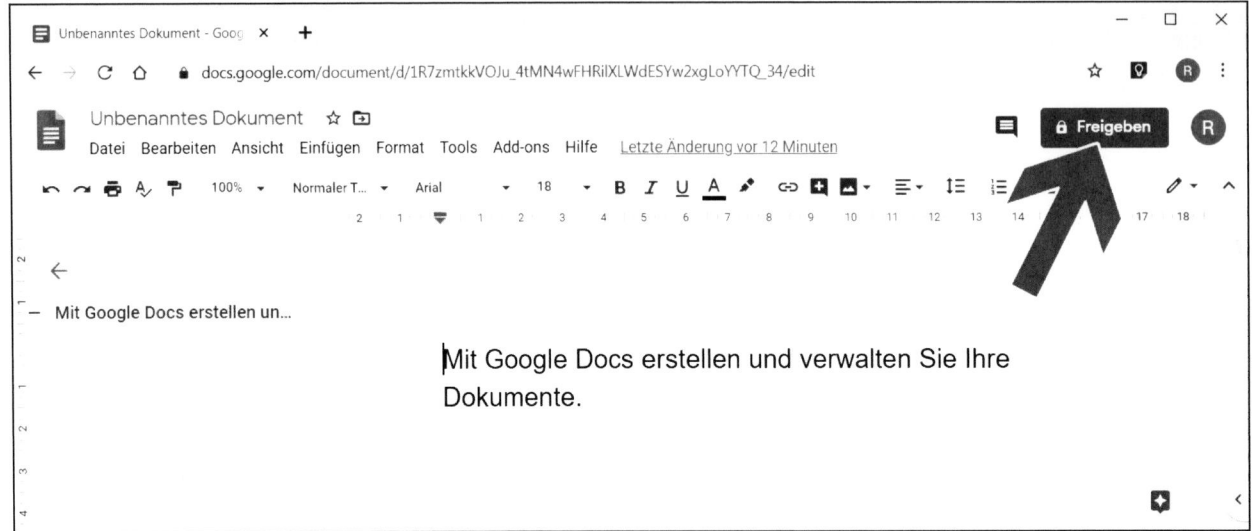

Klicken Sie auf *Freigeben* (Pfeil).

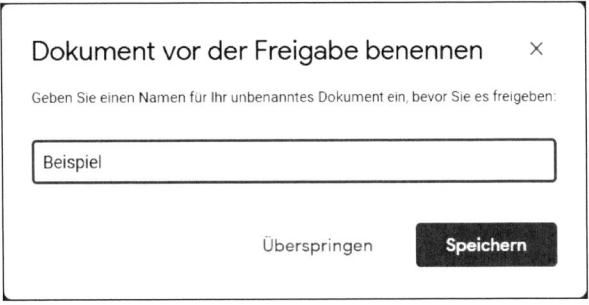

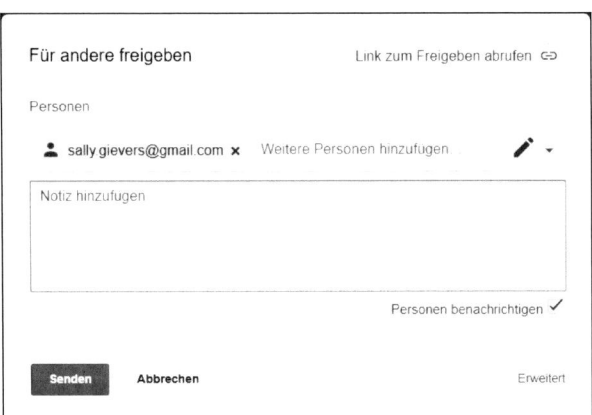

❶ Sofern Sie die Office-Datei neu erstellt hatten, sollten Sie jetzt einen Dateinamen eingeben und *Speichern* betätigen.

❷ Fügen Sie ein oder mehrere E-Mail-Adressen der zusätzlichen Bearbeiter hinzu und gehen Sie auf *Senden*. Sollen die Bearbeiter nur Leserechte erhalten oder dürfen diese nur kommentieren, dann klicken Sie zuvor auf *Darf bearbeiten* und ändern Sie die Einstellung zuvor entsprechend.

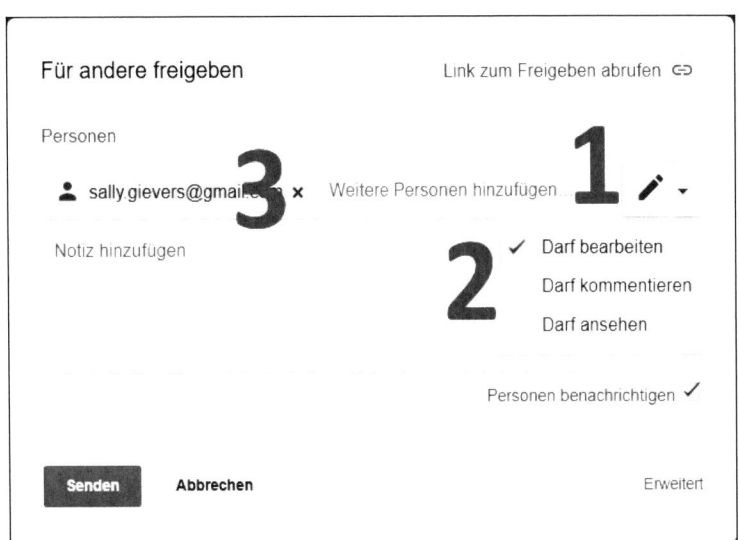

Angenommen, Sie möchten die Rechte eines Bearbeiters ändern, dann klicken Sie auf ✐ (1) und stellen die Berechtigung auf *Darf kommentieren* oder *Darf ansehen*. Ein Klick auf ✕ entfernt eine

Person wieder aus der Freigabeliste (3).

Klicken Sie dann auf *Senden*.

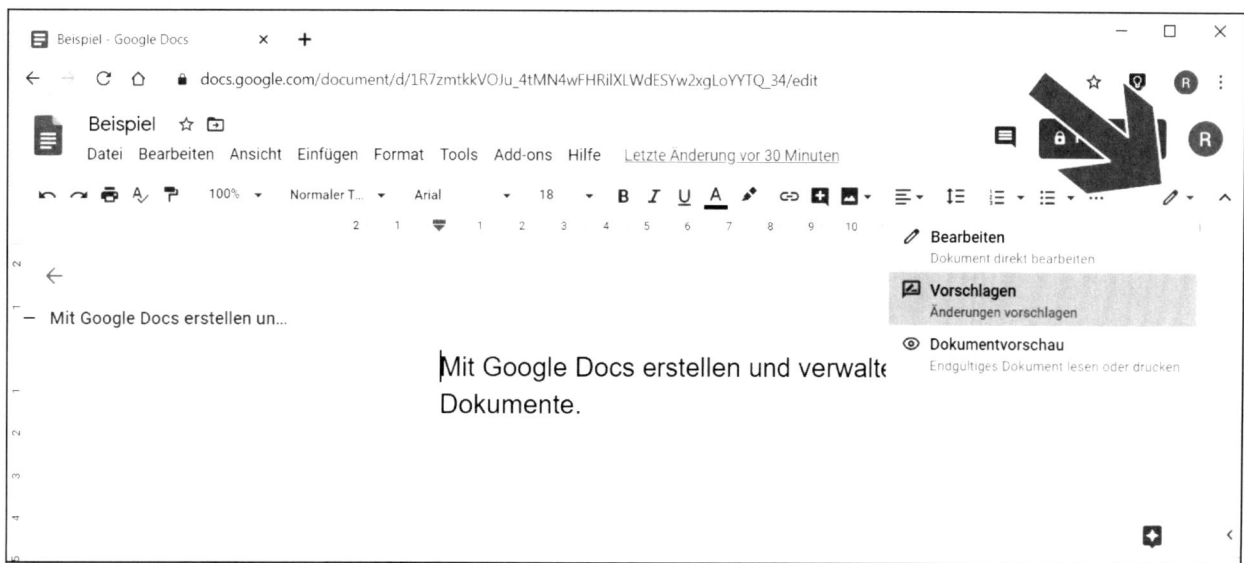

Nicht immer möchten Sie direkt Änderungen an der Office-Datei durchführen. Für diesen Zweck gibt es die Funktion »Änderungen vorschlagen«. Gehen Sie dafür auf die ⌀-Schaltleiste und wählen Sie *Vorschlagen* aus. Der Datei-Ersteller kann dann Ihre Änderungen übernehmen oder verwerfen.

15.2 Office-Dateien in Google Drive verwalten

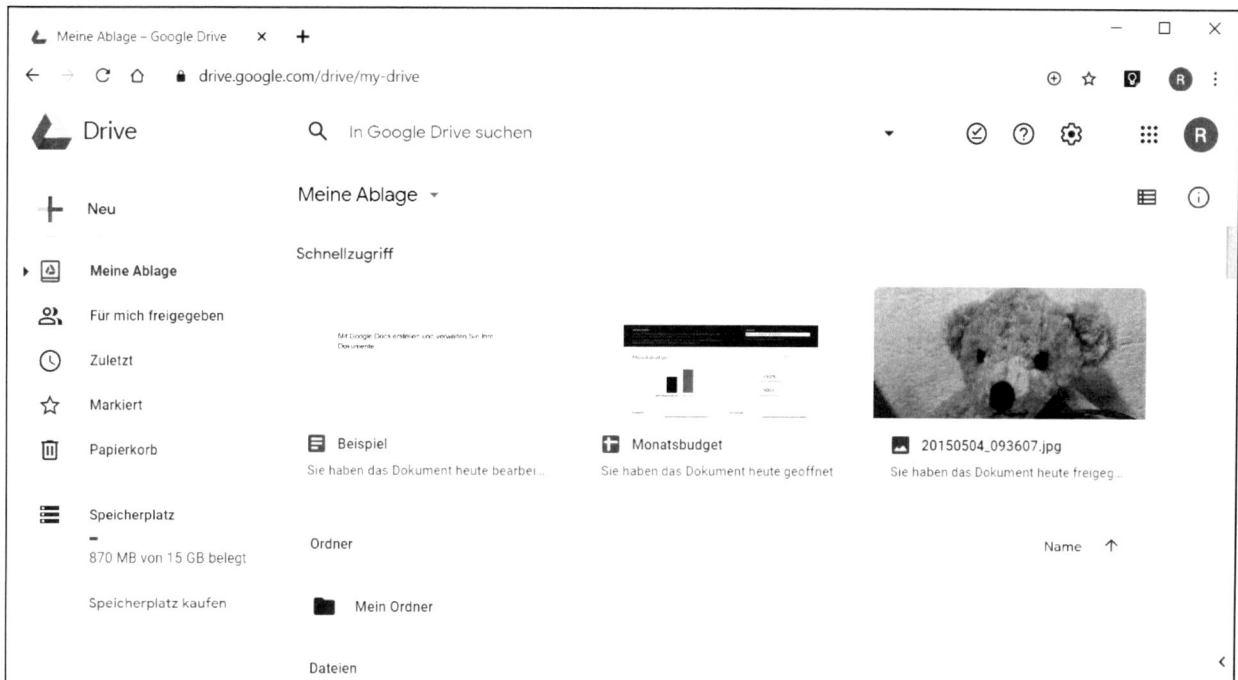

Google Docs, Google Tabellen und Google Präsentationen sind eng mit Google Drive (siehe *14 Google Drive*) verknüpft. Ihre neu erstellten Office-Dateien erscheinen deshalb automatisch in Google Drive. Dort können Sie sie direkt mit einem Doppelklick öffnen.

Freigaben anderer Google-Office-Anwender, beispielsweise wenn Sie als Bearbeiter eingesetzt wurden, zeigt Ihr Google Drive unter *Für mich freigegeben* auf der rechten Seite an.

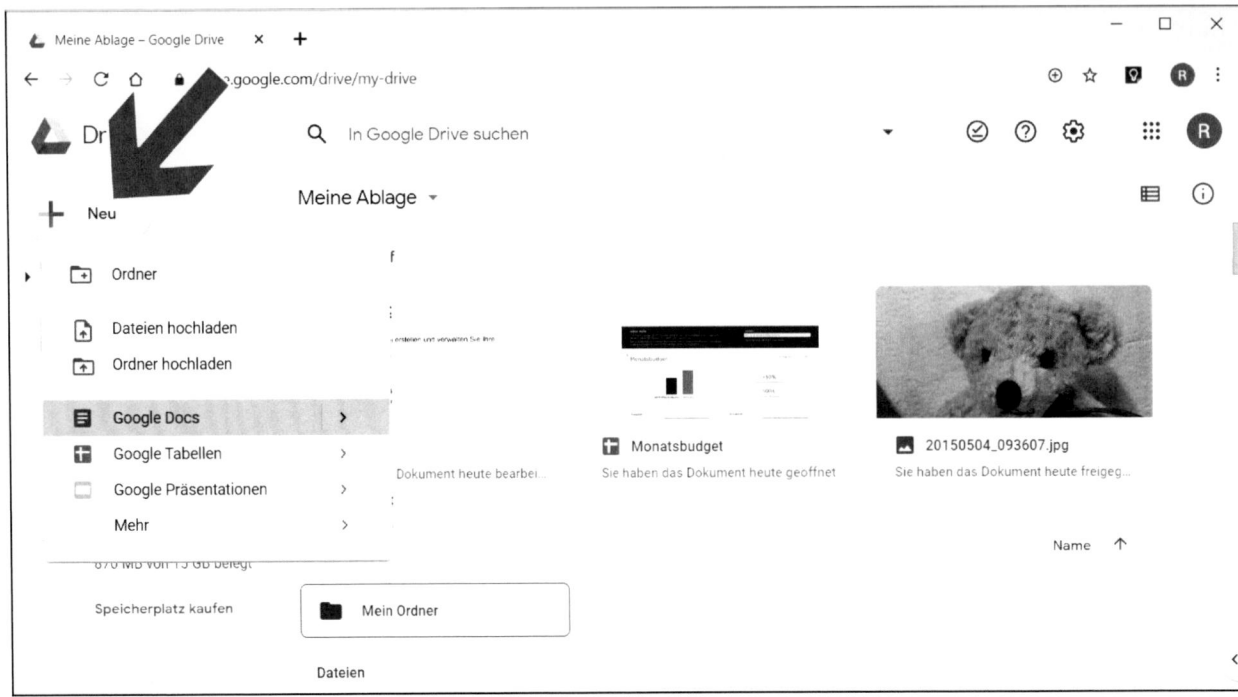

Ein Klick auf *Neu* (oben links) öffnet ein Menü, über das Sie nicht nur neue Dateien hochladen, sondern auch Office-Dateien erstellen.

16. Google Kalender

Der Google Kalender verwaltet die Termine in Ihrem Google-Konto. Setzen Sie neben dem PC ein Android-Handy oder Tablet ein, dann gleicht Google automatisch die Termine zwischen den Geräten ab. Einzige Voraussetzung dafür ist, dass Sie auf allen Geräten mit Ihrem Google-Konto angemeldet sind.

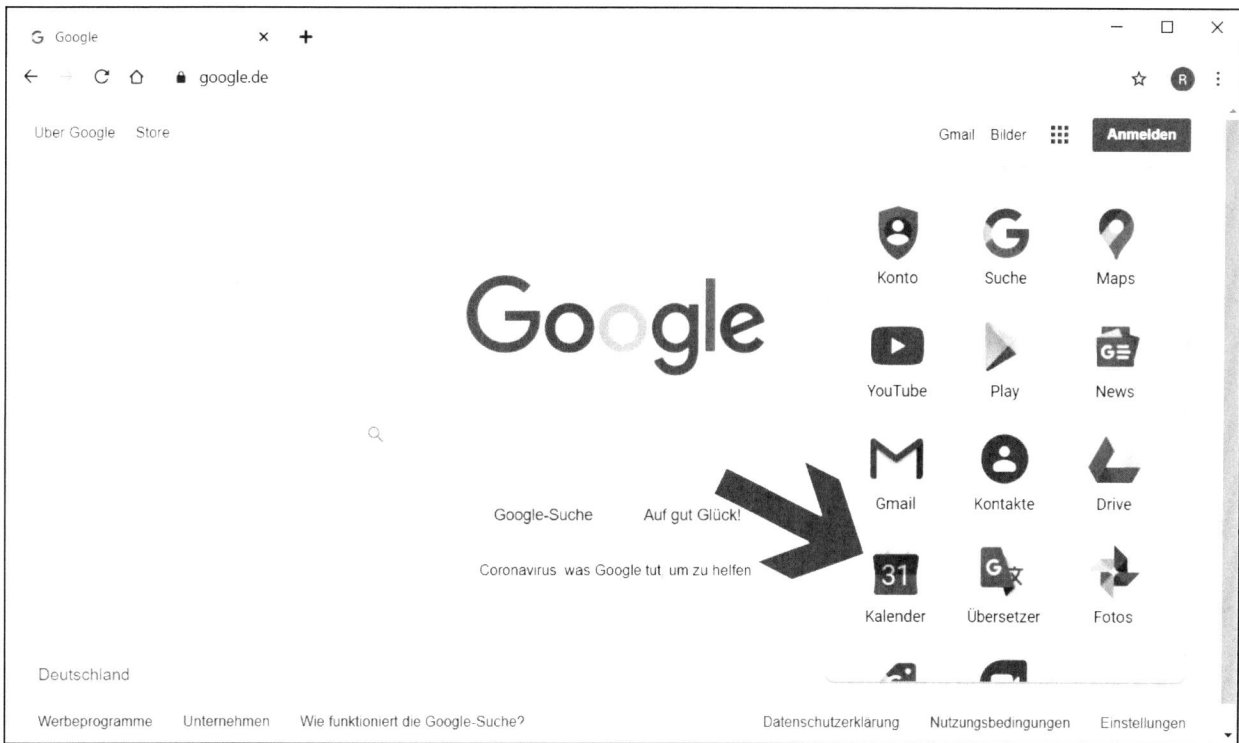

Den *Google Kalender* finden Sie im Apps-Menü. Alternativ rufen Sie die Anwendung unter der Webadresse *calendar.google.com* auf.

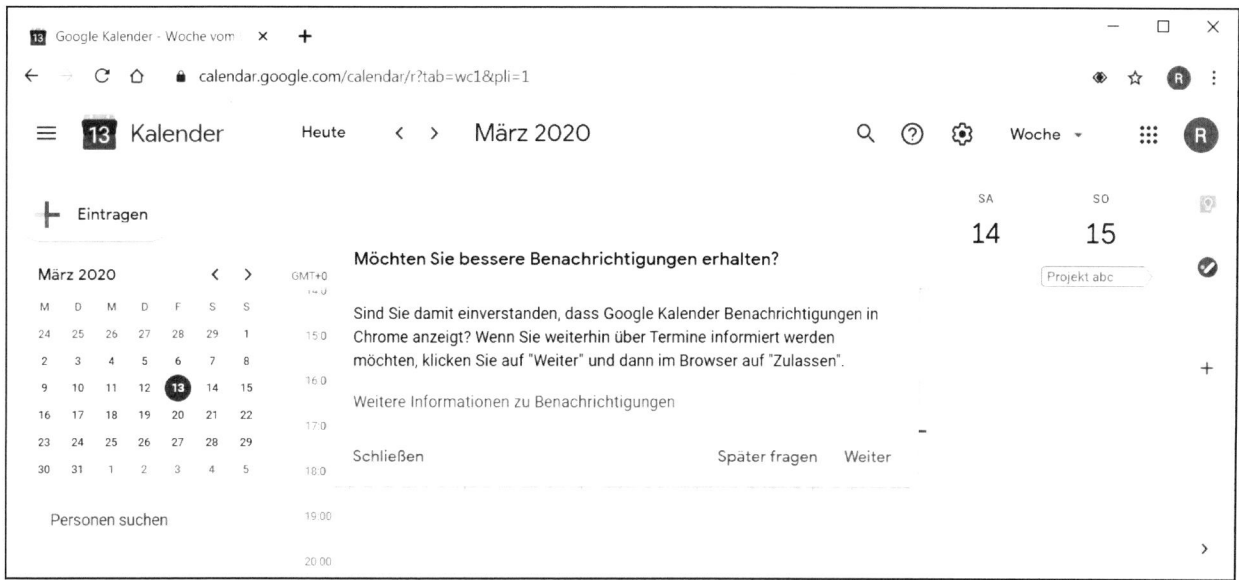

Die einmalige Abfrage zu den Benachrichtigungen sollten Sie mit *Weiter* und dann *Zulassen* beantworten. Der Kalender informiert Sie nun auch über Termine, wenn er gerade nicht im Webbrowser geöffnet ist.

16.1 Kalenderansichten

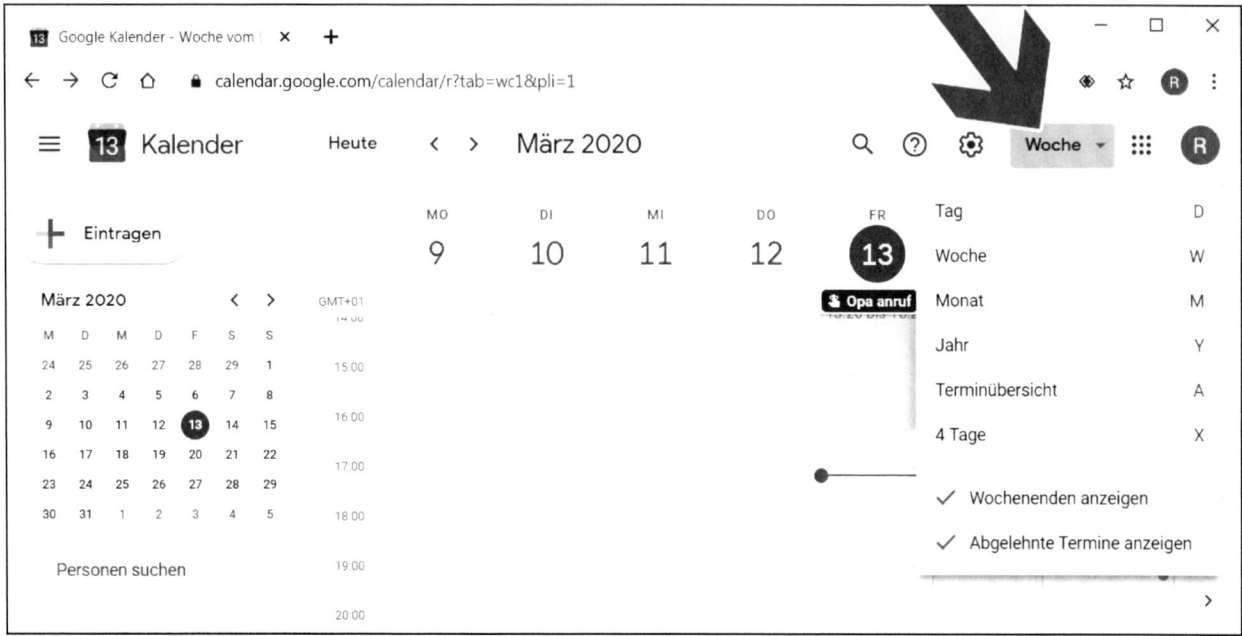

Zwischen den Kalenderansichten *Tag, Woche, Monat, Jahr, Terminübersicht* und *4 Tage* wechseln Sie mit dem Auswahlmenü am oberen Bildschirmrand (Pfeil).

Das Menü wird nicht unbedingt benötigt, da Sie einfach in der Kalenderansicht mit Tasten zwischen den Ansichten umschalten:

- **D**: Tag (engl. »Day«)
- **W**: Woche
- **M**: Monat
- **A**: Terminübersicht (engl. »Agenda«)
- **X**: 4 Tage

16.1.1 Monatsansicht

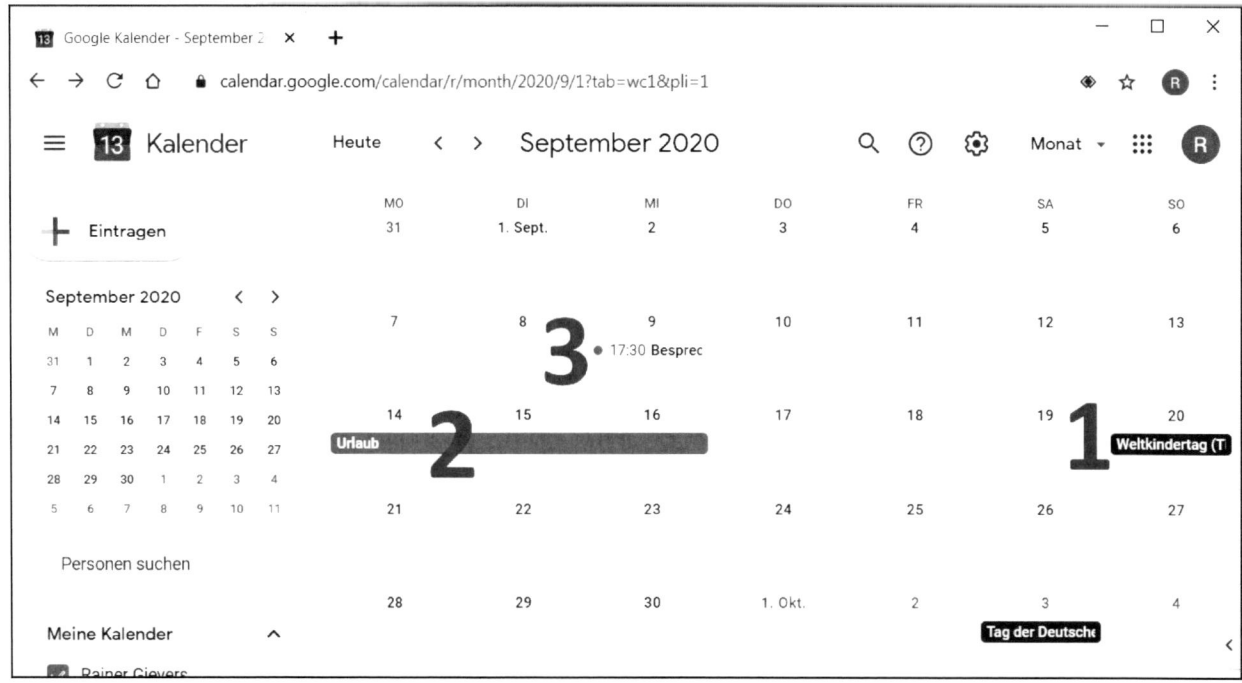

In der Monatsansicht zeigt der Kalender automatisch Feiertage an (1). Horizontale Balken (2)

informieren über Ganztagstermine beziehungsweise Termine, die über mehrere Tage gehen, während »normale« Termine (3) mit Uhrzeit angezeigt werden.

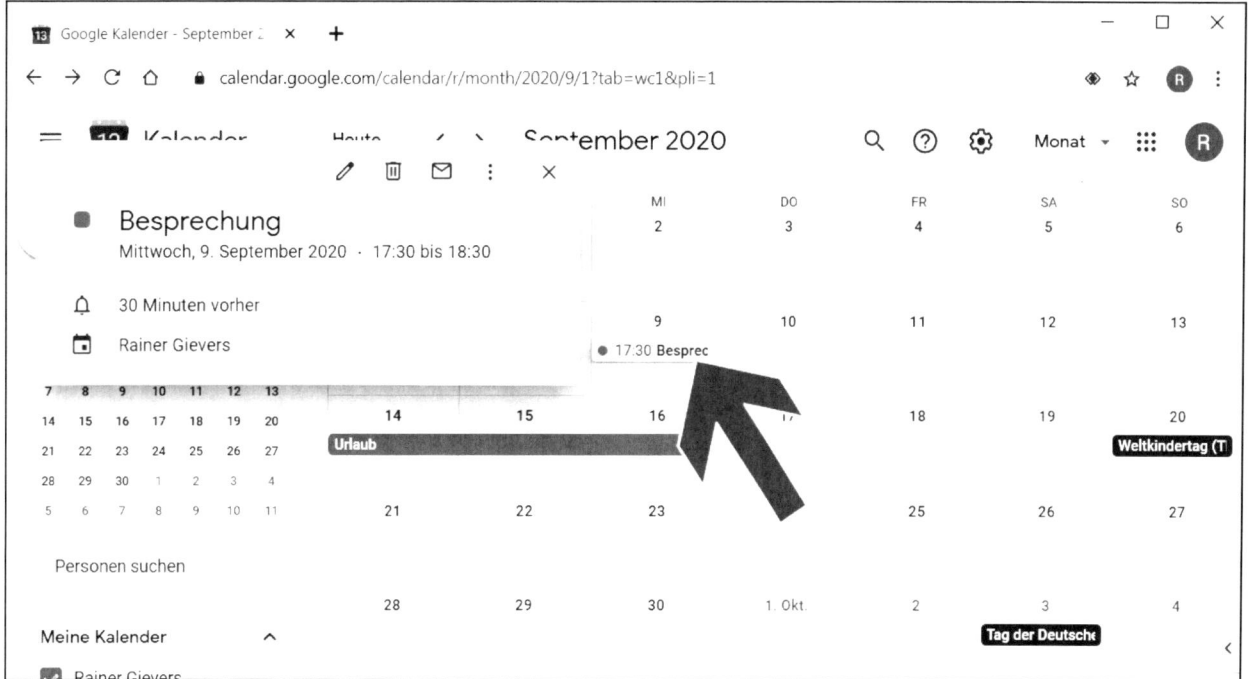

Klicken Sie einen Termineintrag (Pfeil) an, wenn Sie dessen Details erfahren möchten. Die Esc-Taste schließt das Popup wieder.

16.1.2 Wochenansicht

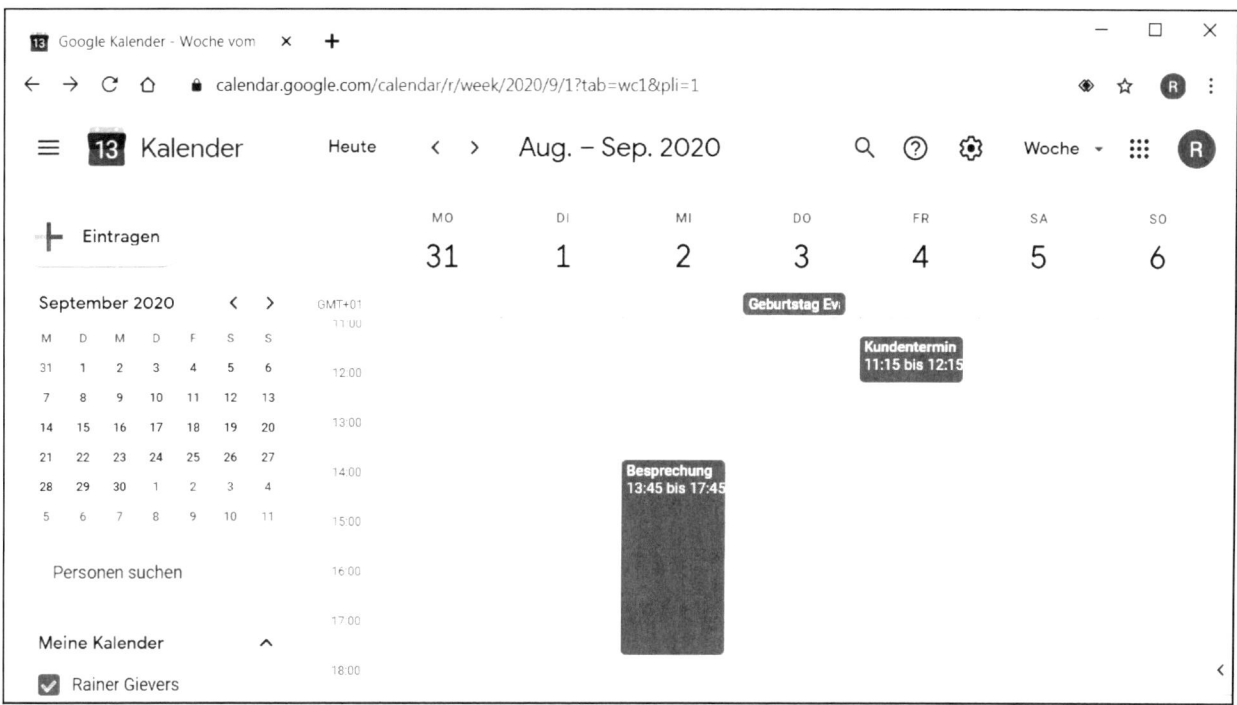

In der Wochenansicht sind alle Termine als Balken auf einer Zeitachse angelegt. Man sieht auf diesem Wege sofort, ob und wo noch freie Zeiträume sind. Die Ganztagstermine sind am oberen Bildschirmrand zu finden. Anklicken eines Termins zeigt diesen wiederum an.

Tipp: Wenn Sie in der Wochen-, Tages-, oder 4-Tage-Ansicht einen Doppelklick (zweimal schnell hintereinander klicken) auf den Termintext durchführen, öffnet sich direkt der Bearbeitungsbildschirm.

16.1.3 Tagesansicht und 4 Tage

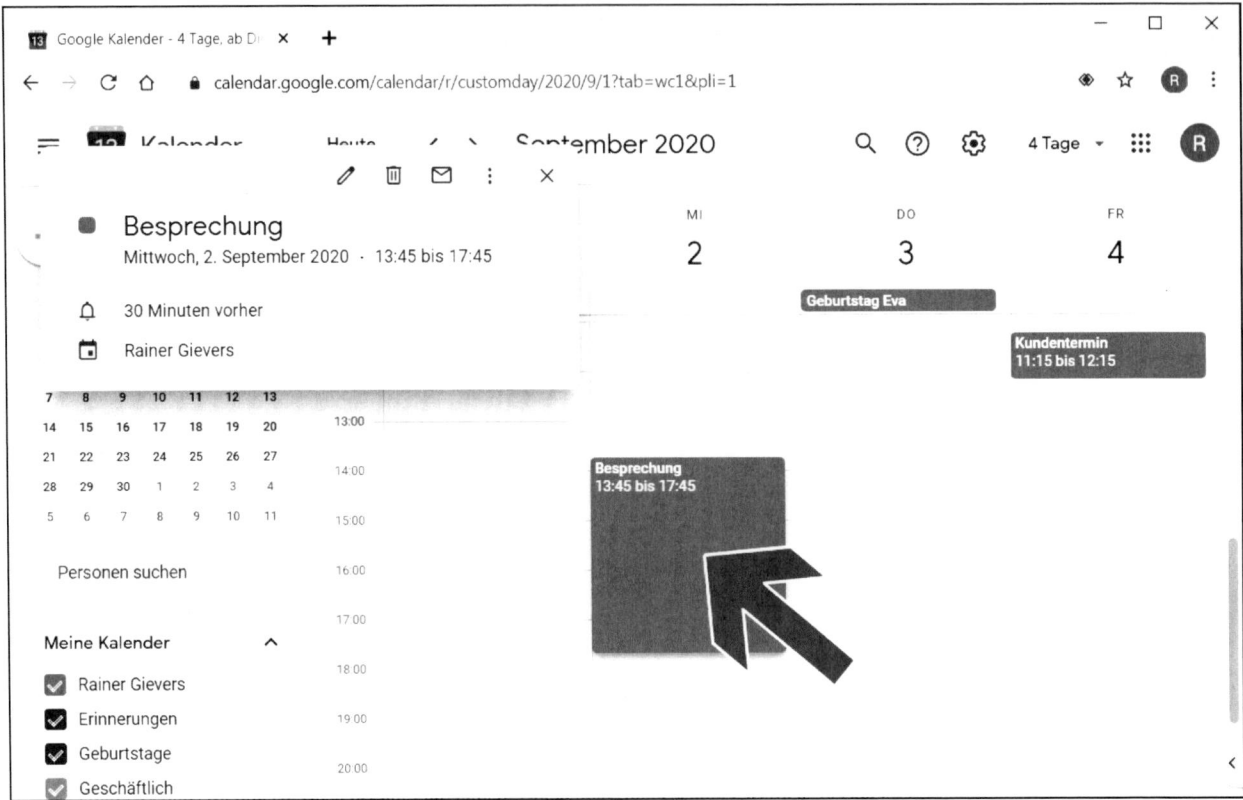

Auch die Tagesansicht und »4 Tage« zeigen die Termine in einer Zeitachse. Tippen Sie einen Termin (Pfeil) für die Detailansicht an.

> Die Ansicht »4 Tage« kann von Ihnen in den Einstellungen (siehe Kapitel *16.5 Einstellungen*, unter *Benutzerdefinierte Ansicht*) auf eine andere Darstellung umgeschaltet werden, beispielsweise 2 Wochen.

16.1.4 Terminübersicht

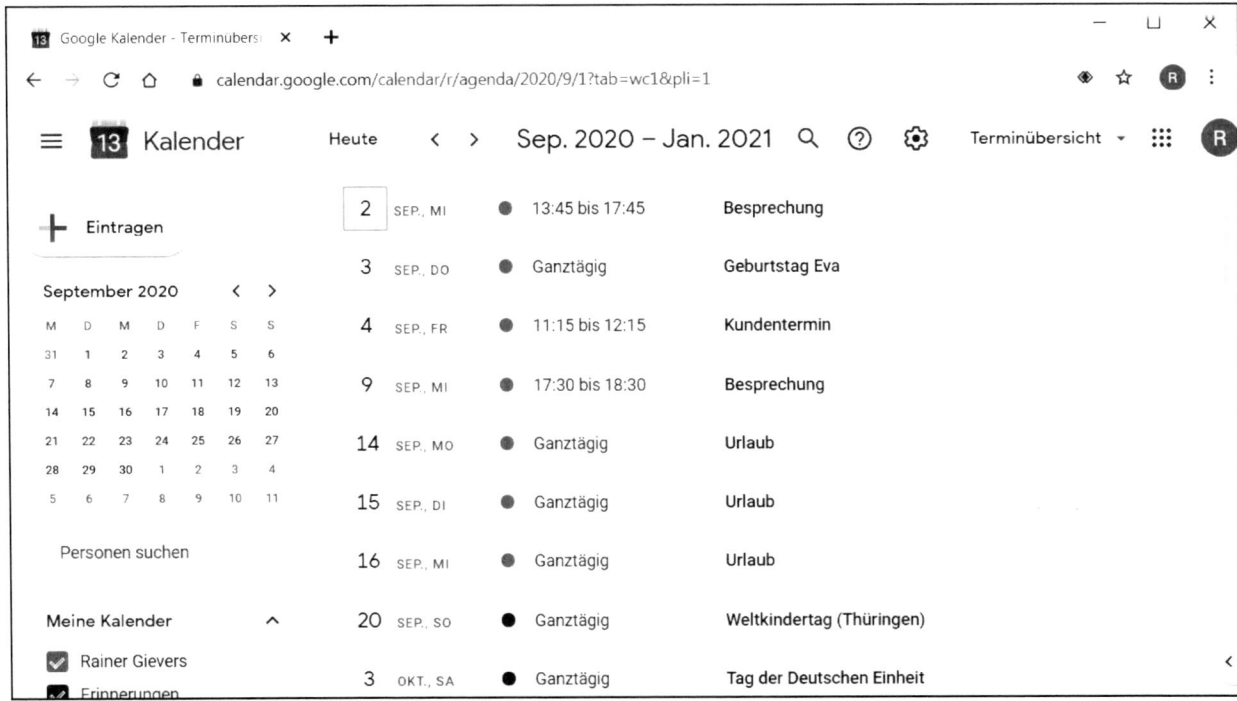

In der *Terminübersicht* erhalten Sie einen schnellen Überblick aller anstehenden Termine.

16.2 Kalendernavigation

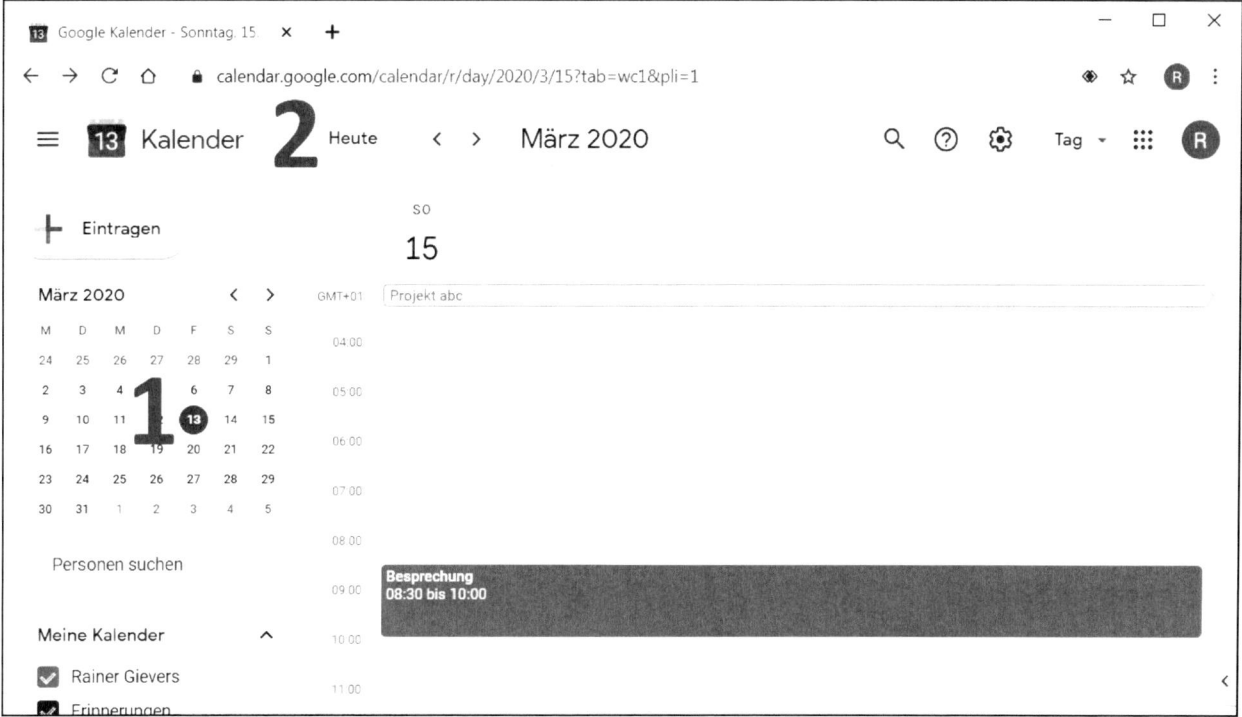

Ein Klick in den Minikalender (1) am linken Bildschirmrand wechselt zum gewünschten Datum. Außerdem können Sie hier auch über die Schaltleisten ❮ und ❯ nach dem Monatsnamen jeweils einen Monat vor/zurückspringen.

Das aktuelle Datum rufen Sie dagegen mit *Heute* (2) auf. ❮ und ❯ rechts daneben blättern in der Kalenderansicht.

> Wir empfehlen einen Blick ins Kapitel *16.4 Kalendersteuerung mit der Tastatur*, das einige interessante Tastenfunktionen vorstellt.

16.3 Neuen Termin hinzufügen

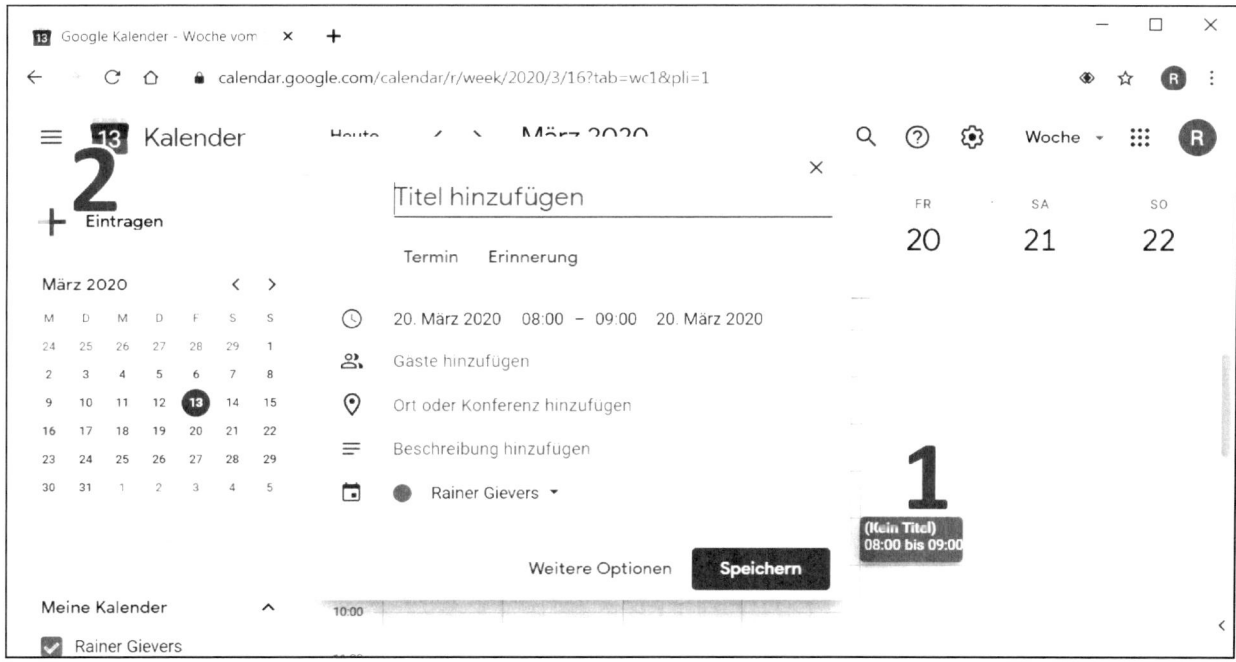

Der Kalender unterstützt mehrere Methoden für die Terminerfassung:

Klicken Sie in der Tages-, 4 Tages- oder Wochenansicht auf eine Uhrzeit in der Zeitleiste (1) die dann als Startuhrzeit in den Termin übernommen wird. In der Monatsansicht wird dagegen keine Uhrzeit vorgegeben. Geben Sie dann eine Terminbeschreibung ein und klicken Sie auf *Speichern*. Über *Weitere Optionen* lassen sich zudem noch die weiteren Termindetails erfassen.

In allen Ansichten lässt sich über die Eintragen-Schaltleiste (2) ein neuer Kalendereintrag erstellen.

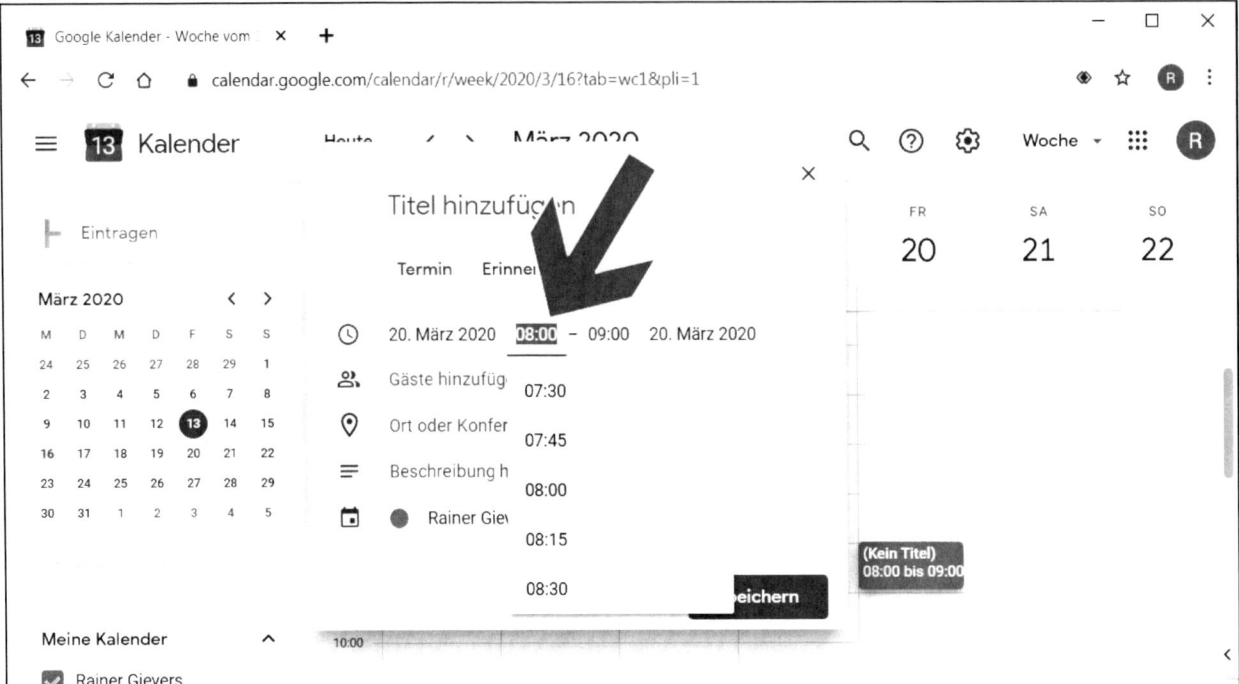

Ein Klick auf Start- oder Endedatum/Zeit öffnet jeweils ein Auswahlmenü in dem Sie die gewünschte Zeit beziehungsweise das Datum einstellen.

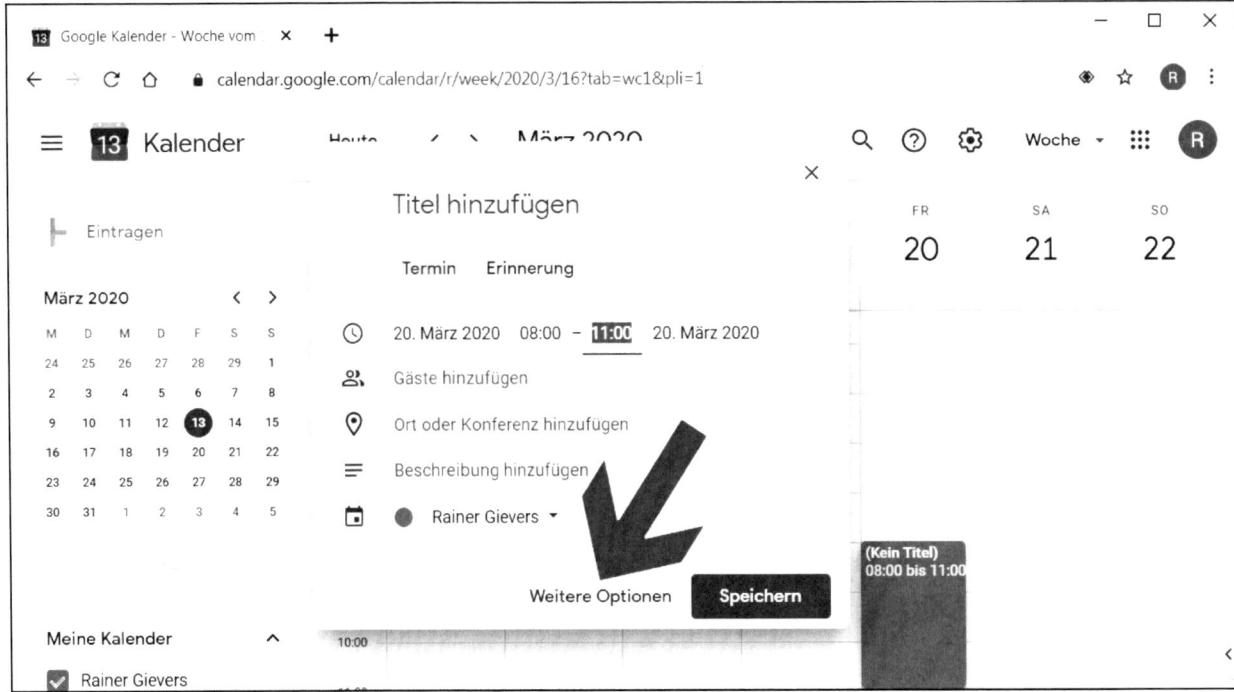

Gehen Sie nun auf *Weitere Optionen*.

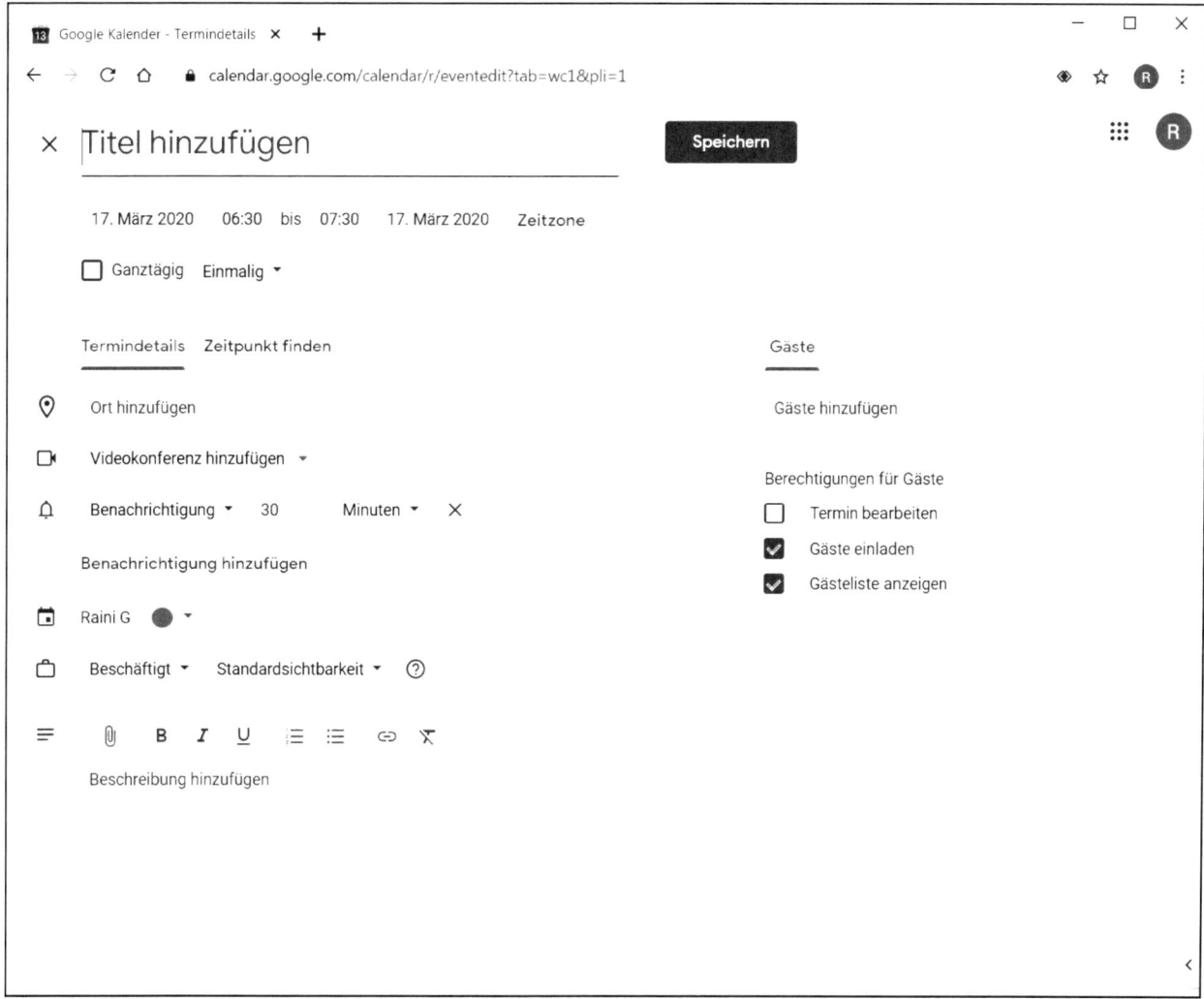

Erfassen Sie im Bearbeitungsbildschirm die Termindaten. Betätigen Sie dann *Speichern* (oben rechts neben dem Termintitel).

Die verfügbaren Parameter:

- *Ganztägig*: Termin ohne feste Uhrzeit, der aber an diesem Tag fällig wird.

- *Einmalig* (Auswahlmenü): Ermöglicht es, einen Termin in bestimmten Zeiträumen automatisch erneut anzusetzen, beispielsweise wöchentlich oder monatlich.

- *Ort hinzufügen*: Ort, an dem der Termin stattfindet.

- *Videokonferenz hinzufügen*: Der Termin soll als Videoanruf in der Hangouts-Chat-Anwendung stattfinden.

- *Benachrichtigung*: Lassen Sie sich wahlweise über ein Popup oder eine E-Mail über einen anstehenden Termin informieren. Die Terminerinnerung erfolgt standardmäßig *30 Minuten* vorher, lässt sich aber von Ihnen anpassen.

- (Terminfarbe): Verwenden Sie verschiedene Hintergrundfarben für Ihre Termine, beispielsweise, um wichtige von weniger wichtigen zu unterscheiden.

- *Beschäftigt*: Sofern Sie Ihren Terminkalender für andere freigeben, sehen diese zur Terminzeit, dass Sie noch verfügbar oder belegt sind.

- *Standardsichtbarkeit*: Bei der Sichtbarkeit des Termins orientiert sich der Kalender an den Voreinstellungen, auf die Kapitel *16.6 Kalender* noch eingeht. Sie können die Voreinstellung aber für jeden Termin abweichend einstellen.

- *Beschreibung hinzufügen*

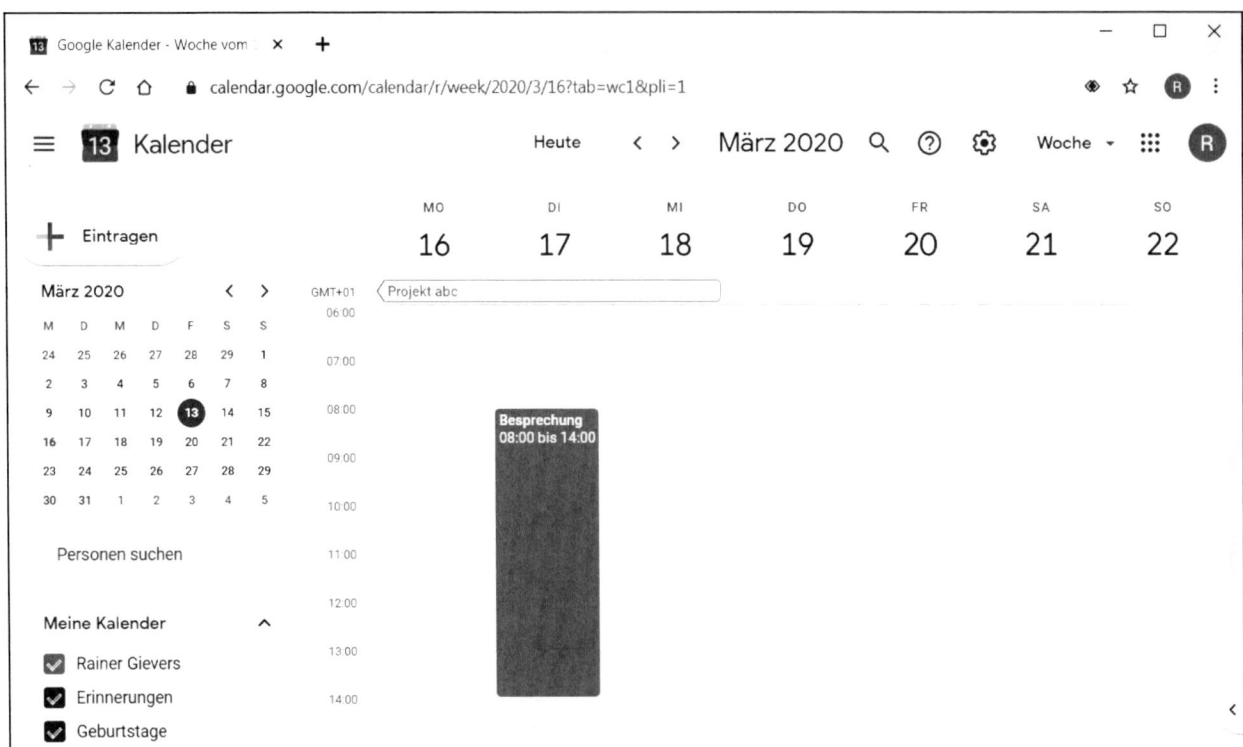

Der Termin erscheint in der Kalenderansicht. Klicken Sie ihn an, wenn Sie ihn editieren oder entfernen möchten und gehen Sie dann auf ✎ beziehungsweise 🗑.

16.4 Kalendersteuerung mit der Tastatur

Die Navigation im Kalender mit der Maus ist recht zeitraubend, weshalb Sie auch Tastenkürzel
verwenden können (wir haben diese Information teilweise von der Webseite
support.google.com/calendar/answer/37034 übernommen). Wir empfehlen vor allem die Tastenkürzel für die Navigation und die Ansichten.

Navigation:

Tastenkürzel	Definition	Aktion
K oder P	Vorheriger Zeitraum	In der Kalenderanzeige wird der vorherige Zeitraum angezeigt.
J oder N	Nächster Zeitraum	In der Kalenderanzeige wird der nächste Zeitraum angezeigt.
R	Aktualisieren	Aktualisiert den Kalender.
T	Zu "Heute" springen	Geht zum heutigen Tag.

Ansichten:

Tastenkürzel	Definition	Aktion
1 oder D	Ansicht "Tag"	Zeigt den Kalender in der Tagesansicht an.
2 oder W	Wochenansicht	Zeigt den Kalender in der Wochenansicht an.
3 oder M	Monatsansicht	Zeigt den Kalender in der Monatsansicht an.
4 oder X	Benutzerdefinierte Ansicht	Zeigt den Kalender in benutzerdefinierter Ansicht an.
5 oder A	Terminübersichtsansicht	Zeigt den Kalender in der Terminübersichtsansicht an.

Aktionen:

Tastenkürzel	Definition	Aktion
C	Termin einrichten	Neuen Termin erstellen.
E	Termindetails	Termindetails aufrufen.
← (Löschen) oder Entf	Termin löschen	Löscht den Termin.
Strg + Z	Rückgängig machen	Letzte Aktion rückgängig machen.
Strg + S	Speichern	Speichert den Termin, wenn die Detailseite aktiv ist.
Esc	Zurück	Kehrt von der Detailseite in Kalenderansicht zurück.

Die Aktionen sind meistens nur in den Termindetails oder wenn das Termin-Popup angezeigt wird, verfügbar.

Anwendung:

Tastenkürzel	Definition	Aktion
Strg + P	Drucken	Druckt die aktuelle Ansicht.
S	Einstellungen	Ruft die Einstellungsseite von Google Kalender auf.

Es gibt noch einige weitere Anwendungsfunktionen, die aber offenbar nur auf einer Tastatur mit amerikanischem Tastaturlayout nutzbar sind.

16.5 Einstellungen

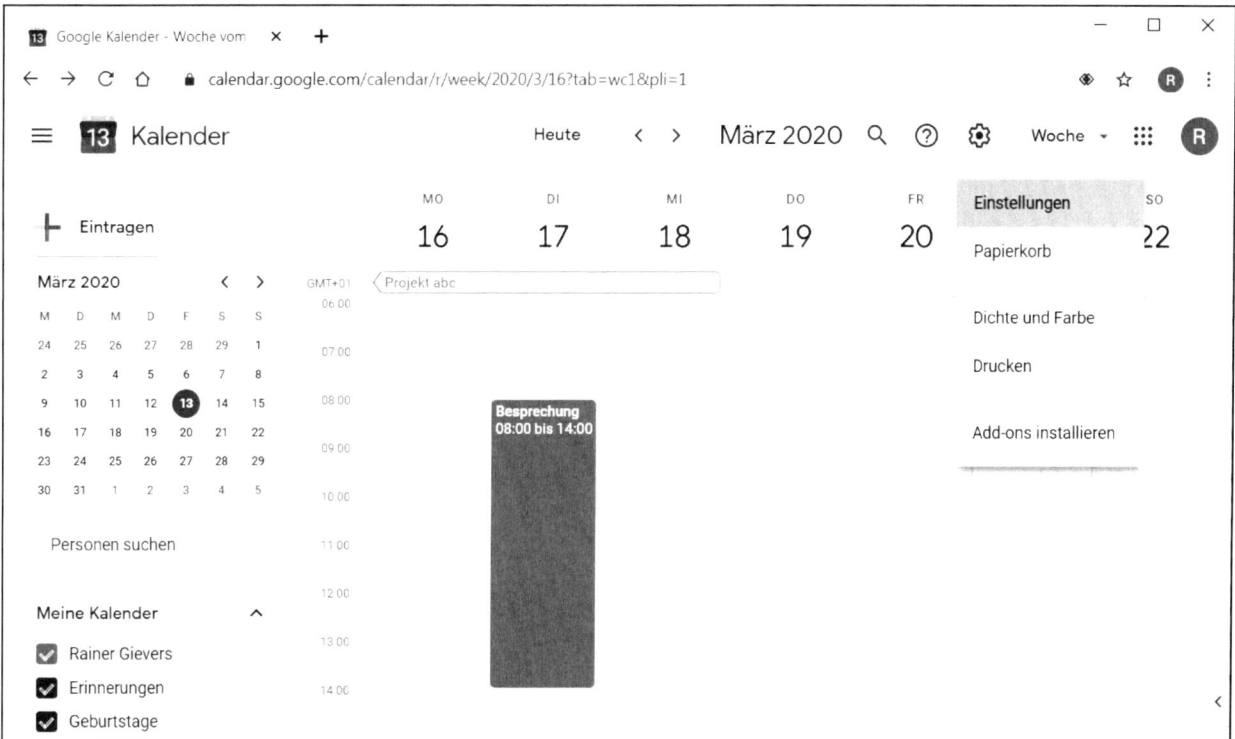

Klicken Sie oben rechts auf ⚙ und gehen Sie auf *Einstellungen*.

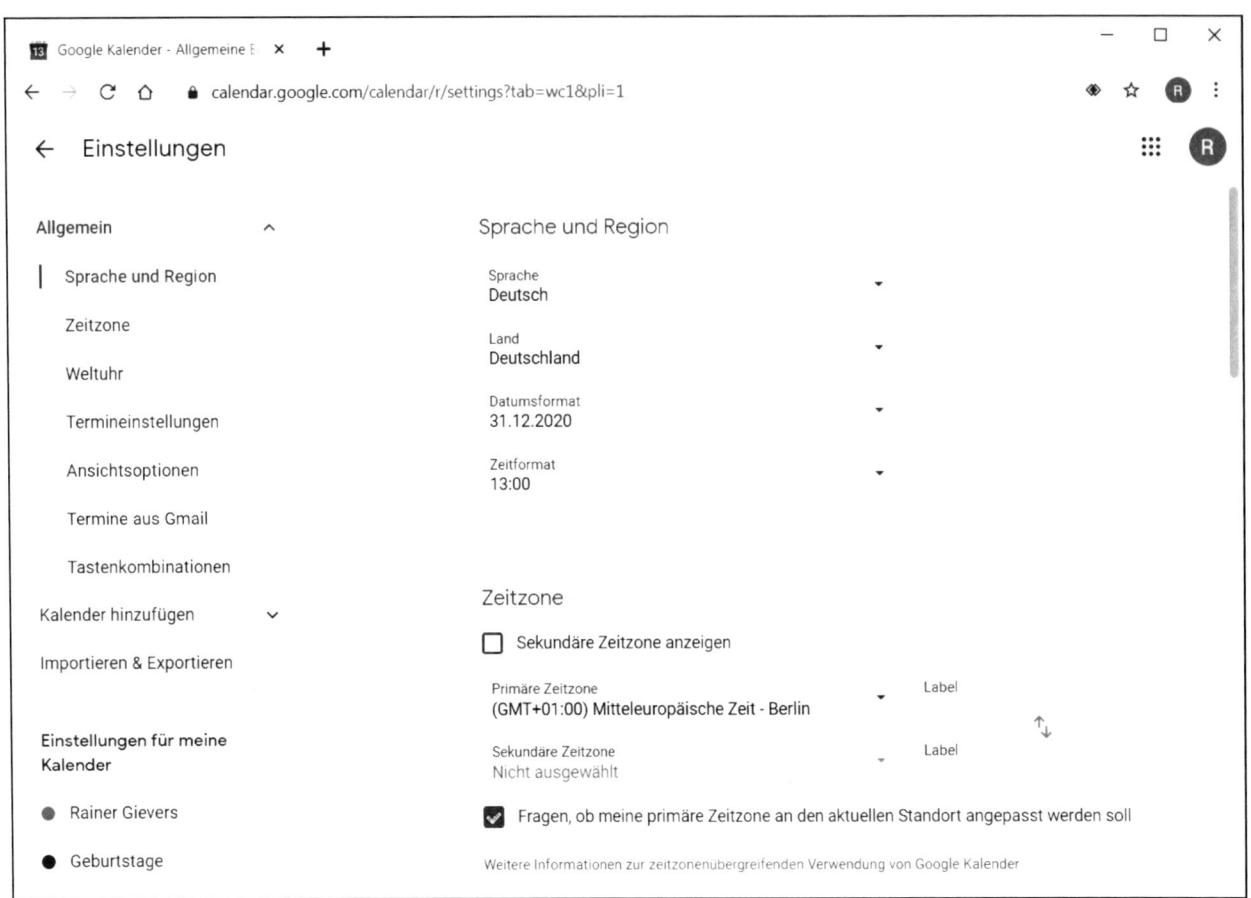

Wahlweise rollen Sie durch die angebotenen Einstellungen (Mausrad drehen) oder wählen auf der linken Seite eines der Register aus.

Unter *Sprache und Region*:

- *Sprache*

- *Land:* Ihr Aufenthaltsland, an dem sich auch die Zeitzone orientiert.

- *Datumsformat*

- *Zeitformat*

Unter *Zeitzone*:

- Die Zeitzonen spielen für Sie nur eine Rolle, wenn Sie häufig Termine in anderen Ländern wahrnehmen. Alle Termine verwaltet der Kalender als UTC (früher Greenwich Mean Time, GMT) und rechnet sie passend zur aktuellen Zeitzone um. Auch bei zusätzlichen Teilnehmern (siehe Kapitel *16.7 Termine mit Teilnehmern*) in anderen Zeitzonen spielt die aktuelle Zeitzone eine Rolle.

Unter *Weltuhr*:

- *Weltuhr anzeigen*: Nicht von Google dokumentiert.

Unter *Termineinstellungen*:

- *Standarddauer*: Neu von Ihnen erstellte Termine haben automatisch eine Dauer von 60 Minuten. Sie können hier aber auch einen anderen Zeitraum einstellen. Die Option *Schnelle Besprechungen* kürzt die Dauer jeweils um 10 Minuten.

- *Standardberechtigungen für Gäste; Automatisch Einladungen hinzufügen*: Bezieht sich auf die Gästeeinladungen, auf die wir in diesem Buch nicht eingehen.

- *Benachrichtigungen*: Nach Aktivierung von *Desktopbenachrichtigungen* anstelle von *Benachrichtigungen* informiert Sie der Browser automatisch über fällige Termine. Sie müssen dazu noch nicht einmal den Google Kalender im Browser geöffnet haben.

- *Benachrichtigungstöne abspielen*: Diese Einstellung ist nur verfügbar, wenn Sie *Benachrichtungen* auf *Desktopbenachrichtigungen* umgestellt haben.

- *Automatisch Videoanrufe hinzufügen, wenn ich einen Termin erstelle*: Fügt automatisch dem Termin einen Videoanruf über Google Hangouts (auf Hangouts geht dieses Buch nicht ein) hinzu. Die Besprechung läuft dann als Videokonferenz.

Unter *Ansichtsoptionen*:

- *Wochenenden anzeigen*: Durch das Ausblenden der Wochenenden im Kalender (Wochen- und Monatsansicht) erhalten Sie auf dem Bildschirm mehr Platz.

- *Abgelehnte Termine anzeigen*: Blendet Termine ein, deren Einladungen Sie abgelehnt haben (siehe Kapitel *16.7 Termine mit Teilnehmern*).

- *Kalenderwochen anzeigen*: Kalenderwoche in den Ansichten Kalenderwoche, 4-Tage oder Tag anzeigen.

- *Vergangene Termine abgeschwächt zeigen*: Termine aus der Vergangenheit oder Termin- wiederholungen zeigt der Kalender standardmäßig in einer blasseren Farbe an.

- *Kalender in der Tagesansicht nebeneinander anzeigen*: Sofern Sie die Kalender anderer Personen in Ihrem Kalender eingebunden haben (siehe Kapitel *16.6 Kalender*), werden diese gleichzeitig angezeigt.

- *Wochenbeginn am*: In manchen Kulturkreisen beginnt die Woche bereits am Samstag oder Sonntag, was Sie hier festlegen.

- *Benutzerdefinierte Ansicht festlegen*: Die voreingestellte 4-Tagesansicht (siehe Kapitel *16.1.3 Tagesansicht und 4 Tage*) dürfen Sie auf eine andere Ansicht von 2 Tagen bis 4 Wochen umstellen.

- *Alternative Kalender*: Diese Funktion ist nur für andere Kulturkreise interessant.

Unter *Termine aus Gmail:*

- *Automatisch hinzufügen*: Sendet Ihnen jemand einen Termin per E-Mail an Ihre Google- Mail-Adresse, so wird er automatisch im Kalender übernommen.

Unter *Tastenkombinationen*

- *Tastenkombinationen aktivieren*: Standardmäßig sind die im Kapitel *16.4 Kalendersteuerung mit der Tastatur* vorgestellten Tastenkürzel aktiv.

16.6 Kalender

Die Google-Kalender-Anwendung unterstützt mehrere Kalender, von denen bei Ihnen bereits einige beim ersten Start eingerichtet sind:

- Ihr eigenen Kalender

- Feiertage: Diese bezieht die Kalender-Anwendung von Google.

- Geburtstage Ihrer Telefonbuchkontakte.

Darüber hinaus können Sie weitere Kalender anlegen, um beispielsweise berufliche und private Termine zu trennen. Eine praktische Sache ist zudem das Teilen von Kalendern mit anderen Google Kalender-Nutzern, sodass diese immer Ihre Termine im Blick haben.

Es ist leider nicht möglich, in diesem Buch auf alle Verwaltungsfunktionen für mehrere Kalender einzugehen, weshalb wir empfehlen, ein wenig damit zu experimentieren.

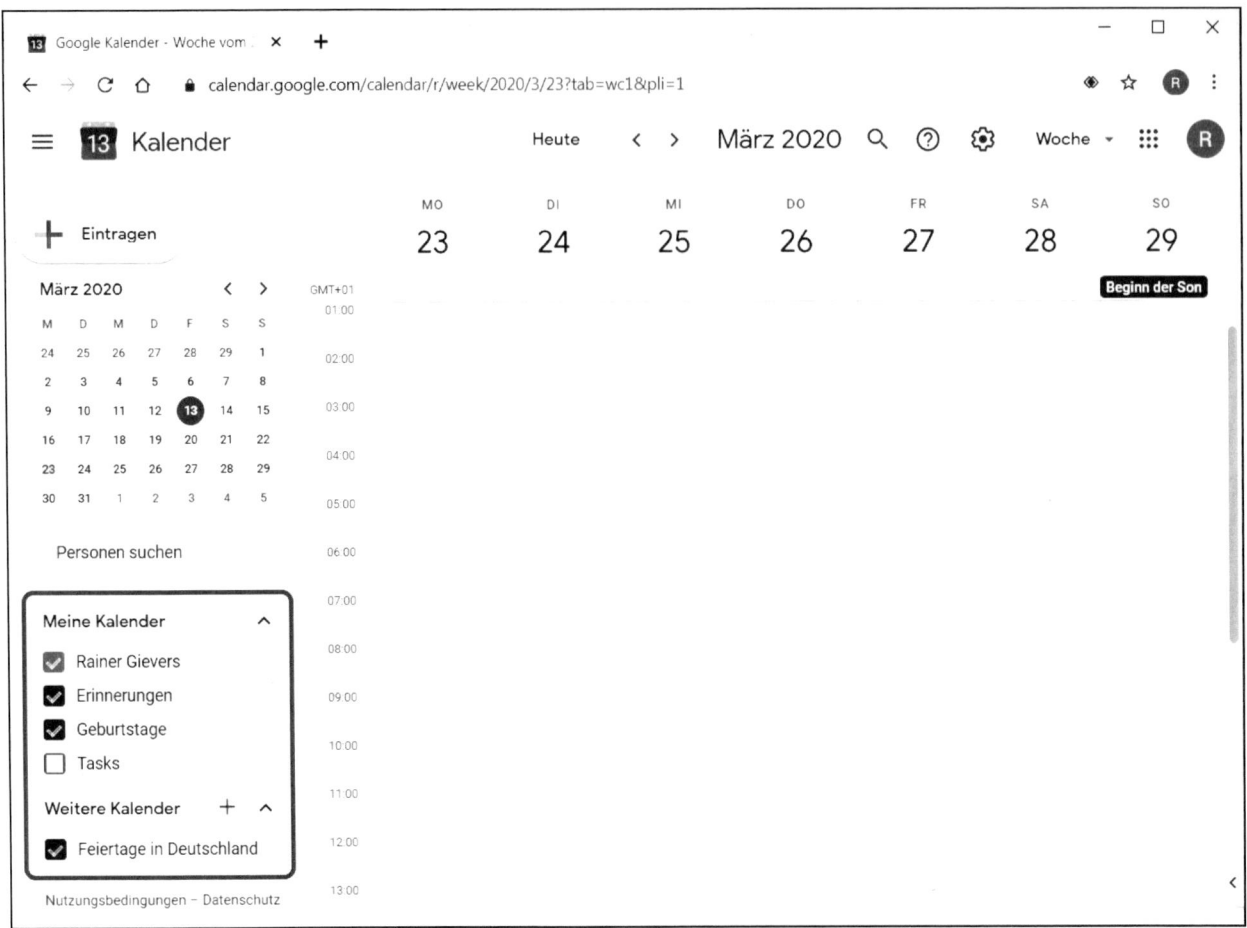

Die Kalender steuern Sie über *Meine Kalender* und *Weitere Kalender* auf der linken Seite (Markierung). *Meine Kalender* enthält die von Ihnen verwalteten Kalender. Die Kalender unter *Weitere Kalender* stammen dagegen von Dritten und lassen sich nicht von Ihnen bearbeiten. Falls Die enthaltenen Kalender nicht ausgeklappt sind, klicken Sie einfach auf die Überschriften.

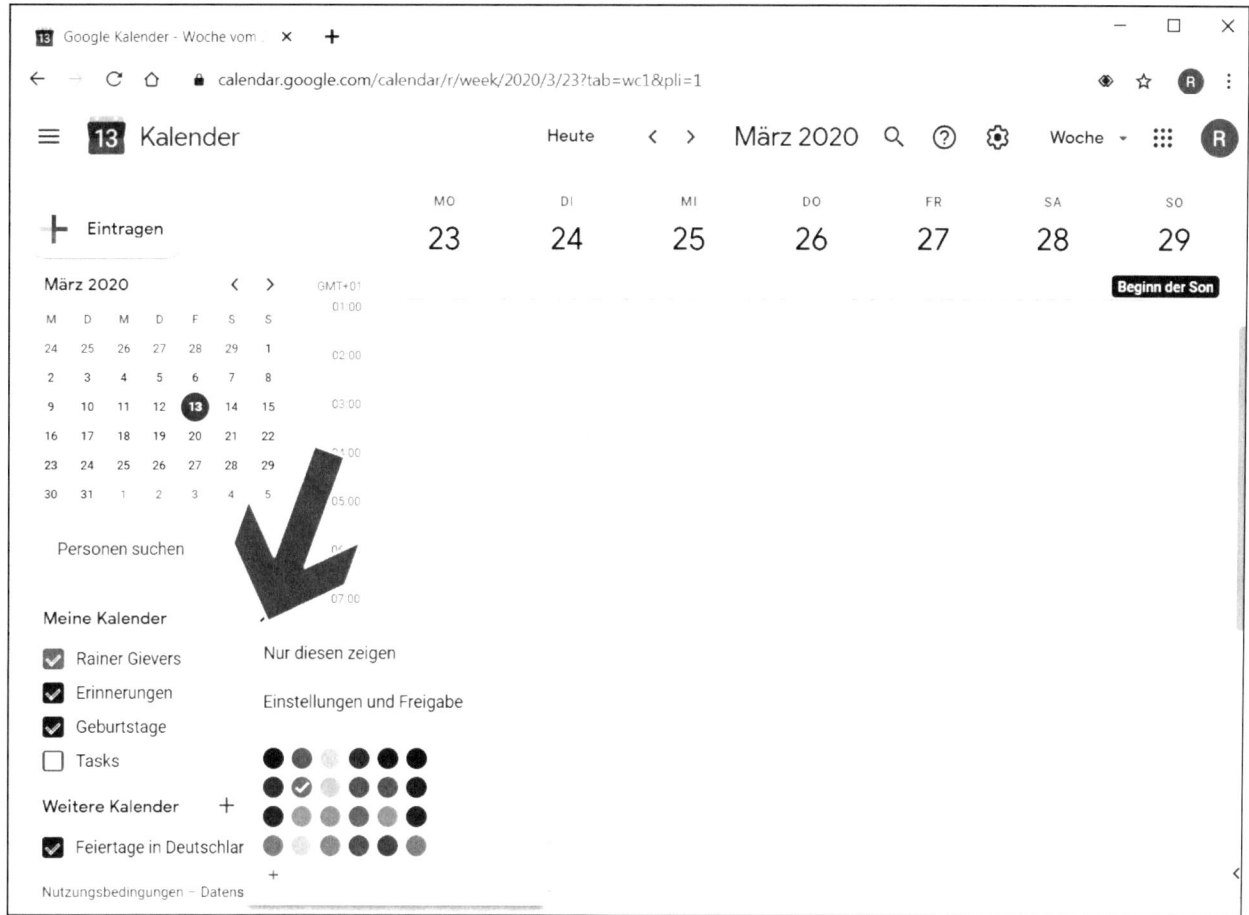

Ein Klick auf einen Kalendernamen blendet den jeweiligen Kalender aus.

Bewegen Sie den Mauszeiger über einem Kalendernamen und klicken Sie auf das nun sichtbare ⋮-Menü (Pfeil) für das Popup:

- *Nur diesen anzeigen*: Blendet alle anderen Kalender aus.
- *Einstellungen und Freigabe*: Auf die Einstellungen gehen wir weiter unten ein.
- Die Farbe Ihrer Termine stellen Sie über die Farbfelder ein.

16.6.1 Kalender von anderen Personen einbinden

Angenommen, Sie haben einen Arbeitskollegen, mit dem Sie sich häufig in Terminfragen abstimmen müssen. Wäre es dann nicht eine große Arbeitserleichterung, wenn Sie seinen Terminkalender direkt in Ihrer Kalender-Anwendung sehen könnten?

Eine Alternative zur Einbindung anderer Kalender sind die im Kapitel *16.7 Termine mit Teilnehmern* vorgestellten Besprechungsteilnehmer. Fügen Sie einfach Arbeitskollegen, die Ihrem Termin beiwohnen müssen, Ihren Terminen hinzu. Die Arbeitskollegen erhalten dann eine E-Mail-Benachrichtigung und können dem Termin mit einem Mausklick zustimmen oder ablehnen.

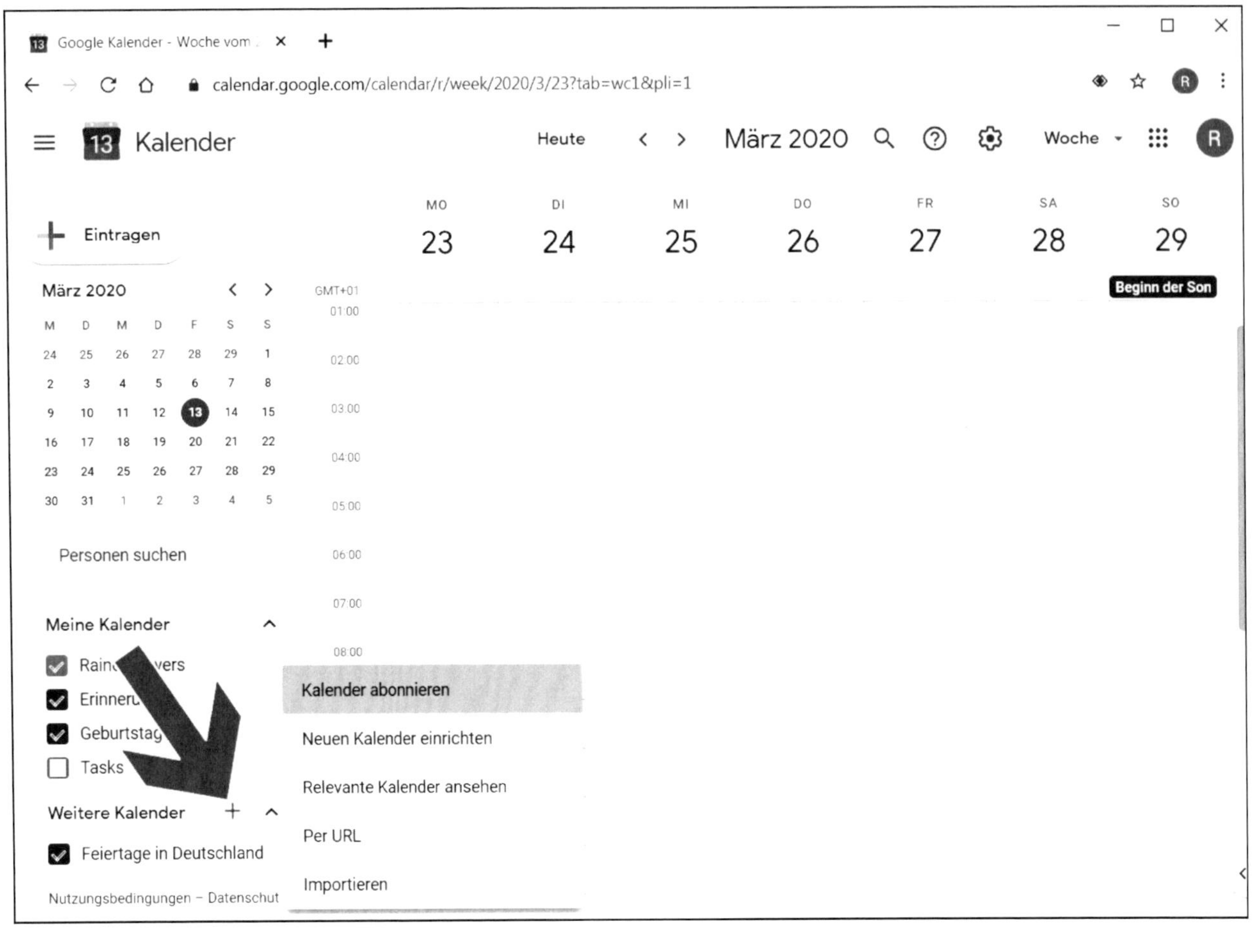

So fügen Sie Ihren Arbeitskollegen hinzu: Klicken Sie auf ✚ und wählen Sie im Popup *Kalender abonnieren.*

Die Personen, bei denen Sie eine Kalenderfreigabe anfragen, sollten bereits ein Google-Konto und damit einen Google-Kalender besitzen. Falls nötig, können diese ein Google-Konto auch selbst neu anlegen, wie im Kapitel *6.1 Neues Google Konto anlegen* beschrieben wird.

Geben Sie den Namen des Google-Kontos Ihres Arbeitskollegen ein und betätigen Sie die Enter-Taste.

**Sie haben keinen Zugriff auf den Kalender von
sally.gievers@gmail.com.**

Geben Sie eine Nachricht ein, um Zugriff auf den Kalender
anzufordern.

Abbrechen   Zugriff anfordern

Betätigen Sie im folgenden Dialog *Zugriff anfordern*.

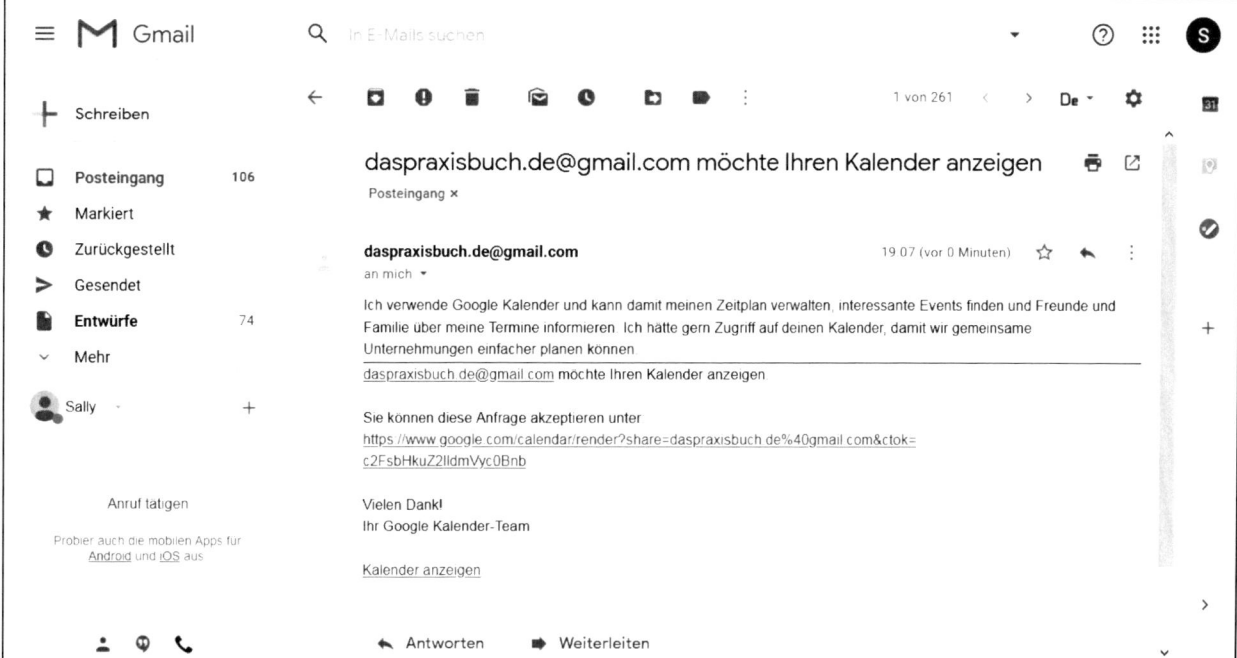

Ihr Arbeitskollege muss nun den Link in der empfangenen E-Mail anklicken (Achtung: Gmail ordnet diese Nachricht im *Benachrichtigungen*-Label ein).

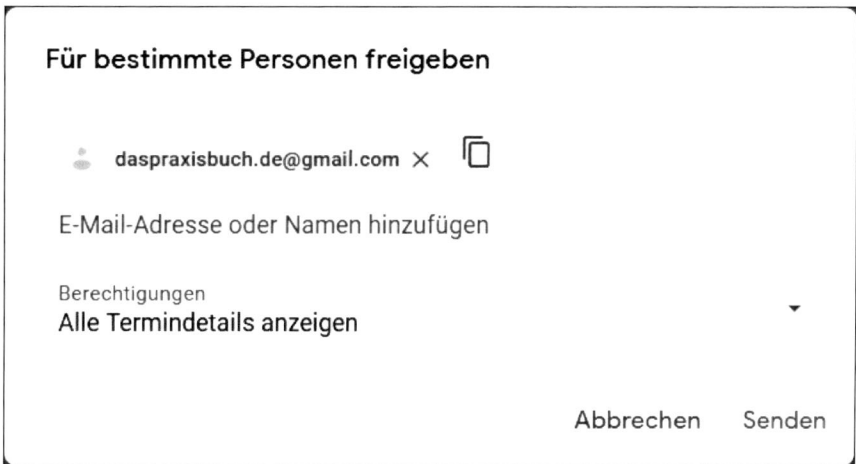

Der Kalender Ihres Arbeitskollegen startet und zeigt einen Hinweis an. Er muss nun auf *Senden* gehen.

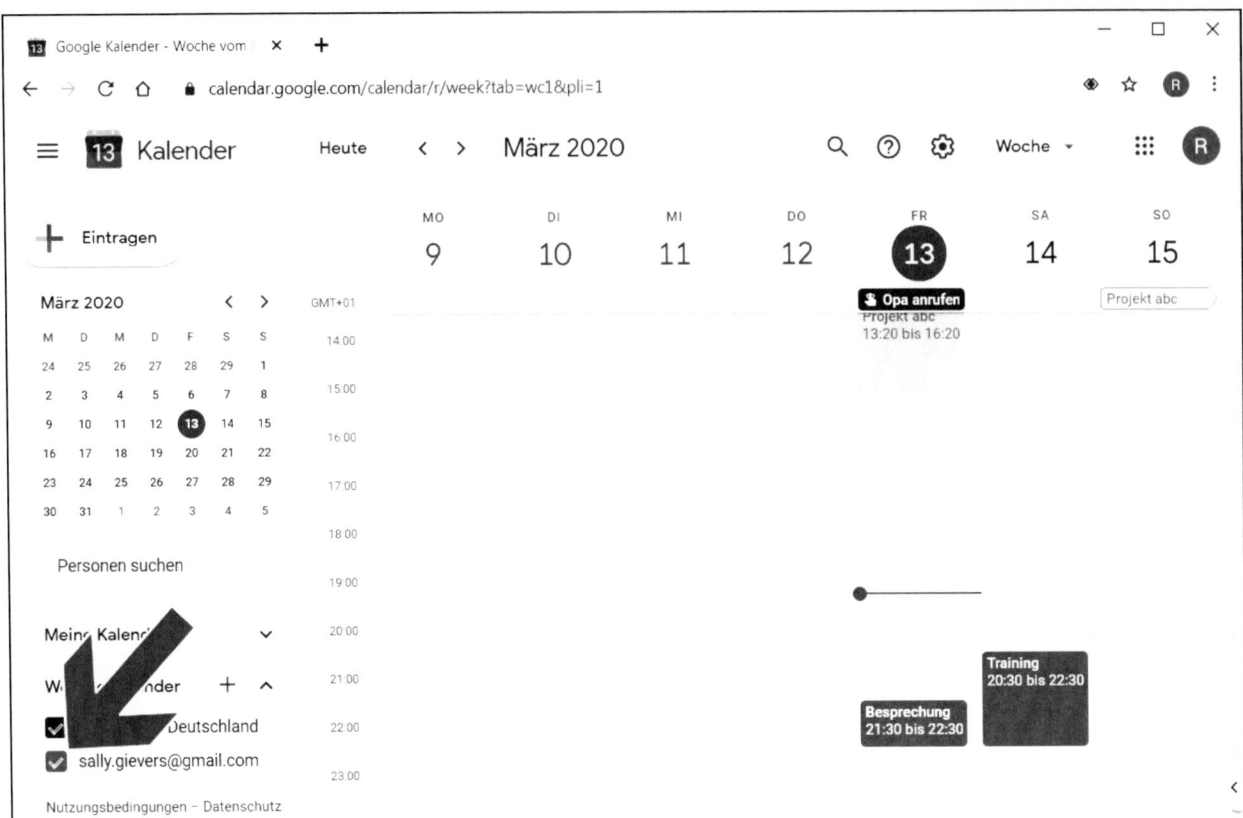

Tipp: Falls der Kalender wegen der vielen Termine unübersichtlich wird, blenden Sie einfach über die Abhakkästchen unter *Weitere Kalender* die Kollegen-Termine aus. Die Arbeitskollegen-Termine werden in einer anderen Farbe wie Ihre eigenen dargestellt – in unserem Beispiel in blauer Farbe.

16.6.2 Mehrere eigene Kalender verwalten

Es kann ganz interessant sein, mehrere Kalender in der Kalender-Anwendung anzulegen. Auf diesem Wege trennt man zum Beispiel private und geschäftliche Termine.

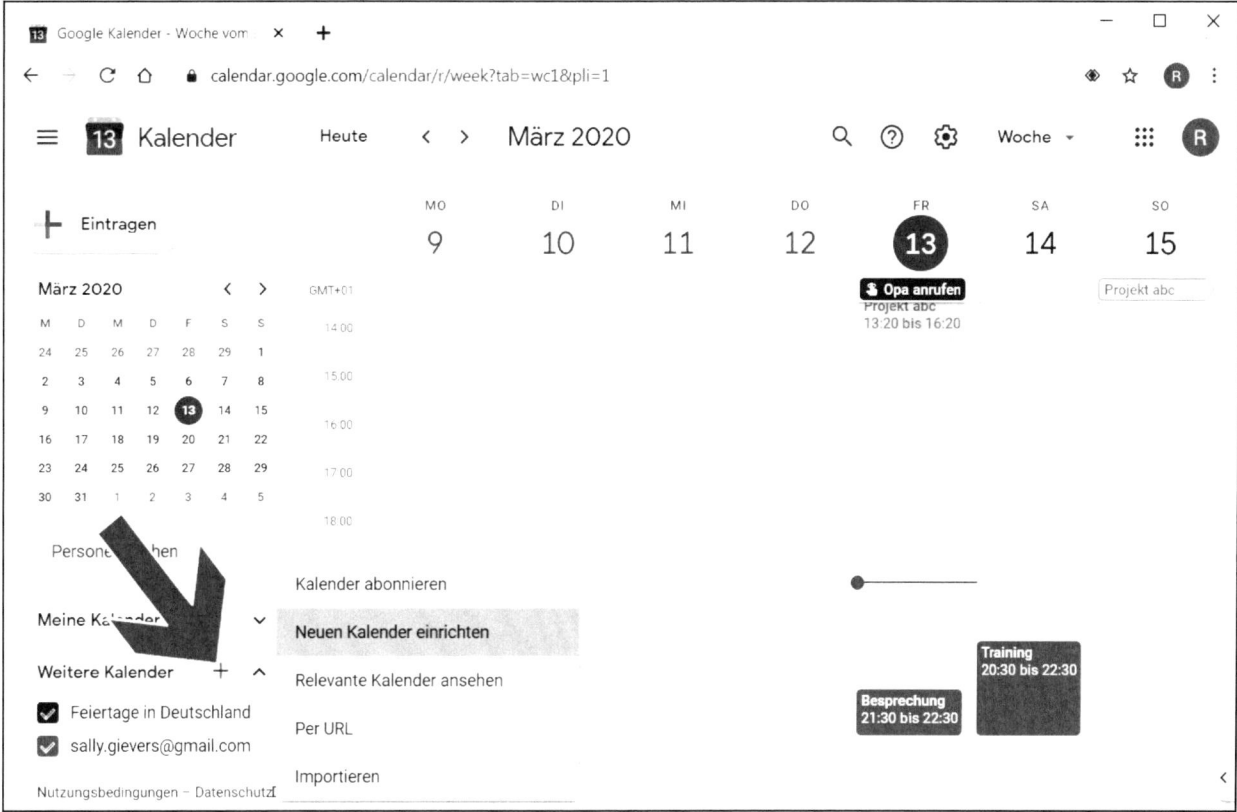

Klicken Sie hinter *Weitere Kalender hinzufügen* auf ✚ (Pfeil) für das Popup-Menü und gehen Sie auf *Neuen Kalender einrichten*.

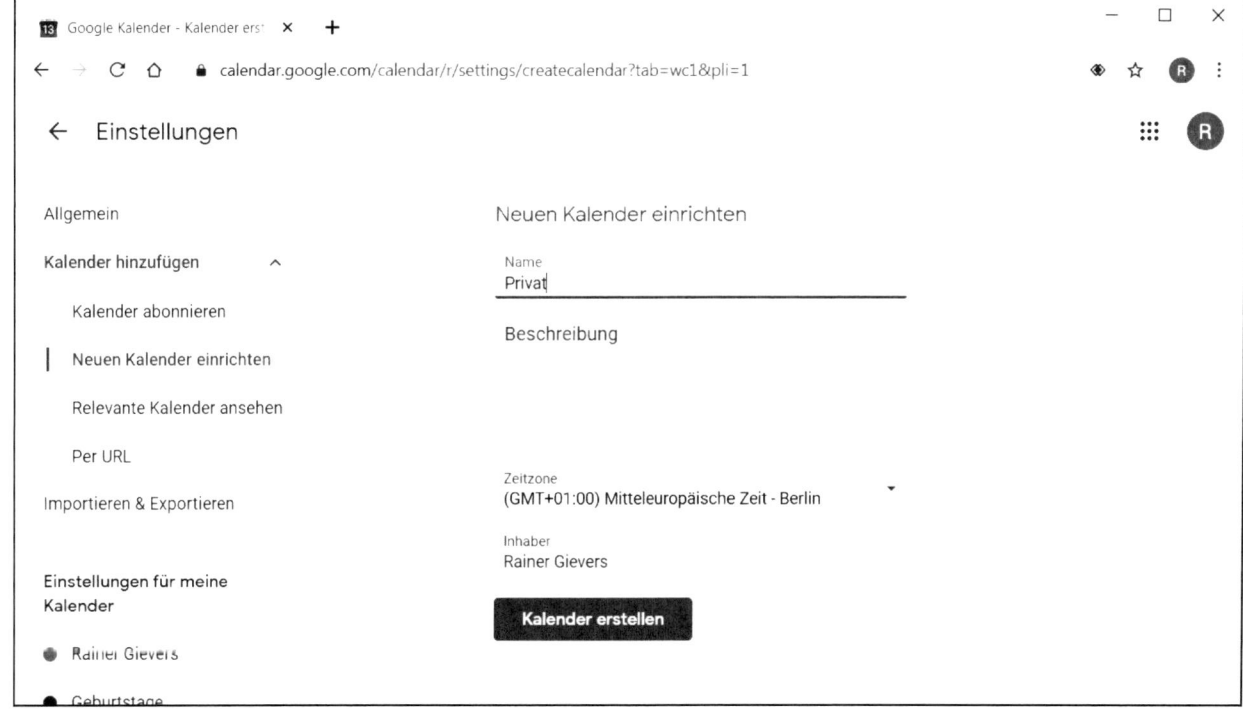

Geben Sie den Kalendernamen ein und klicken Sie auf *Kalender erstellen*.

16.6.2.a Hinweise zur Mehrkalenderverwaltung

Erstellen Sie künftig einen neuen Termin (siehe Kapitel *16.3 Neuen Termin hinzufügen*), dann müssen Sie darauf achten, ihn dem richtigen Kalender zuzuweisen (Pfeil).

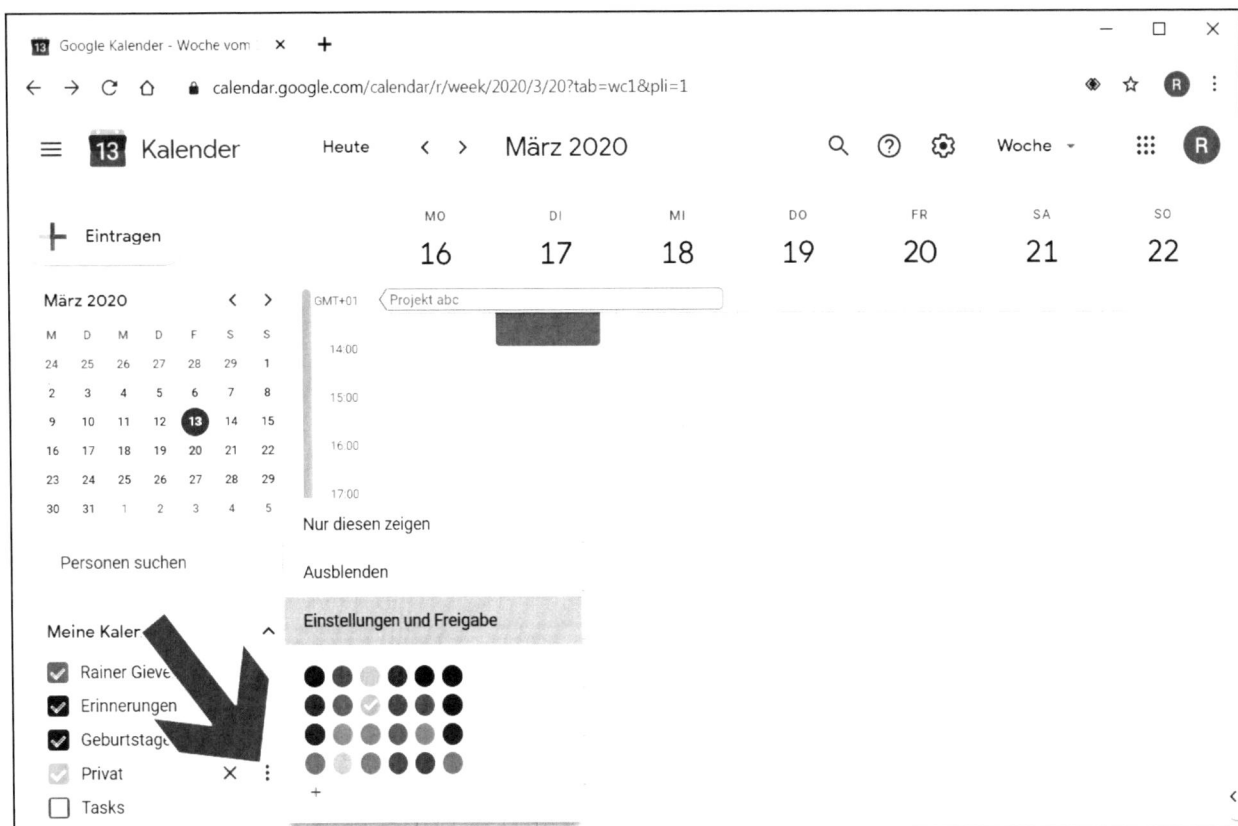

Für die Kalenderverwaltung halten Sie den Mauszeiger über den jeweiligen Kalender und gehen auf ⋮/*Einstellungen und Freigabe.*

16.7 Termine mit Teilnehmern

Der Google Kalender bietet die Möglichkeit, Termine mit mehreren Teilnehmern durchzuführen. Dabei erhalten die Teilnehmer jeweils eine E-Mail mit einem Link, über den sie ihre Teilnahme bestätigen oder absagen. Die Teilnehmer müssen dazu noch nicht einmal über ein eigenes Google-Konto verfügen.

Falls Sie regelmäßig mit anderen Personen zusammenarbeiten, empfehlen wir statt der hier beschriebenen Terminteilnehmer-Funktion besser die im Kapitel *16.6.1 Kalender von anderen Personen einbinden* beschriebenen gemeinsamen Kalender zu verwenden.

16.7.1 Als Veranstalter einen Termin erstellen

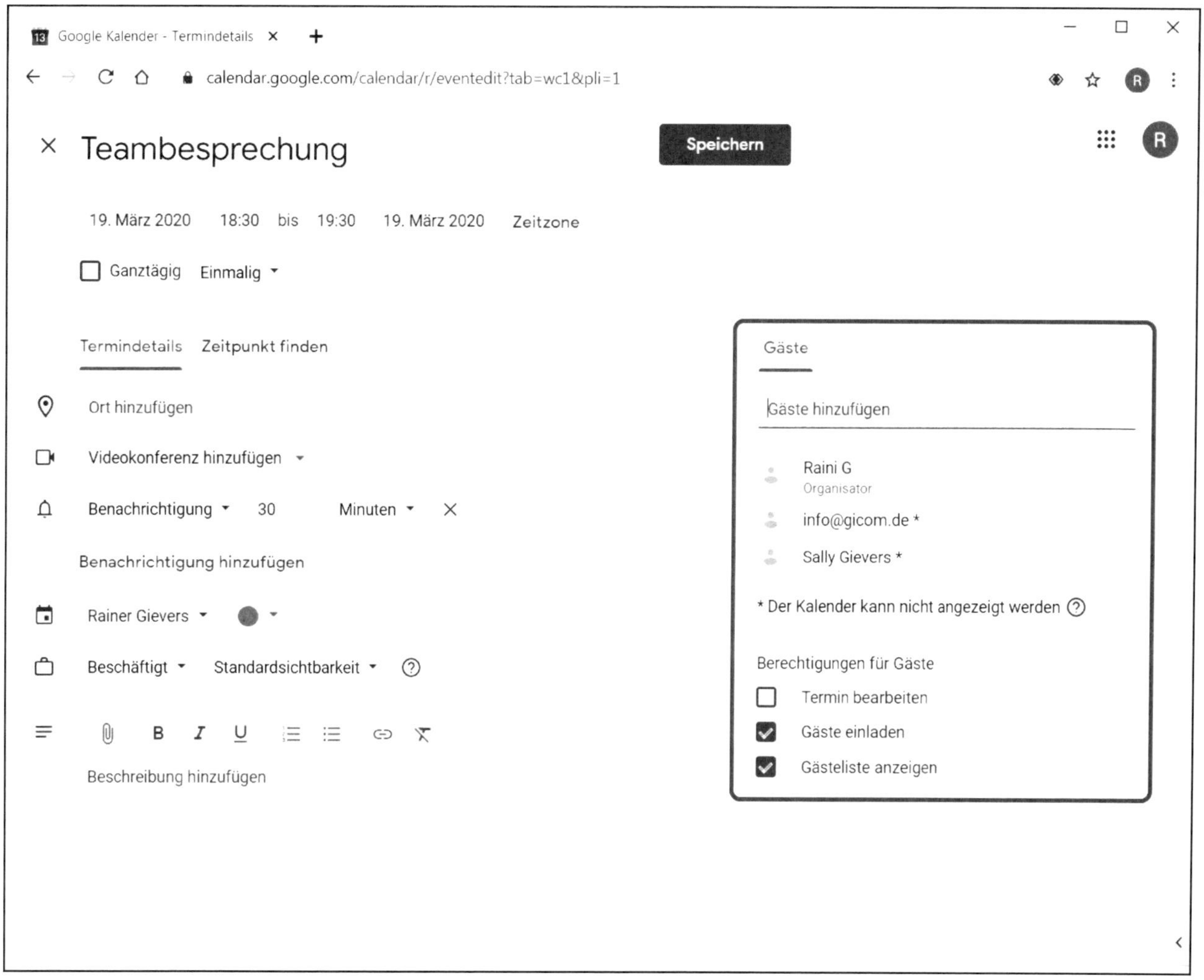

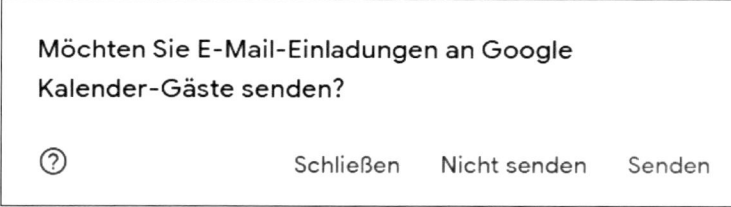

Gehen Sie bei der Termineingabe wie gewohnt vor, das heißt Sie erstellen einen Termin und wechseln dabei in die Termindetails (dafür gegebenenfalls auf WEITERE OPTIONEN klicken).

Den Text im Beschreibung-Eingabefeld erhalten die Teilnehmer später in der Termin-benachrichtigung.

Die Teilnehmerverwaltung finden Sie unter Gäste hinzufügen (Markierung). Erfassen Sie jeweils die E-Mail-Adresse eines Teilnehmers und betätigen Sie die Enter-Taste.

Darunter listet die Kalender-Anwendung die Teilnehmer auf. Um einen Teilnehmer wieder »aus-zuladen«, halten Sie den Mauszeiger über den Teilnehmer und betätigen die dann eingeblendete ✗ -Schaltleiste.

Die Rechte der Teilnehmer legen Sie unter Berechtigungen für Gäste fest.

Möchten Sie E-Mail-Einladungen an Google
Kalender-Gäste senden?

⑦   Schließen   Nicht senden   Senden

Sobald Sie auf Speichern klicken, fragt Sie die Kalender-Anwendung, ob Sie die Teilnehmer per E-Mail informieren möchten.

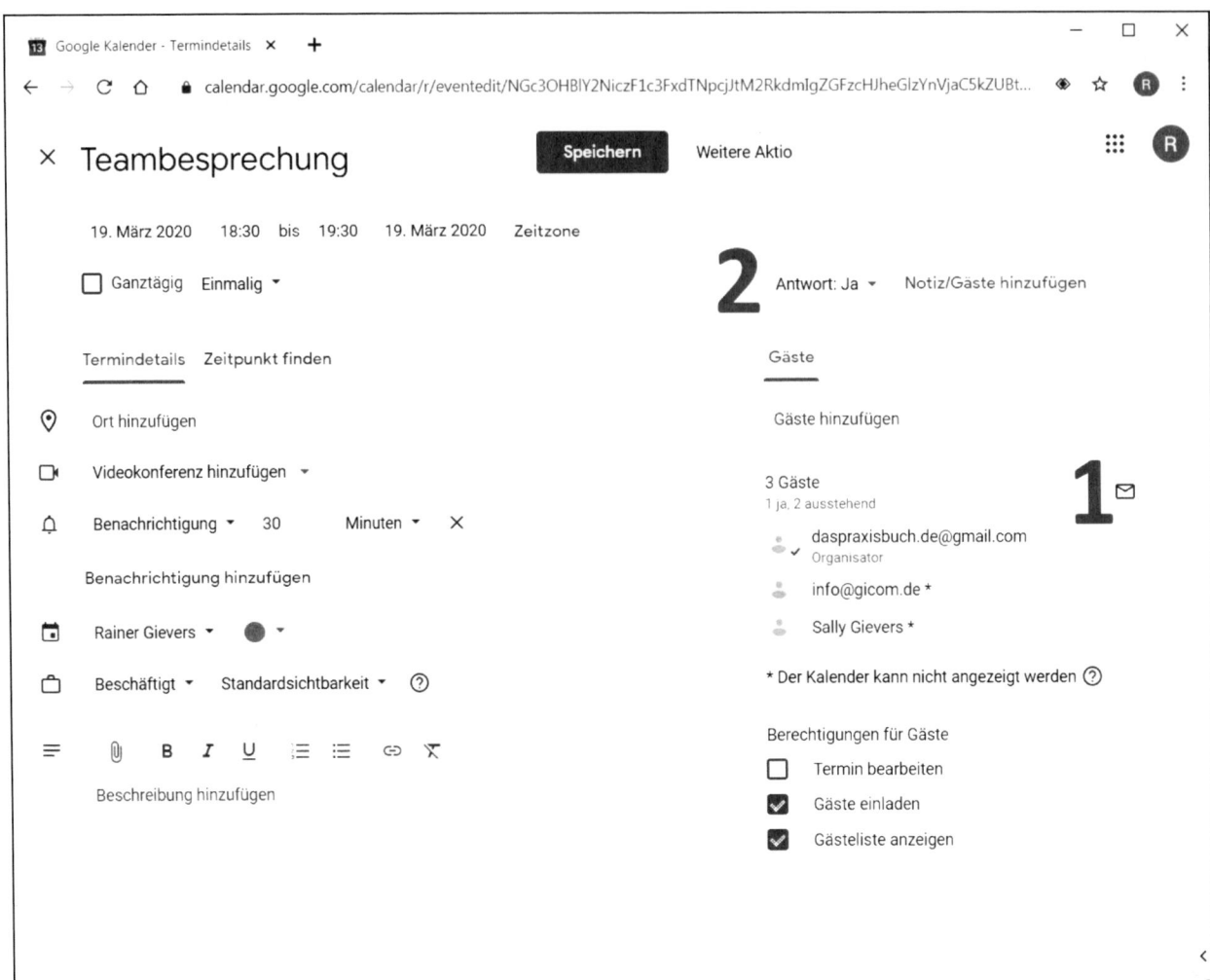

Bearbeiten Sie später den Termin, so erhalten Sie mit ✉ (1) die Möglichkeit, die Teilnehmer jederzeit zu kontaktieren. Dies ist übrigens nicht nötig, wenn Sie Terminänderungen durchführen, also beispielsweise die Zeiten ändern, denn beim Speichern fragt Sie die Kalender-Anwendung, ob Sie die Teilnehmer darüber informieren möchten.

Ob Sie selbst am Termin teilnehmen legen Sie unter *Antwort: Ja* fest (2).

16.7.2 Als Teilnehmer einen Termin bestätigen

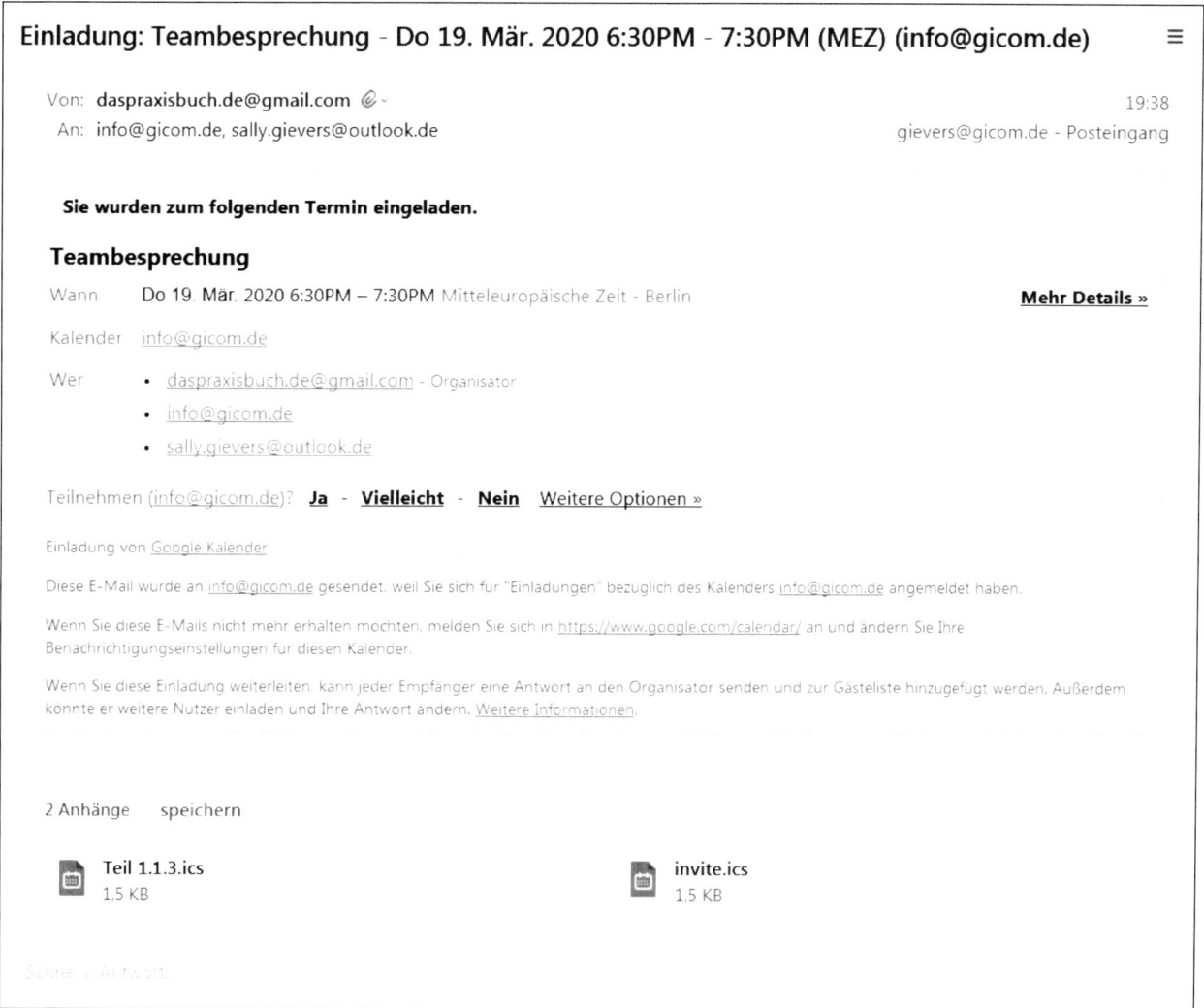

Beispiel für eine E-Mail-Benachrichtigung, die in einem E-Mail-Programm empfangen wurde. Im Dateianhang ist eine Kalenderdatei vorhanden, die Sie in Ihrem PC-Kalender, beispielsweise MS Outlook, importieren können.

Ob Sie teilnehmen oder nicht, legen Sie mit der *Ja*, *Vielleicht* oder *Nein* fest.

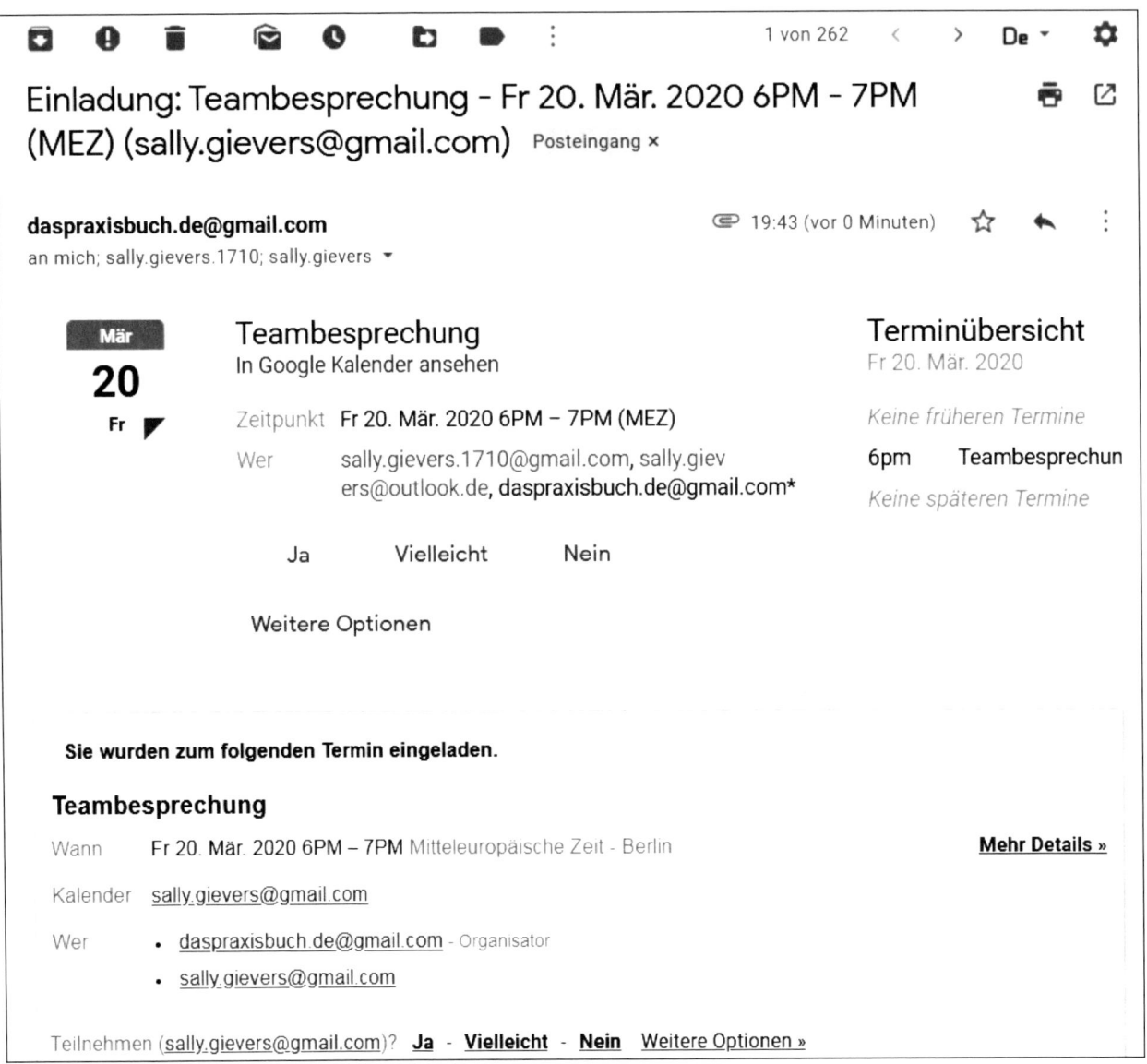

Auch Empfänger mit Google-Konto-Adresse, welche die Termineinladung in ihrem Gmail-Konto vorfinden reagieren mit *Ja, Vielleicht* oder *Nein* auf die Anfrage.

17. Google Maps

Google Maps zeigt nicht nur Straßenkarten, sondern auch Satellitenansichten an und dient als Routenplaner. Beachten Sie, dass Google Maps die Kartenausschnitte jeweils aus dem Internet lädt, also eine WLAN- beziehungsweise Netzwerkverbindung bestehen muss.

Da alle uns bekannten Notebooks/PCs keinen GPS-Empfänger besitzen, ist die von Google Maps unterstützte Autonavigation nicht nutzbar. Auch die Standortermittlung, die automatisch vom gerade angezeigten Kartenausschnitt wieder auf die aktuelle GPS-Position umschaltet, funktioniert nicht. Auf eine Beschreibung dieser Funktionen gehen wir im Buch daher nur am Rande ein.

17.1 Google Maps nutzen

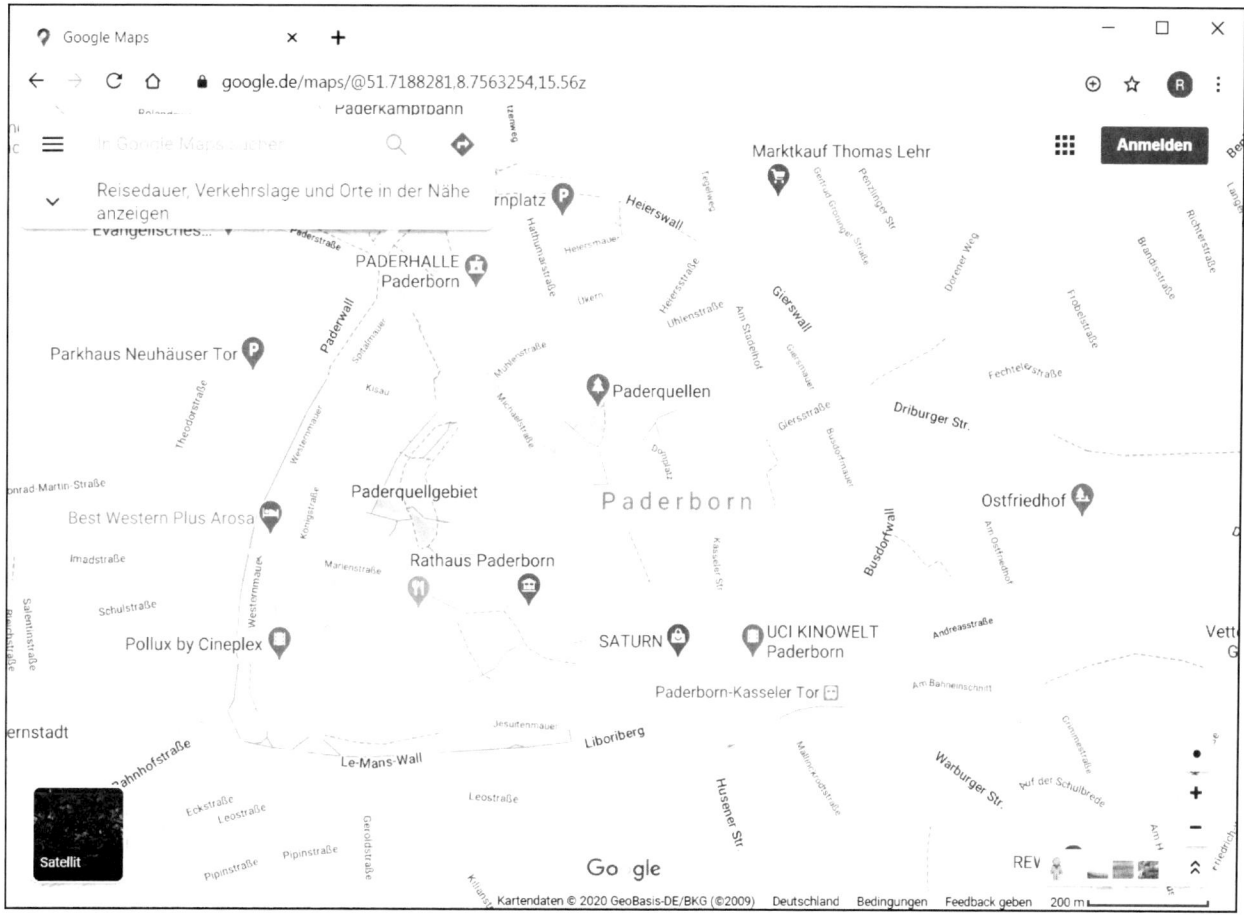

Sie rufen Google Maps unter der Webadresse *maps.google.de* auf.

Den angezeigten Kartenausschnitt ändern Sie, indem Sie den Mauszeiger in die Karte bewegen und dann mit gedrückter linker Maustaste in die gewünschte Richtung ziehen.

Es existieren gleich mehrere Möglichkeiten, wie Sie den Kartenausschnitt verkleinern/vergrößern (Zoom):

- Klicken Sie zweimal schnell hintereinander mit der linken Maustaste auf einen Bereich ohne Beschriftung.

- Nutzen Sie die Schaltleisten ✚ und ➖ unten rechts.

- Drehen Sie am Mausrad Ihrer Maus.

Betroffen von Ihrer Aktion ist immer der Kartenausschnitt unter dem Mauszeiger.

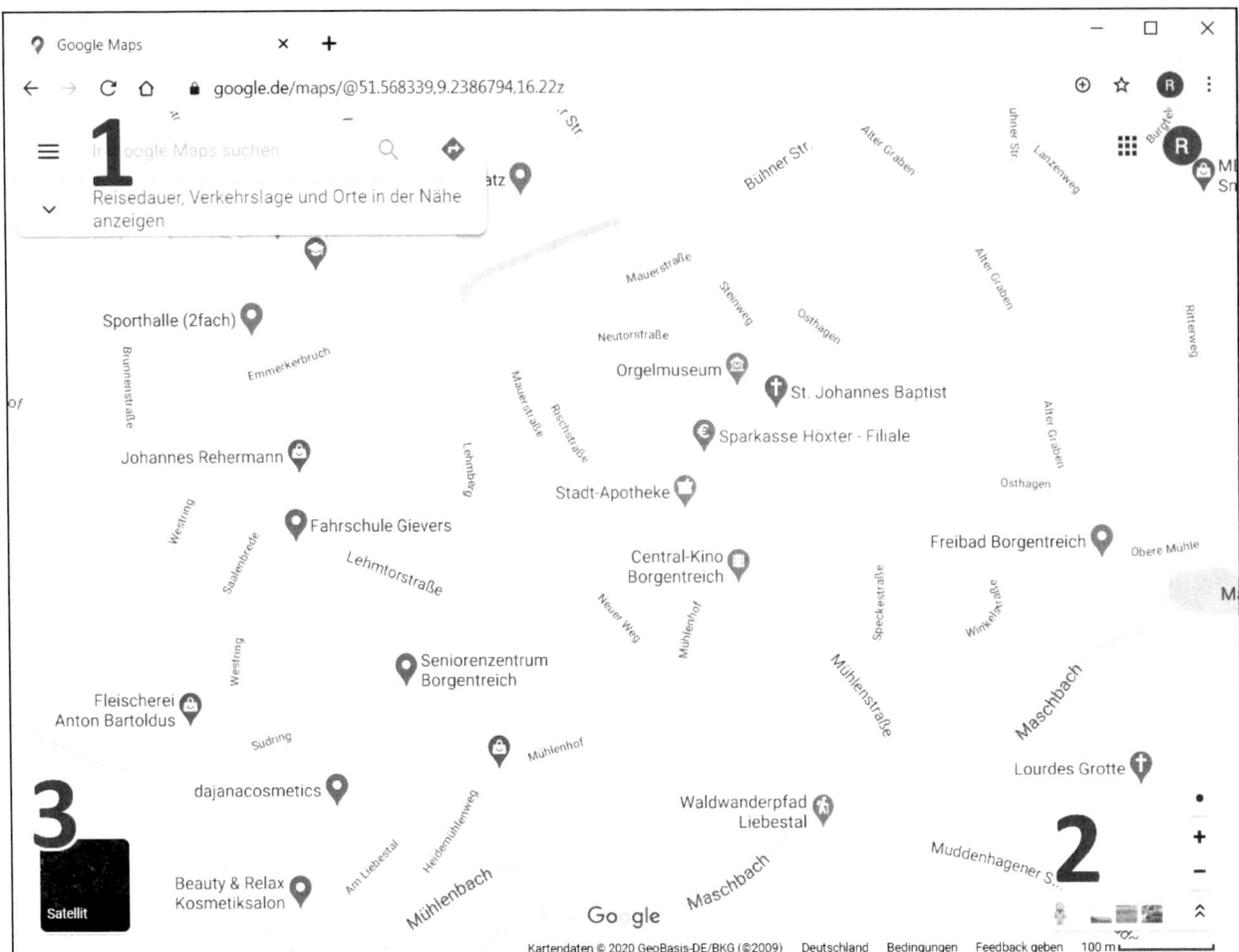

Verwenden Sie das Suchfeld (1) um Orte, Firmen, Adressen oder Sehenswürdigkeiten aufzufinden.

Unten rechts (2) sehen Sie die Schaltleisten:

- ◈ (Mein Standort): Zeigt nach Anklicken Ihre vom GPS-Empfänger ermittelte Position auf der Karte an. Dazu müsste allerdings der PC einen GPS-Empfänger besitzen, weshalb diese Funktion dort nicht verfügbar ist beziehungsweise nur eine ungenaue Standort liefert.

- ✚: Kartenausschnitt verkleinern (herein zoomen).

- ➖: Kartenausschnitt vergrößern (heraus zoomen).

- 🚶: Den »Pegman« ziehen Sie in die Karte, um Straßenfotos anzuzeigen (siehe Kapitel *17.3 Google Street View*).

- ▬ ▬ 🖼 ⌃: Öffnet das Erkunden-Fenster, welches Fotos von Sehenswürdigkeiten aus der Gegend anzeigt.

Ein Klick auf das Satellitenfoto (3) schaltet auf die Satellitenansicht um.

17.2 Suche

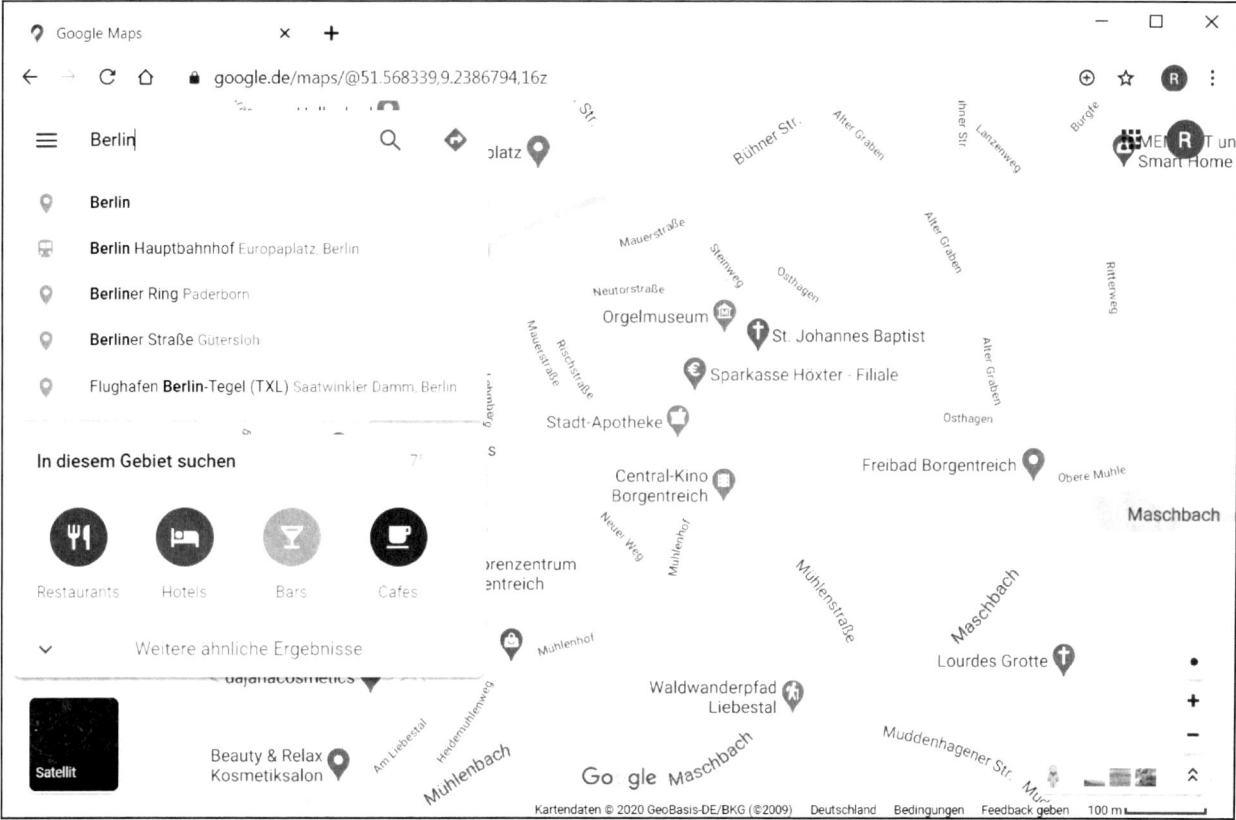

Gehen Sie ins Suchfeld, um Adressen oder Sehenswürdigkeiten (Points of Interest) aufzufinden. Dort erfassen Sie eine Adresse und betätigen die **Enter**-Taste im Tastenfeld. Eventuell macht Google Maps hier schon Vorschläge, die Sie direkt mit einem Klick auswählen können.

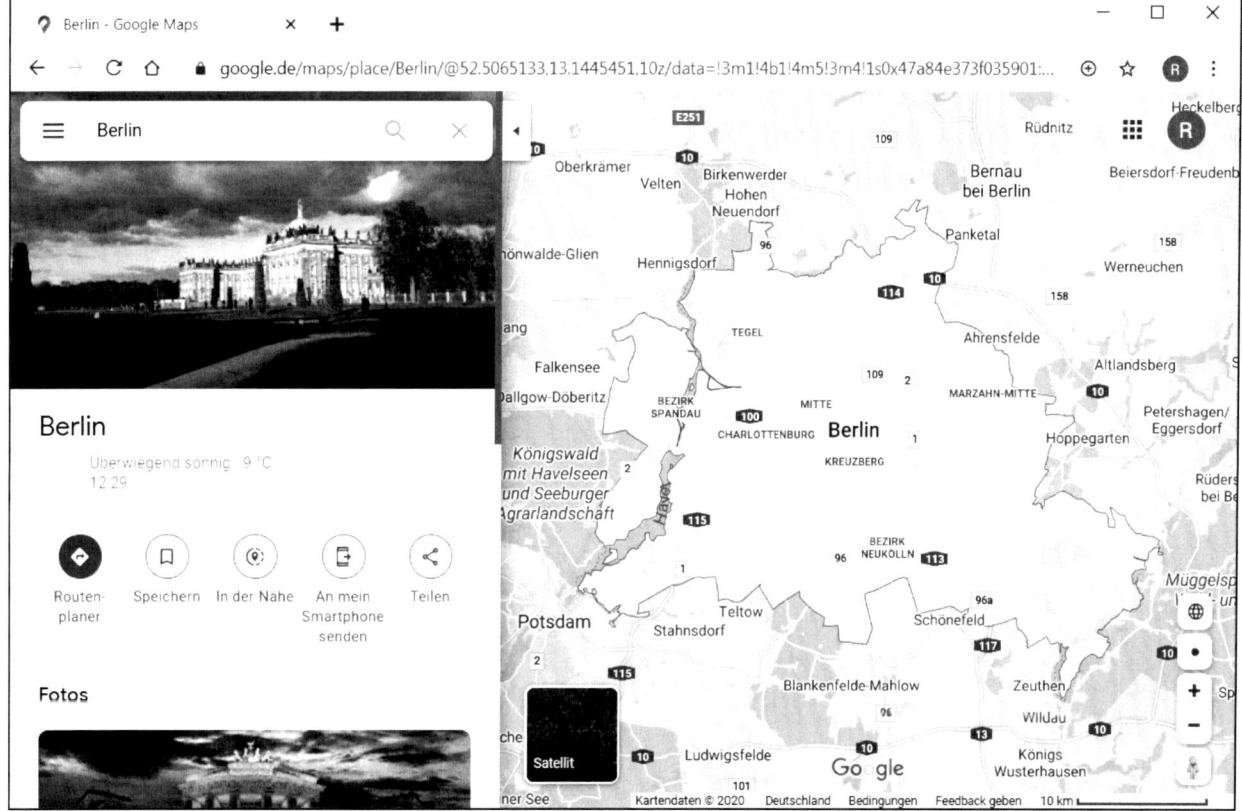

Google Maps wechselt zum gesuchten Ort und zeigt die Adresse mit einer Markierung in der Karte an (nur bei genauen Ortsangaben, beispielsweise wenn eine bestimmte Sehenswürdigkeit oder

Straße gesucht wurde).

Die Angaben unter dem Suchfeld:

- Aktuelles Wetter

- *Routenplaner* (siehe Kapitel *17.4 Routenplaner*)

- *Speichern*: Ort als Favorit speichern.

- *In der Nähe:* Macht Suchvorschläge, beispielsweise für Restaurants und Hotels.

- *An mein Smartphone senden*: Erstellt eine Nachricht mit den angezeigten Standort, der per E-Mail oder SMS an Ihr Android-Handy geschickt wird.

- *Teilen*: Link auf den angezeigten Kartenausschnitt erstellen, den Sie in die Zwischenablage kopieren und beispielsweise in E-Mails einfügen können. Der Empfänger kann dann mit einem Klick auf den Link den Standort bei sich in Google Maps anzeigen.

- *Fotos*: Zeigt Fotos vom Ort, die von anderen Personen hochgeladen wurden.

- Interessante Fakten zum Ort beziehungsweise Kontaktdaten, Öffnungszeiten und Bewertungen durch Besucher/Nutzer.

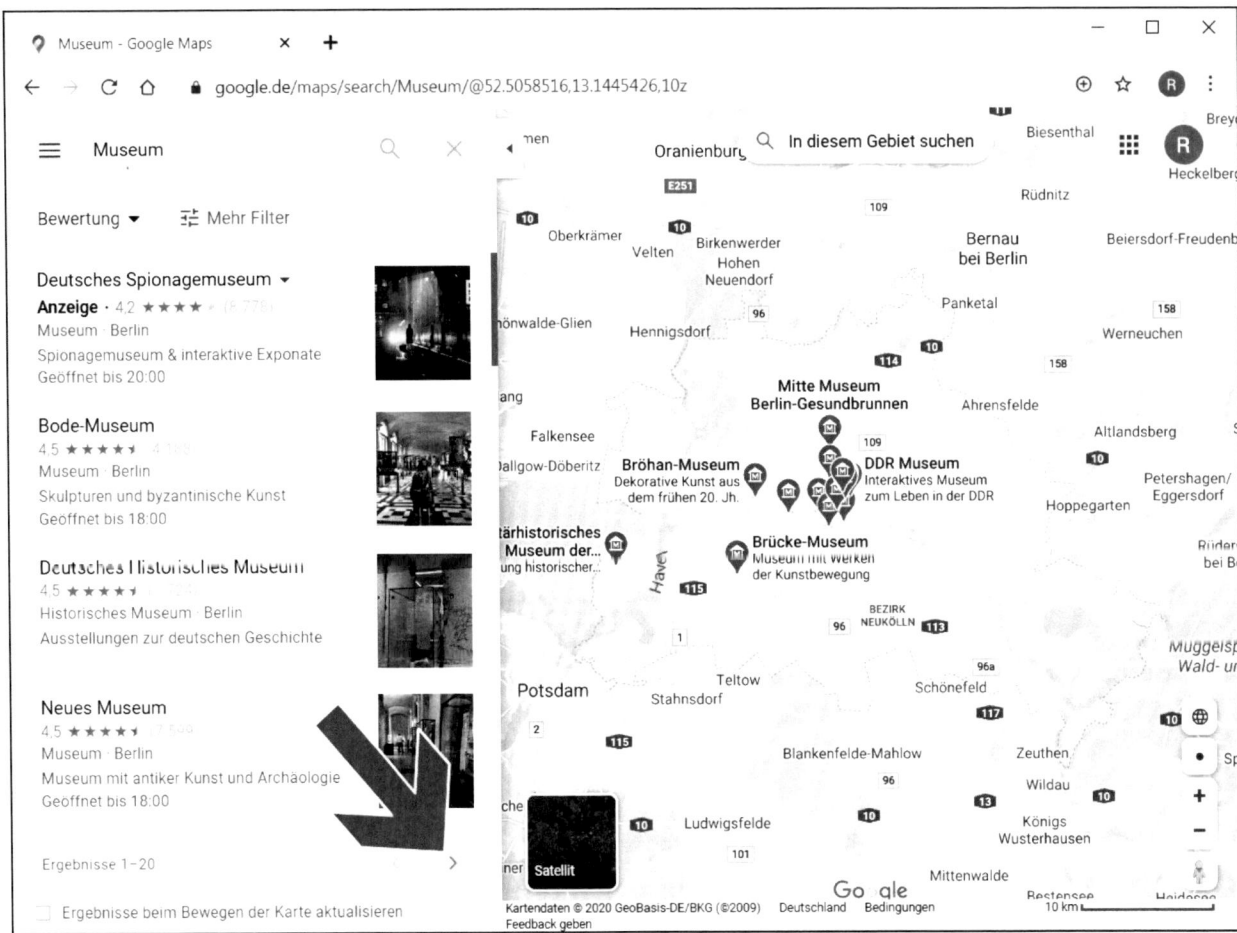

Häufig findet Google Maps auch mehrere Orte oder Points of Interest, die dann aufgelistet werden. Klicken Sie eines der Suchergebnisse, zu dem Sie weitere Infos wünschen, an.

Blättern Sie mit ❮ und ❯ (Pfeil) durch die Fundstellen.

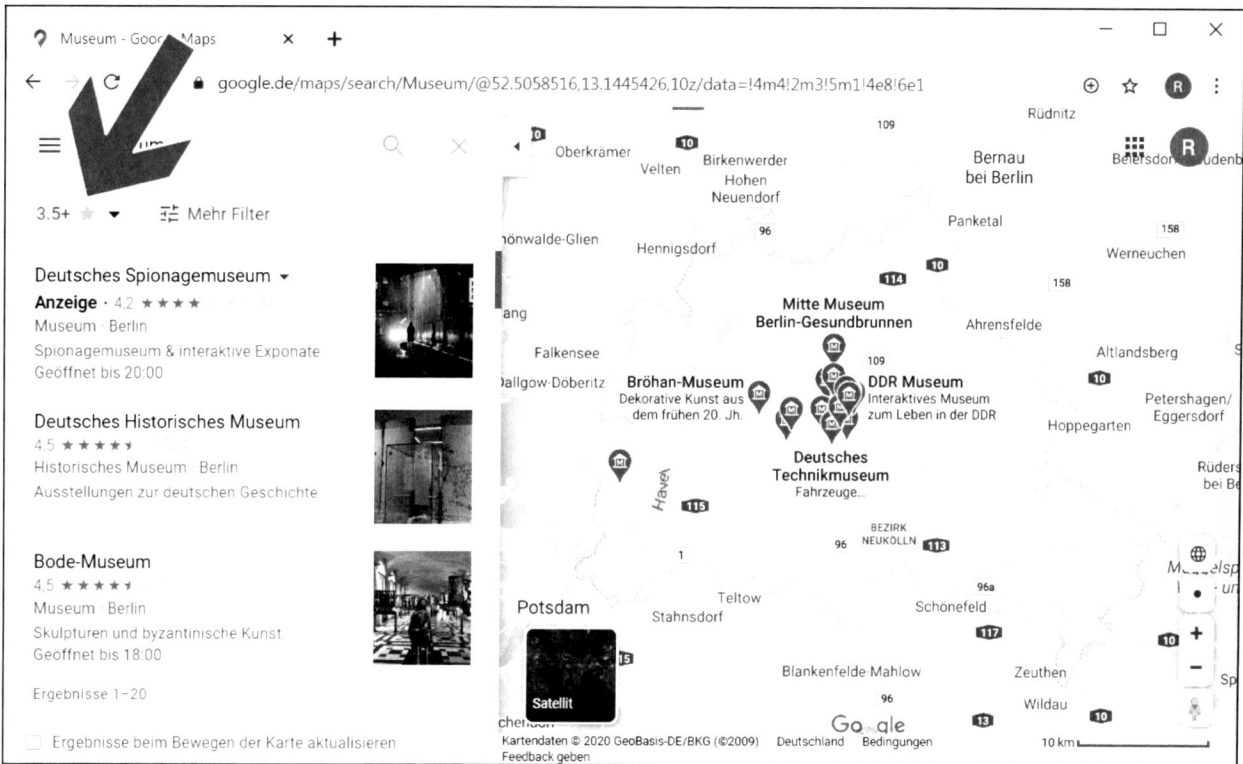

Über die *Bewertung*-Schaltleiste (Pfeil) grenzen Sie die Fundstellen nach Bewertung ein. Beachten Sie bitte, dass die Bewertungen die subjektive Meinung anderer Google Maps-Nutzer sind und daher ungenau, veraltet oder sogar falsch sein können.

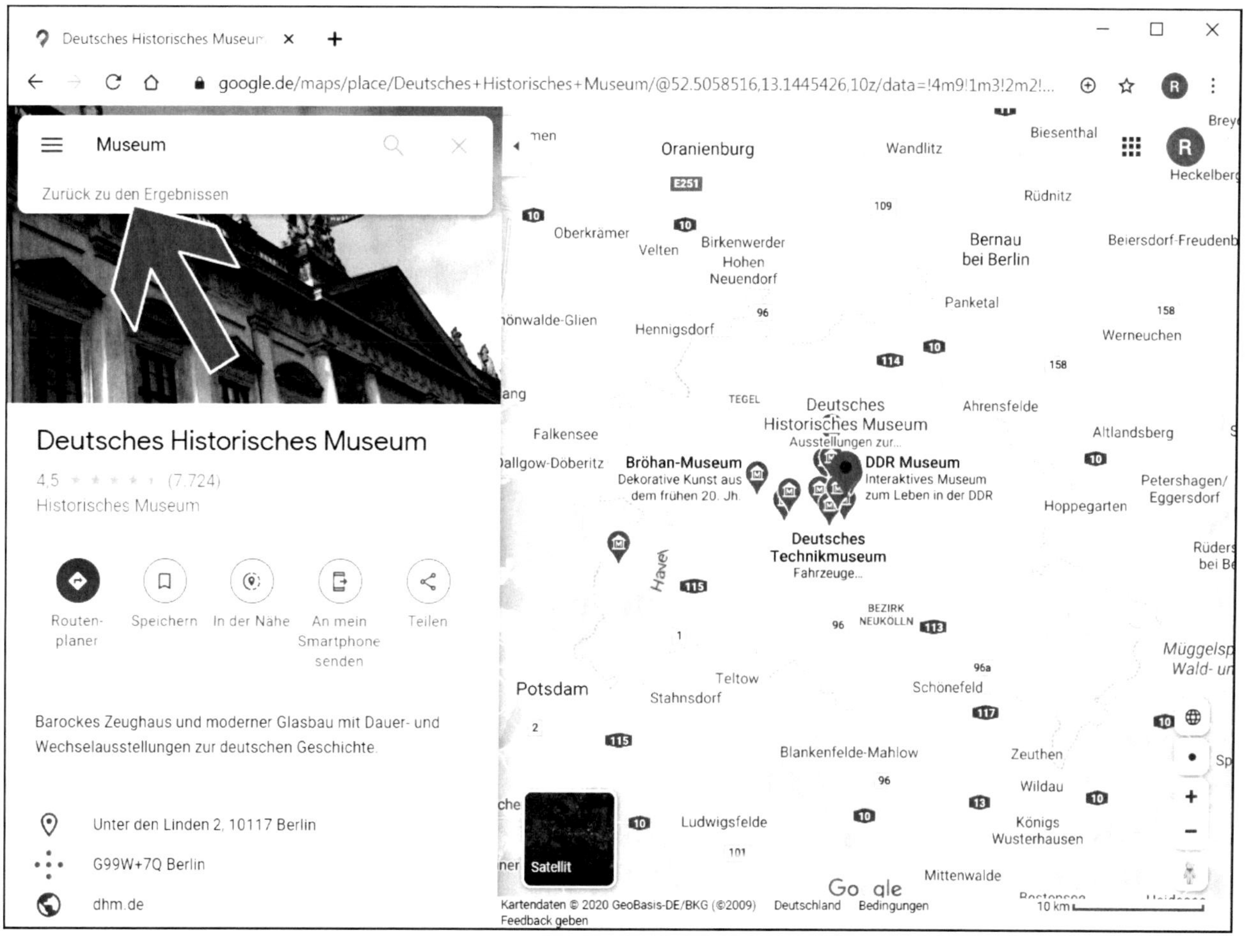

Ein Klick auf eine Fundstelle rechts in der Kartenansicht zeigt den jeweiligen Point of Interest mit Bewertungen an. *Zurück zu den Ergebnissen* (Pfeil) schaltet wieder auf die Fundstellenauflistung um.

Tipp 1: Geben Sie im Suchfeld auch die Postleitzahl ein, wenn zu vermuten ist, dass eine gesuchte Stadt mehrfach vorkommt.

Tipp 2: Möchten Sie beispielsweise wissen, welche Sehenswürdigkeiten es in einer bestimmten Region/Stadt gibt, dann wechseln Sie zuerst den entsprechenden Kartenausschnitt (Sie können auch die Stadt suchen) und geben dann im Suchfeld einen allgemeinen Begriff wie »Museum« ein.

Zum Löschen der Suchergebnisse in der Karte tippen Sie oben rechts neben dem Suchfeld die ✕-Schaltleiste an.

17.3 Google Street View

Street View zeigt den Straßenverlauf in einer 360-Grad-Panorama-Ansicht an. Die dazu verwendeten Fotos wurden von Google mit speziell ausgerüsteten Kamera-Autos erstellt, welche 20 deutsche Großstädte durchfahren haben.

Google hat leider aus unternehmenspolitischen Gründen das Street View-Projekt in Deutschland eingestellt (Quelle: *de.wikipedia.org/wiki/Google_Street_View*), zeigt aber weiterhin die bereits vorhandenen Street View-Panoramabilder an. Google schickt auch weiterhin seine Kameraautos durch Deutschland, die Aufnahmen dienen aber nur der Straßenerfassung für den Maps-Routenplaner. Eine Aktualisierung der Fotos ist – im Gegensatz zu anderen Ländern – nicht geplant.

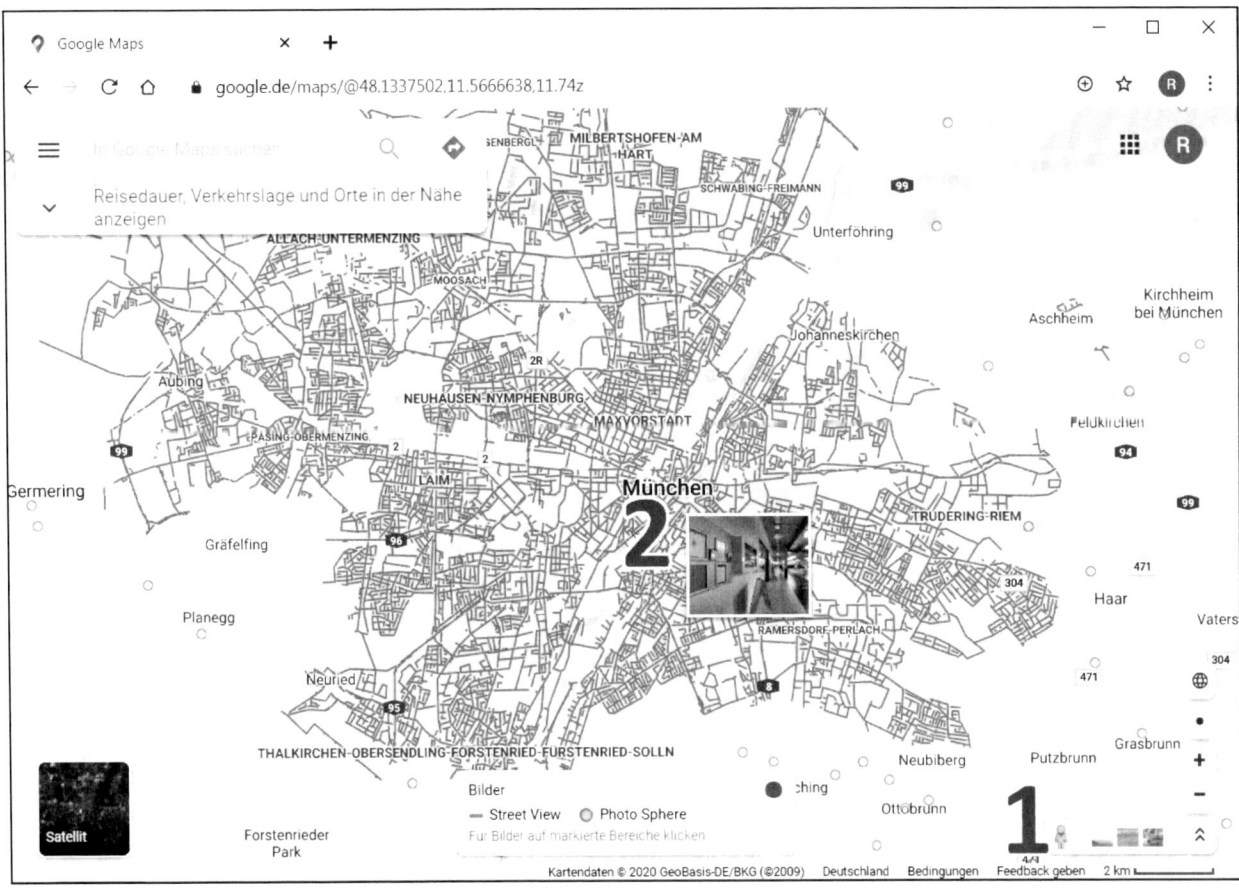

Klicken Sie einmalig auf den orangefarbenen »Peg Man« (1). Die durch Fotos abgedeckten Straßen werden nun blau hervorgehoben. Anschließend bewegen Sie den Mauszeiger zu einer Kartenposition und führen einen Mausklick aus, was Sie in die Street View-Anzeige bringt. Ein Vorschaubild hilft Ihnen bei der Orientierung.

Ein erneuter Klick auf den »Peg Man« schaltet wieder auf die Standardkartenansicht um.

Street View umfasst drei verschiedene Bildquellen:

- Street View: Von den Google-Autos mit 360-Grad-Kameras erstellte Straßenaufnahmen, in denen Sie sich per Mausklick von Straße zu Straße »bewegen«.

- Photo Sphere: 360-Grad-Außenaufnahmen von Drittanbietern.

- Innenansicht: 360-Grad-Fotos von Drittanbietern. Meistens handelt es sich um Innenräume von Unternehmen oder Museen.

Sofern Sie zuvor einen besonders großen Kartenausschnitt, beispielsweise auf ganz Deutschland, in der Karte herauszoomen, sehen Sie auf einem Blick, welche deutschen Städte und Regionen in Street View vertreten sind.

Im Street View-Modus zeigt Google Maps den Kartenbereich als Panorama-Ansicht. Bewegen Sie den Mauszeiger in die Ansicht und ziehen Sie mit gedrückter Maustaste nach links oder rechts, worauf sich die Ansicht ändert. Ein Klick auf den Straßenverlauf folgt dieser.

Die Esc-Taste auf das Tastatur beendet den Street View-Modus und schaltet wieder auf die Kartenansicht zurück.

Manche Häuser in Street View sind »verpixelt«, das heißt man sieht nur einen unscharfen Umriss. Grund dafür ist eine Einigung zwischen Google und den deutschen Datenschützern, derzufolge Hausbewohner Ihr Grundstück bei Street View »verpixeln« lassen konnten.

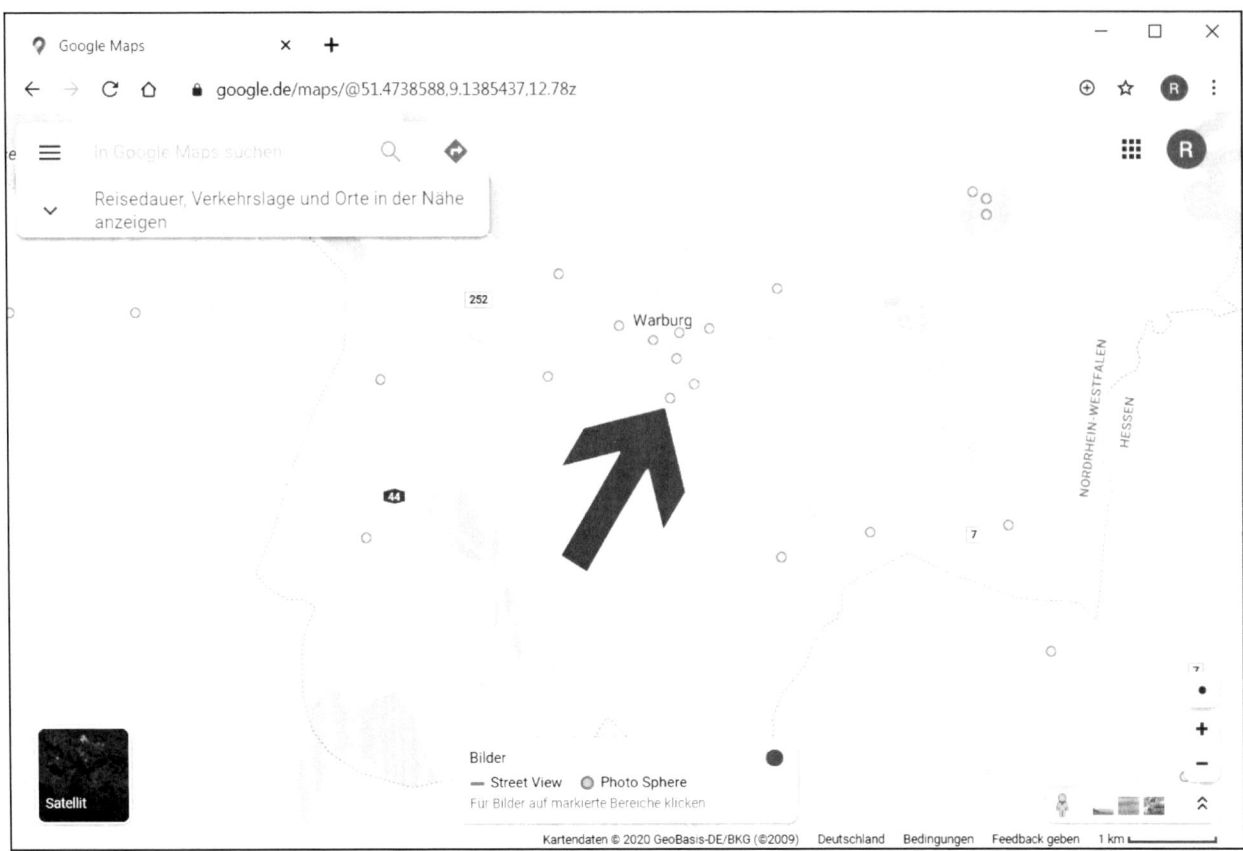

Auch außerhalb der Street View-Regionen stehen natürlich 360-Grad-Fotos (»Photo Sphere«) zur Verfügung. Deren Position ist jeweils mit einem blauen Kreis in der Kartenansicht markiert. Klicken Sie mal darauf…

Das 360-Grad-Panorama wird angezeigt. Mit den Cursortasten beziehungsweise »ziehen« mit der gedrückten Maustaste ändern Sie die Ansicht. Auch hier bringt Sie die Esc-Taste wieder zurück auf die Kartenansicht.

17.4 Routenplaner

Der Routenplaner zeigt Ihnen die beste Fahrtroute zwischen zwei Standorten.

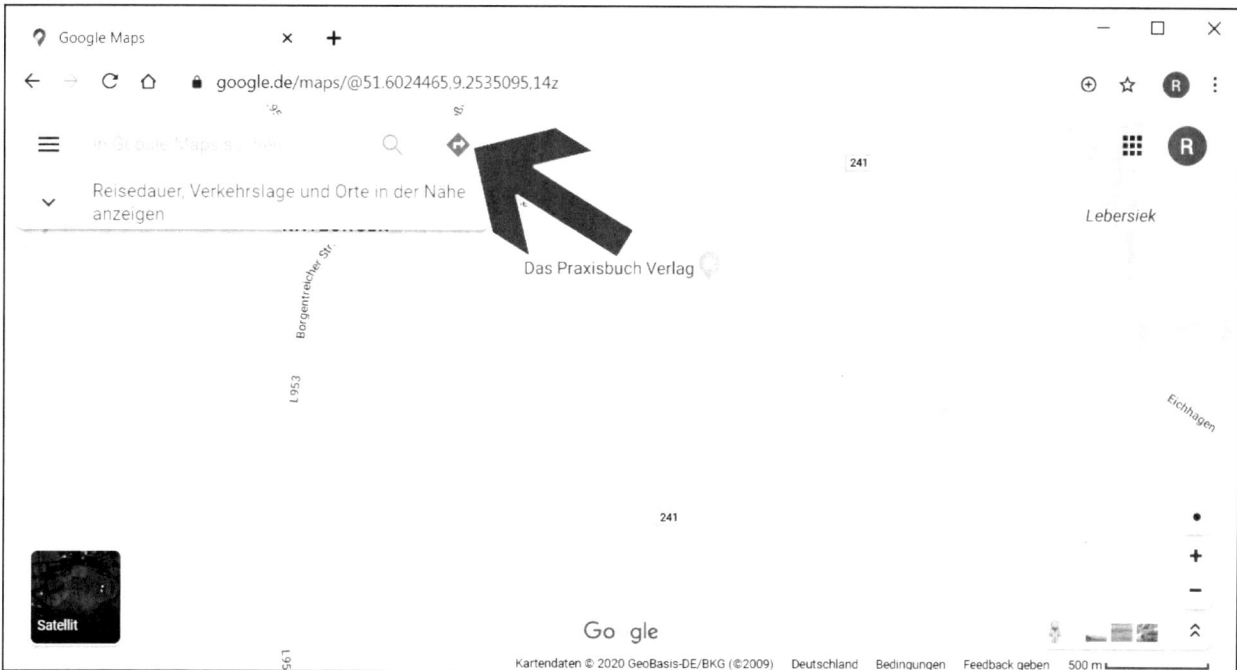

Klicken Sie auf ❖ (Pfeil) für den Routenplaner.

> Tipp: Wenn Sie vor dem Klick auf ❖ zuerst nach einem Ort beziehungsweise Point of Interest suchen, wird dieser beim Klick auf *Routenplaner* automatisch als Zielort übernommen.

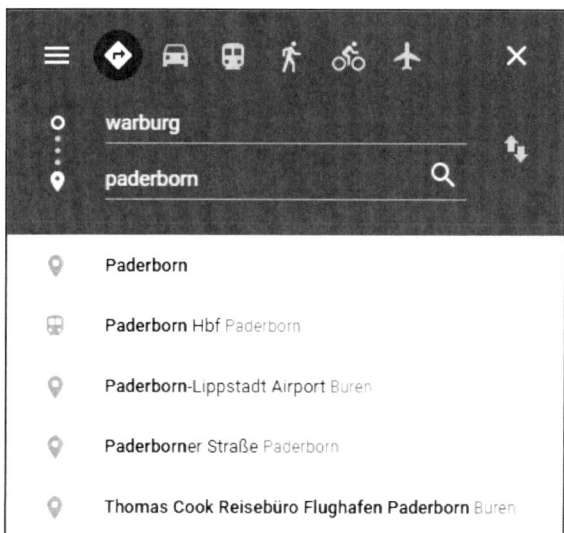

Sie müssen nun Start und Ziel eingeben, wobei Sie recht frei in der Eingabe sind, das heißt neben Adressen können Sie auch einfach Namen von Sehenswürdigkeiten, Unternehmen, usw. eingeben. Am unteren Rand macht Google Maps passende Vorschläge, aber auch bereits besuchte Orte werden aufgelistet.

Die Pictogramme schalten die Routenberechnung für bestimmte Verkehrsmittel um:

- ❖: Google Maps empfiehlt das optimale Verkehrsmittel.

- 🚗: Auto

- 🚌: LKW und Busse

- 大: Fußgänger
- ᦉ: Fahrrad
- ✈: Flugzeug

Weitere Schaltleisten:

- ✕: Routenberechnung beenden.
- ⇅: Start und Zielort tauschen.

Sobald Sie Start und Ziel ausgewählt beziehungsweise mit der Enter-Taste bestätigt haben, listet Google Maps die möglichen Fahrtrouten auf.

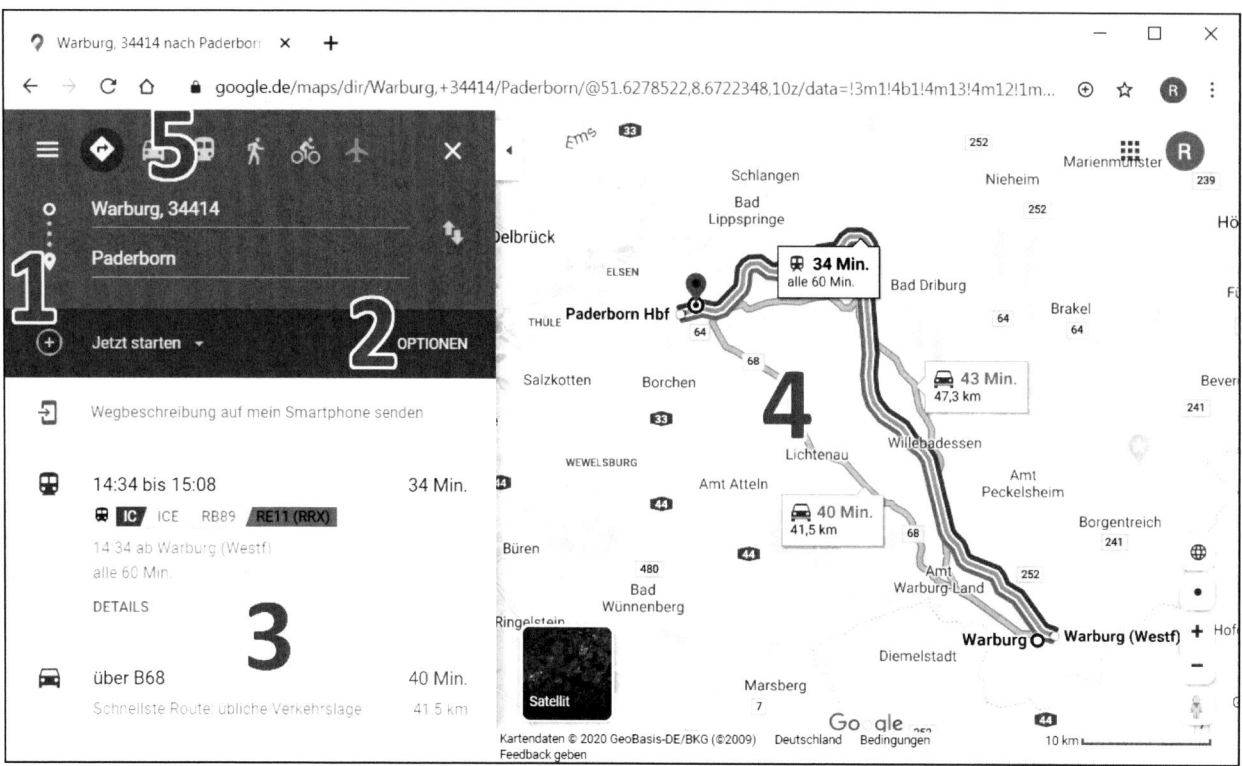

Falls sich der Kasten, in dem Sie zuvor die Routendaten eingegeben haben, ausblendet, bewegen Sie einfach den Mauszeiger wieder darauf.

Über ✚ (1) fügen Sie Zwischenstopps hinzu. Dies ist praktisch, um Google Maps zur Verwendung von bestimmten Routen zu zwingen. In den Routenoptionen, die Sie mit OPTIONEN aktivieren (2) stellen Sie ein, ob Autobahnen, Mautstraßen und Fähren zu meiden sind.

Insbesondere bei längeren Strecken gibt es meist mehrere mögliche Fahrtmöglichkeiten, zwischen denen Sie mit einem Klick auf die Routenvorschläge (3) umschalten. Alternativ: Google Maps blendet in der Kartenansicht mögliche Routen ein. Klicken Sie darin einfach einen der grauen Routenvorschläge (4) in der Karte an.

In unserem Beispiel besteht eine direkte Bahnverbindung zwischen Start- und Zielort. Damit Google Maps sich auf Autorouten beschränkt, müssen Sie dann oben als Verkehrsmittel 🚗 aktivieren (5).

> Da der Routenplaner innerhalb von Google Maps abläuft, stehen dort viele der bereits ab Kapitel *17 Google Maps* beschriebenen Funktionen zur Verfügung. Zum Beispiel können Sie den Kartenausschnitt verschieben, oder im Kartenmaterial heraus- und hineinzoomen.

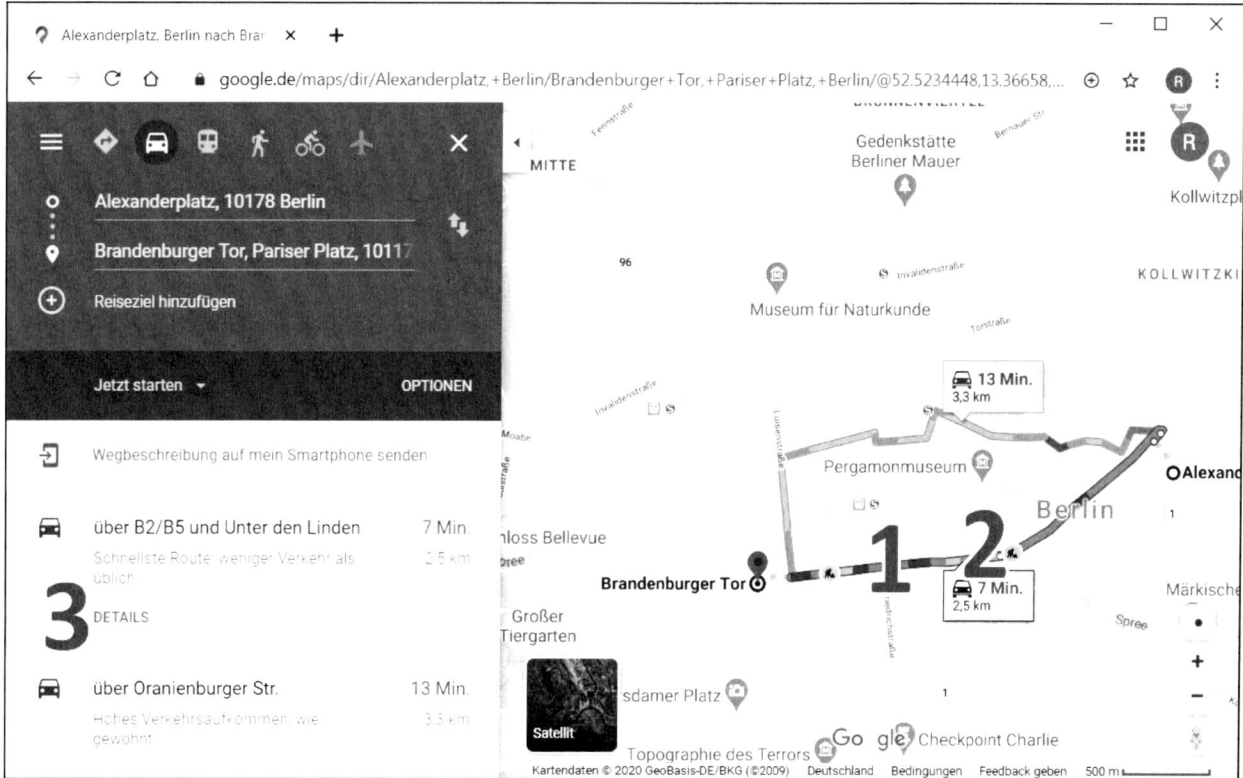

Vielleicht ist es Ihnen schon aufgefallen, dass die in der Karte eingezeichnete Route (1) teilweise unterschiedliche Farben aufweist. Sie erkennen daran die aktuelle Verkehrslage. Die Daten stammen von Android-Handys/Tablets, welche in anonymer Form ihre Position an Google-Server übermitteln, woraus Google den Verkehrsfluss ermittelt. Es sind nur Strecken eingefärbt, für die genügend Daten vorliegen. Rot sind Staus markiert, während zähflüssiger Verkehr in oranger Farbe markiert ist. Übrigens orientiert sich Google Maps am Verkehrsgeschehen, das heißt, je nach Tageszeit wird Ihnen eine andere Route beziehungsweise Fahrtzeit angezeigt.

Baustellen dokumentiert ein ⚒-Symbol (2).

DETAILS (3) listet zur aktuellen Route die Fahrtzeiten auf und bietet eine Druckfunktion.

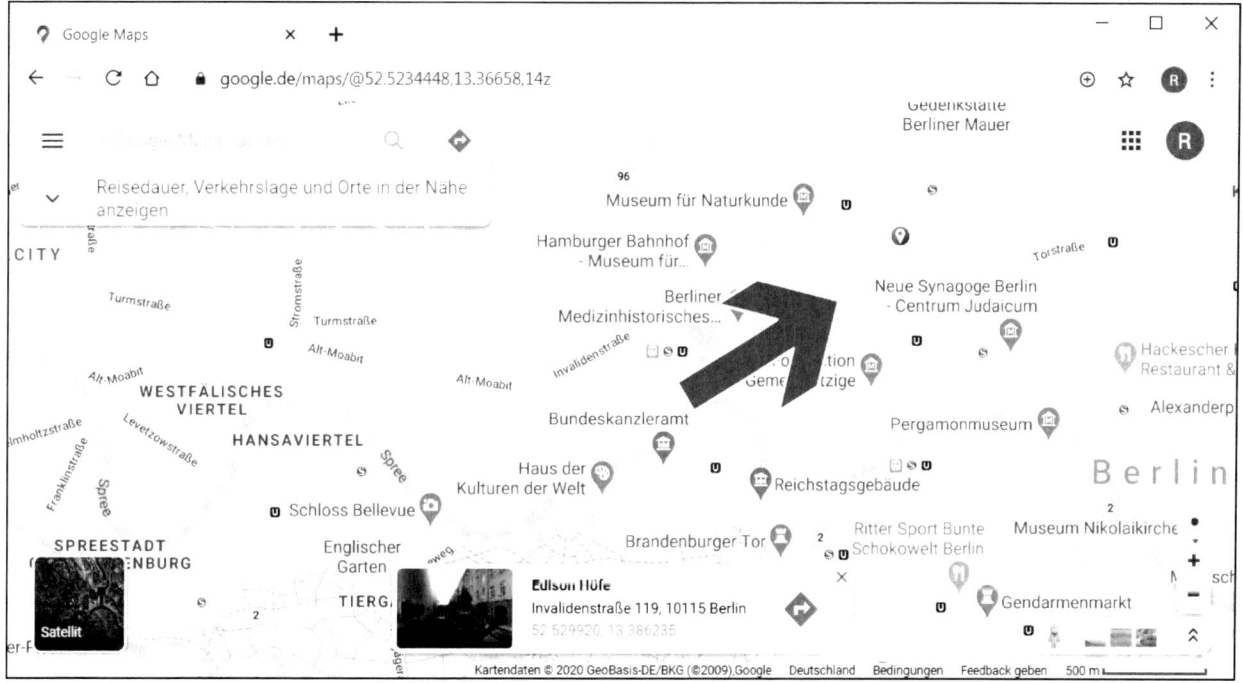

Alternativer Aufruf des Routenplaners: Ein Klick auf eine beliebige Kartenposition (Pfeil) öffnet ein Popup, das den nächstgelegenen Point of Interest anzeigt. Ein Klick auf ◆ im Popup startet den Routenplaner.

17.5 Ansichten

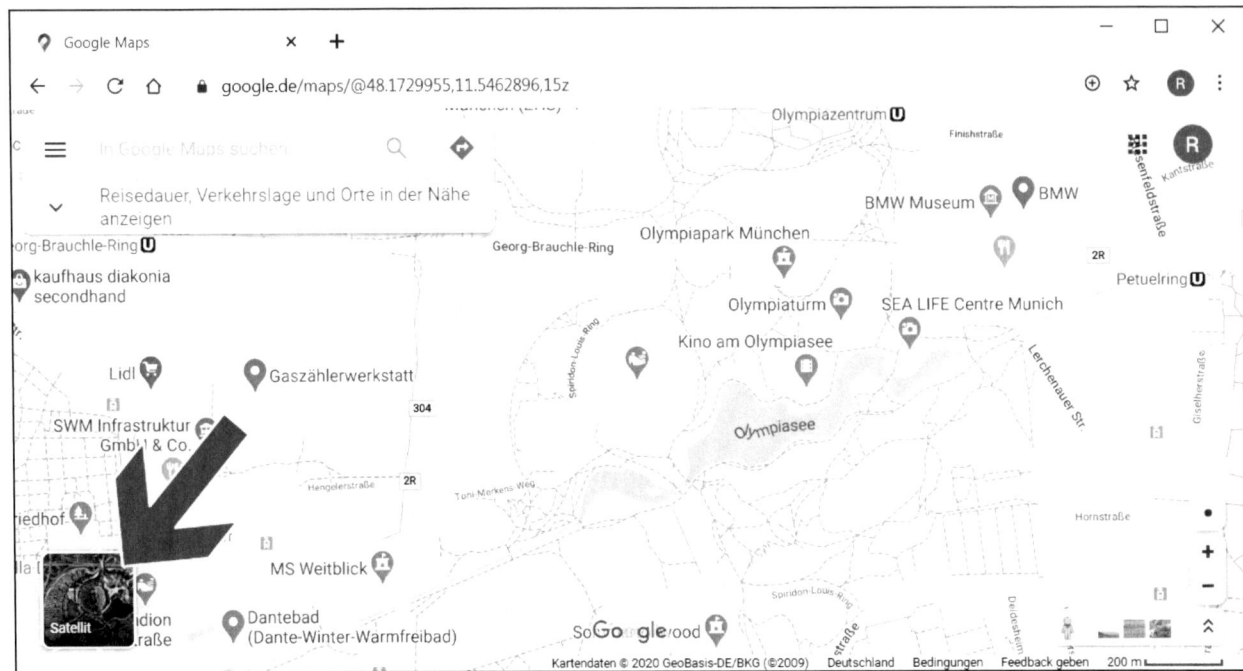

Ein Klick auf das Vorschaubild (Pfeil) schaltet zwischen Karten- und Satellitenansicht um. Die Satellitenansicht ist insbesondere dann praktisch, wenn man sich genau orientieren will, weil die normale Kartenansicht kaum Hinweise auf die Bebauung und markante Geländemerkmale gibt.

Ein Klick auf ⊕ (Pfeil) aktiviert zwei weitere Schaltleisten:

- *Kompass*: Drehen der Kartenansicht. Sie müssen dann auf einen der zwei gebogenen Pfeile im Kompass-Symbol klicken.

- *3D*: Geneigte Kartenansicht.

Ein Klick auf ≡ öffnet das Ausklappmenü…

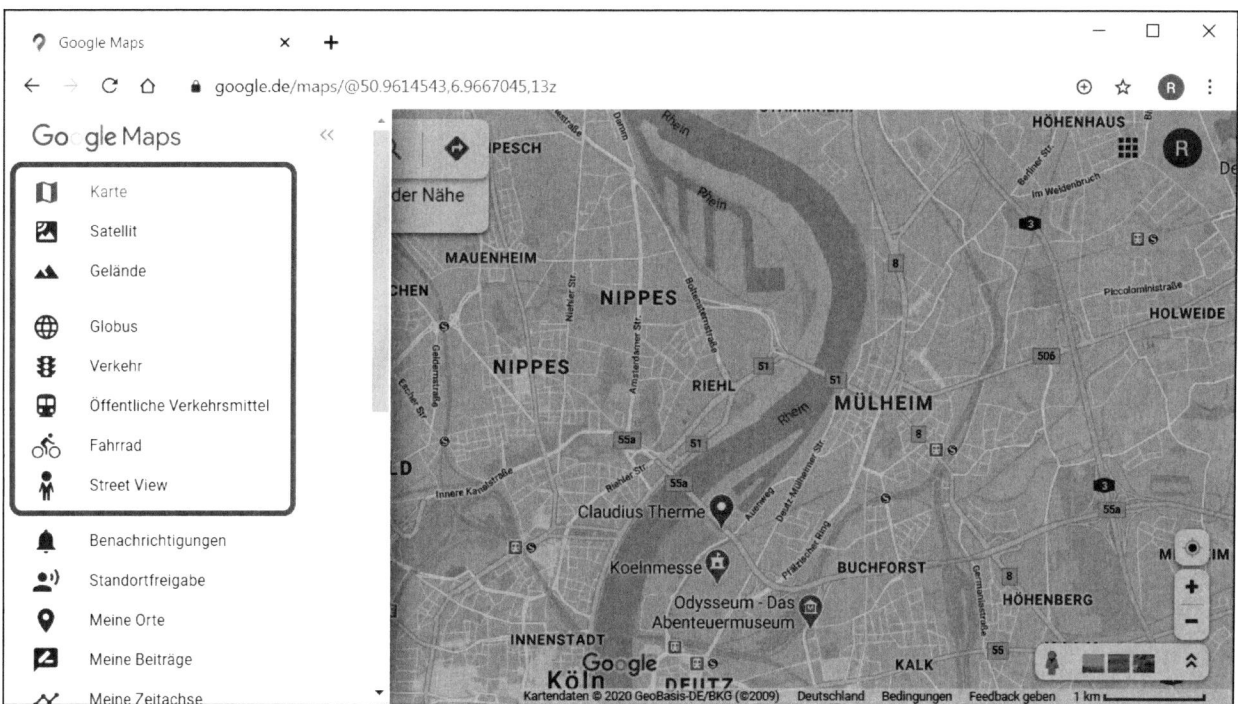

… hier stehen Ihnen weitere Ansichten zur Verfügung:

- *Karte*: Standardansicht.

- Satellit: Satellitenansicht.

- *Gelände*: Topografie anzeigen.

- *Globus*: Kugelprojektion (nur bei extremem Herauszoomen bemerkbar).

- *Verkehr*: Zeichnet das aktuelle Verkehrsgeschehen in der Karte mit Farben von Rot (stockend) bis Grün (fließend) ein. Optional informiert Sie *Normale Verkehrslage* (im Auswahlmenü am unteren Bildschirmrand) über die an bestimmten Wochentagen/Uhrzeiten vorherrschende Verkehrslage.

- *Öffentliche Verkehrsmittel*: Google Maps blendet in der Karte die Haltestellen öffentlicher Verkehrsmittel (Bus, Bahn, S- und und U-Bahn) ein. Ein Klick auf eine Haltestelle liefert Infos zum aktuellen Fahrplan.

- *Fahrrad*: Für Fahrradfahrer freigegebene beziehungsweise geeignete Strecken anzeigen.

- *Street View*: Schaltet auf die bereits im Kapitel *17.3 Google Street View* beschriebene Funktion um.

17.6 Google Local

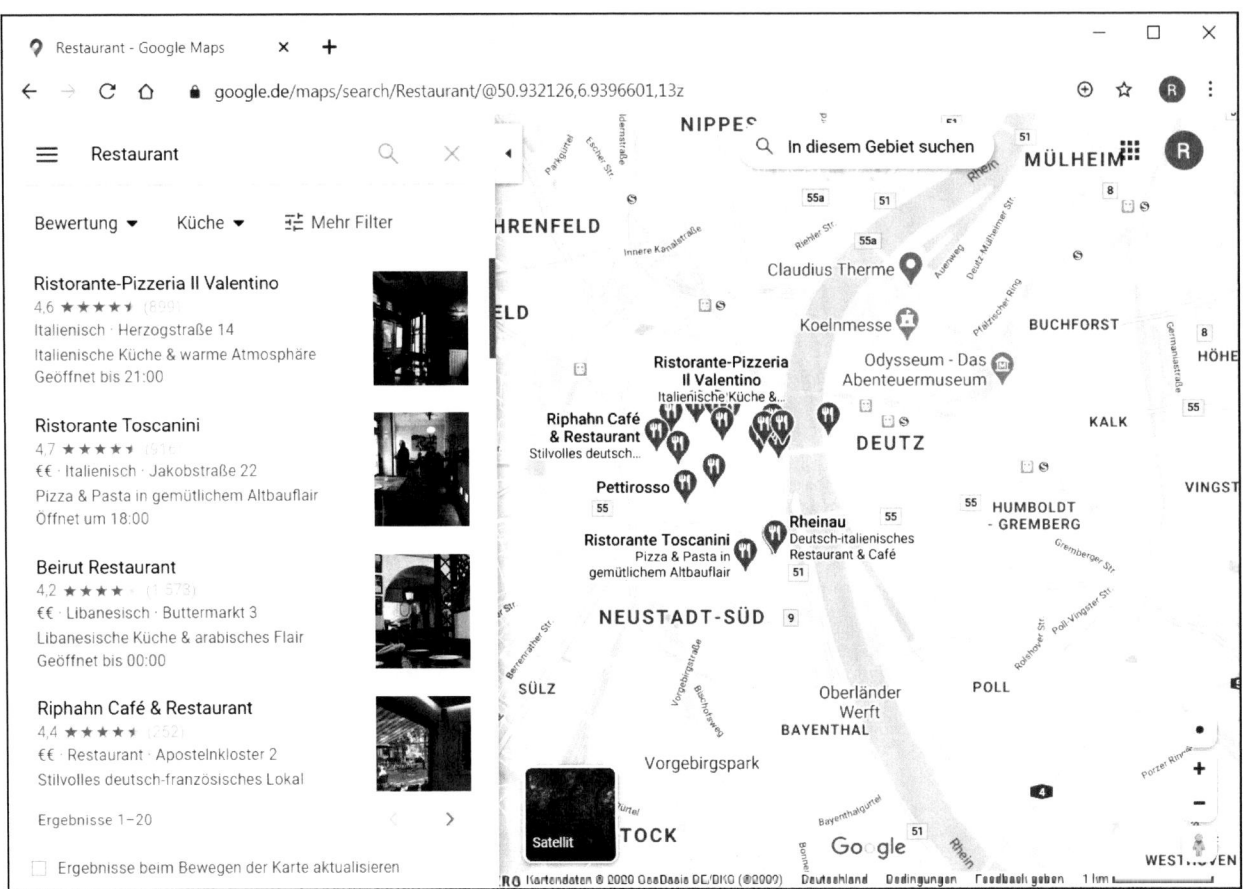

Der Suchmaschinenbetreiber Google führt eine riesige Datenbank mit den Standorten von »Points of Interest« (POIs), darunter Unternehmen, Sehenswürdigkeiten, Restaurants, usw. Wenn Sie eine Suche, beispielsweise nach »Restaurant«, in Google Maps durchführen, greift Google Maps auf diese Datenbank zurück und listet die Fundstellen auf. Man kann sich dann die Position eines Restaurants in der Karte, sowie weitere Infos, darunter auch Kundenbewertungen, Öffnungszeiten und Telefonnummern anzeigen. Diese Suche beschreibt bereits Kapitel *17.2 Suche*. Google Local vereinfacht die Suche und arbeitet mit Google Maps zusammen, um die Kartenposition anzuzeigen.

> Etwas simpler ist die Option, einfach in den Kartenbereich zu wechseln, für den Sie Points of Interest suchen (zum Beispiel mit der im Kapitel *17.2 Suche* beschriebenen Suchfunktion), die Suche mit ✕ beenden, die Suchleiste erneut anklicken und dann eine der Schaltleisten, beispielsweise für Restaurants zu betätigen.
>
> Alle Points of Interest erscheinen zudem direkt in der Karte, wenn Sie tief genug hereinzoomen.
>
> Weitere verfügbare Funktionen beschreibt bereits Kapitel *17.2 Suche*.
>
> Tipp: Sofern Sie eine Firma betreiben und noch nicht bei Google Local gelistet werden, sollten Sie sich unter der Webadresse *www.google.com/business* kostenlos registrieren und Ihre Daten hinterlegen.

18. Google Fotos

Mit Google Fotos verwalten Sie mit Ihrem Webbrowser Fotos und Videos nicht direkt auf Ihrem PC, sondern im Internet, in Ihrem Google-Konto.

Der verfügbare Speicherplatz beträgt 15 Gigabyte, den sich Google Fotos allerdings mit den anderen Google-Anwendungen Gmail, Google Drive, usw. teilt. Unter bestimmten Voraussetzungen, auf die wir noch eingehen, können Sie allerdings unbegrenzt viele Bilder oder Videos in Google Fotos hochladen und verwalten.

Auf den Android-Handys und Tablets ist mit *Fotos* eine eigene Bilderverwaltung für Google Fotos vorinstalliert.

Sie starten Google Fotos über die Webadresse *photos.google.com* (bitte beachten Sie, dass Sie dabei »photos« statt »fotos« eingeben). Die eventuell angezeigte Begrüßung schließen Sie mit *Weiter*.

18.1 Dateien von Hand hochladen

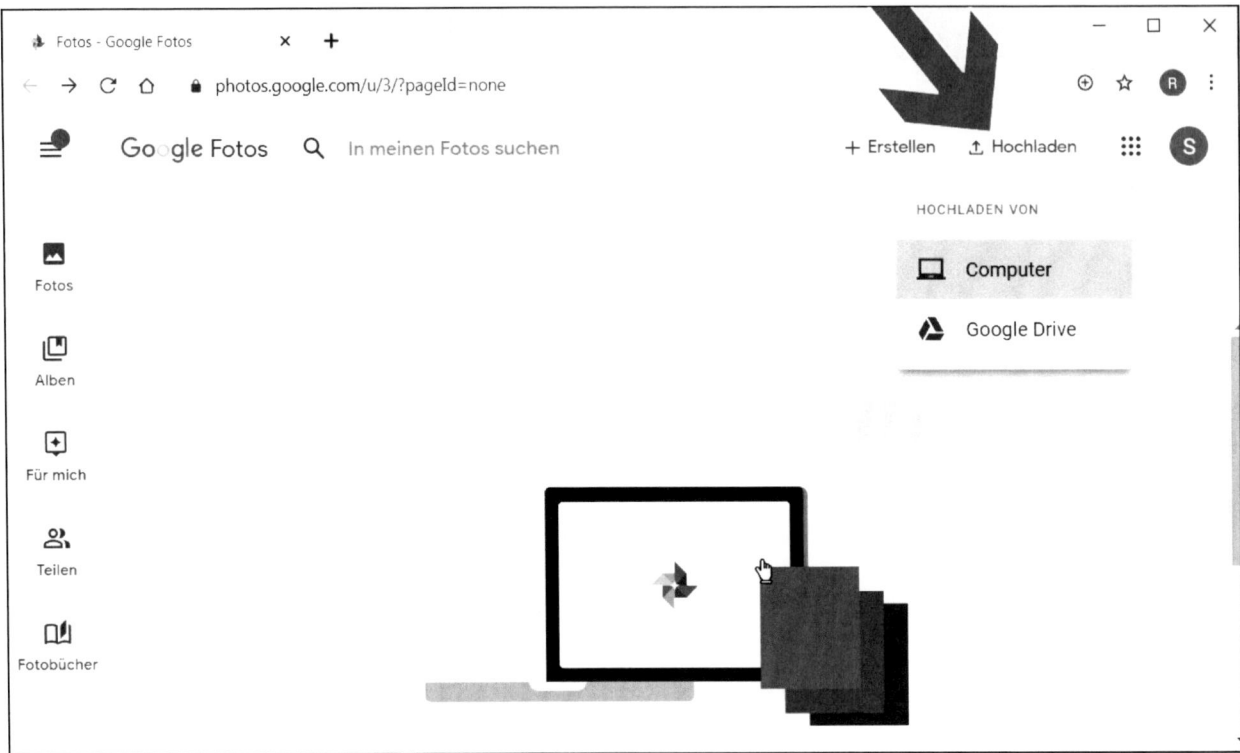

Beim ersten Start sind natürlich noch keine Bilder vorhanden. Damit die auf Ihrem PC vorhandenen Fotos in Google Fotos landen, klicken Sie nun auf *Erstellen* und wählen Sie im Popup *Computer*.

Gehen Sie auf *Google Drive*, damit Google Fotos Bilder/Videos aus dem Cloudspeicher (siehe Kapitel *14 Google Drive*) übernimmt.

Google Drive und Google Fotos können beide Fotos und Videos verwalten und anzeigen. Wir empfehlen allerdings trotzdem die Verwendung von Google Fotos, weil dort gespeicherte Dateien nicht auf das für alle Google-Dienste bestehende 15 GB-Limit angerechnet werden. Außerdem bietet Google Fotos zahlreiche praktische Optimierungs- und Sortieroptionen.

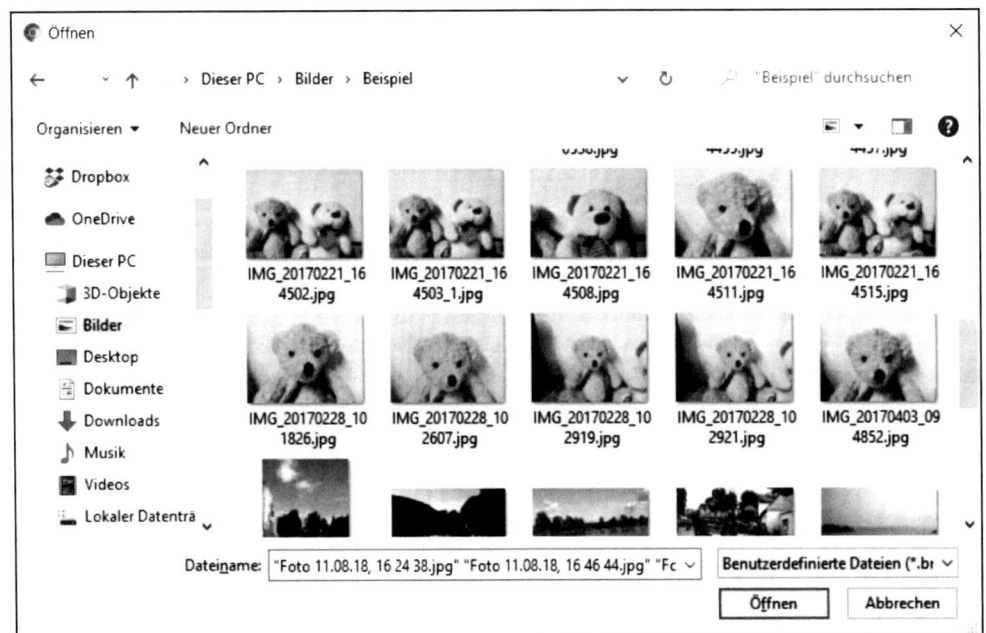

Gehen Sie in das Bildverzeichnis. Hier markieren Sie mit gleichzeitig gedrückter ⇧- beziehungsweise Strg-Taste die Dateien und klicken dann auf *Öffnen*.

Alternativ können Sie auch Dateien des PCs durch »Ziehen« (sogenanntes Drag-and-Drop) auf das Browserfenster hochladen.

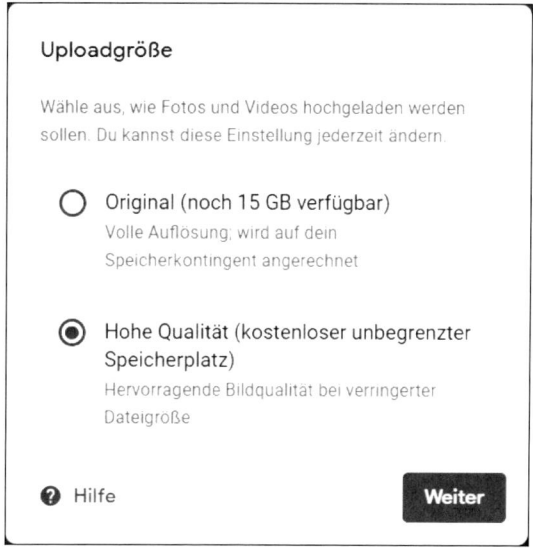

Es erscheint ein Auswahldialog:

Zur Auswahl stehen *Originalgröße* und *Hohe Qualität*.

Wenn Sie *Originalgröße* verwenden, dürfen Sie maximal 15 GB an Bilddaten hochladen (den Speicherplatz können Sie kostenpflichtig erweitern).

Alternativ lassen Sie mit *Hohe Qualität* Ihre hochgeladenen Bilddateien bei der längsten Seite auf maximal 2048 Pixel Breite verkleinern, dürfen dann aber beliebig viele Bilder hochladen.

Wir empfehlen die Option *Hohe Qualität* zu aktivieren, da eine höhere Bildauflösung im Webbrowser ohnehin nichts bringt. Nutzen Sie dagegen die Option *Originalgröße* und Ihre 15 GB Freivolumen sind erschöpft, so schaltet das Handy für folgende Uploads automatisch auf *Hohe Qualität* um.

Aktivieren Sie daher *Hohe Qualität* und schließen Sie mit *Weiter* ab.

Am unteren linken Rand informiert Google Fotos über den Upload-Status. Das Browserfenster dürfen Sie währenddessen nicht schließen!

Google Fotos erstellt automatisch von Ihren hochgeladenen Fotos ein Album, das mit dem aktuellen Datum benannt wird.

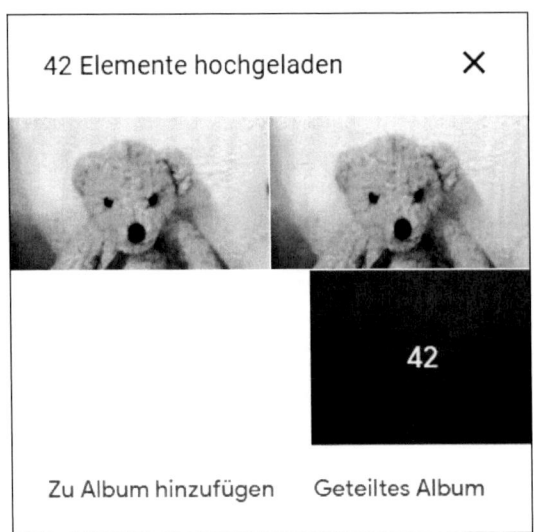

Nach dem Hochladen entscheiden Sie über die weitere Verwendung:

- *Zu Album hinzufügen*: Damit Sie den Überblick behalten, sollten Sie Ihre Fotos jeweils einem Album zuweisen.

- *Geteiltes Album*: Sie gelangen in ein Menü, in dem Sie die hochgeladenen Fotos anderen Personen über einen Weblink zugänglich machen.

Alternativ klicken Sie auf ✕, was den Dialog schließt. Die hochgeladenen Dateien listet die Google Fotos-Anwendung dann in der Standard-fotoansicht auf.

Haben Sie *Zu Album hinzufügen* gewählt, so können Sie entweder ein neues Album anlegen oder ein bereits bestehendes auswählen. Wir gehen darauf noch im Kapitel *18.4 Alben verwalten* genauer ein.

Beachten Sie bitte, dass die Google Fotos-Anwendung in der Standardansicht alle hochgeladenen Bilder, auch in Alben enthaltene, auflistet.

Nach Vergabe des Albumnamens betätigen Sie die Enter-Taste oder klicken auf ✓. Die folgendende Albenansicht schließen Sie mit der Esc-Taste beziehungsweise einem Klick auf ← (oben rechts) ab.

18.2 Bilderanzeige

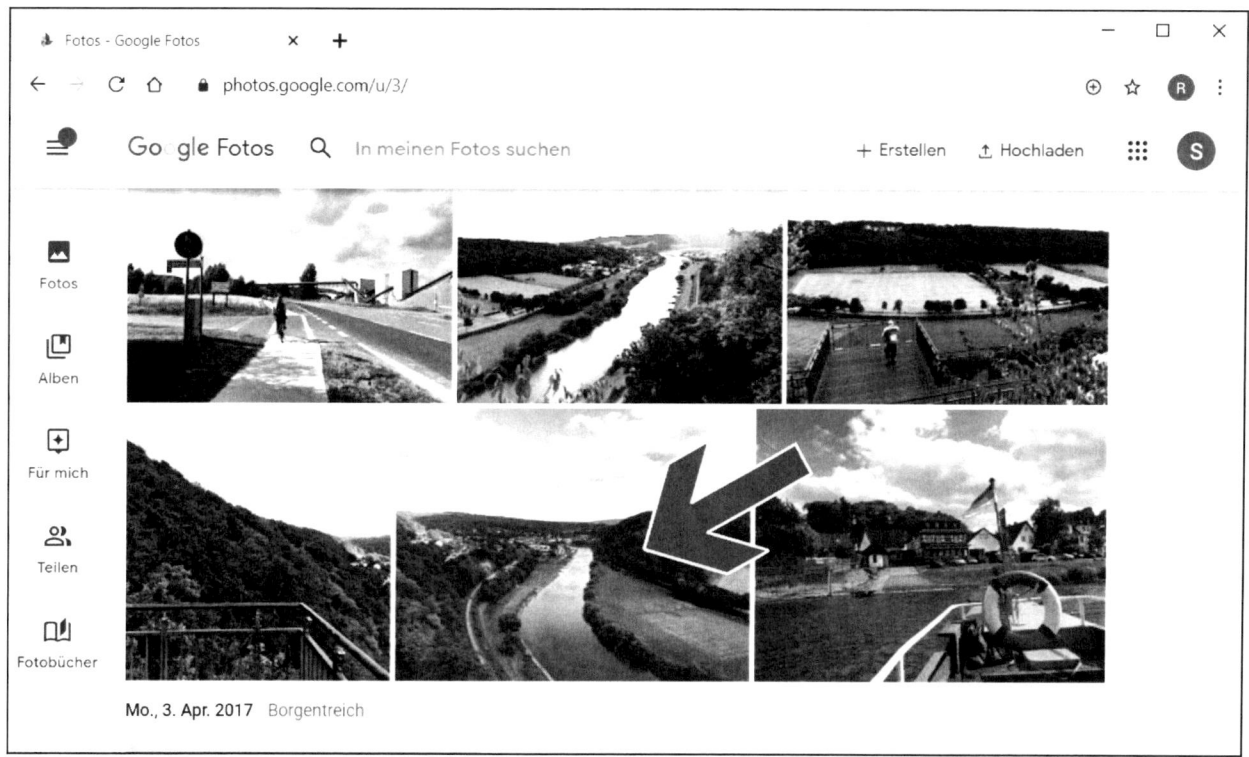

Im Hauptmenü listet die Google Fotos-Anwendung, alle Bilder und Videos auf, die Sie hochgeladen haben (auch die in Alben enthaltenen). Klicken Sie ein Foto an (Pfeil).

Blättern Sie mit den Cursortasten auf der Tastatur zum nächsten/vorherigen Foto. Die Esc-Taste bringt Sie wieder in den Hauptbildschirm beziehungsweise das Album zurück.

Die Schaltleisten am oberen rechten Bildschirmrand (Pfeil) blendet Google Fotos ein, sobald Sie den Mauszeiger in das Browserfenster bewegen:

- <: Das Foto anderen Personen über einen Weblink zugänglich machen.

- ǂ: Sie können unter anderem die Helligkeit und Farbe anpassen, sowie zuschneiden oder drehen.

- $\oplus$: Bild vergrößern/verkleinern. Alternativ drehen Sie einfach am Mausrad.

- $\odot$: Bilddetails anzeigen

- $\star$: Als Favorit markieren.

- $\overline{\underline{\mathrm{III}}}$: Bild löschen.

- $\vdots$-Menü:

  - *Diashow*: Bilder (des aktuellen Albums) nacheinander anzeigen.

  - *Herunterladen*: Bild auf dem PC herunterladen.

  - *Drehen*: Bildorientierung in 90-Grad-Schritten ändern.

  - *Zu Album hinzufügen; Zu geteiltem Album hinzufügen*

  - *Archivieren*: Archivierte Bilder werden nicht mehr in der allgemeinen Fotoauflistung an, sondern nur noch in der Albenansicht und in der Bildersuche.

18.3 Das Ausklappmenü

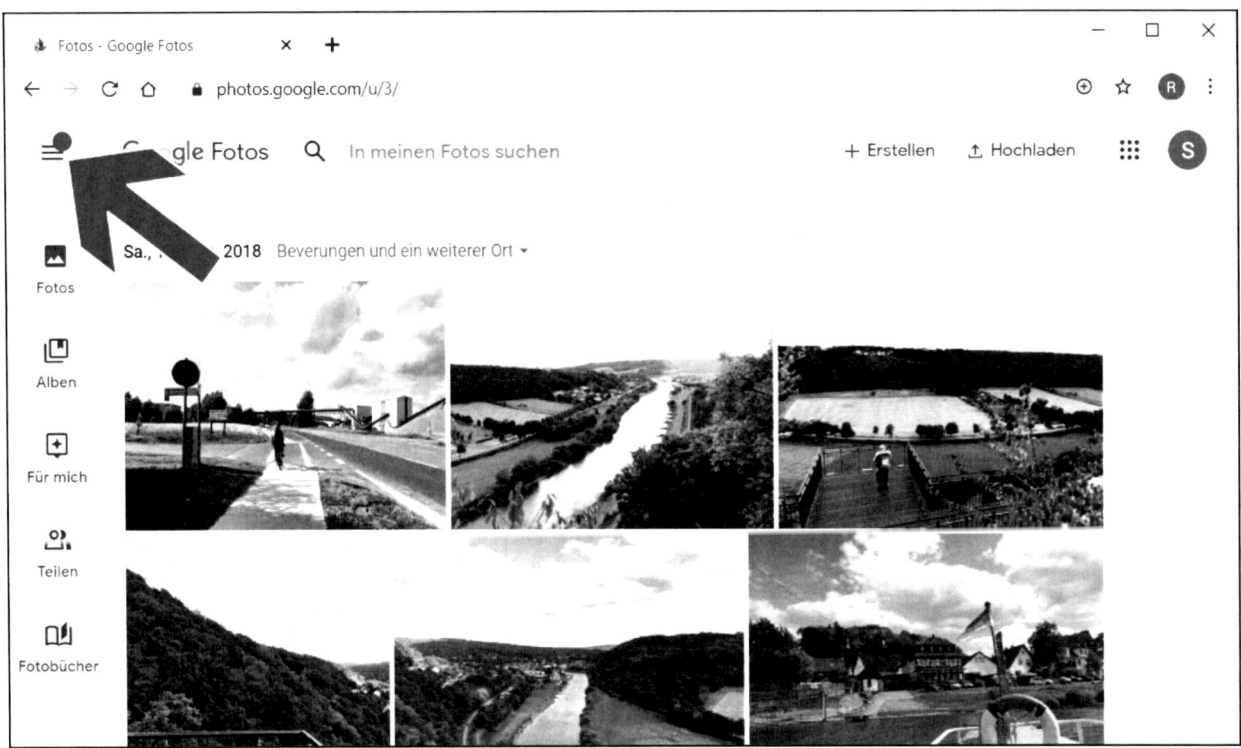

Auf der linken Seite finden Sie folgende Schaltleisten:

- *Fotos*: Listet alle Ihre Fotos (auch aus den Alben), nach Datum sortiert, auf.

- *Alben*: Fotoalben anzeigen.

- *Für mich*: Hier finden Sie alle automatisch von Google aus Ihren Fotos erstellten Animationen, Collagen, usw.

- *Teilen*: Von anderen Google Fotos-Nutzern für Sie freigegebene Fotos.

- *Fotobücher*: Google bietet die Herstellung von Fotobüchern an. Dieser Service ist im Vergleich zu etablierten Internet-Fotobuchanbietern allerdings recht teuer. So kostet ein Softcoverbuch (18 x 18 cm) mit 20 Seiten 13 Euro, als Hardcover (23 x 23 cm) 23 Euro. Hinzu kommen noch 4 Euro Versandkosten.

Ein Klick auf ☰ (Pfeil) öffnet das Ausklappmenü.

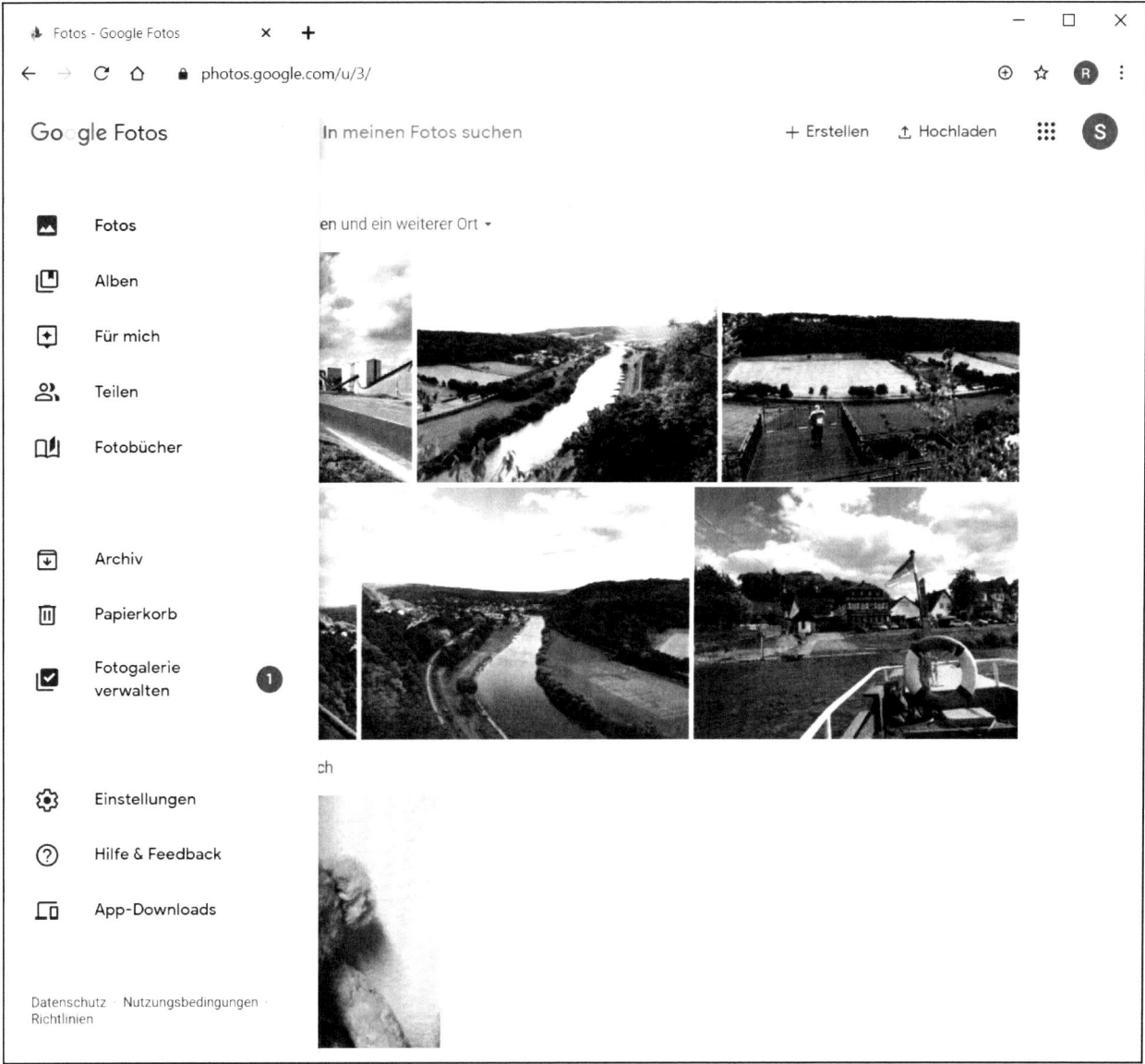

Im Ausklappmenü finden Sie neben den bereits oben beschriebenen Menüpunkten:

- *Archiv*: Fotos und Videos können Sie »archivieren«, sodass sie Google Fotos nicht mehr in der Bilderauflistung anzeigt. Die Medien sind aber weiterhin in der Suche und in den jeweiligen Ordnern sichtbar.

- *Papierkorb*: Von Ihnen gelöschte Fotos können Sie aus dem Papierkorb wiederherstellen, falls Sie sich mal damit vertan haben. Ansonsten löst Google Photos die Bilder nach 60 Tagen endgültig.

- *Fotogalerie verwalten*: Hier können Sie mit *Partnerkonto hinzufügen* Fotos beziehungsweise Alben einem Dritten zugänglich machen. Die Einladung kann nur an eine Gmail-Adresse gesendet werden, weshalb der Eingeladene über ein Google-Konto verfügen muss.

- *Einstellungen*: Darauf gehen wir noch im Kapitel *18.6 Einstellungen* ein.

- *Hilfe & Feedback*: Online-Hilfe von Google.

- *App-Downloads*: Der hier vorgestellte Uploader wird im Kapitel *18.7 Datei-Uploader* beschrieben.

18.4 Alben verwalten

Für Übersicht in Google Fotos sorgen die Alben. Natürlich können Sie selbst Alben anlegen und ihnen Fotos zuweisen. Eine Besonderheit sind Googles Bilderkennungsalgorithmen, welche Motive erkennen und dann automatisch Alben zuweisen.

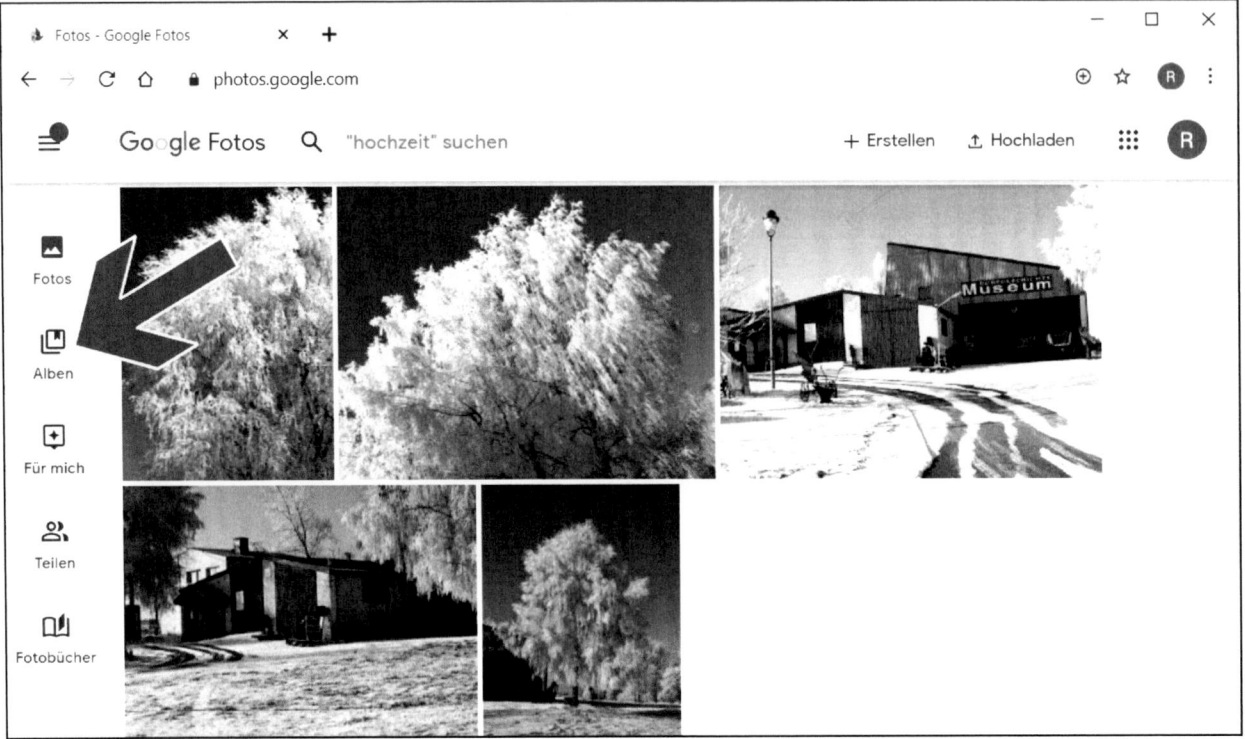

Klicken Sie auf *Alben* in der linken Seitenleiste.

Die *Fotos*-Schaltleiste in der Seitenleiste bringt Sie später wieder in die Fotoauflistung zurück.

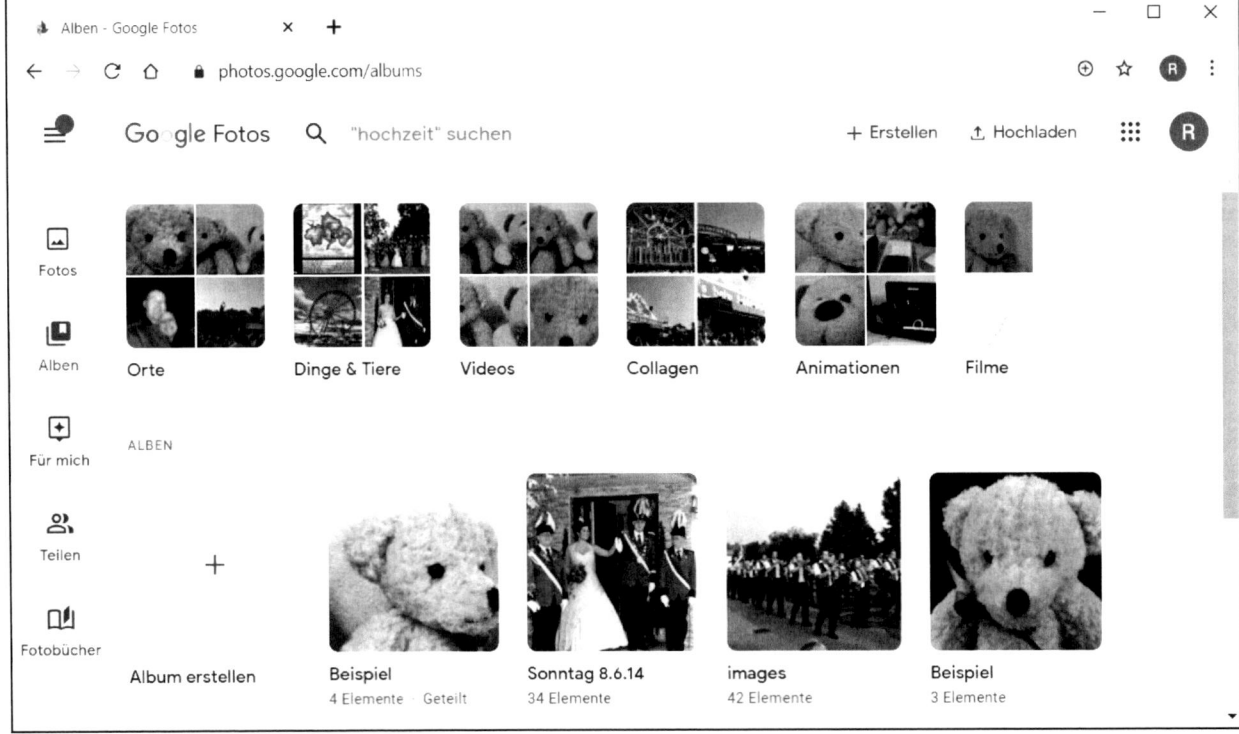

Sie finden eine Reihe an Ordnern vor, die Google automatisch erstellt hat. Ein großer Teil Ihrer Fotos wird dann automatisch einen oder mehreren dieser Ordner zugewiesen.

- *Orte*: Viele Digitalkameras hinterlegen den per GPS ermittelten Standort in den Fotos.

- *Dinge &Tiere*: Google ordnet die Bilder automatisch anhand des Motivs verschiedenen Unterordnern zu, die Sie hier finden. Beispiele dafür sind *Hochzeit, Traktoren, Hunde, Riesenräder, Parks, Blumen, Enten, Lagerfeuer,* usw.

- *Videos*: Google Photos unterstützt auch das Hochladen von Videos, die dem *Video*-Ordner zugeordnet werden.

- *Collagen*: Mehrere Fotos, die von Ihnen in einem Bild zusammengestellt wurden.

- *Animationen*: Von Ihnen ausgewählte Fotos, die Google Fotos in ein animierten Bild (GIF) umgewandelt hat.

- *Filme*: Aus von Ihnen zusammengestellten Fotos hat Google Fotos ein Video mit Musik-untermalung erstellt.

Unterhalb der von Google erzeugten Ordner werden die von Ihnen angelegten beziehungsweise hochgeladenen Ordner aufgelistet.

Beachten Sie bitte, dass es einige Zeit dauert, bis Google von Ihnen hochgeladene Fotos ausge-wertet und im *Dinge & Tiere*-Ordner einer Motivart zugeordnet hat.

Collagen und *Animationen* können Sie erstellen, indem Sie in der Bilderauflistung am oberen Bildschirmrand auf + klicken und dann auf *Collagen* beziehungsweise *Animationen gehen*. Die *Filme*-Funktion steht dagegen nur in der Fotos-Anwendung auf Android-Handys/Tablets zur Verfügung.

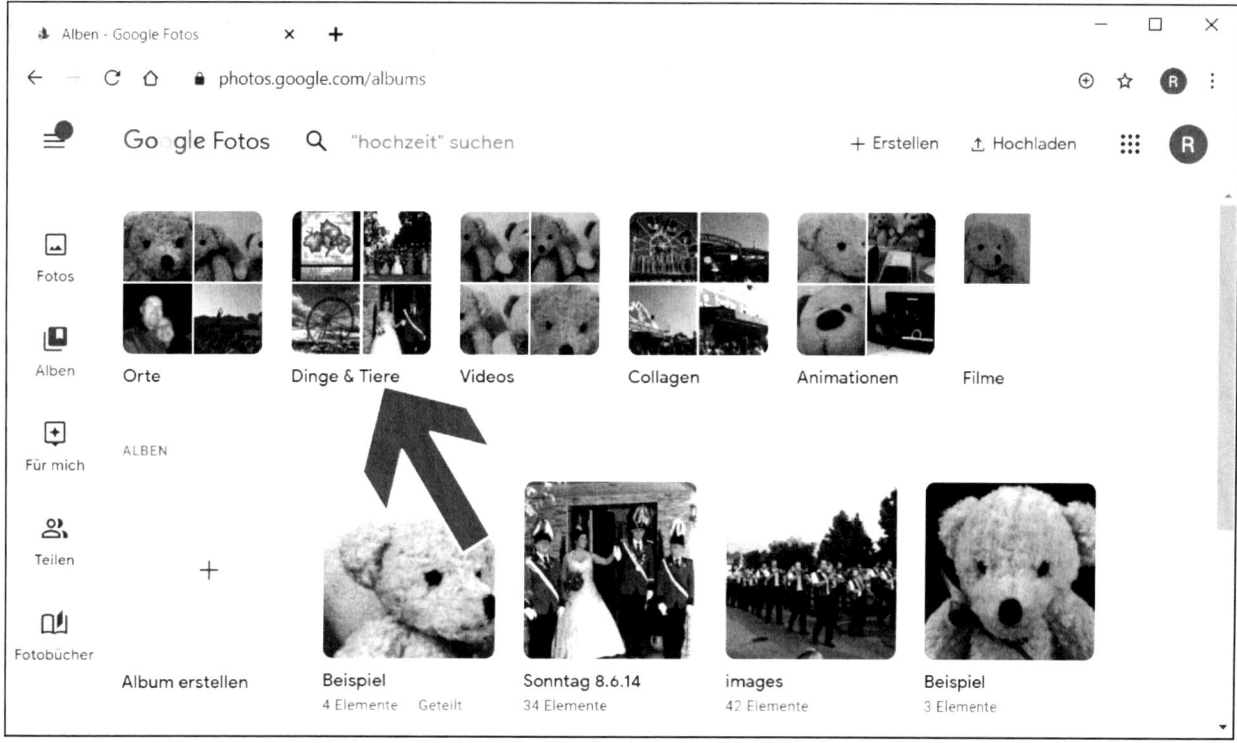

In unserem Beispiel rufen wir den *Dinge & Tiere*-Ordner (Pfeil) auf.

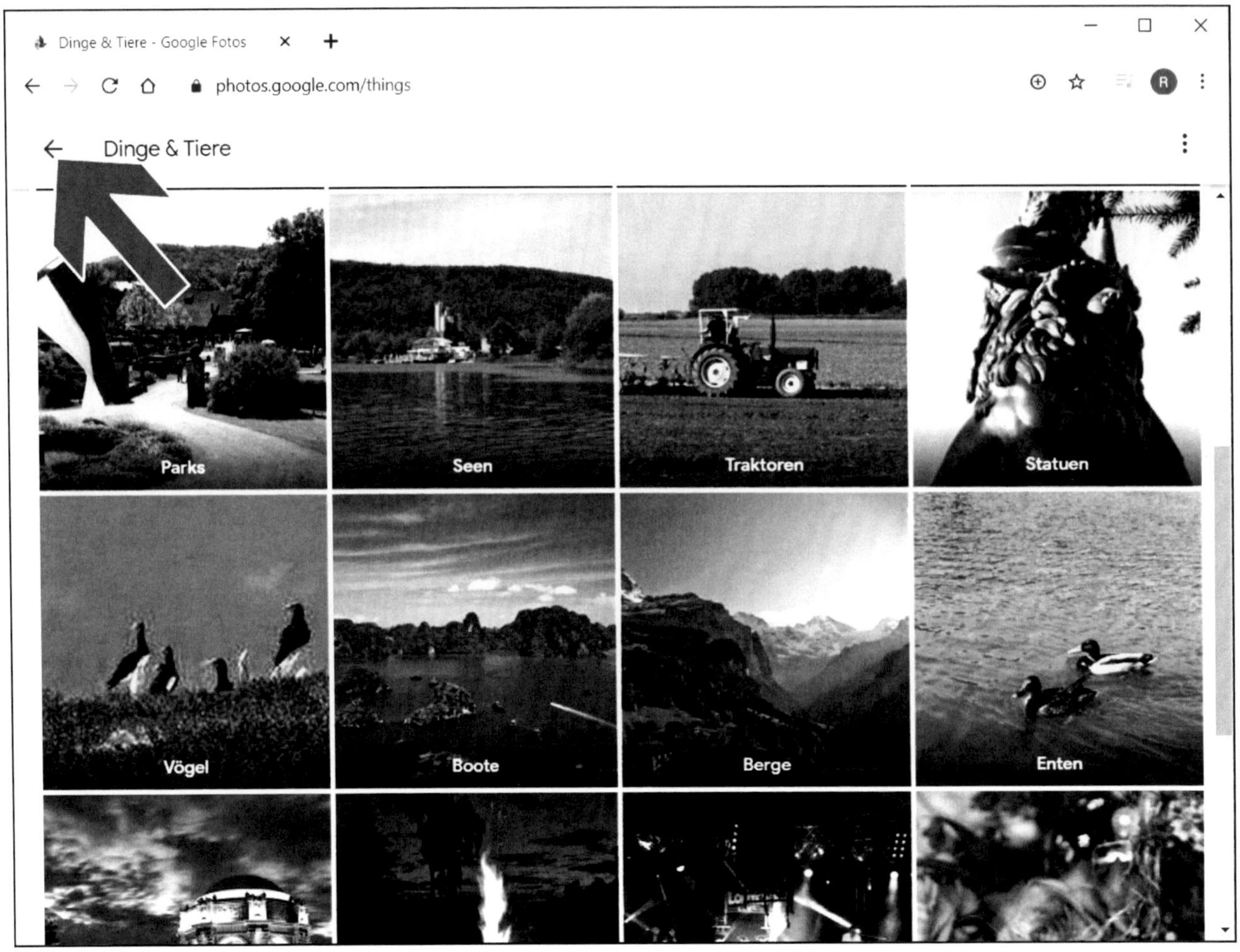

Auch bei Ihnen dürfte es nach einiger Zeit ähnlich aussehen, sofern Sie fleißig alle Ihre Fotos in Google Fotos hochladen (siehe Kapitel *18.1 Dateien von Hand hochladen*). Klicken Sie eines der Unteralben an, um die enthaltenen Fotos anzuzeigen.

Bitte beachten Sie, dass die automatische Motiv-Erkennung nicht besonders leistungsfähig ist, sich falsch zugeordnete Bilder aber nicht in andere Unterordner verschieben lassen.

Die Esc-Taste beziehungsweise ein Klick auf ← (Pfeil) bringt Sie wieder in den Hauptbildschirm zurück.

Tipp: Klicken Sie im Hauptbildschirm ins Suchfeld und geben Sie einen Suchbegriff ein. Google liefert dann die passenden Ergebnisse.

18.4.1 Alben verwalten

18.4.1.a Album nach Upload erstellen

Im einfachsten Fall erstellen Sie ein Album nach dem Hochladen von Bildern (siehe Kapitel *18.1 Dateien von Hand hochladen*).

Die Google Fotos-Anwendung zeigt dann ein Popup an, in dem Sie auf *Zu Album hinzufügen* klicken.

18.4.1.b Album aus Fotos erstellen oder einem Album Fotos zuweisen

Alternativ nutzen Sie den im Kapitel *18.5 Markierungen* vorgestellten Markierungsmodus, um Fotos für ein Album auszuwählen. Gehen Sie dann auf **+** (Pfeil).

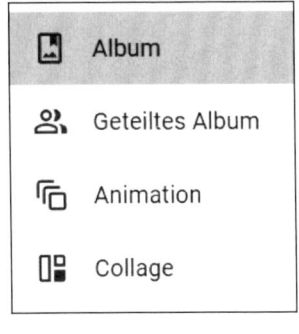

❶ Im Popup ist *Album* auszuwählen.

❷ Betätigen Sie *Neues Album* oder wählen eines der bereits vorhandenen Alben aus.

18.5 Markierungen

So markieren Sie Bilder: Sie halten Mauszeiger über ein Bild und klicken dort auf ✔ (1). Gehen Sie genauso bei den anderen Bildern vor.

- ⤙: Fotos in einem sozialen Netzwerk, beispielsweise Facebook veröffentlichen.
- ✚:
  - *Album:* Fotos einem Album zuweisen oder daraus ein neues Album erstellen (siehe Kapitel *18.4.1.b Album aus Fotos erstellen oder einem Album Fotos zuweisen*).
  - *Geteiltes Album*: Fotos anderen Personen zugänglich machen.
  - *Animation*: Erstellt aus mehreren Fotos eine sogenannte GIF-Datei, deren Inhalt automatisch auf jedem Gerät wie ein Film abgespielt wird. Damit die Animation vernünftig aussieht, sollten Sie nach Möglichkeit gleichartige Fotos aus der gleichen Perspektive dafür verwenden, beispielsweise solche, die mit der Serienbildfunktion (bei vielen Kameras vorhanden) erstellt wurden.
  - *Collage*: Fügt mehrere Fotos in einem Bild zusammen.
- 🛒: Gedrucktes Buch aus den Fotos produzieren lassen.

- 🗑: Bilder löschen.

✕ (3) beendet den Markierungsmodus.

18.6 Einstellungen

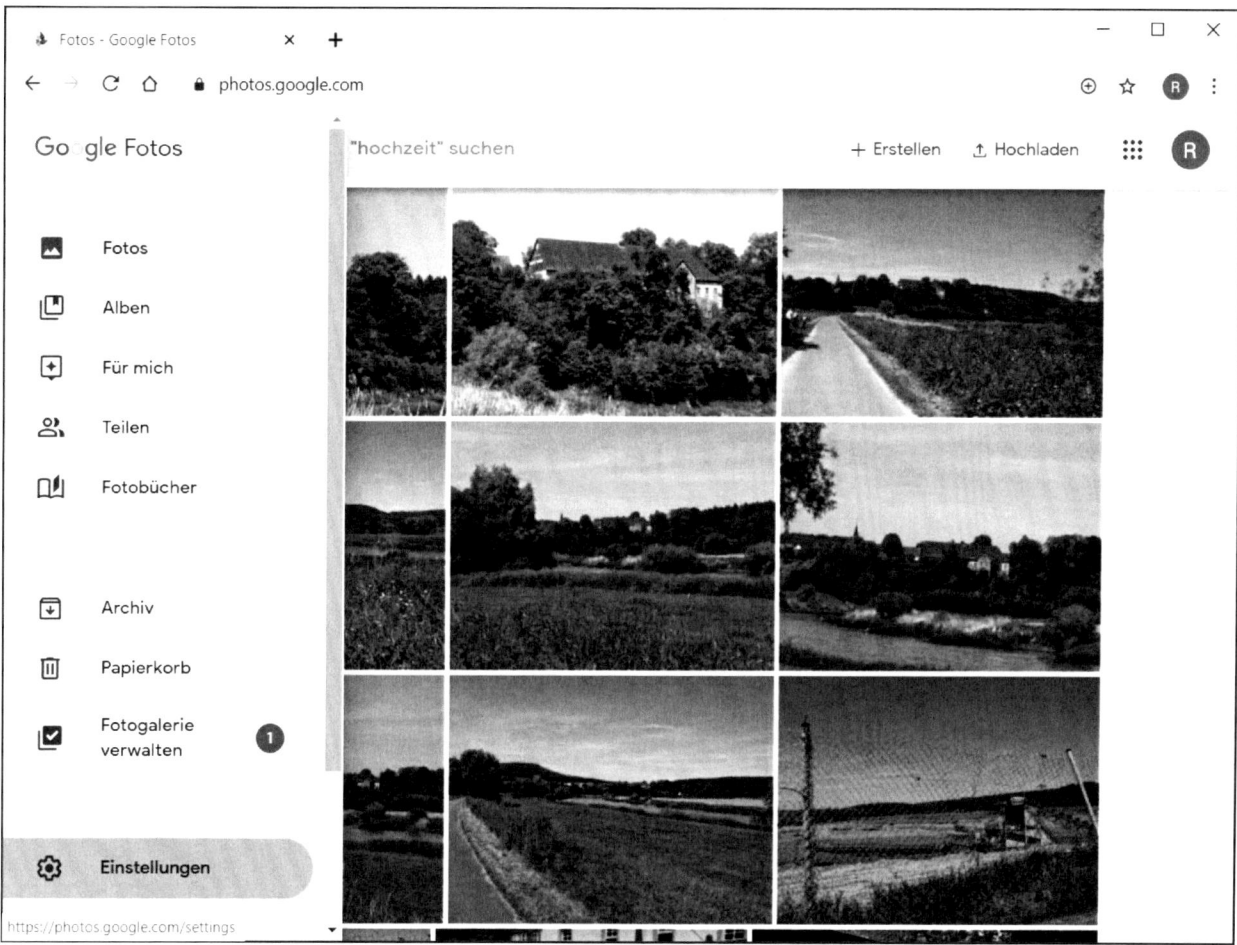

Für die Fotoeinstellungen öffnen Sie das Ausklappmenü und wählen *Einstellungen*.

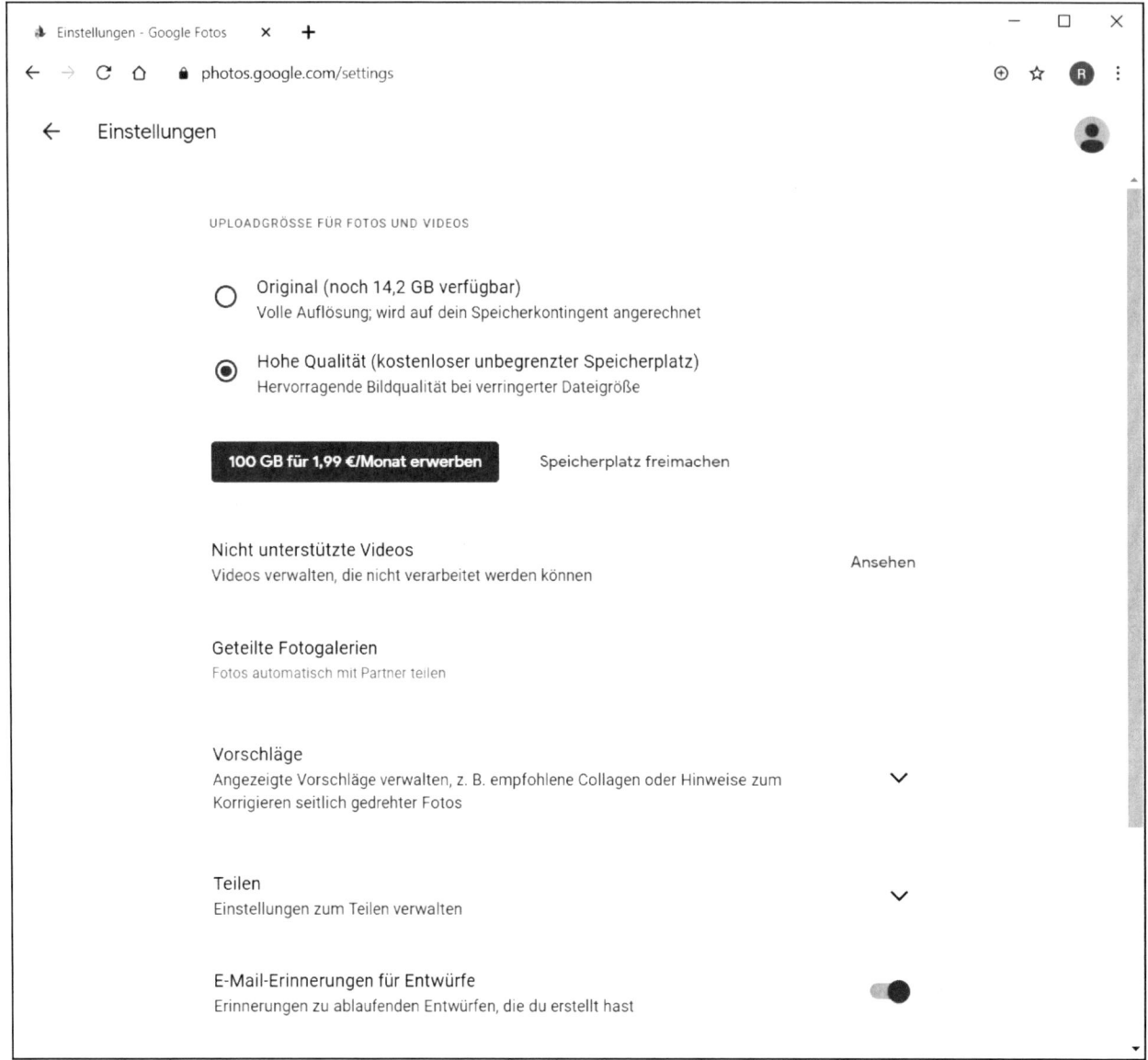

Unter *UPLOADGRÖSSE FÜR FOTOS UND VIDEOS:*

- *Hohe Qualität*: Sie dürfen unbegrenzt viele Fotos in Google Fotos hochladen. Ihre hoch-geladenen Bilddateien werden an der längsten Seite auf maximal 2048 Pixel Breite ver-kleinert.

- *Original*: Die Dateigröße Ihrer hochgeladenen Fotos rechnet Google auf Ihren verfügbaren Speichplatz von 15 Gigabyte im Google-Konto an. Aus praktischen Gründen sollten Sie diese Option nicht verwenden, zumal andere Google-Dienste ebenfalls einen Teil der 15 Gigabyte belegen.

- *100 GB für 1,99 €/Monat erwerben*: Mieten Sie zusätzlichen Speicherplatz, wenn die kostenlosen von 15 Gigabyte nicht ausreichen.

- *Speicherplatz freigeben*: Konvertiert vorhandene Fotos in Original-Qualität ins Hohe Qua-lität-Format.

- *Nicht unterstützte Videos*: Listet alle hochgeladenen Videos auf, die Google Fotos nicht wiedergeben kann.

- *Geteilte Fotogalerien*: Alben/Bilder anderer Personen zugänglich machen.

- *Vorschläge*: Sie erhalten bei der Bilderanzeige automatisch Optimierungsvorschläge, die Sie akzeptieren oder ablehnen können. Falls Sie diese Automatik stört, deaktivieren Sie sie unter *Vorschläge*.

- *Teilen*:

- ○ *Benachrichtigungen über Vorschläge zum Teilen*: Google Fotos informiert Sie über neu hochgeladene Fotos, die Sie mit anderen teilen können.

- ○ *Übersprungene Vorschläge*: Listet alle von Ihnen ignorierten Vorschläge auf.

- ○ *Video aus Foto mit Bewegtbild entfernen*: Filtert automatisch Videos aus den geteilten Dateien.

- ○ *Standortdaten bei per Link geteilten Elementen entfernen*: Viele Digitalkameras und alle Handys speichern auf Wunsch den per GPS ermittelten Aufnahmeort in den Fotos. Wenn Sie nicht möchten, dass Dritte in geteilten Fotos und Alben erfahren, wo diese entstanden, sollten Sie die Option deaktivieren.

- • *E-Mail-Erinnerungen für Entwürfe*: Nicht von Google dokumentiert.

- • *Browserbenachrichtigungen*: Der Webbrowser informiert Sie über neu hochgeladene Fotos und automatisch erstellte Alben, Animationen, usw.

- • *Aktivitätsprotokoll*: Listet Kommentare und Gefällt-mir-Markierungen zu geteilten Fotos/Alben auf.

18.7 Datei-Uploader

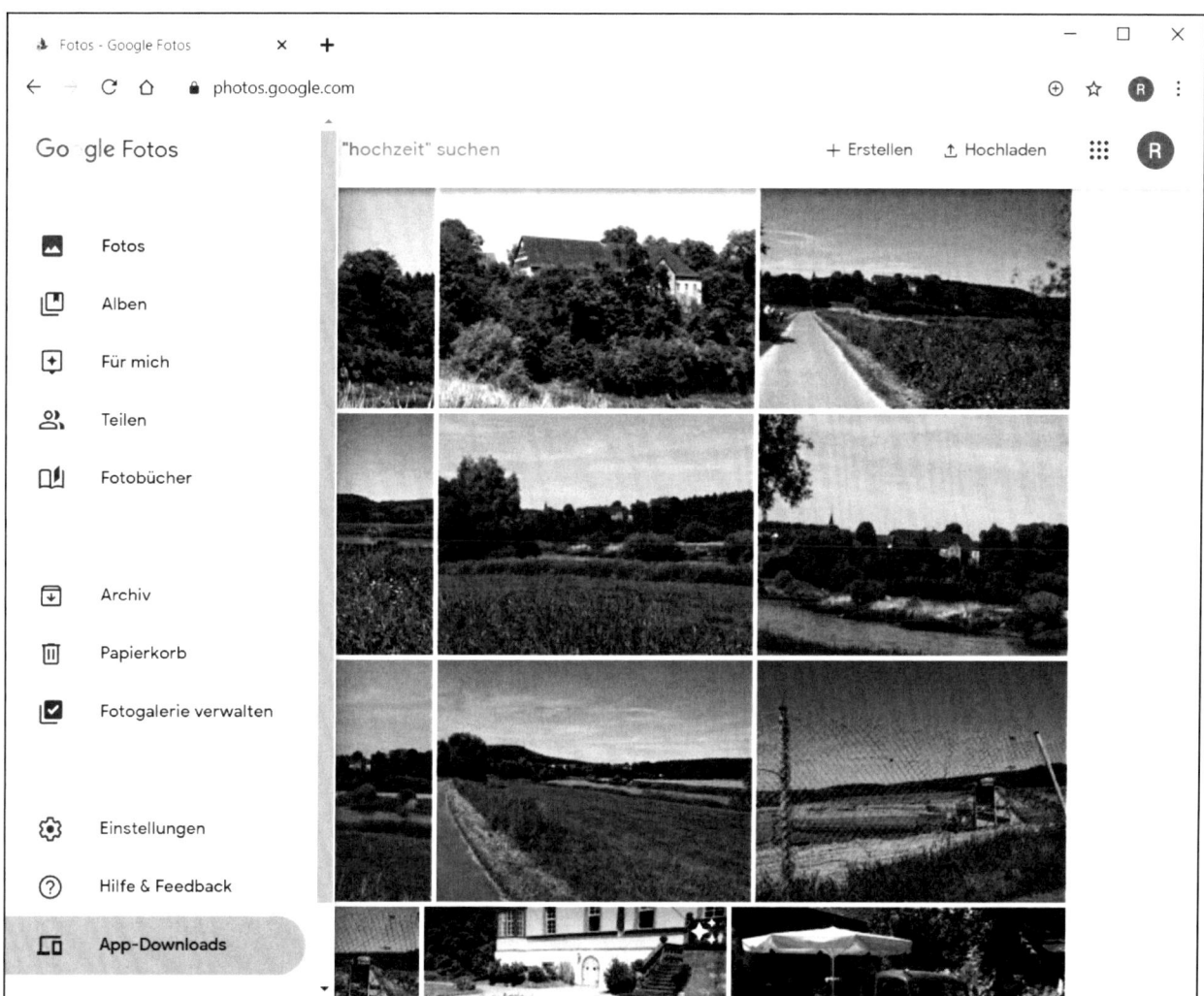

Aktivieren Sie mit einem Klick oben links auf ☰ das Ausklappmenü und gehen Sie darin auf *App-Downloads*.

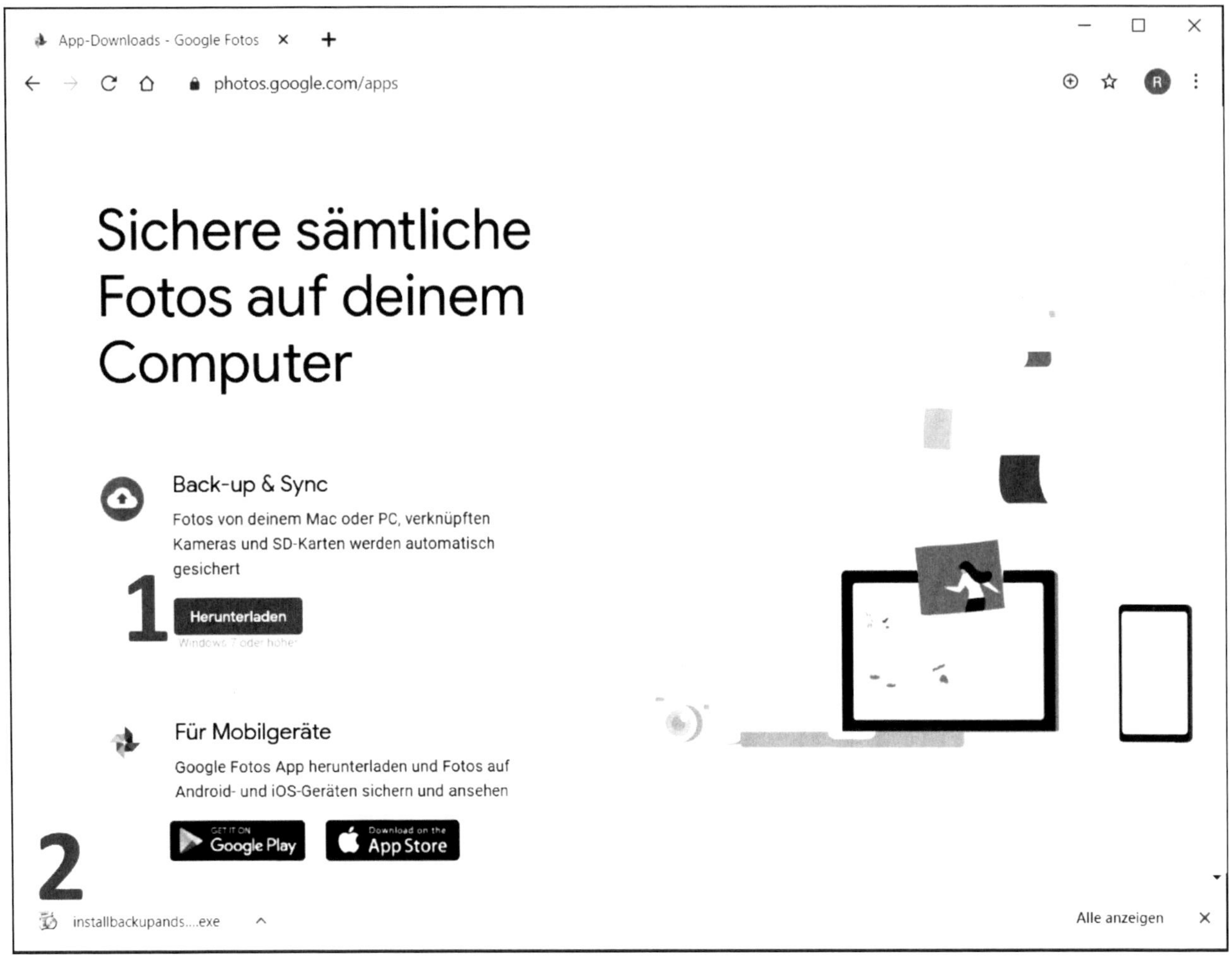

App-Downloads - Google Fotos   ✕   +   — ☐ ✕

← → C ⌂   🔒 photos.google.com/apps   ⊕ ☆ Ⓡ ⋮

Sichere sämtliche Fotos auf deinem Computer

Back-up & Sync

Fotos von deinem Mac oder PC, verknüpften Kameras und SD-Karten werden automatisch gesichert

1   Herunterladen

Windows 7 oder höher

Für Mobilgeräte

Google Fotos App herunterladen und Fotos auf Android- und iOS-Geräten sichern und ansehen

2   ▶ GET IT ON Google Play   🍎 Download on the App Store

📥 installbackupands....exe   ⌃   Alle anzeigen   ✕

Nach einem Klick auf *Herunterladen* (1) warten Sie, bis der Download des Programms abgeschlossen ist und starten es mit einem Doppelklick (2) (bei einigen Webbrowsern müssen Sie Strg + J für die Downloadliste betätigen, bevor Sie das Programm anklicken können).

Folgen Sie dann den Installationsanweisungen.

Auf dem Desktop beziehungsweise im Startmenü finden Sie das Programm *Google Photos Back-up*, das Sie aufrufen. Schließen Sie darin den Begrüßungsbildschirm mit *JETZT STARTEN* und geben Sie die Anmeldedaten Ihres Google-Kontos an.

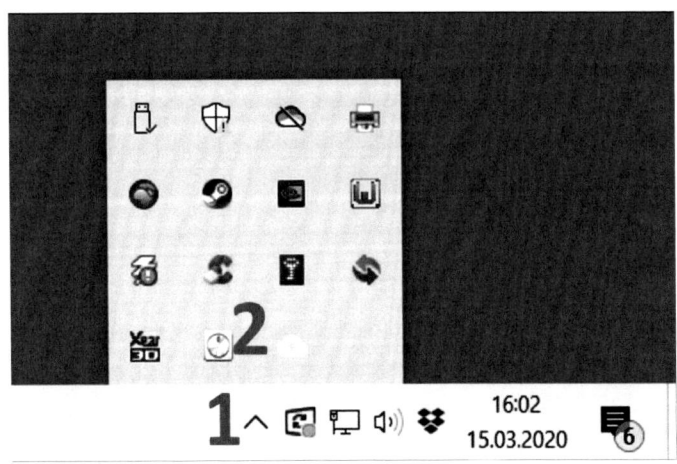

Auf dem Windows-Desktop klicken Sie unten rechts in der sogenannten Taskleiste auf ⌃ (1).

Im Popup klicken Sie dann auf die weiße Wolke (2).

Situationsabhängig wird die weiße Wolke manchmal auch direkt in der Taskleiste angezeigt.

Klicken Sie nun im Programmfenster auf *Jetzt starten.*

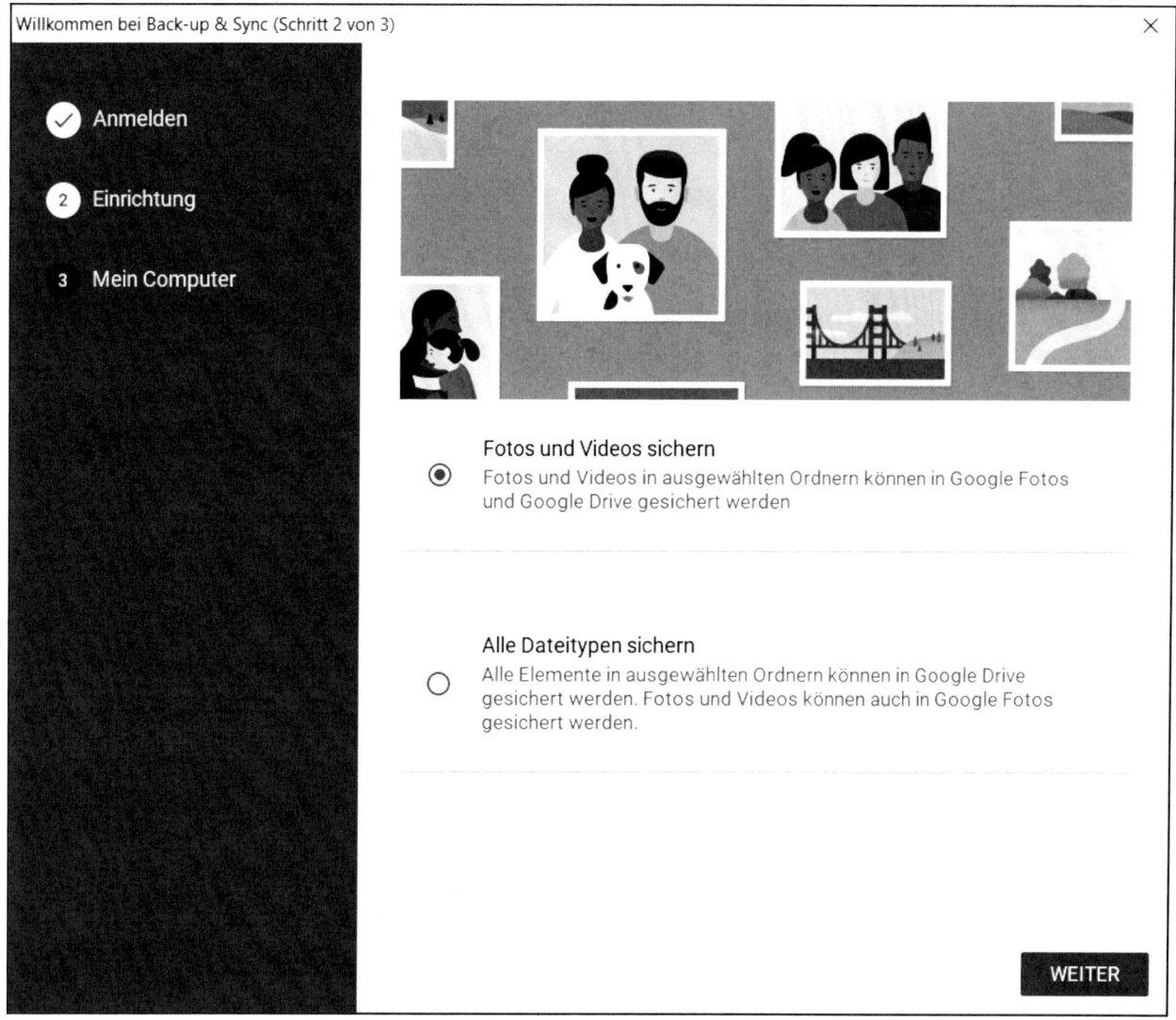

Folgen Sie den Anweisungen und melden Sie sich mit Ihrem Google-Konto an.

Das Programm bietet die Möglichkeit, nicht nur Ihre Fotos und Videos, sondern auch weitere Dateitypen hochzuladen. Letztere können Sie dann über Google Drive verwalten.

In unserem Beispiel lassen wir *Fotos und Videos sichern* aktiviert und klicken auf *WEITER*.

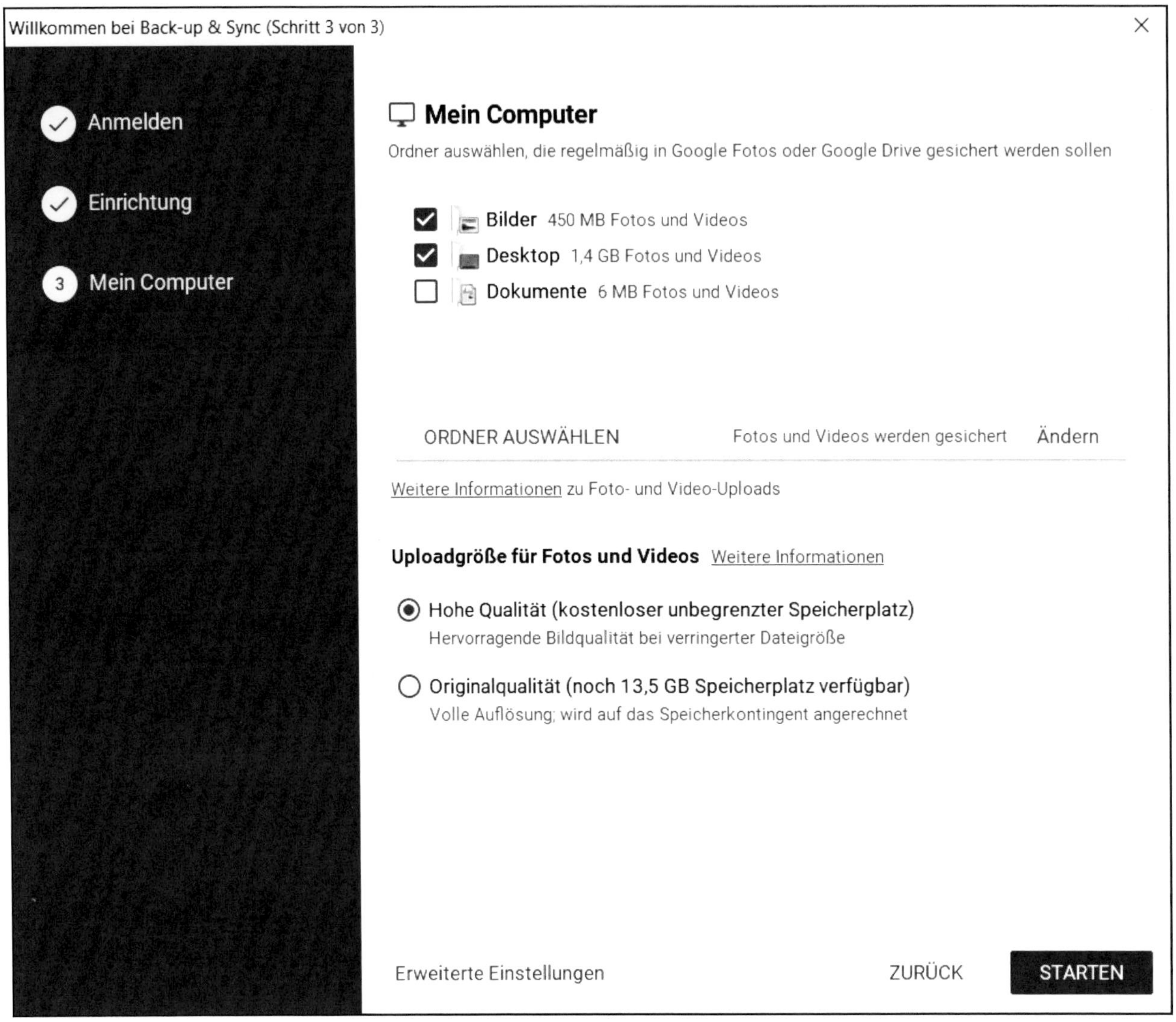

Willkommen bei Back-up & Sync (Schritt 3 von 3)   ✕

- ✓ Anmelden
- ✓ Einrichtung
- ③ Mein Computer

🖵 **Mein Computer**

Ordner auswählen, die regelmäßig in Google Fotos oder Google Drive gesichert werden sollen

☑ 🖼 **Bilder** 450 MB Fotos und Videos

☑ 🖥 **Desktop** 1,4 GB Fotos und Videos

☐ 📄 **Dokumente** 6 MB Fotos und Videos

ORDNER AUSWÄHLEN   Fotos und Videos werden gesichert   Ändern

Weitere Informationen zu Foto- und Video-Uploads

Uploadgröße für Fotos und Videos Weitere Informationen

◉ Hohe Qualität (kostenloser unbegrenzter Speicherplatz)
   Hervorragende Bildqualität bei verringerter Dateigröße

◯ Originalqualität (noch 13,5 GB Speicherplatz verfügbar)
   Volle Auflösung; wird auf das Speicherkontingent angerechnet

Erweiterte Einstellungen   ZURÜCK   **STARTEN**

Die angezeigten Vorgaben dürften in den meisten Fällen Ihrem Anwendungsfall entsprechen. Gesichert werden dabei alle Bilder und Videos aus dem *Bilder*-Verzeichnis. Lassen Sie auf jeden Fall die Fotogröße auf *Hohe Qualität* stehen, damit Sie unbegrenzt viele Fotos hochladen dürfen. Schließen Sie den Vorgang mit *STARTEN* ab.

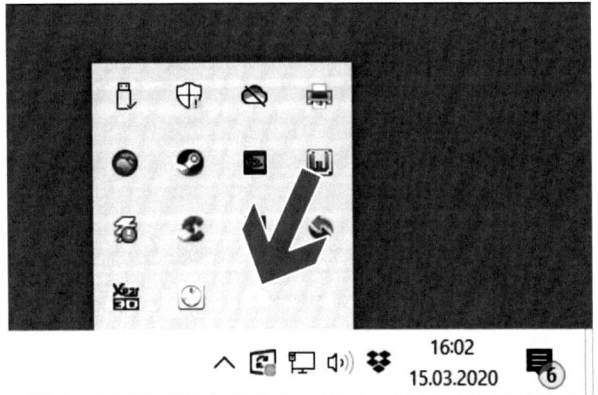
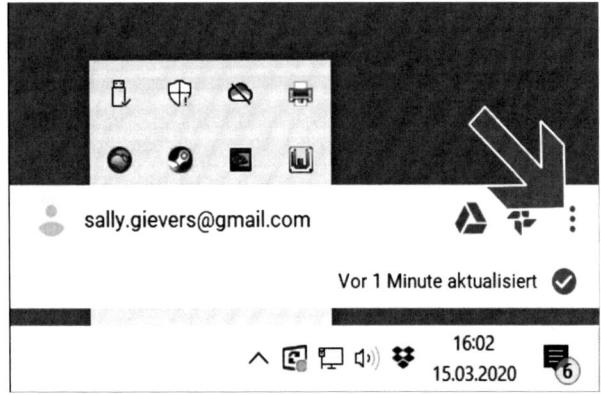

❶ Alle vorgenommenen Einstellungen ändern Sie mit einem Klick auf das Wolken-Symbol (Pfeil) unten rechts in der Systemleiste von Ihrem Windows-Desktop.

❷ Rufen Sie dann ⋮/*Einstellungen* auf.

19. Musik

Der Musikmarkt wurde in den letzten Jahrzehnten gleich mehrmals umgewälzt. Zunächst fand die Schallplatte in den 1980er Jahren mit der CD einen Nachfolger, ab den 2000er Jahren kam dann der Kauf von Songs über das Internet in Mode. Seit einigen Jahren revolutioniert allerdings das »Streaming« die Musiknutzung. Beim »Streaming« erfolgt die Wiedergabe direkt aus dem Internet, ohne dass der abgespielte Song lokal auf dem Gerät gespeichert wird. Ein Vorteil des Streamings ist die zentrale Ablage aller Songs auf einem Server, wobei die Wiedergabe auf jedem beliebigen Endgerät, vom PC bis zum Handy möglich ist – es wird nur eine Internetverbindung benötigt, die noch nicht einmal besonders schnell sein muss.

Beim Streaming zahlen Sie – je nach Anbieter – eine monatliche Pauschale von ca. 5 bis 15 Euro, haben dafür aber Zugriff auf mehrere dutzend Millionen (!) Songs. Es ist möglich, sich eigene Abspiellisten zusammenzustellen, einige Streaming-Dienste stellen zudem fertige Abspiellisten zur Verfügung, die jeden Musikgeschmack bedienen. Kündigen Sie ihr Streaming-Abo, dann verlieren Sie auch alle von Ihnen selbst angelegten Abspiellisten.

Einziger Nachteil des Streamings: Die Musik gehört nicht Ihnen und kann auch nicht auf eine CD gebrannt werden. Je nach gewähltem Tarif ist zudem die gleichzeitige Wiedergabe auf ein einzelnes Gerät beschränkt. Läuft die Musik also gerade im Wohnzimmer, dann stoppt sie dort, sobald Sie die Wiedergabe auf dem Gerät in der Küche starten.

Neben Google sind auch noch Spotify, Apple, Deezer, Amazon und einige kleinere Anbieter im Streaming-Markt aktiv.

Der erste Musik-Streamingdienst von Google hieß **Google Play Musik**, für die auch heute noch auf jedem Android-Handy eine entsprechende App vorinstalliert ist. Weil sich allerdings kein Erfolg einstellte, wurde im Jahr 2018 **YouTube Music** aus der Taufe gehoben. Indem man die bekannte Marke des YouTube-Videoportals verwendet, hofft das Unternehmen auf eine größere Verbreitung seiner Abo-Dienste. Beachten Sie in diesem Zusammenhang, dass YouTube Music mit YouTube wenig zu tun hat und eine eigene Website verwendet.

Die Musikwiedergabe erfolgt sehr flexibel entweder im Webbrowser auf dem PC, über das Google Smart Home-Gerät oder die YouTube Music-App auf dem Handy.

19.1 Die Tarife von YouTube Music

- **YouTube Music**: Für diesen Dienst brauchen Sie sich nicht kostenpflichtig anzumelden oder irgendwas bezahlen, denn die Finanzierung erfolgt durch Werbung. Leider müssen Sie dafür mit der Einschränkung leben, dass regelmäßig Werbung abgespielt wird.

- **YouTube Music Premium**: Der günstigste Tarif kostet 9,99 Euro im Monat. Als Student können Sie bis zu ca. 4 Jahre den Tarif für 4,99 Euro pro Monat buchen. Jedes Jahr erfolgt dann eine Überprüfung.

- **YouTube Premium**: Falls Sie sehr häufig Videos auf YouTube (in der gleichnamigen App oder auf der Website) anschauen, dann dürfte YouTube Premium interessant sein. Auf YouTube gibt es dann keinerlei nervende Werbung und Sie erhalten Zugriff auf einige weitere exklusive Inhalte (»YouTube Originals«). Zur Anmeldung besuchen Sie *www.youtube.com/premium*. Die Kosten betragen 11,99 Euro.

19.2 Aufruf

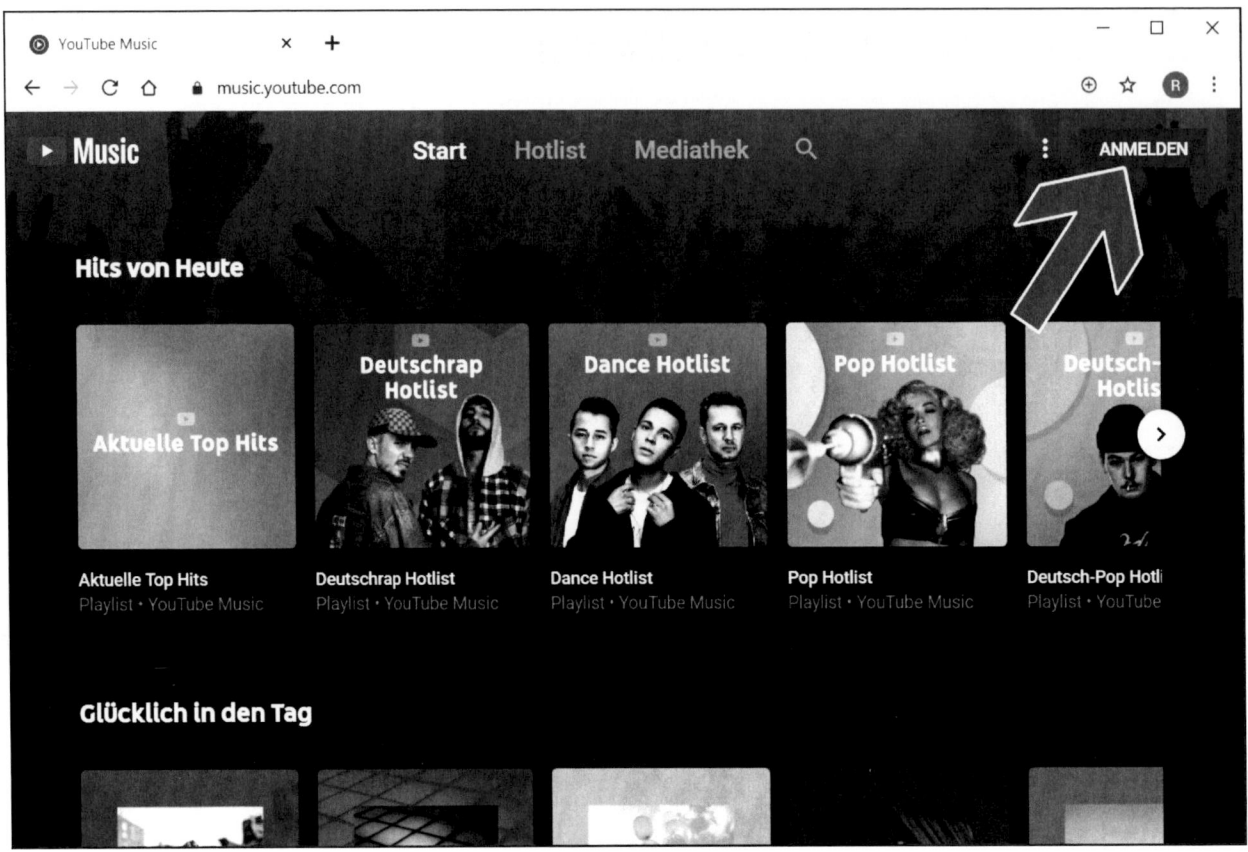

Rufen Sie die Webadresse *music.youtube.com* im Webbrowser auf und gehen Sie auf *ANMEL-DEN*.

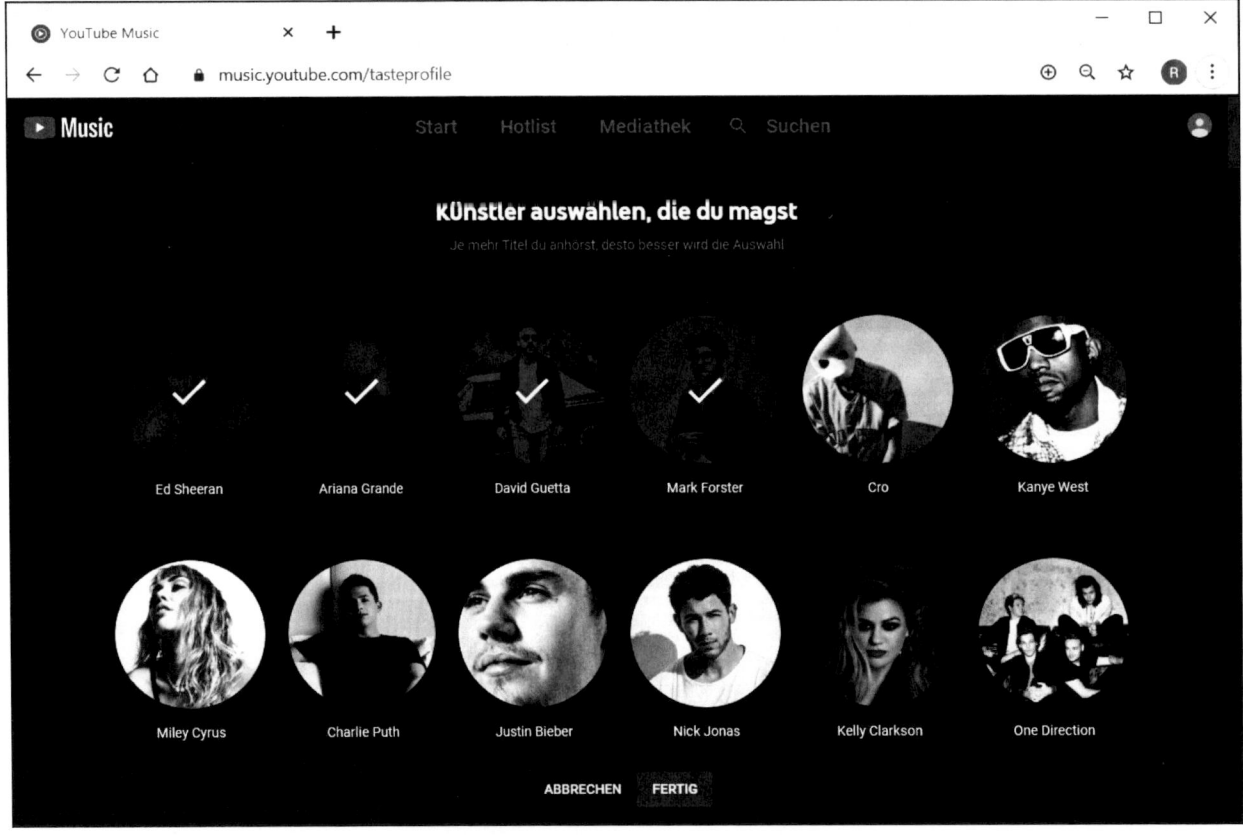

Beim ersten Aufruf müssen Sie mit einem Mausklick alle Künstler/Bands, die Sie interessieren (Favoriten), markieren, dann betätigen Sie *FERTIG*. Weitere lassen sich übrigens jederzeit später noch hinzufügen (siehe Kapitel *19.4 Einstellungen*).

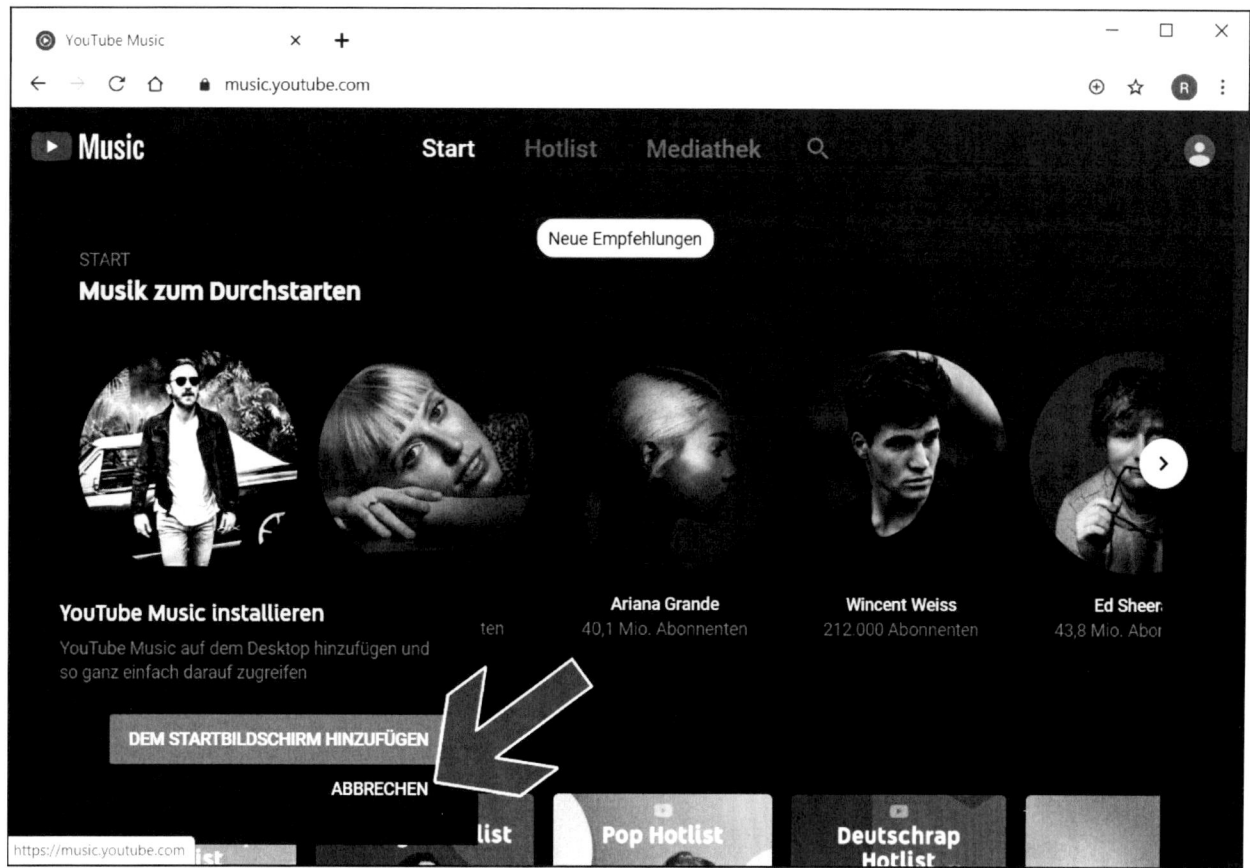

Schließen Sie den Hinweis auf die YouTube Music-App mit *ABBRECHEN*.

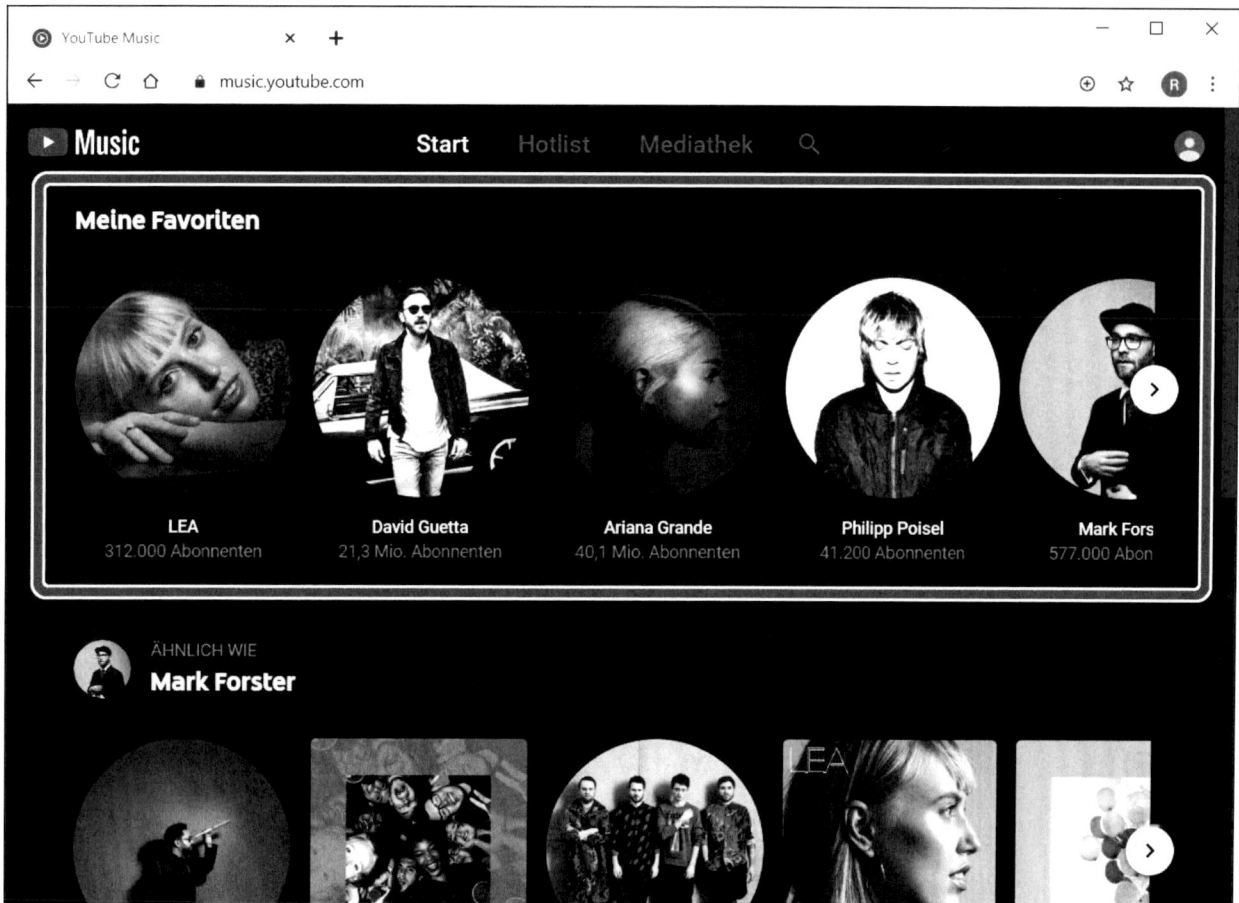

Die zuvor von Ihnen markierten Lieblingskünstler finden Sie unter *Meine Favoriten*. Auf deren Besonderheiten gehen wir im nächsten Kapitel noch ein.

19.2.1 Grundfunktionen von YouTube Music

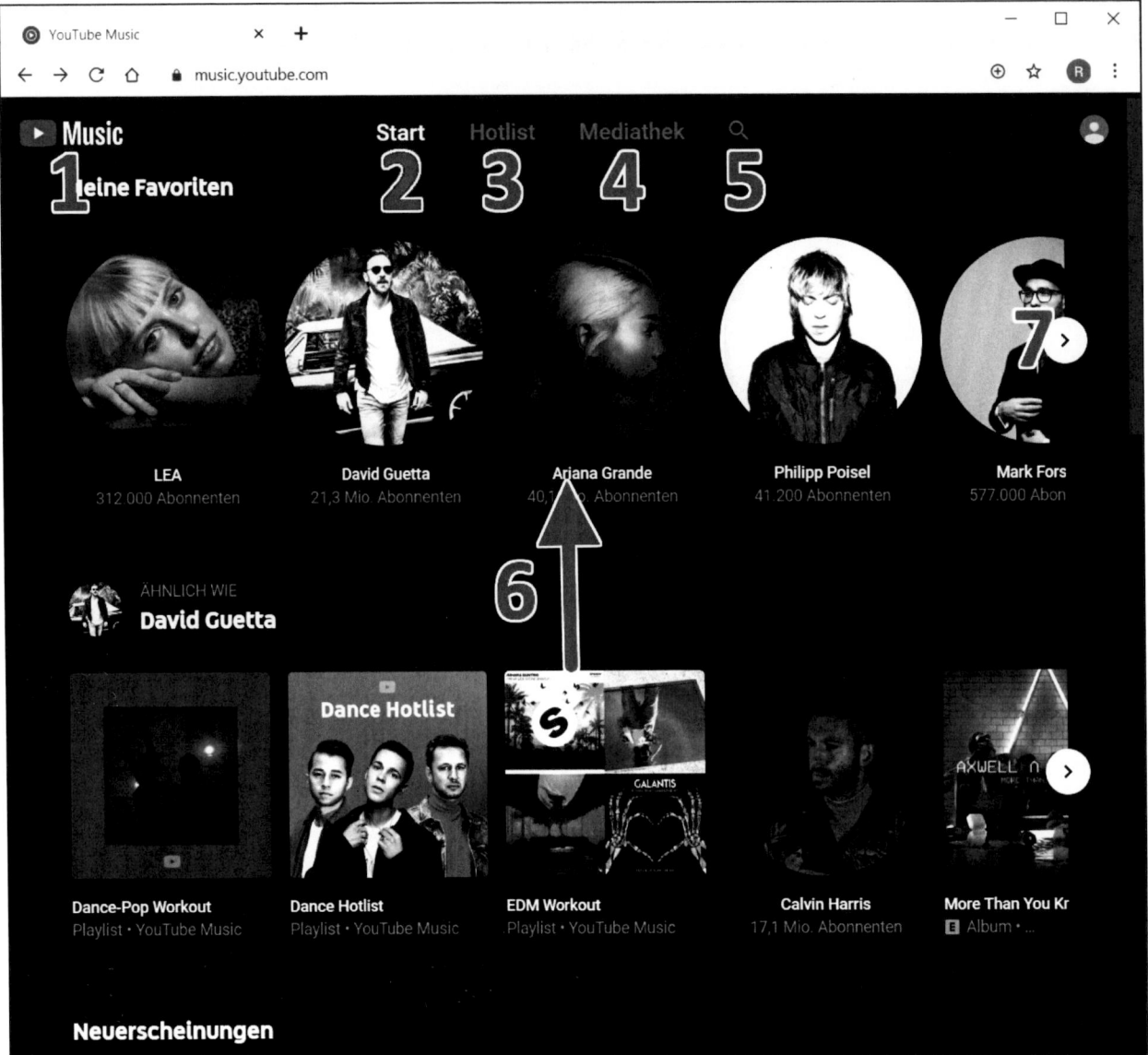

Die Funktionen:

1. Mit einem Klick auf das YouTube Music-Logo gelangen Sie jederzeit auf die Startseite zurück.

2. *Start*: Die Startseite ist der Ausgangspunkt von YouTube Music, wo Ihnen Playlists der von Ihnen zuvor ausgewählten Künstler/Bands angezeigt werden. Auch finden Sie hier weitere thematisch sortierte Playlists. Google wertet die von Ihnen bereits genutzten Playlists und abgespielten Titel aus und passt die aufgelisteten Playlists automatisch an Ihre Vorlieben an.

3. *Hotlist*: Angesagte Musikvideos.

4. *Mediathek*: Die *Mediathek* dürfen Sie sehr häufig nutzen, denn hier finden Sie eine Liste der zuletzt von Ihnen abgespielten Songs und verwalten Ihre eigenen Playlists.

5. *Suche*: Suche nach Künstlern, Alben oder Bands.

6. Drehen Sie am Mausrad, um durch die vordefinierten Playlists zu rollen.

7. In den Playlist-Vorschlägen »blättern« Sie über die ❮ und ❯-Schaltleisten.

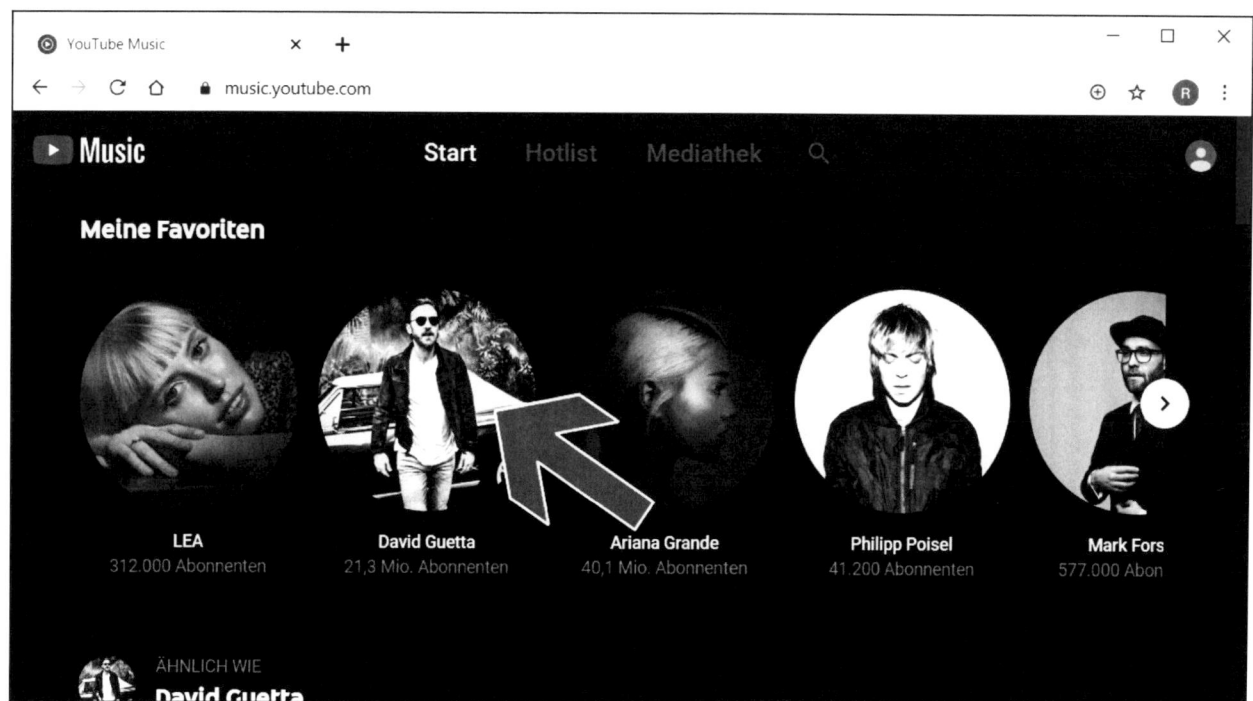

Jetzt möchten wir natürlich Musik hören! Wählen Sie eine der vorgeschlagenen Playlists auf der Startseite an. In unserem Beispiel klicken wir einen der von Ihnen zuvor festgelegten Favoriten an.

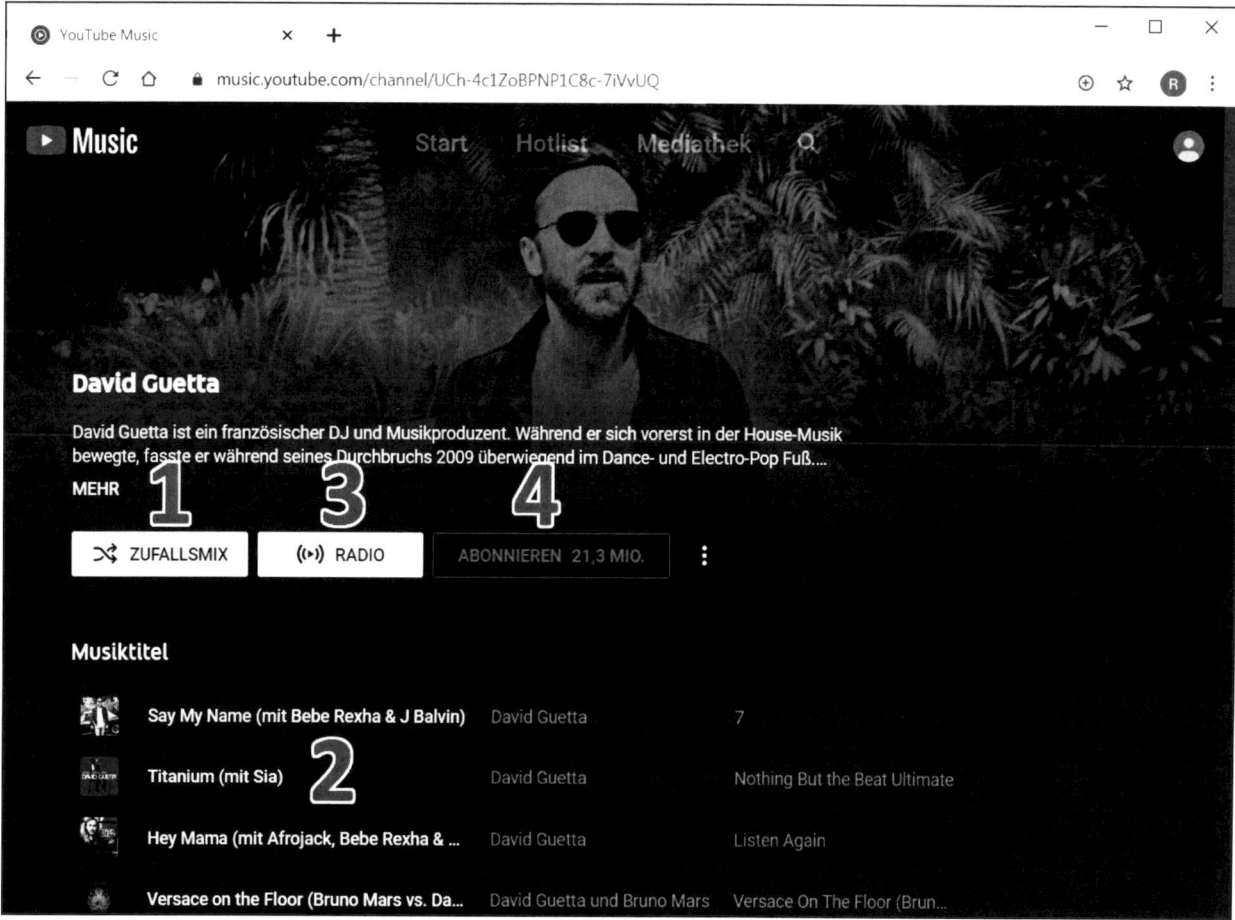

Die Wiedergabe starten Sie mit *ZUFALLSMIX* (1) für zufällige Wiedergabe oder Sie klicken direkt einen der Songs in der Liste an (2).

Nur bei den sogenannten Favoriten gibt es die folgenden zwei Schaltleisten: *RADIO* (3) spielt ähnliche Musik anderer Künstler/Bands ab. Dies ist eine hervorragende Möglichkeit, um weitere interessante Musik kennenzulernen. *ABONNIEREN* (4) sorgt dafür, dass Sie über neu erschienene Songs des Favoriten automatisch informiert werden.

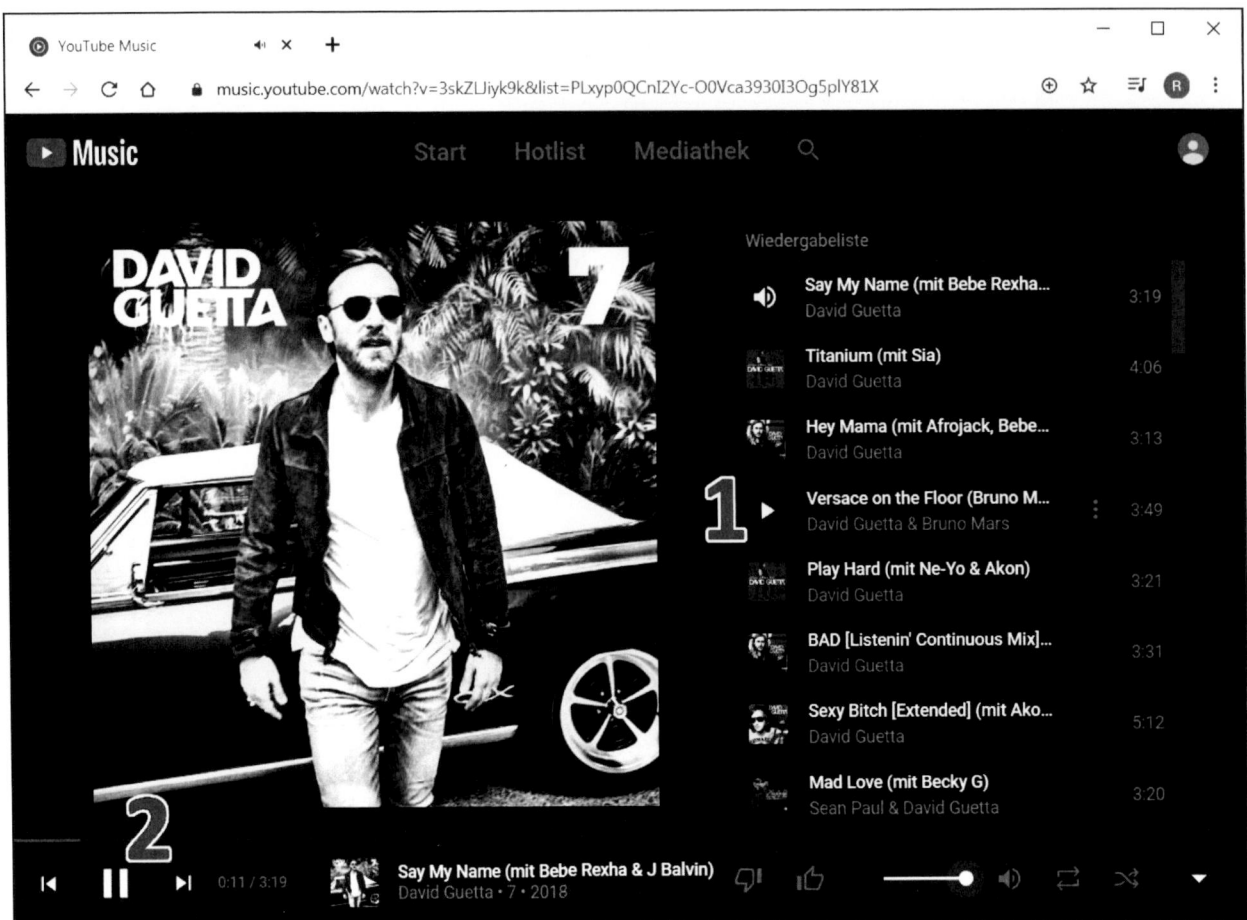

Die Wiedergabeliste erscheint. Halten Sie den Mauszeiger über einen Song und klicken Sie auf ▶ (1), um einen anderen Song abzuspielen.

Tippen Sie in einen beliebigen Bereich des Fortschrittsbalkens (2), wenn Sie zu einem bestimmten Punkt im abgespielten Song springen möchten.

Die weiteren Schaltleisten am unteren Bildschirmrand:

- I◀ / ▶I: Zum vorherigen/nächsten Titel springen.

- ▶ / II : Starten/Pausieren der Wiedergabe.

- Über 👍 👎 (»Mag ich/Mag ich nicht«) markieren Sie Songs, die ihnen gefallen oder nicht gefallen. Je mehr Songs Sie auf diese Weise bewerten, desto besser sind die automatischen Musikvorschläge auf der Startseite.

- Lautstärkeregler

- ⇄: Durchgelaufene Playlist automatisch wiederholen.

- ✕: Zufällige Wiedergabe der Playlisttitel.

- ▼: Schaltet auf den Playlist-Bildschirm um. Alternativ betätigen Sie die Esc-Taste.

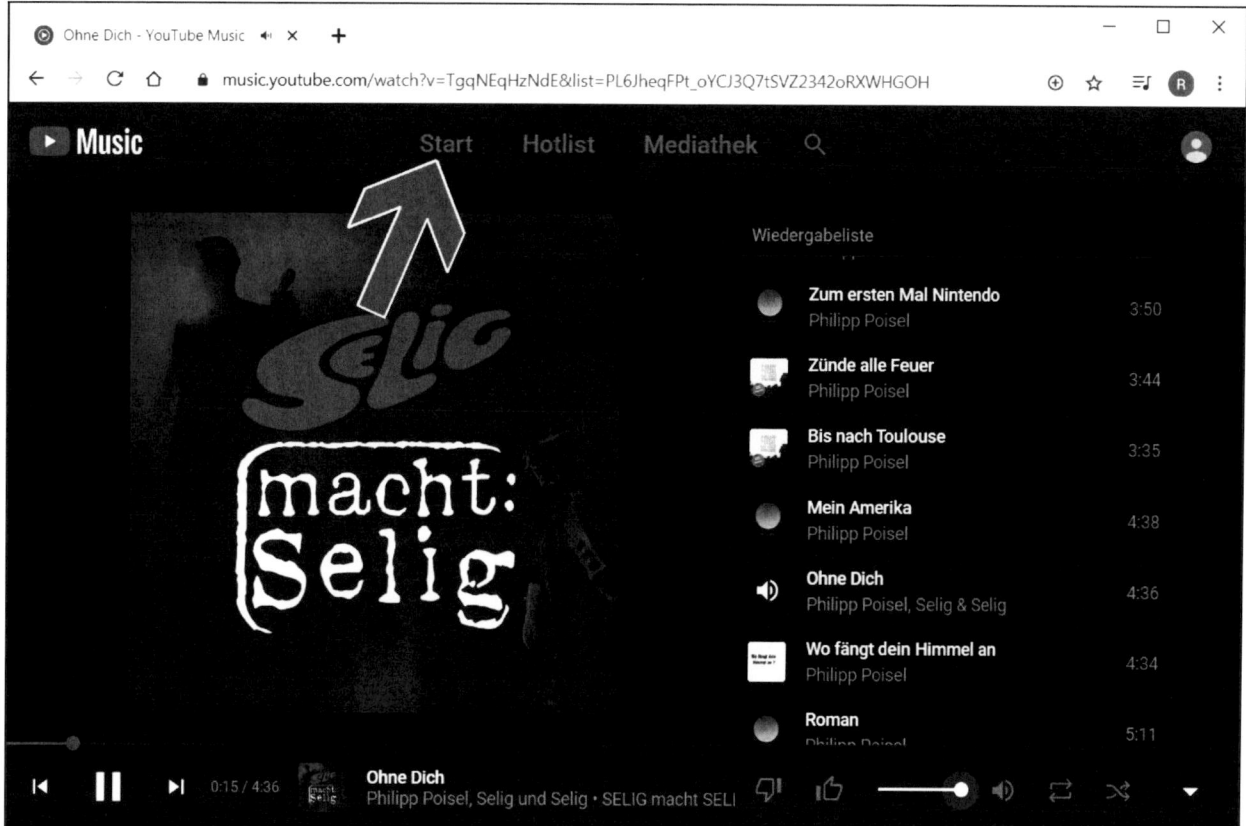

Die Wiedergabe läuft auch weiter, wenn Sie sich durch die Benutzeroberfläche klicken. Im Beispiel gehen wir auf *Start*.

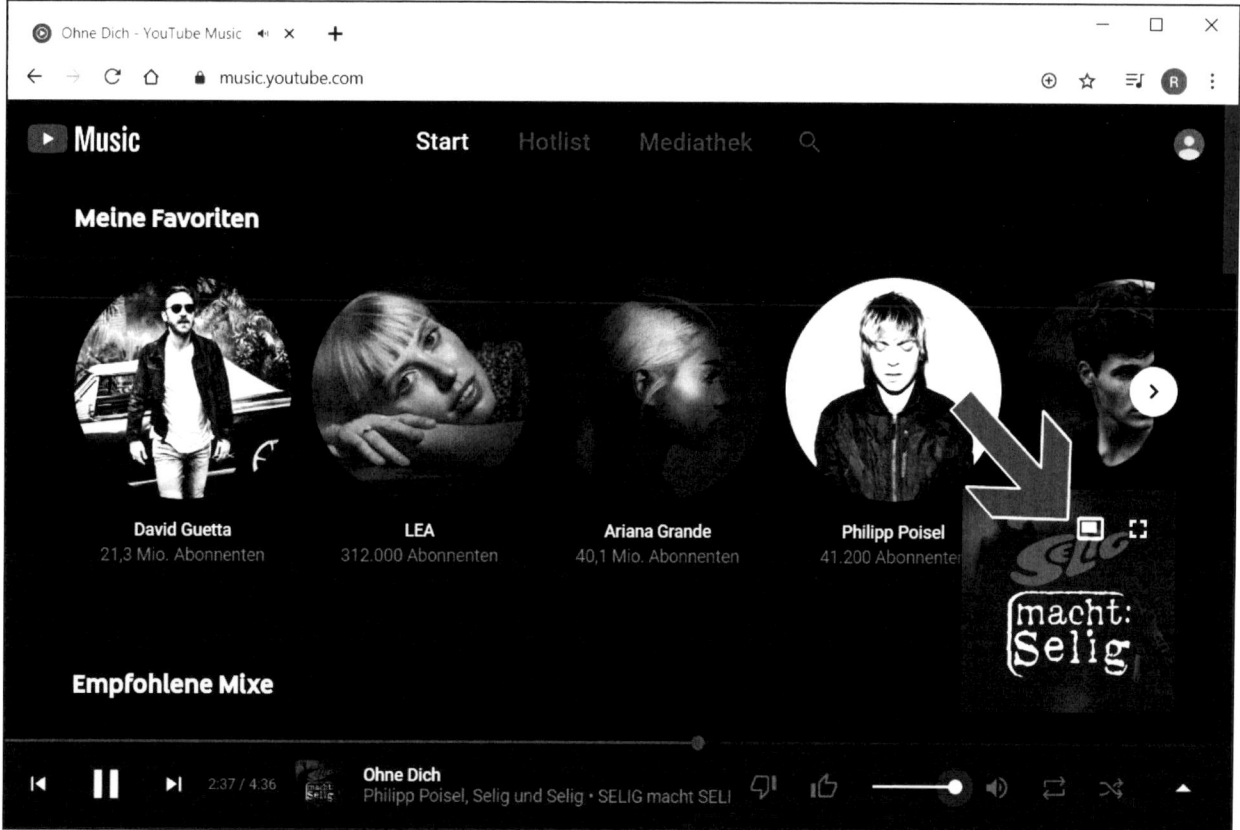

Unten rechts erscheint der gerade abgespielte Song als Vorschau. ▣ öffnet nun den Wiedergabebildschirm, ⛶ dagegen den Vollbildmodus. Die Esc-Taste schaltet wieder auf den Startbildschirm beziehungsweise zuletzt angezeigte Bildschirmseite zurück.

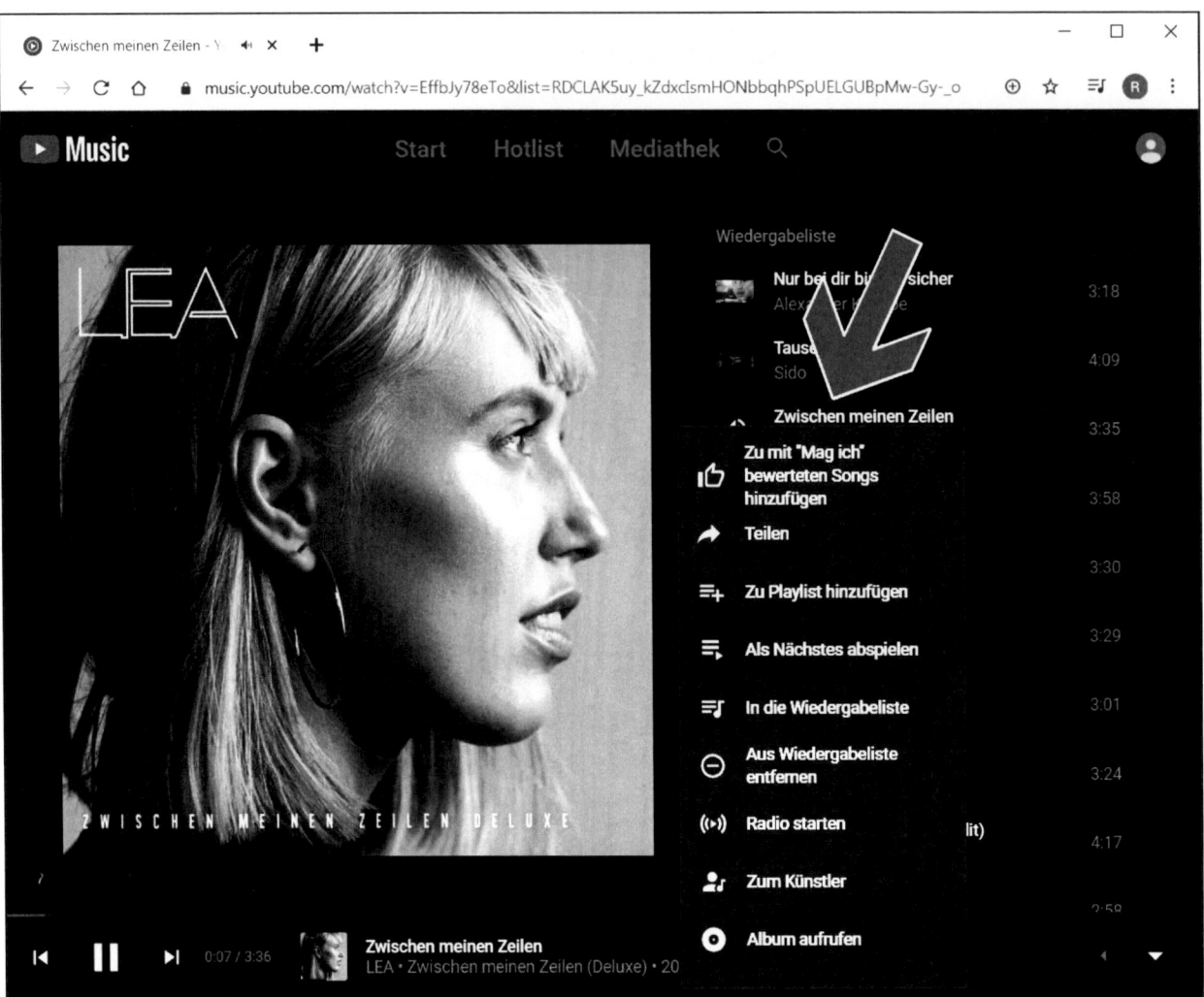

In der Wiedergabeliste halten Sie den Mauszeiger über einen Titel und betätigen die rechte Maustaste für das Popup:

- *Zu mit "Mag ich" bewerteten Songs hinzufügen; Aus mit "Mag ich" bewerteten Songs entfernen*: Markieren Sie Songs, die ihnen gefallen oder nicht gefallen. Je mehr Songs Sie auf diese Weise bewerten, desto besser sind die automatischen Musikvorschläge.

- *Teilen*: Link auf den Song über soziale Netzwerke versenden. Alternativ kopieren Sie den Link in die Zwischenablage und können Ihn dann beispielsweise in einer Nachricht in Ihrem E-Mail-Programm einfügen.

- *Zu Playlist hinzufügen*: Auf die Playlists geht das nächste Kapitel *19.2.2 Playlists* ein.

- *Als Nächstes abspielen*: Alternativ halten Sie den Mauszeiger auf einen Song in der Auflistung und betätigen dann ▶ vor dem Titelnamen.

- *In die Wiedergabeliste*: Fügt den Song der Wiedergabeliste mit den als Nächstes abgespielten Titeln hinzu. Das macht natürlich nur Sinn, wenn Sie sich gerade in einer Playlist befinden, die **nicht** abgespielt wird.

- *Aus Wiedergabeliste entfernen*: Song wird nicht mehr abgespielt. Dieser Menüeintrag ist nur vorhanden, wenn Sie sich in einer gerade abgespielten Wiedergabeliste befinden.

- *Radio starten*: Musik anderer Interpreten starten, die dem Song ähnelt. Auf diesem Wege entdecken Sie weitere Songs, die Ihren Interessen entspricht.

- *Zum Künstler; Album aufrufen*: Alle Songs/Album eines Interpreten anzeigen.

Abhängig davon, ob Sie sich in einer Wiedergabeliste, Radioliste oder Playlist befinden, hat das Popupmenü mehr oder weniger Einträge.

19.2.2 Playlists

YouTube Music bringt bereits unzählige Radiosender beziehungsweise Playlists mit. Sie können allerdings auch eigene Playlists mit Ihren Lieblingssongs anlegen und abspielen.

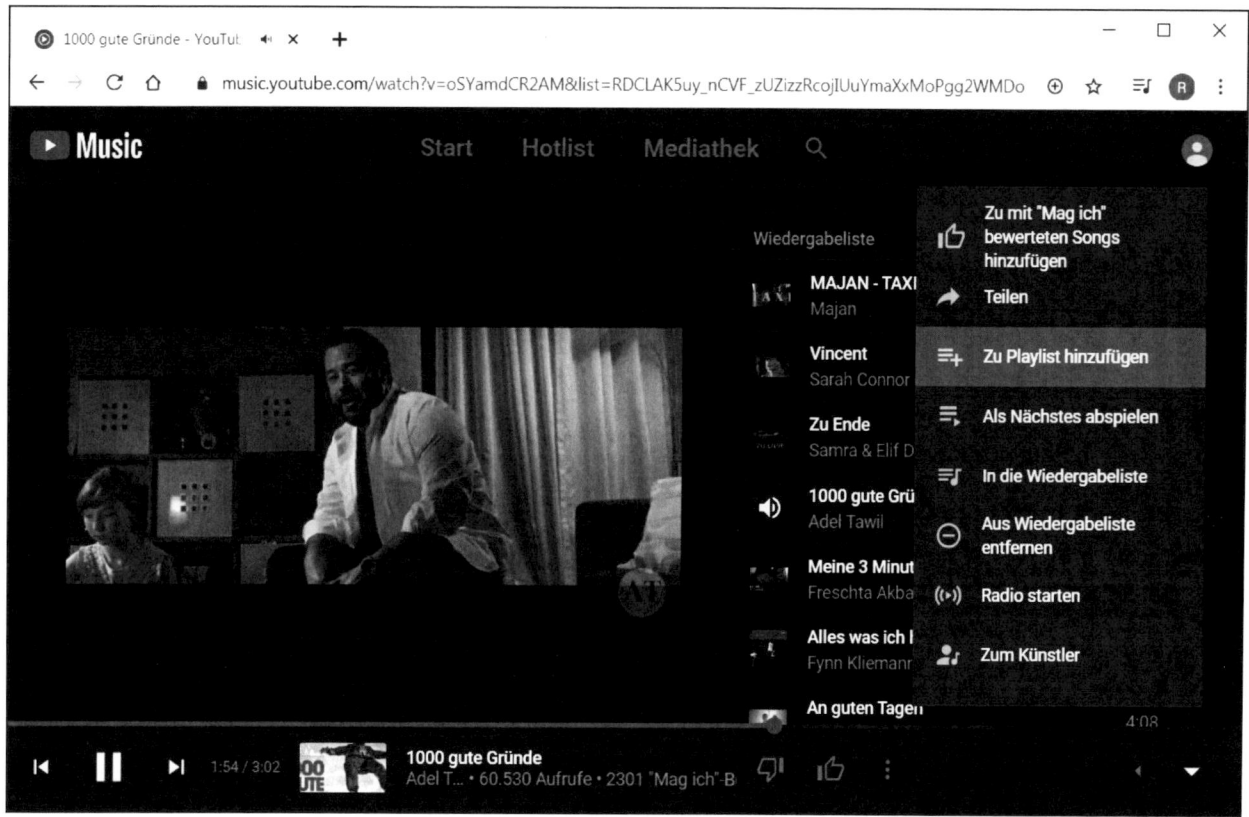

Halten Sie den Mauszeiger über einen Song in der Wiedergabeliste und rufen Sie mit der rechten Maustaste das Popup auf. Gehen Sie dann auf *Zu Playlist hinzufügen*.

❶ Sofern Sie bereits mal eine Playlist erstellt hatten, im Beispiel *Kuschelsongs*, können Sie diese nun auswählen. In unserem Beispiel möchten wir allerdings eine neue Playlist erstellen und gehen daher auf *NEUE PLAYLIST*.

❷ Vergeben Sie einen Namen für die Playlist. Standardmäßig sind Playlists für alle anderen YouTube Music-Nutzer sichtbar, Sie können aber durch Auswahl von *Privat* unter *Datenschutz* die Playlist verbergen. Schließen Sie den Vorgang mit *SPEICHERN* ab.

19.2.3 Playlist verwalten

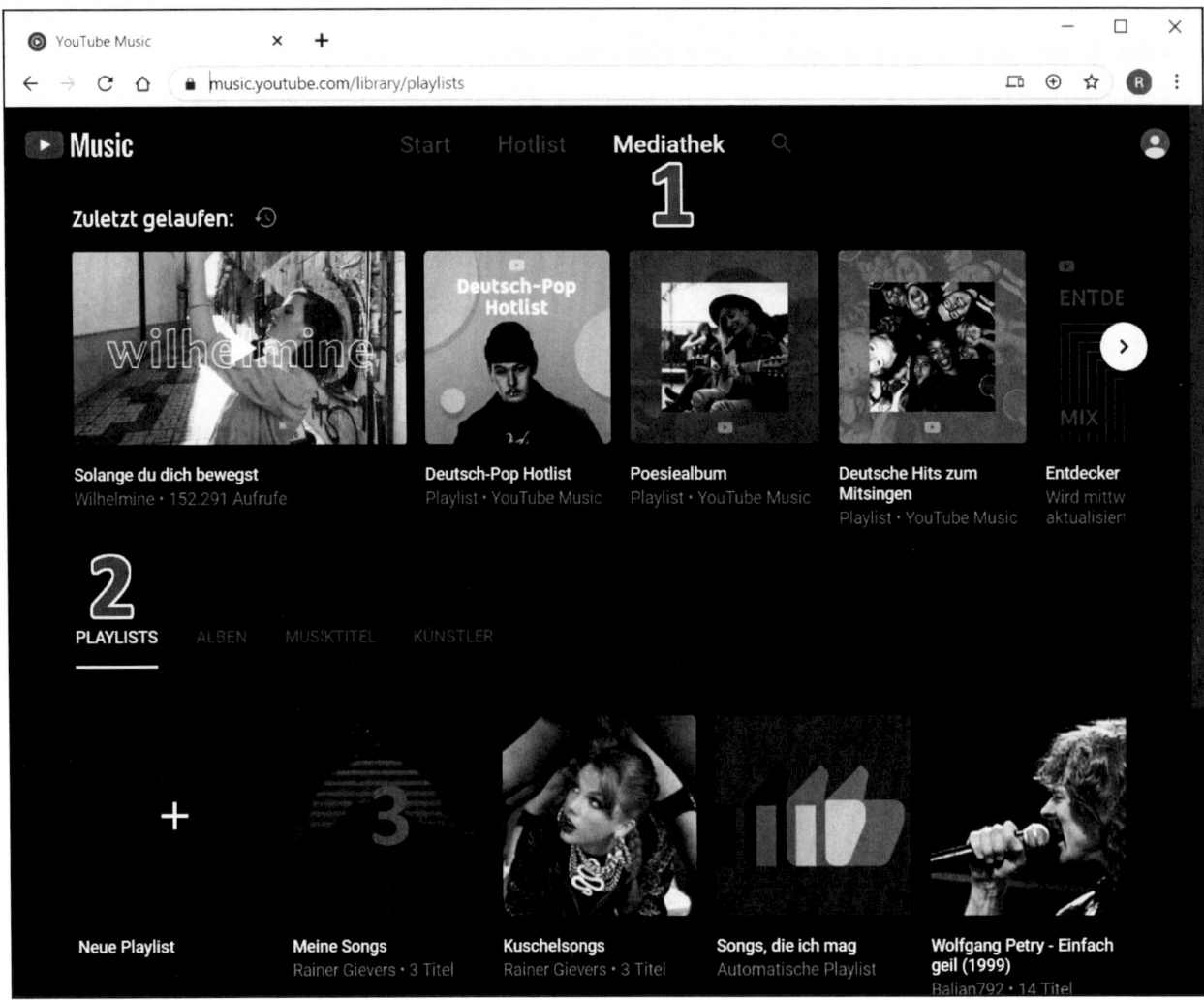

So zeigen Sie Ihre Playlists an: Rufen Sie *Mediathek* (1) auf und aktivieren Sie das *PLAYLISTS*-Register.

Neben der Option eine weitere Playlist anzulegen, finden Sie hier Ihre Playlists und unter *Songs, die ich Mag* alle Musiktitel, die Sie mit 👍 als Favoriten markiert haben (siehe Kapitel *19.2.1 Grundfunktionen von YouTube Music*)

Klicken Sie eine Playlist an (3), die Sie abspielen beziehungsweise bearbeiten möchten.

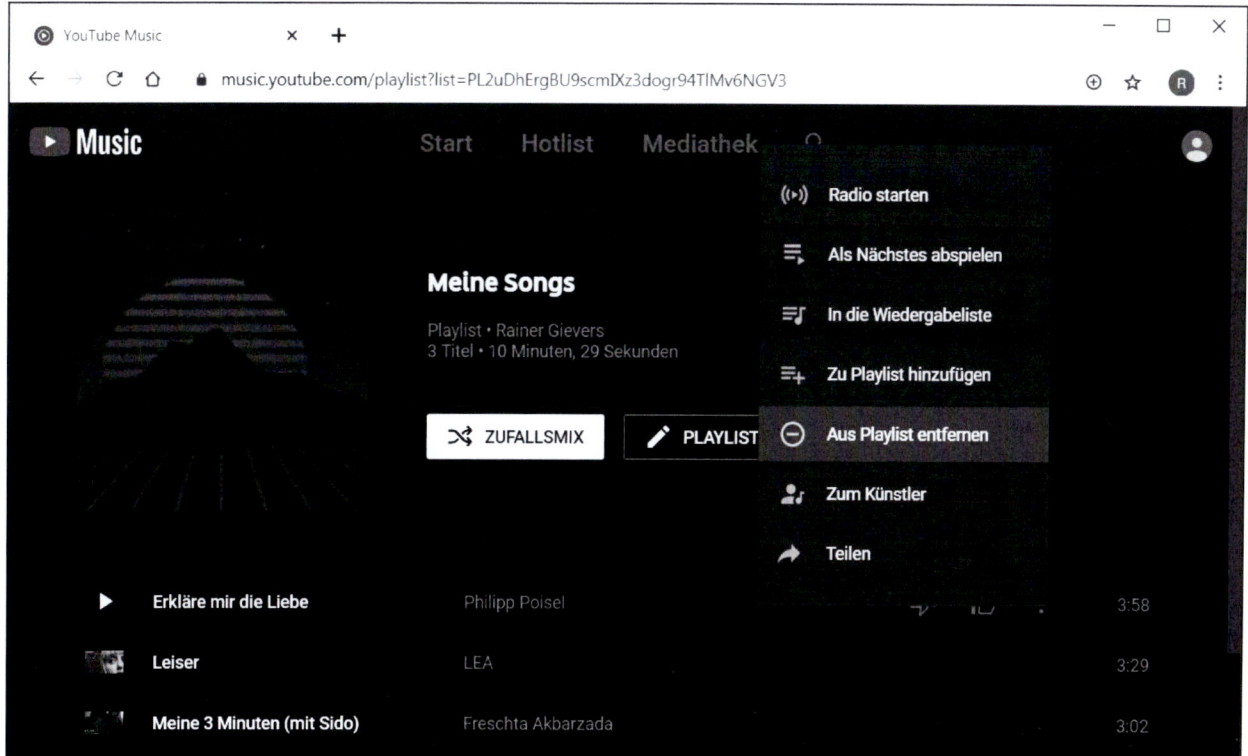

Die *ZUFALLSMIX*-Schaltleiste beziehungsweise Anklicken von ▶ vor dem Titelnamen startet die Wiedergabe.

Halten Sie wiederum den Mauszeiger über einen Titel und rufen Sie mit der rechten Maustaste das Popup auf, in dem Sie auf *Aus Playlist entfernen* gehen, wenn Sie einen Song nicht mehr mögen.

19.3 YouTube Music Premium

Wie bereits erwähnt, kostet das Musikabo »YouTube Music Premium« standardmäßig 9,99 Euro im Monat. Sie werden dann nicht mehr mit lästigen Werbeeinblendungen konfrontiert.

Das Premium-Abo lohnt sich allerdings eher für Anwender, die bereits die Google Home-Geräte einsetzen (weitere Infos unter der Webadresse *store.google.com/product/google_home*) oder Musik mit der YouTube Music-App auf dem Handy hören möchten.

Die ab und zu vor den Songs abgespielten Werbevideos und Anzeigen lassen sich meistens nach einigen Sekunden mit einer Schaltleiste abbrechen.

19.3.1 YouTube Music Premium-Abo aktivieren

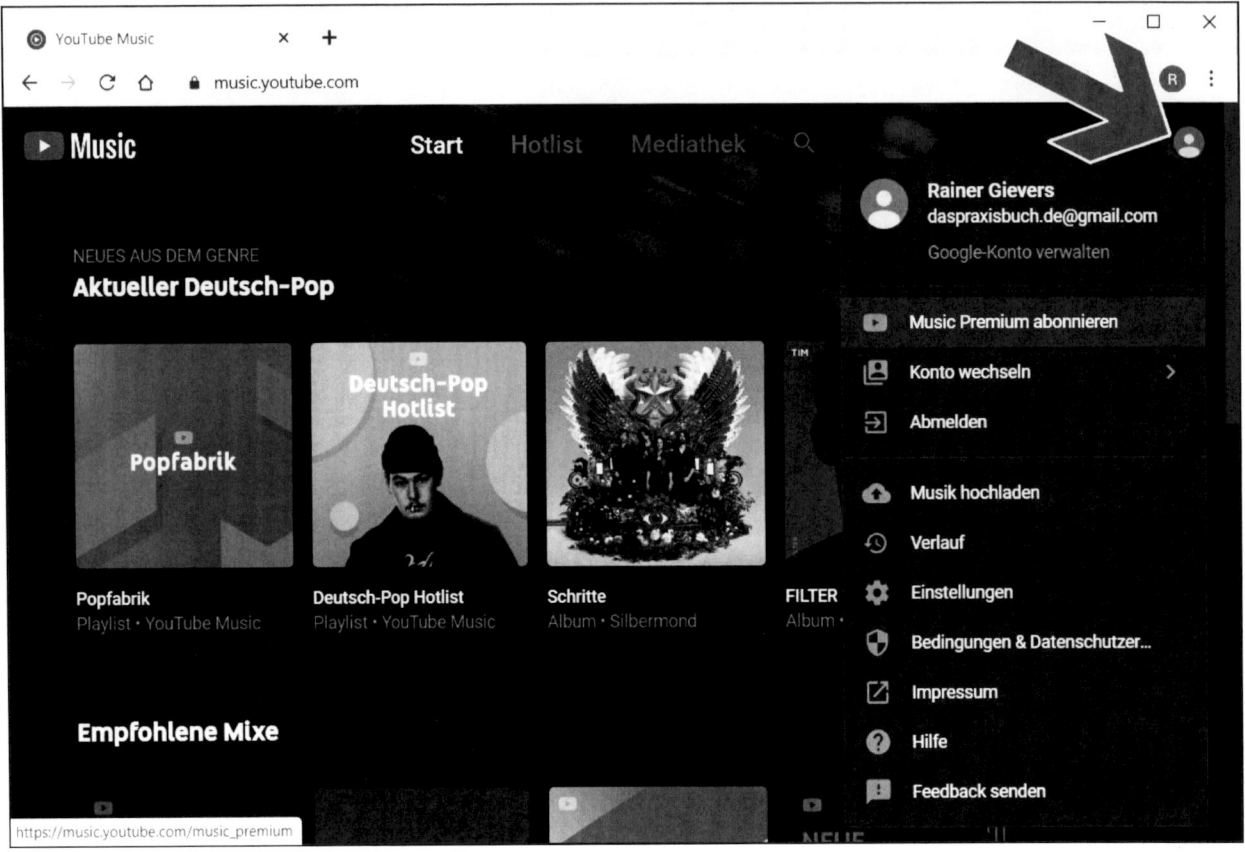

Klicken Sie auf das Profilsymbol (Pfeil) und gehen Sie im Popup auf *Music Premium abonnieren*.

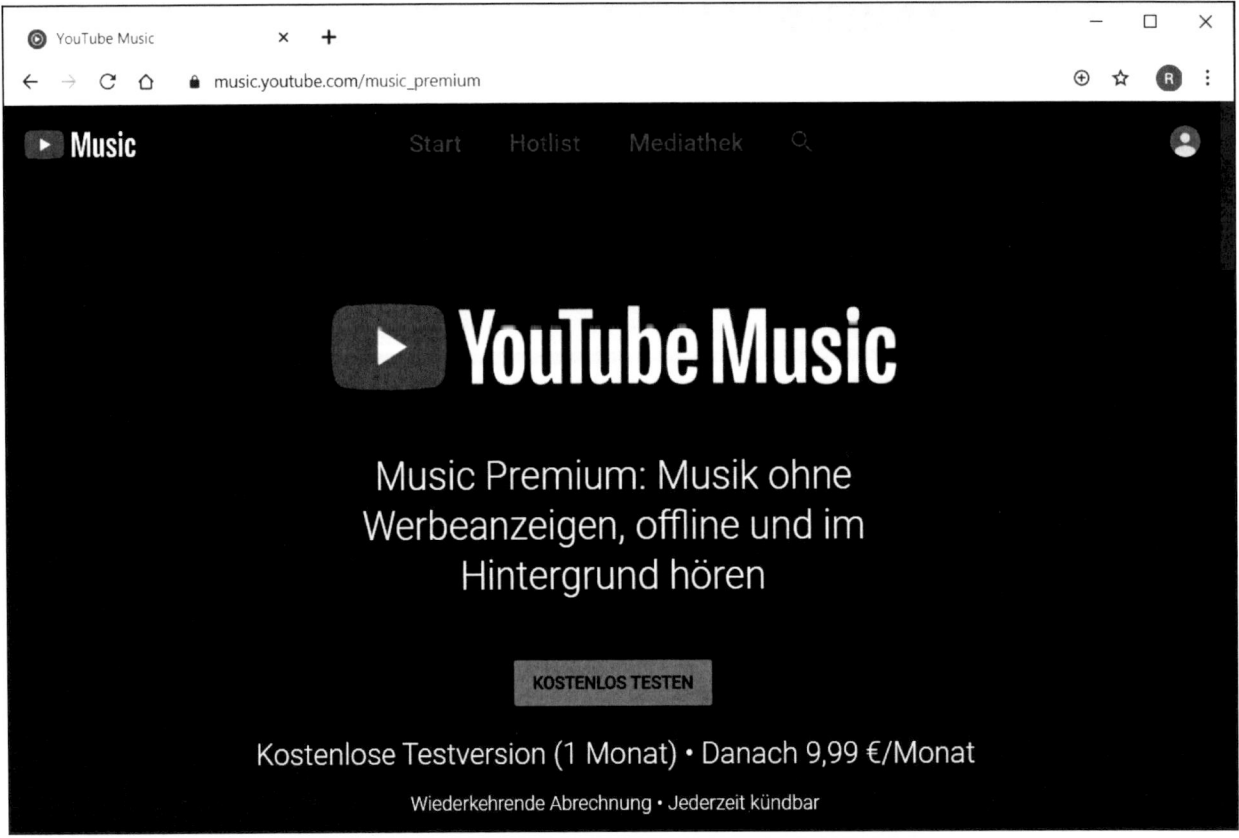

Gehen Sie auf *KOSTENLOS TESTEN*.

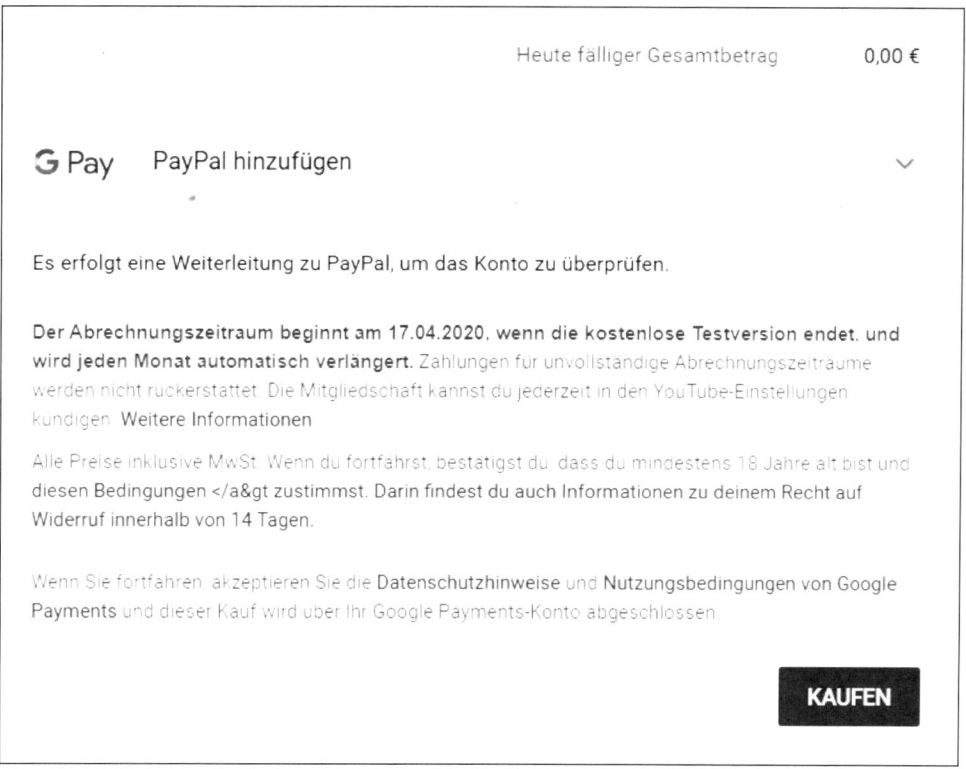

Sie müssen eine Zahlungsmethode auswählen und dann die abgefragten Kontodaten hinterlegen. Sofern Sie in der Vergangenheit Käufe bei Google, beispielsweise im Play Store, durchgeführt hatten, ist diese bereits voreingestellt. Betätigen Sie dann *KAUFEN*.

Keine Bange! Das Abo enthält einen kostenlosen Probemonat und erst danach wird das Geld monatlich abgebucht. Sie können auch während der Probezeit jederzeit das Abo beenden.

Sie erhalten einen Erfolgshinweis und nutzen nun YouTube Music ohne Werbung.

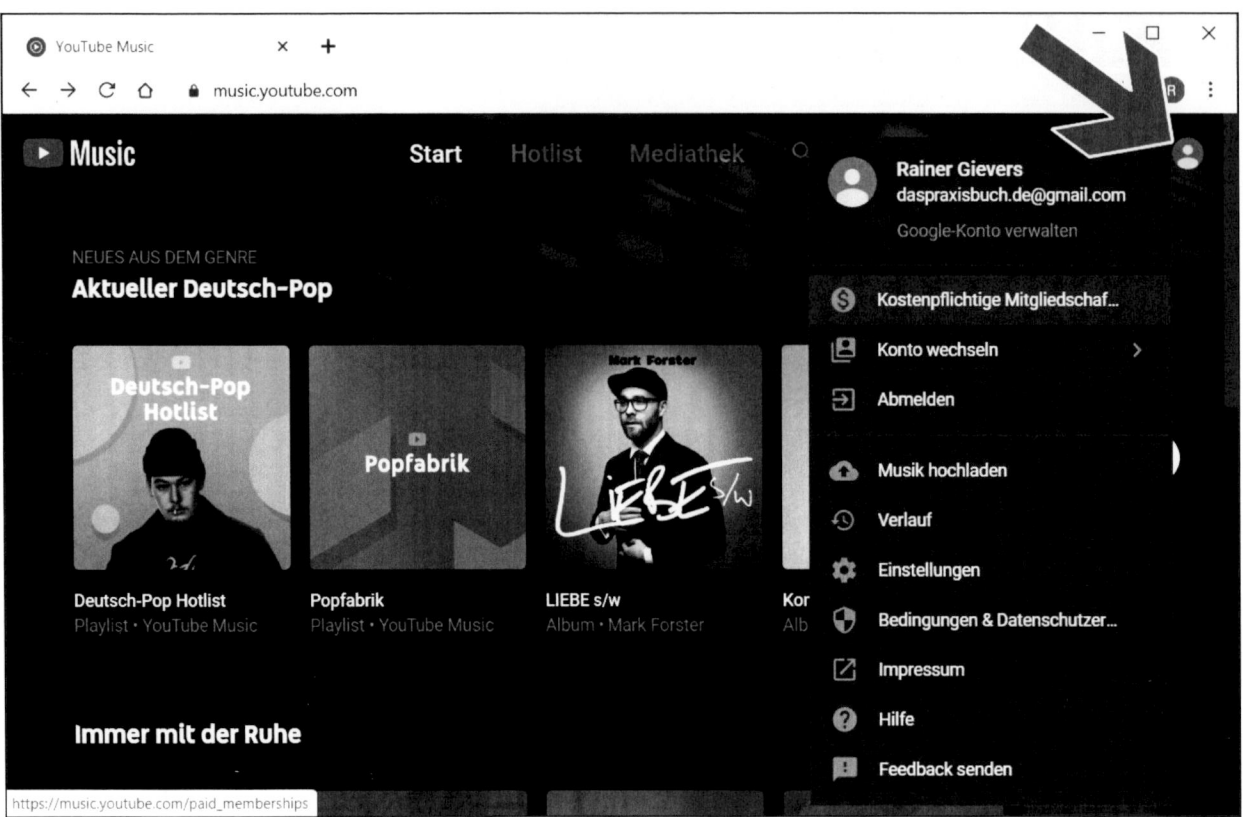

In die Aboverwaltung gelangen Sie mit einem Klick auf das Profilsymbol und Auswahl von *Kostenpflichtige Mitgliedschaft.*

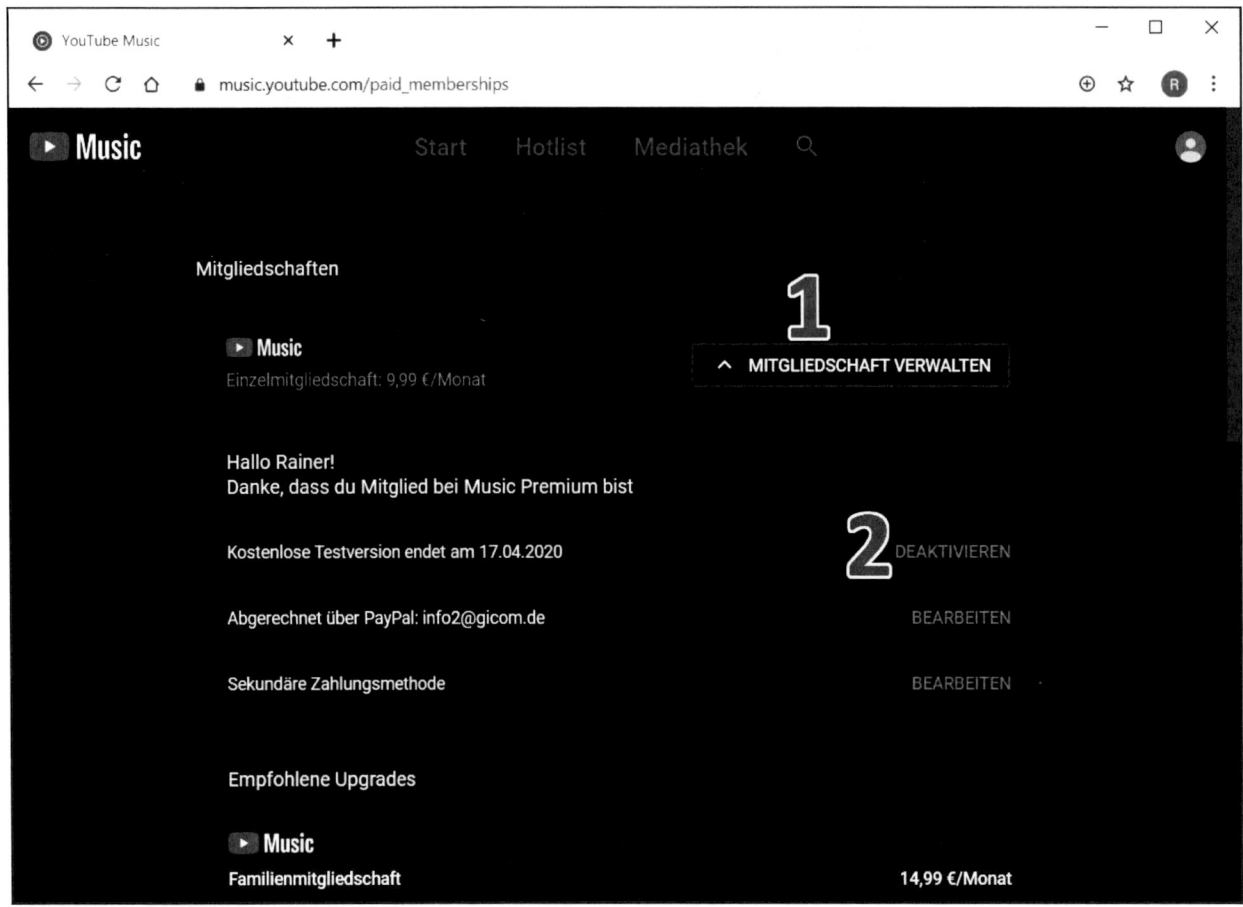

Gehen Sie auf *MITGLIEDSCHAFT VERWALTEN* (1). Das Abo beenden Sie mit *DEAKTIVIEREN* (2). Klicken Sie ruhig einmal darauf.

Wusstest du, dass du deine Mitgliedschaft auch pausieren kannst?

Du möchtest deine Mitgliedschaft vorübergehend nicht nutzen? Kein Problem: Du kannst sie bis zu 6 Monate lang pausieren und jederzeit wieder fortsetzen.

MITGLIEDSCHAFT BEENDEN   LIEBER PAUSIEREN

Über *MITGLIEDSCHAFT BEENDEN* kündigen Sie das YouTube Music Premium-Abo.

Ein sehr praktisches Feature, mit dem Sie Geld sparen: Wenn Sie wegen Urlaub oder Ähnlichem keine Zeit fürs Musikhören haben, pausieren Sie die Mitgliedschaft monatsweise mit *LIEBER PAUSIEREN*.

19.4 Einstellungen

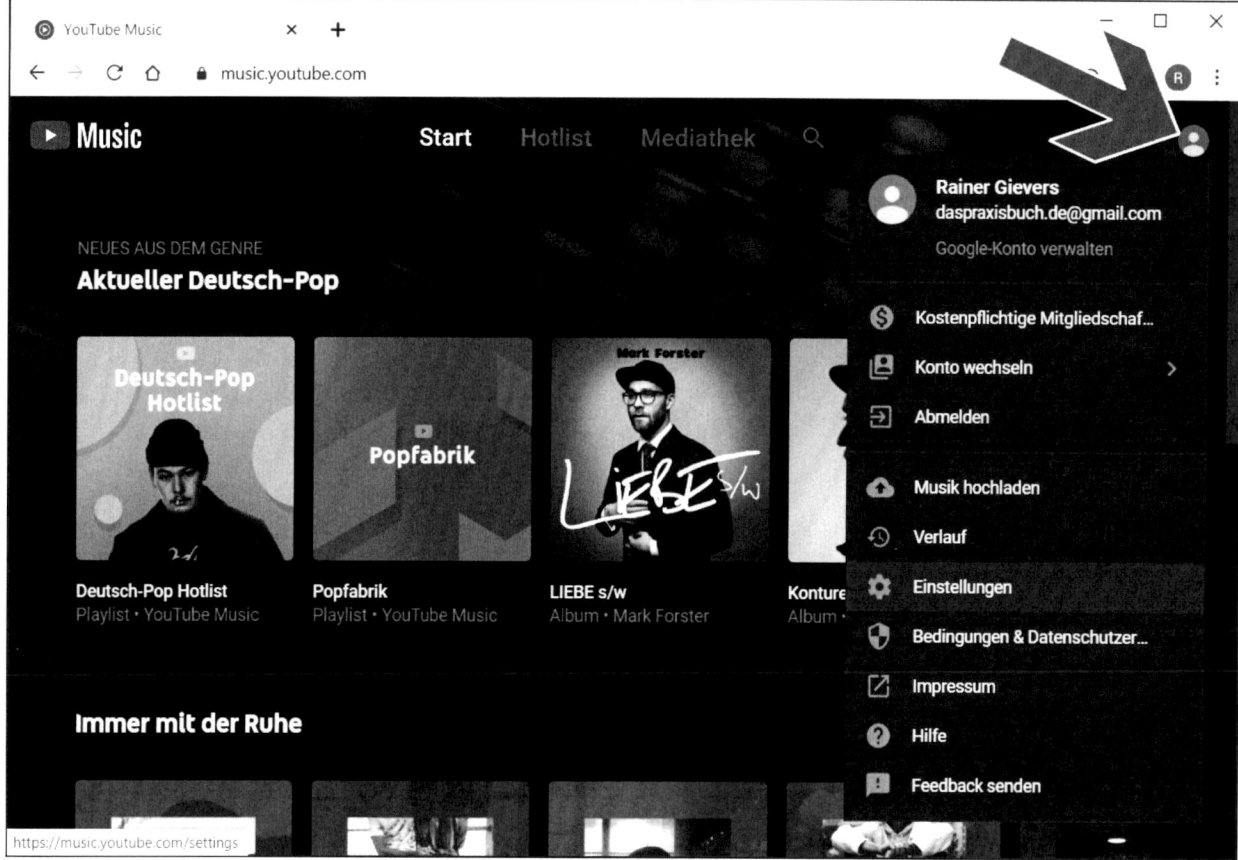

Rufen Sie mit einem Klick auf das Profil-Symbol und dann auf *Einstellungen* die Konfiguration auf.

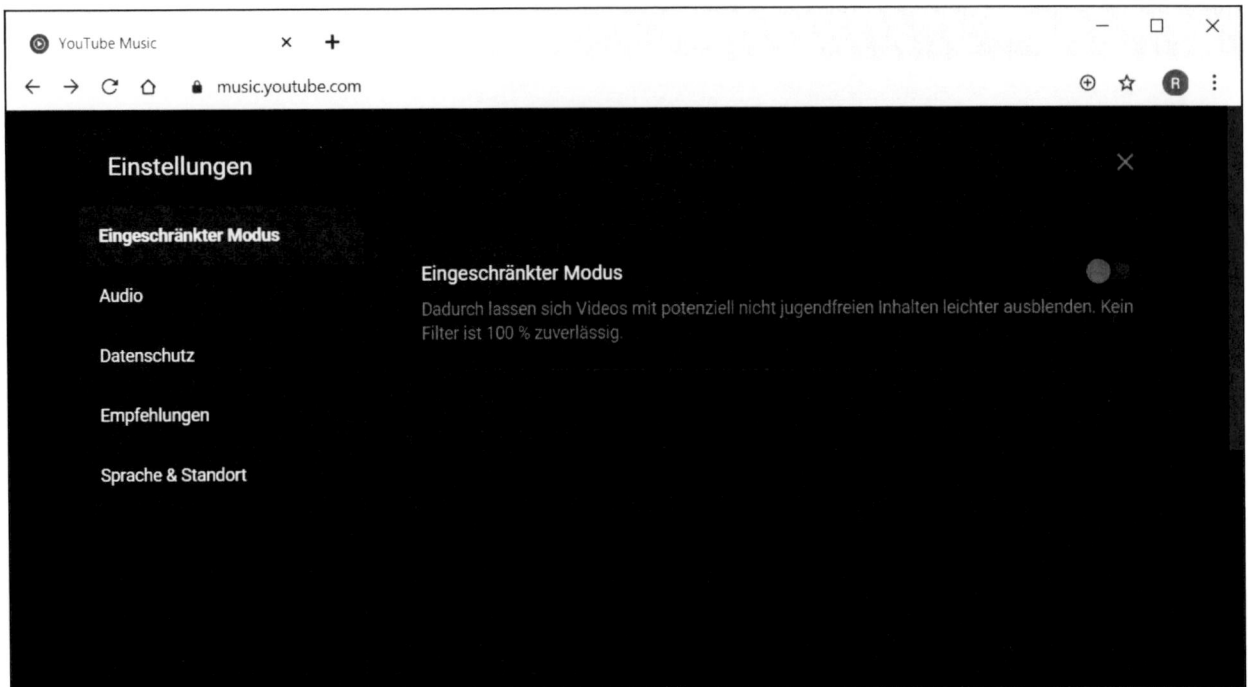

Die Optionen:

- *Eingeschränkter Modus*: Verbirgt Videos mit nicht jugendfreien Inhalten (Drogen, Gewalt, explizite Sprache, sexuelle Anspielungen, usw.).

- *Audio*: Die Audioqualität ist umschaltbar zwischen *Niedrig*, *Normal* und *Hoch* (nur mit Premium-Abo). Falls Sie eine schnelle Internetverbindung nutzen (ab ca. 16 Mbit) sollten Sie *Hoch* einstellen.

- *Datenschutz*: Sie können den Wiedergabe- und Suchverlauf löschen, sowie die automatischen Empfehlungen pausieren.

- *Empfehlungen*: Wählen Sie Künstler aus, deren Musik sie interessiert.

- *Sprache & Standort*: Die Voreinstellungen sollten Sie nicht ändern.

20. Medienkonsum auf dem PC

Wie Sie bereits in den vorherigen Kapiteln erfahren haben, verdient Google sein Geld nicht nur mit Werbeschaltungen in der eigenen Suchmaschine, sondern vertreibt auch digitale Güter wie Musik, Spielfilme/Serien, Ebooks und Zeitschriften, auf die wir in diesem Kapitel eingehen.

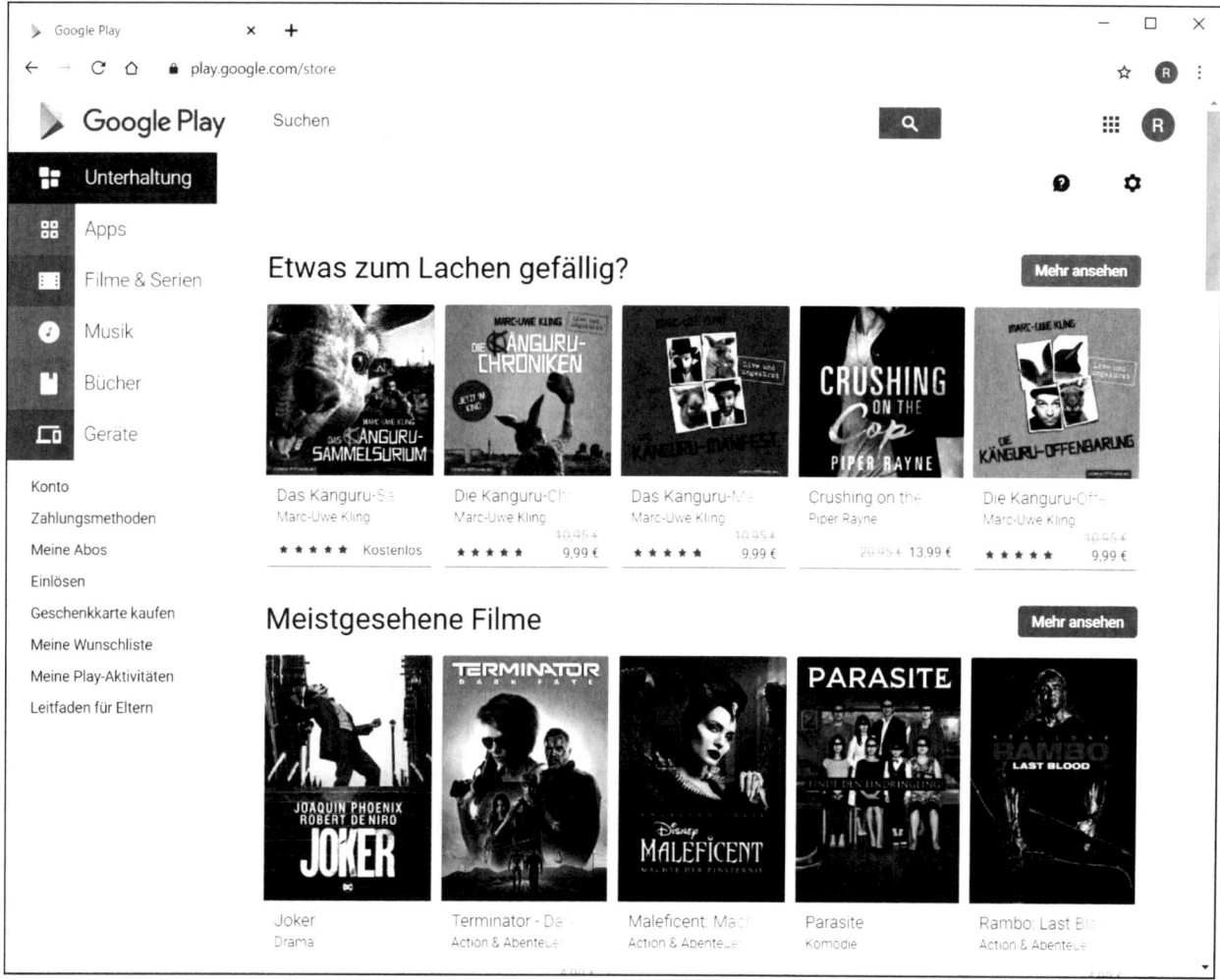

Der Vertrieb der Digitalprodukte erfolgt über den Google Play Store, den Sie über die Webadresse *play.google.com* im Browser aufrufen. Klicken Sie links in der Leiste auf eine Produktkategorie.

Die von Ihnen erworbenen/ausgeliehenen digitalen Produkte stehen plattformübergreifend auf allen unterstützten Geräten zur Verfügung. Beispielsweise rufen Sie, wie zuvor beschrieben, den Play Store im PC-Webbrowser auf und leihen sich dort einen Film, den Sie dann auf Ihrem Android-Handy oder Tablet ansehen. Einzige Voraussetzung ist, dass Sie sowohl im Browser, als auch auf dem verwendeten Android-Gerät mit dem gleichen Google-Konto angemeldet sind. Wir gehen darauf im Kapitel *22 Das Google-Konto auf dem Android-Gerät* ein.

20.1 Spielfilme

Wahlweise kaufen oder leihen Sie Spielfilme, wobei geliehene innerhalb von 30 Tagen angeschaut werden müssen. Einmal angefangene Filme stehen 48 Stunden zur Verfügung. Beachten Sie, dass Sie die Filme nur innerhalb der Google-Plattform nutzen können, weil sie mit einem Kopierschutz versehen sind.

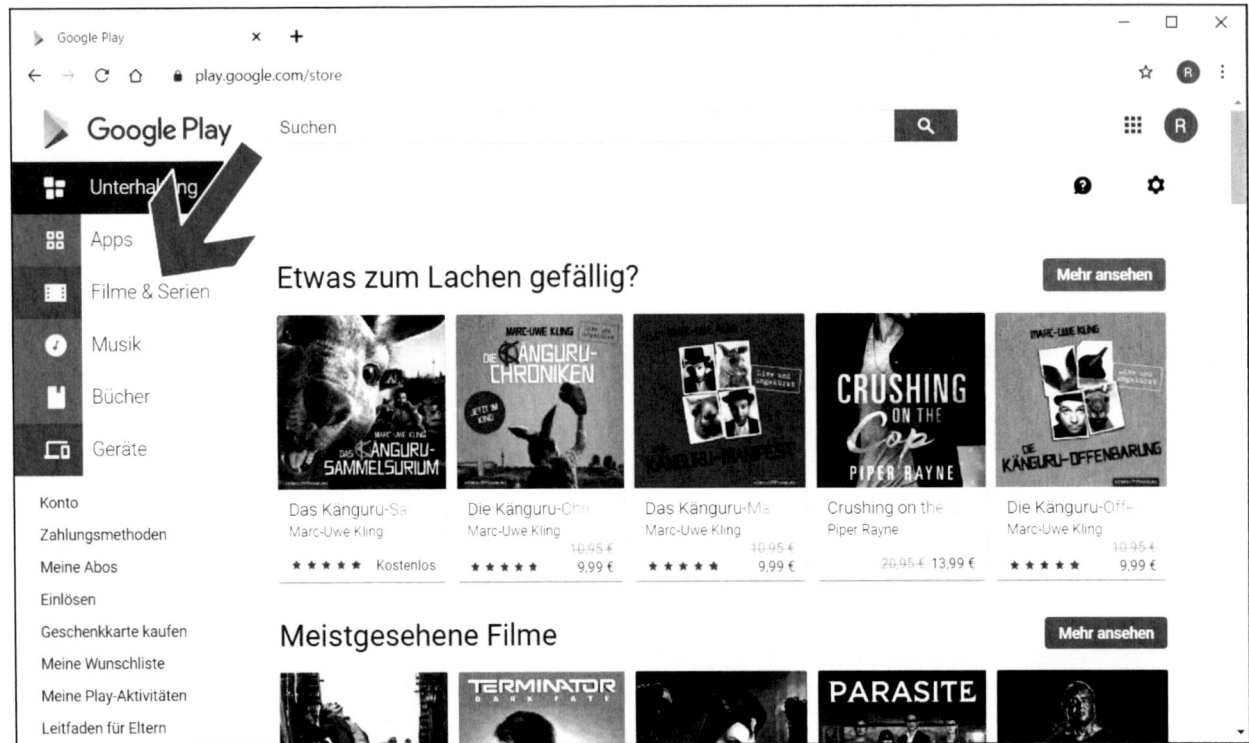

Klicken Sie auf *Filme & Serien* im Play Store.

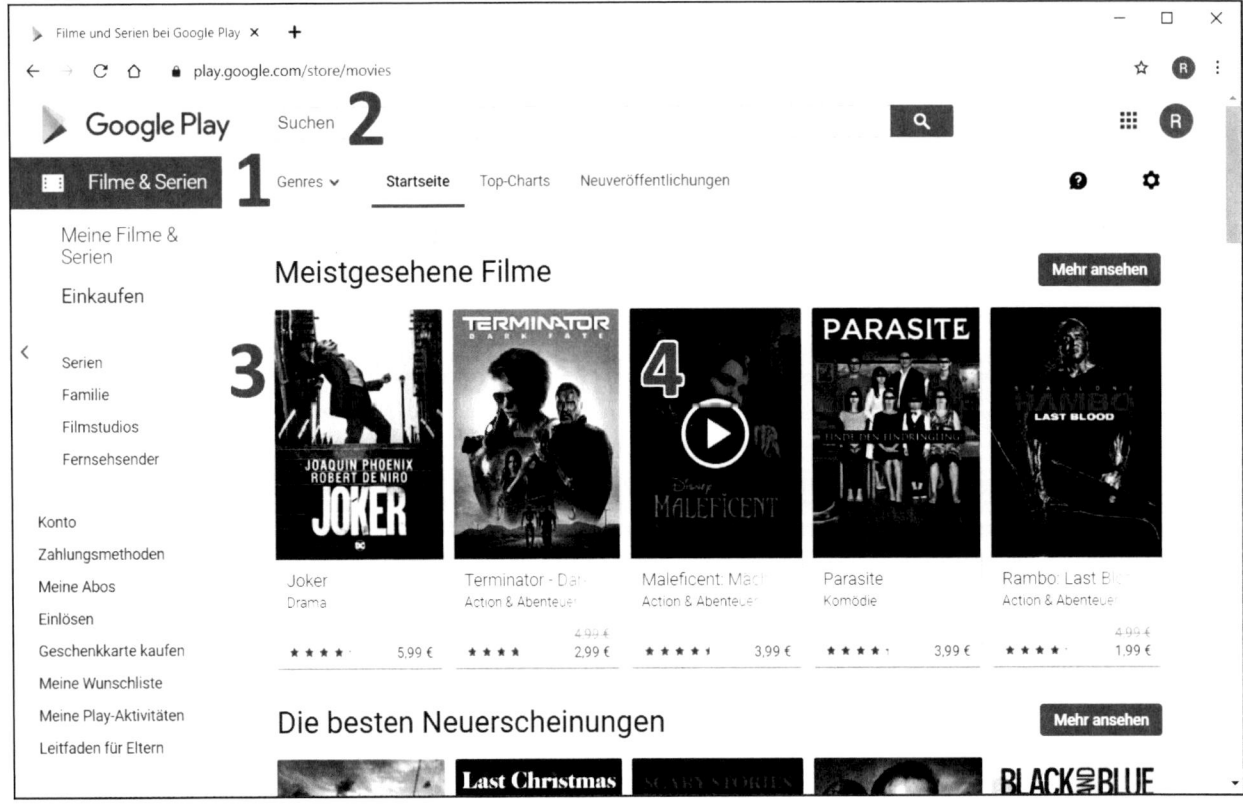

Über die *Genre*-Schaltleiste (1) beziehungsweise *Top-Charts* oder *Neuerscheinungen* grenzen Sie die aufgelisteten Filme ein. Alternativ verwenden Sie die Suchfunktion (2), um bestimmte Filme aufzufinden. Klicken Sie einen Film an, der Sie interessiert (3) – falls Sie zuvor einen Trailer sehen möchten, halten Sie dagegen den Mauszeiger über den Film und klicken auf ⊙ (4).

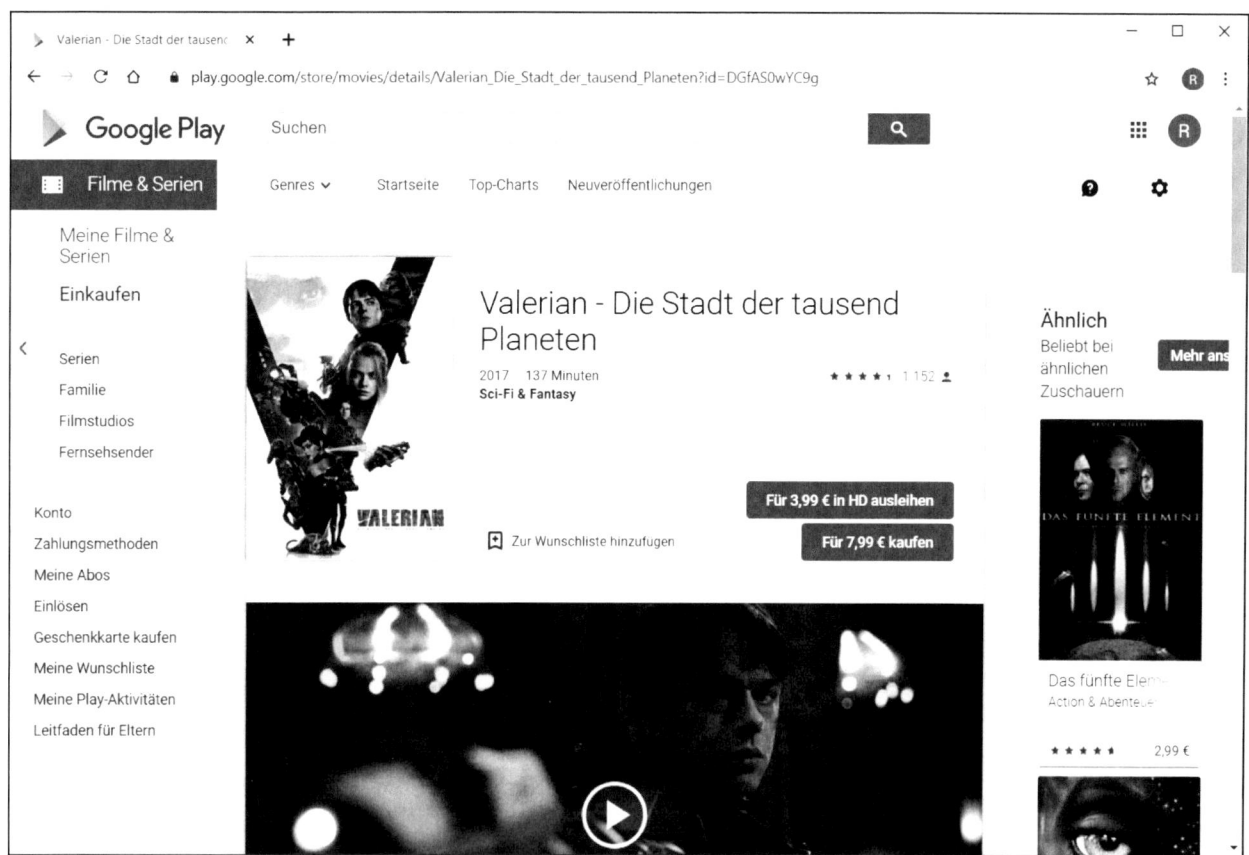

Nachdem Sie einen Titel angeklickt haben, gehen Sie auf *Für x,xx € in HD ausleihen* beziehungsweise *Für x,xx € kaufen.*

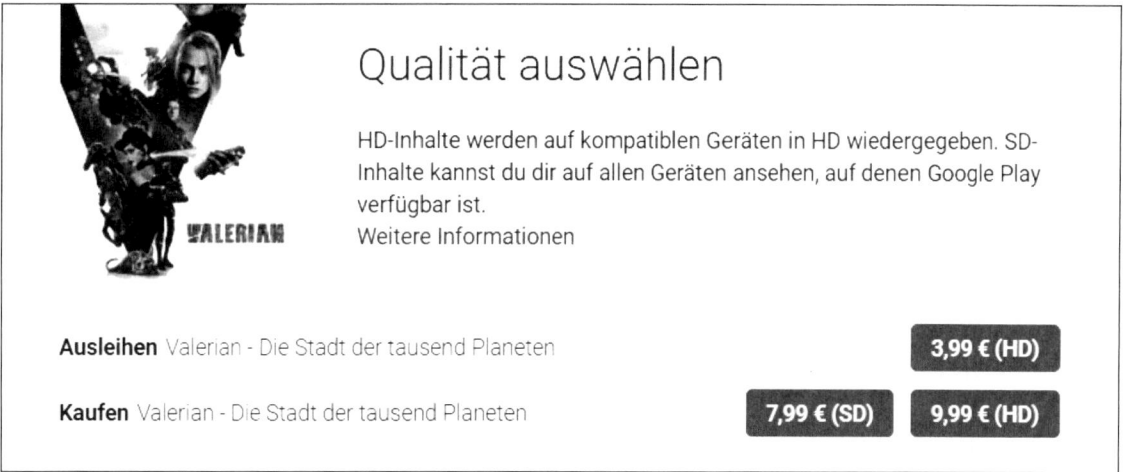

Es stehen meist zwei Qualitätsstufen zur Auswahl, wobei SD ungefähr SD-Qualität entspricht und HD mit Bluray vergleichbar ist. Wenn Sie nicht zu hohe Ansprüche haben reicht nach unserer Erfahrung reicht SD vollkommen aus.

Kauf/Ausleihe erfolgen wahlweise über Kreditkarte oder Guthaben, ähnlich wie auf Android-Geräten.

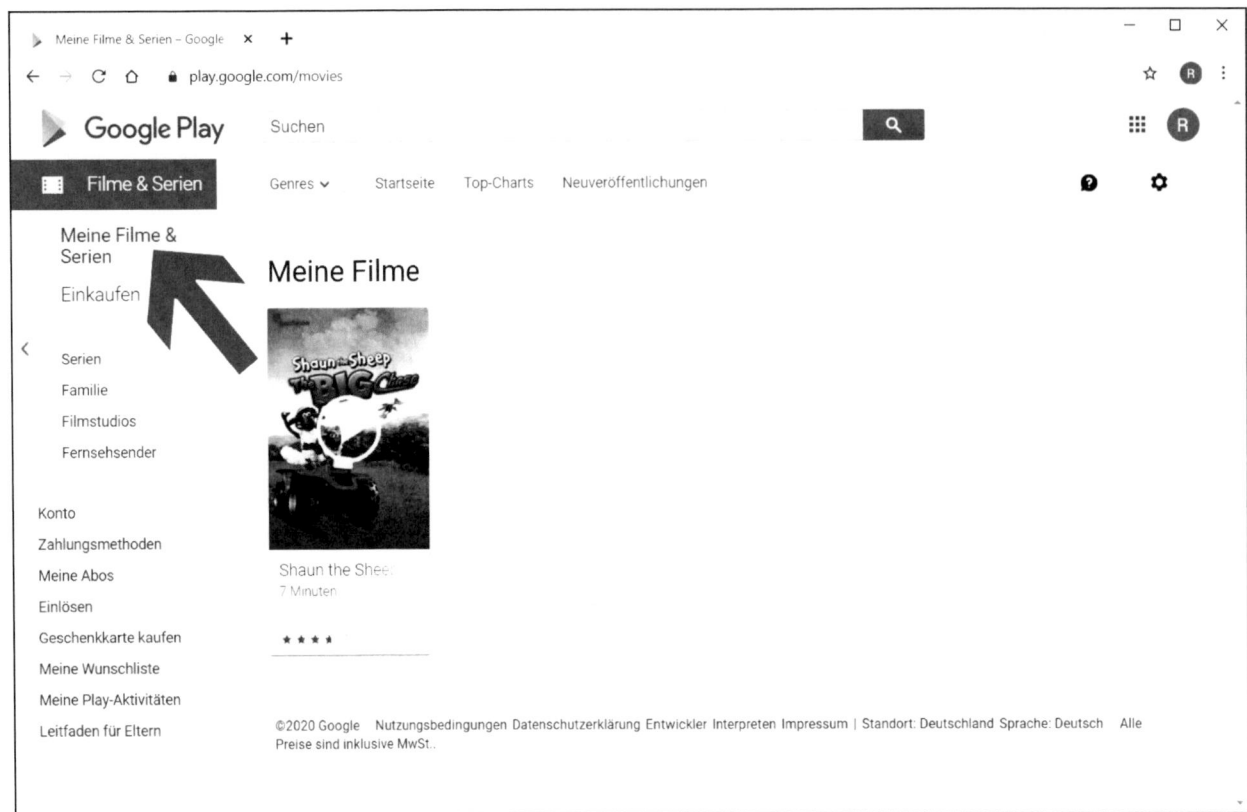

Die ausgeliehenen/gekauften Filme finden Sie unter *Meine Filme & Serien*, wo Sie sie auch abspielen.

20.2 Ebooks

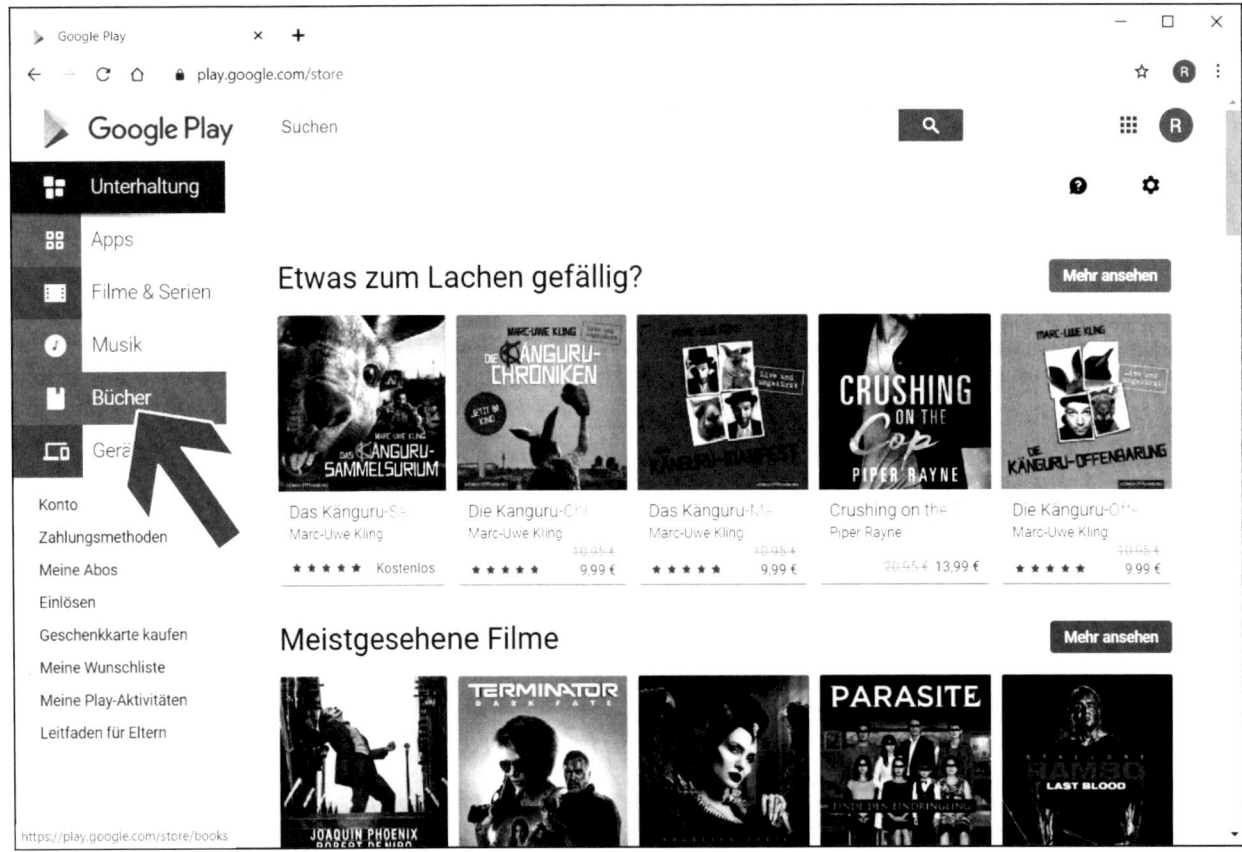

Die Ebooks (und Hörbücher) finden Sie im Play Store unter *Bücher*.

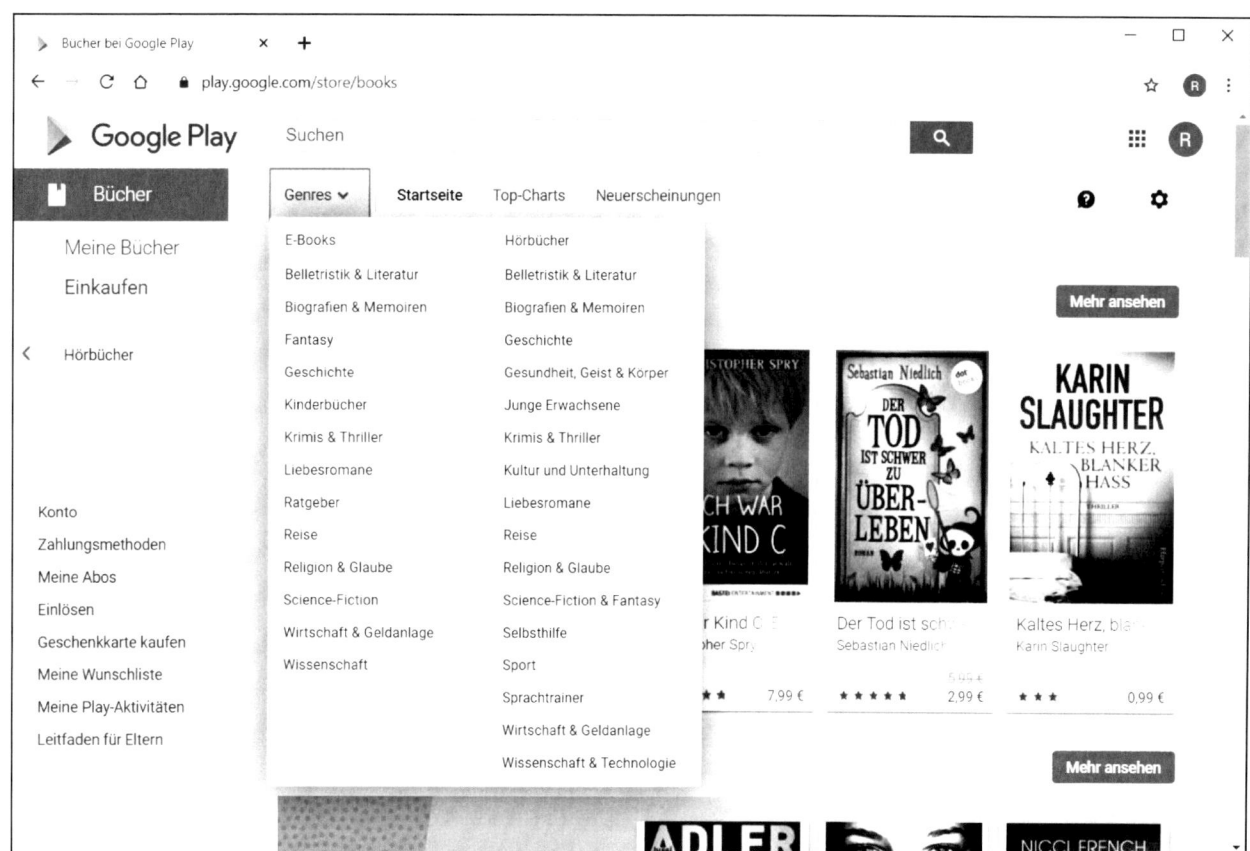

Auch hier grenzen Sie über die Schaltleisten *Genres, Top-Charts* und *Neuerscheinungen* die Bücherauswahl ein. Klicken Sie auf ein Buch, das Sie interessiert.

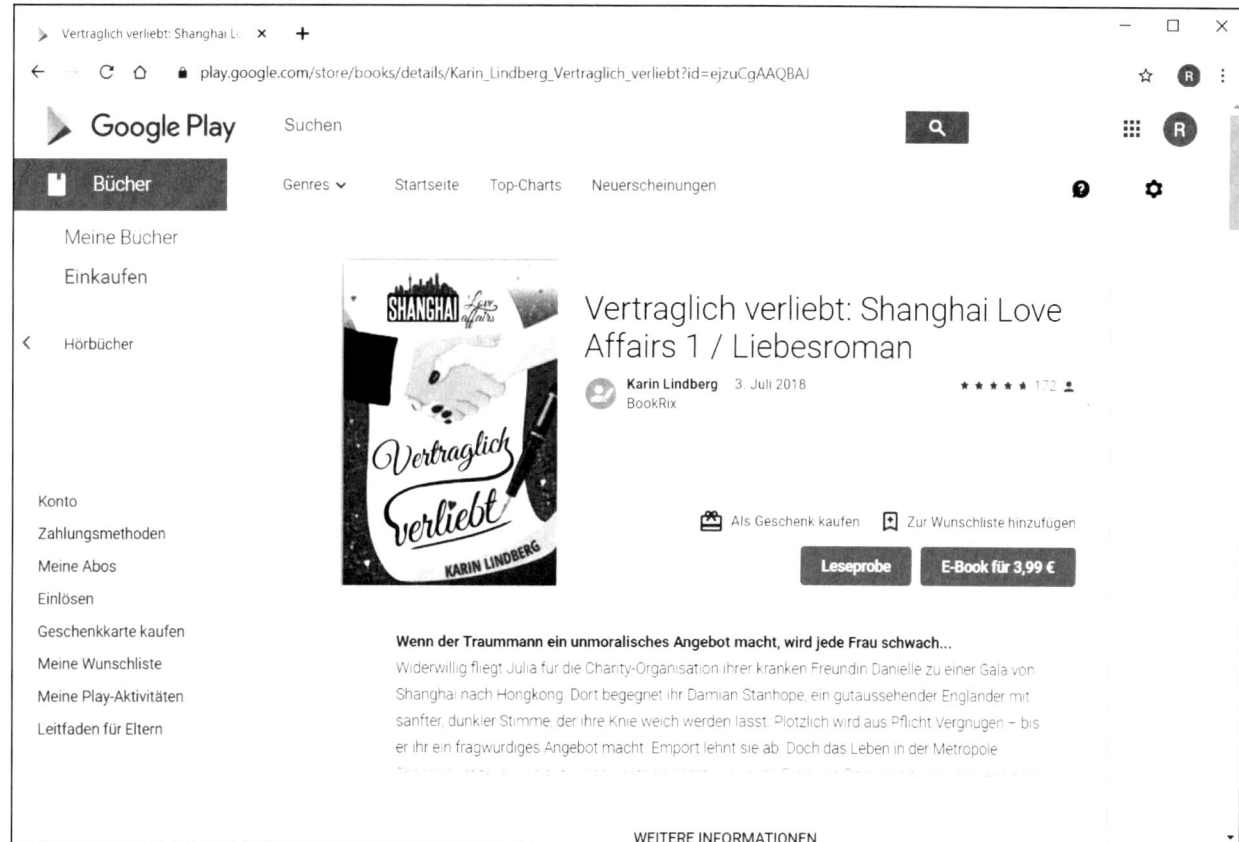

Ein Klick auf *Für x,xx kaufen* führt die Kaufvorgang aus. Beachten Sie, dass im Gegensatz zum Filmangebot viele Ebooks, darunter etliche Klassiker, kostenfrei angeboten werden. Statt der Kaufschaltleiste erscheint dann *Kostenloses Ebook*.

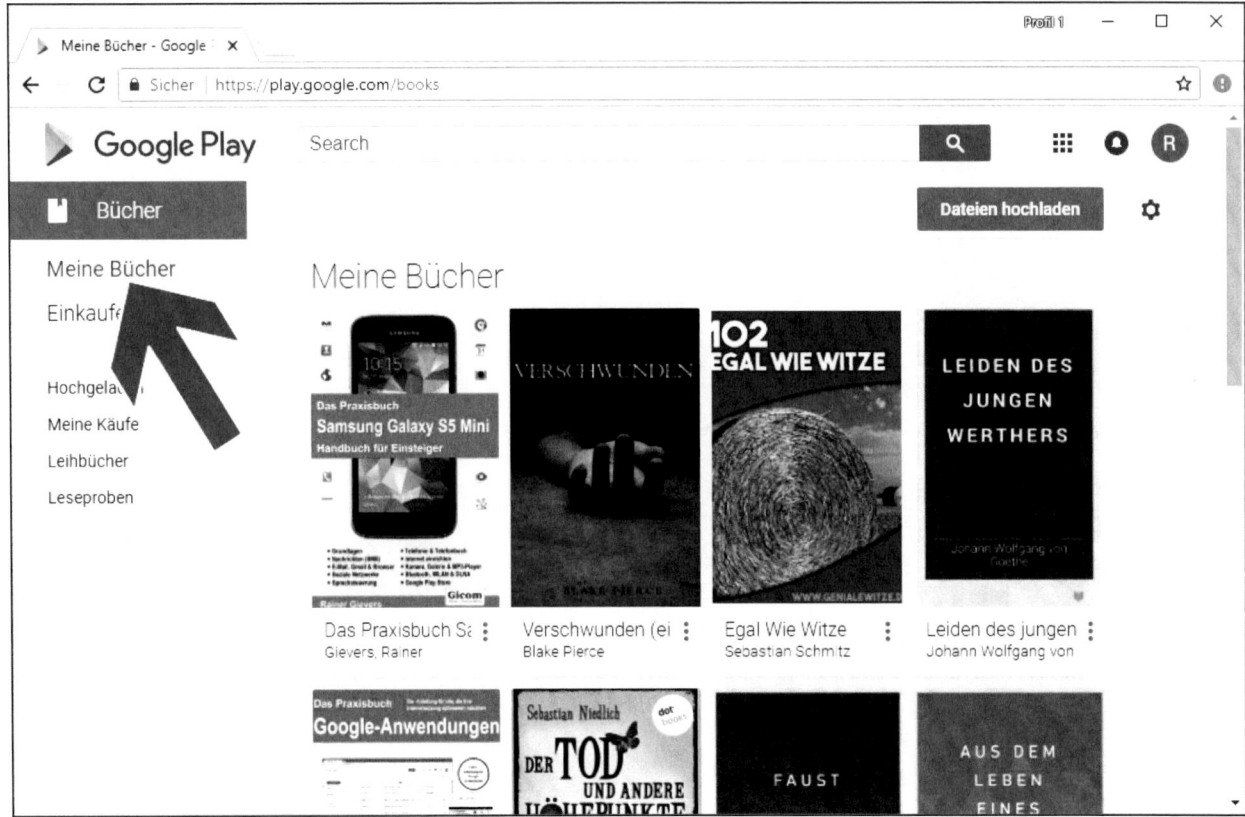

Die erworbenen Ebooks finden Sie unter *Meine Bücher* (Pfeil).

21. YouTube

Auf dem Videoportal YouTube haben Sie Zugriff auf viele Millionen Videos unterschiedlicher inhaltlicher Qualität und Länge, die Sie kostenlos ansehen können. Zur Finanzierung blendet Google häufig Werbespots vor den Videos ein, die man meistens nach einigen Sekunden mit einem Klick überspringen kann.

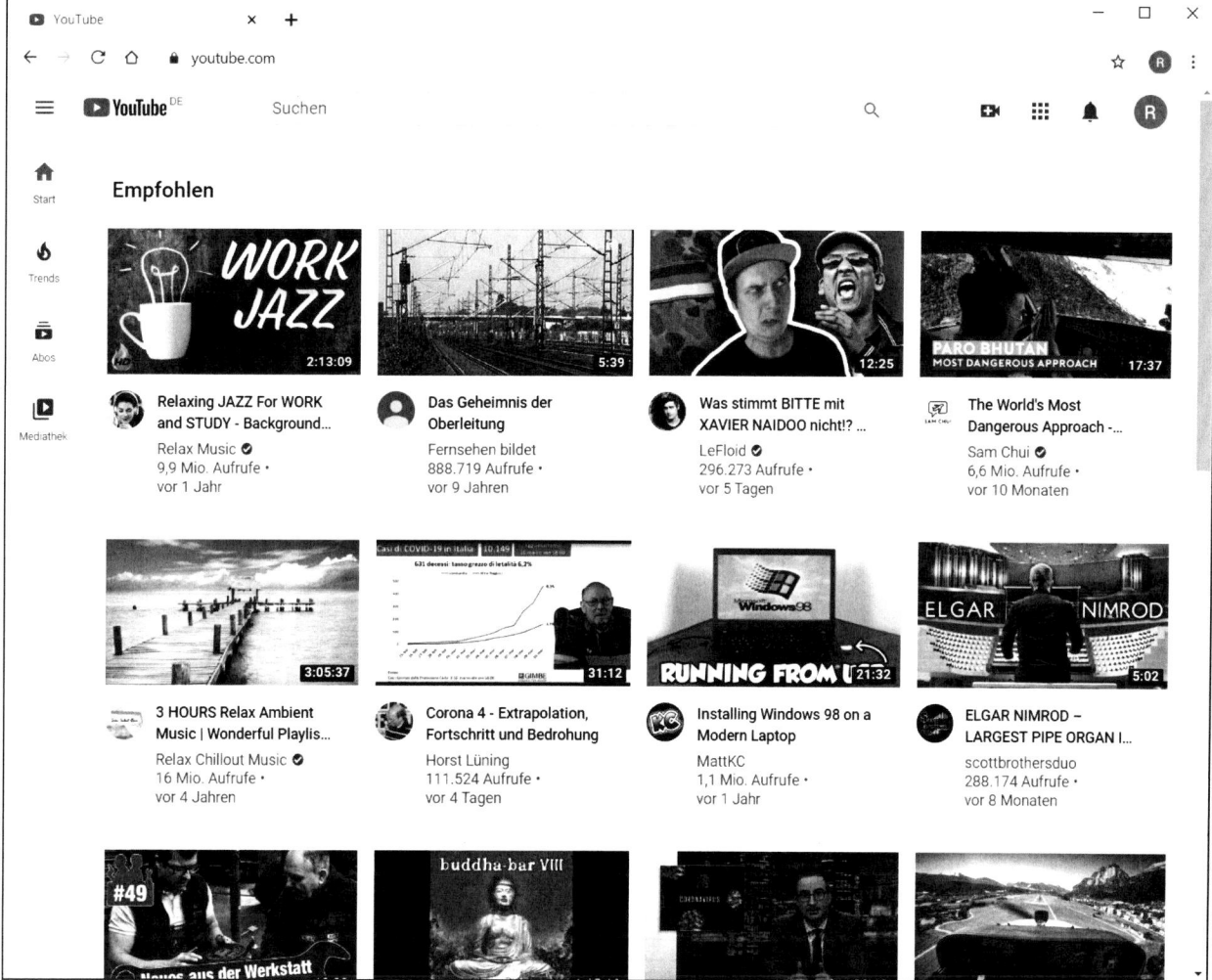

Rufen Sie die Webadresse *youtube.com* auf und klicken Sie einfach ein Video an, das Sie ansehen möchten. YouTube macht übrigens bereits auf der Startseite – ausgehend von Ihreren angeschauten Videos – entsprechende Vorschläge.

Die Funktionen in der Menüleiste auf der linken Seite:

- *Start*: Ruft die Startseite auf.

- *Trends*: Derzeit angesagte (häufig abgerufene) Videos.

- *Abos*: Von Ihnen abonnierte Kanäle (=Anbieter).

- *Mediathek*:

  ○ *Verlauf*: Liste der bereits aufgerufenen Videos.

  ○ *Meine Videos*: Von Ihnen selbst hochgeladene Videos.

  ○ *Käufe*: Listet die von Ihnen erworbenen Filme und Kanäle auf.

  ○ *Später ansehen*: Für späteres Ansehen markierte Videos.

21.1 Videos suchen und anzeigen

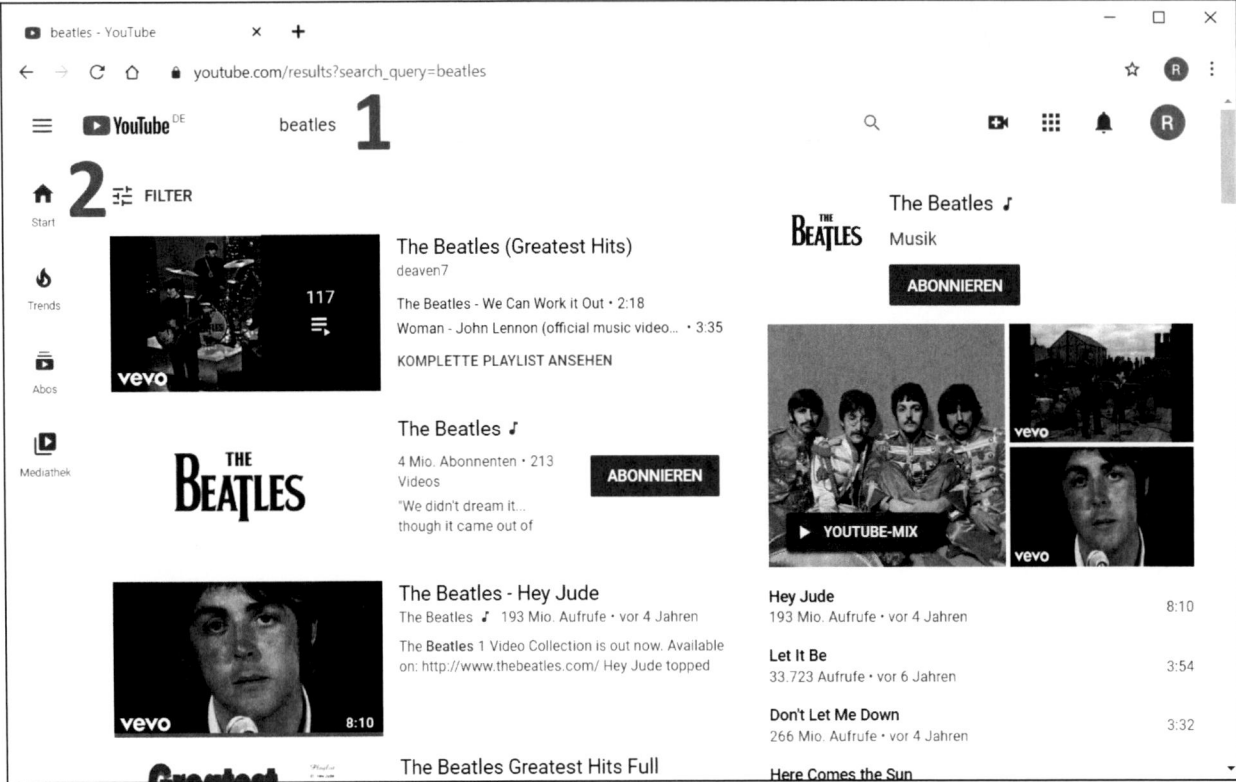

Die Suche dürften Sie am häufigsten nutzen: Geben Sie einfach oben im Eingabefeld einen oder mehrere Begriffe ein (1) und betätigen Sie die Enter-Taste auf Ihrer Tastatur. Häufig listet Google bereits während Ihrer Eingabe Suchempfehlungen unter dem Eingabefeld auf, die Sie anklicken können. Mit der *FILTER*-Schaltleiste (2) aktivieren Sie weitere Schaltleisten, mit denen Sie die Suche eingrenzen. Klicken Sie jetzt mal eine der Fundstellen an.

> Groß- und Kleinschreibung spielt bei der Suche keine Rolle und auch Rechtschreibfehler werden teilweise korrigiert.

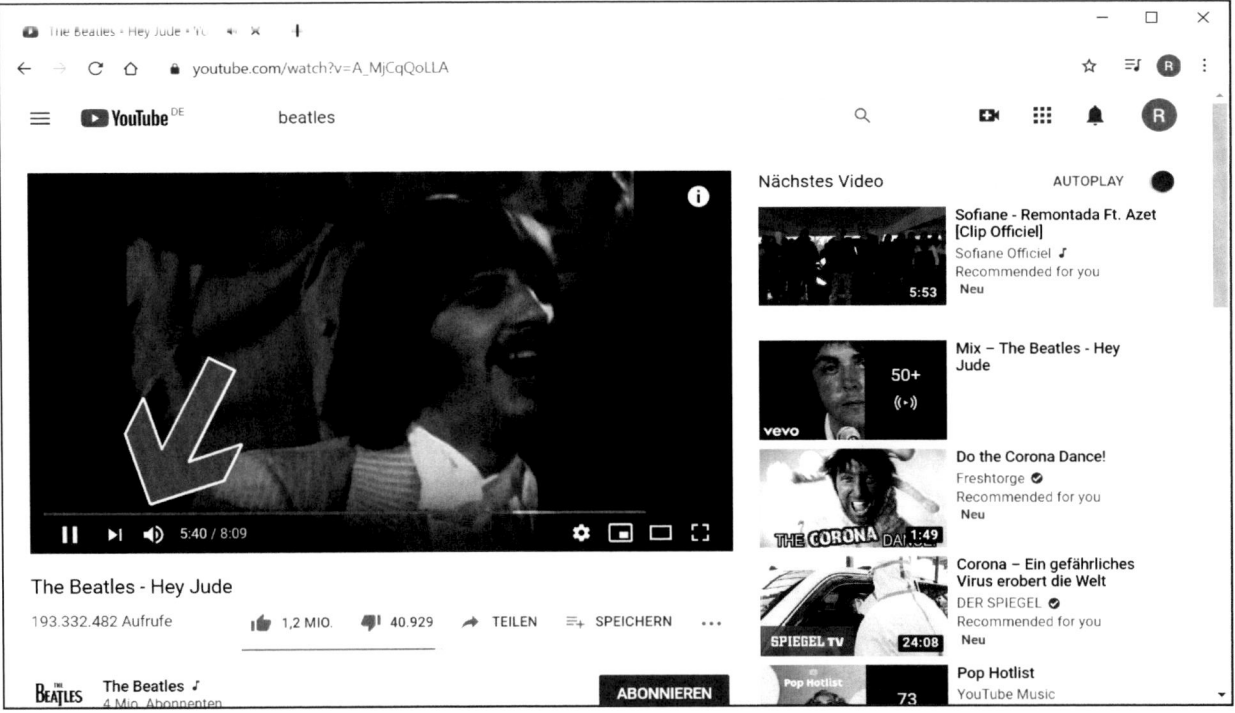

Die Funktionen im Wiedergabebildschirm (halten Sie den Mauszeiger in den Wiedergabebereich, damit YouTube die Schaltleisten einblendet):

- **II/▶**: Wiedergabe anhalten/Wiedergabe starten. Alternativ klicken Sie in den Wiedergabebereich.

- **▶I**: Zum nächsten Video springen.

- **◄))**: Lautstärke ändern (unabhängig von den Lautstärkereglern an Ihrem Chromebook)

- **✿**: Einstellungen zum aktuellen Video.

- **▢**: Auf den sogenannten Miniplayer umschalten.

- **⌐ ⅃⌐ ⌐**: Video als Vollbild anzeigen/Vollbildmodus beenden.

Wir empfehlen, dass Sie die vorgestellten Schaltleisten ruhig einmal ausprobieren, denn dabei können Sie nichts kaputt machen!

Bei vielen Musikvideos erscheint nur ein »Standbild«, denn den Personen, die die Videos hochladen, geht es häufig nur um die Musik.

Bitte wundern Sie sich nicht, wenn ein Video nicht den gesamten Bildschirm ausfüllt, sondern ein schwarzer Rand bleibt. Bis vor 10 Jahren unterstützten TV-Sender und Aufnahmegeräte häufig nur das 3:4-Format (gelesen als »Länge zu Breite«), während heute 16:9 (HD-Format) üblich ist. Die von anderen YouTube-Nutzern hochgeladenen Videos im 3:4-Format stammen also aus älteren Quellen oder von veralteten Aufnahmegeräten.

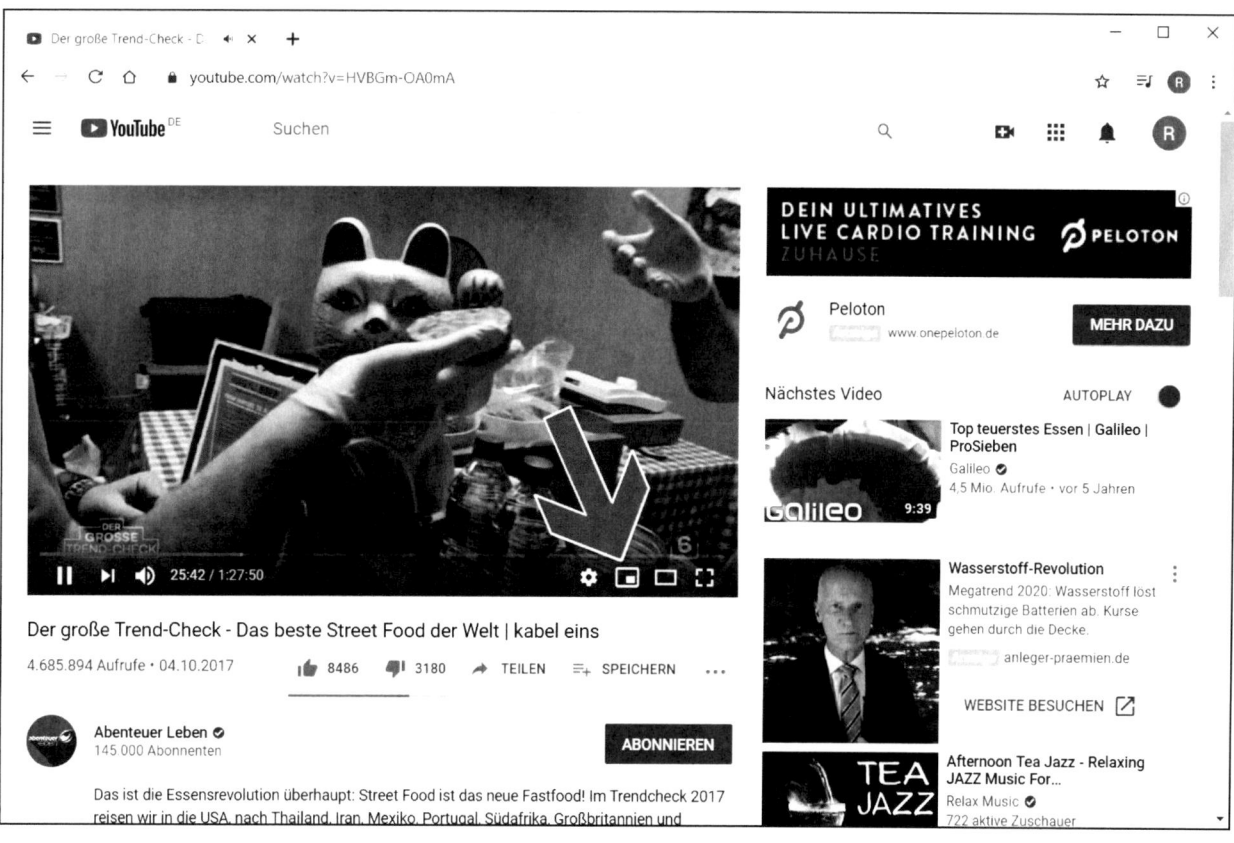

Ein Klick auf ▢ (oder die »i«-Taste auf Ihrer Tastatur) schaltet auf den Miniplayer um.

❶ Sie können weiterhin das YouTube-Angebot durchstöbern, während der Miniplayer im Hintergrund läuft.

❷ Halten Sie den Mauszeiger in den Miniplayer für weitere Optionen:

- ⤢: Auf Vollbildschirmansicht umschalten (alternativ betätigen Sie die »i«-Taste).
- ✕: Miniplayer schließen.

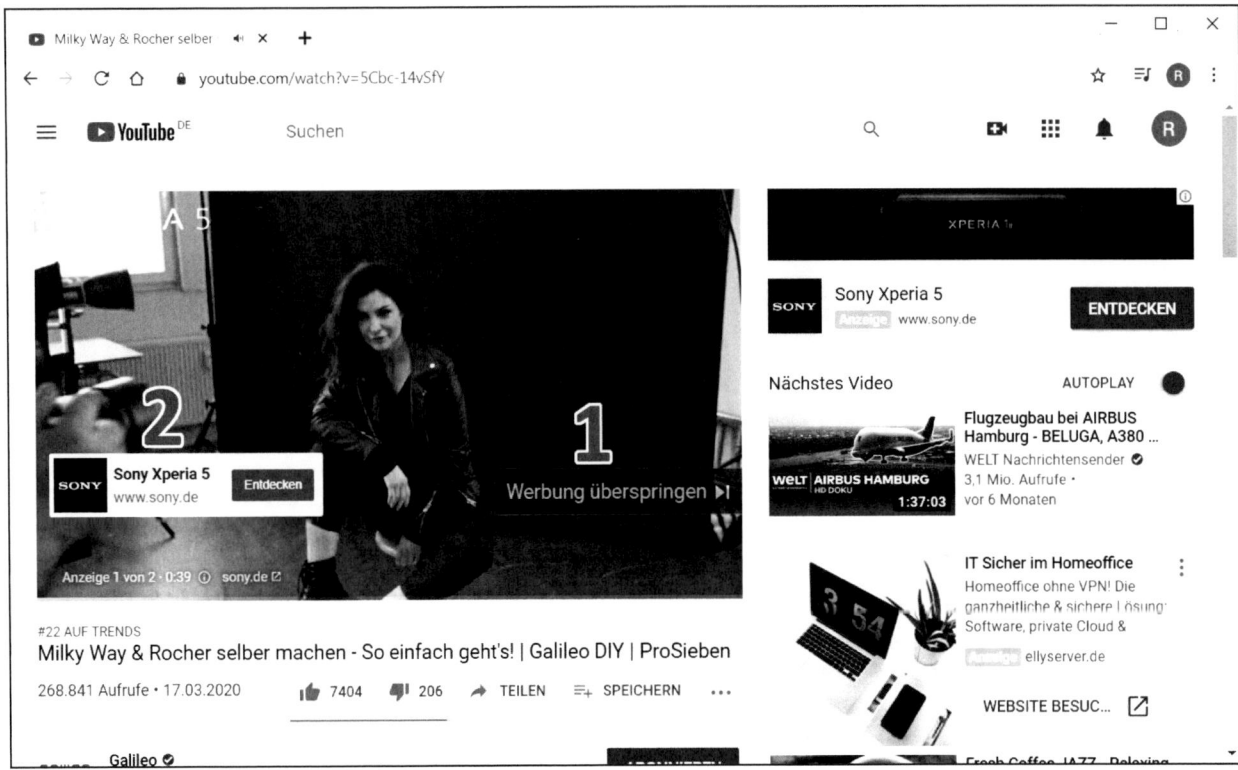

YouTube spielt ab und zu vor dem eigentlichen Video etwas Werbung ab, die Sie nach einigen Sekunden mit der *Werbung überspringen*-Schaltleiste (1) abbrechen können. Alternativ besuchen Sie mit einem Klick auf die Werbetafel (2) die Website des Werbetreibenden.

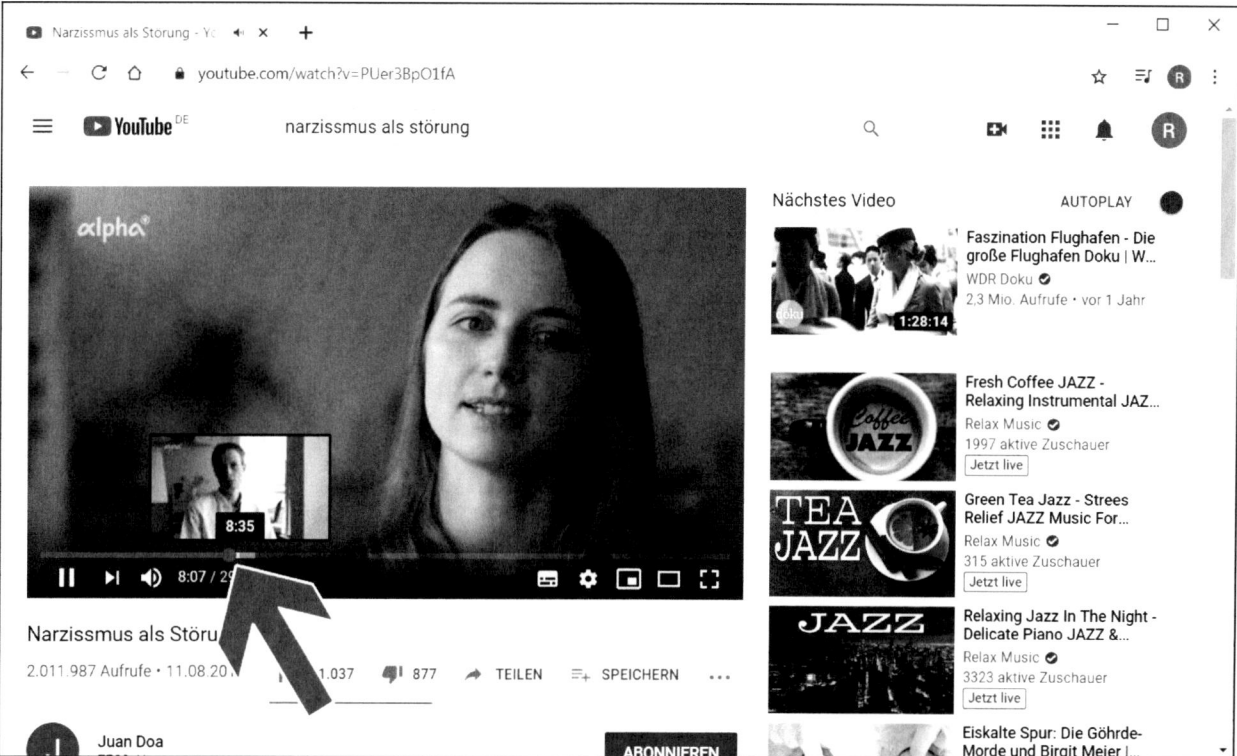

Halten Sie den Mauszeiger an eine beliebige Position im Wiedergabebalken (Pfeil), so blendet YouTube ein Vorschaubild ein (dies kann einige Sekunden dauern). Ein Klick in den Wiedergabebalken setzt die Wiedergabe an der angeklickten Stelle fort.

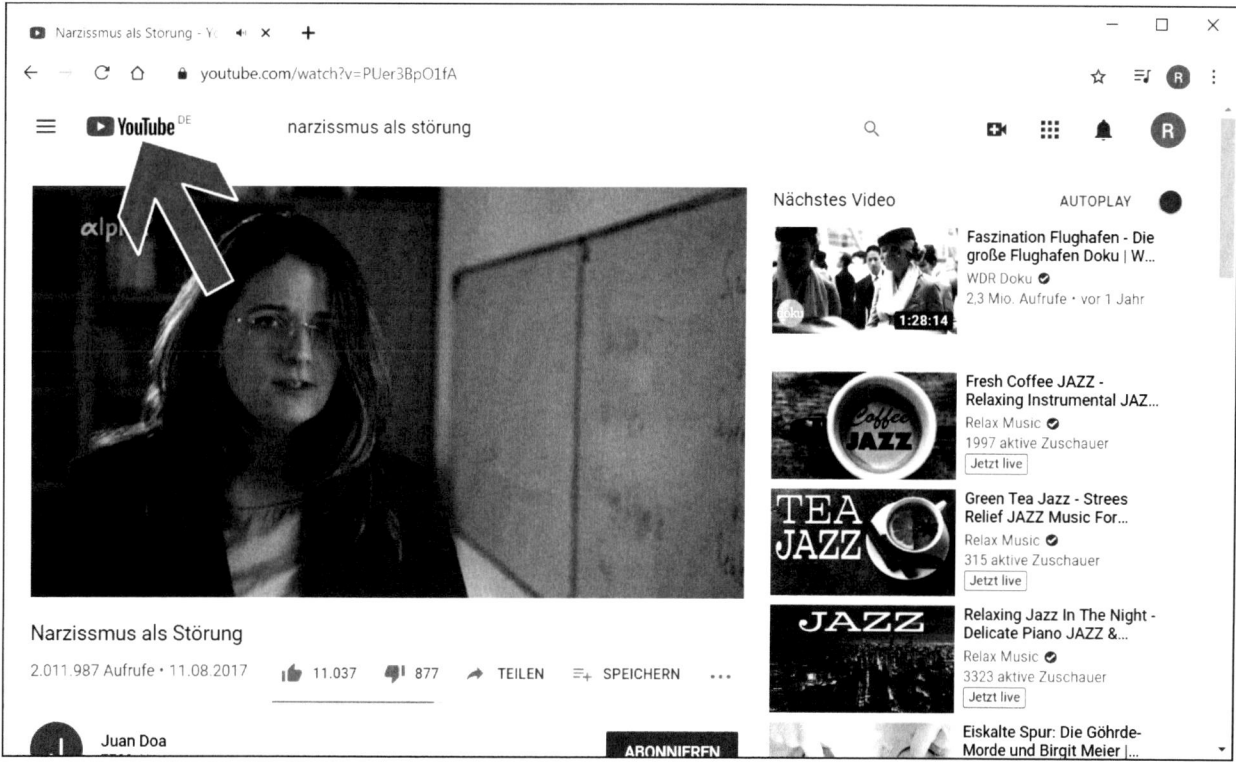

Ein Klick auf das YouTube-Logo links oben bringt Sie wieder auf die YouTube-Hauptseite zurück.

21.2 Playlists

In Playlists (dt. »Wiedergabelisten) sind mehrere Videos zusammengefasst, die YouTube nacheinander abspielt. Meistens kommen die Playlists bei Musikvideos zum Einsatz.

In diesem Buch verwenden wir bewusst den Begriff »Playlist«, da Google unter dessen deutschen Übersetzung »Wiedergabeliste« etwas anderes versteht.

21.2.1 Playlists nutzen

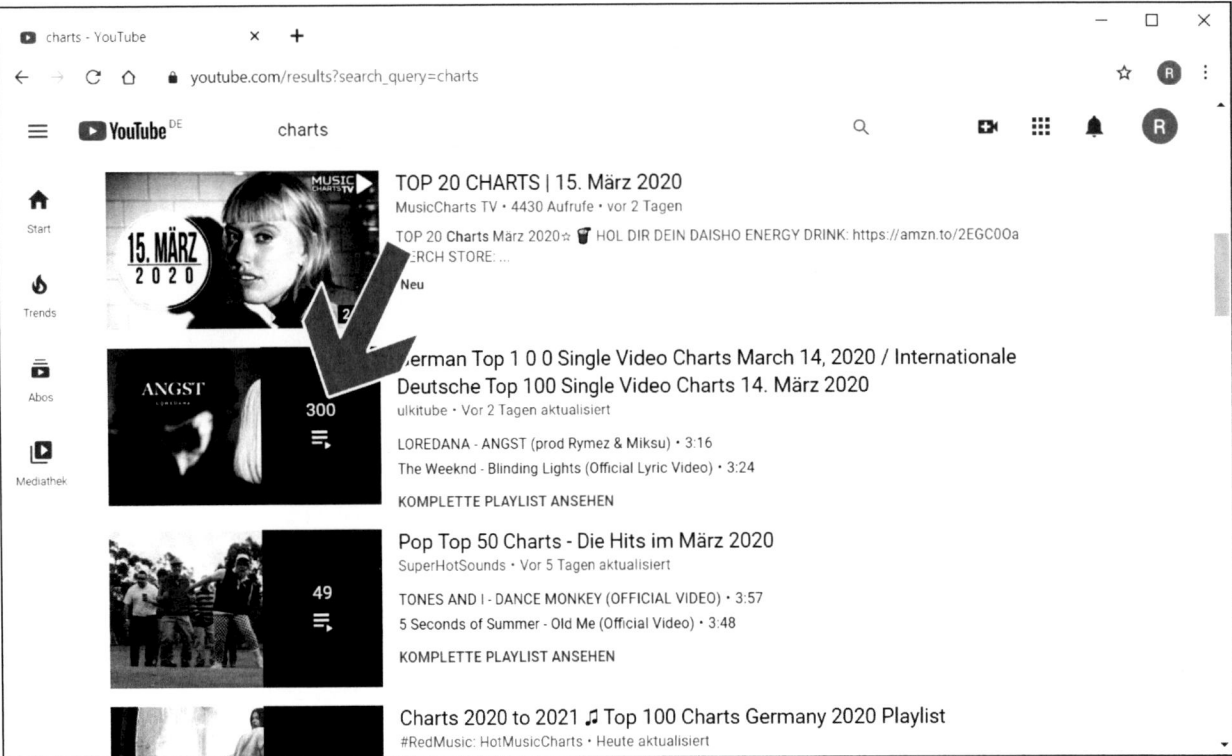

Sie erkennen Wiedergabelisten in den Suchergebnissen (siehe Kapitel *21.1 Videos suchen und anzeigen*) an der Zahl und am ➡-Symbol (Pfeil). Falls Sie nur Playlists auflisten möchten, geben Sie im Suchfeld neben dem Namen des Interpreten oder Albums zusätzlich »*playlist*« ein, beispielsweise »*wolfgang petry playlist*«. Klicken Sie eine Playlist-Fundstelle an.

YouTube spielt die in der Playlist enthaltenen Videos nacheinander ab. Die Wiedergabe steuern Sie alternativ über die zusätzlichen ◄/►-Schaltleisten (1) – damit die Schaltleisten eingeblendet werden, halten Sie den Mauszeiger in den Wiedergabebereich.

Verwenden Sie ⇄ (2) für eine automatische Wiedergabewiederholung, sobald die Playlist durchlaufen wurde. ✕ aktiviert die zufällige Wiedergabe. Alternativ klicken Sie in der Wiedergabeliste (3) einfach einen Titel an.

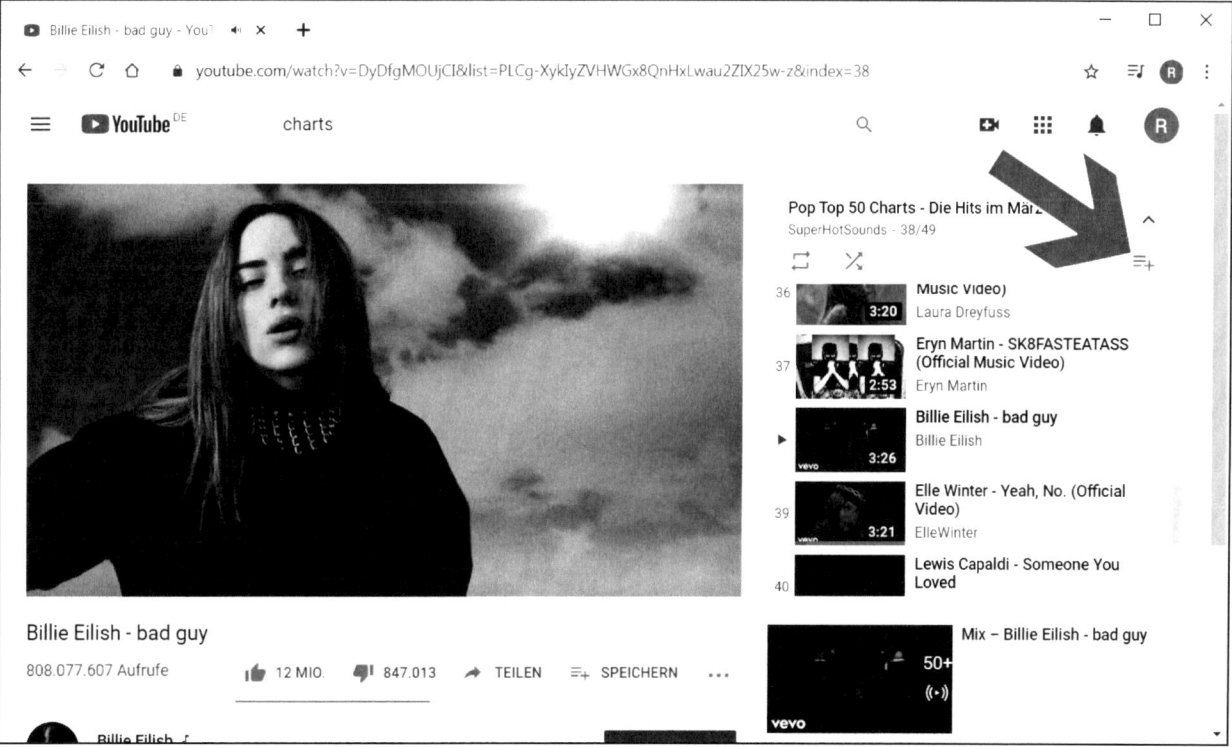

Sie möchten sich die Playlist für späteres/erneutes Ansehen speichern? Sie können einfach im Webbrowser die gerade angezeigte Webseite als Lesezeichen anlegen (siehe Kapitel *5.4 Lesezeichen*), alternativ speichern Sie mit ≡+ (Pfeil) die Playlist in Ihrem Google-Konto (erneutes Anklicken entfernt die Playlist wieder).

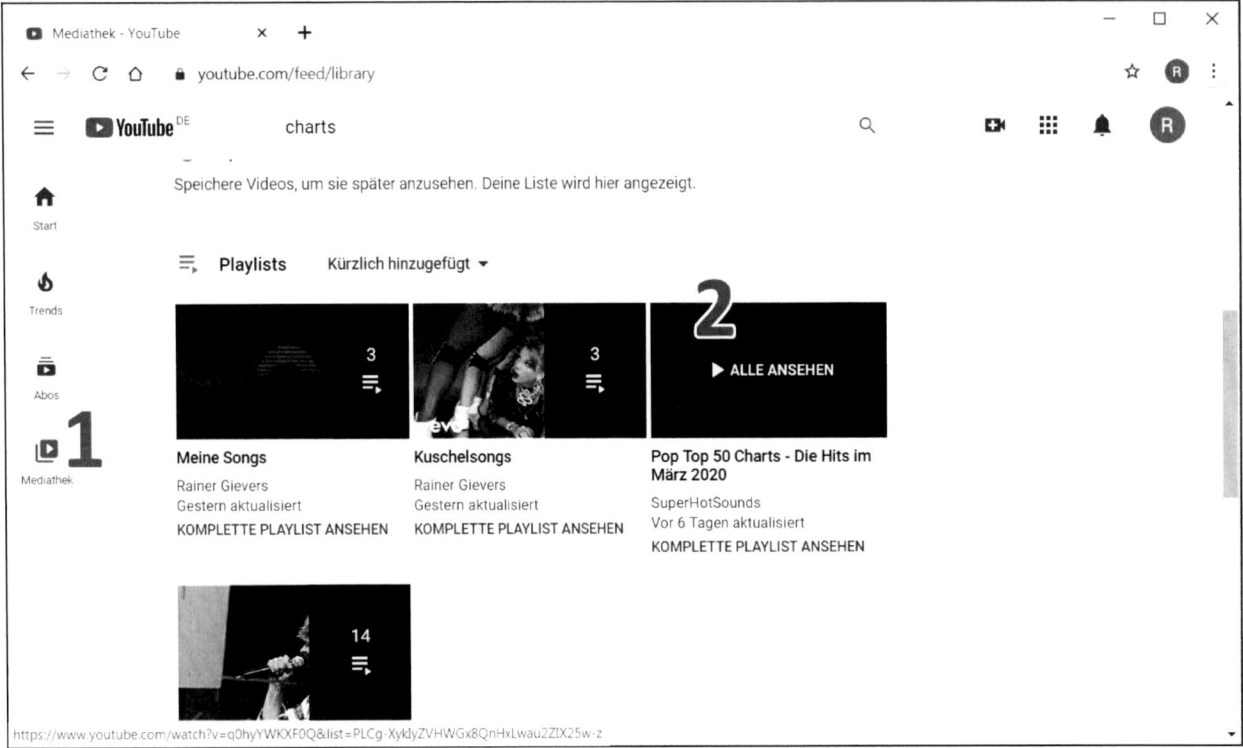

Die gespeicherten Playlists finden Sie nun in *Mediathek* (1) unter *Playlists*. Klicken Sie dort einen Eintrag (2) an.

21.2.2 Playlist erstellen

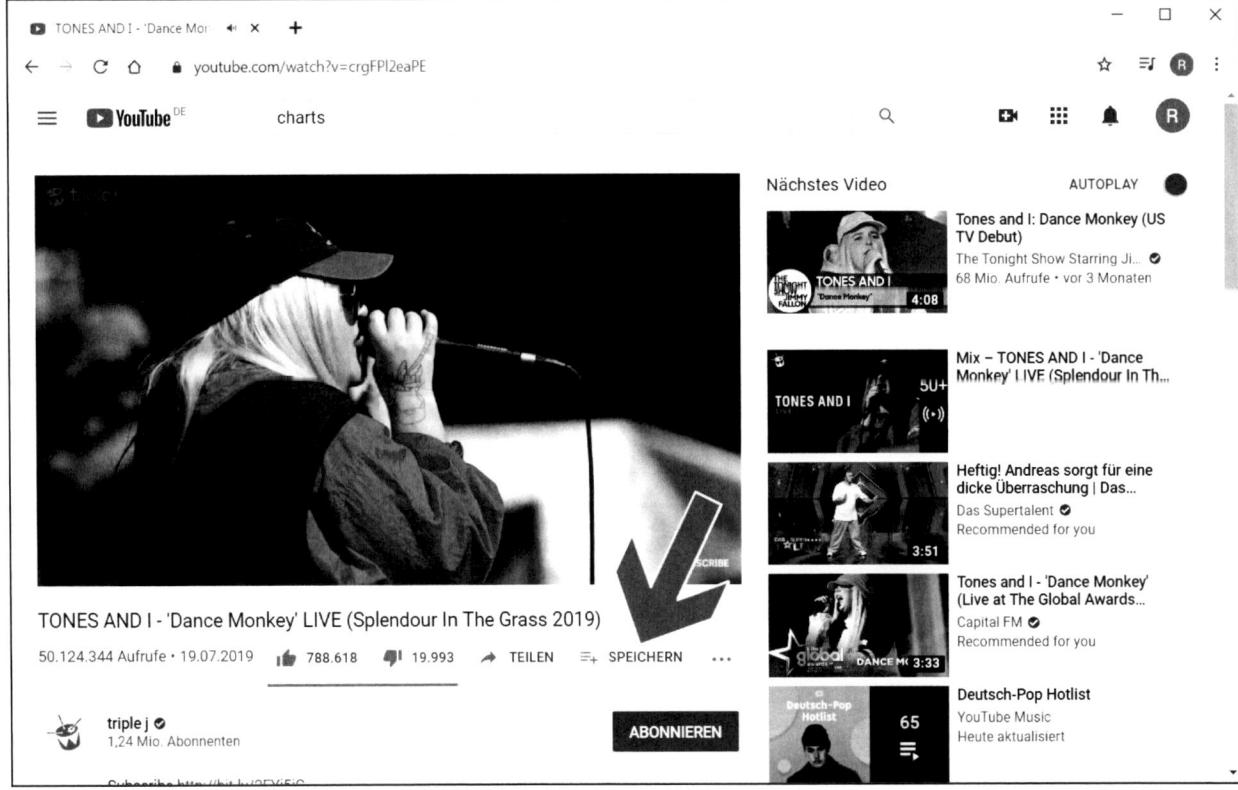

So erstellen Sie eine eigene Playlist: Im Wiedergabebildschirm gehen Sie auf *SPEICHERN* (Pfeil). Eventuell müssen Sie dann erst noch das verwendete Google-Konto in einem Dialog bestätigen.

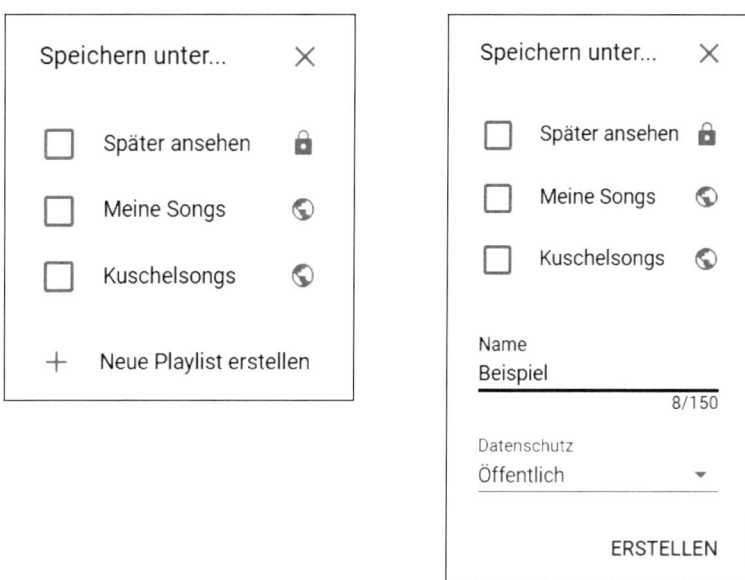

❶ Gehen Sie auf *Neue Playlist erstellen* im Popup.

❷ Nach Erfassen des Playlist-Namens können Sie über das Auswahlmenü noch die Datenschutz-einstellungen ändern:

- *Öffentlich:* Playlist ist für alle anderen YouTube-Nutzer sichtbar.

- *Nicht gelistet*: Nicht sichtbar, kann aber geteilt werden (über die *Teilen*-Schaltleiste jemand anderes die Playlist senden).

- *Privat*: Die Playlist ist nur für Sie sichtbar.

Klicken Sie nun auf *ERSTELLEN*.

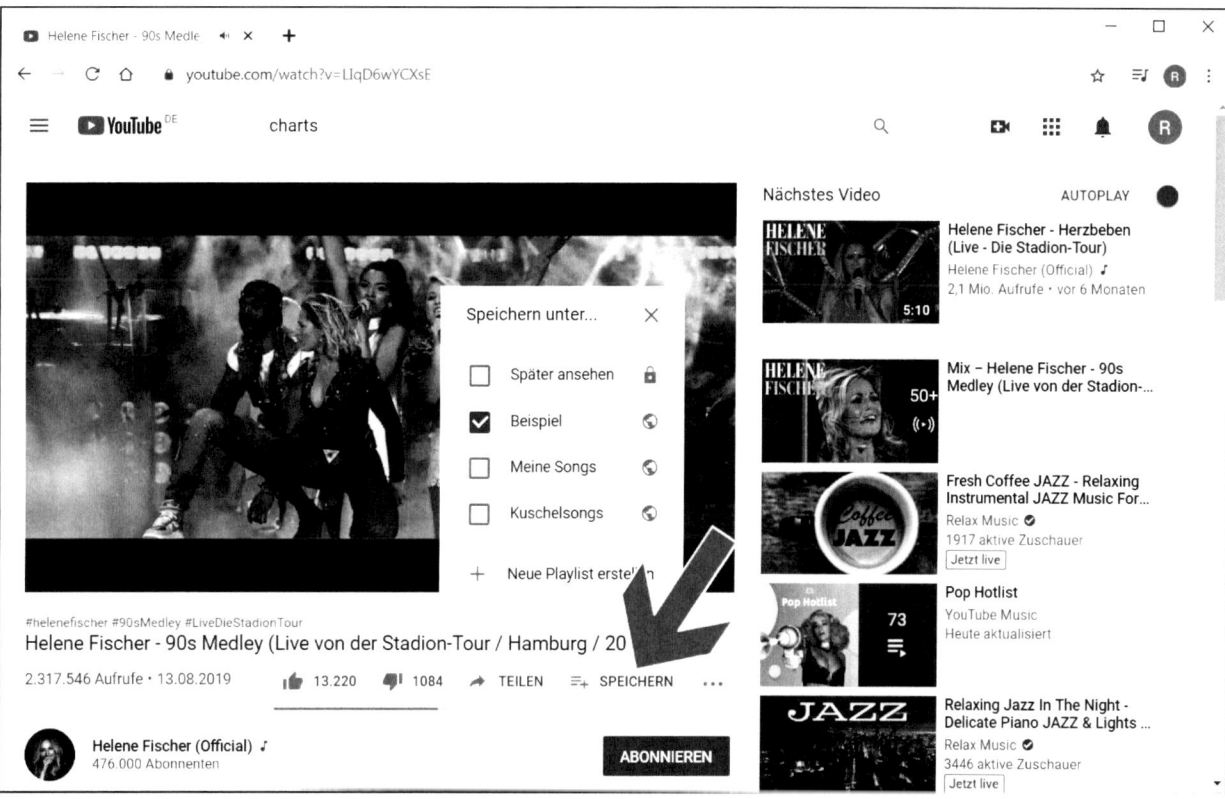

Künftig klicken Sie unterhalb eines Videos auf *SPEICHERN* und aktivieren im Popup das Abhakkästchen vor der Playlist, dem Sie das Video hinzufügen möchten. Betätigen der Esc-Taste auf der Tastatur schließt das Popup.

Bereits vorgegeben ist übrigens die Playlist *Später ansehen*, die Sie für Videos verwenden, die Sie keiner Playlist zuordnen möchten, aber trotzdem merken möchten.

21.2.3 Playlist abspielen

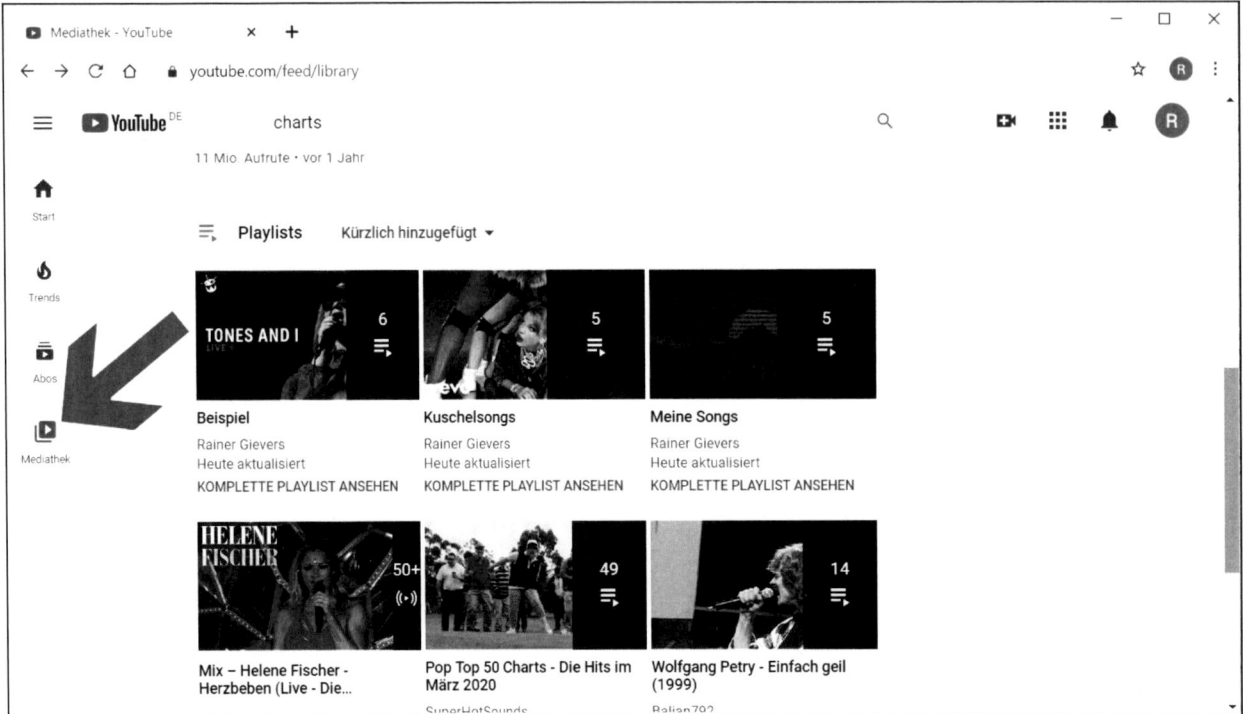

Ihre selbst erstellten Playlists finden Sie unter *Mediathek* (Pfeil). Klicken Sie dort unter *Playlists* einen Eintrag an.

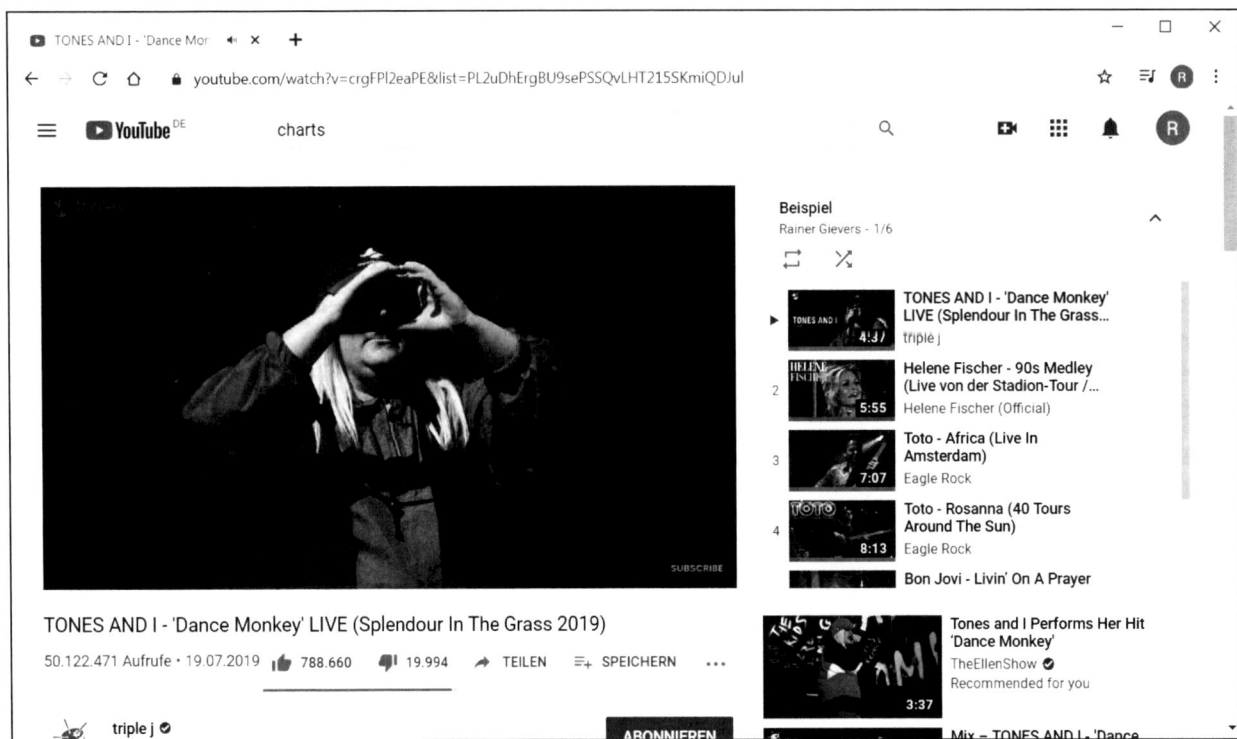

Anschließend stehen die bereits im Kapitel *21 YouTube* beschriebenen Wiedergabefunktionen zur Verfügung.

21.2.4 Playlist bearbeiten

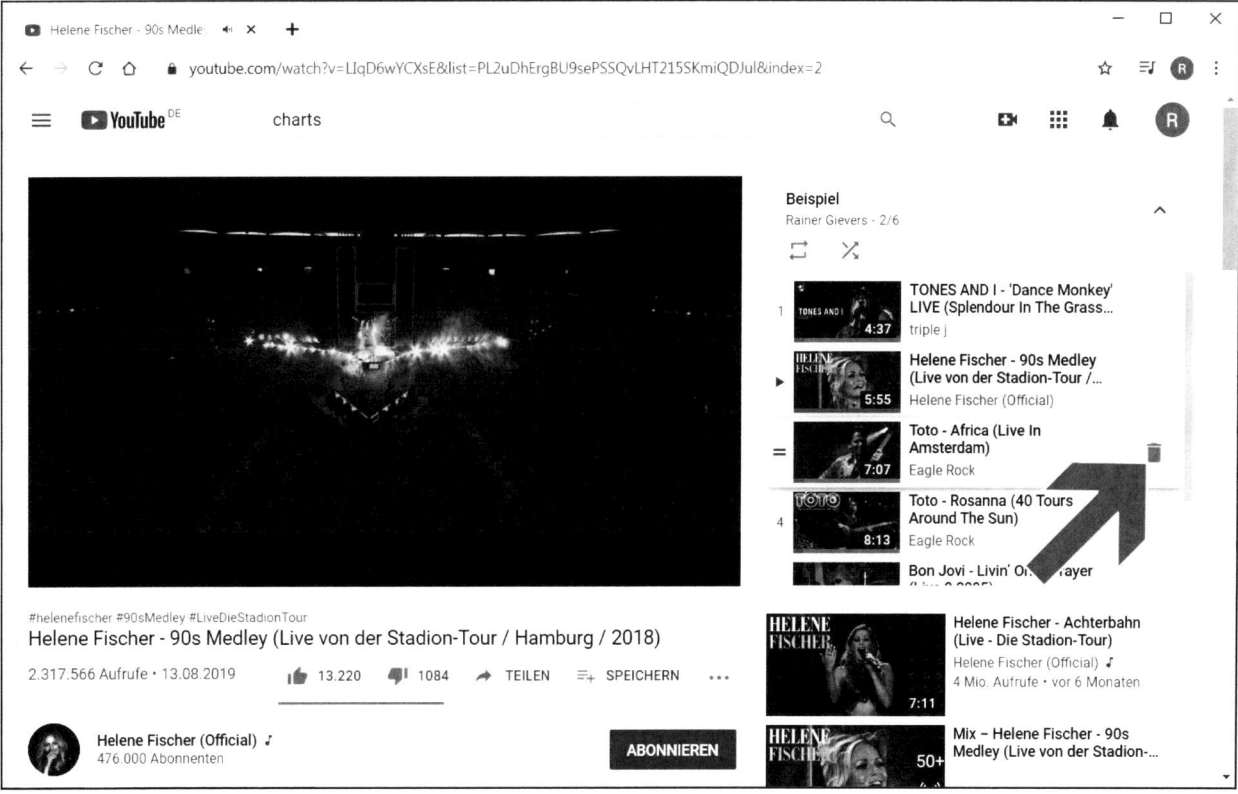

Zum Entfernen eines Songs aus der Playlist halten Sie den Mauszeiger darüber und klicken Sie auf 🗑.

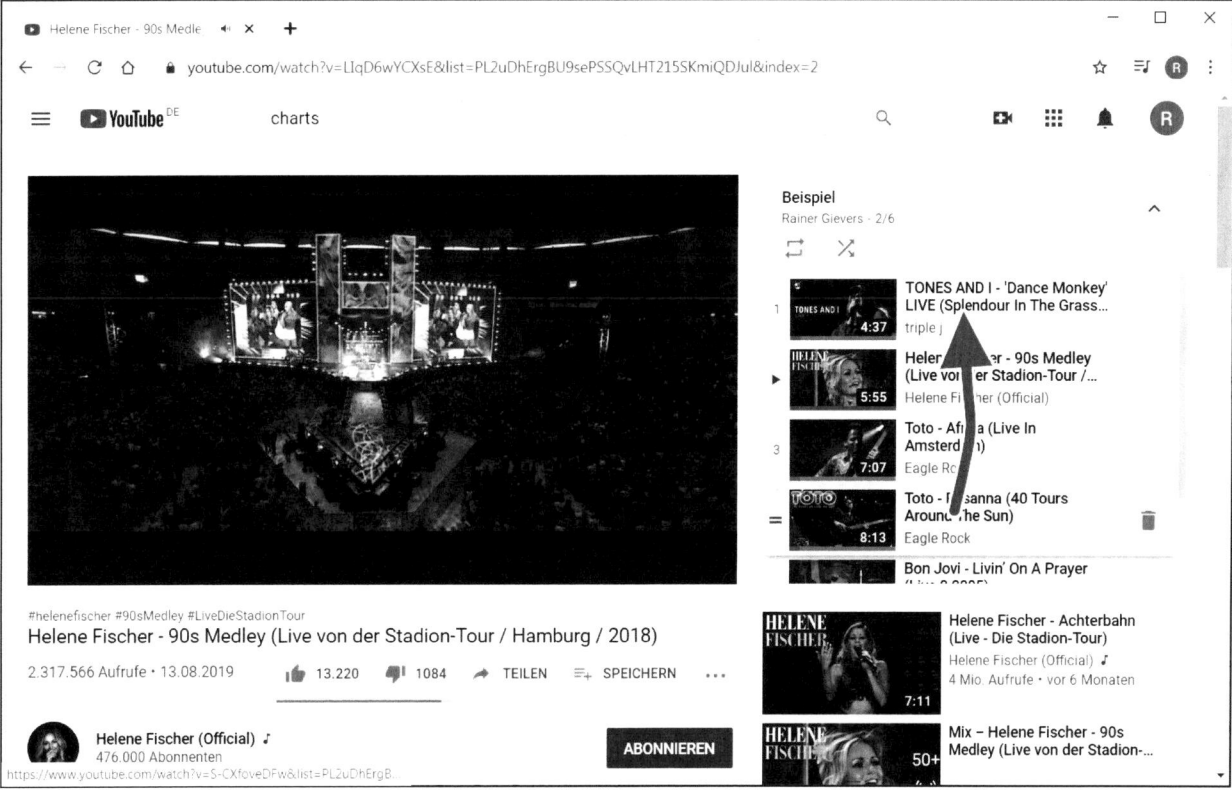

Änderung der Abspielreihenfolge: Halten Sie den Mauszeiger über einen Song, dann ziehen Sie einzelne Songs mit gedrückter Maustaste an eine andere Position.

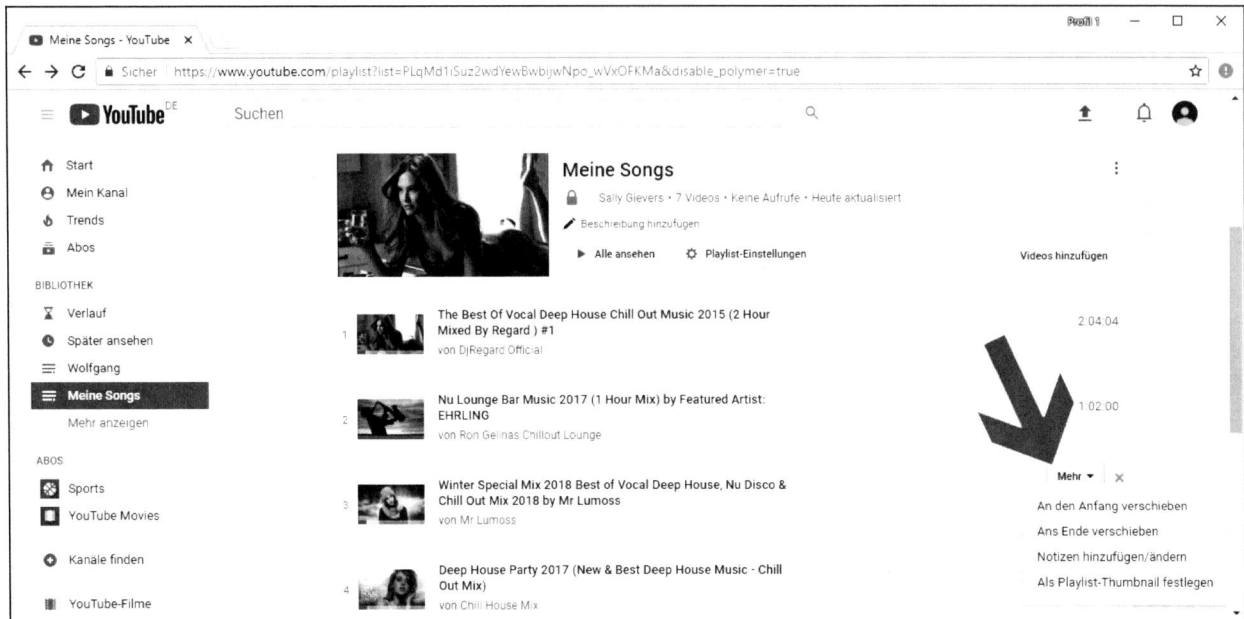

Halten Sie den Mauszeiger über einem Video (Pfeil), so erscheint die *Mehr*-Schaltleiste, über die Sie ebenfalls die Sortierung ändern. Das ✕ daneben entfernt das Video aus der Playlist.

21.3 Kanäle

Jeder, der eigene Videos auf YouTube veröffentlicht oder wie im Kapitel *21.2.2 Playlist erstellen* beschrieben, Playlists aus vorhandenen Videos erstellt, besitzt damit einen eigenen Kanal. Der Kanalname ist frei wählbar beziehungsweise entspricht dem Google-Konto-Namen vom Ersteller.

YouTube bietet an, Kanäle anderer YouTube-Nutzer zu »abonnieren«, sodass man später bereits in der YouTube-Startseite über Neues in den Kanälen informiert wird.

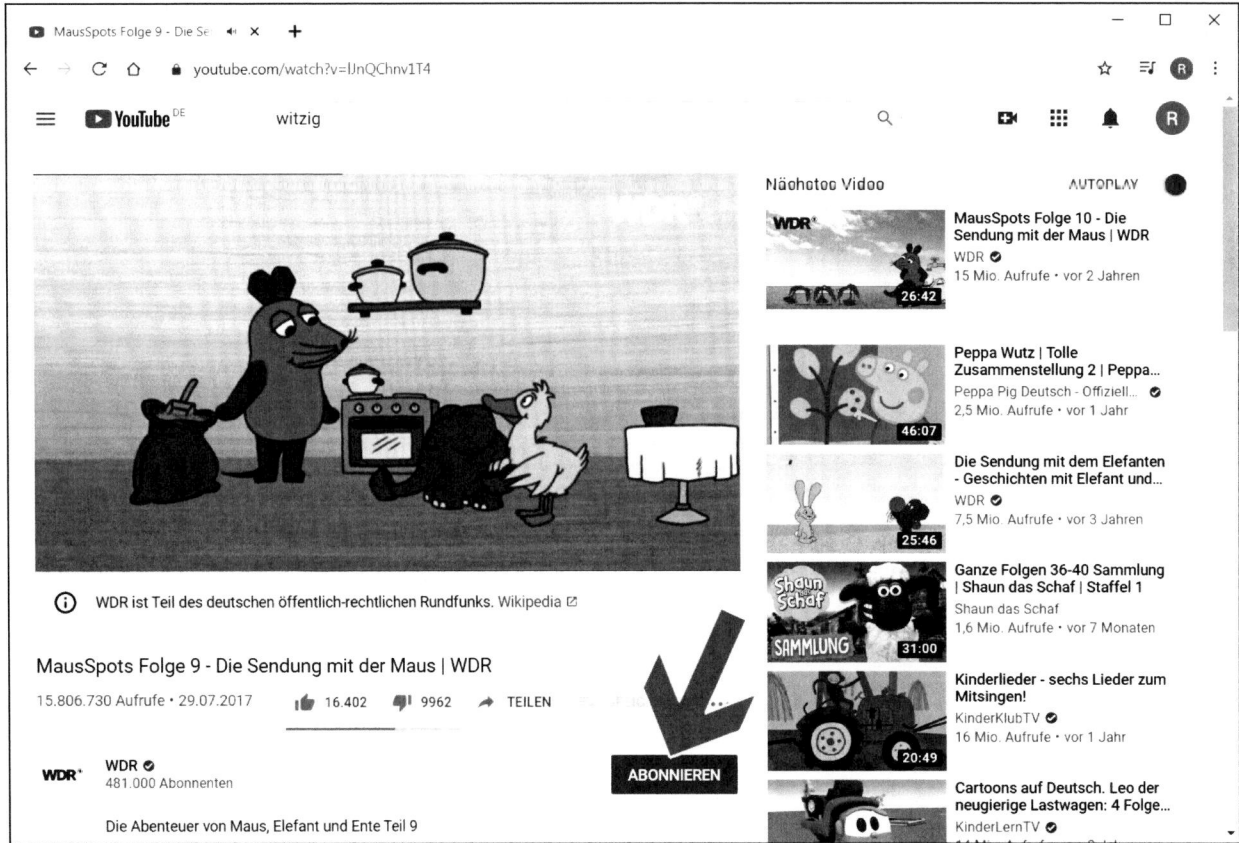

Gefallen Ihnen die Videos eines bestimmten Anbieters, dann klicken Sie im Wiedergabebildschirm auf *Abonnieren* (Pfeil).

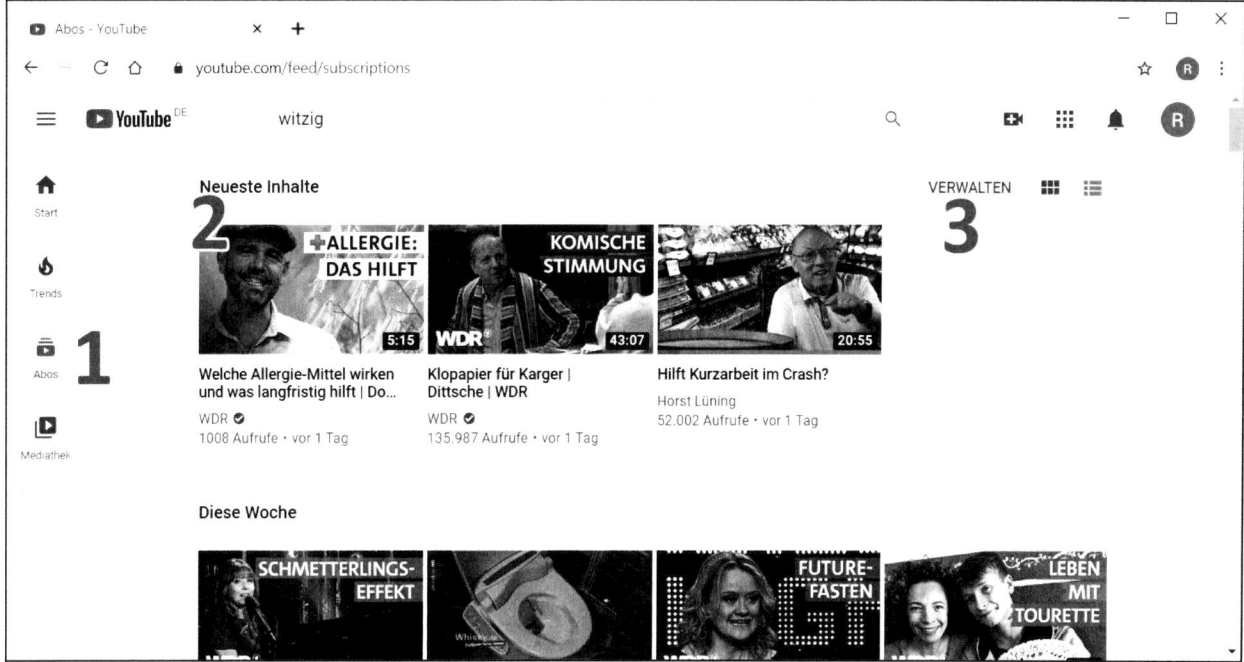

So listen Sie die Videos in einem abonnierten Kanal auf: Klicken Sie zuerst auf *Abos* in der Menüleiste (1) und dann auf eines der Vorschaubilder. Die Kanalinhalte werden angezeigt.

Ihre Abos können Sie übrigens einfach über *VERWALTEN* beenden. Dort einfach hinter den Kanälen jeweils auf *ABONNIEREN* klicken.

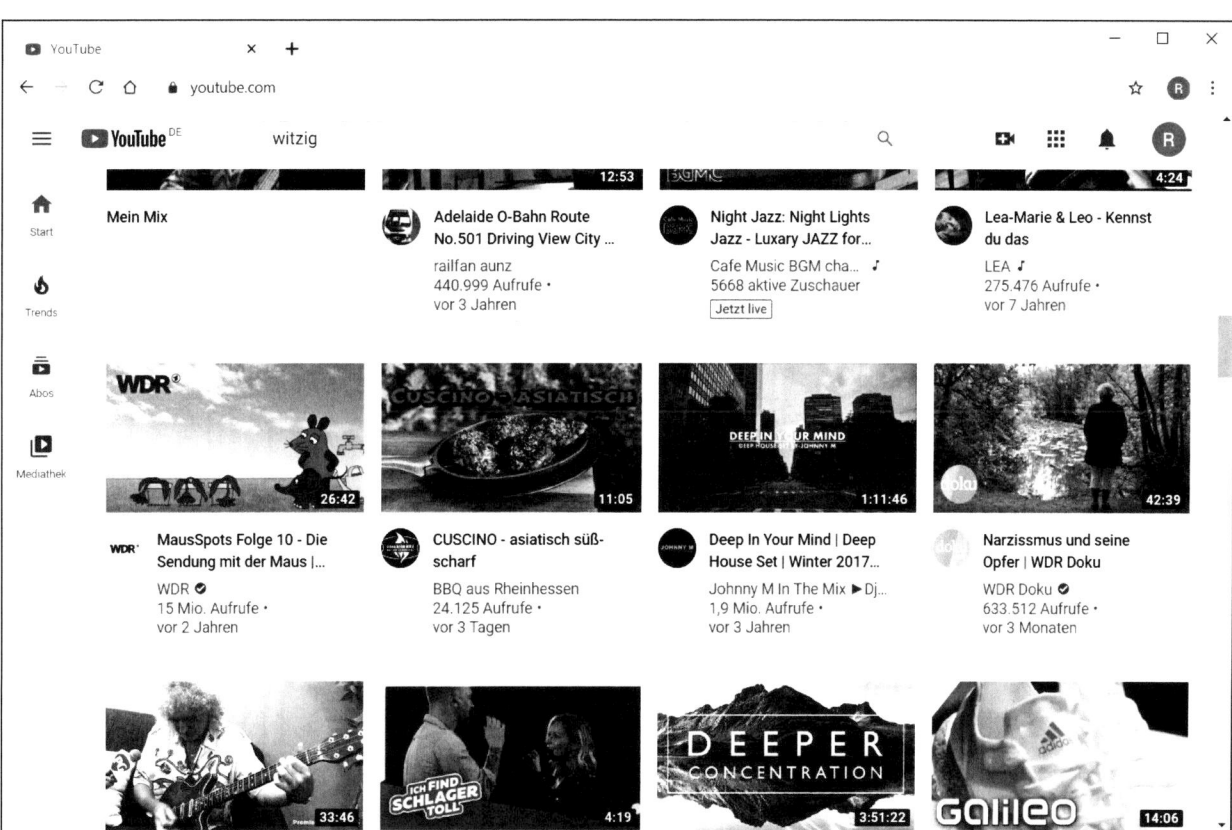

Videos des von Ihnen abonnierten Kanals listet YouTube bereits in der Startseite auf.

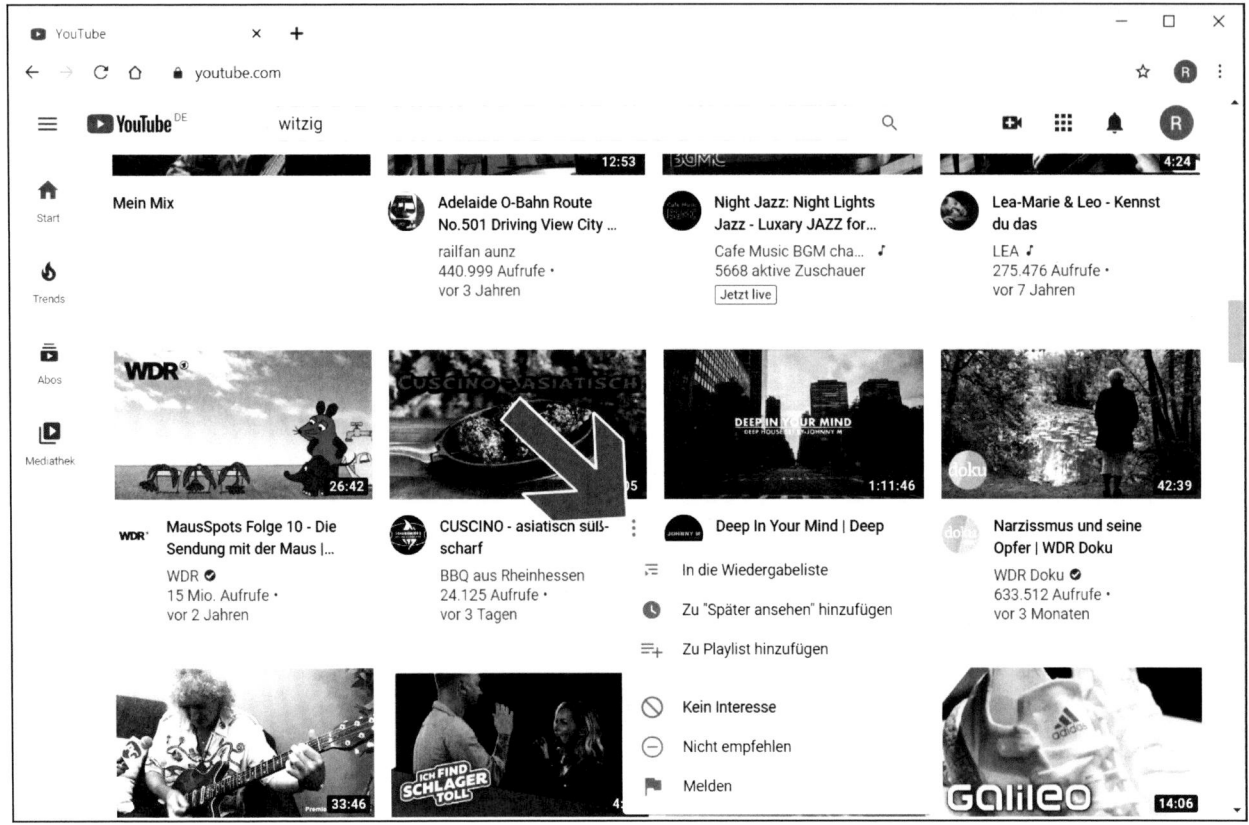

Ein Klick auf ⋮ hinter den Vorschlägen (Pfeil) und Auswahl von *Kein* Interesse oder *Nicht empfehlen* blendet diese aus beziehungsweise sorgt dafür, dass Sie sinnvollere Vorschläge aus den Kanälen erhalten.

22. Das Google-Konto auf dem Android-Gerät

Das Unternehmen Google, welches 1996 mit einer Internetsuchmaschine seinen Siegeszug begann, verdiente zunächst sein Geld mit Werbeschaltungen auf eigenen und fremden Webseiten.

Bis Anfang der 2000er Jahre gab es nur wenige internetfähige Mobilgeräte, deren Nutzung zudem unheimlich kompliziert und teuer war. So musste man seinen elektronischen Organizer erst über Infrarot (sehr fehleranfällig!) mit einem Handy koppeln und kryptische Befehle eingeben, worauf eine langsame Internetverbindung hergestellt wurde, die der Netzbetreiber im Minutentakt abrechnete. Angesichts von extrem niedrig aufgelösten Displays war die Webseitenanzeige zudem eine Qual.

Ab 2001 erhielten dann Handys immer größere und besser aufgelöste Displays, mehr Speicher und schnellere Prozessoren, weshalb nun zunehmend leistungsfähige Kalenderfunktionen, eine E-Mail-Anwendung und ein Webbrowser zum Lieferumfang gehörten. Google reagierte auf diesen Trend und erwarb 2005 das Android-Betriebssystem. Erste Android-Handys, die von Partnerunternehmen produziert wurden, erschienen 2008, wenig später waren dann auch Tablets mit dem Betriebssystem im Handel.

22.1 Funktionsweise

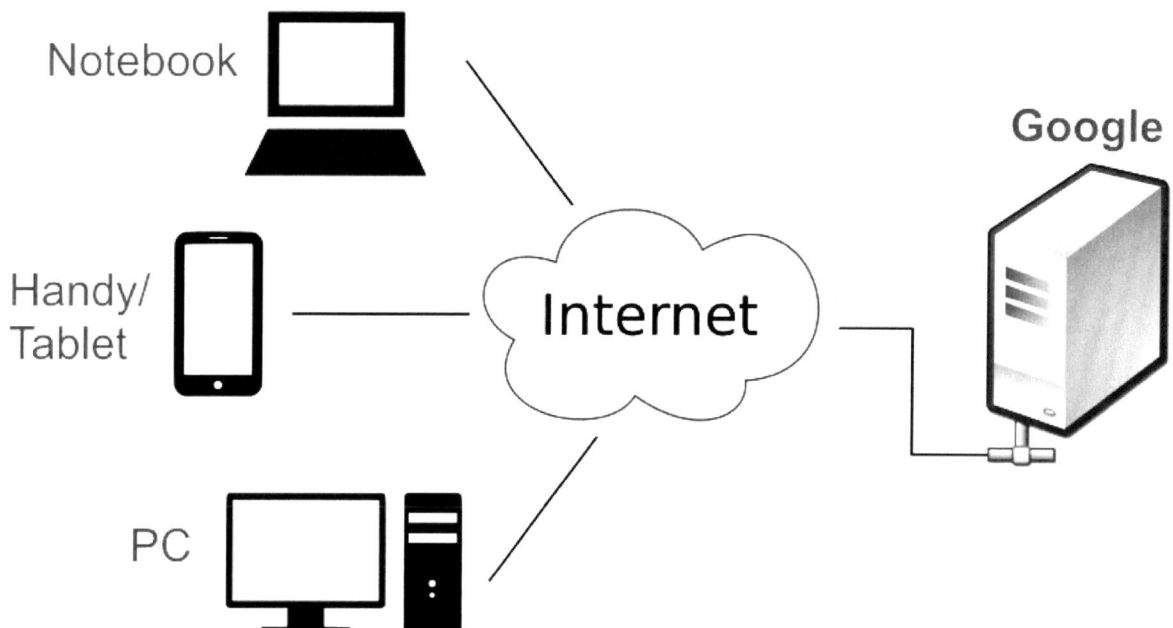

Bildquelle: https://commons.wikimedia.org/wiki/File%3AClient-server-model.svg. By Gnome-fs-client.svg: David Vignoni Gnome-fs-server.svg: David Vignoni derivative work: Calimo (Gnome-fs-client.svg Gnome-fs-server.svg) [LGPL (http://www.gnu.org/licenses/lgpl.html)], via Wikimedia Commons.

Wenn Sie das Buch bis zu diesem Kapitel durchgearbeitet haben, dürfte Ihnen die linke Seite bereits bekannt sein: Über Ihren PC-Webbrowser nutzen Sie die Gmail-Anwendung (siehe Kapitel *7 Gmail*). Dabei dient Ihr Browser nur der E-Mail-Anzeige, während die eigentliche Verarbeitung auf Google-Servern im Internet stattfindet.

Eine Gmail-Anwendung gibt es auch auf dem Android-Handy oder Tablet. Auch hier erfolgt die Datenverarbeitung auf dem Google-Server und das Handy zeigt die E-Mails an.

Informationen, die Sie in einer Google-Anwendung auf dem Android-Handy oder im Webbrowser ändern, werden automatisch miteinander synchronisiert. Sie können also beispielsweise tagsüber während der Arbeit auf dem Handy E-Mails mit der Gmail-Anwendung verarbeiten, am Abend loggen Sie sich auf dem Desktop-PC-Webbrowser in die Gmail-Oberfläche ein und sehen den gleichen Nachrichtenstand wie auf dem Handy.

22.2 Einrichtung des Google-Kontos

Damit Google Ihnen personalisierte Dienste anbieten kann, müssen Sie sich über eine E-Mail-Adresse und ein Passwort identifizieren. Die E-Mail-Adresse stellt Google im Format *IhrName@gmail.com* bereit, wobei wir empfehlen, sie wie im Kapitel *6.1 Neues Google Konto anlegen* beschrieben, über Ihren PC-Webbrowser einzurichten. Wenn wir vom **Google-Konto** sprechen, meinen wir den durch Ihre Gmail-E-Mail-Adresse bezeichneten Datenspeicher auf den Google-Servern.

Alle Android-Geräte führen bei der Inbetriebnahme durch einen Assistenten, worin Sie Ihr Google-Konto (= Ihre Gmail-E-Mail-Adresse) anlegen oder sich darin anmelden.

Die verschiedenen Hersteller passen die Android-Benutzeroberfläche und damit auch den Einrichtungsassistenten an, weshalb sich die Anmeldung beim Google-Konto beziehungsweise die Registrierung des eigenen Google-Kontos zwischen jedem Hersteller unterscheidet.

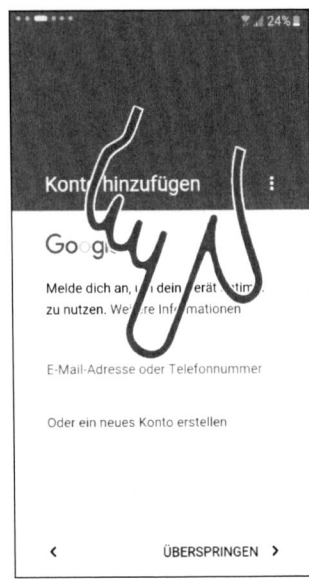 

Bereits bei der Einrichtung nach dem ersten Einschalten Ihres Android-Geräts werden Sie aufgefordert, sich mit Ihrem Google-Konto anzumelden. Alternativ können Sie hier auch ein neues Google-Konto anlegen.

Sie müssen natürlich sowohl auf dem Android-Gerät, als auch in der Google-Weboberfläche, auf dem PC mit dem gleichen Google-Konto angemeldet sein, damit Sie von den bereits genannten Vorteilen des Google-Kontos profitieren.

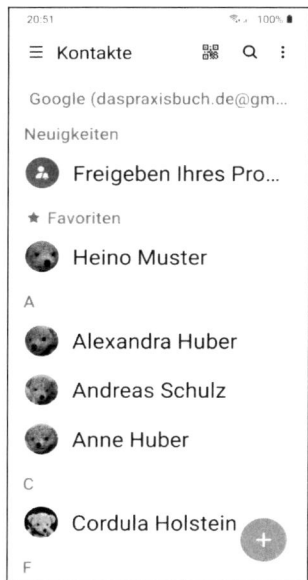
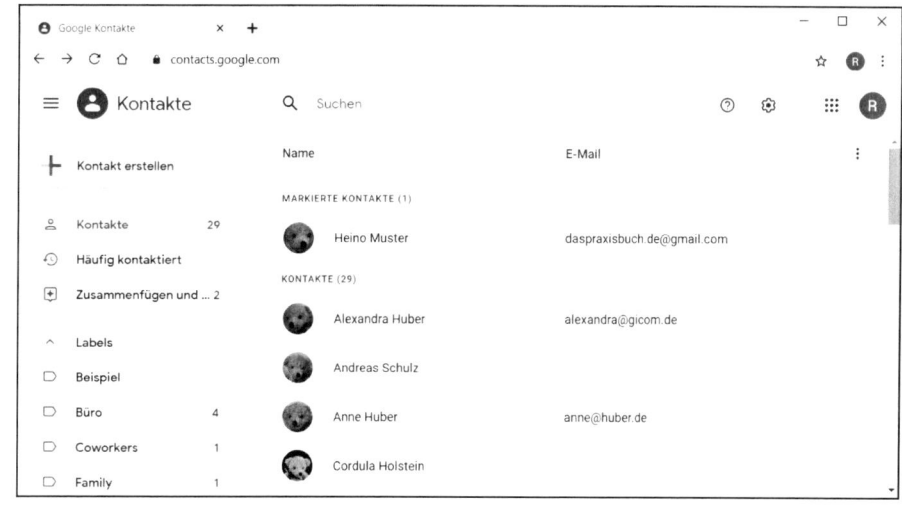

Wenn Sie nun beispielsweise auf dem Android-Handy Kontakte anlegen (❶), so sind diese innerhalb weniger Sekunden auch in der Google-Kontaktverwaltung (siehe Kapitel *8 Google Kontakte*) verfügbar (❷). Umgekehrt tauchen alle im Webbrowser angelegten Kontakte umgehend auch im Handy-Telefonbuch auf.

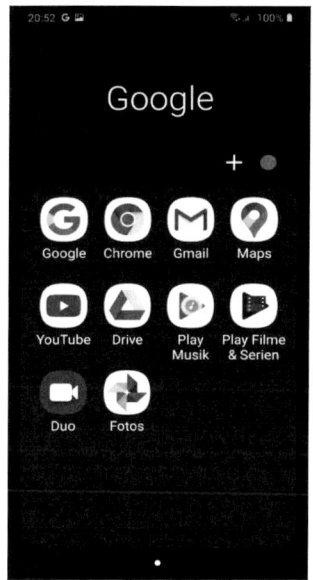

Zu jeder der in den vorherigen Kapiteln vorgestellten Google-Web-Anwendungen finden Sie auch auf dem Android-Gerät das Programm vor.

Je nach Handy-Hersteller fehlen ab und zu einige Google-Programme, die Sie dann aber aus dem Google Play Store nachinstallieren können.

23. Stichwortverzeichnis

24. Weitere Bücher des Autors

Vom Technik-Journalisten Rainer Gievers sind zahlreiche Bücher zum Thema Mobile Computing erschienen. Besuchen Sie unsere Website www.das-praxisbuch.de für eine Bücherliste mit Inhaltsübersicht. Sie erhalten die Bücher über die jeweilige ISBN direkt bei Ihrem lokalen Buchhändler oder in Online-Shops der Buchhandelsketten. Die nachfolgende Liste stellt nur einen kleinen Auszug der lieferbaren Bücher dar.

Allgemeine Themen:
- Ebike & Pedelec: Technik - Kaufberatung - Verkehrspraxis
  ISBN: 978-3-964690-08-1
- Das Praxisbuch Amazon Echo & Alexa
  ISBN: 978-3-964690-24-1
- Das Praxisbuch Google Home (Ausgabe 2019/2020)
  ISBN: 978-3-964690-49-4

Xiaomi-Handys:
- Das Praxisbuch Xiaomi Mi 9T & Mi 9T Pro
  ISBN: 978-3-964690-60-9
- Das Praxisbuch Xiaomi Redmi Note 8 Pro & Xiaomi Mi Note 10
  ISBN: 978-3-964690-66-1

Samsung-Handys:
- Das Praxisbuch Samsung Galaxy Z Flip
  ISBN: 978-3-964690-80-7
- Das Praxisbuch Samsung Galaxy S20 / S20+ / S20 Ultra 5G
  ISBN: 978-3-964690-82-1
- Das Praxisbuch Samsung Galaxy S10 / S10+
  ISBN: 978-3-964690-32-6
- Das Praxisbuch Samsung Galaxy S10e
  ISBN: 978-3-964690-30-2
- Das Praxisbuch Samsung Galaxy A71
  ISBN: 978-3-964690-76-0
- Das Praxisbuch Samsung Galaxy A70
  ISBN: 978-3-964690-43-2
- Das Praxisbuch Samsung Galaxy A51
  ISBN: 978-3-964690-74-6
- Das Praxisbuch Samsung Galaxy A50
  ISBN: 978-3-964690-34-0
- Das Praxisbuch Samsung Galaxy A40
  ISBN: 978-3-964690-38-8
- Das Praxisbuch Samsung Galaxy A20e
  ISBN: 978-3-964690-45-6

Nokia-Handys:
- Das Praxisbuch Nokia 6.2 & Nokia 7.2
  ISBN: 978-3-964690-68-5
- Das Praxisbuch Nokia 5.1 & Nokia 5.1 Plus
  ISBN: 978-3-964690-56-2
- Das Praxisbuch Nokia 4.2 & Nokia 7.1
  ISBN: 978-3-964690-53-1